雍正青年时代画像

世宗憲皇帝聖像

臣允禮熏沐恭畫

允礼所绘雍正像

雍正披戴西洋发式画像

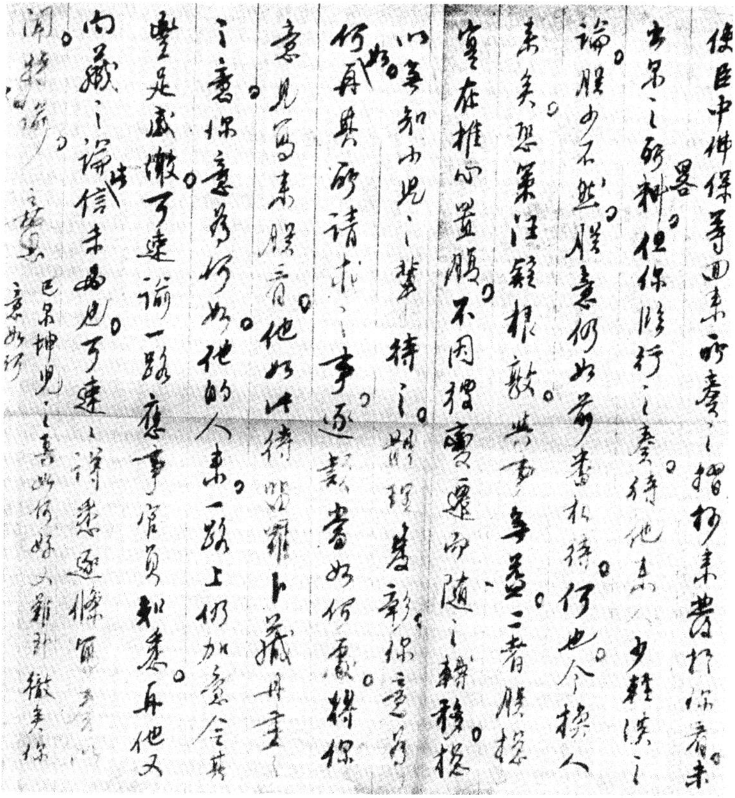

雍正手书谕年羹尧论与准噶尔谈判事

可留心访问有内外科好医生并精深通修养性命之

人或道士或讲道之儒士俗家偶遇缘访得時如要

曲加导令其来京方好不可迫之以势厚赠以安其

家一面奏闻一面著人伴送至京朕有用處

瑪力代朕访求之不妨预存疑难之懷便屬送些人

朕亦不怪也朕自有试用之道如有闻他者之人可

速将姓名来历奏闻朕再傅谕该督抚访查

不可视为具文徒事可留神博问廣访以副朕意

慎密为之

雍正手书谕宠幸督抚密荐通晓医术的道士

雍正泰陵明楼

目　　录

1

附　录

4

序　言

　　雍正的形象,在人们的心目中,至少在一部分人的印象里,是一个篡位者、屠戮功臣、施行特务统治的残忍的暴君,又是有着重大事迹的帝王。作者在检阅了有关他的大部分资料之后,认为他敢于革除旧弊,办事雷厉风行,是康乾盛世的有力推进者,是促进清朝历史发展的政治家,是可以肯定的历史人物,因而觉得过往的评论不够中肯,诬罔较多,想为他有所辩白,这是写作本书的第一个目的。第二,作好历史人物的评论,要避免概念化的毛病,"千人一面",则不是成功的研究。对历史人物所特有的东西,如他具有怎样的秉赋,有什么样的信念,爱憎如何,性格又是怎样的,要作必要的考察,否则难于还原历史人物的本来面貌。雍正具有鲜明个性,而且充分表现出来了,对他的研究可以很好地阐明个人在历史上的地位及其是如何发挥作用的。笔者就是想作这方面的尝试。第三,历史人物的个人意志来源于他所在社会的现实,并在那种情况下对社会发生影响,因而要想了解它的产生和作用,就不能离开诞育它的特定的社会条件,恩格斯要求人们重视个人"动机背后并且构成历史的真正的最后动力的动力",要注意"使广大群众、使整个整个的民族、以及在每一个民族中间又使整个整个阶级行动起来的动机"①。把个人放到时代社会中考察,既可以阐明个

_____

　　① 《路德维希·费尔巴哈和德国古典哲学的终结》,人民出版社 1972 年版,40 页。

人的历史地位,还可以揭示那个社会的发展状况。这就是从一个人看一个时代,这是进行历史研究的目的之一,也是一种研究方法。笔者奢想,通过雍正史的研讨,概括雍正生活时代的社会历史,说明它的状况和特点,探索中国封建社会进程中一个阶段的发展规律。

为了把这些设想表述出来,采取这样一些写作方法:较多采摘历史资料,加以排比胪列,用资料表现雍正和他的时代。根据资料,笔者作简要的分析。这种评论也许是不确切的,甚而是错误的,但读者若能通过那些资料作出自己的判断,笔者就感到欣慰了。本书为较多容纳材料,可能做的不恰当,让大段引文,使篇幅繁冗;还有一些考证,令人读之如同嚼蜡。凡属缺陷,应当改正,而致此之由,则在于想用资料说话。

本书不仅包括主人公雍正的历史资料和叙述,还包含他生平事迹以外的、他那个时期的制度、事件、人物的材料和叙述,换句话说是以他为中心,凡和他的活动有联系的事物,尽可能地给予说明,以期达到透过雍正观察他的时代的目的。

对雍正的思想、才能、性格、作风,企图有所揭示,惟是做的非常不够。

写人物传记,要考虑人的自然法则,即青少年、中年、老年的不同时期,还要考虑某个特定人物的历史特点。具体到雍正,皇子时代四十五年,做皇帝十三年,他所接触和处理的事务是多方面的,可以和应该描绘的,不像科学家、文学家、军事家等那样单纯,要把他的复杂的历史面貌表现出来,就要将他生命演进与生平事迹两方面结合起来,划分他的历史阶段,认清他的主要事迹,作有秩序的、分类的叙述。因此将雍正史分为两大阶段,五大部分,十六个方面进行交代,即第一章,皇子时代的雍正,是他的前半生的历史,也是雍正史的第一部分;第二部分,本书第二至十一章,是雍正即位后的重要政治活动,也即雍正朝的重大政事;第三部分,为本书的第十二至十四章,他的为人、作风;第四部分,第十五章,他的死亡和遗政;第五部分,最后一章(第十六章),总结他的一生和时代,提出一些带有规律性的问题。

本书名称,若以写作的内容来定,可以叫作《雍正及其时代》;若从本书夹叙夹议的写法,也可取名《雍正评传》;或者还可拟用其他的名字。为名实相副,为从简、从俗,取了现在的书名——《雍正传》。

第一章　储位斗争的胜利者

第一节　侍从康熙巡幸四方

康熙十七年十月三十日（公元一六七八年十二月十三日），一个婴儿诞生在皇宫中，这就是对后来中国历史的进程发生一定影响的雍正帝。他的父皇康熙这时已有了十个儿子，他是到得并不算早的第十一个了，但是清朝皇室规矩，皇子夭折，即不叙齿，康熙的血胤幼殇的很多，在这婴儿的哥哥中，当时健康成长的只有康熙十一年（一六七二年）、十三年（一六七四年）、十六年（一六七七年）先后出世的胤禔、胤礽和胤祉三人，因此算起行次来，这婴儿倒居了第四位，成了康熙的皇四子。这个行次，在康熙全部三十五个儿子中居于前列，是年长皇子，占据从事政治活动的有利地位。后来他的继承皇位，被一些人说成是篡改康熙"传位十四子"遗诏中的"十"字，因此，皇四子的行次不可不加注意。皇四子的父皇给他赐名胤禛，胤字是他们兄弟的排行，凡是叙齿的，都用的这个字；禛，读音 zhēn（音真），按照许慎《说文解字》的解释，禛意是"以真受福"。康熙希望这个儿子对上天和祖宗真诚，以此得到福祐。康熙给儿子们取名都从示字旁，所用禔、礽、祉等字，都寄予有福的愿望。且不管康熙的原意，在胤禛成为皇帝以前，就用这个符号来代表他。胤禛的生母吴雅氏，是满洲正黄旗人。胤禛是她生的第一胎男孩，其高兴心情可想而知。她这时还是一般的宫人，第二年才被封为德嫔,有了一定地位。胤禛的外祖父威武,担任护军参领,胤禛继位后追封他为一等公。所以胤禛的生母和外家并不高贵,不能给他带来在皇子中的特殊地位。胤禛童时受孝懿仁皇后的抚养。这位皇后是一等公佟国维的女儿,康熙生母孝康章皇后的侄女,康熙十六年(一六七七年)被封为贵妃,二十年(一六八一年)晋为皇贵妃,二十八年(一六八九年)病死前被册立为皇后。孝懿仁皇后没有生过男孩,只产一女也殇逝了,故而育养德嫔之子,年幼的胤禛因她尊贵,很可能有意识地巴结她。

康熙二十二年(一六八三年),虚龄已届六岁的胤禛①,入尚书房读书。学习的课程有满、汉、蒙古文和经史等文化课,还有骑射、游泳等军事、体育课目。据法国传教士白晋在一六九七年讲,他见康熙前十四位皇子受教育的情形是:

这些皇子的教师都是翰林院中最博学的人,他们的保傅都是从青年时期起就在宫廷里培养的第一流人物。然而,这并不妨碍皇帝还要亲自去检查皇子们的一切活动,了解他们的学习情况,直到审阅他们的文章,并要他们当面解释功课。

皇帝特别重视皇子们道德的培养以及适合他们身份的锻炼。从他们懂事时起,就训练他们骑马、射箭与使用各种火器,以此作为他们的娱乐和消遣。他不希望皇子们过分娇生惯养;恰恰相反,他希望他们能吃苦耐劳,尽早地坚强起来,并习惯于简朴的生活。这些就是我从神父张诚那里听说的,是他在六年前随同皇帝在鞑靼山区旅行回来后讲的。起初,君王只把他的长子、第三个和第四个儿子带在身边;到打猎时,他还叫另外四个儿子随同前往,其中年龄最大的只十二岁,最

---

① 本书所讲到的人的年龄,均为虚岁。

小的才九岁。整整一个月，这些年幼的皇子同皇帝一起终日在马上，任凭风吹日晒。他们身背箭筒，手挽弓弩，时而奔驰，时而勒马，显得格外矫捷。他们之中的每个人，几乎没有一天不捕获几件野味回来。首次出猎，最年幼的皇子就用短箭猎获了两头鹿。

皇子们都能流利地讲满语和汉语。在繁难的汉文学习中，他们进步很快。那时连最小的皇子也已学习"四书"的前三部，并开始学习最后一部了。皇帝不愿让他们受到任何细微的不良影响。他让皇子们处在欧洲人无法办到的最谨慎的环境中成长起来。皇子们身边的人，谁都不敢掩饰他们的那怕是一个微小的错误。因为这些人明白，如果这样做，就要受到严厉的惩罚。①

白晋认为包括胤禛在内的康熙诸皇子受到的是比较全面的教育，而康熙本人对他的儿子们的教育非常重视和严格。白晋讲的基本符合史实。康熙对儿子的学习抓得很紧。他看到一些贵胄之家，对子孙过分娇生惯养，长成大人，不是"痴呆无知"，就是"任性狂恶"，反而害了子孙，因此做"上人"的，对子孙必须从幼年就严格管教②。他的二儿子胤礽，是孝诚仁皇后所生，长到两岁，册立为太子，年至六岁，命他读书，为他挑选张英、熊赐履、徐元梦、尹泰、顾八代、汤斌、耿介、汪灏等人做讲官，张、熊、徐、尹等都官至大学士，熊、汤等为著名理学家。皇太子的师傅基本上就是同时就读的皇子的老师，胤禛从张英学习四书五经，向徐元梦学习满文。与胤禛关系最密切的是顾八代，他是满洲镶黄旗人，康熙二十三年

---

① 《康熙帝传》，马绪祥译，载《清史资料》第 1 辑，241 页。
② 雍正辑《庭训格言》。

(一六八四年)以侍讲学士入值尚书房,后升礼部尚书,三十七年(一六九八年)休致,一直在内廷教育胤禛和其他皇子。退职后过清贫的生活,死时家中没钱办理丧事。胤禛说他"品行端方,学术醇正"①。亲自给他理丧,出资安葬他。他的廉洁奉公,无疑给胤禛深刻的印象和一定的影响。康熙在繁忙的政务中,给皇太子讲四书五经,据记载,有一阶段,每天在临朝御政之先,令太子将前一日所授的书背诵复讲一遍,达到熟记和融会贯通才告结束②。他特别着重以孔孟的经书教育儿子们,对他们说:"凡人养生之道无过于圣人所留之经书,故朕惟训汝等熟习五经四书性理,诚以其中凡存心养性立命之道无所不具故也"③。少年和青年时代的胤禛,受父皇和师傅的严格管束,从事以四书五经为主要内容的学习,掌握了满文、汉文等文化知识和骑射技术,锻炼了身体,养成读书和思考问题的习惯。这个时期,作《春园读书》、《夏日读书》等诗歌,叙述其在春光明媚之时,"讽咏芸编兴不穷",酷暑难耐之日,静坐书斋习读④,都是写实的。清朝教育皇子的方法颇成功,康熙、雍正、乾隆、嘉庆等皇帝都是这样培养出来的。这个方法,为许多读书人所称道,乾隆时目睹其事的赵翼,富有感情地写道:

> 本朝家法之严,即皇子读书一事,已迥绝千古。余内直时,届早班之期,率以五鼓入,时部院百官未有至者,惟内府苏拉数人(谓闲散白身人在内府供役者)往来。黑暗中残睡未醒,时复倚柱假寐,然已隐隐望见有白纱灯一点入隆宗门,则皇子进书房也。吾辈穷措大专恃读书为衣食者,尚不能早起,

---

① 《清史列传》卷11《顾八代传》。
② 王士禛《居易录》卷3。
③ 《庭训格言》。
④ 《清世宗诗文集》卷21《雍邸集》。

而天家金玉之体乃日日如是。既入书房,作诗文,每日皆有程课,未刻毕,则又有满洲师傅教国书、习国语及骑射等事,薄暮始休。然则文学安得不深? 武事安得不闲熟? 宜乎皇子孙不惟诗文书画无一不擅其妙,而上下千古成败理乱已了解于胸中。以之临政,复何事不办? 因忆昔人所谓生于深宫之中,长于阿保之手,如前朝宫廷间逸惰尤甚,皇子十余岁始请出阁,不过官僚训讲片刻,其余皆妇寺与居,复安望其明道理、烛事机哉? 然则我朝谕教之法,岂惟历代所无,即三代以上,亦所不及矣。①

他虽意在颂扬清朝,然叙事是属实的。

胤禛在尚书房读书的同时,跟随康熙四处巡幸,有时还奉命出京办事,得到接触社会的机会。

康熙在平定三藩叛乱和统一台湾后,把注意力转向北方,几乎每年到塞外巡视,每次指令几位皇子侍行。二十五年(一六八六年)七月,康熙北巡塞上,九岁的胤禛首次随同出发,同去的有胤禔、胤礽、胤祉。他们一行出古北口,到博洛和屯(今河北省沽源县北),西南行,至西尔哈乌里雅苏台(今张北县西),于八月下旬回到北京。此后,康熙出塞,胤禛经常奉命侍从,所经过的地方,大体是今天河北省承德和张家口两个专区。康熙出塞,名为"秋狝",与蒙古王公共猎,实是会见蒙古族首领,密切他们同清朝中央政府的关系,稳定对这个地区的统治。胤禛多次侍行,看到乃父的巡幸作用,他说"一人临塞北,万里息边烽"②,不过说得夸大了些。

---

① 《簷曝杂记》卷1《皇子读书》。
② 《清世宗诗文集》卷24《雍邸集·热河闲咏之二》。

康熙二十九年(一六九〇年),漠西准噶尔部首领、野心家噶尔丹攻占漠北喀尔喀蒙古,迫使哲布尊丹巴胡土克图率众南下,康熙谕其撤兵,归还喀尔喀故地,噶尔丹不听劝阻,兵犯内蒙,扬言"夺取黄河为马槽"①,妄图吞灭清朝。在这严重威胁面前,康熙任命裕亲王福全为抚远大将军,领兵抵抗,并命十九岁的皇长子胤禔为副将军从征,这是用皇子领兵的开始。康熙于三十五年(一六九六年)亲征噶尔丹,命皇子参与军事,胤禛时年十九岁,奉命掌管正红旗大营,随从他的有公长泰、都统齐世、原任尚书顾八代等人,与此同时,皇五子胤祐、皇七子胤祺、皇八子胤禩分别管理镶黄旗、正黄旗、镶红旗大营。他们于二月出发,四月,胤禛与诸兄弟参加对噶尔丹进兵与否的议论,六月回到北京。这一次的统兵,胤禛和他的三位弟弟不过是坐镇的意思,没有真正指挥打仗,但是行军议事,也是得到一次军事训练。这次出征的第二年,康熙再次亲征,兵至狼居胥山,彻底击败噶尔丹分裂势力。此役胤禛没有参加,然而他很关心这次战斗,作《狼居胥山大阅》、《功成回銮恭颂二首》,赞扬乃父用兵功业:"指顾靖边烽,怀生尽服从。遐荒归禹甸,大漠纪尧封。庙算无遗策,神功迈昔踪。凯旋旌耀日,光景霁天容"②。也表现了他对这场战争的看法。

如今的永定河,清初名叫无定河,又叫浑河,经常泛滥,河道迁徙不常。康熙为了治理它,不断出发考察,三十三年(一六九四年)胤禛随同康熙出京,沿北运河到天津,西行,至霸州的信安镇、白洋淀西淀东口的赵北口,了解无定河下游的情况。康熙在三十六年(一六九七年)彻底粉碎噶尔丹势力后,大力治理无定河,次

---

① 魏源《圣武记》卷3《康熙亲征准噶尔记》。
② 《清世宗诗文集》卷22《雍邸集》。

年,疏浚河道一百四十五里,筑堤一百八十余里,为了表示希望它不再改道的愿望,特赐名"永定"。三十九年(一七〇〇年)十月,带领胤禛和皇十三子胤祥视察永定河南岸工程,驻在宛平县榆岱,胤禛拔出桩木,发现短小不合规格,报告父皇,要求返工①。次年四月,胤禛、胤祺、胤祥再次陪同乃父视察永定河,奉命作纪行诗《阅永定河应制》,他对他们父子的任务写道:"帝念切生民,銮舆冒暑行。绕堤翻麦浪,隔柳度莺声。万姓资疏浚,群工受准程。圣心期永定,河伯助功成"②。诗未见佳,亦可作康熙间修治永定河的记实。

康熙为着治理黄河、淮河、里运河,联络江南士大夫,于二十三年(一六八四年)起,不断南巡视察河工和了解民情。开始几次,胤禛没有机会参加。四十一年(一七〇二年),他与胤礽,胤祥侍从父皇南巡,行至德州,胤礽生病,就住了下来。胤禛、胤祥依照宫中尚书房的规矩,照常读书习字。一天,康熙召见翰林院侍读学士陈元龙等谈论书法,议得兴起,引诸臣至皇子读书处,胤禛弟兄正在书写对联,"诸臣环立谛视,无不欢跃钦服"③。胤禛临帖很多,善于模仿,曾学书乃父字体,颇为相像,得到嘉奖④。话说回来,皇太子的病一时好不了,康熙无心南下,遂带着儿子们返回京城。数月后,于四十二年(一七〇三年)正月,原班人员启程南行,途经济南,参观珍珠泉、趵突泉、过泰安州,登泰山。路经沂州府蒙阴县,胤禛作《过蒙阴》诗。在宿迁具阅堤工,渡过黄河。⑤ 经淮安、扬

① 《康熙朝起居注》,三十九年十月十四日条,原书藏中国第一历史档案馆。
② 《清世宗诗文集》卷22《雍邸集》。
③ 《清圣祖实录》卷210,九月甲申条。
④ 雍正《上谕内阁》,元年八月初十日谕。
⑤ 当时黄河在今江苏北部入海。

州,在瓜洲渡长江,到达镇江,登金山江天寺,康熙为它书写"动静万古"匾额,胤禛作诗云:"宿暮金山寺,今方识化城。雨昏春嶂合,石激晚渐鸣。不辨江天色,惟闻钟磬声。因知羁旅境,触景易生情"①。继续南行,乘船至苏州,作《雨中泊枫桥遥对虎阜》诗记兴:"维舫枫桥晚,悠悠见虎邱。塔标云影直,钟度雨声幽。僧舍当门竹,渔家隔浦舟。茫茫吴越事,都付与东流"②。寻经嘉兴,到杭州,在演武厅,同父皇、兄弟等射箭。至此回还,道过江宁(今南京市),康熙命从行大学士祭明太祖孝陵。后经由江苏沛县、山东东平州(今东平县)、东昌府(今聊城)等地,于三月间回到北京。这一次,康熙携同胤禛弟兄察阅了徐家湾、高家堰、翟家霸堤、祥符闸、新河口等处。因黄淮工程,颁诏天下,赐复条款三十八项。此行使胤禛了解了黄淮河道工程及江南民情,也是他终身唯一的大江南北之行。

清朝皇帝远祖的坟墓永陵在兴京(今辽宁省新宾县),开国君主努尔哈赤的福陵、皇太极的昭陵都在盛京(今沈阳市),顺治的孝陵又在直隶遵化县。顺治母亲孝庄文皇后的尸体放置在孝陵的旁边,称暂安奉殿。中国古人认为祭祀和兵戎是国家的大事,祭祖又是祭祀的重要内容。清朝皇帝对于祭祖异常重视,国家有重大事情,或用兵的胜利,都要祭告祖陵。康熙因系孝庄文皇后所扶立,对他的祖母生前极力孝养,死后虔诚致祭。他的儿子们还没有长大成人时,康熙就带着他们祭祖,年岁稍长,就让他们独立进行祭祀活动。二十七年(一六八八年)十二月,孝庄文皇后一周年忌辰,康熙率同胤禛和胤禔、胤祉去暂安奉殿致祭,次年的忌辰,命皇

① 《清世宗诗文集》卷23《雍邸集·金山夜泊遇雨》。
② 《清世宗诗文集》卷23。

太子率领胤禛、胤祉前往行礼。三十五年（一六九六年）、四十五年（一七〇六年）的忌辰，胤禛独自奉命往祭。三十七年（一六九八年），因平定噶尔丹之乱，康熙亲往盛京拜谒祖陵，七月出发，出古北口，穿越蒙古诸部落，到松花江及吉林乌拉（今吉林市北），南下至兴京祭永陵，到盛京祭福、昭二陵。取道山海关，于十一月回到京师。这一次侍行的皇子很多，据《清圣祖实录》记载，有胤禔、胤祉、胤祺、胤祐、皇九子胤禟、皇十子胤䄉及胤祥①，没有胤禛，但是他有《侍从兴京谒陵二首》诗，表明他跟随乃父祭祀了盛京三陵②。他在诗中写道："龙兴基景命，王气结瑶岑。不睹艰难迹，安知启佑心。山河陵寝壮，弓箭岁时深。盛典叨陪从，威仪百尔钦"③。这是云游了清朝发祥之地，获得祖宗创业艰辛的深切感受。祭祖之外，胤禛参与了其他祭祀。三十二年（一六九三年），清朝政府重修阙里孔庙落成，康熙令胤祉带领胤禛、胤禩等前往曲阜参加祭祀大典④，年仅十五岁的胤禛进行了尊师重道的活动。

康熙多次去佛教圣地五台山朝佛，四十一年（一七〇二年）正月，胤禛与胤礽、胤祥随同父皇出发，经涞水、易州、阜平，过龙泉关时胤禛朝佛有感，作诗云："隔断红尘另一天，慈云常护此山巅。雄关不阻骖鸾客，胜地偏多应迹贤。兵象销时崇佛像，烽烟靖始飏炉烟。治平功效无生力，赢得村翁自在眠。"⑤寻至五台，畅游诸大寺。回程经正定，阅视永定河堤，返抵京师。

① 《清圣祖实录》卷189，七月辛丑条。
② 康熙除了这一次，还于二十三年（一六八四年）去过盛京，那时胤禛年方七岁，他同他的哥哥都没有随行，所以胤禛的侍从拜谒盛京祖陵，只能是这一次。
③ 《清世宗诗文集》卷22《雍邸集》。
④ 《居易录》卷22。
⑤ 《清世宗诗文集》卷24《雍邸集·恭谒五台过龙泉关偶题》。

康熙四十七年(一七〇八年)第一次废太子事件以前的胤禛,即三十岁前的皇四子,比较多的是过书斋的生活,较少独立活动,但不时随从乃父巡幸,东北到满洲发祥地的辽吉,东南至富甲天下的苏杭,西去山西五台,北达内蒙古草原,足迹半个中国。在巡游中,了解各地经济出产,山脉河川,水利运输,民风习俗,宗教信仰,名胜古迹,历史问题;观察了康熙处理政事,考查了地方行政和吏治,获得了官场情况的第一手资料。所以巡阅四方,是年轻的胤禛向社会学习的好方式。这对他日后参加皇位的争夺和继位后的统治,都有极重要的意义。使皇子接触社会,不把他们关在宫墙之内,不使他们只同太监、宫女为伍,增长他们的见识,这是康熙培养皇子的一个良好的方法。

第二节　八面玲珑,初试锋芒

胤禛的大规模的政治活动,出现在第一次废太子事件中。

康熙的废黜太子,是康熙朝的一件大事,关乎着包括胤禛在内的诸位皇子,有必要详加交代。说起来话就长了。康熙在十四年(一六七五年)忙着立太子,是为环境所决定。当时三藩之乱初起,清朝在全国的统治很不稳定,康熙为安定人心,巩固清朝政权,采取了许多措施。改变清朝不立储君的习惯,学习汉人立嫡长子为皇太子,便是其中的一项。他认为:"自古帝王继天立极,抚御寰区,必建立元储,懋隆国本,以绵宗室无疆之休。"因此立皇太子是"垂万年之统","系四海之心"[①]的大事。

胤礽被册立之后,在父皇和师傅的调教之下,随着体质的增

---

① 《清圣祖实录》卷58,十四年十二月丁卯条。

长,学问上和政治上日益成熟,八岁时就能左右开弓,背诵四书①。康熙说他"骑射、言词、文学无不及人之处"②,是颇有才能的人。康熙很高兴,令他参与一部分政务,特别是在三次亲征噶尔丹时期,皇太子坐镇京师,代表皇帝举行郊祀大礼,各部院的奏章,听太子处理,重要事情,诸大臣提出协商的意见,启禀太子裁决施行。太子干预一部分朝政,就逐渐在自己身边集结了一批官僚,成为太子党人,首领是索额图。此人早在八年(一六六九年)就出任大学士,二十五年(一六八六年)改任领侍卫内大臣,胤礽的生母孝诚仁皇后是他的亲侄女,他与皇太子的关系当然极其密切了。他为人"专权用事,贿赂公行,人多怨之"③。和他同时掌握朝政的是另一个大学士明珠,他的妹妹为惠妃纳拉氏,生皇长子胤禔。④ 他积极赞助康熙平定三藩之乱,因而权势煊赫。他为帮助皇长子胤禔,联合大学士余国柱、户部尚书佛伦、刑部尚书徐乾学等人,与太子党人对立。二十七年(一六八八年),康熙为维护太子地位,罢斥明珠,结束了两派的争竞,这是因太子问题而出现的第一次政治斗争。

只惩治明珠,显然是康熙还没有看到太子党人活动的严重性。此后,太子的权势与日俱增,索额图制定的关于太子的制度,使它与皇帝的相接近。每年元旦、冬至、千秋三节,皇太子于主敬殿升座,王以下百官排班朝贺,进表笺,行二跪六叩首礼⑤。康熙说太

---

① 朝鲜《李朝实录·肃宗实录》卷135,八年(康熙二十一年)正月乙卯条,学习院东洋文化研究所1964年版,39册373页下。
② 《清圣祖实录》卷234,四十七年九月己丑条。
③ 《李朝实录·肃宗实录》卷6,三年(康熙十六年)三月甲午条,39册108页上。
④ 萧奭《永宪录》卷3,中华书局1959年版,191页。
⑤ 《居易录》卷17。

子"服用仪仗等物,太为过制,与朕所用相同"①。胤礽长期处在一人之下、万人之上的地位,权势欲恶性发展,就不安于皇太子的地位了,他说:"古今天下,岂有四十年太子乎"②?企图早日登极之心溢于言表。很明显,太子势力长成后,要求尽早接收政权,同皇帝力图保持权力,产生尖锐的矛盾。这就是他们父子间摩擦的第一个内容。

第二、胤礽为人奇骄至奢,贪得无厌。十三岁时,人们就说他"刚愎喜杀人"③。他凌虐宗亲贵胄和朝中大臣,鞭挞平郡王纳尔苏、贝勒海善。他贪财好利,跟随康熙巡幸,所到之处,向地方官勒索,四十六年(一七〇五年)南巡至江宁,知府陈鹏年反对加派,供奉比较简单,引起胤礽的恼怒,非要将陈处死,后经张英、曹寅等人援救,陈才得幸免④。胤礽这样暴戾不仁,与康熙实行的宽大政策相悖谬,从而不符合后者对继承人的要求。因此,康熙说胤礽若当政,"必至败坏我国家,戕贼我万民而后已"⑤。朝鲜人则说他必亡清国⑥。

第三、父子感情日趋恶化。二十九年(一六九〇年),康熙于征噶尔丹归途中生病,想念胤礽,命其驰驿来见,但胤礽见病中的父皇,"略无忧戚之意",康熙因而认为他"绝无忠爱君父之念"⑦,

---

① 《康熙朝起居注》,五十七年正月二十日条。
② 《李朝实录·肃宗实录》卷54,三十九年(康熙五十二年)十一月丙寅条,41 册 341 页下。
③ 《李朝实录·肃宗实录》卷15 上,十年(康熙二十三年)三月庚辰条,39 册 482 页上。
④ 《国朝耆献类征》(初编)卷164,宋和撰《陈鹏年传》。
⑤ 《清圣祖实录》卷234,四十七年九月丁丑条。
⑥ 《李朝实录·肃宗实录》卷15 上,十年(康熙二十三年)三月庚辰条,39 册 482 页上。
⑦ 《清圣祖实录》卷147,二十九年七月癸丑条;参阅白晋《康熙帝传》,《清史资料》第 1 辑 234 页。

当即令他先回京师。

康熙为限制太子势力的发展,采取了打击其党人的政策。四十年(一七〇一年),同意索额图休致,四十二年(一七〇三年),责备他"议论国事,结党妄行",交宗人府拘禁,致使他很快地结束残生①。他的同伴,遭到了锁禁的命运。近人评论,所谓"议论国事",是索额图阴谋政变——推翻康熙政权,使皇太子早日登基②。这样的分析,很有点道理。索额图的失败,没有使在斗争中处于劣势的胤礽清醒一些,他依然野心勃勃,胡作非为。总之,康熙与胤礽矛盾重重,焦点在于权力分配。在这个根本问题上,谁也不会让步,必然会酿出新的斗争。

太子与皇帝的对立,只是皇家的诸多矛盾中的一个。胤礽当太子,惹起众兄弟的忌恨,成了众矢之的。加之太子失欢于父皇,诸兄弟更认为有隙可击,加紧倒他的台。这些矛盾交织在一起。所以暂且放下康熙与胤礽的关系问题,看看诸皇子的角逐。胤禔在成年诸皇子中年岁最大,得到康熙的宠爱③,多次被派以重任。前已说过,他出任副将军领兵征讨噶尔丹,衔命祭华山,董理永定河工程。他于三十七年(一六九八年)被封为直郡王,皇子中同时被封为郡王的还有胤祉,但后者不久即因罪降为贝勒,所以在众兄弟中,太子之外,他的爵位最高。又知父皇同胤礽的不和,遂企图靠营求取代胤礽的地位。他迷信厌胜巫术,访知胤祉的下人蒙古喇嘛巴汉格隆会此法术,就将之请来,把镇厌物件埋于十几处,幻想咒死胤礽,为他腾出太子宝座。他还与胤禩勾联,共同对付皇太

---

① 《清史列传》卷8《索额图传》;《清圣祖实录》卷212,五月乙丑条。
② 王锺翰《清史杂考·清世宗夺嫡考实》,中华书局1963年版,148页。
③ 白晋《康熙帝传》,《清史资料》第1辑,242页。

子。胤禩少时为胤禔生母惠妃所抚养①，以是与大阿哥相结纳。其为人"颇有识量"②，成为康熙所喜爱的一个皇子。三十七年（一六九八年）受封为贝勒，时年十八岁，在被封的兄弟中数他年龄最小。他的为人和作风与皇太子大不相同，他以仁爱自励，善于笼络人才和收买人心。康熙南巡招徕的有名士人何焯在胤禩府中侍读，后丁忧回原籍苏州长洲县，胤禩多次给他书信，嘱其节哀，委托他的弟弟在南方各地采购图书，因之"文士都说胤禩极是好学，极是好王子"③。康熙对胤礽不满，自然早就考虑废太子和立新太子的问题，他的哥哥裕亲王在皇帝面前称赞胤禩"有才有德"④，实际是推荐胤禩做皇位继承人。胤禩觊觎储位，发展到计议谋刺胤礽的严重程度。有相面人张明德，给顺承郡王布穆巴、公普奇、公赖士等看相，从中造作言语，他对布穆巴说，普奇对他讲皇太子甚恶，他们要刺杀他，并邀请布穆巴入伙。布穆巴将此事告诉胤禔，胤禔不让他揭发，还让将张明德送到自己府中看相。与此同时，普奇又把张明德荐到胤禩府中，张给皇八子看相，说其"丰神清逸，仁谊敦厚，福寿绵长，诚贵相也。"又说"皇太子暴戾，若遇我，当刺杀之。"还说他有十六个好友，俱是武艺高强的人，招来一两个人就能刺死胤礽。胤禩听了很高兴，就把他的话转告给予己交厚的胤禟和皇十四子胤禵⑤。上述事实表明，许多皇子、王公联合起来反对皇太子，使胤礽在统治阶级最高层中处于比较孤立的地位；胤礽的反对派阴谋采取暗杀的方式迫害对手，双方矛盾尖锐，势不

---

① 《雍正朝起居注》，四年正月初五日条。
② 《雍正朝起居注》，二年四月初七日条。
③ 《文献丛编》第6辑《允禩允禟案》。
④ 《文献丛编》第6辑《允禩允禟案》。
⑤ 《清圣祖实录》卷234，四十七年九月戊戌条、壬寅条；卷235十月甲辰条。

两立。

在这重重矛盾下,终于发生了第一次废太子事件。四十七年(一七〇八年)夏天,康熙出巡塞外,命胤礽、胤禔、胤祥等皇子从行。皇帝与太子同行在外,冲突益发表面化了。胤礽每当夜晚就围着皇帝的帐篷转,从缝隙窥视父皇的动静。康熙很警觉,预防发生谋害于己的政变,他说:"朕未卜今日被鸩,明日遇害,昼夜戒慎不宁"①。他一面命胤禔好好保护自己,一面先发制人,在归途中,于九月初四日召集诸王及副都统以上大臣,宣布皇太子罪状:"不法祖德,不遵祖训,惟肆恶虐众,暴戾淫乱",不堪接替太祖、太宗、世祖创立的基业,将其废黜,并加监禁②。同时诛杀索额图之子格尔芬、阿尔吉善等人。废立太子,关乎国本,康熙等不及到京城祭告天地祖宗,匆迫如此,用他的话说,是包容太子的过错已二十年,实在不能再容忍了。冰冻三尺,非一日之寒。皇帝与太子的严重对立,康熙以他崇高的威望和绝对的权威,轻而易举地解除了经营多年的皇太子势力。但是皇储的遗缺由谁来补进的问题产生了,而且立即具有相当的严重性。

首先积极营谋这个地位的是胤禔。康熙命他保驾和看守废太子,给了他错觉,自以为是未来的储君了。康熙早看透此人,初四日宣布废胤礽时,就明确表示"并无欲立胤禔为皇太子之意",而且认为他"秉性躁急愚顽",没有资格做皇太子③。胤禔看到自己没有希望,转而支持胤禩,将他推荐给康熙,说"相面人张明德曾相胤禩后必大贵",希望以命运之说打动父皇。他还怕胤礽东山再起,意欲将之置于死地。他深知康熙不便于诛杀胤礽,因此讨令

---

① 《清圣祖实录》卷234,九月丁丑条。

② 《清圣祖实录》卷234,九月丁丑条。

③ 《清圣祖实录》卷234,九月丁丑条。

由他下手。他如此露骨地参与储位斗争，激起康熙的愤怒。因为杀太子，将会给皇帝本人留下骂名，所以康熙说他"不谙君臣大义，不念父子至情"，是"乱臣贼子，天理国法，皆所不容者"①。到十月份，胤祉揭发他的厌胜事，康熙遂将他革爵，严行圈禁。

废胤礽的第四天，康熙命胤禩署理内务府总管事。清朝每当皇室内部发生重大事情，如皇帝、皇太后死亡，常派皇子或皇帝弟兄管理内务府事务。胤禩的被任用，是皇帝对他的重视和信任，也给他政治表现的机会。内务府前任总管凌普，是胤礽乳母的丈夫，康熙启用他，原为照顾胤礽，便于其指使内府下人和使用宫中财物。胤礽见废，胤禩受命审查凌普。凌普原来借着太子的势力，贪婪不法。胤禩为了收买人心，包庇昔日的冤家对头，准备了草结案。康熙看出他的心思，说"八阿哥到处妄博虚名，凡朕所宽宥及所施恩泽处，俱归功于己，人皆称之"②。康熙怕在胤礽太子之外，又出一个与君父争人心的胤禩太子，警告他不要重蹈胤礽的覆辙。待到胤禔以张明德相面事保荐胤禩时，不想因此得祸。康熙把张明德凌迟处死，进而指斥胤禩"妄蓄大志"，阴谋夺嫡，命将其锁拿，交议政处审理。张明德事件，对于胤禩争取储位，是一个不小的打击。

现在来看本书主人公的活动。三十七年（一六九八年），胤禛被封为贝勒，同时得到这一封爵的是胤祺、胤祐、胤禩，比他只年长一岁的胤祉获得郡王世爵，所以他得的虽是显秩，但在诸兄弟中不算突出。四十七年（一七〇八年）的"秋狝"他没有参加，康熙废胤礽时，命他和胤禩"在京办理事务"③。十六日康熙到京，将胤礽拘

---

① 《清圣祖实录》卷234，九月戊戌条。
② 《清圣祖实录》卷234，四十七年九月辛丑条。
③ 《雍正朝起居注》，四年正月初五日条。

禁于上驷院旁,命胤祯参与对他的监视,表明胤祯在废太子问题上有一定发言权。胤祯对胤礽表示出救援的态度,据胤禟的亲信秦道然说,他听胤禟讲,胤礽事发后,胤祯"十分着急,很要救他。"康熙在宣布废胤礽的告天文书之前,将文书让胤礽观看,胤礽说我的皇太子是父皇给的,父皇要废就废,何必告天?胤禵把这个话转奏了,康熙说做皇帝是受天之命,这样大事,怎能不告天,胤礽如此胡说,以后他的话不必上奏了。胤禵将谕旨传达给胤礽,废太子又说:"父皇若说我别样的不是,事事都有,只弑逆的事,我实无此心,须代我奏明。"胤禵以有旨意,严词厉色地予以拒绝。这时胤禟向胤祯说,这件事关系重大,似乎应该代奏。胤祯就说九阿哥说得对,即使我们因代奏得了不是,也该替他奏明。但是胤禵仍不答应,胤祯就下决心地说:"你不奏,我就奏。"胤禵只得同意代替废太子陈奏。康熙听了说你们奏得对,就把胤礽项上的锁链拿掉了[1]。当时诸皇子在攘夺储位,尔虞我诈,多对废太子落井下石,唯有胤祯维护胤礽的正当要求。他这样做,自有他的道理。废胤礽之后,胤禵、胤禩的地位明显地超越于众兄弟,胤祯很清楚,新太子轮不到他,而他同胤禩、胤禵等人关系一般,太子换人,对他不利,若太子依旧是胤礽,他们间是原有的君臣关系,与他没有损害,所以他才为废太子说话。

废太子时,胤祯与胤禩也维持良好的关系。胤祯知道胤禵、胤禟等私藏毒药,假如胤禩遭到不测,他们就和他同归于尽[2]。胤禵等让他知道他们的隐私,表明胤祯与他们平素有所往来,相互之间有谅解,他不便于得罪胤禩一伙。

---

① 《文献丛编》第3辑《胤禩胤禟案》。
② 《雍正朝起居注》,四年九月二十九日条。

康熙在迫不及待的心情下废黜太子,没有想到儿子们会那样激烈地争夺储位。他到京后,即于十七日,亲自撰写祭告天地、太庙、社稷文书,除说明罢黜胤礽的原因,还说"臣虽有众子,远不及臣"①,表示他对所有皇子都不大满意,无意于立即再立太子。同日宣布废太子事已告结束,谕令诸皇子安分守己,不得"借此邀结人心,树党相倾",否则断不姑容,并举出先年宗室褚英、莽古尔泰、阿敏等人案例,加以警告②。又告诫众臣,"凡非本王门上之人,俱不许在别王子阿哥处行走"③。严厉禁止皇子与朝臣结党营私。及至胤禔请杀废太子和张明德谋杀案的被揭露,康熙进一步感到事态的严重,屡屡劝谕诸子不要经营储位。十月初四日,他说:"众阿哥当思朕为君父,朕如何降旨,尔等即如何遵行,始是为臣子之正理。"又说:你们若是争竞不息,等我死时,"必至将朕躬置乾清宫内,尔等束甲相争耳!"④他想到齐桓公死,五公子停尸争位的可怕情景,不寒而栗,简直是哀求儿子们听话,然而没有人动心。十五日,胤祉告发胤禔厌胜的阴谋,给康熙巨大震动,使他把胤礽的不法行为,看成中了邪,有所原谅,第二天,就召见废太子和胤禩,并说自此之后,不提往事,胤礽亦迁至咸安宫安养。还在本月初一日,康熙宣称他对立太子的事已有成算,只是不告诉众人,也不让大家知道,到时候听他的安排就行了。朝臣中有人见召见胤礽,忖度康熙心理,以为废太子有复立的可能,密上条陈,加以保奏。十一月初八日,康熙告诉大臣不要妄意揣测,不要向废太子献殷情,立谁为太子,"在朕裁夺",臣下不得干预。可是,十四日命

---

①《清圣祖实录》卷 234,九月辛卯条。
②《清圣祖实录》卷 234,九月庚寅条。
③《清世宗实录》卷 45,四年正月甲子条。
④《清圣祖实录》卷 235,十月丙午条。

满汉文武大臣各自举荐太子,除大阿哥外,诸皇子都可入选,表示"众意属谁,朕即从之。"又下令大学士马齐不许参与此事。开始诸臣都说:"此事关系甚大,非人臣所当言",不敢遵命。这时有几个活跃人物,首先是马齐,他先到内阁,对另一大学士张玉书说:"众议欲举胤禩,"实际要众人保荐皇八子。领侍卫内大臣鄂伦岱、理藩院尚书阿灵阿、户部尚书王鸿绪、工部右侍郎揆叙暗中联结,于手掌书"八阿哥"以示众人,朝臣见此,相继推荐胤禩。康熙知后,大不以为然,马上收回徇从众人保举的诺言,转说立太子事情重大,你们还要尽心详议。又说不宜册立胤禩,第一,他没有办理过政事,缺少经验;第二,在太子问题上犯过罪,近又遭到处分;第三,他的生母是出身于辛者库的贱籍,因而不适宜做储君①。十六日,康熙释放胤礽,有意将他复立,并为安定众心,告诫他改恶从善,不许对揭发他的人打击报复,一定要"观性理之书,以崇进德业",以礼对待宗亲贵戚和大臣,为此特地讲了他的几个弟兄的好处,说胤禛"能体朕意,爱朕之心,殷情恳切,可谓诚孝。"胤祺"心性甚善,为人淳厚。"胤祐"心性举止蔼然可亲",胤禩"诸臣奏称其贤","必性好,不务矜夸"。希望胤礽同他们亲近②。次日,诸臣俱题本请复立胤礽,康熙考虑时机还不成熟,将题本留中,到第二年三月,重新册立胤礽为皇太子。这一次胤礽的废黜及复立,历时半年,始告结束。

康熙对拥立胤禩的事很注意,四十八年(一七〇九年)正月,追查首倡之人。开始群臣互相包庇,最后都查了出来。首领就是前述的马齐。此人为议政大臣,历任兵部、户部尚书,康熙赐给他

① 《清圣祖实录》卷235,十一月丙戌条;卷236,四十八年正月癸丑条。《清史列传》卷12《揆叙传》。
② 《清圣祖实录》卷235,十一月戊子条。

"永世翼戴"的匾额,视为亲信大臣。清朝制度,大学士中以一满人居首,马齐恰当其任。他位高望重,是以拥戴胤禩的主张,为百官尊从①。还有佟国维,是康熙的舅舅兼岳丈,早年为领侍卫内大臣、议政大臣,四十三年(一七〇四年)以年老解任。当康熙废胤礽后,立太子事正在进退维谷的时候,佟国维不能宽慰康熙,反而加以催促,说"此事于圣躬关系甚大,若日后易于措处,祈速赐睿断,若日后难于措处,亦祈赐睿断"②。意思是说康熙若不把此事赶快料理清楚,否则会有变故。康熙说众官听了他的话,都害怕起来,因而"欲立胤禩为皇太子,而列名保奏矣"③。这就是说佟国维对康熙施加压力,对胤禩被百官推荐有利。揆叙是已故大学士明珠的次子,承其父的遗风,交游颇广,很早就同胤禩相结识。他父亲是反太子党首领,太子见弃,他自然希望胤禩获胜,而不愿见胤礽复辟。阿灵阿是皇十子胤䄉生母温僖贵妃的弟弟,胤䄉与胤禩、胤䄔相好,这可能是他结交胤禩的一个原因。王鸿绪是一甲二名进士,为《明史》总裁官,成《明史列传》一书,曾因贪婪结党被弹劾罢官。贝子苏努,是清太祖长子褚英的曾孙,康熙说这一支与他的清太宗一支有仇,总想破坏他们父子兄弟的关系,以便遂其心意。这些人推崇胤禩,大约有两个原因:一是图拥立大功,为异日荣宠垫步。二是尊崇胤禩,因其主张仁义,礼贤下士,为诸大臣视为奇人④。

为废太子谋求复位的人,也怀有个人企图。康熙将诸臣请求

① 《清史列传》卷14《马齐传》。
② 《清史列传》卷11《佟国维传》;蒋良骐《东华录》卷21,中华书局1980年版,337页。
③ 蒋良骐《东华录》卷21,339页。
④ 《上谕内阁》二年八月二十二日谕云:"从前众皆保廉亲王为皇太子,视为奇人。"《雍正朝起居注》同日记作:"从前众皆奇异廉王,保为皇太子。"

胤礽复位的奏疏留中后，左副都御史劳之辨于十二月初八日密疏请将胤礽早日正位东宫，振振有词地说他"职司言路，不敢不披沥上陈"①。其实他是为向胤礽买好，正如康熙所说："将朕下旨已行之事，作为己功，行事甚为奸诡"②。

康熙把这些人的活动，一律看作是结党图私。他不许皇子谋取储贰，在废太子的当月，两次发出警告："诸阿哥中如有钻营谋为皇太子者，即国之贼，法断不容"③"诸阿哥倘有借此邀结人心，树党相倾者，朕断不姑容也"④。也就是说，皇帝喜爱谁就定谁为储君，这是皇帝的绝对权力，它同营求相对立，是皇帝所坚决反对的。康熙不许官僚辅助皇子谋求储位，害怕这些人将来居功专擅，皇权旁落。如指斥马齐谋立皇八子，"岂非欲结恩于胤禩，为日后恣肆专行之计耶！"⑤对于这些人还给以一定的惩罚，马齐夺职拘禁，其弟马武、李荣保并革退，责令王鸿绪休致，劳之辨革职，逐回原籍。康熙对这些人的打击，适可而止，没有兴大狱，因为胤禩既不得立，拥戴他的人不会得意，无须乎大惩治。此一方面说明康熙对待臣下宽厚，也说明废立胤礽，全按他的意志实现的，他人意见亦起一定影响，但不能操纵他。

康熙复立胤礽，不是听从某个臣下的意见，却是屈从了环境的安排。他废胤礽后，立即出现不可遏止的诸皇子争夺储位的局面，更严重的是外戚、贵胄和朝臣卷了进来，如果不迅速再立太子，激烈的争竞不可停息，也不能符合人们已经长期养成的国有储君的

---

① 《碑传集》卷20，《劳之辨传》附奏疏。
② 《清圣祖实录》卷235，四十七年十一月辛巳条。
③ 《清圣祖实录》卷234，九月壬寅条。
④ 《清圣祖实录》卷234，九月庚寅条。
⑤ 《耆献类徵》卷9《马齐传》。

习惯要求,这就决定康熙必须再立皇储。至于人选,都不如意,尤其不能容忍的是胤禔、胤禩的钻营储位,立胤禩以外的人,不符人望,诸皇子也不会服气。只有把原来的太子抬出来,众人也就说不出什么话了。五十三年(一七一四年),康熙回顾说:"朕前患病,诸大臣保奏八阿哥,朕甚无奈,将不可册立之胤礽放出"①。这是说的真心话。所以胤礽的再立,在某种意义上说,他是以嫡长的地位填补储位的真空,是康熙迫于形势,用以作为平息诸子争位的手段。

康熙进行太子废立,原意是要解决已经发展的储贰权力与皇权不相容的矛盾,但是没有成功。胤礽表示悔罪,同时又把责任推之他人,他说:"因为我的不善,人就利用来陷害我"②。他没有改恶从善的决心,而他的地位又使一些官僚向他靠拢,结党营私。皇帝与嗣君因废黜事件感情更趋恶化,矛盾不是解决了,而是加深了。

诸皇子与太子的关系也未得到改善。在这个事件中,大阿哥凶相毕露,被康熙处分最重,屡次下令严行看守,使他永远退出政治舞台。此后,如同行尸走肉,苟活到雍正十二年(一七三四年),悄悄地死去。十三阿哥、贝子胤祥,原是康熙爱子,事情一开始,就被圈禁革爵③,终康熙之世再未能有起色。胤禩一度被革爵,不久复还了。遭革爵,是耻侮;被推举,又是光彩;争夺储位,没有达到目的,总的看是受到一些挫折。其他的人得了好处。康熙为改善太子与诸兄弟的关系,为防止太子的打击报复,于再立胤礽的当

---

① 《清圣祖实录》卷261,十一月甲子条。
② 《清圣祖实录》卷235,四十七年十一月戊子条。
③ 《雍正朝起居注》,元年十一月二十五日条;弘旺《皇清通志纲要》卷4下,抄本,原书藏北京大学图书馆。

月,封胤祉、胤禛、胤祺为亲王,胤祐、胤䄉为郡王,胤禟、皇十二子胤祹、胤䄉为贝子。同年十月,给胤祉赐封号诚亲王,胤禛为雍亲王,胤祺为恒亲王,胤祐为淳郡王,胤䄉为敦郡王。他们都因此提高了政治地位。胤禛、胤祺原与胤祐、胤䄉比肩而坐,至是大不一样了,他们升到了臣下所能有的顶端。胤䄉不仅荣获世爵,而且得到胤禔原有的包衣佐领和浑托和人口的一半以及上三旗所分佐领的全部,使他成为受益最多的一个皇子。康熙的分封诸子,使他们地位提高,更有资本与胤礽进行斗争。太子险被夺嫡,对众兄弟自更怀恨,诸子自恃显贵,更不将太子看在眼里,他们之间的裂痕远比过去加大了。

康熙废立太子,一度造成政治混乱,加剧了皇室内部的矛盾,这是错误的政治举措,是一次失败的政治活动。

康熙因胤礽不争气和诸子的争夺储位,既羞愧,又气愤,生了重病。大臣中有问安的,不过虚应故事,不敢过问皇帝的健康,更有甚者,像佟国维那样胁迫建储,在摧残皇帝身体。只有胤禛和胤祉二人劝请就医,他们说:"皇父圣容如此清减,不令医人诊视,进用药饵,徒自勉强耽延,万国何所依赖。"又请求由他们来择医护理:"臣等虽不知医理,愿冒死择医,令其日加调治"[①]。康熙接受他们的请求,命他们同胤祺、胤裸检视药方和用药,经过治疗,恢复了健康。

胤禛在皇太子的废立事件中,基于自己替补的无望,采取维持旧太子地位的态度。他对乃父从身体上给予体贴;对胤礽表示关切,仗义直陈,疏通皇帝与废太子的感情;同夺嫡最力的胤裸亦保持某种联系,表面上既不反对,也不支持,骨子里不愿他得势;对其

① 《清圣祖文集》第3集卷14《谕宗人府》。

他兄弟也在皇帝面前频频上好话,或在人需要时给以支持,如康熙说他"为诸阿哥陈奏之事甚多"①,当胤祹、胤祥、胤䄉等封为贝子时,他启奏说,都是一般弟兄,他们爵位低,愿意降低自己世爵,以提高他们,使兄弟们地位相当。他如此做作,意在获取父皇的信任和各方面的好感。这是一次大的政治风浪,他在波涛中角逐,表演基本上是成功的,赢得了康熙的好感,特传谕旨表彰:"前拘禁胤礽时,并无一人为之陈奏,惟四阿哥性量过人,深知大义,屡在朕前为胤礽保奏,似此居心行事,洵是伟人。"胤禛听了,本应高兴,却表现出诚惶诚恐的样子,说他从来没有保过废太子,因而"皇父褒嘉之旨,臣不敢仰承"②。他深知此事关系重大,不便承担这个责任和领受这个功绩,免得将来太子出事而受牵连,也免得遭受众兄弟的嫉忌。这次斗争显示了胤禛的八面玲珑的政治活动才能,也使他得到了锻炼。

这时期,胤禛的被关押问题,现在已弄不清楚了。乾隆年间,胤祹的遗胤弘旺在《皇清通志纲要》中写道:"(康熙四十七年)九月,皇太子、皇长子、皇十三子圈禁。""十一月,上违和,皇三子同世宗皇帝、五皇子、八皇子(先君)、皇太子开释"③。胤礽、胤禔、胤禛、胤祥的被囚禁,前已说过,胤祉的拘执,亦有原因可寻。康熙在宣布废胤礽的第四天,谈到从京城征召胤祉的原因:"胤祉平日与胤礽甚相亲睦,所以召胤祉来者,因有所质问,并非欲拘执之也"④。说不因系,很可能后来案情发展把他拘捕了。胤祉告发胤禔使用厌胜法,所用的巫师就是他的属下人,很可能他为戴罪立功

---

① 《清圣祖实录》卷235,四十七年十一月辛卯条。
② 《清圣祖实录》卷235,四十七年十一月辛卯条。
③ 《皇清通志纲要》卷4下。
④ 《清圣祖实录》卷234,四十七年九月庚辰条。

才揭发的。胤禛和胤祺既被说成"开释",被捕过当没有问题。何以被关禁,由于材料的贫乏,很难说清楚了,但不妨揣测胤禛致祸的几种可能:一是替废太子说话,被视为太子党人而遭惩处;二是康熙怕年长的皇子谋变,把他们都暂时拘禁起来①,他也不能例外;三是他的两面派活动被康熙看出破绽的结果。

第三节 夺取储位的全面计划和活动

胤礽再次被立为皇太子之后,皇室内部,巩固皇位与提前继位,保卫和争取储位的斗争持续不断地进行着,作为雍亲王的胤禛,以更大的精力投入这个纷争之中,为他的嗣位创造了比较充分的条件。

(一)胤礽第二次被废及徒劳的复位活动

胤礽复立之后,照旧纠集党羽,扩充势力,很快在他的周围聚集了一批亲贵大臣,这中间有步军统领托合齐、兵部尚书耿额、刑部尚书齐世武、都统鄂缮、迓图、副都统悟礼等人。他不知接受先前教训,尊奉父皇,自我抑损,仍摆太子派头,饮食服御陈设等物,与皇帝相较,"殆有倍之"②。骄奢淫侈,贪黩货财,一样也没有改。常派家奴至各省富饶地区,勒索贡物和美女,如若稍微不能满足他的要求,就向皇帝诬告,给以惩罚③。太子如此作威作福,使官员

① 在年长的皇子中,从皇长子起到皇八子止,除皇六子早逝不计外,只有皇七子胤祐没有被捕,而胤祐在年长皇子中,是最没有政治活动能力的人。
② 《清圣祖实录》卷251,五十一年十月辛亥条。
③ 《李朝实录·肃宗实录》卷52,三十八年(康熙五十一年)十二月癸酉条,41册294页下。

难于措手足:若屈从太子,皇帝不乐意,立时可以致祸;若只奉承皇帝,不理会太子,储君嗣位之后会遭到惩罚,因此产生"两处总是一死"的不安情绪①。是以太子的胡作非为,不仅影响了皇帝的权威,还政出多门,产生政治的混乱和不安定。

胤礽实在昏暴,不会审时度势,不能自处,其实,他的地位很不巩固。康熙是不得已再立的他,这是许多人都清楚的,被罢斥回江南家乡的王鸿绪说:"我京中常有密信来,东宫目下虽然复位,圣心犹在未定。"曾在陕西作过道员的程兆麟、丁忧回原籍苏州的原东平州知州范溥在苏州、扬州等地预言:"东宫虽复,将来恐也难定"②。首都及江南的舆论都是如此,胤礽有何可恃?

康熙对胤礽的乍废乍立,已失乖张,再立之后,希望他能转好,不再出现废黜的败政,所以对太子的不法行为极力容隐。胤礽要责备的官员就替他责备,要处分的就处分,要驱逐的就驱逐,以满足他的愿望。只是对他不放心,不让他单独活动,每有巡幸,必令其随从,"使不得须臾离侧",③防止发生事变。

胤礽的弟兄可不顾及乃父的心情,对胤礽的复立,恨之入骨,非要攻倒他而后快。胤礽复位时,胤禩党人无限失望,阿灵阿甚至不想活了,但他们很快清醒过来,继续向胤礽挑战。据胤禛讲,揆叙利用他的家财,与阿灵阿等"合谋买嘱优童下贱,每于官民燕会之所,将二阿哥肆行污蔑"④。他们利用对方的弱点,制造倒太子的舆论,以影响皇帝的视听和决策。

---

① 《清圣祖实录》卷252,五十一年十一月丁未条。
② 《李煦奏折》,中华书局1976年版,80—81页。
③ 《李朝实录·肃宗实录》卷52,三十八年(康熙五十一年)十二月癸酉条,41册294页下。
④ 《清史列传》卷12《阿灵阿传》。

到五十年(一七一一年)十月,康熙再也不能容忍了,召集诸王文武大臣,说现今"诸大臣有为皇太子而援结朋党者",兵部尚书耿额是索额图家奴,欲为主人报仇,是索额图之党还未根绝,因此将鄂缮、耿额、齐世武锁拿审问①。这时有人告发托合齐不守礼法事,康熙命胤祉、胤禛、领侍卫内大臣阿灵阿、署内务府总管马齐等会同宗人府察审②。胤禛党人参与了对太子党人的审讯。一年后,康熙宣布胤礽罪状,加以废除。上谕说:胤礽"是非莫辨,大失人心";"秉性凶恶,与恶劣小人结党",不可不防这些小人的谋害;鉴于他的过恶"断非能改",不得不再行废黜。同时告诫诸臣,不许为胤礽保奏,"后若有奏请皇太子已经改过从善应当释放者,朕即诛之"③。对太子党人也作了处分,托合齐死于狱中,锉尸扬灰,伊子舒起绞监候。康熙的再废太子,当机立断,使胤礽不能作乱,减少他对政治的干扰是好的。他对太子防范甚严,也是必要的。但对太子的穷奢极欲和暴虐无道,不采取有力的制止措施,反而顺着他,以为如此可以"感悦伊心,冀其迁善"④。事与愿违,说明康熙对胤礽的认识并不透彻。

胤礽的再废,像前一次一样,是皇帝与储君、太子与皇子间的矛盾的产物,是一场权位之争。这场斗争使康熙又一次遭到不幸,用他的话说是"心思用尽,容颜清减"⑤。精神上的打击,体质上的消耗还不算什么,最主要的是胤礽废后,储位虚悬,诸子争夺不休,让他无休止地劳精费神地处理这种棘手问题。

---

① 《清圣祖实录》卷248,五十年十月壬午条。
② 《清圣祖实录》卷251,五十一年十月辛亥条。
③ 《清圣祖实录》卷252,五十一年十一月戊戌条。
④ 《清圣祖实录》卷251,五十一年十月辛亥条。
⑤ 《清圣祖实录》卷251,五十一年十月辛亥条。

废胤礽后的几个月,即五十二年(一七一三年)二月,左都御史赵申乔以太子为国本,请求册立。康熙说"建储大事,朕岂忘怀,但关系甚重,有未可轻立者。"具体理由是:立太子必得其人,"必能以朕心为心者",没有适合的人,立了反而不好,如胤礽之废黜;太子年长,容易结党为乱,以致出了本朝第一罪人索额图;诸皇子已经分封,手下人多,立了太子,难保不出太子与诸王的纠纷;本朝没有立太子的惯例,不立储贰也不是缺陷①。因此将赵申乔奏折发还,不准实行。不再立太子,是康熙晚年的基本方针。

东宫虚位,包括废太子在内的诸皇子都在营求太子印玺。"百足之虫,死而不僵"。胤礽毕竟拥有近四十年储君的历史,虽被囚禁,开始仍有复位的可能。据朝鲜人记录,五十二年(一七一三年)冬至五十三年(一七一四年)春,康熙对废胤礽有后悔的意思,五十二年会试,以放太甲于桐宫出题。太甲无道,被伊尹放置于桐宫,三年改过,迎还立之。因此,人们传说胤礽将要复位。恰在这时发生了德琳案件,德琳是胤礽下人,获罪流放关东,擅自行动,偷挖积银人参,罪上加罪,牵连胤礽不获谅解②。胤礽自己也在极力谋求。五十四年(一七一五年)四月,发生了准噶尔策妄阿拉布坦部众骚扰哈密的事件,康熙命吏部尚书富宁安督兵往讨。胤礽很快获知此事,希望利用这一机会跳出樊笼。当时有医生贺孟頫为胤礽福晋看病,出入府门,胤礽亲自使用矾水写信,由他交给正红旗满洲都统公普奇,希望他保举自己为大将军,企图以出征恢复旧日的储位。矾水写字可以瞒人眼目,哪知竟被辅国公阿布兰探听了去。阿布兰对揭发与否,犹豫不决,胤禩集团的贝子苏努

① 《清圣祖实录》卷253,五十二年二月庚戌条。
② 《李朝实录·肃宗实录》卷55,四十年(康熙五十三年)正月乙巳、三月辛亥、戊辰条,41册347页上、348页下、349页上。

要他检举,阿布兰遂行告发,生出"矾书案"。从前哲布尊丹巴胡土克图说过胤礽"灾星未脱"的话,这时胤礽打听这位活佛何时来京,以便再问前程。这件事也被当作不安本分被揭发了。外间流传"皇上有褒奖二阿哥之旨",也成为胤礽和普奇的罪状①。经过审讯,贺孟頫斩监候,普奇照前拘禁。胤礽图谋出征的心机枉费了。

朝中大臣主动为胤礽进行再次复位活动的亦颇有人。大学士王掞,祖父王锡爵是明朝万历时首辅,曾连章奏请册立神宗长子朱常洛为太子,反对立神宗宠妃郑贵妃的儿子朱常洵,得到成功。康熙因王掞关系,赐王锡爵"懋勤贻范"的匾额。王掞对皇帝感恩图报,觉得不是尊奉旧规、履行一般行政事务就可以报答的②,决心做"天下第一事"③,效法乃祖"争国本",遂于五十六年(一七一七年)五月向康熙密陈建立太子的重要:"伏愿皇上深念国本之重,察德慧福泽之所钟,念困心衡虑之已久,手颁诏谕,早定储位,则宗社幸甚,臣民幸甚!"④他没有明说复立胤礽为太子,既然学其先人,实际就是要立嫡长。所以弘旺在其著作中谈及此事,直截了当地说"王掞奏保皇太子"⑤。同年十一月,康熙有病,御史陈嘉猷等八人怕发生变故,公同疏请册立太子。康熙以大学士与御史启奏同一事情,是要搞朋党,加以申斥。他们的奏疏中,有请皇帝与太

---

① 《清圣祖实录》卷266,五十四年十一月庚子条;卷277,五十七年正月庚午条。《上谕内阁》,二年闰四月十四日谕。

② 《耆献类征》卷11,钱大昕撰《王掞传》。

③ 《耆献类征》卷11,袁枚撰《王掞传》。

④ 《文献丛编》第4辑《康熙建储案·王掞奏折(一)》。

⑤ 《皇清通志纲要》卷4下。关于王掞保举谁的问题,澳大利亚墨尔本大学教授金承艺在《胤禛:一个帝梦成空的皇子》(载台北《中央研究院近代史研究所集刊》第6期,1977年出版)一文中,认为保的是胤禛(即胤禵),但缺乏论据,故不取其说。

子分理政事的内容,康熙大不以为然,说"天下之事,岂可分理乎?"①显然是怕大权旁落而不立太子。诸臣为胤礽复立所进行的活动,遭到了失败。

五十七年(一七一八年)正月,又有翰林院检讨朱天保奏请复立胤礽为太子。他说二阿哥原本"仁孝",如今于拘禁处甚为安静,是"圣而益圣,贤而益贤",堪为太子②。又引汉武帝戾太子事件为鉴戒,说"储位重大,未可移置如棋,恐有藩臣旁为觊觎,则天家骨肉之祸,有不可胜言者"③。康熙见了很动感情,"欷歔久之",但是阿灵阿说"朱某之疏,为希异日荣宠地步"④。康熙转认为朱天保取媚于胤礽,"希图侥幸取大富贵"⑤,将之处斩,并牵连他的父亲、原兵部侍郎朱都讷、姐丈戴保、副都统常赉、内阁学士金宝、都统齐世等人,使他们遭到流放、革职等处分。这就给谋复胤礽的势力一个重大打击。

六十年(一七二一年),是康熙登基一甲子大庆,二月十七日,王掞借机又一次上疏,请求建储,说"臣愚以为皇上于启后之计,尚不能不仰烦睿虑也"⑥。不到一个月,即三月十三日,监察御史陶彝等十二人疏奏,亦说"宝历周初,万年伊始,恭请早定储位,以光大典"⑦。这是五十六年大学士和御史先后上书请建储君的重演,引起康熙震怒,痛诋王掞、陶彝等沾染明季恶习,植党希恩,责令王掞交代目的,时值初春,天气尚寒,王掞待罪在宫门外,铺纸石

① 《康熙朝起居注》,五十六年十一月二十六日条。
② 《康熙朝起居注》,五十七年正月二十、二十一日条。
③ 昭梿《啸亭杂录》卷4《朱检讨上书事》。
④ 昭梿《啸亭杂录》卷4《朱检讨上书事》。
⑤ 《清圣祖实录》卷277,五十七年正月庚午条。
⑥ 《文献丛编》第4辑《康熙建储案·王掞折(四)》。
⑦ 《文献丛编》第4辑《康熙建储案·陶彝等折》。

阶上,以唾液研墨,书写奏折,申明不敢唆使台臣启奏①。康熙余怒不息,说"六十年大庆,大学士王掞等不悦,以朕衰迈,谓宜建储,欲放出二阿哥,伊等借此邀荣"②。又说王掞等既称为国为君,西北正在用兵,应发往军前效力。于是陶彝等十二人应罚前去,康熙以王掞年过七十,命其子少詹事王奕清代往。这是六十年庆典中不愉快的插曲。

"矾书案"以及王掞、陈嘉猷、陶彝、朱天保建储疏议遭拒绝,无不表明康熙无意于再立胤礽。他手书谕诸大臣:"二阿哥两次立为皇太子,教训数十年不能成就,朕为宗社及朕身计,故严行禁锢,所以不杀者,恐如汉武帝之后悔,致后人滋以口舌也。朕并无可悔之处,见今时常遣人存问,赉赐嘉物,其子朕为抚养,凡此皆为父子之私情,不能自已,所谓姑息之爱也,人何得以此生疑耶"③!他照顾胤礽的家属,给以亲王待遇。五十七年(一七一八年)四月,胤礽福晋病死,按规定,亲王福晋可用二十名侍卫穿孝,胤礽无侍卫,康熙特命步军统领隆科多率领三十名侍卫去穿孝,超过了对亲王的规定。礼部不敢为她奏请祭文,康熙命翰林院撰写,秋后致祭。五十九年(一七二〇年)封胤礽女为郡主,壻为和硕额附,这是给她以亲王女待遇。这样做,康熙固然是嘉奖胤礽福晋"秉资淑孝,赋性宽和"④,及照顾自己孙女,更重要的是他怕出现第二个汉武帝戾太子事件,遭人议论,落个"不慈"的恶名。

上述一系列事实说明,胤礽自第二次见废之后,仍因有过太子的历史和嫡长子的地位,具有一定的政治影响,本人及部分朝臣在

① 《耆献类征》卷11,袁枚撰《王掞传》。
② 《清圣祖实录》卷291,六十年三月丙子条。
③ 《清圣祖实录》卷291,六十年三月丙子条。
④ 《清圣祖实录》卷279,五十七年五月己巳条;卷280 七月壬子条。

为他请命。但他使康熙失望了,复位绝无可能。为此而进行的一切活动,都是徒劳的。有一点似可注意,自胤礽二次被废之后,诸皇子的攘夺储位,虽也同胤礽有一定矛盾,然而是各自谋取太子,不再具有夺嫡的性质。

(二)胤禩继续谋立和嗣位之无望

胤禩集团在复废胤礽中起了一定作用,其时,胤禩从初次废黜时众人保举他的事实出发,以为有再次推举的可能,因向康熙问道:我如今应怎样做? 要不就装病,免得再有保荐我的事情。康熙说他是试探自己对他的看法,所说的话是越分的不法之言,回绝了他①。他想当皇太子,没有成功,仍继续活动。

当时的形势对他有利。胤礽再黜,不立太子,他有着被群臣公举的历史,若一旦康熙亡故,他就会被朝臣拥护上台。故康熙揭露说:胤禩"谓朕年已老迈,岁月无多,及至不讳,伊曾为人所保,谁敢争执,遂自谓可保无虞矣"②。

康熙看到这种情况,及时地给胤禩集团以棒喝。复废太子的当年十一月,康熙出外打猎,住在京北的遥亭,胤禩因生母二周年忌辰出京祭祀,完毕后住京北的汤泉,不赴行在请安,只派人送去将死的鹰,并说他即将回京。康熙见状,认为这是故意藐视自己,气得心脏病要发作。为此对他大张伐挞,指责他"不孝不义",与鄂伦岱、阿灵阿等结成党羽,密行奸险。康熙把胤禩与胤礽作了比较,说"二阿哥悖逆,屡失人心;胤禩则屡结人心,此人之险百倍于二阿哥也。"康熙看得很准确,也正因此,不喜欢胤禩结人心图位,

---

① 《清圣祖实录》卷261,五十三年十一月丙寅条。
② 《清圣祖实录》卷261,五十三年十一月甲子条。

更害怕他篡位,心情不安地说:胤禩"党羽甚恶,阴险已极,即朕亦畏之。"他怕胤禩搞逼宫,说"朕恐后日必有行同狗彘之阿哥,仰赖其恩,为之兴兵构难,逼朕逊位而立胤禩者。"他表示:"若果如此,朕惟有含笑而殁已耳"①。他意识到胤禩的能量大,必须认真对付,给予打击。胤禩的奶公雅齐布夫妻,本被充发边地,恃势潜藏京城,康熙早就知道,这时派人回京捕拿正法。五十四年(一七一五年)正月,以胤禩"行止卑污,凡应行走处俱懒惰不赴"的罪名,停发他及其属下护卫官员的俸银俸米②。康熙以此表明,废胤礽,不是要立胤禩,他们都不合储君的要求。

胤禩一伙仍然加紧活动,阿灵阿认为胤禩年庚是庚戌己丑丁未壬辰,与前代帝王相同,即有君主的福分③。他们扩大势力,不断网罗人员。湖广总督满丕是胤禟的属人,他向主子报效二万两银子,胤禟用它替胤禵建造花园。两江总督赫寿在江南采买女子送给胤禩④。胤禟收买太监陈福、李增,伺察康熙动静⑤。西洋人穆景远代表胤禟向四川巡抚年羹尧送荷包,说"胤禟像貌大有福气,将来必定要做皇太子的,皇上看他也很重"⑥,希望年羹尧为胤禟效力,实即参加胤禩集团。年羹尧是雍亲王门下,胤禟挖人挖到他那里,可见活动规模之大了。胤禟富有财产,他的太监何玉柱往关东私刨人参贩卖,在天津开木行⑦。他的富有,为胤禩集团提供了活动经费。

---

① 《清圣祖实录》卷261,五十三年十一月甲子、乙丑条。

② 《清圣祖实录》卷262,五十四年正月丙寅条。

③ 《雍正朝起居注》,二年十月二十八日条。

④ 《关于江宁织造曹家档案史料》,中华书局1975年版,210—213页。

⑤ 《文献丛编》第1辑《允禩允禟案·秦道然供词》。

⑥ 《文献丛编》第1辑《允禩允禟案·穆景远供词》。

⑦ 《文献丛编》第1辑《允禩允禟案·秦道然供词》。

他们制造舆论,扩大影响。胤禩的门客礼科给事中秦道然常对人说他的主公,"为人宽洪大量,慈祥恺悌"①。胤禩亲自对穆景远讲:"外面人都说我合八爷、十四爷三个人里头有一个立皇太子"②。五十六年(一七一七年)社会上流传着将立胤禩等人为太子的说法,可能就是他们自己编造的。

　　胤禩集团越活动,越引起康熙的警惕,越打击胤禩。五十四年(一七一五年)十一月,康熙将胤禩门客何焯的翰林院编修、进士、举人尽行革除,罪名之一是他把当今的文章比作万历末年的文字,侮辱了圣朝③。康熙还在胤禩给何焯的信上批道:"八阿哥与何焯书,好生收着,恐怕失落了"④。把它看作是胤禩的罪证,处分何焯,实际是给胤禩难堪。次年九月,胤禩得了伤寒病,大有离世之态,这时康熙正从热河往京城进发,准备去西郊的畅春园。康熙给几个儿子赐了花园,就在畅春园附近,胤禩的园子,在从热河到畅春园的必经路上。康熙未到之先,打发人传旨给料理胤禩病务的胤禛、胤䄉,"将胤禩移回家中之处,著诸皇子议奏。"胤禛见此询问,就要将住在赐园内的胤禩移回城里府中,胤禩不同意,愤怒地说:"八阿哥今如此病重,若往家中,万一不测,谁即承当?"康熙闻知后说:八阿哥已不省人事,若欲移回,"断不可推诿朕躬令其回家"⑤。诸皇子明白康熙的意思,是要把胤禩转移到城里,让父皇经过他的花园时,不会碰到不吉祥的事。因康熙教训过儿子们:"汝等皆系皇子王阿哥,富贵之人,当思各自保重身体,诸凡宜忌

---

① 《文献丛编》第1辑《允禩允禟案・秦道然供词》。
② 《文献丛编》第1辑《允禩允禟案・穆景远供词》。
③ 《清圣祖实录》卷266,五十四年十一月癸卯条。
④ 《掌故丛编》第6辑《胤禩给何焯书信》。
⑤ 《清圣祖实录》卷269,五十五年九月辛巳条。

之处,必当忌之,凡秽恶之处,勿得身临,譬如出外,所经行之地,倘遇不祥不洁之物,即当遮掩躲避。古人云:千金之子,坐不垂堂。况于尔等身为皇子者乎?"①康熙以自己为重,不顾重病的胤禔的死活,可见父子感情决裂的程度了。不久胤禔病愈,康熙大约觉得自己的做法太不慈爱了,于是恢复胤禔的俸银俸米,并问他病后想吃什么:"朕此处无物不有,但不知与尔相宜否,故不敢送去。"皇父用"不敢"二字,皇儿哪敢承受,故胤禔到宫门内跪求免用此二字。康熙又责备他"往往多疑,每用心于无用之地","于无事中故生事端"②。真是话不投机半句多。双方芥蒂太深,各存疑心,怎么也合不拢,康熙还怎么会立胤禔为太子呢!所以愈往后,胤禔离太子的宝座愈远。如果说还有一线希望的话,则在于尚得人心,还有一定的政治力量。

(三) 胤禵的觊觎储位及渐为康熙所赏识

胤禔受挫之时,他的集团中的胤禵活跃起来,积极谋取储位。五十七年(一七一八年)以前,广泛联络士人,如接见大学士李光地的门人翰林院编修陈万策时,"待以高坐,呼以先生。"李光地是理学名臣,康熙在建储问题上屡次征求他意见,胤禵企图通过陈与李联系,并以此取得士人和官僚的好感,为自己传播声誉,所以当时社会上流传"十四爷虚贤下士"的说法,当然,人们也看得出来,这是"颇有所图"③——谋取皇储的。

正在这时,西北战事的发展,给了胤禵在政治上大露头角的机会。策妄阿拉布坦扰乱以来,康熙调兵遣将前往征讨,五十六年

---

① 《庭训格言》。
② 《清圣祖实录》卷271,五十六年正月甲申条。
③ 《文献丛编》第3辑《戴铎奏折(五十七年折)》。

(一七一七年)三月,任命富宁安为靖逆将军、傅尔丹为振武将军、祁里德为协理将军,分路戍守,准备进攻,但没有任命统领前方部队的司令官。同年七月,富宁安疏报军情,康熙见奏,说我年老了,血气渐衰,就把这个事拖延下来了,若是我少壮时,早已成功了。他说的是事实,平定三藩和噶尔丹,就是明证。如今年事已高,又有储位不定的头痛事,不能集中精力对付边疆的叛乱。有心启用皇子领兵,下命将富宁安的奏疏给诸皇子观看①。五十七年(一七一八年)春天,策妄阿拉布坦属下策零敦多卜进攻西藏,藏王杜尔伯特蒙古人拉藏汗请求清朝发兵救援,康熙命侍卫色楞会合驻守在青海的西安将军额伦特部军士前往援助,策零敦多卜先行攻入拉萨,控制了西藏地区。这时不仅战争地区扩大了,更严重的是准噶尔人掌握了西藏喇嘛教,对清朝极其不利。大漠南北及西北地区的蒙古人都尊奉喇嘛教,清朝历来利用它,作为统治、联络蒙古人的一个工具,它被准噶尔人夺去,意味着北部边疆的不稳定,所以康熙决心解决西藏问题。这一年的三月,将胤禵由贝子超授王爵,并任命为抚远大将军②,准备往西边出征。九月,西安将军额伦特阵亡。十二月,康熙命胤禵率师出发。同时为提高八旗战斗力,任用皇子办理旗务,命胤祐管理正蓝旗满洲、蒙古、汉军三旗事务,胤祺和胤祹分别主持正黄旗三旗、正白旗三旗事务。这是对皇子将兵作了统一的安排。胤禵出师,康熙高度重视。出发前,他亲往堂子行祭告礼,出师这一天,登太和殿向胤禵授大将军敕印,胤禵乘马出天安门,诸王及二品以上文武官员都到德胜门军营送行。根据康熙的命令,胤禵"用正黄旗旗纛,照依王纛式样"③。胤禵在

---

① 《清圣祖实录》卷273,五十六年七月辛未条。
② 《皇清通志纲要》卷4下。
③ 《抚远大将军奏议》。

军中称"大将军王",所上奏章及皇帝的谕旨都这样称呼他。他做抚远大将军,官职非常明确,他在三月封王,这里又说用王纛式样的旗子,是按王爵对待,他究竟封的什么王,有无赐号,史料无征,即在他自己的奏疏中也只说"大将军王臣",从未见有王号。估计康熙封他为王了,但一直未给名号,有点类于"假王"①。大约是因他年未富而无功,由贝子一跃为王,怕他的尚未有王爵的哥哥们不服,可是统帅又要有崇秩以便号令全军,所以先赐以王的名爵。随同胤禵出征的,有所谓"内廷三阿哥",即弘曙、弘治、弘禧②,都是康熙的孙辈,还有平郡王讷尔苏、裕亲王保泰子广善、简亲王雅尔江阿子永谦,都是皇室帝胄,因此康熙说此次出兵,是"命皇子为大将军王,又遣朕子孙等调发满洲、蒙古、绿旗兵各数万……"③这个阵容反映了他对胤禵出征的重视。

五十八年(一七一九年)三月,胤禵驻扎西宁,奉康熙指令,以与京城相隔辽远,军事相机调遣。他统帅驻防新疆、甘肃、青海的八旗、绿营,声称三十万④,实际十数万大军⑤,并指挥当地蒙古人部队。康熙给青海厄鲁特罗卜藏丹津降旨,说"大将军王是我皇子,确系良将,带领大军,深知有带兵才能,故命掌生杀重任,尔等或军务,或巨细事项,均应谨遵大将军王指示,如能诚意奋勉,即与我当面训示无异"⑥。

---

① 《永宪录》记载,雍正元年五月封胤禵为郡王,下注云:"未赐封号。注名黄册,仍称贝子"(119页)。将封王而未赐号的情况区别开来,可作康熙对胤禵封王的参考。
② 《抚远大将军奏议》。
③ 《清圣祖文集》第4集卷23,《平定西藏文》。
④ 《清圣祖实录》卷284,五十八年四月乙巳条。
⑤ 参阅《清史杂考·胤祯西征纪实》,中华书局1963年版,198页。
⑥ 《抚远大将军奏议》。

胤禵到军前,一面整顿内部,题参办事不力的料理西宁兵饷的吏部侍郎色尔图、包揽运米之事的笔帖式戴通、贪婪索诈的都统胡锡图,一面遣兵戍守河西走廊。把重点放在对西藏用兵上。他做了达赖六世的工作。达赖五世死,拉藏汗迎立博达克山出生的阿旺伊什嘉穆错为达赖,青海厄鲁特不服,迎立里塘出生的罗布藏噶尔桑嘉穆错,驻西宁宗喀巴寺,康熙因策零敦多卜乱藏,封罗布藏噶尔桑嘉穆错为弘法觉众第六世达赖喇嘛,不承认被策零敦多卜因禁的阿旺伊什嘉穆错。胤禵使达赖六世传谕西藏、四川、云南的藏人,说皇帝派皇子领兵,"扫除准噶尔人,收复藏地,以兴黄教",应该欢迎清军的到来①。五十九年(一七二〇年)正月,平逆将军延信由青海、定西将军噶尔弼由川滇两路向西藏进军,胤禵进驻穆鲁斯乌苏,调遣官兵,办理粮饷。十月,噶尔弼军入拉萨,延信屡败策零敦多卜部众,清除了准噶尔人势力,安定了西藏。清军护送达赖六世至拉萨,举行了坐床仪式。西藏战乱的结束,作为前线统帅的胤禵立了大功,康熙命立碑纪念,当时作碑文的是阿布兰,胤禛即位后,说阿布兰的碑文"并不颂扬皇考,惟称大将军胤禵功德"②,将碑毁掉,另撰新文。应该说阿布兰的碑文是反映胤禵战功的,因碑毁,使后人失掉了了解他的功绩的具体资料。

在策妄阿拉布坦领区,清军一直没有进展,军士因病死亡的不断发生③。六十年(一七二一年)十月,康熙令胤禵回京,面授西北用兵的方略,十一月胤禵到京,康熙令胤祉、胤禛率领内大臣郊迎,次年四月辞赴军前。

① 《抚远大将军奏议》。
② 《雍正朝起居注》,二年闰四月十四日条。
③ 《李朝实录·景宗实录》卷2,肃宗四十六年(康熙五十九年)九月丁丑条,42册13页上。

胤禵在第一次离京之前,为争储位事,对京中政局很不放心。他对胤禩说:"皇父年高,好好歹歹,你须时常给我信儿"①。皇父"但有欠好",就早早带信给我②。他倒不一定是关心乃父的健康,而是为自己相机行事。自胤禵有大将军之任命后,胤禩集团积极支持他,希望他能步入东宫,胤禩赞胤禵"才德双全,我兄弟内皆不如,将来必大贵"③,为之延誉。又当面对他表示:"早成大功,得立为皇太子"④。及至六十年,胤禵回京述职,胤禩怕不让胤禵再赴军前,说"皇父明是不让十四阿哥成功,恐怕成功之后,难于安顿他"⑤。说明胤禩、胤禵是把出师看作争取储位的好机会。

　　胤禵在西北,继续招贤纳士,数次派人礼聘著名学者李塨。对自己前途很关心,五十八年(一七一九年)让临洮人张恺算命,张恺故意奉承,说他的命是"元武当权,贵不可言,将来定有九五之尊,运气到三十九岁就大贵了"⑥。胤禵生于二十七年(一六八八年),这时三十二岁,听了张恺的许愿,以为数年后可以龙飞九五,自然很高兴,称道他"说的很是"⑦。胤禵同其他皇子一样,垂涎未来的御座。

　　胤禵被任为大将军,是胤礽求之而不得的。他的大将军,权重位尊,远远超过清初统一中原、平定三藩所任用的那些大将军。胤禛说他"妄自尊大,种种不法,我朝大将军如此行事者,从未之闻

①　《文献丛编》第1辑《允禵允禩案·秦道然供词》。
②　《文献丛编》第1辑《允禵允禩案·穆景远供词》。
③　《文献丛编》第1辑《允禵允禩案·何图供词》。
④　《文献丛编》第1辑《允禵允禩案·秦道然供词》。
⑤　《文献丛编》第1辑《允禵允禩案·秦道然供词》。
⑥　《文献丛编》第1辑《允禵允禩案·张恺供词》。
⑦　《文献丛编》第1辑《允禵允禩案·张恺供词》。

也"①。适见他之不同于众的奇特地位。因此,在当时人的观念里,把这大将军视作向皇太子过渡的一个步骤。但是要走完这个里程,须要完成军事目标,对藏用兵的成功,便前进了一步,对准部的毫无进展,则难于达到目的。再说他还只是没有赐号的王,从等级制度看,与太子地位尚有距离。

胤禵远处西北边隅,对他立为皇太子有所不利,胤禛曾说康熙春秋已高,不可能立远离身边的胤禵②。不能说没有道理。康熙年老多病,如果一心要立胤禵,让他领军出征,多少立点功劳,即可在西藏事毕后令其返京,何必要他长驻西北。或许有人会说,京中斗争激烈,胤禵在首都不安全,令其外出,倒合"申生在内而危,重耳在外而安"之意,可是后来实践证明,在外并不安全,有兵权也无济于事。

总之,胤禵是一位较有才能的、积极谋取储位的皇子,他逐渐为乃父所喜爱,有可能成为皇储,但还不是未正名号的皇太子。与他激烈争夺储位的,还有能人,一是他的同胞手足胤禛,另一个是胤祉。

(四) 胤祉的"希冀储位"

皇三子诚亲王胤祉,在胤禔、胤礽出事之后,年龄最长,又受封王爵,在诸兄弟中具有特殊地位。五十二年(一七一三年),康熙命他负责修辑律吕、算法诸书,在畅春园蒙养斋开馆。他大量吸收著名学者参加工作。进馆的有陈梦雷,康熙亲书"松高枝叶茂,鹤

---

① 《上谕内阁》,三年六月初七日谕。
② 《大义觉迷录》卷3。

老羽毛新"联句赐给他,他著有《松鹤山房集》、《天一道人集》等书①。方苞是桐城派散文创始人,胤祉以下都尊敬地称他为先生②。还有魏廷珍、蔡升元、法海等人。他们工作的范围比较广,除编书外,奉命重修坛庙宫殿乐器。胤祉提出制历法,要测北极高度,康熙准行,分遣何国栋、索住、白映棠等赴广东、云南、四川、陕西、河南、江西、浙江测量北极高度及日影③。他们撰写的书,康熙赐名《律历渊源》,又编辑我国第二部大类书《古今图书集成》。开蒙养斋馆,皇帝重视,对它的主持人胤祉,人们自然刮目相看。开馆那年的十一月,朝鲜君臣论清朝政事,有人说"十三王、第三王又称以抚军监国"。④ 胤祉未曾抚军监国,外间如此流传,足见他曾名播遐迩。

五十六年(一七一七年)冬天,皇太后生病及死亡期间,康熙也身患重病,不能照料皇太后医药及丧葬事务,恒亲王胤祺因系皇太后所抚养,要求代替乃父料理,康熙不答应,却让胤祉、胤禛、胤祹、胤禄协助自己⑤,适见胤祉及胤禛在康熙心目中的较高地位了。

在胤祉得意的时候,他的属人孟光祖,打着主子的旗号,到山西、陕西、四川、湖广、广西等地活动,代表诚亲王向川抚年羹尧赠送礼物,年羹尧回赠马匹银两⑥,江西巡抚佟国勷亦送给他银两缎

① 《耆献类徵》卷116,陈寿祺撰《陈梦雷传》。
② 《耆献类徵》卷69,全祖望撰《方苞神道碑铭》。
③ 《清圣祖实录》卷260,五十三年十月己巳条;卷261,十一月辛亥条。
④ 《李朝实录·肃宗实录》卷54,三十九年(康熙五十二年)十一月丙寅条,41册341页下。
⑤ 《康熙朝起居注》,五十六年十二月初四、初五、初六、十三诸日,二月三十日,三月十三日、十四日。
⑥ 《清史列传》卷13《年羹尧传》。

匹。清朝制度,王阿哥差人赐属下外任官物件,该官即应奏报中央,佟国勷等都没有上报,直到孟光祖活动数年,直隶巡抚赵弘燮始行奏闻。清朝制度,过往官员要有勘合,地方官才能供应车船马骡,孟光祖没有勘合,却能通行无阻,是地方官惧怕王阿哥势力,不敢不奉承他们的属人。此事由康熙帝直接过问,派人捉拿孟光祖,将之处斩,并把佟国勷革职,年羹尧革职留任。对孟光祖是否为胤祉派出一事,康熙不予追问,还怕胤祉落个不好名声,对魏廷珍说:你"每日与三阿哥一处修书,若有此事,即当以身命保之"①。孟光祖的活动,是否系其主子胤祉指使,不好肯定,但一主一奴,孟活动数年,胤祉很难说不知道。江南武进县有名叫杨道昇的人,被人认为"颇通才学,兼通天文",胤祉把他请到府里②。这里说他通天文,就是表示胤祉通过杨道昇了解自己获取大位的可能。胤禛曾责备胤祉,"希冀储位",在废胤礽后,"以储君自命"③。

胤祉以温文尔雅的学者面貌出现在政治舞台上,亦为康熙所喜爱,他也想摘取东宫印授,不过活动不那么剧烈。

(五) 胤禛结党谋位

诸皇子的营求储位,雍亲王胤禛毫不让人,但他的表现方式多少与众不同。

胤礽第二次出事,储贰的事牵动着胤禛的每一根神经,他为自己的未来而奋斗,进行着有纲领有计划的经营。他的方针、策略见

---

① 《康熙朝起居注》,五十六年三月初五日条;《清圣祖实录》卷270,五十五年十二月壬寅;卷271,五十六年二月丁酉;卷272,四月癸卯,五月庚申;卷273,七月辛酉;卷280,五十七年八月癸未条。

② 《文献丛编》第3辑《戴铎奏折(康熙五十七年折)》。

③ 《上谕内阁》,八年五月二十四日谕。

于属人戴铎于五十二年(一七一三年)写给他的书启。戴铎写道:

当此君臣利害之关,终身荣辱之际,奴才虽一言而死,亦可少报知遇于万一也。谨据奴才之见,为我主子陈之:

皇上有天纵之资,诚为不世出之主;诸王当未定之日,各有不并立之心。论者谓处庸众之父子易,处英明之父子难;处孤寡之手足易,处众多之手足难。何也?处英明之父子也,不露其长,恐其见弃,过露其长,恐其见疑,此其所以为难。处众多之手足也,此有好竽,彼有好瑟,此有所争,彼有所胜,此其所以为难。而不知孝以事之,诚以格之,和以结之,忍以容之,而父子兄弟之间,无不相得者。我主子天性仁孝,皇上前毫无所疵,其诸王阿哥之中,俱当以大度包容,使有才者不为忌,无才者以为靠。昔者东宫未事之秋,侧目者有云:"此人为君,皇族无噍类矣!"此虽草野之谚,未必不受此二语之大害也。奈何以一时之小忿而忘终身之大害乎?

至于左右近御之人,俱求主子破格优礼也。一言之誉,未必得福之速,一言之谗,即可伏祸之根。主子敬老尊贤,声名实所久著,更求刻意留心,逢人加意,素为皇上之亲信者,不必论,即汉官宦侍之流,主子似应于见面之际,俱加温语数句,奖语数言,在主子不用金帛之赐,而彼已感激无地矣。贤声日久日盛,日盛日彰,臣民之公论谁得而逾之。

至于各部各处之闲事,似不必多于与闻也。

本门之人,受主子隆恩相待,自难报答,寻事出力者甚多。兴言及此,奴才亦觉自愧。不知天下事,有一利必有一害,有一益必有一损,受利受益者未必以为恩,受害受损者则以为怨矣。古人云:不贪子女玉帛,天下可反掌而定。况主子以四海为家,岂在些须之为利乎!

至于本门之人,岂无一二才智之士,但玉在椟中,珠沉海底,即有微长,何由表现。顷者奉主子金谕,许令本门人借银捐纳,仰见主子提拔人才之至意。恳求主子加意作养,终始栽培,于未知者时为亲试,于已知者恩上加恩,使本门人由微而显,由小而大,俾在外者为督抚提镇,在内者为阁部九卿,仰籍天颜,愈当奋勉,虽未必人人得效,而或得二三人才,未尝非东南之半臂也。

以上数条,万祈主子采纳。奴才身受深恩,日夜焚祝。我主子宿根深重,学问渊宏,何事不知,何事不彻,岂容奴才犬马之人刍荛之见。奴才今奉差往湖广,来往似需岁月。当此紧要之时,诚不容一刻放松也!否则稍为懈怠,倘高才捷足者先主子而得之。我主子之才智德学素俱,高人万倍,人之妒念一起,毒念即生,至势难中立之秋,悔无及矣。

胤禛阅后,写了如下批语:

语言虽则金石,与我分中无用。我若有此心,断不如此行履也。况亦大苦之事,避之不能,尚有希图之举乎?至于君臣利害之关,终身荣辱之际,全不在此,无祸无福,至终保任。汝但为我放心,凡此等居心语言,切不可动,慎之、慎之。①

戴铎的建言,首先分析政治形势,明确奋斗目标。深知胤礽再黜储位未定之时,诸皇子争夺激烈,谁活动有力,谁就有可能夺标,所以这时是"利害之关,终身荣辱"之际,因此一定要参加角逐,争取不世之荣。方针确定了,要有行之有效的办法。戴铎提出的是:一要生方设法,取得康熙的宠爱。二要以废太子凌虐昆季为戒,妥善处理好弟兄关系。三要加意联络百官,尤其是康熙亲信重臣,对地位

---

① 《文献丛编》第3辑《戴铎奏折一》。

较低的近侍和汉人官僚也不要放过,用他们为自己造舆论,把胤禩所有的好名声夺过来,对皇帝考虑继承人施以影响,以利对胤禛的选择。四要大力培植雍邸人才,为建立江山的基干;放他们出门,谋求朝内外的要职,为夺取江山奠定基础。戴铎的书信,向胤禛全面提出争取储位的纲领、策略和措施。胤禛的批语是半真半假。他认识到戴铎对形势分析的精当,争位的策略、方法较为完善和巧妙,完全可以接受和实践,而且在戴铎建议以前,已经帮助门下外出做官,扩大势力和影响,加紧了争位活动,现观戴铎的全面规划,当然喜之不胜,奖为"金石"之言,乐于采纳了。至于"与我分中无用",做皇帝是"大苦之事",实是欺人之谈。他当皇帝后多次重述这类话,什么"朕向无希望大位之心"①,"朕在藩邸时坦易光明,不树私恩小惠,与满汉臣工素无交往,有欲往来门下者严加拒绝"②。谎言不必管它,戴铎的书启,表明胤禛集团在太子复废之后,制定了争夺储贰的切实可行的全面计划,余下的问题在于实践了。

胤禛迷信天命,在活动中总想预知自己的前程。戴铎于五十五年(一七一六年)秋天往福建赴知府之任,沿途及到任所均写信报告见闻和办理主子交代事务,在一封信中写道:在武夷山,见一道人,"行踪甚怪,与之谈论,语言甚奇,俟奴才另行细细启知。"胤禛见信,非常感兴趣,随即在批语中追问:"所遇道人所说之话,你可细细写来"③。就此,戴铎回启禀道:"至所遇道人,奴才暗暗默祝将主子问他,以卜主子,他说乃是一个万字。奴才闻之,不胜欣悦,其余一切,另容回京见主子时再为细启知也。"这封书信比前多透露一点,但还是欲言又止。他不是卖关节,引逗主子,而是害

---

① 《雍正朝起居注》,二年四月初七日条
② 《雍正朝起居注》,二年七月初六日条。
③ 《文献丛编》第3辑《戴铎奏折(五十五年折)》。

怕此事让人知道,所以信中接着说:"福建到京甚远,代字甚觉干系",这封信就放在装上进土产的匣子的双层夹底内,以便保密。胤禛在此信的批语中赞扬了他的谨慎,但仍急不可待地要周知道士算命的全部内容,又令戴铎将道人的话"细细写来",又说"你得遇如此等人,你好造化"①。说他遇道人是好造化,毋宁说有"万"字命的雍亲王做主子才是福气。这是胤禛关心的一次问命。另一次,是又一门下人马尔齐哈干的,详情没有记载,然胤禛做皇帝后责备马尔齐哈在康熙时,"指天文而妄谈祸福,此惟愍不畏死之徒受其愚"②。马尔齐哈一定向胤禛进奉了"天命所在"的美言。胤禛的奴才奉承主人,主人也信以为真,胤禛以"万"字命自期,就是要做储君,当皇帝。这一点,同他的弟兄一样。胤禵命张明德相面,胤禶让张恺算命,胤礽欲再向哲布尊丹巴问命运,胤祉罗致杨道昇,都相信自己有登"九五之位"的天命。胤禛们笃信天命有多方面的原因:一是用以激发自身竞争储贰的信心;二是燃起手下人的升官欲望,坚决跟从主子;三是制造舆论,以收人心。所以宣扬贵命成为诸皇子争取储君的一种工具。康熙有鉴于此,严加禁止,胤禵相面成为他被囚的罪状。胤禵案发在前,胤禛明知故犯,表明他追求储位,已发展到不顾罹罪的程度。

胤禛奉康熙的指令,处理过一些案子和事务,从中表现了他的政治主张。康熙时太监曹之璜索诈官员银两,赶打抬夫,致使常在的棺木落地,胤禛审判,以大不敬律将之议斩,监候待刑。到雍正三年(一七二四年),他阅囚至曹之璜案,说:"彼时因太监纳贿不法,如此类者甚多",故置重典,"以警戒余人"③。五十二年(一七

---

① 《文献丛编》第3辑《戴铎奏折(五十五年折)》。
② 《雍正朝起居注》,二年五月二十八日条。
③ 《雍正朝起居注》,三年十一月初七日条。

一三年),顺治淑惠妃死,康熙发现办理丧事官员草率从事,命胤禩查办,胤禩寻即奏报,这是工部和光禄寺承办的,请将工部尚书满笃、侍郎马进泰、内阁学士兼管光禄寺卿马良以及应该兼理此事的内务府总管赫奕、署总管事马齐议处,致使他们都得了处分①。四十八年(一七〇九年),胤禩随从康熙巡视京畿,在归途中,康熙责备同行的鄂伦岱等结党,鄂伦岱以国戚自居,不知畏惧。这时胤禩说:"此等悖逆之人,何足屡烦圣怒,乱臣贼子,自有国法,若交与臣,便可即行诛戮"②。这几个事例说明,胤禩从政,严刑峻法,不徇情面,主张君主对臣下以威相制。他的奴才戴铎对此体察得非常深刻。据戴讲,他曾同李光地讨论储君事,李认为:"目下诸王,八王最贤。"戴则说:"八王柔懦无为,不及我四王爷聪明天纵,才德兼全,且恩威并济,大有作为"③。胤禩以仁义为号召,搞仁义,多主张维持现状,少生事;胤禛与他针锋相对,以恩威并施为政纲,所谓"威",实是讲严厉、严格,与此相联系的是要整饬积习,有所振作。胤禛、胤禩政纲不同。储位之争,具有不同政治纲领的政治派别间的斗争的性质。

胤禩为扩展力量,破坏康熙不许结党的规定,千方百计招揽官员。命马尔齐哈联系礼部侍郎蔡珽,招他来见,蔡以身居学士不便往来王府辞谢,六十年(一七二一年),年羹尧入觐时,又向胤禛推荐蔡珽,胤禛令其代表自己往请,蔡仍不就招,次年蔡有川抚之命,到热河行宫陛辞,时胤禛亦住行在,蔡就由年羹尧之子年熙引领晋谒胤禛,并把左副都御史李绂介绍给他④。看得出,胤禛要争取的

---

① 《清圣祖实录》卷257,五十二年十一月丙午、甲寅条。
② 《雍正朝起居注》,三年二月二十九日条。
③ 《文献丛编》第3辑《戴铎奏折(五十七年折)》。
④ 《上谕内阁》,七年十月初六日谕。

人,不入他的帷幄,不会撒手。戴铎赴福建,胤禛要他带东西给闽浙总督觉罗满保,戴铎到福州,把东西秘密地交给满保的家人①,以进行私人间的感情联系。

经过胤禛的经营,形成了一个小集团。这些人在官场,与尽职的同时,热衷于为本集团利益服务。这个集团的成员有:年羹尧,汉军旗人,为胤禛"多年效力"的"藩邸旧人"②,其妹为胤禛侧福晋。年羹尧于四十八年(一七〇九年)出任川抚,五十七年(一七一八年)升四川总督,六十年(一七二一年)晋川陕总督,为康熙所信任。魏经国,康熙末为湖广提督③。常赉,为前面提到的朱都讷之婿,官副都统。戴铎,在福建由知府升为道员。他初上任,因生活不习惯,想告病回京,就此请示胤禛,胤禛回信说:"为何说这告病没志气的话,将来位至督抚,方可扬眉吐气,若在人宇下,岂能如意乎"④?以谋图升官鼓励他。康熙末,戴铎官至四川布政使。其兄戴锦,由胤禛遣人向吏部活动,出任河南开归道。沈廷正,历任商州知州、兰州府同知。金昆,武会元出身,在雍邸绘画行走⑤。马尔齐哈,会医术,曾任清江理事同知⑥。博尔多,"藩邸旗下人",举人出身,官内阁中书⑦。傅鼐,"侍世宗于雍邸,骖乘持盖,不顷刻离"⑧。隆科多,康熙生母孝康章皇后的侄子,康熙孝懿仁皇后的弟弟,他先与胤禔亲近,康熙于四十八年指责他"与大阿哥相

---

① 《文献丛编》第 3 辑《戴铎奏折(五十四年折、五十五年折)》。
② 《雍正朝起居注》,五年三月十一日条。
③ 《上谕内阁》,五年十二月十五日谕。
④ 《文献丛编》第 3 辑《戴铎奏折(五十五年折)批语》。
⑤ 《雍正朝起居注》,二年五月二十四日条。
⑥ 《雍正朝起居注》,二年五月二十八日条;《上谕内阁》,七年六月初十日谕。
⑦ 《雍正朝起居注》,五年二月初七日条。
⑧ 袁枚《小仓山房文集》卷 2《刑部尚书富察公神道碑》。

善,人皆知之"①,不久取得康熙的信任,五十年(一七一一年)用为步军统领,取代胤初党人托合齐的职位,五十九年(一七二○年)出任理藩院尚书,仍管步军统领事。胤禛说他"深邀皇考知遇"②,的是事实。他大约在康熙末年同胤禛搭上手。胤祥,与胤禛关系最密切,即如胤禛时或扈从秋狝,胤祥以诗词、书札寄怀,胤禛为之收藏,仅诗即达三十二首③。胤禛这个集团,人数不算多,所居要职也有限,但是拥有步军统领、用兵前线的川陕总督等职务的人,对日后胤禛顺利上台起了相当重要的作用。

胤禛为维系他的集团,加强对门下的控制。年羹尧因与孟光祖的瓜葛,又不经常向胤禛致书请安,就是具启本,称官职而不称奴才,惹恼了胤禛,骂他是"儇佻恶少",抓住他给自己书启中的话——"今日之不负皇上(按指康熙),即异日之不负我者(按指胤禛)",说他"以无法无天之谈而诱余以不安分之举也,岂封疆大臣之所当言者,异日两字足可以诛年羹尧全家。"胤禛同年羹尧的通信,表明他们主奴同心协力谋取异日之荣,年羹尧并未改投他人门下,只因年青得志,对主子有点不恭罢了。胤禛除拿揭发吓唬他,还责令他将从前准许他带赴任所的弟侄送回京师,十岁以上的儿子不许留在任所,以事惩罚④。胤禛对戴铎动辄申斥,戴铎于五十七年(一七一八年)向胤禛呈送物品,启本中说他"自到福建以来,甚是穷苦。"胤禛批道:"天下无情无理,除令兄戴锦,只怕就算你了。一年差一两次人来诉穷告苦,要两篓荔枝酒草率搪塞,可谓不

① 《清圣祖实录》卷236,四十八年二月己巳条。
② 《雍正朝起居注》,元年四月十八日条。
③ 《清世宗诗文集》卷11《和硕怡贤亲王遗稿题辞》。
④ 《文献丛编》第1辑《雍亲王致年羹尧书》。

敬之至"①。胤禛强调主奴名分,要求门下人对他绝对忠诚。

胤禛惯用两面派的手法进行活动,愚弄对手,欺骗乃父。他与胤禩、胤禵集团的对立是必然的,如在戴铎报告胤禵礼遇陈万策的书启上批写:"程(按应为陈)万策之傍,我辈岂有把屁当香闻之理"②。表现了对敌对集团的仇视和蔑视。但在表面上又对胤禩一伙表示亲善,如胤禩于五十三年(一七一四年)获谴时,胤禛"独缮折具奏",为他说好话,向胤禩买好③。五十五年(一七一六年)胤禩得病时,胤禛正在侍从康熙秋狝回京的路上,一天,康熙问他,胤禩的病你差人探望过吗?回说没有,康熙说应该派人去。数日后探视人回说病情严重,胤禛以为乃父心念胤禩,即请示先期回京看视,康熙允许他先走,随后又说四阿哥置扈驾之事不顾,忙忙地去看望胤禩,"观此关切之意,亦似党庇胤禩",就罚他料理胤禩的医药事务。这时他才恍然大悟,理会错了父皇的意思,惹出麻烦,就赶到康熙面前认错,奏称"臣未审轻重,实属错误,罪所难免。"从而获得了康熙的谅解④。他总以迎合康熙的意志为宗旨,企图取得父皇的喜爱。

在紧张的储位斗争中,胤禛与僧衲往还,建设寺宇,把自己打扮成为"天下第一闲人"⑤,写了这样一些诗:

> 懒问沉浮事,间娱花柳朝。吴儿调凤曲,越女按鸾箫。道许山僧访,碁将野叟招。漆园非所慕,适志即逍遥⑥。

---

① 《文献丛编》第3辑《戴铎奏折(五十七年折)》。
② 《文献丛编》第3辑《戴铎奏折(五十七年折)》。
③ 《雍正朝起居注》,三年四月初七日条。
④ 《清圣祖实录》卷269,五十五年九月甲戌、己卯、癸未条。
⑤ 《清世宗诗文集》卷6《雍邸集序》。
⑥ 《清世宗诗文集》卷25《雍邸集·园居》。

山居且喜远纷华,俯仰乾坤野兴赊。千载勋名身外影,百岁荣辱镜中花。金罍潦倒春将暮,蕙径葳蕤日又斜。闻道五湖烟景好,何缘蓑笠钓汀沙①。

胤禛以富贵之身,处繁华之境,却似乎不问功名荣辱,惟愿与山僧野老为伍,过清心寡欲的恬淡生活,成为一个富贵闲人。这时期,他在读书时,把赏心悦目的文字辑录起来,成《悦心集》一书。选的诗文有明代著名书画家唐寅的《一世歌》,词曰:

人生七十古来稀,前除幼年后除老。中间光景不多时,又有炎霜与烦恼。过了中秋月不明,过了清明花不好。花前月下且高歌,急须满把金樽倒。世人钱多赚不尽,朝里官多做不了。官大钱多心转忧,落得自家头白早。春夏秋冬弹指间,钟送黄昏鸡报晓。请君细点眼前人,一年一度埋荒草。草里高低多少坟,一年一半无人扫。

又有《布袋和尚呵呵笑》,歌词讥讪伏羲画八卦,神农尝百草,尧舜禅让,汤武家天下,更有甚者,说及佛老、孔子、玉皇、天子:

我笑那李老聃五千言的道德,我笑那释迦佛五千卷的文字,干惹得那些道士们去打云锣,和尚们去敲木鱼,生出无穷活计。又笑那孔子的老头儿,你絮絮叨叨说什么道学文章也,平白地把好些活人都弄死。住住住,还有一笑,我笑那天上的玉皇,地下的阎王,与那古往今来的万万岁,你带着平天冠,衣着衮龙袍,这俗套儿生出什么好意思,你自去想一想,苦也么苦,痴也么痴,著什么来由,乾碌碌大家喧喧嚷嚷的无休息②。

胤禛借助《悦心集》宣传恬淡和出世思想,把自己装扮成怡情自

---

① 《清世宗诗文集》卷24《雍邸集·山居偶成》。
② 见《悦心集》卷3。

适、与世无争的皇子,欺蔽世人,掩盖他的谋夺储位的活动。这是他写那些诗章和编辑《悦心集》的主要原因。还有,在储位之争中,他的境遇不总是有利的,开始是胤禔成功的呼声最高,后来胤礽欣欣向上。胤禛虽不能说是处于逆境,总不算顺心,不免有些牢骚要发,也需要有点清心寡欲的东西安慰自己,进而对呵斥圣人佛祖、嬉笑玉皇天帝的文章也有所欣赏。

不难看出,胤禛谋位活动的特点,是善于玩弄两面派手法,外弛而内张,欺骗康熙、政敌和广大官员。

康熙对胤禛的态度,从派给他的差使中有所表露。五十一年(一七一二年),胤禛奉命参加对胤礽党人步军统领托合齐的审判。五十四年(一七一五年)西北军事发生,康熙召见胤禛、胤祉,征求他们意见,胤禛说:当初征讨噶尔丹时,就应该把策妄阿拉布坦一并剿灭,今其扰犯哈密,自应用兵,以彰天讨①。五十六年(一七一七年),康熙因有人偷盗明朝陵寝,命胤禛、胤祉等皇子查处,并令他们到各陵祭奠。同年,皇太后丧,胤禛与胤祉等承奉康熙旨意,转达有关衙门和官员执行。次年,皇太后梓宫安放地宫,康熙因病不能亲往,命胤禛去陵前读文告祭。六十年(一七二一年),康熙登极六十年大庆,他认为典礼中尤其重要的是往盛京三陵大祭②,他因年迈,不能亲行,于正月派胤禛携同十二阿哥胤祹、世子弘晟前往致祭。回京后,遇三月十八日万寿节,又秉命祭祀太庙后殿。同月,会试下第士子以取士不公哄闹于副主考李绂门前,康熙命胤禛、胤祉率领大学士王琰龄、原户部尚书王鸿绪等复查会试中试原卷。同年冬至节,胤禛遵命祀天于圜丘。六十一年(一七二

---

① 《清圣祖实录》卷263,五十四年四月乙未条。
② 《清圣祖实录》卷290,五十九年十二月庚申条。

二年)十月,康熙以通仓、京仓仓米发放中弊病严重,命胤禛带领世子弘昇、延信、尚书孙渣齐、隆科多、查弼纳、镇国公吴尔占等查勘。胤禛等盘查仓粮存储出纳情况,建议严格出纳制度,增建仓廒,厉行仓上监督人员奖惩制度①。他曾作《冬日潞河视仓》五言律诗:"晓发启明东,金鞭促玉骢。寒郊初喷沫,霜坂乍嘶风。百雉重城壮,三河万舶通。仓储关国计,欣验岁时丰"②。记其查仓之事。同年十一月初九日,因冬至将届,康熙命他南郊祭天,先去斋所斋戒。

胤禛与乃父的私人感情,亦时有交流。前面说过,康熙喜住畅春园,将附近园苑赐给皇子居住,他给胤禛的就是后世享有盛名的圆明园,连园子的称呼"圆明"也是康熙赐的③。康熙秋狝热河,建避暑山庄,将其近侧的狮子园赏给胤禛。康熙后期因诸子争储位,天伦之乐大减,胤祉和胤禛,经常请他到他们在京西和热河的花园游玩,按《清圣祖实录》记载统计,康熙临幸胤祉花园十八次,胤禛的十一次。这是他们二人的特殊恩荣,为其他皇子所无。胤禛于五十年(一七一一年)生弘历,这是他的第五个男孩,是叙齿的第四个,在这五兄弟中,康熙间死掉三个,弘历实际上成了老二。他勤于学习,得到胤禛的欢心。六十一年(一七二二年)春天,康熙到圆明园牡丹台观花,正在高兴的时候,胤禛告诉乃翁有弘历这个孙子,康熙当即召见,很喜爱他,命送到宫中养育。不久随从到热河,住在避暑山庄之内。康熙临幸狮子园,弘历侍从回家,康熙传见他的生母钮祜禄氏,连连称她是"有福之人"④。一时祖孙三代、

---

① 《清圣祖实录》卷299,六十一年十月辛酉、庚午条;卷300,十一月丁亥条。
② 《清世宗诗文集》卷26《雍邸集》。
③ 清世宗《圆明园记》,见清高宗编《御制圆明园图咏》。
④ 《清高宗诗集》第5集《甲寅游狮子园·注》。

翁媳之间,雍雍睦睦,尚有点天伦乐趣。康熙还给胤禛亲书"五福堂"匾额,胤禛把它悬挂在雍亲王府后室①。

胤禛没有担任过固定的差使,建言征讨策妄阿拉布坦,亦被人认为谋求出任领兵大将军,但没有成功。当社会上盛传胤禩、胤禟、胤𥘵三人中将有一人立为太子时,其心急如焚和懊丧情绪是可以想见的。五十六年(一七一七年),远在福建的戴铎向他提出谋求退路的主张,戴说台湾远处海洋之中,沃野千里,而台湾道兼管兵马钱粮,我不如谋调这个职务,"替主子屯聚训练,亦可为将来之退计"②。戴铎的悲观估计,多少反映出胤禛当时争夺储位中的不利处境。但是,康熙到晚年,对胤禛的差遣、与他的接触明显地增多了,特别是在祭祀上。冬至祭天,孟春祈谷,舞雩,四时享太庙,都是大祀,而冬至祭圜丘、祈谷、舞雩又为三大祀,尤其重要。大祀主持人,除皇帝亲行外,即为天子指定的亲信王公。康熙"自即位以来,凡大祀皆恭亲行礼"③。自云:"天坛大祭,朕亲行礼","方展诚心"④,轻易不要人代替。晚年身体不好,实在不能成行,才派人代祭。胤禛的屡次主持大祀,表明他在康熙心目中地位的提高,也是社会名望的提高。

上面叙述了诸皇子各立门户争夺储位的情况,惟一具有立太子权的康熙是什么态度呢? 他根本不想立太子,也没有立太子。五十六年(一七一七年)冬天,在朝臣坚请立皇储时,康熙被迫让搞皇太子仪制,同时写出他未来的遗书,讲述他一生行事、某些政治见解和宗室内部的团结,但是没有涉及到继承人的问题。《清

① 《清高宗诗集》第5集卷94《新正幸御园即事》。
② 《文献丛编》第3辑《戴铎奏折(五十六年折)》。
③ 《康熙朝起居注》,五十六年十月三十日条。
④ 《清圣祖文集》第3集卷18,《谕内阁(五十年十一月)》。

圣祖实录》记叙了这份遗言。另据档案资料揭示,康熙在五十七年(一七一八年)春天,按照颁发重要诏书的制度,举行了隆重的颁布仪式,宣之于臣民①。宣诏前大学士马齐等奏称,立太子问题,需要"皇上特旨",②可见确定东宫,与这个遗言不相干,不是"实录"故意不载。当时朝鲜的贺冬至使臣俞命雄回国报告说:"皇帝(按指康熙)诏书辞旨荒杂无归宿,而太子(按指胤礽)无复位之理矣"③。亦证明没有指定新太子。那么在诸皇子中,康熙有没有意中人,或比较满意的人,以备他日立为太子呢?他曾对大臣说:"朕万年后,必择一坚固可托之人与尔等作主,必令尔等倾心悦服,断不致赔累尔诸臣也"④。他究竟选中了谁,没有透露过。为此只能从他对诸皇子不尽相同的态度作一些推测:胤礽遭两度废黜,已成为一具政治僵尸,不可能再复位;胤禩得人心,有潜在力量,但露骨地谋位,为乃父所忌恨;胤祉以年长有学识赢得康熙的重视,然无政治远谋和行政才干,很难是理想的太子;胤禵有才有功,处于要职,应该说是康熙选择储贰的目标之一;胤禛以年长有才能及善于体会乃父的意图而获得好感,尤其在康熙季年得到重视,也可能是皇储候选人之一。

综述康熙废太子和诸皇子争夺储位,似乎可以得出下述结论:(甲)康熙将在胤禵、胤禛两人中选择一人为储君,究竟是谁,未作最后确定,或者已有成算,但未公诸于世。(乙)要全面分析康熙对诸子的态度,只强调看中胤禵是不全面的,胤禛,还有胤祉,在康

---

① 《明清史料》丁编第 8 册 788 页。
② 《明清史料》丁编第 8 册 788 页。
③ 《李朝实录·肃宗实录》卷 61,四十四年(康熙五十七年)四月辛巳条,41 册 531 页。
④ 《清世宗实录》卷 10,元年八月甲子条。

熙心目中及朝政中的比较特殊的地位,不应当忽视。(丙)既要充分注意胤礽两度被废,以及胤禔、胤祉、胤禛、胤禩、胤禟、胤䄉都在争夺储位的事实,胤祯、胤祥等参与的事实,又要看到康熙失策及对某些皇子刻薄寡恩的事实,全面权衡,才有利于弄明事情的真相和给予当事者以公平合理的评价,避免左袒的片面性。

第四节　康熙之死和胤禛的嗣位

康熙是要强的人,许多政事又都很顺利,只是太子的事把他弄得焦头烂额。他愧恨交加,所以第一次废胤礽时得了大病,再黜太子时,他虽说是谈笑间处理了事,实际怎能不在意,不伤心呢?不得病呢?五十四年(一七一五年)十月,康熙说他因病右手不能写字①,五十六年(一七一七年),他说自废胤礽起,"过伤心神,(身体)渐不及往时"②。在先经常率领皇子射箭习武,这年秋天身体不好,只能参观射击了③。到了冬天,心神恍惚,头昏,大病起来,开始行动让人扶持,后来腿肿下不了地。康熙面对现实,不忌讳死亡,在遗言中说:三代之事,不可全信,然自秦以来,一千九百六十余年,称帝而有年号的二百十一人中,我有幸在位时间最长,已经满足了。《尚书·洪范》所载"五福",其五曰"考终命",这是很难得的,特别是皇王,事务殷繁,不能息肩,故而享年不永④。不讳辞世,是他身体不支的反映。五十七年(一七一八年)二月,康熙说

① 《清圣祖实录》卷266,五十四年十月丙寅条。
② 《清圣祖实录》卷275,五十六年十一月辛未条。
③ 《康熙朝起居注》,五十六年九月十五日条。
④ 《清圣祖实录》卷275,五十六年十一月辛未条。

他稍微早起，就"手颤头摇，观瞻不雅；或遇心跳之时，容颜顿改"①。过了这年春天，他的身体有所好转，此后又照常哨鹿打猎，但总的情形是年老，衰弱多病。

康熙的死，据《清圣祖实录》所载，他于六十一年（一七二二年）十月二十一日往南苑打猎，十一月初七日身体欠安，回到畅春园，初九日因身体有病，命胤禛代行南郊冬至祭天大礼，初十至十二日，胤禛每日派遣护卫、太监至畅春园问安，都传谕："朕体稍愈"。十三日病情沉重，急召胤禛于斋所，戌刻（19—21时）死于寝宫②。《永宪录》记载，十一月初七日，康熙由南苑回到畅春园，次日有病，传旨："偶患风寒，本日即透汗。自初十至十五日静养斋戒，一应奏章，不必启奏。"十三日戌刻死于畅春园③。《皇清通志纲要》则云：十一月初十日"上幸南苑，不豫，回畅春园，十三日甲午戌刻，上升遐"④。这三种文献都说康熙于十一月十三日戌刻死于畅春园，这个时间和地点没有疑义，问题是：

甲、哪一天得病的，是七号？八号？还是十号？弘旺的纪录不足征信，他说康熙初十到南苑，生病又返回畅春园，这不是一天的事，康熙早就去南苑了，初十得病之说可以排除。初七或初八生病，离十三日之死，都有六七天，这时间说长不长，说急骤也不是，官书"实录"无须乎为提前一天，伪造时日，故可径从其说。

乙、患的什么病？所谓"偶患风寒，本日即透汗"，应是患的感冒，时值冬季，也正容易得这种病。

丙、病情重不重？宣布不收奏章，以及说"朕体稍愈"，看来感

① 《康熙朝起居注》，五十七年二月二十六日条。
② 《清圣祖实录》卷299、300。
③ 《永宪录》48、49页。
④ 《皇清通志纲要》卷4下。

冒是比较重的。

丁、是否注意医疗？对皇帝的诊治，自不容忽视，但从"偶患风寒，本日即透汗"语气上体察，似乎对病情不够重视。

六十一年十一月十三日（公元一七二二年十二月二十日），康熙结束了他的有意义的一生，享年六十九岁，以平定三藩、统一台湾、扫清漠北、稳定西藏、实行滋生人丁永不加赋、修治黄河等业绩，载入史册。这个人可以盖棺论定了。但是他的死因、他的传位遗诏，却是众说纷纭，久而不定的公案。

康熙致死的原因，在他死后，社会上盛传："圣祖皇帝在畅春园病重，皇上（按指新皇帝胤禛）进一碗人参汤，不知如何，圣祖皇帝就崩了驾，皇上就登了位"①。是被胤禛放毒药于人参汤中害死的吗？康熙因太子问题，防人暗算，他讲"五福"中"考终命"为难，更说明他警惕性高，谋害他谈何容易！病人喝参汤，确是那时人们的习惯，但具体到康熙又不一定适用。五十一年（一七一二年），他在苏州织造李煦奏报江宁织造曹寅病重代请赐药的折子上批道："南方庸医，每每用补剂，而伤人者不计其数，须要小心。曹寅原肯吃人参，今得此病，亦是人参中来的"②。五十七年（一七一八年）又说："南人最好服药服参，北人于参不合，朕从前不轻用药，恐与病不投，无益有损"③。这样认为用参有害而北方人尤不适宜的人，会肯饮参汤吗？毒他也难！康熙久病缠身，患了重感冒，却没有引起足够注意，加之高龄体虚，还可能引起并发症，较快死亡。说他是寿终正寝的记载，还是可以相信的。

虚悬十载的国本问题，随着康熙的辞世，不得不解决了，这就

---

① 《大义觉迷录》卷3。
② 《关于江宁织造曹家档案史料》，99页。
③ 《康熙朝起居注》，五十七年正月二十日条。

是雍亲王皇四子胤禛的嗣统。胤禛自己说当日继位的情形是：

> 至康熙六十一年十一月冬至之前，朕奉皇考之命，代祀南
> 郊。时皇考圣躬不豫，静摄于畅春园。朕请侍奉左右，皇考以
> 南郊大典，应于斋所虔诚斋戒，朕遵旨于斋所至斋。至十三
> 日，皇考召朕于斋所。朕未至畅春园之先，皇考命诚亲王允
> 祉、淳亲王允祐、阿其那（按指允禩）、塞思黑（按指允禟）、允
> 䄉、公允裪、怡亲王允祥、原任理藩院尚书隆科多至御榻前，谕
> 曰："皇四子人品贵重，深肖朕躬，必能克承大统，著继朕即皇
> 帝位。"是时，惟恒亲王允祺以冬至命往孝东陵行礼，未在京
> 师。庄亲王允禄、果亲王允礼、贝勒允禵、贝子允祎俱在寝宫
> 外祗候。及朕驰至问安，皇考告以症候日增之故，朕含泪劝
> 慰。其夜戌时，龙驭上宾。朕哀恸号呼，实不欲生，隆科多乃
> 述皇考遗诏。朕闻之惊恸，昏仆于地。诚亲王等向朕叩首，劝
> 朕节哀。朕始强起办理大事①。

当天夜里，用銮舆载运康熙遗体，像是皇帝日常出行一样，扶回大
内乾清宫，胤禛在隆科多保护下先回大内迎接。次日传出大行皇
帝命胤禛嗣位的遗言，胤禛任命总理事务大臣，封胤禩、胤祥为亲
王，召胤禵回京，关闭京城九门。十六日颁布遗诏，词意与五十六
年冬天预作的遗言基本相同，惟增加继承人和丧事遵照礼制办理
两节。十九日，胤禛以登极遣官告祭天地、太庙、社稷坛，京城开
禁。二十日，胤禛御太和殿登极，受百官朝贺，因丧中免宣庆贺表，
颁布即位诏书，宣称"皇考升遐之日，诏朕缵承大统。"宣布继承乃
父法规，不作政治变更；呼吁宗室内部团结，谓"朕之昆弟子侄甚
多，惟思一体相关，敦睦阋替，共享升平之福，永图磐石之安。"诏

---

① 《大义觉迷录》卷1，见《清史资料》第4辑10—11页。

书还公布了恩赐款项三十条,改年号为雍正,依照习惯,自明年开始实行。二十八日,诸王文武大臣拟上大行皇帝谥号,曰"合天弘运文武睿哲恭俭宽裕孝敬诚信功德大成仁皇帝",庙号"圣祖"。胤禛表示满意,说诸臣如此举动,使"朕之哀思,庶可稍释"①,刺破中指,用血圈出"圣祖"二字。十二月初三日,将康熙遗体移送景山寿皇殿停放。初九日,康熙辞世已过二十七天,胤禛释服,从倚庐乾清宫东庑移居养心殿。雍正元年(一七二三年)二月,正式确定康熙谥号、庙号。四月初二日,胤禛亲送乃父遗体至遵化山陵,安放享堂,一切按礼仪进行,胤禛很高兴,写朱谕告诉年羹尧:"山陵入庙大典,诸凡如意,顺遂得十成尽力进(尽)礼"②。十一日,诸臣以康熙梓宫奉安山陵大典已成,请求皇帝御门听政,胤禛遂御乾清门处理政务。九月,胤禛再往遵化,将康熙遗体安放地宫,墓名"景陵",完成了康熙的葬礼,胤禛既尽了嗣子的义务,又行施了嗣皇帝的权力。

胤禛的继位,是否如同他讲的那样具有合法性? 其时社会上议论丛生,说他违背乃父意志,篡夺乃弟胤禵的皇位,直到今日,人们聚讼不已,使它与"太后下嫁"、"顺治出家"成为清初三大疑案之一。因此需要用些笔墨,作点可能是枯燥的考辨,这对于了解胤禛的历史以及康熙朝储位斗争的归宿也是必要的。

胤禛说他承父命继位,证据何在? 最有权威性的应是康熙亲自书写的遗诏。五十六年冬月的遗言没有涉及储贰,此外的遗言,就是胤禛所公布的,这个所谓"康熙遗诏"的汉文原件,现存中国第一历史档案馆,文件所署时间是"康熙六十一年十一月十三

---

① 《上谕内阁》,康熙六十一年十一月二十八日谕。
② 清世宗"朱谕",第12函,原件藏中国第一历史档案馆。

日",看似康熙逝世那天写的,然而胤禛十六日才公布遗诏,而且只宣读满文本,引起御史汤保等人参奏宣读诏书的鸿胪寺官,指责他们没有宣布汉文本,胤禛就此作了说明,但没有讲出道理①。看来当日汉文遗诏尚未草就,无从公布。毫无疑问,这个诏书是胤禛搞的,不是康熙的亲笔,也不是他在世时完成的,不能作为他指定胤禛嗣位的可靠证据。

但是这个遗诏,从原件看,书写比较草率,有四处涂抹,一个错字②,这些虽无害原意,然亦说明它系仓促写成,当是世宗即位初时之作,不是后来慢慢加工成的。胤禛二十日公布的即位诏,原件也藏在中国第一历史档案馆,它的开头说:"惟我国家,受天绥祐,圣祖神宗,世祖皇帝统一疆隅,我皇考大行皇帝……"话不通顺,故《清世宗实录》改为:"惟我国家,受天绥祐,太祖太宗肇造区夏,世祖章皇帝统一疆隅,我皇考大行皇帝……"③即位诏原件"圣祖神宗"句中的"圣祖",不是专有名词,因为八天以后,诸王大臣才为康熙拟出"圣祖"庙号,而且还没有最后确定,它同"神宗"联用,不过是说清室祖先神圣伟大。由此可知,这个诏书必写在二十日之前,实际应是所署时日以前的作品。《雍正朝起居注》记叙康熙六十一年十二月胤禛生母仁寿皇太后的话:"钦命予子缵承大统,实非梦想所期。""起居注"比"实录"成书早,可靠性要大些。这几项资料的形成都比较早,它们对胤禛受诏继位的记载没有矛

① 《上谕内阁》,康熙六十一年十一月十六日谕。
② 涂抹处是:"欲致海宇升平,人民乐业"一句,其"人民乐业"四字,压缩写在两个字的空档之内;"盖由天下事繁"句中"事繁"二字;"惟诸葛亮能如此耳"句中的"亮能"二字;"礼亲王、饶余王之子孙现今俱各安全"句中的"安全"二字,均只占一字的空档,显系原来书写有误,抹去后填写的文字。错字是把"承"字写作"承"。
③ 《清世宗实录》卷1。

盾,反映他应命嗣位的一定真实性。

在康熙弥留之日,《清圣祖实录》说胤禛奉召至畅春园,三次进见父皇,康熙告诉他病势转重。他在斋戒期间,负有祭天重任,如果不特地召唤,不能离开斋所,否则,他到畅春园,就违背了皇帝旨意,会被谴责和驱逐。可见他多次见到乃父,说明他的来,必为康熙所召。而这时的非常召见,当有特殊使命。这件事,可作为传位胤禛的侧面证明。

朝鲜迎接清朝告讣使的官员金演,早在康熙死后的一个月,即十二月十七日,就说听译员讲,康熙病重时,"召阁老马齐言曰:'第四子雍亲王胤禛最贤,我死后立为嗣皇。胤禛第二子有英雄气象,必封为太子'"①。说明在胤禛嗣位之时,人们就将他的继位与弘历联系起来。后来弘历也这样说。他在讲乃祖传见其生母一事时说:"即今仰窥皇祖恩意,似已知予异日可以付托,因欲豫观圣母佛相也"②。在他的话下,乃父是乃祖的当然继承人,然后才有他的嗣统。后人因为这次召见和弘历的说明,产生康熙晚年爱弘历,因而及于乃父,立了胤禛的说法③。由爱孙而及子,历史上确有先例。明成祖先立仁宗为世子,甚不满意,常想更易,待后议立太子,想立汉王朱高煦,朝臣解缙请立仁宗,谓"皇长子仁孝,天下归心"。但成祖不以为然,解缙又说他有好儿子宣宗——"好圣孙"④,这才打动了成祖的心,决定立仁宗为太子。胤禛因弘历而得位的说法,是否脱胎于此,不能排除它的可能性。但康熙晚年确实宠爱弘历,进而增加对胤禛的好感,选他为嗣君,也并非不可能。

①　《李朝实录·景宗实录》卷10,二年(康熙六十一年)十二月戊辰条,42册151页。

②　《清高宗诗集》第5集卷91《游狮子园》。

③　参阅稻叶君山《清朝全史》第48章。

④　《明史》卷147《解缙传》。

乾隆前期文人肖奭笔述,康熙病危之时,"以所带念珠授雍亲王"①,朝鲜人对此事记录比较详细。前面提到的金演还说,听译员讲:康熙病剧,"解脱其头项所带念珠与胤禛,曰:'此乃顺治皇帝临终时赠朕之物,今我赠尔,有意存焉,尔其知之'"②。不用说,这是胤禛的亲信以授念珠,说明其主子继位的合法性,并在国内外广泛宣传。可是胤禛多次讲其继统的事,从没有说过给念珠的话,如实有此事,他一定会大加张扬。不过在没有其他证据之前,也不要断然否定有这一类的事。

　　记载都说隆科多是传遗诏的人,他是如实传诏,抑或矫诏立胤禛,则说法不一,然而有一件事可以注意,雍正五年(一七二七年),胤禛给隆科多定罪,有一条是说隆科多曾讲"白帝城受命之日,即是死期已至之时"③。这是说传遗诏的人身为重臣,会被皇帝所忌而有杀身之祸。这也意味着他是受命辅佐胤禛。

　　康熙讲择个坚固可托之人作嗣子,《清世宗实录》就此说这个人是指世宗皇帝——"天心默定,神器攸归久矣"④。乾隆中礼亲王昭梿也认为这个人就是指的"宪皇帝"⑤。他们可能是从胤禛性格刚毅与康熙所要求的相同而得出的结论。这也可作立胤禛的一种说法。

　　总起来说,胤禛讲康熙遗言传位给他,并没有留下令人确信无疑的材料,但是联系康熙生前比较看重他的情况分析,在弥留之际决定传给他,并从斋所召其至畅春园继位是完全可能的。胤禛

① 《永宪录》卷1,49页。
② 《李朝实录·景宗实录》卷10,二年(康熙六十一年)十二月戊辰条,42册151页。
③ 《清世宗实录》卷62,五年十月丁亥条。
④ 《清世宗实录》卷1。
⑤ 《啸亭杂录》卷4《王太仓上书事》。

嗣位初期的许多资料所描述的这一情况,他于十三日到畅春园的问安,康熙综合考虑胤禛和弘历父子的品格,隆科多的传诏,都具有可信的成分,所以说不能排除康熙传位胤禛的说法。当然,怀疑他得位不正的论点论据,也是必须认真对待的,应与胤禛合法继位说的资料一并考察。

与传位胤禛说最对立的是传位胤禵说。胤禛在位时就有人说:"圣祖皇帝原传十四阿哥胤禵天下,皇上将十字改为于字"篡了位①。后人就此说得更生动:康熙第十四子胤禵,原名"胤祯",康熙的遗诏是"皇位传十四子胤祯",雍亲王原来的名字也不叫"胤禛"(叫什么还不知道),他把遗诏的"十"字改为"于"字,"祯"字易作"禛"字,使遗诏变成"皇位传于四子胤禛"②。这种观点,可以叫作盗名改诏篡位说。这是以汉文书写遗诏作前提的说法。弄清这个问题,首先要明了清代关于皇子的书写制度。在明代,书写"太子",文前必冠以"皇"字,成"皇太子",皇帝的其他儿子则不必带这个字。清代制度不同,书写皇子,不是"某子",或"某某子",一定要冠以"皇"字,作"皇某子"、"皇某某子",如"皇四子"、"皇十四子",这是制度,违错不得。说"皇位传十四子",十四子之前没有皇字,不合清朝制度;若前面加个皇字,则原文为"皇位传皇十四子",若将十字改为于字,遗诏变为"皇位传皇于四子",就不可解了,是以胤禛不可能作这样的篡改。又传位给谁,应用"於"字,"於"、"于"在清代并不通用,事关国本的诏书,在关键字上写别字,容易暴露作伪者的马脚,胤禛应当考虑得到。雍亲王的

---

① 《大义觉迷录》卷3。
② 金承艺《从"胤祯"问题看清世宗夺位》、《胤禛非清世宗本来名讳的探讨》,分载台北《中央研究院近代史研究所集刊》第5期(1976年出版)、第8期(1979年出版)。

名字,康熙年间历次所修的《宗室玉牒》①都作"胤禛",各种官书也是以此作为他的御名,原没有错,也没有改名字,既然找不出他有别的名字,也说明他只有胤禛这一正式名讳②。皇十四子抚远大将军的名字,康熙三十六年(一六九七年)修的《宗室玉牒》写作"胤禵",四十七年(一七〇八年),康熙封他为贝子的上谕中称之为"胤祯",他在抚远大将军任上亦用"胤祯"一名,雍亲王继位后,复其名为胤禵,故其名始曰胤禵,更名胤祯,复称胤禵③。雍亲王本名胤禛,即使篡改遗诏,也没有更易名字的必要。"祯"、"禛"二字固然字形相近,但把祯改为禛,即使改得巧妙,也不能不显痕迹。若雍亲王真改了遗诏,使诏书成为"皇位传皇于四子胤禛",文字不通,字迹变易,拿这样的遗诏骗得了谁? 精明的胤禛岂能出此下策? 盗名改诏篡位说实于理不通。

还有一种传位胤禵的说法,也是雍正中就流传于社会各阶层的。民间传说,康熙病中,"降旨召胤禵来京,其旨为隆科多所隐,先帝宾天之日,胤禵不到,隆科多传旨遂立当今"④。康熙降旨召胤禵,应由内阁承办,纂写诏书,由兵部所管的驿站发送。隆科多既非内阁大学士,又不是兵部主管,他怎么能一手遮天,阻止得了康熙召回胤禵? 再说康熙即使原想传位十四子,但后者在数千里之外,从下达诏书到他抵京,须要二十几天的时间⑤,在诸皇子激烈争位的情况下,这么多天没有国君,天下岂不大乱? 所以康熙也

---

① 原书藏中国第一历史档案馆。

② 参阅拙文《清世宗原名胤禛,并未盗名》,见《南开大学学报》1982 年第 1 期。

③ 参阅拙文《康熙第十四子胤禵本名考释》,见《历史档案》1981 年第 4 期。

④ 《大义觉迷录》卷 3。

⑤ 据《永宪录》66 页所记,胤禛召胤禵回京,限程二十四日。他实际走的时日还多。

很难这样办。

　　传位胤禵的这两种说法，材料并不可信，很难成立。但是，对胤禛登极的合法性，仍然有不少疑问：

　　胤禛说他十三日晋谒乃翁，还作了交谈，康熙为什么不当面宣布立他为储君，何劳隆科多传达①？这事是有点怪，是否他在制造谎言？其实，这种事说怪也不怪，康熙多年不立、也不准立太子，如果面封胤禛，就不符合他的做法，他可以要求等他死后再行宣布。

　　康熙丧事出来，胤禛采取一些非常措施，"诸王非传令旨不得进"大内②，关闭京城九门六天，朝鲜政府认为这是秘不发丧③。其实，这是当时形势所决定。诸皇子集团本不相让，康熙病中真指定了继承人，他一死，大家也不一定心服，可能出现政变或战争。这种情况，朝鲜人很敏感，早在第一次废胤礽后，朝鲜大臣就预言："康熙死后，兵乱可翘足而待"④。及至康熙凶耗传出，朝鲜人说："彼国不豫建太子，似必有五公子争立之事"⑤。"康熙既殁之后，祸乱之作，十居八九"⑥。清朝终于没有出现诸皇子停尸相战的事，康熙后事办理的也较顺利。胤禛的保安措施，防止了可能发生的政治变故，这是应当肯定的，由此怀疑他系出自篡位需要，则属不察当

①　孟森《明清史论著集刊·清世宗入承大统考实》发出此疑问。
②　《永宪录》，49页。
③　《李朝实录·景宗实录》卷10，二年（康熙六十一年）十二月戊辰条，42册151页。
④　《李朝实录·肃宗实录》卷36，三十六年（康熙四十九年）十一月庚申条，41册191页。
⑤　《李朝实录·景宗实录》卷10，二年（康熙六十一年）十一月辛亥条，42册147页。
⑥　《李朝实录·景宗实录》卷10，二年（康熙六十一年）十二月壬子条，42册148页。

时形势的脱离实际的议论了，自不能说明胤禛得位的不正。

如果立胤禛之说没有破绽，哪来的这些异说呢？似乎也不难理解。因为争储位是激烈的权力之争，有了新君之后，失败者也不会甘心，胤禛的政敌必然要在其继位的合法性问题上大作文章，倒他的台。疑问能在当时群众中流传，是百姓对康熙后期十分严重的太子问题早有所议论和担心，而不管谁上台，对于鞭挞他的观点，容易为一些人所接受。同情失败者，也是人之常情。

至此，关于嗣君问题，是否可以归纳说，康熙原本要在胤禵和胤禛两人中选择一个继承人，而最终确定了胤禛。如果这样说证据不足，也可以说康熙临终所指定的皇储，胤禛比乃弟的可能性要大。

胤禛能在角逐中赢得胜利，有其缘由。他的精明、务实而又严格的政治观点和作风，会取得一部分人的支持，康熙也未尝不因此而欣赏他、取中他，此其一。其二，他善于耍两面派手法，从而欺骗了对手和他的父皇，使政敌不以他为意，不集中力量对付他，他从而轻巧地取得了成功。第三，他有一个集团，在关键时候用上了力。步军统领隆科多，统辖八旗步军五营，约有二万名官兵，掌管京城内九门管钥，由他帮助，顺利地控制了京城的治安和局势，使反对派不能发动事变。胤禵驻兵之所，基本上就是川陕总督年羹尧的辖地，年的治所西安，是内地通往西北前线的必经之处，容易控制胤禵与内地的联系。因此，胤禵若在青海、甘肃举兵反对胤禛，也难于进入关中，更不要说称兵犯阙了，年羹尧起到了震慑胤禵、稳定西北局势的作用。胤禛的奴才戴铎获知主子龙飞九五时正在四川布政使任上，立即向巡抚蔡珽表示，若胤禵闹事，四川应该出兵丁钱粮支持主子政权①。蔡珽则向新皇帝上书，劝其节哀，

① 《文献丛编》第4辑《戴铎口供二》。

又提出优待八旗、从西边撤军等建议,以便稳定人心军心①。可见胤禛党人从各方面维护他们的新政权。有了朝内外的一批骨干和拥护者,胤禛顺顺当当地坐住了龙庭。

六十一年十一月二十日,确切地说是十三日,把胤禛一生划为截然不同的两个阶段,结束他四十五年的皇子生活,由名义上的"富贵闲人"、实际上的党争忙人,变为"真龙天子",日理万机,实行他的新政策,以此影响着社会政治经济生活的变化和发展。此后,叙述胤禛在位期间的历史,就以"雍正"表示他。

第五节　简论康熙朝的储位斗争和胤禛的争位活动

康熙朝的太子问题,如果从二十七年(一六八八年)的打击明珠反太子党人算起,到六十一年(一七二二年)康熙的辞世,为时长达三十四年,若从四十二年(一七〇三年)处理索额图太子党人算起,也有二十年的历史。这个期间,诸皇子集团争斗不休,太子废立相寻,大故迭起,终康熙之世不能解决。这种争斗中,朝臣在东宫和皇帝之间,或则结党,或则无法相处。诸皇子结党,把宗室王公、国戚、八旗与内阁的满汉大臣、一部分中小官僚和士人以及一些西洋传教士都卷了进来,涉及面很广。争斗中诸集团各抒政见,干扰朝政,影响官僚以至百姓的思想。争斗中一个个集团垮台,一批人遭到清洗,造成政治上的某种混乱。这种争斗让很有作为的康熙长期纠缠在储贰问题上,消耗了大量精力,影响他从事一些有积极意义的活动,即如西北用兵,就不能像早年那样三次亲征噶尔丹,致使战事长期拖延下来。在他季年,不能勤政,官僚乘机

① 《朱批谕旨·蔡珽奏折》。

肆无忌惮地作恶,弊端丛生,出现某种程度的政治危机。太子废立和储位斗争,给康熙朝政治带来严重的恶果。

储位之争为什么如此严重而不能解决?

康熙满族出身,立意学习汉族文明,实行嫡长制的继承制度。然而顺利实现嫡长制需要什么条件,清朝的条件具备与否,他并未认真考虑。汉族帝王立嫡长子为储君,有悠久历史,成为传统,也形成约束力,所以行之有效,但也不时出乱子。分析那些争位事件,要实行好嫡长制,必须:(甲)皇子不御政,以避免皇子与太子的矛盾。立了太子,要维护其权威,就不宜让其他皇子从事政务活动,否则这些皇子会在从政中发展自己的势力,与太子形成对抗局面。(乙)太子也不预政,以免储君与皇帝发生权力冲突。封建政体,皇帝大权独揽,若太子从政,势必分皇帝之权,也会产生不同的政见,容易使父子双方出现水火不容之势。康熙立太子,既没有根据清朝的情况,又无有善处太子、诸子的政策。清朝没有立太子的制度,清太祖打天下,死后,战功颇多的四贝勒皇太极自立为帝,清太宗死,皇弟阿济格、皇长子豪格等争立,后来亲贵互相妥协,立了皇太极的第九子福临。清世祖死,遗诏第三子玄烨继位。这些事实表明清朝没有嫡长制的观念,也没有立太子的制度,而新君之立,同其对国家的建树颇有关系。康熙不顾这些历史情况,贸然册立嫡长子为太子,就容易发生问题。更重要的是让太子从政,植成党羽,又让诸皇子预政,为他们觊觎储位创造机会,于是出现太子与皇帝、太子与兄弟间的双重矛盾,造成废太子的悲剧。

然而皇子预政,是清朝的传统政策,而且对建立和稳定清朝的统治起过积极作用。康熙以前,清室诸皇子领兵从政,各展所能,为国立功,对清朝的建立、统一全国,都起了重要作用。那个时期,不予立太子,使有功德者为君,在传子制中寓有传贤之意。这种皇子从政的传统,康熙很自然地把它继承下来。令诸子参加一部分政务,也是培养、训练皇子从政能力,以便日后的治理,这对清朝统治的巩固是有好处的。所以,令皇子从政,在康熙以前还没有充分认识到它的弊病的时候,是清朝传统制度所必然发生的。因此,若把太子问题全部怪罪于康熙个人身上,是不妥切的。

储位斗争,不是某一个朝代所特有的现象,而是封建专制主义的必然产物。封建皇帝有至高无上的权力,是任何人不能比拟的。很自然的,皇位是人们的争夺目标,封建国家实行所谓"家天下"的政体,皇位传递在同一个家族内进行,皇帝的儿子们,都有继承权。在未确定继承人之前,皇子之间本是兄弟,只有长幼之分,一旦有人被立为太子,成为皇帝,则兄弟之间分为君臣,地位之差别遂如天壤,是以多数皇子垂涎皇权,追求为太子,做皇帝。正是这个缘故,争夺储位,在历史上屡见不鲜。这种争斗,往往使皇帝难于确定太子,就是那些叱咤一世的君王也常常为此而苦恼。如唐太宗立李承乾为太子,但偏爱魏王李泰,有废立之意,李承乾不安,欲刺杀李泰,并谋反,事情败露后,被废为庶人。唐太宗面许立李泰为太子,李泰又威胁晋王李治,致使唐太宗看出他的不肖。那时唐太宗因诸子相争,非常痛苦,以至拔佩刀欲自刎,后来谋于妻舅长孙无忌,决意立李治为太子,囚禁李泰,始得相安无事。唐太宗因偏爱而招祸,咎由自取,但立李治,使诸子得终天年。康熙曾讥唐太宗"定储位于长孙无忌,朕每览此,深为耻之"[①]。事实上他的识见并不比唐太宗高明。康熙也是英睿之主,立太子的家事亦料理不妥。这些英主尚且如此,足见这是难于措处的棘手问题。

指定储君,是皇帝的无所不包的权力的一个内容,它还是皇帝

_____

① 《清圣祖实录》卷275,五十六年十一月辛未条。

的家事,大臣亦不得干预,即使皇帝征询朝臣意见,最后决定权亦在皇帝自身。储君的确定,是皇帝一人说了算,立储制度就是皇帝制度的一个组成部分。皇太子选择的恰当与否,因由皇帝一人所决定,常常发生问题,而皇权神圣不可动摇,皇帝发生的错误,如果他自己不来纠正,很难改过来,即使纠正了,也要付出相当代价。像康熙朝发生的废立太子事件,就是没有把错误改正过来。

归根结底,封建主义的皇帝制度是造成争夺储位和皇位的根源,这个制度的独裁性质,又使得储位问题难于合理解决。康熙朝的太子问题,就是在封建主义皇帝制度下,康熙不合满族传统的立嫡方针和没有正确对待太子与诸王的政策造成的,它的出现有历史的必然性。

在储位问题上,康熙和他的儿子们虽然是一家人,亲骨肉,但尔虞我诈、明争暗斗、杀气腾腾的情景,真像《红楼梦》里三小姐贾探春所说的:"咱们倒是一家子亲骨肉呢,一个个不像乌眼鸡似的,恨不得你吃了我,我吃了你!"①在这里,骨肉之情,君臣大义,全然消失了。它充分暴露了三纲五常的封建道德的虚伪性。既然如此,就不应当以父为子纲、君为臣纲的伦理作为标准衡量人们的行动,判断人们的是非。

需要特别说明的是,不能以皇帝的是非为是非。皇帝所立的太子是合法的,是合皇帝之法;谋为储君,甚而自立者,是不合法的,是不合皇帝之法。这是以国君之是非为是非,是封建道德的是非观念。皇帝所立者不一定好,非皇帝所立者不一定坏,这要看当时的社会反响和其人在位时政绩两个方面。一般说来,皇帝所立太子登基,很少引起政局变乱,这是无可厚非的。自立的,可能引

① 《红楼梦》第75回。

74

起政局的不稳定。但政局的不稳,是好是坏,要作具体分析,不可全盘否定。皇帝所指定的继承人可能昏庸暴虐,造成政治黑暗,自立者也可能励精图治,政治比较清明。在储君问题上,以皇帝之是非为是非,是君为臣纲的道德标准的体现,当然不能把它奉为神圣不可动摇的准则。

不能用封建伦理评论康熙朝储位之争,也就是说不要简单地指责某一个人,要看到这个事件发生的社会原因和性质,据此作出科学的评论。

储位斗争把胤禛卷了进去,使他的青壮年时代在党争中度过。他也结成党羽,极力参加对储贰的争夺,同他的兄弟们一样,是为获取最高统治权,扩大本身和本集团的政治权力。这是统治阶级最高层的内部争夺,对参与者,无须称道,但也不必像过往那样专门为难胤禛一人,要谴责的话,康熙、废太子和进行谋位活动的那些皇子都有程度不等的不是。胤禛最终获得皇权,是康熙指定的也好,篡夺的也好,在皇室内部的纷争中,谁上台都包含谋夺的成分,手脚都不干净,都不高尚。储位之争,给胤禛的思想以深刻的影响,给了他丰富的政治斗争经验,并在斗争中提出政治主张,在他继位后,必将发展成为全面的施政纲领和政策,贯彻实行。

储位之争像其他事物一样,不会随着胤禛的嗣统就彻底地消失,不会像快刀斩乱麻一样,把事情截然割断,皇室内部的争斗不会是康熙朝激烈,到雍正朝就销声匿迹。储位问题只是基本结束,它的余波,必将影响着胤禛的政治,会在他的行政中反映出来,胤禛还必须把这种斗争进行到底。

第二章 "雍正改元,政治一新"的指导思想

第一节 继位前后社会矛盾概述

人的思想支配人的行动,而人的意识又来源于社会环境。雍正即位后的行政,是他的政治思想的表现。他的政治观点是他继位前后的社会矛盾,经过他的大脑加工而形成的。上一章介绍了包括胤禛活动在内的康熙朝储位斗争,对当时社会其他矛盾及康熙的全面政治思想无暇叙述,不能把雍正政治思想产生的全部原因揭示出来,这里略作补叙。

康熙在统治的后期,倦于政务,受地主阶级功成名就思想的羁绊,与早年较为进取的精神相比,失去了变革现实的锐气。加之身体衰弱,太子问题耗费大量精力,从而无力进行鼎兴事业。五十年(一七一一年)三月,他说:"今天下太平无事,以不生事为贵。兴一利,即生一弊。古人云多事不如少事,职此意也"①。又说:"治天下务以宽仁为尚"②。"不生事",就是不管现状如何,一概维持,不求有贡献,惟求无过失,因此讨厌多事。对社会弊端,因不能改变,只好睁一眼闭一眼,以"宽仁"为怀。五十六年(一七一七年),

---

① 《清圣祖实录》卷245,五十年三月乙卯条。
② 《清圣祖实录》卷245,五十年三月庚寅条。

康熙进一步说:"为君之道,要在安静,不必矜奇立异,亦不可徒为夸大之言"①。"安静"、"宽仁"指导思想下的"不生事",是康熙后期基本的施政方针。

人们主观上可以向往不生事,但客观存在的"事"——矛盾却不能不生出来。康熙后期矛盾越积越多,越严重。概要言之,有下列数端:

朋党之争。储位斗争是朋党之争的一项内容,此外,朝臣中有满汉的矛盾,遇有朝中大事,每每是"满洲大臣一议,汉大臣一议"②,有不同政见是正常的,但以满汉相区别,则是双方矛盾的表现。汉人大学士李光地、左都御史赵申乔互相徇隐,把满人大学士嵩祝等不放在眼里,康熙就启用马齐为首辅,以事震慑③。

贪官、封建政府与农民的矛盾。附加税火耗,康熙原不许征收,十七年(一六七八年)规定:"州县官剋取火耗、加派私征及司道府徇情不报者,皆革职提问,徇纵不参之督抚革职"④。但是低俸禄的制度和官僚制度决定火耗禁止不了。二十八年(一六八九年),浙闽总督兴永朝奏称:"若断绝外官火耗,则外任实不能度日。"康熙也不得不表示同意⑤。既不能取缔,州县官必然会利用禁止的松弛而滥征。据文献记载,康熙后期各省火耗加征率有如下表:

① 《清圣祖实录》卷275,五十六年十一月丙子条。
② 《清圣祖实录》卷266,五十四年十月壬辰条。
③ 《清圣祖实录》卷268,五十四年十月壬辰条。
④ 光绪《大清会典事例》卷172《户部·田赋》。
⑤ 《康熙朝起居注》,二十八年九月十二日条。

地 区	火耗率(%)	资 料 出 处
江 苏	5—10	沈德潜《归愚诗钞》卷5《百一诗》。
湖 南	10—30	《清圣祖实录》卷266,五十四年十一月庚子条。
山 西	30—40	《朱批谕旨·高成龄奏折》,三年二月初八日折。 《清圣祖实录》卷121,二十四年六月辛卯条。
陕 西	20—50	《清圣祖实录》卷299,六十一年九月戊子条。
山 东	80	汪景祺《读书堂西征随笔·西安吏治》。
河 南	80	同上。

不难看出,加耗很重,大约总在正额钱粮的三四成之间。州县官征收耗羡,除落入私囊,要给上司送规礼,地方官也要给朝臣送礼。所以火耗同各种陋规相联系,腐蚀着整个官僚阶层。州县官为确保私人及规礼用度,征耗羡银严于收钱粮,征了的钱粮还往往挪作它用,不能上交国库。五十九年(一七二〇年),康熙指出:"直隶各省钱粮亏空甚多"[1]。那时"库帑亏绌,日不暇给",户部库里只存有八百万两银子[2]。在这"私派浮于国课,差徭倍于丁粮"的情况下[3],以官吏、政府为一方与农民为一方,产生严重的对立。钱粮的挪用,使皇帝为首的政府与官僚也发生矛盾。火耗关乎着吏治、国课、民众情绪,康熙也深明于此,但他无力去整顿。有的官员奏请限制火耗成数,他不赞成,说若将火耗明定额数,官员无忌惮,必将更加多收。六十一年(一七二二年)九月,陕西巡抚噶什图建议,将耗羡除留州县用度外,多余的归省里,用作公共事务,康熙也不批准,还说征收火耗原是地方官的私事,若允许它部分归公,就

---

① 《清圣祖实录》卷289,五十九年七月庚午条。
② 《啸亭杂录》卷1《理足国帑》。
③ 《掌故丛编》第5辑《年羹尧奏折》。

是使它合法化,而他本人将落个实行加派的罪名①。康熙由反对火耗的态度,转向姑息、纵容它的恶性发展,充分说明滥征耗羡、吏治不清是难于解决的严重社会问题,由此促进农民与清政府的矛盾。

依靠富民的政策与阶级矛盾的积累。康熙曾责备江苏巡抚张伯行"每苛刻富民",因而说"地方多殷实之家,是最好事"②。封建政府以地主阶级作为自身的阶级基础,保护这个阶级原是自然的,问题是给了它过多的特权,从而严重危害平民百姓。清朝政府允许绅宦士人称为"儒户"、"宦户",享有一定的免役权。他们又凭恃绅衿与官吏勾结,将自身应当承担的赋役转嫁到平民身上。有的地方,绅衿"例不承役,一切费用尽出于穷民"③。有的官员看到贫富赋役不均的严重性,主张平均负担,特别是把穷户的丁银摊入到地亩中征收,但是户部以"不便更张"阻止实行④。所以摊丁入亩只能在极少数地区实行。贫苦农民受地主及封建政府的剥削,矛盾日益积累,有的地方已相当严重,在康熙末年,出现了一些农民暴动。如五十年(一七一一年)江西永新县陈显五领导暴动,次年浙江沿海"海盗"不断杀死清军⑤,五十六年(一七一七年)河南兰宜县亢铤、阌乡县王更一分别发动反抗运动,次年湖广地区发生所谓"捏造妖言,煽惑愚民"的群众准备起义事件⑥。五十九年(一七二〇年)山东盐贩王美公等和农民汇聚在一起,洗劫盐店富

①　《清圣祖实录》卷299,六十一年九月戊子条。
②　《清圣祖实录》卷266,五十四年十月辛丑条。
③　朱轼《朱文端公集》卷2《答白中丞书》。
④　吴振棫《养吉斋余录》卷1。
⑤　《李煦奏折》,中华书局1976年版,117页。
⑥　《清圣祖实录》卷282,五十七年十一月戊戌条。

户,称王称将军①。同年朱一贵在台湾领导农民起义,击杀清军总兵官欧阳凯,称帝,有众数万。此外,群众性秘密结社在许多地方开展活动。

西北用兵造成的问题。五十四年(一七一五年)西北兵端肇起以后,康熙调兵遣将,开销较大,西北前线人民负担显著增加。部分军士不愿出征,逃亡相继,清政府严行惩治。五十六年(一七一七年)朝鲜使臣李枋、李大成等归国报告,说他们在路上看到槛车载送男人和妇女,原来是不愿意西征的人的妻子,流放到沈阳或宁古塔。他们还说过去所经之地,见"人物甚盛,关门嗔咽"的繁荣景象,如今"关外人家多有撤毁处,关内人物颇稀疏,马畜甚贵,或骑牝骡而行,盖以征讨西犸之故,如是凋弊云耳"②。被迫进行的西北用兵,一定程度上破坏了人民、军士的正常生活秩序,带来一些痛苦。于是有一些官僚对用兵提出异议,贵州巡抚刘荫枢、甘肃提督师懿德先后上疏,反对进兵,康熙把刘荫枢发往军前种地,师懿德拟绞立决③。西北用兵十分必要,处理反对派也是应该的,但用兵带来的兵力疲弊则是现实问题,也必须解决。

总之,康熙后期,皇帝倦勤,实行"宽仁"之政,封建政治固有的疾弊显现出来,社会矛盾有所上升。其实他实行的已不是宽仁政策,而是政治上的废弛。明朝开国的第二年(一三六九年),明太祖问元朝旧臣,元朝为什么会灭亡,回答说它实行了宽容政治,明太祖说不对:"元季君臣,耽于逸乐,循至沦亡,其失在纵弛,非宽也。"又说:"大抵圣王之道,宽而有制,不以废弃为宽;简而有

---

① 张廷玉《澄怀园主人自订年谱》卷1。
② 《李朝实录·肃宗实录》卷59,四十三年(康熙五十六年)四月乙酉条,41册464页下—465页上。
③ 《清圣祖实录》卷277,五十七年二月庚寅条。

节,不以慢易为简;施之适中,则无弊矣"①。说得中肯。宽仁不等于纵弛,对臣下的贪婪不法,不严行惩处,看似宽容仁爱,实际放纵他们继续作恶,而使老百姓遭殃,所以纵弛害政害民,为励精图治的帝王所不取。

第二节 "振数百年颓风"的革新思想

雍正说他事事不如乃父,"惟有洞悉下情之处,则朕得之于亲身阅历,而皇考当日所未曾阅历者。朕在藩邸四十余年,凡臣下之结党怀奸,夤缘请托,欺罔蒙蔽,阳奉阴违,假公济私,面从背非,种种恶劣之习,皆朕所深知灼见,可以屈指而数者,较之古来以藩王而入承大统者,如汉文帝辈,朕之见闻,更远过之"②。他对雍亲王的经历颇为自负,确实,它使他"于群情利弊事理得失无不周知"③,使他对接受政权时的社会问题、人民情绪、施政班底都有比较符合于实际的了解,产生他的政治思想。

(1)兴利除弊的革新思想。

雍正即位,命翰林条奏时政,成文奏请"兴利除弊",雍正见了,大加训斥,责问他:"皇考圣治,又有何弊,朕何以除之?"④这是成文老实,说真话触了霉头。不是雍正看不出时弊,他说:"朕在藩邸时,闻九卿会议,归有纪录,所议之事,则群然笑之,此等习俗,朕所深恶"⑤。做雍亲王时就痛恨达官贵人的因循苟且,即位的当

① 《明史纪事本末》卷14《开国规模》。
② 《雍正朝起居注》,四年十月初二日条。
③ 《雍正朝起居注》,二年九月二十五日条。
④ 《上谕内阁》,元年正月二十七日谕。
⑤ 《上谕内阁》,四年九月二十六日谕。

月,就向大学士、尚书、侍郎说:"政事中有应行应革能裨益国计民生者,尔等果能深知利弊,亦著各行密奏"①。就是要采纳各官之言,革除时弊,只是继位之初,尤须使用乃父旗号,改革要实行,而不必大肆宣传。雍正对他的政治,有一个总的要求,就是"雍正改元,政治一新"②,"移风易俗,跻斯世于熙皞之盛"③。即要随着新朝的开始,剔除前朝积弊,在政治上出现一个崭新的局面,形成国富民殷的盛况。他不仅看到康熙朝的问题,而且深知其渊源,绝非一朝一代的事情,所以他的改革胃口很大,宣称:"朕欲澄清吏治,乂安民生,故于公私毁誉之间,分别极其明晰,晓谕不惮烦劳,务期振数百年之颓风,以端治化之本"④。又针对因科举而产生的情弊,说他欲"将唐宋元明积染之习尽行洗濯,则天下永享太平"⑤。他要清除的颓风主要是吏治不清以及与之密切相关的腐败的科举制度,民间风习。振新,同"多一事不如少一事"的墨守成规思想相对立,雍正反对"因循玩愒"⑥,主张多事,这是他改革思想不可缺少的内容。

(2)反对朋党,强调忠君。

雍正是从朋党争斗中过来的,深知它的祸国乱家的危害。他说人臣应以君主之是非为是非,若敢于"树朋党,各徇其好恶以为是非","是罔上行私",犯了背叛君主的不忠之罪。又说人臣结党,讥讪朝政,扰乱君主之视听,坚持既定的政策。至于朋党之间互相攻击,则干预了君主用人去人的权柄。一句话,朋党

① 《上谕内阁》,康熙六十一年十一月二十九日谕。
② 李绂《穆堂别稿》卷18《漕行日记》。
③ 《雍正朝起居注》,二年七月十六日条。
④ 《雍正朝起居注》,五年一月十七日条。
⑤ 《雍正朝起居注》,五年二月初三日条。
⑥ 《朱批谕旨·范时绎奏折》,六年六月二十日折朱批。

干扰了朝政,妨碍君权的充分发挥,所以他说:"朋党之恶,可胜诛乎?"①

(3)主张为政务实与反对沽名钓誉。

雍正在继位一周年之际,告诫臣工说:"为治之道,要在务实,不尚虚名。朕缵承丕基,时刻以吏治兵民为念,……"②治理国家,是尚虚,还是务实? 他的观点非常鲜明,那就是务实,注意吏治、民生。他要求臣下"筹国是,济苍生"③。学校教育要"实行"、"文风"两者并重④。他的尚实,就是要求君臣共同关心国家大计,去解决民生、吏治的实际问题。

要务实,必然反对沽名钓誉。雍正在元年正月给地方各级文武官员发布上谕,说明他们的职责和对他们的要求,谕总督说:

> 朕观古之纯臣,载在史册者,兴利除弊,以实心,行实政,实至而名亦归之,故曰:名者实之华。今之居官者,钓誉以为名,肥家以为实,而曰"名实兼收",不知所谓名实者果何谓也⑤。

给按察使的谕旨又说到这个问题:

> 迩来士大夫好云名实兼收,所谓名者官爵也,所谓实者货财也⑥。

他对官场中流行的名实兼收,非常不满,一针见血地指明官员讲的"实"是个人的"货财",是"肥家",不是国计民生的"实";官员讲

---

① 《清世宗实录》卷6,元年四月丁卯条。
② 《清世宗实录》卷13,元年十一月丁酉条。
③ 《朱批谕旨·李绂奏折》,四年十一月二十一日折朱批。
④ 《清世宗实录》卷3,元年正月辛巳条。
⑤ 《清世宗实录》卷3,元年正月辛巳条。
⑥ 《清世宗实录》卷3,元年正月辛巳条。

的"名",是官爵,是钓誉,不是由于实心实政而应得的美名。他分清"名实兼收"的"名"和"实",与为政务实以及由此而得名的"名"和"实",是两种名实观,他反对不顾民生吏治的"名实兼收"和官员的沽名钓誉。

(4)舍"宽仁"从"严猛"。

康熙为政尚宽仁,雍正要不要继承它?他有自己的见解。是宽仁好,还是严猛好,他认为应从当时的实际情况出发:"观乎其时,审乎其事,当宽则宽,当严则严"①。他说他继位时的情形是:"人心玩愒已久,百弊丛生",因此,"若不惩创,将来无所底止"②。他具有实行严猛政治的思想,认为宽仁不合当时的社会情况,为此多次作过说明。他在云贵总督鄂尔泰报告镇沅土司叛乱的奏折上写道:"且猛做去,宽之一字乃上天之恩,若容宽时得有可宽之日,乃尔我君臣之大福,天地神明之殊恩也"③。鄂尔泰是他的宠臣,所以公开地告诉对方,他赞成严猛思想。他在云南巡抚杨名时的奏折中批道:"政宽则民慢,慢则纠之以猛,猛则民残,残则施之以宽,宽以济猛,猛以济宽,政是以和,此诚圣人千古不易之名言也"④。杨名时主张宽仁,雍正企图以此说服他。雍正有时还讲宽严结合。对湖广总督杨宗仁说:"尔等封疆大臣于一切政治,但务宽严相济,舒畅兵民之情"⑤。讲究宽仁的,绝不提严猛,因"宽仁"好听,易得兵民官员拥护,讲严猛,易被舆论谴责,雍正讲宽严相济,似不偏废,意在用"宽"遮盖"严",实质是要严。

① 《上谕内阁》,七年七月初五日谕。
② 《上谕内阁》,七年五月初五日谕。
③ 《朱批谕旨·鄂尔泰奏折》,五年五月初十日折朱批。
④ 《朱批谕旨·杨名时奏折》,二年九月初六日折朱批。
⑤ 《朱批谕旨·杨宗仁奏折》,三年四月初九日折朱批。

（5）主张"人治"。

雍正元年,御史汤之旭奏请划一律例条款,颁示天下,雍正答复说:所奏"未尝不是,但天下事,有治人,无治法,得人办理,则无不允协,不得其人,其间舞文弄法,正自不少。……虽条例划一,弊终难免"①。法令制度和制定、执行法令的人,两者对于国家治乱的关系,雍正把人看成是重要的因素,而法制的作用则取决于从政的人的状况,是次要的。他认为很好的法制也要守法的人来推行,若碰到坏人,反倒被他利用为"贪营巧取"的工具②。他又认为法久弊生,故法不可恃,还要靠人把它改过来,才能免除弊病。至于法不完善并不要紧,只要有好人来执行,自然会"因时制宜",加以补充调整,使之成为善法,所以他说"有治人,即有治法"③。"有治人,无治法",自从荀子提出来之后,历来被统治者所信奉,雍正信之弥坚,他的"有治人即有治法"之说,越发明确地把法治从属于人治,进一步说明人治的重要。

"人治",作为雍正的政治思想的内涵,主要的是帝王的励精图治和在君主指导下的良好的官僚队伍的从政。他说"治天下惟以用人为本,其余皆支叶事耳"④,就是这种思想的体现。

雍正在即位之初,为寝宫养心殿西暖阁书写了一副对联,联文是:"原以一人治天下,不以天下奉一人"⑤。"一人治天下"的思想,自然形成人治的观念。本来,君主权力要多大有多大,法律是他制定的,法律如不完备,或同他的意志相抵牾,会更改它,或用

---

① 《雍正朝起居注》,元年七月十八日条。
② 《清世宗实录》卷89,七年十二月癸卯条。
③ 《雍正朝起居注》,二年七月十六日条。
④ 《朱批谕旨·鄂尔泰奏折》,四年八月初六日折朱批。
⑤ 《朱批谕旨·朱纲奏折》,五年九月二十六日折。《日下旧闻考》卷17作"惟以一人治天下,岂为天下奉一人。"见北京古籍出版社1981年版,第1册231页。

令、式、格来补充它,他的话就是法令,就是施政方针,当然法治从属于人治了,从属于君主之治了。"以一人治天下",这是雍正对他的君主至治的思想,也是君权至上的思想的高度概括。

雍正所笃信的人治观念虽然为历代君主所共有,但在他之前,进步思想家黄宗羲已经在《明夷待访录》中提出"有治法而后有治人"的观点。黄宗羲猛烈抨击了"有治人无治法"的传统观念,认为法制对国家的兴衰比人重要,因此要求"治人"服从法制。毫无疑问,黄宗羲的观点比雍正们先进,雍正在他之后还强调人治,从思想体系上讲当然是反动的。但是法制在封建社会不可能真正实现,政治的好坏往往视执政者状况为转移。雍正的"人治",强调君主励精图治,重视官吏的任用得人,希望实现清明政治。从实践的角度看,他的"人治"又有着某些合理内容。雍正为政务实的思想,重视解决国计民生的实际问题,比那些沽名钓誉而又贪婪的官僚、惟知剥民害民的执政者当然要好。雍正反对朋党的观点是帝王思想,然而朋党在历史上没起多少好作用,常常同政治黑暗相联系,雍正为避免政治混乱,反对朋党,无可非议。

雍正的政治思想如何评价,重要的看这种思想形成的社会政策的实践效果。

本节为读者提供的是雍正政治思想概貌,以便阅读后面章节。为概述而采取评论式写法,未能以所叙事情、言论发生的时间顺序来进行,实为拙笔。下面的章节,就避免了这种表达法,尚祈读者鉴宥。

第三章 迭兴阿、塞、年、隆诸狱

第一节 分化瓦解允禩、允禵集团

康熙死的第二天,尚未正式即位的雍正办了几件大事。任命贝勒允禩、十三阿哥允祥、大学士马齐、尚书隆科多四人为总理事务大臣,他说居丧期间,心绪不宁,因此臣下"有所启奏诸事",除藩邸事务外,"俱交送四大臣,凡有谕旨,必经由四大臣传出,"以便把各种事情有条不紊地办好①。总理事务大臣,位尊权重,自应是新朝的核心人物,应是先朝的元老重臣和新君的亲信。雍正与允祥情谊最笃,上台受隆科多拥护最力,命他们为总理事务大臣,顺情顺理。任用政敌允禩及其追随者马齐,是一个大的战略决策。同日封允禩、允祥为亲王,允礽的儿子弘晳为郡王。十二月十一日,赐允禩爵号和硕廉亲王,允祥和硕怡亲王,允裪多罗履郡王,弘晳多罗理郡王。同月命允禩兼管理藩院和上驷院,雍正元年(一七二三年)二月改兼管工部。

雍正优待允禩的亲属,任用了一些他的支持者。雍正赐允禩的儿子弘旺贝勒衔②,荣誉之高,在诸皇侄中,是弘晳外所仅见的。允禩的母舅噶达浑,康熙并未因允禩及其母良妃而把他放出辛者

---

① 《清世宗实录》卷1,康熙六十一年十一月乙未条。《永宪录》记为:十四日,命领侍卫内大臣马尔赛及隆科多、马齐辅政,雍正正式继位后,始命允禩、允祥、隆科多、马齐总理事务(49页、58页)。

② 《皇清通志纲要》卷4上。

库,雍正为照顾允䄉,削其贱籍,放为一般旗民,赏赐世袭佐领世职①。被康熙指斥与允䄉勾结的贝子苏努,雍正在乃父死后的第三天,将他晋爵贝勒,不久把他的儿子勒什亨委署领侍卫内大臣。佛格,原系闲散宗室,与允䄉关系密切,元年(一七二三年)年初,雍正用他为刑部尚书。阿灵阿的儿子阿尔松阿,康熙末年为领侍卫内大臣,雍正于元年十二月,也命他任刑部尚书。贝勒满都护,雍正命他总理事务处协同行走。佟吉图,允䄉管内务府广善库时的司官,因之交厚,后退职居闲,"自云藏器待时",意在为允䄉异日效力。雍正即位,说他"才具可用",擢为山东按察使,很快升布政使②。允䄉和他的一些追随者,在政敌当权下,反倒加官晋爵,似比在先朝还要得意,一部分人因而弹冠相庆。允䄉晋王爵,他的妻子乌雅氏的亲戚来祝贺,乌雅氏说:有什么可喜的? 不知道那一天掉脑袋哩③! 允䄉本人也对朝中大臣说:"皇上今日加恩,焉知未伏明日诛戮之意?"又说:"目下施恩,皆不可信"④。当雍正任用阿尔松阿为刑部尚书的谕旨下达时,受命者怀疑用这个职务杀害他,固辞不敢受⑤。允䄉夫妇、阿尔松阿这些储位斗争的当事人很明白,政敌不会饶过自己,现在的"荣宠",正是未来的开罪把由。他们的担心并非是多余的。雍正在继位初期,采取的是拉拢允䄉本人及他的集团中一部分人的政策。

　　雍正对允䄺是另一种态度。任用允䄉为总理事务大臣的当天,令召允䄺回京。雍正说:皇考的丧事,若允䄺不能亲临,恐怕内心一定不安,为了他,还是让他急速回来吧。随即命辅国公延信驰驿赴

<hr />

① 《上谕内阁》,三年九月三十日谕。
② 《上谕内阁》,四年十月初五日谕。
③ 《雍正朝起居注》,四年正月二十八日条。
④ 《大义觉迷录》卷3。
⑤ 《上谕内阁》,二年十月二十六日谕。

甘州军营,管理大将军印务,行文川陕总督年羹尧协理军务,延信未到之前,命平郡王讷尔苏署理大将军事①。十二月十七日,允禵到京,未到之先,行文奏事处,请示先拜谒大行皇帝的梓宫,还是先庆贺新君的登极②,雍正命他先谒梓宫,他径赴寿皇殿乃父灵柩前哭拜。那时雍正也在那儿,允禵望见了,正是仇人相见,分外眼红,本来江山大有希望,不想今日屈为臣子,只得含愤忍辱远远地给皇兄叩头,但情绪极坏,无论如何也不向皇帝表示祝贺和亲近。雍正为示大度,向前将就他,他还不动弹,侍卫蒙古人拉锡见此僵局,连忙拉他向前。待到离开皇帝,允禵就责骂拉锡,又到雍正面前,控诉拉锡无礼:"我是皇上亲弟,拉锡乃掳获下贱,若我有不是处,求皇上将我处分,若我无不是处,求皇上即将拉锡正法,以正国体"③。明是攻诘拉锡,实是向雍正抗议。雍正说他"气傲心高"④,的是不假。雍正对他毫不容情,取消他的王爵。据朝鲜于康熙六十一年(一七二二年)派到清朝贺冬至使李混、副使李万选的见闻报告,说宗人府与十四王有事对,这件事的记录,由宗人府钤印公布过,当初的本子封面最高处,有朱笔写的"旨:胤祯削去王爵,仍存贝子"十一字⑤。

---

① 《清世宗实录》卷1,康熙六十一年十一月乙未条。
② 《永宪录》卷1,66页。
③ 《上谕内阁》,三年二月二十九日谕。
④ 《上谕内阁》,元年五月二十三日谕。
⑤ 朝鲜《同文汇考》补编《使臣别单》卷4,转录金承艺《从"胤禵"问题看清世宗夺位》。这里允禵的名字,仍是康熙末年"胤祯"一名。在雍正继位后,宗人府以亲王阿哥等名上一字"胤"字与御讳相同,请求更定。雍正说名讳是先帝钦定,不应变动,命礼部奏请皇太后裁夺,到十二月二十日,雍正说皇太后同意,诸兄弟名字上一字改为"允"字(《清世宗实录》卷2,康熙六十一年十二月辛未条)。自此之后,雍正的兄弟们,为敬避御讳,名字的上一字改用"允"字。后日的文献记载,涉及这些人时,多书作"允"字,即使原作于康熙朝的文献,后来出版的,也往往将原作的胤字易为允字。笔者为尊重事实,康熙诸子的名字,在第一章康熙时代,均写作"胤某",到雍正登极,俱书"允某",以见名讳的变化,实亦反映诸人地位的变异。

雍正只给允䄉保留了他最初所得的封爵。

元年(一七二三年)三四月之交,雍正送康熙灵柩至遵化景陵享殿,传旨训诫允䄉,允䄉不服,允裪怕事闹大,令允䄉跪受,允䄉才接受了①。事毕,雍正返京,留允䄉看守景陵,谕令副将李如柏,若允䄉要去陵寝,除大祀外都不准行②,实际把他囚禁了。雍正在送灵时,传问允䄉家人:昔日允䄉在军中,听说专好吃酒行凶?家人雅图、护卫孙泰、苏伯、常明等回奏没有这些事,雍正恼怒,命将他们永远枷示,他们十六岁以上的儿子也行枷号。在允䄉府中教书的天津监生徐兰,亦以其人不端,逐回原籍,交地方官收管③。允䄉的属人随着主人遭了殃。

康熙去世,雍正生母德妃自然晋为皇太后。雍正拟给她上徽号"仁寿皇太后",请她从原来居住的永和宫迁到皇太后的宁寿宫,她一概以在丧中而不接受。她生有三子,皇四子、皇十四子及皇六子胤祚,胤祚六岁殇逝,老四和十四子都有得皇位的可能,这是她的喜事,然而这两个又是誓不两立的冤家,叫作母亲的真难相处,大儿子如此欺负小儿子,有心要照顾小的,大的不答应,小的又倔强,不妥协,恐怕她够伤心的了。遇此不可变易的景况,身体自然会出毛病。据《清世宗实录》记载,元年(一七二三年)五月二十二日未刻(13—15时)得病,次日丑刻(1—3时)死亡④。从病到死,不过十几小时,实系暴卒。当时允祄太监何国柱等人说皇太后是自杀的:"太后要见允䄉,皇上大怒,太后于铁柱上撞死。"允裪

---

① 《上谕内阁》,三年二月二十九日谕。
② 《上谕内阁》,元年五月二十四日谕。
③ 《永宪录》卷2上,102页。
④ 《清世宗实录》卷7,元年五月庚子、辛丑两条。

太监马起云说:"皇上命塞思黑①去见活佛,太后说何苦如此用心,皇上不理,跑出来,太后怒甚,就撞死了"②。一说为允䄉事,一说为允禩事,有矛盾,而他们是雍正政敌的太监,也可能造作谣言,诋毁雍正,但不管怎样,太后的死,总有可疑的地方。雍正以慰皇妣在天之灵为名,封允䄉为郡王,仍因系在景陵。不久,他的福晋患病故世,雍正给她指定葬地,允䄉以风水不好不高兴,允禩劝他才接受了。允䄉遭此种种打击,悲愤交集,奏称"我今已到尽头之处,一身是病,在世不久"③。还是那种不服失败的劲头。

雍正对允禟更不客气。康熙大事出来,允禟生母宜妃正在病中,急忙坐在软榻上奔向灵堂,她原受康熙宠爱,这时也顾不上多想,竟跑到德妃的前面,雍正见了自不高兴。她见雍正时还不识时务,摆出母妃的架子,雍正更不畅快,十二月初三日,说她的太监张起用违禁做买卖,发往土儿鲁耕种,允禟太监李尽忠发往云南极边当苦差,太监何玉柱发往三姓给穷披甲人为奴,籍没他们的家产,如果不愿往边地,就命自尽,但仍把骨头送往发遣之处④。同月,将代替允禟料理家务的礼科给事中秦道然逮捕,雍正说他仗势作恶,家产饶裕,命追十万两送甘肃充军饷。秦道然是无锡人,两江总督查弼纳秉命清查,他的所有家产不值一万两银子,因命监禁追究⑤。雍正对允禟本人异常蔑视,说他"文才武略,一无可取",是乃父的"无足数计之子"⑥,但也不放过他,就以允䄉从前线回来军

---

① 指允禩,详解见后。
② 《大义觉迷录》卷3。
③ 《雍正朝起居注》,二年十月二十日条,三年二月二十九日条;清世宗"朱谕",第6函。
④ 《永宪录》卷1,63页。
⑤ 《永宪录》卷1,64—65页;《雍正朝起居注》,元年十月十一日条。
⑥ 《上谕内阁》,三年七月二十九日谕;《雍正朝起居注》,三年七月二十六日条。

中需人为名,命允裪前往西宁。允裪知道这是发配他,推说等过了父皇的百日冥辰前往,后又说等送了陵寝启程,雍正不容延宕,迫令速行,遂于元年(一七二三年)到了西大通(今青海大通县东南)。年羹尧将城内居民迁出,加派兵丁监视允裪,雍正指示他留意士兵动态,不要叫允裪收买了去①。允裪到西大通后,就奏请回朝,雍正批"知道了"三个字,不置可否,暗中指示年羹尧不放他回京②。允裪遣人到河州买草,踏看牧地,本是寻常细事,宗人府却于二年(一七二四年)二月奏参他"抗违军法,肆行边地",议将其贝子革去③,实是欲加之罪了。

雍正对敦郡王允䄉也很讨厌。元年(一七二三年),哲布尊丹巴胡土克图到京师拜谒康熙灵堂,寻病死,雍正命送其灵龛还喀尔喀,让允䄉齎印册赐奠,允䄉不愿离京,先称无力准备马匹行李,及至出发,行到张家口外,不肯再走,宣称圣旨叫他进口,遂在张家口居停。雍正见此光景,故意刁难允䄉,命其议处,允䄉要求行文允䄉,让他继续前进,但责罚不行谏阻的长史额尔金。雍正说允䄉既不肯行,何必非要他去,额尔金的话他原不听,处分有什么必要,命允䄉再议。允䄉就请求把允䄉的郡王革去。而这时允䄉安然地住在张家口,亦不差人请罪。雍正就将他革去世爵,调回京师,永远拘禁。又查抄他的家产,得金银六十多万两,金银器皿及土地房屋的价值,还不在这个数内④。

雍正崇爵待允祹,囚系允䄲于遵化,发遣允裪于西北,拘禁允

---

① 中国第一历史档案馆藏:《宫中档·朱批奏折·民族事务类》,卷123,4号,《年羹尧奏折》及朱批。
② 《掌故丛编》第10辑《年羹尧奏折》。
③ 《清世宗实录》卷18,二年四月癸亥条。
④ 《上谕内阁》,二年四月初八日、二十六日谕;《雍正朝起居注》,二年十月十七日条。

裣于京城,把他们分散各地,使他们联络不便,动辄得咎。给他们的待遇明面上不一样,实则都在雍正的股掌之中,日子都不好过。雍正封允禩,是把他套在自己驾驭的马车上,不得脱缰。他是集团的首领,影响大,抓住他,就易稳定他的集团,使他们不至于起来造反。允禵也是首领,但在康熙季年嗣位呼声远远高过允禩,雍正即位之初,他的影响比允禩大,号召力强,雍正对他不能优遇,否则人们可以乘机向他靠拢,倒会使他发展势力,不好收拾,故以打击为妙。允禟之母健在,地位原尊贵,在宗室中有一定威望,她的儿子不能不防,否则母子结合,致干政乱。允禩不是该集团的最核心人物,严厉处置,既不会引起事端,倒可杀鸡儆猴,使那些非核心的人有所畏惧而不敢死心塌地追随他们的首领。雍正对允禩、允禵集团采取的是分化瓦解、有打有拉、各个击破的策略,实行也较成功,在即位初期的一年多的时间里获得初步胜利。

雍正对政敌只是拘系,并不像后来那样杀戮,这是他继位之初客观形势造成的——他不敢杀。他经常责备兄弟们"任意妄行,惟欲朕将伊等治罪,以受不美之名"①。"廉亲王之意不过欲触朕之怒,必至杀人:杀戮显著,则众心离失,伊便可以希图侥幸成事"②。雍正说他不上当,"断不使伊志得遂",因而对他们曲加优容③。这种顾虑,使他对政敌的处置不得不慎重,不敢恣意而行。如考虑处理允禩的女儿和外孙时,想拆散其母子,但小孩特小,容易夭折,他怕因此"招许多闲议论",思之再三,决定不下,就暗中征求年羹尧的意见④。就这样也招致了很多议论,说皇帝"凌逼弟

① 《上谕内阁》,二年四月初八日谕。
② 《雍正朝起居注》,二年五月二十日条。
③ 《上谕内阁》,二年四月初九日谕。
④ 清世宗"朱谕",第12函。

辈"，惩治一些人是"报复私怨"①。翰林院检讨孙嘉淦公开上书，要求皇帝"亲骨肉"。雍正对善意的建言与恶意的攻击区别对待，提升孙嘉淦为国子监司业②，以示鼓励，对攻击者大加威胁，说若再这样，将"启朕杀人之端"③。

雍正用软硬兼施的手段对待允禩一伙，占于主动地位，这是因为他是最高统治者。但这种位置也有不利的因素，皇帝在明处，要防制臣下的暗算，特别是雍正继位的特殊情况更易出事。雍正清楚地认识到，多年的储位之争，人们斗红了眼，为达到目的，不惜采取一切手段，他说以乃父之"圣神，犹防允禩等之奸恶，不能一日宁处"，而诸兄弟与父皇是父子关系，同我只是兄弟关系，兄弟视父子相去远甚，昔年父子至情，兄弟们还恣意妄行，今处兄弟关系，他们活动不止，更当引起深虑④。继位初，大约出现过两次险情，一次是他出宫祭祀，隆科多说有刺客，遂在祭案下搜查。又一次他到东陵谒陵，隆科多说诸王变心，要防备⑤。到四年（一七二六年）秋天局势完全稳定之后，雍正说明他不能像父皇那样秋狝的原因，不是把它看作游猎不应该做，而是因为允禩、允禵"密结匪党，潜蓄邪谋，遇事生波，中怀叵测，朕实有防范之心，不便远临边塞。"因自己去不成，而这事又重要，在前年（一七二四年）就派皇子出口行围，以示训练讲武之意⑥。他除了去过东陵，不敢离京城一步，正是怕允禩集团发动政变，不能镇压。

① 《上谕内阁》，元年二月初十日谕。
② 《小仓山房文集》卷3《协办大学士吏部尚书孙文定公神道碑》。
③ 《上谕内阁》，元年二月初十日谕。
④ 《上谕内阁》，二年四月初七日谕。
⑤ 《雍正朝起居注》，五年十月初五日条。
⑥ 《雍正朝起居注》，四年十月初二日条。

雍正在即位初年,给年羹尧的朱谕,总说京师形势好。元年初夏,他说亲送康熙灵柩到景陵,"一路平安,内外无事","内外人情光景照春一样,又觉熟练些,总之一切如意,出于望外之次第顺遂也。"秋天又写道:"入秋以来,朕躬甚安,都中内外一切平静。"次年春天,说他举行耕藉礼、诣太学临雍的那两日,"天气和畅,人情顺悦,诸凡如意,都中内外平静"①。另一朱谕说:"都中内外,尔合家老幼均平安如意"②。这样说固然反映政局稳定,而所以要絮絮叨叨,乃因胸中有事,惧怕政敌发动事变。在政局可能发生意外的情况下,对政敌可以采取屠戮政策,以削弱对方力量,但这要有把握,不致激成事端;也可以采取稍微缓和的政策,使对方被逐渐吞噬而消亡,这也要有把握能绝对控制对方作为前提。雍正采取后一政策,并且获得成功,是在斗争中采取了谨慎态度,正确把握了形势。

雍正对其他参与过争位的兄弟,亦根据情形区别对待,有打有拉。他认为允祉的势力在蒙养斋修书处,即位不到一个月,就向该处人员动手了。他说陈梦雷是耿继茂叛逆案中罪犯,皇考从宽处理,命他在修书处行走,然而他"不思改过,招摇无忌,不法甚多,"因皇考既经宽恩,不再加刑,然应将他及其儿子发往远边,他的门生中有生事者也要严行惩治③。刑部尚书陶赖、张廷枢执行谕旨不坚决,将陈梦雷的两个儿子释放了,雍正把他们降职④。这是坚决拆散允祉势力的方针的体现。

雍正对废太子允礽不为已甚,康熙死,放允礽去哭灵,旋即禁

---

① 清世宗"朱谕",第 12 函。
② 《文献丛编》第 5 辑《年羹尧奏折》。
③ 《上谕内阁》康熙六十一年十二月十二日谕。
④ 《上谕内阁》,元年二月初十日谕。

锢如初①。封其子弘晳为郡王后,将旧日东宫所有的服御金银及奴仆、官属赏赐给他。二年(一七二四年)十二月允礽死,雍正亲临丧所,令将他按亲王礼埋葬。对拥护允礽的人又是一个态度。元年(一七二三年)七月给官员廪子,九月给封典,代父军前效力的少詹事王奕清均不得授予②,这是对王掞谋复允礽耿耿于怀的表现。

大阿哥允褆,仍如康熙时一样严行禁锢。

雍正的打拉结合的策略,到二年夏天发生了变化,主要表现在对允禩态度上。在这以前,对他也有过指责,如元年十一月,雍正在讲到丧葬不可过奢时,说允禩居其母丧,伪孝矫情③。但这还不是专为允禩而发。二年四月初七日,特为允禩谕诸王大臣,说自康熙四十七年以来,我的无知弟兄结党妄行,惹皇考之忧,朕即位后,不论允禩"从前诸恶,惟念骨肉兄弟"之情,但他不知痛改前非,"乃不以事君事兄为重,犹以同辈诸兄弟允禟、允䄉为伊出力之故,怀挟私心,由此观之,其大志至今未已也。"如此"肆行悖乱,干犯法纪,朕虽欲包容宽宥,而国宪具在,亦无可如何,当于诸大臣共正其罪。"因令诸王大臣对他据实揭发,不许隐讳④。这是对允禩开展了凌厉的攻势,往后就更为严重了。五月,以苏努、勒什亨父子党袒允禟、允禩,"扰乱国家之心毫无悛改",革去苏努贝勒,撤回公中佐领,与诸子同往右卫居住⑤。到七月,雍正发布《御制朋党论》,进一步打击朋党势力。所以从雍正即位到二年七月,是他

---

① 《李朝实录·景宗实录》卷 11,三年(雍正元年)二月己卯条,42 册 162 页。
② 《雍正朝起居注》,元年七月、九月条。
③ 《上谕内阁》,元年十一月二十九日谕。
④ 《上谕内阁》,二年四月初七日谕。
⑤ 《上谕内阁》,二年五月十四日谕。

打击朋党的第一个阶段。

这种变化源出于政治形势的演变,二年春天,青海罗卜藏丹津叛乱平定了,雍正帝位因而进一步巩固。他说这件事"谁不诵朕之福,畏朕之威也"①,因而减少顾忌,大刀阔斧地向政敌杀去了。但进展得并不快,这中间又有年羹尧和隆科多的案件插了进来,使政事复杂化。因此暂且放下允禩集团,看看年、隆与雍正初政的关系。

第二节　年羹尧、隆科多与雍正初政

（一）宠异年、隆

随着雍正的继位,隆科多、年羹尧成为新政权的核心人物。康熙死去的第九天,雍正把佟国维在康熙第一次废太子中获罪失去的公爵赏给隆科多②,过了两天,下命称隆科多为"舅舅"③,使他多了一个头衔,即再提到他的时候,在世爵之外,还要加上"舅舅"字样。雍正与隆科多分属甥舅,但皇帝承认不承认是另一回事,所以这称舅舅,是皇帝封给的,不是理所当然的。封爵、尊称及总理事务大臣,是雍正酬谢隆科多扈翼登基之功。同年十二月,任命他为吏部尚书,仍兼步军统领,次年命兼管理藩院事,任《圣祖仁皇帝实录》和《大清会典》总裁官,《明史》监修总裁。雍正还赐给他太保加衔,双眼孔雀花翎,四团龙补服,黄带,鞍马紫辔。这时的隆科多,作为"密勿大臣",是雍正在中央的左右手,参预处理重大事

①　清世宗"朱谕",第 12 函。

②　《上谕内阁》,康熙六十一年十一月二十一日谕。

③　《清世宗实录》,康熙六十一年十一月丙午条。

务,雍正奖他为"当代第一超群拔类之稀有大臣"①,真是宠荣备至。

允禵被召回京,年羹尧受命与管理抚远大将军印务的延信共同执掌军务,半年后,即元年五月,雍正发出上谕:西北军事,"俱降旨交年羹尧办理,若有调遣军兵,动用粮饷之处,著防边办饷大臣及川陕云南督抚提镇等俱照年羹尧办理。边疆事务,断不可贻误,并传谕大将军延信知之"②。名为川陕总督的年羹尧,实际上揽到了西北军事指挥权,夺了抚远大将军延信的权力。雍正告诫官员秉命于年羹尧,在云贵总督高其倬的奏折上批道:"年羹尧近年来于军旅事务边地情形甚为熟谙,且其才情实属出人头地。""兵马粮饷一切筹备机宜,如及与年羹尧商酌者,与之会商而行"③。在四川提督岳钟琪的奏折上批示:"西边事务,朕之旨意,总交年羹尧料理调度"④。唯年羹尧是赖、是信,说得非常明白。同年十月,发生了青海厄鲁特罗卜藏丹津的暴乱,雍正遂任命年羹尧为抚远大将军,率师赴西宁征讨,次年成功,封年羹尧为一等公。这时年大将军威镇西北,兼预云南政事,是没有封王的西北王。他是雍正在外地的主要依靠者。

年羹尧远在边陲,却一直奉雍正之命参与朝中事务,特别是在青海成功之后。年的与议朝政,有许多是秘密的,后来他又出了事,所以他的预政难见史册,惟中国第一历史档案馆所藏雍正给他的朱谕,保留了若干痕迹。雍正在一分朱谕中写道:

……陕西光景似少些雨,麦田如何?近京城少旱,闻得直

---

① 《掌故丛编》第十辑《年羹尧奏折》。
② 《清世宗实录》卷7,元年五月庚子条。
③ 《朱批谕旨·高其倬奏折》,元年四月初五日折朱批。
④ 《宫中档·朱批奏折·民族事务类》,岳钟琪元年五月初九日折朱批。

隶四外雨皆沾足,其余他省颇好。闻得江南、河南、山东三省搭界处有十数州县,去岁蝗蝻复发,随便写来你知道。再先因边事急,要尔所办之事外,实不忍劳你心神,今既上天成全,大局已定,凡尔之所见所闻,与天下国家吏治民生有兴利除弊,内外大小官员之臧否,随便徐徐奏来,朕酌量而行。特谕①。

要年羹尧条奏的事情非常广,吏治民生的得失,朝内朝外大大小小的官员的好坏,全都包括在内。这本是宰辅的职责,要年来做,寄予了重托。雍正在另一分朱谕中说:"有条奏数条和你商量者,徐徐有时写来"②,同他研究别人的奏议。耗羡归公的事,山西巡抚诺岷提出后,雍正认为很好,可以行得,但交廷臣讨论,遭到反对,雍正又觉得他们的话也有道理,拿不定主意,于是征求年羹尧的意见:"此事朕不洞彻,难定是非,和你商量。你意如何"③?律例馆修订律例,边改定,边上呈,雍正阅后,发给年羹尧看,要他于可斟酌处提出修改意见。康熙将朱熹升入十哲之列,雍正还想把周敦颐、程灏、程颐抬进这个行列,但周、程生活时代早于朱熹,要升格,就必须排在朱熹前面,雍正觉得朱熹事是乃父所定,若再将周、程置于朱熹之前,于乃父面上不好看,于本身讲孝道也不好,故而委决不下,要年羹尧"详细推敲奏来"④。及至年提出意见,雍正特谕九卿,说他"读书明理,持论秉公"要他们细心参考他的意见⑤。有一次考庶常,翰林院已按惯例分三等作了衡量,定了名次,雍正又将试卷秘密送给年羹尧阅视,他在朱谕中写道:

---

① 清世宗"朱谕",第12函。
② 清世宗"朱谕",第12函。
③ 清世宗"朱谕",第12函。
④ 清世宗"朱谕",第12函。
⑤ 清世宗"朱谕",第7函。

时文头二三内,你速速看了,应那上移下者另封,上写应
入某等,仍封原封内交还。不可令都中人知发来你看之处。
二等者特多了,若恐冤抑人,作四等亦可。……文章尽力速速
看来①。

既令年羹尧参与其事,又不让人知道,把事情办得很诡秘。二年
(一七二四年)冬年羹尧陛见之前,雍正因其将来,命各省大吏届
期赴京集会②,四川巡抚蔡珽以无可会商事务提出异议,雍正又就
此征询年羹尧的看法③。以年之行止定其他督抚的行动,足见雍
正把年羹尧置于其他督抚之上,使他的政见具有某种决定性作用。
对于允禩集团的处理,雍正不仅与年羹尧磋商,更让他参加执行。
允䄷交年羹尧监管后,年说允䄷"颇知收敛",他的人也知道畏惧
了,雍正告诉年:允䄷和允禩是不可能改变态度的,允䄷是"奸诡
叵测之人",要继续提防。又说"苏努实国家宗室中之逆贼,真大
花面也,其父子之罪,断不赦他也"④。对于雍正的指责阿灵阿、揆
叙等允禩党人,社会上传言是年羹尧的主意,雍正加以否定,说
"朕之年长于年羹尧,朕胸中光明洞达,万几庶务无不洞烛其隐
微,年羹尧之才为大将军总督则有余,安能具天子之聪明才智
乎?"⑤这是王顾左右而言他,不能否认年羹尧在打击允禩集团方
面的作用。

在用人和吏治方面,雍正更与年羹尧频频相商,并给予后者以
巨大权力。在年的辖区内,"文官自督抚以至州县,武官自提镇以

① 清世宗"朱谕",第 12 函。
② 《雍正朝起居注》,二年十一月初九日条。
③ 清世宗"朱谕",第 12 函。
④ 《掌故丛编》第九辑《年羹尧奏折》朱批。
⑤ 《雍正朝起居注》,二年十一月十五日条。

至千把"，俱听年羹尧分别用舍①。元年四月，雍正令范时捷署理陕西巡抚，不久欲将之实授，意将原任巡抚噶世图调为兵部侍郎，就此项任命，特同年羹尧相商②。川陕境外的官员的使用，雍正也常让年羹尧参谋意见。京口将军何天培的为人，雍正听到不同的议论，就问年羹尧可曾听到什么，希望他"据实奏来，朕以定去留"③。葛继孔原任江苏按察使、内阁侍读学士，被年羹尧参奏，降为鸿胪寺少卿④。长芦巡盐御史宋师曾，年羹尧把他大为保荐⑤。安徽官员朱作鼎，年羹尧奏请将他罢职⑥。康熙末，赵之垣署理直隶巡抚，年羹尧密参他是庸劣纨绔，不可担当巡抚重任，雍正听了年的话，将他撤职，改用李维钧。李的由妾扶正的妻子，是年羹尧家人魏之耀的干女儿，雍正又特地叫李与年亲近⑦，所以畿辅重臣倒成了年羹尧的"下人"。江西南赣总兵缺出，雍正拟用宋可进，年羹尧奏称他不能胜任，请将黄起宪补授，雍正采纳了他的建言⑧。二年（一七二四年）二月，李绂就广西巡抚任，保荐徐用锡同往，年羹尧却说徐是人品不端的小人，不能用⑨。松江提督高其位年老，雍正欲令他在总督、提督、銮仪使三职内任挑一个，适值年羹尧进京，就令他去问高，并征询年的意见⑩。

雍正初，年羹尧两度进京，一次在元年春天，路过山西，因该地

① 《清世宗实录》卷39，三年十二月甲戌条。
② 清世宗"朱谕"，第 12 函。
③ 清世宗"朱谕"，第 12 函。
④ 《清世宗实录》卷33，三年六月癸未条。
⑤ 《朱批谕旨·莽鹄立奏折》，三年五月初六日折朱批。
⑥ 《朱批谕旨·李成龙奏折》，三年元月十一日折朱批。
⑦ 《朱批谕旨·李维钧奏折》，二年十一月十三日折朱批。
⑧ 《雍正朝起居注》，四年十二月初七日条。
⑨ 《上谕内阁》，四年十二月十二日谕。
⑩ 《永宪录》卷3，184 页。

欠收，就叫晋抚德音奏请缓征钱粮①，德音没有照办，雍正就以此为一个缘由将德音免职，肯定了年羹尧的越境管事。第二次是在二年十月至十一月间，雍正特令礼部拟定迎接年大将军的仪注，侍郎三泰草拟不够妥善，受到降一级处分②。年到京时，黄缰紫骝，郊迎的王公以下官员跪接，年安坐而过，看都不看一眼③。王公下马问候他，他也只点点头④。年羹尧在京的短暂日子里，与总理事务大臣马齐、隆科多等一起担任宣传上谕的使命，雍正说年是"藩邸旧人，记性甚好，能宣朕言，下笔通畅，能达朕意"，是以"令其传达旨意，书写上谕"⑤。年羹尧俨然成为总理事务大臣了。

雍正跟年羹尧私交至厚，给予特殊的甚至是人臣所绝无的荣宠。元年，雍正认为像年羹尧这样的封疆大吏，有十来个人，国家就不愁治理不好⑥。待到青海功成，雍正兴奋异常，把年羹尧视为自己的"恩人"，他也知道这样说有失至尊的体统，但还是情不自禁地说了⑦。他又向年说：

> 你此番心行，朕实不知如何疼你，方有颜对天地神明也。立功不必言矣，正当西宁危急之时，即一折一字恐朕心烦惊骇，委曲设法，间以闲字，尔此等用心爱我处，朕皆体到。每向怡（亲王）、舅（舅），朕皆落泪告之，种种亦难书述。总之你待朕之意，朕全晓得就是矣。所以你此一番心，感邀上苍，如是

---

① 《上谕内阁》，元年四月十八日谕。
② 《雍正朝起居注》，二年十一月二十二日条。
③ 《小仓山房文集》卷3，《文渊阁大学士史文靖公神道碑》。
④ 《啸亭杂录》卷9《年羹尧之骄》。
⑤ 《雍正朝起居注》，二年十一月十三日、十五日条。
⑥ 《掌故丛编》第10辑《年羹尧奏折》。
⑦ 《文献丛编》第5辑《年羹尧奏折》。

应朕,方知我君臣非泛泛无因而来者也,朕实庆幸之至①。
把对年的宠异,当作是对天地的忠诚,既不伦不类,话也让人听了
肉麻。他还说:"朕不为出色的皇帝,不能酬赏尔之待朕"②。因有
这样的臣子而严格要求君主,也是人们难于闻见的。雍正为了把
对年羹尧的评价传诸久远,谕诸王大臣:对年羹尧这样为国出力的
人,"不但朕心倚眷嘉奖,朕世世子孙及天下臣民当共倾心感悦,
若稍有负心,便非朕之子孙也,稍有异心,便非我朝臣民也"③。简
直以对年羹尧的态度,判断人们的正确与否。雍正对年及其家属
关怀备至。年羹尧的手腕、臂膀及妻子得病,雍正都加以垂询,对
年父遐龄在京情况、年羹尧之妹年贵妃及她生的皇子福惠的身体
状况,也时时谕知。年妻是宗室辅国公苏燕之女,封为县君,又因
她加恩多给她家一个公爵④。雍正对年羹尧赏赐极多,元年春天,
查抄原苏州织造李煦家产,将其在京房屋赏给了年,家奴任他挑
选⑤。赐药品、食物是经常的,一次赐鲜荔枝,通过从京师到西安
的六天驿程的驿站传送,争取保存鲜美⑥。这种赏赐,可与唐朝的
向杨贵妃送荔枝比美了。

年羹尧以藩邸元老看不起隆科多,对皇帝说他是"极平常
人"⑦。雍正为使这两个宠臣不发生摩擦,多次为隆向年做工作。
在元年正月初二日年羹尧的奏折上就年是否进京陛见之事批道:
有些事,舅舅隆科多说必得你来商量。表明隆对年的尊重。他接

① 清世宗"朱谕",第12函。
② 《文献丛编》第5辑《年羹尧奏折》。
③ 清世宗"朱谕",第12函。
④ 《清世宗实录》卷36,三年九月己酉条。
⑤ 《新发现的查抄李煦家产折单》,见《历史档案》,1981年第2期。
⑥ 清世宗"朱谕",第10函。
⑦ 清世宗"朱谕",第12函。

着说:"舅舅隆科多,此人朕于尔先前不但不深知他,真正大错了。此人真圣祖皇帝忠臣,朕之功臣,国家良臣,真正当代第一超群拔类之稀有大臣也"①。希望年能与隆和好共事。雍正为糅合这两家,自行主张,把年的长子年熙过继给隆作儿子,隆已有两个儿子,获知这一恩赏,喜不自禁,说他命中该有三子,如今得到皇帝之赐,即如同上天所给的,就把年熙更名为得住,并表示一定和年羹尧团结共事:"我二人若少作两个人看,就是负皇上矣"②。隆本具和好之意,年经过雍正的这些工作,自然也要和衷共济了。

金都御史吴隆元称隆科多为"柱石大臣"③,确实,隆科多和年羹尧是雍正政权在其初年的两根台柱子,他们同怡亲王允祥等一起,在雍正的建筑下,撑起了这个政权大厦。他们坚持反对允禩、允禟的斗争,置对方于无能的被动地位;他们进行青海平叛战争,稳定西北局势;他们赞助耗羡归公等项改革,促进清除康熙季年的弊政。他们是雍正初年统治政策的主要执行者,促进了政治的进步。

他们得到雍正的殊宠异荣,有其客观原因。长期的朋党之争,使雍正上台之后,不能完全依靠原来的朝臣,而必须在他们中选择倾向于自己的或持中立态度的官僚;对自己集团的老人,既要酬其往日的劳绩,又要为保持今日政权的稳定,用他们为核心,团结广大官员,建立起自己的政权班底,本集团的首要分子,自然就成为朝中的柱石。

雍正给年、隆的宠荣有一定的限度,隆职权虽重,但没有用为大学士,年无有朝中职务,大将军虽尊,干预事务虽多,然不能直接

① 《掌故丛编》第 10 辑《年羹尧奏折》朱批。
② 《文献丛编》第 6 辑《年羹尧奏折》。
③ 《上谕内阁》,三年五月十六日谕。

施行,假手于人,终非能为所欲为。不过,雍正对他们,尤其是年羹尧,宠异过分,评价过高,征求意见过多,以致他们权势炳赫,几乎形成尾大不掉之势,也是雍正有以养成的。早在元年,都统图腊、副都统鄂三等就说雍正"凌逼众阿哥,纵恣隆科多、年羹尧擅权"①。被年羹尧保举的范时捷几次在雍正面前诉说年羹尧"狂纵"②。戴铎向雍正揭发年羹尧违制用家奴桑成鼎为官③。二年上半年,来喜说雍正"听用总理事务大臣等之言,所用者皆系伊等亲友"④。这些言论讲了两个内容,一是他们任用私人,一是擅权狂纵。这些人讲话时,都遭到了雍正的呵斥,说他们是无知之论,是庸人揣测皇帝的心意。但为时不久,他就以类似的言论开始责难年、隆,并不断升级,兴起大狱。

(二) 年羹尧之狱

年羹尧凭恃功劳大,皇帝宠信,行事不知检点,做出种种越权枉法的事,即使皇帝允许的,但也是不合制度的。他的行事不端,概要讲来:

(甲)全凭己意任用属员。

山西按察使蒋洞说年羹尧擅权用人情状:

> 为川陕督臣,恣凭胸臆,横作威福,每遇文武员缺,无论大小,必择其私人始行请补,或一疏而题补数人,甚者或至数十人,吏、兵两部几同虚设。更可骇者,巡抚提镇布按大吏皆皇上所特简者也,而年羹尧必欲挤排异己,遍树私人,未有缺之

---

① 《上谕内阁》,二年正月初八日谕。
② 清世宗"朱谕",第12函。
③ 《文献丛编》第4辑《戴铎口供》。
④ 《上谕内阁》,二年五月十二日谕。

> 先外间已传闻某人为巡抚提镇布按矣,闻者亦疑信将半,未几
> 而其缺果出矣,未几而其人果得矣①。

这是讲年羹尧以总督的身份,任用属员,连巡抚、布政使、按察使、提督、总兵官等地方大员的任免也出于他的意志,所谓皇帝特简之权也就徒具形式了。作为大将军的年羹尧,以军功保举官员,滥用私人,所谓"军中上功,吏部别为一格,谓之'年选',尽与先除"②。吏、兵二部给年羹尧特殊待遇,凡他的报功请封名单一律准行。奴仆没有出籍不许做官,年羹尧的家仆桑成鼎以军功议叙,先任西安知府,后升直隶道员。另一仆人魏之耀也叙功,位至署理副将③。年的幕客赵士河的弟弟赵勴因军前效力得知县职衔,已经亡故,年就私令刘以堂顶替④。

(乙)接受贿赂,开奔竞之门。

封建制度下皇帝开捐纳卖官鬻爵,高级官员自亦可纳贿用人。年羹尧大权在握,"于是鲜廉寡耻行贿钻营之徒相奔走于其门"⑤。有人说年羹尧保题各官"悉多营私受贿,赃私巨万"⑥。被年奏参过的葛继孔,两次向年羹尧打点,送去铜器、磁器、玉器、字画等物,年因而答应对其"留心照看"⑦。被年密奏罢官的赵之垣,向年赠送价值十万两银子的珠宝,年转而保举赵可以起用⑧。

以私人关系用人、荐人,很容易形成举主与被举者、主官与属吏

---

① 《朱批谕旨·蒋洄奏折》。
② 许克敬《瞑斋杂识》卷1。
③ 《清史列传》卷13《年羹尧传》。
④ 《清世宗实录》卷37,三年十月己巳条。
⑤ 《朱批谕旨·蒋洄奏折》。
⑥ 《永宪录》卷3,186页。
⑦ 《清世宗实录》卷33,三年六月癸未条。
⑧ 《清世宗实录》卷34,三年七月辛亥条。

的隶属关系,严重的就产生宗派集团。年羹尧的周围就聚集了一伙人,如原西安按察使王景灏被年推荐为四川巡抚,王对年百依百顺,被人称为年的干儿子①。原西安布政使胡期恒受年之荐,被擢为甘肃巡抚②。经年推荐的南赣总兵黄起宪,原来是魏之耀的姻亲③。

(丙)妄自尊大,违法乱纪,不守臣道。

年羹尧为大将军,就其后来得的公爵讲,其权威顶不上清初统兵的诸王,更不能望允禵项背。但他因继允禵之职,在权势上要同这位大将军王相比拟。过去大学士图海出任大将军时,与督抚往来文书,俱用咨文,表示平等相待。年羹尧正应同他一样,但是给将军、督抚函件竟用令谕,把同官视为下属④。在军中蒙古诸王跪谒,连额附、郡王阿宝也不例外。他进京,都统范时捷、直隶总督李维钧跪迎。雍正发往陕西的侍卫,因系皇帝身边的人,理应优礼相待,然而年用他们作仪仗队,前引后随,充下人厮役⑤。年羹尧凡出衙署,先令百姓填道,临时戒严,兵丁把守街口,店铺关门停业⑥。即如二年十一月由京返陕,路过保定,"戴翎子数人轿前摆队,行馆前后左右断绝人行"⑦,好不威风。凡送礼给年的称为"恭进",年给人东西叫作"赐"。属员禀谢称作"谢恩",接见新属员叫"引见"⑧。年吃饭称"用膳",请客叫"排宴"⑨。这一切像是皇帝对臣工的样子。年身边的人也以老大自居,傲视百官。年路过河

---

① 《朱批谕旨·王景灏奏折》,二年十一月二十一日折朱批。
② 《清史列传》卷13《年羹尧传》。
③ 《永宪录》卷3,187页。
④ 《永宪录》卷3,186页。
⑤ 《上谕内阁》,三年四月二十二日谕;《清世宗实录》卷31,三年四月己丑条。
⑥ 《永宪录》卷3,199页。
⑦ 《永宪录》卷3,197页。
⑧ 《永宪录》卷3,199页。
⑨ 《永宪录》卷3,203页。

南,本非其属史的怀庆府同知穿着官服向年的巡捕官跪着回话,巡捕官安然受之①。魏之耀进京,州县道旁打躬,游击、守备跪道,魏乘轿而过,全不搭理②。据记载,年家塾教师沈某回原籍江苏省亲,沿途"将吏迎候如贵宦,至江苏,巡抚以下皆郊迎"③。如此情景,说者未免夸大其词,然亦见年之权势慑人。

年羹尧接受了许多中央和外省官僚的子侄在幕中,名义上是军前效力,或学习理事。这些人有的是自愿来的,如李维钧的亲侄李宗渭。有的是被迫的,如年勒令前川北镇总兵王允吉退职,又要其送一子"来我军前效力,受我未了之恩"④。这就在一定程度上具有人质的意思,表示依附于年。

对于臣道,年羹尧则恃宠而不力行遵守。他在西宁军前,两次恩诏颁到,不按照规定在公所设香案跪听开读,宣示于众⑤。年羹尧编选了陆宣公奏议,进呈后,雍正说要给它写一篇序言,尚未写出,年竟草出一篇,要雍正认可。当时君臣二人关系融洽无间,雍正表示赞赏他这样做,以见双方真诚相待⑥,但这已越出君臣关系的正常限度。年羹尧陛见,在雍正面前"箕坐无人臣礼"⑦。他的大胆妄为,是走的取祸之道。

(丁)在雍正亲信间闹不团结。

年羹尧权力的炙手可热,难免不同其他权臣发生冲突。隆科

---

① 《永宪录》卷3,199页。
② 《永宪录》卷3,199页。
③ 《眠斋杂识》卷1。
④ 《永宪录》卷3,194页。
⑤ 《永宪录》卷3,193页。
⑥ 《掌故丛编》第8辑《雍正朱批年羹尧奏折》(照片);《雍正朝起居注》,二年三月二十日条。
⑦ 《啸亭杂录》卷9《年羹尧之骄》。

多名望不及年羹尧,甘心与其结好,倒能相安无事。马齐等人无法与年比肩,便不在话下了。唯独怡亲王允祥是雍正的至厚弟兄,任总理事务王大臣,兼办宫中事务和雍亲王藩邸事项。他可以代表皇帝联络封疆大臣,一些没有资格直接上奏折的地方官,亦可经雍正允许,通过允祥转奏。他的地位是任何人所不能取代的。对这样的人,年羹尧产生了妒意,于二年十一月对李维钧说:"怡亲王第宅外观宏厂,而内草率不堪,矫情伪意,其志可见"①。蔡珽原本经由年氏父子拉入雍正集团,其川抚任内,年羹尧奏请在四川铸钱,蔡以不产铅把它否定。蔡逼死重庆知府蒋兴仁,受夔东道程如丝的贿赂,年以此弹劾蔡,蔡被革职拿问。同蔡至好的李绂于元年任吏部右侍郎,时值议叙捐造营房一事,第一名就是年羹尧之子年富,趋炎附势的人要比照军前效力从优议叙,李绂以违例不同意,年乃"痛诋九卿,切责吏部",怨恨李绂②。是以年与蔡、李不和。年与傅鼐同是雍邸旧人中杰出者,雍正说年有才情,而傅忠厚,二年冬欲起用傅,年不高兴,说这将使皇上"耳目杂矣"③,这是他二人素来不和的发展。年还中伤河南巡抚田文镜、山西巡抚诺岷,造成双方关系的紧张。年在雍正班底内部与许多人不和好,只能把自己置于孤立地位。

雍正对年羹尧态度的转变是在他第二次进京的时候。年于十月至京,雍正对他非常热情,要九卿给他优叙加恩,说他"公忠体国,不矜不伐","内外臣工当以为法,朕实嘉重之至"④。不久,雍正赏军,都中传言这是接受了年羹尧的请求。又说整治阿灵阿等

---

① 《永宪录》卷3,196页。
② 《朱批谕旨·李绂奏折》,三年六月初九日折。
③ 清世宗"朱谕",第13函。
④ 清世宗"朱谕",第6函。

人,也是听了年的话。这些话,似乎是说恩威不自上出,雍正被年羹尧玩弄于股掌上了,这就大大刺伤了雍正的自尊心,他受不了了,十一月十五日,对诸王大臣说:"朕岂冲幼之君,必待年羹尧为之指点,又岂年羹尧强为陈奏而有是举乎?""朕自揣生平诸事不让于人,向在藩邸时诸王大臣不能为之事,朕之才力能办之,诸王大臣见不到之处,朕之智虑能及之,今居天子之位,尽其心思才力以转移风俗,岂肯安于不能?"年羹尧有大将军总督之才,而不具天子聪明才智。他还说,讲那些话的人,是设计陷害年羹尧。他又把话锋移向隆科多,说有人议论他,也无非是出于忌妒①。这些话明着是责难造言者,实际含有告诫年、隆不要盈满骄恣,而要防微杜渐。这时有人密向雍正建议,不要放年羹尧回陕西,以便留京控制②。能够作这种建言的,不会有几个人。究竟是谁,资料没有交代,估计是密参帷幄的禅僧文觉。据肖奭记载:"传闻隆、年之狱,阿③、塞之死,皆文觉赞成"④。很可能,在年离京之前,雍正与文觉密商了拘留他的问题,只是认为时机未到,把他放走,但年并不知晓,仍然耀武扬威地回任了。看来,雍正已经作出决定,有计划、有步骤地打击年羹尧。

如果说这种决定是第一步的话,第二步是给有关人员打招呼,揭发或警惕年羹尧的活动。向疆吏透露对年羹尧态度的对象最早的可能是李维钧,雍正在李的二年十一月十三日奏折上批道:"近日年羹尧陈奏数事,朕甚疑其居心不纯,大有舞智弄巧潜蓄览权之

---

① 《雍正朝起居注》,二年十一月十五日条。

② 《雍正朝起居注》,五年四月十八日条。

③ 阿,为阿其那之简称,即允禩,详见后。

④ 《永宪录》续编,358 页。

意",你同他的密切关系是奉旨形成的,不必恐惧,但要与他逐渐疏远①。不久,雍正在湖广总督杨宗仁的同月十五日奏折上写道:"年羹尧何如人也? 就尔所知,据实奏闻。'纯'之一字可许之乎? 否耶! 密之②"! 说白了,就是讲年不是纯臣。川抚王景灏的同月初二日的奏折,得到的朱批是:"年羹尧今来陛见,甚觉乖张,朕有许多不取处,不知其精神颓败所致,抑或功高志满而然。"你虽为年所荐,但不要依附于他,须知"朕非年羹尧能如何如何之主也"③。河道总督齐苏勒的二年十二月十三日奏折上的密谕是:"近日隆科多、年羹尧大露作威福揽权势光景,若不防微杜渐,此二臣将来必至不能保全,尔等皆当疏远之";怡亲王"公廉、忠诚,为当代诸王大臣中第一人,尔其知之"④。云贵总督高其倬在三年(一七二五年)二月十二日奏折上说:读到皇上的密谕,"内有朕命尔事事问年羹尧之前谕,大错矣!"⑤在此以前,雍正已向他交了底。安徽巡抚李成龙与年羹尧有通家之谊,雍正在他的三年正月十一日奏折上知会他:"近日年羹尧擅作威福,逞奸纳贿,朕甚恶之"⑥。雍正在署凉州镇总兵宋可进三年三月初一日奏折上告诉他:"年羹尧颇不喜尔,尔须加意防范,勿露破绽,被伊指摘"⑦。其他得到雍正知照的官员还有,仅此数例可知,雍正打招呼的人有三种类型:一是王景灏、李维钧等人,系年羹尧亲信,雍正要求他们与年划清界限,加以揭发,争取自身的保全,这是分化瓦解政策,最高

① 《朱批谕旨·李维钧奏折》,二年十一月十三日折朱批。
② 《朱批谕旨·杨宗仁奏折》,二年十一月十五日折朱批。
③ 《朱批谕旨·王景灏奏折》,二年十一月初二日折朱批。
④ 《朱批谕旨·齐苏勒奏折》,二年十一月十三日折朱批。
⑤ 《朱批谕旨·高其倬奏折》,三年二月十二日折。
⑥ 《朱批谕旨·李成龙奏折》,三年正月十一日折朱批。
⑦ 《朱批谕旨·宋可进奏折》,三年三月初一日折朱批。

限度地孤立年羹尧；一是齐苏勒、高其倬等人，原为年所不喜，使他
们得知要搞年，更坚定地拥护皇帝；一是李成龙类的，与年有一般
关系，要他们及早警觉，在皇帝与年羹尧双方不要站错阵线。雍正
在这些批示中要求官员同允祥接近，表明他是这场斗争的依靠对
象。雍正经过二年冬至三年春的给官员打招呼，作好了向年羹尧
公开进攻的准备。

　　第三步是直指年羹尧，将其调离陕西。雍正对年本人，在给其
他官僚照会的同时，就有所暗示了。二年十二月十一日年奏报抵
达西安，雍正在奏折上书写一段论功臣保全名节的话：

　　　凡人臣图功易，成功难；成功易，守功难；守功易，终功难。为
　　君者施恩易，当恩难；当恩易，保恩难；保恩易，全恩难。若倚功造
　　过，必至返恩为仇，此从来人情常有者。尔等功臣，一赖人主防微
　　杜渐，不令至于危地；二在尔等相时见机，不肯蹈其险辙；三须大
　　小臣工避嫌远疑，不送尔等至于绝路。三者缺一不可，而其枢要
　　在尔等功臣自招感也。……我君臣期勉之，慎之①。

警告年羹尧慎重自为，不可恃功招祸。在一个朱谕中，雍正告诉
年：自你走后，揆会说你"立此奇功"，你的话"皇上不好不从"，他
如此妄言，因将之发到允䄉处，一同监禁②。惩治年的吹捧者，对
被奉承人也是打击。公开责备年是从三年正月金南瑛事件开始
的。年回陕即命已升任的胡期恒奏劾陕西驿道金南瑛，雍正说这
是年、胡搞朋党的做法，以金系大学士朱轼、怡亲王允祥保荐的，不
准奏。同月刑部奏蔡珽罪应拟斩，雍正反而召见蔡，问其川中情
形，蔡奏年羹尧贪暴，诬陷他，雍正这时不问他逼死人命事，只说蔡

---

①　《文献丛编》第6辑《年羹尧奏折·奏报抵署日期并谢蒙陛见折朱批》。
②　清世宗"朱谕"，第12函。

斑是年羹尧参劾的,若罪蔡,则人们将说皇帝听年的话杀了蔡斑,这就让年羹尧操持了威福之柄,因此不能给蔡斑治罪①,并把他起用为左都御史。三年二月,有所谓"日月合璧,五星联珠"的嘉瑞,内外臣工均上贺表,年羹尧的表章颂扬皇帝朝乾夕惕,励精图治,但把"朝乾夕惕"误书为"夕阳朝乾",雍正以此为题目,于三月间发出上谕,说年羹尧"不欲以'朝乾夕惕'四字归之于朕耳",既然如此,"年羹尧青海之功,朕亦在许与不许之间而未定也。"又说:这件事可以看出"年羹尧自恃己功,显露其不敬之意,其谬误之处断非无心",责令其回奏②。这就把讨伐年羹尧的战幕正式揭开了。接着,一面不停地责备年本人,一面调换川陕官员,将甘抚胡期恒撤职,遗缺由岳钟琪兼任,调署四川提督纳秦回京,派銮仪使赵坤前往署理,这样去掉年的亲信,使其不能在任所作乱。一面甄别、整饬年的属吏或曾为其下属的人,雍正说:"稂秀(莠)不除,嘉苗不长,年羹尧之逆党私人,即一员亦不可姑容"③。三年三月初七日,大同总兵马飚伯折奏与年羹尧没有瓜连,朱批说他"满口支吾,一派谎词,对君父之前,岂可如此欺诳乎?"④河南省河北镇总兵纪成斌于三年二月初一日的奏折得到朱批,要他就年羹尧是什么样的人进行表态,五月十二日,纪奏称年"背恩负国",雍正朱批嗔道他"颇留有余不尽地步",下月二十八日,纪又回奏过去受年压抑情况,才获得雍正谅解,转令他报告宁夏镇总兵王嵩与年的关系⑤。雍正

① 《上谕内阁》,三年正月二十二日谕。
② 《雍正朝起居注》,三年三月二十三日条。《清史稿》卷 9《世宗本纪》、卷 295《年羹尧传》均谓年恩把"朝乾夕惕"误书为"夕惕朝乾"。
③ 《朱批谕旨·石文焯奏折》,三年六月二十八日折朱批。
④ 《朱批谕旨·马飚伯奏折》,三年三月初七日折朱批。
⑤ 《朱批谕旨·纪成斌奏折》,三年二月初一日、五月十一日、六月二十八日等折朱批。

的这些活动,试图搞清这些官员与年羹尧关系的深度,并促使他们与年分手。经过如此部署,可以对年本人采取组织处理了。四月份,命年交出抚远大将军印,调任杭州将军,年具折谢恩,雍正批道:

> 朕闻得早有谣言云,帝出三江口,嘉湖作战场之语。朕今用你此任,况你亦奏过浙省观象之论,朕想你若自称帝号,乃天定数也,朕亦难挽;若你自不肯为,有你统朕此数千兵,你断不容三江口令人称帝也。此二语不知你曾闻得否?再你明白回奏二本,朕览之实实心寒之极,看此光景,你并不知感悔。上苍在上,朕若负你,天诛地灭,你若负朕,不知上苍如何发落你也①。

皇帝和臣下赌咒发誓,表示他不会虐待功臣,但又怀疑臣子要夺帝位,这就说明两者间的矛盾很难调和了。雍正发出调令后,密切监视年的行动,年于五月到新任所,所经地方的大员,如豫抚田文镜都及时报告了年的行踪。年在川陕十数载,建功立业,兵将俱有,一纸文书就把他调走了,反映了中央政府强而有力,也是雍正布置得宜。当时雍正近臣中有人因皇帝屡次降旨严责年羹尧,怕年在陕西称兵作乱,劝雍正不可过严,雍正把它看作是无识之见而不顾,自信"洞观远近之情形,深悉年羹尧之伎俩,而知其无能为也"②。他的分析是正确的。年自赴浙,更成为雍正的釜中之肉,任其烹调了。

第四步勒令年羹尧自裁。年调杭州,官员更看清形势,纷纷揭发他。李维钧连上三疏,说年"挟威势而作威福,招权纳贿,排异

---

① 《文献丛编》第8辑《年羹尧奏折·奏谢调补杭州将军折朱批》。
② 《雍正朝起居注》,五年四月十八日条。

党同,冒滥军功,侵吞国帑,杀戮无辜,残害良民"①。署晋抚伊都立、都统范时捷、军前翰林院侍读学士怀亲、前川北镇总兵王允吉、原兵部职方司主事钱元昌、副都统董玉祥等先后揭奏年羹尧不法罪状,雍正把他们的奏疏一一发示年羹尧,令其回奏。六月,严惩年氏子弟和亲信,年羹尧的儿子大理寺少卿年富、副都统年兴、骁骑校年逾削籍夺官,南赣总兵黄起宪、四川按察使刘世奇、原长芦盐运使宋师曾、鸿胪寺少卿葛继孔等人以年党、贪缘年羹尧的罪名,或削籍,或籍没资财,或罚修河工。逮捕胡期恒、桑成鼎、魏之耀、河东运使金启勋、家人严大等人。七月,大学士九卿请将年羹尧正法,雍正命革其将军,以闲散章京安置杭州。又考虑到他的影响大,对他的处置需要进一步动员舆论,乃令地方大员各抒己见。封疆大吏自然看皇帝脸色行事,争相上疏。广西巡抚李绂斥责年羹尧"阴谋叵测,狂妄多端,谬借阃外之权,以窃九重之威福","大逆不法,法所难宽",要求诛戮②。豫抚田文镜也作了同样的请求③。雍正以俯从群臣所请为名,于九月下令逮捕年羹尧,十一月至京,十二月,议政大臣罗列年九十二大罪,请求立正典刑。这九十二条为大逆之罪五,欺罔罪九,僭越罪十六,狂悖罪十三,专擅罪六,贪婪、侵蚀罪分别是十八、十五款,忌刻罪四条。第一大罪是与静一道人、邹鲁等谋为不轨,邹鲁是占象人,据供:他说年羹尧将位至王爵,年自云不止此,五六年后又是光景,并说他住宅上的白气是王气④。大逆之二是将朱批谕旨原折藏匿,而仿写交回。僭越罪、狂悖罪就是前面叙述过的那些凌虐同官狂诞不谨的事。贪婪

---

① 《永宪录》卷3,183页。
② 李绂《穆堂初稿》卷3《议诛逆臣年羹尧疏》。
③ 田文镜《抚豫宣化录》卷1。
④ 《永宪录》卷3,245—247页。

罪是勒索捐纳人员额外银二十四万两,题补官员受谢规银四十余万两,收受乐户窦经荣脱籍银十万两,私行茶盐,贩卖木材、马匹。侵蚀罪是冒销四川军需银一百六十万两,加派银五六十万两,冒销西宁军需银四十七万两,等等①。雍正说这九十二款中应服极刑及立斩的就有三十余条,但仍表示开恩,勒令年羹尧自裁②,其父年遐龄、兄年希尧革职,年富斩立决,其余十五岁以上之子发遣广西、云南、贵州极边烟瘴之地充军,嫡亲子孙将来长至十五岁者,皆次第照例发遣,永不赦回,亦不许为官。年妻因系宗室之女,发还母家。年羹尧父兄族中现任、候补文武官员者,俱革职。年羹尧及其子所有家产俱抄没入官,将现银一百十万两送西安,补其各项侵欺案件的亏空。邹鲁立斩,案内朋党胡期恒等人分别罪情,处以不同的刑法③。年羹尧接到自裁令,迟延不肯下手,总在幻想雍正会下旨赦免他,监刑的蔡珽严加催促,年遂绝望地自缢,叱咤一世的年大将军怎会想到如此下场! 更有意思的是,雍正在给年羹尧的最后谕令上说:"尔自尽后,稍有含怨之意,则佛书所谓永堕地狱者,虽万劫亦不能消汝罪孽也"④。这对君臣平日往来文书爱用佛家语,永诀之时,雍正犹用佛家说教,令年心悦诚服,死而不敢怨。

雍正搞年羹尧,依靠了他的对立面蔡珽。蔡被任用都宪之后,同年四月兼正白旗汉军都统,七月任兵部尚书,八月署理直隶总督,九月调回尚书任,十月为经筵讲官,他还是议政大臣,身兼五六

① 《永宪录》卷3,248—253页。
② 《雍正朝起居注》,三年十二月十一日条;《清世宗实录》卷39,三年十二月甲戌条。
③ 《雍正朝起居注》,三年十二月十一日条;《清世宗实录》卷39,三年十二月甲戌条。
④ 《雍正朝起居注》,三年十二月十一日条。

个要职①。蔡珽自与年羹尧反目成仇,就把年往死处整,故催其速死。他也得到了好处,雍正把年羹尧在京房屋一所、奴婢二百二十五口以及金银绫绮首饰衣服器皿等物赏给了他②。

雍正发了许多上谕,写了不少朱批谕旨,宣布年羹尧的罪状和自惭自责,这中间道出了他大兴年狱的原因。

三年(一七二五年)五月二十二日上谕:

> (年羹尧)招权纳贿,擅作威福,敢于欺罔,忍于背负,几致陷朕于不明②。

同年七月十二日上谕:

> 年羹尧自任川陕总督以来,擅作威福,罔利营私,颠倒是非,引用匪类,异己者屏斥,趋赴者荐拔,又借用兵之名,虚冒军功,援植邪党,以朝廷之名器,循一己之私情③。

同年十二月十一日,令年羹尧自戕的上谕:

> 尔亦系读书之人,历观史书所载,曾有悖逆不法如尔之甚者乎? 自古不法之臣有之,然当未败露之先,尚皆假饰勉强,伪守臣节,如尔之公行不法,全无忌惮,古来曾有其人乎? 朕待尔之恩如天高地厚,且待尔父兄及汝子并汝合家之恩俱不啻天高地厚。……朕以尔实心为国,断不欺罔,故尽去嫌疑,一心任用,尔作威福,植党营私,如此辜恩负德,于心忍为乎?④

处决年羹尧一年以后,在四川布政使佛喜的奏折上批道:

> 年羹尧深负朕恩,擅作威福,开贿赂之门,奔兢之路,因种

---

① 《清史列传》卷13《蔡珽传》;《永宪录》卷4,279—280页。
② 《永宪录》卷3,208页。
③ 《雍正朝起居注》。
④ 《雍正朝起居注》。

种败露,不得已执法,以为人臣负恩罔上者戒,非为其权重权大疑惧而处治也。①

把这些话与年羹尧的行事结合起来看,年的擅作威福已经造成了雍正的极度不满和某种疑惧,这是年羹尧致败的第一个原因。封建时代最注重名分,君臣大义不可违背,做臣子的要按照各自的官职爵位,做本分内应做的事情,行本分内应行的礼节。年羹尧本来就权重权大,又在自己权限范围以外干预朝中政务,攘夺同僚权力,滥用朝廷名器,于是召来百官侧目和皇帝的不满、疑忌。比较起来,百官侧目尤属小事,皇帝疑忌问题就大了。雍正说不因权重权大疑惧他,这话有实有虚。雍正从政大权独揽,为人自尊心极强,又好表现自己,年羹尧的位尊权重而不能自谨,将使皇帝落个受人支配的名声,甚而是傀儡的恶名,这是雍正所不能忍受的。所以雍正最恨他不守臣节。另外,多少还有点怀疑年要造反,他转述"帝出三江口,嘉湖作战场"的俗谚,把年与争皇位联系起来,就是这种心理的反映。要说雍正怕年羹尧,自属不合实际。他一步一步地整治年,年只能俯首就诛,毫无防卫能力,惟有幻想看旧日的情分,手下超生。他反叛不了。所以雍正说:"朕之不防年羹尧,非不为也,实有所不必也"②。至于年羹尧与邹鲁、静一道人图谋不轨的事,显系锻炼成词,原是欲加之罪,既不反映年要造反,也不表示雍正真相信他谋反叛。

雍正的疑忌不仅是嫉恨年羹尧擅作威福,还因其结成朋党,会危害政治的清明,这是大兴年狱的第二个原因。年羹尧任用私人,排斥异己,在自己身边聚集了一批人。这些人有前面提到过的胡

---

① 《朱批谕旨·佛喜奏折》,五年正月十二日折朱批。
② 《雍正朝起居注》,五年四月十八日条。

期恒、王景灏、金启勋、王暠、刘世奇、黄起宪,还有陕西按察使黄
琨、甘肃按察使张适、神木道李世倬、凤翔知府彭耀祖、西安抚民同
知杨廷柏、延安知府李继泰、凉州同知张梅、商州知州王希曾、郃阳
知县周文泽、鄠县知县靳树榛、兴平知县梁奕鸿、南郑知县严世杰、
三元知县刘子正、醴泉知县马灼、朝邑知县王持权、川东道金德蔚、
川南道周元勋、保宁知府王国正、遵义通判崔鸿图、重庆同知杨文
斌、嘉定知州金式训、资阳知县靳光祚、南江知县高世禄、巴县知县
周仁举、山西平阳知府董正坤、曲沃知县魏世瑛、解州知州杨书、景
州知州张基泰、兴安镇总兵武正安、襄阳镇总兵张殿臣、四川提标
中军参将阮阳璟,此外还有边宏烈、彭振义、赵建、周仲举、郎廷槐、
白讷、常玺、朱炯、赵成①等人。这些人不一定都是死党,但与年羹
尧休戚相关,荣辱与共,年羹尧形成了一个以他为首脑,以陕甘四
川官员为基干,包括其他地区官员在内的小集团。他们基本上控
制川陕,在别处虽有声威,然不能掌握。小说《儿女英雄传》所写
纪献唐实指年羹尧,说他是经略七省的大将军,"他那里雄兵十
万,甲士千员,猛将如云,谋臣似雨"②。这是艺术夸张,与实际情
况自有很大出入。年羹尧任用私人,开始雍正睁一眼闭一眼,但发
展下去,搞宗派活动,则是雍正所不能容忍的了。雍正要他"解散
党羽,革面洗心",又以明珠与索额图党争的事例,说明朋党危害,
不行解散,必加重责③。以朋党警告年羹尧,可见雍正对这个问题
的重视。

致死年羹尧的第三个原因是他的贪取财富。整饬吏治,打击
贪赃不法,是雍正初年的一项重要政策。年羹尧在青海战事甫定

① 《永宪录》卷3,254页。
② 见《假西宾高谈纪府案,真孝女快慰两亲灵》回。
③ 《雍正朝起居注》,三年五月二十二日条。

之后,清理军饷是一件大事,他也知道这个道理,但不将详情奏报,以为可以自了①。这本是擅权自专,又给他冒销军需贪赃不法作了掩护。他贪赃受贿、侵蚀钱粮,累计至数百万两之巨。若在前朝,或许尚会容隐,雍正正在整理财政和吏治,对此不会放过。

　　年羹尧自裁,年狱并未结束,特别是兴了两个附案,即汪景祺案和钱名世案。年羹尧大逆罪之一是读到汪景祺的《读书堂西征随笔》不行参奏。汪景祺,浙江钱塘人,举人,仕途不得意,于二年(一七二四年)初由京城往西安投奔胡期恒,因得上书年羹尧求见,谀称年是"宇宙之第一伟人",说历代名将郭子仪、裴度等的功绩,"较之阁下威名,不啻萤光之于日月,勺水之于沧溟。盖自有天地以来,制敌之奇,奏功之速,宁有盛于今日之大将军哉!"②在同年五月节以前作成《读书堂西征随笔》,内中有诗句,说"皇帝挥毫不值钱",讥讪康熙,又非议康熙的谥号和雍正的年号③。他在年羹尧青海建功后作《功臣不可为》一文,针对舆论中功臣不能自处而遭屠戮的观点,加以辩论,要旨是责备人主,为功臣鸣不平。文章说人主杀功臣的原因是:庸主听说兵凶而惧,功臣能戡乱,因而想能定乱的,就能作乱,那样己位就不能保,因而疑之,畏之;功臣因功得上赏,礼数崇,受正人尊敬,被小人巴结,遂以其有人望而忌之,怒之;若其再有建议,甚而谏诤,则谓之无人臣礼,谓之骄横,遂厌弃之。这疑、畏、怒、怨四心生,功臣惟有死而已了④。汪景祺认为功臣怎么做都要获罪,所谓"进不得尽其忠节,退不得保其身家,抚驭乖方,君臣两负。呜乎!千古之豪杰英雄所有槌心而泣血

---

① 《宫中档·朱批奏折·民族事务类》109卷12号《年羹尧奏折》。
② 《读书堂西征随笔·上年羹尧书》。
③ 《永宪录》卷3,256页。
④ 《西征随笔·功臣不可为》。

者也。"他在结语中讲:"杀道济而长城毁,害肖懿而东昏亡,洪武戮开国功臣如屠羊豕,靖难兵起而东川①不守,可胜慨哉!可胜慨哉!"②以功臣擅道济、肖懿的被害与明太祖杀功臣为鉴戒,功臣子不做功臣,警告君主不要杀戮功臣。这本书在查抄年羹尧家时被发现,雍正见后,亲书"悖谬狂乱,至于此极"的批语③。汪景祺作文时,年羹尧正在极盛之时,不存在被戮的问题,汪显然有意提醒于他,但没有为年所理会。雍正在整治年羹尧时看到此书,自然把它视作为年羹尧辈鸣冤、攻击君上的东西了。还在七月十八日,不知这时他是否见到《西征随笔》,就同大学士等谈到诛功臣的问题:"朕辗转思维,自古帝王之不能保全功臣者多有鸟尽弓藏之讥,然使委曲宽宥,则废典常而亏国法,将来何以示惩?"④他讲不怕杀功臣的讥评,实际也不是无所顾忌。汪景祺言其所厌听之言,怕听之言,于是以他诽谤康熙为理由,按照大不敬律,于年羹尧死后处斩,妻子发遣黑龙江给穷披甲人为奴,亲兄弟、亲侄均革职,发戍宁古塔,五服内的族亲现任及候选候补者一律革职,令其原籍地方官管束⑤。

年羹尧死前,侍讲钱名世以参加纂修《子史精华》、《骈字类编》受议叙,三个月后竟以年党遭惩处。钱名世,字亮工,江南武进人,康熙三十八年(一六九九年)中举,与年羹尧南北乡试同年。雍正二年(一七二四年)年羹尧进京,钱赋诗赠之,有"分陕旌旗周召伯,从天鼓角汉将军"之句⑥。还有"钟鼎名勒山河誓,番藏宜刊

---

① 按:朱棣由金川门进金陵,建文亡,此"东川"为"金川"之误。
② 《西征随笔·功臣不可为》。
③ 《掌故丛编》第3辑照片。
④ 《雍正朝起居注》,三年七月十八日条。
⑤ 《上谕内阁》,三年十二月十八日谕。
⑥ 刘禺生《世载堂杂忆·乾隆朝之两名人》。

第二碑"①。允禵调兵进藏,康熙为立一碑,钱名世认为年羹尧平定青海叛乱,应为他再立一碑石。雍正说他的这种行为,是文人无耻钻营,违背圣贤遗教,不配作儒门中人,因而以文词为刑法,亲写"名教罪人"四字责之,并将其革职,发回原籍,由地方官把"名教罪人"制成匾额,张挂在钱名世住宅,以为诛心之责。又令举人进士出身的京官每人作一首诗讽刺他,由钱名世把它们收集起来,刊刻进呈,分发直省各学校,以为无耻人臣之炯戒②。科甲出身的京官应令作诗,正詹事陈万策诗句是:"名世已同名世罪,亮工不异亮工奸"③。意思是说这个钱名世与做《南山集》犯案的戴名世同名,都犯了叛逆罪;这个钱亮工,与被劾下狱的周亮工是同样的奸伪之人。这种文字游戏,雍正以为上好,加以夸奖。侍读吴孝登以诗作的谬妄,被发遣宁古塔给披甲人为奴,侍读学士陈邦彦、陈邦直亦以乖误革职④。对吴孝登的处分超过了钱名世,说明雍正喜怒无常,也反映在年狱问题上有不同看法,有些官僚虽不敢公开反对,但流露出不满,也受到严厉打击。

(三)隆科多禁死

隆科多的被雍正怀疑,早于年羹尧,同时挨整,处理在后。

作为密勿重臣的隆科多,专断揽权,在吏部,司官对他"莫敢仰视"⑤,公事惟其命是从。人们对他经办的铨选,称为"佟选"⑥,

---

① 《永宪录》卷4,274页。
② 《清世宗实录》卷42,四年三月壬戌条。
③ 《永宪录》卷4,273—274页。
④ 《永宪录》卷4,273—274页。
⑤ 沈曰富《沈端恪公年谱》,见《沈端恪公遗书》。
⑥ 《雍正朝起居注》,五年十月初五日条。隆科多,先人为汉军旗人,佟姓,康熙将其家族抬旗,为满洲旗人,姓改称佟佳氏。因佟姓,故称"佟选"。

可见他执掌用人大权。在这里，他忽视了触犯大子权力的问题。在其他方面，他也有不检点的地方。有一天果郡王允礼送宫，隆科多看见了，起立表示致敬，允礼没有注意到，与他同行的领侍卫内大臣马尔赛告诉他，他遂欠身而过①。在康熙时，隆科多见到皇子都跪一足问安，而这时对雍正的亲信弟兄允礼尚只起立不跪，对其他皇子之不如从前恭敬可想而知了。马尔赛知会允礼隆科多起立了，意思是让允礼向对方回礼，这也是向隆科多讨好。这件事，反映了隆科多在两朝地位的变化和他的骄满情绪。

  隆科多预料自己地位不稳固，在许多事情上留有后手。雍正好搞抄家，隆科多怕轮到自己，早早把财产分藏到各亲友家和西山寺庙里②。他不相信雍正会永远信任他，这么一搞，让皇帝知道了，更给雍正递了他不守人臣大义的罪柄。隆科多在二年（一七二四年）主动提出辞掉步军统领兼职，雍正就此事告诉年羹尧："朕并未露一点，连风也不曾吹，是他自己的主意。"又说："巩泰近日与舅舅亦不甚亲密"，想用他接替隆科多③。选择这样的人，分明是不让隆科多再对这个职务发生影响。他说不是自己要隆科多辞职，实是欺人之谈，隆所以自动提出，也是感到自己与皇帝的关系不再适合担任这个官职了，就以辞职争取主动。由此可见，隆科多亦专擅威福，然而有所克制，绝不似年羹尧那样张狂。

  雍正也容不得隆科多，在前述二年十一月十五日数说年羹尧时就捎上了隆科多，此后往往把隆、年并提，三年（一七二五年）五月二十二日将隆、年之奸晓示廷臣，主要内容是责备隆科多，说他屡参允裪，定要将之置诸死地，而包庇鄂伦岱、阿尔松阿、都统汝

 ① 《雍正朝起居注》，三年五月二十八日条。
 ② 清世宗"朱谕"，第12函；《上谕内阁》，三年七月十六日谕。
 ③ 清世宗"朱谕"，第12函。

福,是要把允禩之人网罗为他的党羽①。同年六月,雍正惩治年羹尧之子年富,撤销隆科多次子玉柱的乾清门头等侍卫、总理侍卫事、銮仪卫使等职。那时,吏部议处年羹尧妄参金南瑛之罪,先后提了两个处理意见,前议过轻,后议又过重,雍正说如此错乱,他人断不敢为,必是"舅舅隆科多有意扰乱之故",就令都察院严加议处②。庇护年羹尧,干扰对年案的审查,这件事被看得很重。于是削去他的太保衔及一等阿达哈哈番世职,命往阿兰善山修城垦地。雍正还特地指示署理凉州总兵宋可进:"隆科多亦如年羹尧一般贪诈负恩,揽权树党,擅作威福",他到你处,尽管你曾经是他的属员,但"似此诳君背主小人,相见时不须丝毫致敬尽礼"③。这时雍正把隆科多与年羹尧一样看作是植党揽权的奸臣,只是在处理上分别轻重缓急,先年后隆,因此隆得以拖延时日。

　　四年(一七二六年)正月,雍正令隆科多往阿尔泰岭,与策妄阿拉布坦议定准噶尔和喀尔喀游牧地界,事毕同预计前来的俄国使臣会议两国疆界。雍正说隆科多"若实心任事,思盖前愆,朕必宽宥其罪"④。话是这么说,就在这个月,刑部审问隆科多家仆王五、牛伦,他们供出隆科多受年羹尧、总督高世显、觉罗满保、巡抚甘国璧、苏克济、奉天府丞程光珠、道员张其仁及知府姚让等礼物⑤。八月,隆科多同散秩大臣、伯、四格在恰克图与俄国代表萨瓦·务拉的思拉维赤会面,萨瓦寻由四格伴送进京祝贺雍正登基,隆科多留边境等候萨瓦回来谈判,萨瓦要求允许俄国商队和库尔

---

　　① 《雍正朝起居注》,三年五月二十二日条。
　　② 《雍正朝起居注》,三年六月初七日条。
　　③ 《朱批谕旨·宋可进奏折》,三年七月十五日折朱批。
　　④ 《雍正朝起居注》,四年正月二十一日条。
　　⑤ 《清世宗实录》卷40,四年正月辛酉条。

齐茨基主教随使团同往北京,隆科多以未奉御旨予以拒绝。次年五月,萨瓦回到边界,隆科多与郡王策凌、四格、兵部侍郎图理琛代表清朝同他谈判,隆科多坚决要求俄国归还侵占中国的大片蒙古地区①。还在闰三月,揭露出隆科多私藏"玉牒"底本的事情,诸大臣奏请等他议界完毕再行审处,六月,雍正以议界不必非要隆科多,将他逮捕回京②。隆科多走后,其他代表不能坚持维护国家利益的原则,对俄国做了许多让步。七月,中俄签订《布连斯奇条约》,萨瓦认为俄国取得了成功,所以能如此,"隆科多的被召回"是原因之一③。隆科多在谈判中维护国家利益,忠诚于清朝和皇帝,但没有赢得雍正的谅解,这是雍正的一个过失。私藏玉牒事,是隆科多从辅国公阿布兰处要去玉牒底本,收藏在家。玉牒是皇家宗谱,非常神圣,"除宗人府衙门,外人不得私看,虽有公事应看者,应具奏前往,敬捧阅看"④。隆科多私藏在家,犯了大不敬的罪,雍正抓住了大作文章,下决心惩治他。十月,诸王大臣议上隆科多四十一大罪,其中大不敬罪五,即私藏玉牒,将康熙所赐御书贴在厢房,自比诸葛亮等,欺罔罪四条,紊乱朝政罪三项,奸党罪六条,不法罪七款,贪婪罪十六项。雍正命将隆科多永远圈禁,禁所设在畅春园附近,大约是说他对康熙有罪,守在园外以思过。其赃银数十万两,于家产中追补。夺其长子岳兴阿一等阿达哈哈番世爵,玉柱发遣黑龙江当差⑤。六年(一七二八年)六月,隆科多死于禁所,雍正赐金治丧。

① 参阅中国科学院近代史研究所编《沙俄侵华史》第一卷第四章第二节。
② 《雍正朝起居注》,五年六月初八日条。
③ 葛斯顿·加恩《早期中俄关系史》,中译本,商务印书馆1961年版,118页。
④ 《雍正朝起居注》,五年六月初八日条。
⑤ 《雍正朝起居注》,五年十月初五日条。

因隆科多而遭殃的,除了他的亲属,最惨的是查嗣庭。查系浙江海宁人,康熙四十七年(一七〇八年)进士,因隆科多荐举,任内阁学士,后蔡珽保奏,遂兼礼部侍郎,雍正四年(一七二六年)各省乡试,为江西正考官,被人告发试题荒谬,九月被捕入狱,抄家,病死狴犴。这时隆科多待罪边疆,蔡珽案①正在进行,雍正就在召回隆科多的前夕,于五年(一七二七年)五月将查嗣庭戮尸枭示,子查潭应斩监候,家属流三千里,家产充浙江海塘工程费用。牵连到的江西巡抚汪漋降四级调用,布政使丁士一革职发往福建工程上效力,副主考俞鸿图革职②。查嗣庭罪状,照雍正宣布的是两大条,其一是恣意攻击康熙,所谓"今观查嗣庭日记,于雍正年间之事无甚诋毁,且有感恩戴德之语,而极意谤讪者皆圣祖仁皇帝已行之事也"③。据说康熙命关差盐差邦贴庶常,查嗣庭视作衙门清苦,无所不为;翰林官员以科道部属分用,查说衙门拥挤,不得开坊;裁汰京中冗员,查说词林独当其危;戴名世获罪,查视为文字之祸;引见百官,拂意者即行罢斥,查谓失去用贤之道;九卿会议,查以为不过是应名;钦赐进士,查认为是例行故事,不能识拔奇才;殿试不完卷者革退,查意为杀一儆百,无罪而罚④。其二是试题讥刺时事。后人以为这是查嗣庭出考题"维民所止",被人告发,心怀悖逆,欲去雍正之首⑤。但雍正及乾隆前期的记载不是这个意思。《雍正朝起居注》、《清世宗实录》、《上谕内阁》、《永宪录》等书记查嗣庭所出试题是:《易经》第二题"正大而天地之情可见矣",第

---

① 蔡珽陷入李绂参劾田文镜的事件中,详见后。
② 《雍正朝起居注》,五年五月初七日条;《上谕内阁》,五年二月初四日谕。
③ 《上谕内阁》,四年十一月二十七日谕。
④ 《雍正朝起居注》,四年九月二十六日条;《永宪录》续编,410—411页。
⑤ 徐珂《清稗类钞》狱讼类《查嗣庭以文字被诛》,商务印书馆印,第八册90页。

三题"其旨远其辞文",《诗经》第四题"百室盈止妇子宁止"。雍正说《易经》第二题与《诗经》第四题,"前用正字,后用止字,而《易经》第三题则用'其旨远其辞文',是其寓意欲将前后联络。"很明显,他是把两个题里的"正"、"止"二字联系起来了。不仅如此,他还联系到前不久处斩的汪景祺的《历代年号论》一文。汪说正字有"一止之象",如前代年号中带正字的,金海陵王的正隆,金哀宗的正大,元顺帝的至正,明武宗的正德,明英宗的正统,都不是吉兆。雍正说查嗣庭与汪景祺一样,用"正"、"止"两字,就是把正字去掉一横成止字,就是攻击雍正年号,也是一止之象,不是好的兆头①。这里雍正抓的是查嗣庭"攻击"雍正年号,诅咒现政权,后人说该题之意是被雍正误解为要去他的脑袋,是错会雍正之意了。话说回来,雍正降罪查嗣庭的两个原因是自相矛盾的,因为后一条是被认为反对当今皇帝,而前一条说对当今还有歌颂,这怎么能协调呢?其实,他坐降查嗣庭,第一条不是真正原因,他不过以保卫父皇名声为借口,博孝顺之名,并为掩盖惩治查的真实动机。第二条他看得很重要,但是太没有说服力,那样把试题剪贴拼凑,把任何以文为生的人的文字都可以弄成各种罪名,何必只是查嗣庭!雍正也知自己牵强穿凿,不服人,就说查嗣庭这样命题,不是"出于无心,偶因文字获罪",对他试题那样分析不是深文周纳,不可以"加朕以深刻之名"②。这是强行辩解了。问题不仅在试题,还在于他"向来趋附隆科多"③和蔡珽。雍正拿他试刀,以推动隆、蔡

---

① 《雍正朝起居注》,四年九月二十六日条;《永宪录》卷4,304—306页,续编410—412页。

② 《雍正朝起居注》,四年九月二十六日条;《永宪录》卷4,304—306页,续编410—412页。

③ 《雍正朝起居注》,四年九月二十六日条;《永宪录》卷4,304—306页,续编410—412页。

两个案子的进行。后来隆科多定成四十一大罪,"保奏大逆之查嗣庭",作为他结成奸党罪状之一①。蔡珽亦以"交结大逆不道之查嗣庭"为罪名之一获谴②。

(四) 年、隆案简论

康熙曾说谋立允禩的官僚,岂不是要结恩于他,"为日后恣肆专行之计矣"③。深知皇子结党相争会有利于朝臣的扩张权力。果然如此,雍正继位,重用隆科多、年羹尧等人,给予了他们正常情况下臣子所不应有的权力,像"年选"、"佟选",可与吴三桂的"西选"相比,年羹尧的权力直追大将军王允禵,在职权范围以外干涉朝廷和其他官员的职务。他们权力的膨胀,是在皇帝允许前提下恃功骄恣的结果,他们的越权,雍正是无以辞其咎的,他自己在上谕和朱批谕旨中也不断自责,三年(一七二五年)五月二十二日上谕:年羹尧、隆科多"之妄谬,皆由朕之信任太过","朕今深恨辨之不早,宠之太过,愧悔交集,竟无辞以谢天下,惟有自咎而已"④。在给纪成斌的朱批谕旨中,说年羹尧之负恩,"殊令朕愧见天下臣工"⑤。从年、隆本身来看,特别是年羹尧,因功高而头脑发胀,忘乎所以,做出超越臣子本分的事情,反叛称王之心可以说没有,但逾越礼法的罪愆也是封建法规所不容。所以年、隆的擅权,是储位斗争之后,他们因功自恣和雍正赏功放纵的结果。

雍正杀年、隆的性质,是君主按照封建君臣关系的准则,收回

---

① 《雍正朝起居注》,五年十月初五日条。
② 《清世宗实录》卷61,五年九月戊寅条。
③ 《耆献类徵》卷9,《马齐传》。
④ 《雍正朝起居注》,三年五月二十二日条。
⑤ 《朱批谕旨·纪成斌奏折》,三年二月初一日折朱批。

重臣所不应有的那部分权力。这是君主与大臣的权力分配问题，在封建社会是不断发生的。雍正给予年、隆过分权力，是自作孽，年、隆不善自处，接受并扩大分外权力，是自酿祸。雍正惩治年、隆，是保卫和加强君主权力，年、隆之案的所谓欺罔、僭越、狂悖、专擅、奸党之罪，是指控他们擅权，明确他们的一些特权是非法的。与此同时，强化皇帝的权力。山西按察使蒋洞就年羹尧的专擅，提出"欲杜其流，必防其渐，法制一定，大权不分"的建议，雍正回答说："似汝如是条奏者颇多，朕因践阼不久，耳目未广，知人尚少，诸凡且循旧典，徐徐自有制度"①。一方面建议大权独揽，一方面表示非不欲不假手于人，奈因登基之初特殊情况所决定，只要条件成熟就改正过来。在治罪年、隆过程中，雍正说了"生杀之权，操之自朕"②的一些话，禁止官僚不要投靠权臣，务以忠于君上为旨归。通过年、隆之狱，清除了专擅的权臣，雍正真正大权独揽了。

在这场君臣权力分配斗争中，双方各有是非，雍正作孽于前，后又专尚残酷打击，表现了君主权力的绝对性和他本人的残忍性。年、隆结党图利，身败名裂，也是咎由自取。或谓雍正是杀功臣灭口，怕自己"篡位"事通过年、隆传扬出去，于己不利，一杀了却这桩心事③。此说很难令人信服，纵或雍正是改诏篡位，也不存在怕亲信揭露的问题。年、隆若要自行称帝，以此要挟雍正，披露真相，也就无异于自我暴露，自找倒霉，他们绝不能干这种蠢事。设或要投奔新主人，拿这绝密事件作进见礼，但又没有另寻新主的迹象，他们当时所处的地位也不可能再发生这样的事情。雍正无须乎做杀人灭口的事。

① 《朱批谕旨·蒋洞奏折》。
② 《上谕内阁》，三年五月十六日谕。
③ 《清世宗入承大统考实》。

汪景祺、钱名世、查嗣庭之狱，牵连到年羹尧、隆科多、蔡珽诸大案中，是雍正把他们当作朋党而予以打击，从而使他们成为政治斗争的牺牲品，他们的案子也就成为那几个大案的组成部分。但是他们本身并不是政治人物，又不是年、隆、蔡的死党，他们的获罪还是由被解释为攻击朝政的文字所引起，因此基本上是文字狱性质。过往人们把他们的遭祸简单地视作文字狱，是没有看到与年隆等案的联系；也有指出他们同年、隆案件关系的，但又没有注意到它以文字狱形式表现出来的基本性质，也没有把问题说清①。

总之，雍正利用年、隆巩固政权，推行新政，起过积极作用；造成他们擅权，又残酷打击，虽为政治统一所要求，但它的出现是雍正初年的一个败政。

第三节　允禩集团收拾净尽

本章第一节讲到二年（一七二四年）七月，雍正宣布亲书的《朋党论》，他要求臣下对这篇文告"洗心涤虑，详玩熟体"，为此特谕诸王贝勒满汉文武大臣，他说：

> 朕即位后，于初御门听政日，即面谕诸王文武大臣，谆谆以朋党为戒，今一年以来，此风犹未尽除。圣祖仁皇帝亦时以朋党训诫廷臣，俱不能仰体圣心，每分别门户，彼此倾陷，分为两三党，各有私人，一时无知之流，不入于此，即入于彼。朕在藩邸时，黾勉独立，深以朋党为戒，不入其内，从不示恩，亦无结怨，设若朕当年在朋党之内，今日何颜对诸臣降此谕旨乎？……

---

① 参阅拙文《查嗣庭案缘由与性质》，《故宫博物院院刊》1984年第1期。

夫朋友亦五伦之一,往来交际,原所不废,但投分相好,止可施于平日,至于朝廷公事,则宜秉公持正,不可稍涉党援之私。朕今《御制朋党论》一篇颁示,尔等须洗心涤虑,详玩熟体。如自信素不预朋党者,则当益加勉励,如或不能自保,则当痛改前非,务期君臣一德一心,同好恶,公是非,断不可存门户之见。……

朕之用人加恩,容有未当之处,或不能保其将来,至于治人以罪,无不详慎。……夫朕用一人,而非其党者嫉之,罚一人,是其党者庇之,使荣辱不关于赏罚,则国法安在乎!嗣后朋党之习,务期尽除。尔等须扪心自问,不可阳奉阴违,以致欺君罔上,悖理违天。毋谓朕恩宽大,罪不加众,倘自干国法,万不能宽①。

《御制朋党论》讲:

朕惟天尊地卑,而君臣之分定。为人臣者,义当惟知有君,惟知有君则其情固结不可解,而能与君同好恶,夫是之谓一德一心而上下交。乃有心怀二三,不能与君同好恶,以至于上下之情暌,而尊卑之分逆,则皆朋党之习为之害也。

夫人君之好恶,惟求其至公而已矣。……人臣乃敢溺私心,树朋党,各徇其好恶以为是非,至使人君惩偏听之生奸,谓反不如独见之公也,朋党之罪,可胜诛乎?……

宋欧阳修朋党论创为邪说,曰君子以同道为朋。夫罔上行私,安得谓道?修之所谓道,亦小人之道耳,自有此论,而小人之为朋者,皆得假同道之名,以济其同利之实,朕以为君子

---

① 《雍正朝起居注》,二年七月丁巳条;《上谕内阁》,二年七月十六日谕;《清世宗实录》卷22,二年七月丁巳条。

无朋,惟小人则有之,且如修之论,将使终其党者,则为君子,解散而不终于党者,反为小人乎?朋党之风至于流极而不可挽,实修阶之厉也。设修在今日而为此论,朕必诛之以正其惑世之罪。

朕愿满汉文武大小诸臣,合为一心,共竭忠悃,与君同其好恶之公,恪遵大易论语之明训,而尽去其朋比党援之积习,庶肃然有以凛尊卑之分,欢然有以洽上下之情。虞廷赓歌飏拜,明良喜起之休风,岂不再见于今日哉!①

雍正讲这些话,表达的意思是:(1)康熙年间流行的朋党习气,虽经他即位以来的纠正,但仍积习未改,现在应当彻底清除了。(2)朋党违背君臣大义和臣子事君之道,是严重罪过。臣下只能以君主之是非为是非,君主之好恶为好恶,绝对忠于君上,而不能扰乱人主权力的施行。(3)批评欧阳修的君子因道同可以结党的观点,从理论上说明解散朋党的道理。(4)指责允禩等人结党,而为自身洗刷。他以君主身份讲这些问题,有的切中时弊,有的则是强词夺理,不过把他的反朋党的道理充分表现出来。

雍正发布《朋党论》,原意是向允禩集团发动猛烈进攻。八月,召见诸王宗室,谴责允禔、允禩、允禟、允䄉"俱不知本量,结为朋党,欲成大事"②,问题提得很严重。不久,因整治年羹尧,放慢了对允禩党人的进攻速度,惟不时指斥他们,间或处理其中的个别人。十一月,雍正说允禩自受命总理事务以来,"所办之事,皆要结人心,欲以恶名加之朕躬。"如管工部,凡应严追的钱粮亏空,竟行宽免,以图邀誉③。同月发出上谕:"自亲王以下闲散人以上,若

① 《雍正朝起居注》,二年七月丁巳条;《清世宗实录》卷22,二年七月丁巳条。
② 《雍正朝起居注》,二年八月二十二日条。
③ 《上谕内阁》,二年十一月十三日谕。

有归附允禩结为朋党者,即为叛国之人,必加以重罪,决不姑贷,亦断不姑容也!"①宣布以叛国罪治允禩党人,极其严厉。十二月,以揆叙为允禩党人,虽其已死去七年,仍命于其墓前树立刻有"不忠不孝柔奸阴险揆叙之墓"的碑石,以示谴责②。三年(一七二五年)二月,召见诸王大臣,责备允禩党人,说允禟不按规矩迎接圣旨,竟宣称"我已欲出家离世之人",不遵守君臣大义;说允䄉在祈祷疏文中,把"雍正新君"字样写入,大为不敬;鄂伦岱在乾清门,当着众人,将降给阿尔松阿的御纸扔于地上③。七月,山西巡抚伊都立参奏前任诺岷包庇允禟。允禟护卫乌雅图等路过山西平定州,殴打当地生员,诺岷没有报告,被雍正访知,责令审理,诺岷只究责打人凶手,未及允禟心腹太监李大成,雍正说诺岷是贝勒满都护属下人员,而满都护与允禟是邻居,是一党,因此诺岷有意替允禟掩饰,遂将其革职;允禟不知收敛,犹以九王爷自居,革其贝子④。大体上说,在二、三年间(一七二四——一七二五年),雍正对允禩党人指责多,处理少,待到收拾了年羹尧,调出隆科多,就大力整饬允禩党人了。

四年(一七二六年)正月初五日,雍正发出上谕,历数允禩的罪状:

> 廉亲王允禩狂逆已极,朕若再为隐忍,有实不可以仰对圣祖仁皇帝在天之灵者。……

> 当时允禩,希冀非望,欲沽忠孝之名,欺人耳目,而其奸险不法,事事伤圣祖仁皇帝慈怀,以致忿怒郁结,无时舒畅。康

① 《上谕内阁》,二年十一月二十二日谕。
② 《清史列传》卷12《揆叙传》。
③ 《上谕内阁》,三年二月二十九日谕。
④ 《上谕内阁》,三年七月二十九日谕;《满汉名臣传》卷44《诺岷传》。

熙四十七年冬圣祖仁皇帝圣体违和,令朕同允祉、允禩检点医药,凡立方合剂,朕于允祉每日细心商酌,允禩惟同允禟、允䄉促坐密语,医药之事不曾一问,不过以箧笥收拾方帖而已。天佑圣躬旋即痊愈,朕心喜慰,向允禩云:皇父圣体大安矣,允禩云:目前圣体虽愈,将来之事奈何? 朕闻之不胜惊怪。

又,是年二阿哥有事时,圣祖仁皇帝命朕同允禩在京办理事务,凡有启奏,皆蒙御批,奏折交与允禩收贮。后向允禩问及,允禩云:前在要亭时,皇考怒我,恐有不测,比时寄信回家,将一应笔札烧毁,此御批奏折藏在佛柜内,遂一并焚之矣。

……朕缵承大统,……允禩总以未遂大志,时怀怨恨,诡诈百出,欲以摇惑众心,扰乱国政。……三年以来,朕百凡容忍宽免,谆谆训诫,犹冀其悛改前愆。宗人府及诸大臣交劾,议罪之章,什百累积,朕俱一一宽贷,乃允禩诡谲阴邪,日益加甚。

……允禩心中已无祖宗君上矣。允禩既自绝于天,自绝于祖宗,自绝于朕,宗姓内岂容有此不忠不孝大奸大恶之人乎?①

雍正讲的是允禩对不起祖宗和父皇,而实质是在谋取储位和给他这个新君制造难题。解决这种严重对立,就是惩治允禩,褫夺他的黄带子,削除宗籍,逐出宗室。他的同伙允禟、苏努等人也遭到了同样的处分。允禩妻乌雅氏革去福晋,休回母家,严行看守,不得往来②。允禟编造类似西洋字的十九字头与家人通信,被发觉,抄检他的住宅③。二月,将允禩降为民王,交所属旗内稽查,不得依

① 《上谕内阁》。
② 《雍正朝起居注》,四年正月二十八日条。
③ 《雍正朝起居注》,四年正月初四日条。

宗室诸王例保留所属佐领人员,随即圈禁高墙①。贝子鲁宾当允
禵在西北军前时,代允禩与之联系,后又不揭发,亦圈禁②。镇国
公永谦也因在允禩案中不据实陈奏,革去世爵③。三月,允禩奉命
改称"阿其那",其子弘旺改名"菩萨保"。"阿其那",系满语,确
切含义不详,有谓其意为狗,说雍正故意侮辱他的这个弟弟,视之
为畜类;或云为相当于汉语的"某某";有说其引申意思是骂允禩
为"畜牲";有说其引申意思是把某人像狗一样赶走,以示讨厌④。
"菩萨保"亦为满语,不知何意,但不会是恶意,满人中不只一人用
这个名字,如努尔哈赤弟弟穆尔哈齐有一个曾孙就以此命名⑤。

这个时候,同情允禩的人们加紧了活动。自雍正登极以来,社
会上就有人对允禩等人处境表示不满,雍正对此一再加以谴责。
二年十一月,他说:"在廷诸臣为廉亲王所愚,反以朕为过于苛刻,
为伊抱屈,即朕屡降谕旨之时,审察众人神色,未尝尽以廉亲王为
非"⑥。三年四月,又说:"朕于诸王大臣前降旨训诲允禩,视诸王
大臣之意,颇有以允禩为屈抑者"⑦。这时有自称为正黄旗的滦州
人蔡怀玺,前往景陵,求见被禁闭于该处的允禵,允禵害怕招事,拒

① 《清世宗实录》卷41,四年二月己巳、癸酉条。按:圈禁高墙,是圈禁刑法的一
种,据《永宪录》卷3所载:"闻国法圈禁有数等:有以地圈者,高墙固之;有以
屋圈者,一室之外,不能移步;有坐圈者,接膝而坐,莫能举足;有立圈者,四围
并肩而立,更番迭换,罪人居中,不数日委顿不支矣。"(241页)
② 《上谕内阁》,四年二月初十日谕。
③ 《清世宗实录》卷41,四年二月乙酉条。
④ 参阅《关于江宁织造曹家档案史料》213页注;富丽《"阿其那"、"塞思黑"新
解》,见《文史》第10辑;玉麟《"阿其那"、"塞思黑"二词释义》,见《红楼梦学
刊》,1981年第1期。
⑤ 康熙四十五年修纂《宗室玉牒》(直格本)。
⑥ 《上谕内阁》,二年十一月十三日谕。
⑦ 《上谕内阁》,三年四月十六日谕。

不接见,蔡就写"二七便为主,贵人守宗山","以九王之母为太后"的字条扔于允禵院内,他还认为"十四爷的命大,将来要坐皇帝"①。按照他的意思,赶雍正下台,让允禵坐皇帝,允禩母亲宜妃做太后。他的活动被监视允禵的马兰峪总兵范时绎发现,将之投入监狱。大约也在这个时候,天津州民人郭允进自称遇洪觉禅师,得授韬略,书写"十月作乱,八佛被囚,军民怨新主"的传单,浙江人欧秀臣把它刊刻,广为散布②。允禩被人"目之为佛者"③,"八佛被囚",是责难雍正帝圈禁允禩。"十月作乱",如果是就雍正即位而言,然而那是在十一月,与之不合;不知是否号召于本年十月起兵反抗,因传单内还说灾祸将要降临,不信者即被瘟疫吐血而死。又说雍正以来,旱潦灾荒不停④。像是要把恨新主的怨气爆发出来。这些人的活动,表明社会上有人反对雍正,争取实现允禩、允禵的政权。

在这种情况下,雍正加紧了对允禩党人的处理。五月,向内外臣工、八旗军民人等颁布允禩、允禟、允禵、允䄉等罪状⑤。允禩被改名为"塞思黑"⑥,它是满语,其意今不清楚,或云为猪意;或谓是"迁俗可厌之人";或云是讨厌之意;或谓引申意思是像刺伤人的野猪一样令人可恨⑦。允禟被都统楚宗从西大通押至保定,直隶

---

① 《文献丛编》第1辑《蔡怀玺投书允禵案》;《清世宗实录》卷44,四年五月乙巳条。

② 《清世宗实录》卷44,四年五月戊申条;《永宪录》卷4,290页;《朱批谕旨·李绂奏折》,四年八月初一日折。

③ 《清世宗实录》卷44,四年五月戊申条。

④ 《永宪录》卷4,284页。

⑤ 《永宪录》卷4,281—285页。

⑥ 《清世宗实录》卷44,四年五月乙巳条。

⑦ 参阅富丽《"阿其那"、"塞思黑"新解》,见《文史》第10辑;玉麟《"阿其那"、"塞思黑"二词释义》,见《红楼梦学刊》1981年第1期。

总督李绂奉命将之"圈住"。李绂把在衙门附近的小房三间,四面加砌墙垣,投放允禵入内,把前门封闭,设转桶传进饮食,在外派官兵看守。房小墙高,时值酷暑,带着铁锁、手梏的允禵时常晕死。到八月,李绂奏报允禵病死,雍正说他服冥诛,罪有应得。允禵大约是被雍正君臣害死的。楚宗曾奏称,他押允禵到保定,李绂向他传达"便宜行事"的谕旨,雍正、李绂虽加否定①,不过是赖账罢了。当时有人认为李绂秉承君命谋害了允禵,雍正却指责李绂没有把允禵病死情况明白告诉众人,才引起怀疑②。李绂是有口难言,只得承受这种罪责。五月,雍正怕允禵在外不便控制,把他移到京城景山寿皇殿囚禁,这里有康熙的画像,命他追思乃父教养之恩,以便改悔③。蔡怀玺被迫自杀。雍正治鄂伦岱、阿尔松阿固结朋党、怙恶不悛罪,处斩,妻子没入内务府④。两江总督查弼纳因与苏努是姻亲被审问,供出"苏努、七十、阿灵阿、揆叙、鄂伦岱、阿尔松阿结为朋党,协力欲将阿其那致之大位",以及允禩、允禵交结情状⑤,推动了这些案件的审理。七月,将郭允进枭首示众⑥。九月,允禵死于禁所,雍正也说他是服了冥诛。随着允禵、允禩的死,这个经营二十多年的政治集团,彻底垮台了。

与这个集团有某种关联的人也受到了惩治。山西猗氏县人令狐士义在京受过允禩资助,后赴西大通找允禵,表示"愿附有道之

---

① 《文献丛编》第 1 辑《允禵允禩案》。

② 《上谕内阁》,七年十月初六日谕。

③ 《永宪录》卷 4,285 页。

④ 雍正又在阿尔松阿父亲阿灵阿墓前,树立"不臣不弟暴悍贪庸阿灵阿之墓"的石碑以耻辱他。

⑤ 《上谕内阁》,四年五月初九日谕。

⑥ 《上谕内阁》,四年七月二十九日谕。

主,不附无道之君",要联合山陕兵民,以救允禵①。五年(一七二七年)七月,雍正以他"叛逆昭著,罪大恶极",枭首示众②。同年,山西布政使高成龄承审允禵太监李大成,没有以拟斩立决具题,雍正说从前诸岷因此事而得罪,高成龄知道,如今还包庇李大成,一定是同阿其那、塞思黑情热,故枉法宽纵,转令审讯高成龄③。七年(一七二九年)正月,曾同隆科多一齐对沙俄代表谈判的四格,因与苏努结交而被审处④。惟有允䄉,因系雍正同母弟,不便处治太严,未要其命,使他活到乾隆二十年(一七五五年)病故。

雍正致死允禩、允禵等人,理由是他们在先朝结党谋夺储位,今朝仍固结不散,企图制造新君的误失而获掌玉玺。诚然,雍正和允禩的斗争,可以划分为两个阶段,康熙朝为第一个时期,互相争夺储位,雍正朝是第二个时期,允禩、允䄉及其社会力量不甘心失败,进行隐隐约约的斗争,企图推翻雍正的统治,建立他们的政权,这就使得这个时期的斗争具有保卫皇权和夺取皇权的性质,它是前一阶段斗争的延续和发展。那么从全部过程讲,就是争夺储位——皇位的政治斗争。

雍正对允禩集团有旧怨,有新仇。他修宿怨,非致死对手而后快;报新仇,则是要树立他的君主应有权威。有一次,他向诸王满汉大臣说:

> 尔诸大臣内,但有一人,或明奏,或密奏,谓允禩贤于朕躬,为人足重,能有益于社稷国家,朕即让以此位,不少迟疑⑤。

① 《雍正朝起居注》,四年八月二十八日条。
② 《雍正朝起居注》,五年七月十三日条。
③ 《上谕内阁》,六年十月初五日谕。
④ 《上谕内阁》,七年正月二十七日谕。
⑤ 《雍正朝起居注》,二年四月初七日条。

当皇帝,说这样的话,像是大度量,实在是被迫无奈,以此威胁众人,反映了他的权威不高。他当然力图改变这种可悲的状况。他的一个法宝,就是充分使用君主的法定权力,打击对方,并以君臣大义要求和制驭臣下。二年(一七二四年)八月,诸王大臣就颁布《朋党论》进行回奏,雍正说了这样耐人寻味的话:

> 朕受圣祖皇帝付托之重,继登宝位,朕之身上秉祖宗之大统,为天下臣民主,尔等应以大统视朕,不应以昔日在藩之身视朕躬也①。

要求臣下不要以旧日眼光看他,以为他还是雍亲王,应该当作雍正皇帝来对待。这就是说储贰斗争的结果,使新君权威不立,大约那位皇子上台,也会遇到这样问题,同样会遭到昔日政敌的反抗。所以康熙死后,清朝政府因统治上层内部的斗争面临着削弱的危险。雍正不敢离京城一步,兢兢业业,勤理政事,致力于打击允禩党人,来建立他的权威,强化皇权,巩固清朝政权,克服可能出现的政治变乱。

康熙、雍正两朝的四十年的储位——皇位斗争,雍正把它结束了,使皇帝、宗室和一些官僚从党争中摆脱出来,以更多的精力从事有益于清朝政府和社会的政务。

储位——皇位斗争中,满洲贵族遭到一定的打击,主要是雍正处理了许多宗室王公,从而削弱了他们的势力,强迫他们围绕着皇帝的意志从事政治活动。

关于雍正的打击朋党,是否可以做这样的结论:就他个人讲含有报旧恨雪新仇的成分,但更重要的是以此强化君权,使统治阶级中更多的人去进行正常的政治活动,加强清朝的统治,从而保持清

---

① 《雍正朝起居注》,二年八月初三日条。

朝前期政治的稳定,有利于形成康雍乾较长时期的社会经济发展和边疆的进一步巩固。

雍正清除允禩党人时,舆论就责备他刻薄,凌虐弟辈,后人也多作如是之谴责。他总是哓哓置辩,人们对此颇为反感,他又进行辩解,对诸王大臣说:"朕之是非,有关皇考之得失,所以不得不谆谆辨白也"①。拉上他的父亲,来说明他的言行的合理性,这是他万不得已了。事实上,他在处理政敌时,确实表现了他的残暴的一面,但从当时激烈斗争的实际情况分析,他的做法基本上适应了清朝政治发展的需要,具有合理性。应该允许他争辩,不可以他的"好胜",全盘否定他的这种行动和言论。

———————————

① 《上谕内阁》,三年四月十六日谕。

第四章　改革赋役,整顿吏治

第一节　清查亏空,设立会考府

康熙后期,官吏贪污、钱粮短缺、国库空虚的情况,雍正即位前就知道了。他说:"历年户部库银亏空数百万两,朕在藩邸,知之甚悉"①。这是讲的中央财政状况,地方呢? 他在即位之初就说:"近日道府州县亏空钱粮者正复不少"②。"藩库钱粮亏空,近来或多至数十万"③。雍正要想他的国家强盛,就不能不把整理财政、清查赋税放在特别重要的地位。

雍正正式即位前,内阁官员草拟登极恩诏,按照惯例,开列了豁免官员亏空一条,雍正认为这样做是助长贪官污吏侥幸心理,继续侵占钱粮,当即不准开载,表示他对官员贪婪不法的深恶痛绝的态度。不多日,即他掌权的一个月——十二月十三日,给户部下达了全面清查钱粮的命令。他说各地亏空钱粮,不是受上司勒索,就是自身侵渔,都是非法的。在先,大行皇帝宽仁,未对赃官明正法典;所谓勒限追补,也不过虚应故事,亏欠依然如故。但库藏因此空虚,一旦地方有事,急需开支,则关系非浅,因此决定清查:

> 各省督抚将所属钱粮严行稽查,凡有亏空,无论已经参出

---

① 《上谕内阁》,二年十一月十三日谕。

② 《上谕内阁》,康熙六十一年十二月十三日谕。

③ 《清世宗诗文集》卷1《谕巡抚》。

及未经参出者,三年之内务期如数补足,毋得苛派民间,毋得借端遮饰,如限满不完,定行从重治罪。三年补完之后,若再有亏空者,决不宽贷。

其亏空之项,除被上司勒索及因公挪移者,分别处分外,其实在侵欺入己者,确审具奏,即行正法。倘仍徇私容隐,或经朕访闻得实,或被科道纠参,将督抚一并从重治罪。即如山东藩库亏空至数十万,虽以俸工补足为名,实不能不取之民间额外加派。山东如此,他省可知,以小民之膏血,为官府之补苴,地方安得不重困乎?既亏国帑,复累民生,大负皇考爱养元元之至意,此朕所断断不能姑容者①。

雍正明确规定了在地方上清理钱粮的方针、政策和注意事项。一个月后,即元年(一七二三年)正月十四日,发出在中央设立会考府的上谕。他说钱粮奏销中弊病很大,主要是看有无"部费",若没有,就是正当开支,计算也清楚,户部也不准奏销,而一有部费,即靡费百万,亦准奏销。当日大行皇帝也知道这种弊端,不过不欲深究,从宽处理,然而"朕今不能如皇考宽容",此后一应钱粮奏销事务,无论哪一部门,都由新设立的会考府清厘"出入之数",都要由怡亲王允祥、舅舅隆科多、大学士白潢、尚书朱轼会同办理②。雍正要求允祥严格推行他的清查政策,对允祥说:"尔若不能清查,朕必另遣大臣;若大臣再不能清查,朕必亲自查出"③。雍正一再表示他不宽容,决心从上到下、从内到外,把惩办贪官、清理亏空的斗争迅速地、大规模地开展起来。

---

① 《上谕内阁》,康熙六十一年十二月十三日谕。
② 《文献丛编》第43辑《会考府题奏档》;《上谕内阁》,元年正月十四日谕;《养吉斋丛录》卷1。
③ 《上谕内阁》,二年十一月十三日谕。

原来各部院动用钱粮,都是自行奏销,会考府设立后,由它来稽核,就不能自行营私舞弊了。会考府成立不到三年,办理部院钱粮奏销事件五百五十件,其中驳回改正的有九十六件,占所办事件的百分之十七①。户部库银,经允祥查出亏空二百五十万两,雍正责命户部历任堂官、司官及部吏赔偿一百五十万两,另一百万两由户部逐年弥补②。清查中涉及贵族和高级官僚,也不宽贷。康熙第十二子履郡王允祹曾管过内务府事务,追索其亏空,他将家用器皿摆在大街上出卖,以便赔偿。第十子敦郡王允䄉也有应赔银两,赔了数万金,尚未全完,后查抄他的家产③。内务府官员李英贵伙同张鼎鼐等人冒支正项钱粮百余万两④,雍正就抄了他的家。因为厉行清补,人们责怪主持其事的允祥"过于苛刻"⑤,"过于搜求"⑥,雍正说这不是允祥的事,是他为"清弊窦",饬令著追⑦,自己承担了责任。

在地方上的清查亏空,雍正元年普遍开展起来。当年被革职查封家产的有湖广布政使张圣弼、粮储道许大完、湖南按察使张安世、广西按察使李继谟、原直隶巡道宋师曾、江苏巡抚吴存礼、布政使李世仁、江安粮道王舜、前江南粮道李玉堂⑧。山西巡抚苏克济,自康熙四十八年(一七〇九年)起任职,六十年(一七二一年)丁忧去职,雍正元年六月潞州知府加璋告发他勒索各府州县银四

① 《上谕内阁》,三年八月十三日谕。
② 《雍正朝起居注》,二年十一月十三日条;《上谕内阁》,八年五月初十日谕。
③ 《雍正朝起居注》,二年十月十七日条。
④ 《雍正朝起居注》,五年六月十九日条。
⑤ 《雍正朝起居注》,二年十一月十三日条。
⑥ 《上谕内阁》,八年五月初十日谕。
⑦ 《上谕内阁》,八年五月初十日谕。
⑧ 《永宪录》卷2下,137页。

百五十万两,于是籍没家财,以偿亏空,并责令其家人赵七赔偿二十万两①。原河道总督赵世显克扣治河工料,侵蚀钱粮,下刑部狱,家财充公②。苏州织造李煦亏空银三十八万两,抄家赔补③。

　　赃官一被揭发,雍正为使他们退出赃银,保证归还国库,主要是采取抄家籍没的手段。元年八月,通政司右通政钱以垲提出追补办法:"凡亏空官员题参时,一面严搜衙署,一面行文原籍官员,封其家产追变,庶不致隐匿寄顿"④。官衙与原籍同时抄检,避免隐藏,一切家产估价变卖,就可以较多地完纳应偿亏空。这项建议被雍正采纳了,大多数犯官的清偿都照此进行。于是社会上流传雍正"好抄人之家产"的说法,甚至人们打牌,把成牌称作"抄家湖"⑤,这固然表现了一部分人对雍正抄家的不满,反之也表明用它作为对付赃官的手段是行之有效的。对人们的攻击,雍正也作了辩解,说明抄家的必要:"若又听其以贪婪横取之货财,肥身家以长子孙,则国法何在,而人心何以示儆。况犯法之人,原有籍没家产之例,是以朕将奇贪极酷之吏,抄没其家资,以备公事赏赍之用"⑥。

　　与抄家同样重要的手段是罢官,凡是贪官,一经被人告发,就革职离任,不许再像以往那样留任以弥补亏空。元年二月,雍正谕吏部:"亏空钱粮各官,若革职留任催追,必致贻累百姓",不可复留原任;若已清还完毕,尚可为官的,由大吏奏请⑦。雍正看到,若

---

① 《永宪录》卷 2 上,124 页。
① 《永宪录》卷 2 上,124 页。
② 《永宪录》卷 2 下,150 页。
③ 《新发现的查抄李煦家产折单》,见《历史档案》1981 年第 2 期 35 页;《关于江宁织造曹家档案史料》,205 页。
④ 《永宪录》卷 2 下,137 页。
⑤ 《永宪录》卷 4,289 页。
⑥ 《上谕内阁》,四年七月十七日谕。
⑦ 《上谕内阁》,元年二月二十九日谕。

允许留任清补,必然要以新的贪污补偿旧项,所谓"不取于民,将从何出?"①他严厉打击贪官方针的实行,被罢官的很多。三年(一七二五年),湖南巡抚魏廷珍奏称,该省官员"参劾已大半",表示再查出舞弊,继续纠参②。十年(一七三二年),直隶总督李卫说,通省府厅州县官,在任三年以上的寥寥无几,官员的频繁更换,原因之一是被撤职的人多③。

既要保证亏欠归还国库,又不许赃官得好处,雍正还采取了许多措施:

命亲戚帮助赔偿。雍正说有的犯官把赃银寄藏在宗族亲友家,这些人也有平时分用赃物的,这时要帮他清偿,所以往往抄没这些人的家产。这样被触动的人多,株连太广,不得人心,实行四年之后,把它停止了④。

禁止代赔。过往追赃时,有以地方官和百姓代为清偿的,雍正概不准行。元年五月,新任直隶巡抚李维钧奏请由该省官员帮助前任总督⑤赵弘燮清补亏欠,雍正说纵使州县官有富裕,只可为地方兴利,不可令为他人补漏⑥。二年四月,雍正说合州县代赔之事,弊病很多,可能是不肖绅衿与贪官勾结,利用题留复任,也可能是棍蠹借端科敛,因此不准通行⑦。

挪移之罚,先于侵欺。挪移多是因公挪用,常常有不得已的情

---

① 《朱批谕旨·杨宗仁奏折》,元年三月初九日折朱批。
② 《雍正朝起居注》,三年四月二十一日条。
③ 《上谕内阁》,十年十月初八日谕。
④ 《雍正朝起居注》,三年二月二十七日条;《上谕内阁》,五年正月十九日谕。
⑤ 直隶主官原为巡抚,康熙五十四年特授赵弘燮总督衔,下不为例。李维钧于雍正元年就任时仍为巡抚,不久授总督,遂成定制。
⑥ 《朱批谕旨·李维钧奏折》,元年五月初六日折朱批。
⑦ 《上谕内阁》,二年闰四月十二日谕。

况;侵欺是贪污。两种情况,都是亏空,性质有所不同,在处分上也大不一样。一般的惩治,先抓贪污,后及挪移。官僚遂因之取巧,将侵欺报作挪移,避重就轻,希图免罪。雍正对这种情弊了如指掌,他说贪婪的官员,"借挪移之名,以掩其侵欺之实,至于万难掩饰,则以多者为挪移,少者为侵欺,为之脱其重罪,似此相习成风,以致劣员无所畏惧,平时任意侵欺,预料将来被参,亦不过以挪移结案,不致伤及性命,皆视国法为具文,而亏空因之日多矣"①。为对付贪官的钻空子,雍正改变成例,在挪移和侵欺两项追赔中,不管那个案子发在先头,一律"将挪移轻罪之项令其先完,侵欺重罪之项令其后完,使捏饰挪移希避重罪之人无所施其伎俩"②。他这种办法,显然把轻重倒置了,具有不合理的成分,但却又含有合理因素,即对惩治贪官确有好处。他是不拘成规,想得出,做得出的人。这个办法只能在特殊情况下行于一时,随着打击贪污取得成效,情况有了变化,就恢复旧日先完侵欺后完挪移的成法了。

对畏罪自杀官员加重处理。四年(一七二六年)广东巡抚杨文乾奏参肇高罗道李滨亏空钱粮,李即自杀。闽浙总督高其倬、福建巡抚毛文铨参革兴泉道陶范,还未审理,陶也自尽。雍正说:这是犯官"料必以官职家财既不能保,不若以一死抵赖,留赀财为子孙之计"。为使他们的狡计落空,令督抚将犯官"嫡亲子弟并家人等"严加审讯,"所有赃款着落追赔"③。

使用这些办法,清查了三年,取得一定效果。各省清偿了一部分亏空,有的省做得比较彻底。如直隶总督李维钧在二年八月报告,该省亏欠银四十一万两,到本年六月已完二十万两,下余二十

---

① 《上谕内阁》,五年三月十二日谕。
② 《上谕内阁》,三年三月十九日谕。
③ 《上谕内阁》,五年二月初三日谕。

一万两明年可以偿清①。河南等省也清查较好,下面即将讲到。雍正并不满足,他深知一些封疆大吏没有很好执行他的政策,即他们开始纠参属员时很严厉,审结时从宽开脱,以使属员怀恩感畏②,所以到了三年清查期满,事情未能完结。雍正下令展限三年,要求务必达到预期目的,他说:

> 凡各省亏空未经补完者,再限三年,宽至雍正七年,务须一一清楚,如届期再不全完,定将该督抚从重治罪。如有实在不能依限之处,著该督抚奏闻请旨③。

他的决心很大,搞不彻底,决不罢休。

在整个清查过程中,有的督抚积极开展,有的由雍正派员前往审理,都反映了地方清查的进行情况。

二年(一七二四年),田文镜就任河南布政使,寻升巡抚,他一到任,就着力清查亏空,当年四月初六日奏折表示:"臣不遗余力檄委各府州互相觉察,设法严查,总期彻底澄清,不容纤毫短少"④。对犯有贪污罪的官员,毫不徇情,坚决题参革职审查。三年,参劾信阳州知州黄振国"狂悖贪劣,实出异常"⑤。克山县知县傅之诚吞没雍正元、二、三年耗羡银一千四百多两,田文镜将他革职题参⑥。到四年夏天,他共参奏属员二十二人⑦。经过田文镜及其前任石文焯的努力,雍正二年就把欠在藩库的亏空补清,欠在州

---

① 《朱批谕旨·李维钧奏折》,二年八月初六日折。
② 《上谕内阁》,六年三月十四日谕。
③ 《上谕内阁》,四年八月初四日谕。
④ 《朱批谕旨·田文镜奏折》,二年四月初六日折。
⑤ 《朱批谕旨·田文镜奏折》,四年六月十一日折。
⑥ 《文献丛编》第9辑《雍正朱批谕旨不录奏折》。
⑦ 《朱批谕旨·田文镜奏折》,四年六月十一日折。

县的三四十万两也严催急补①。到十年（一七三二年），河南布政司库存耗羡银七十多万两②，表明河南绝对没有亏空现象。雍正对田文镜的雷厉风行很赞赏，说"田文镜参官最多，鄂尔泰从不轻弹，然二人皆各有道"③。对他的清查及各项政事非常满意。田文镜因此与推行改土归流的鄂尔泰成为"模范督抚"。

四年（一七二六年），大规模清查江西钱粮。江西各府州县仓谷亏空很多，巡抚裴𢤯度明知而容隐，如此历任相传，不能改变亏空局面。雍正命把已调任的裴𢤯度留于任所，将前任布政使张楷、陈安策发往江西审讯。又以现任巡抚伊都立"为人软弱，好沽虚名"，不能完成清查剧务，特派吏部侍郎迈柱通察全省钱粮积弊，又派拣选州县数十人赴赣，以备顶换亏空仓谷的官员④。迈柱认真清查，遭到江西按察使积善的反对，雍正支持迈柱，赞扬他"到任以来，不避嫌怨，为地方生民计，实心效力"⑤。清理结果，让裴𢤯度及历任藩司补偿仓谷的亏缺⑥。

五年（一七二七年），福建布政司沈廷正奏报该省仓谷亏空，雍正认为巡抚毛文铨欺隐，派广东巡抚杨文乾和许容为钦差大臣前往清查，特发上谕告诫福建民人：因清查即将进行，可能有赃官闻风先借富民的粮食暂充库存，以图隐瞒，如若有人出借，该物即成官物，发觉后不再归还；已拣选候补府州县官多员随同钦差赴闽，"现任府州县内之钱粮稍有不清者，即令更换"⑦，表示彻底清

---

① 沈曰富《沈端恪公年谱》。
② 雍正《河南通志》卷1《圣制》。
③ 《朱批谕旨·马会伯奏折》，六年四月二十二日折朱批。
④ 《上谕内阁》，五年正月十七日谕。
⑤ 《上谕内阁》，五年八月二十日谕。
⑥ 《上谕内阁》，五年闰三月十一日谕。
⑦ 《上谕内阁》，五年六月初八日、六年五月二十日谕。

查的决心。后来果然取得一定成效。

雍正有计划地清查亏空的同时,遇有新的贪赃,严惩不贷。五年(一七二七年),原礼科给事中、山西学政陈沂震,退职后回原籍江南吴江县,被人告发放考时收钱,雍正说他的家乡正修吴淞江,命巡抚陈时夏、副都统李淑德强迫他出资一二十万两助修水利①。同年,浙江巡抚李卫奏参原淮徐道潘尚智,雍正命将潘的家产查出,充作浙江海塘工程费用②。同年,丁忧原籍江南华亭的翰林院侍讲廖赓谟,曾任江西乡试主考官、山西学政,被人告发贪赃受贿,雍正命他出银八万两疏浚苏淞河道,另出银二万两送直隶正定府助修城墙③。十年(一七三二年),河南学政俞鸿图被告"纳贿营私",资财累万,被处斩刑④。

第二节　实行耗羡归公和养廉银制度

清理钱粮亏空,着落于赃官及其亲友,它的另一个途径,则是用耗羡银来弥补。火耗之重本已是突出的社会问题,还要用作清欠,雍正就更重视它,越发要解决它的弊端了。

(一)火耗提解的讨论和雍正的乾断推行

火耗以及与它相联系的差役和滥征滥派,雍正早看在眼里,元年元旦谕地方官文告中说:"今钱粮火耗,日渐加增,重者每两加至四五钱,民脂民膏,朘削何堪。至州县差徭,巧立名色,恣其苛

---

① 《上谕内阁》,五年闰三月十七日谕。
② 《上谕内阁》,五年四月十五日谕。
③ 《上谕内阁》,五年十月十七日谕。
④ 《清世宗实录》卷135,十一年九月庚辰条;卷141,十二年三月丙申条。

派,竭小民衣食之资,供官司奴隶之用"①。又说在康熙时,有人请加火耗以补亏空,先帝未允,如今耗羡断不能加②。雍正在考虑既要削减耗羡又要用火耗银清偿亏空的办法。

耗羡部分归公,康熙中就有人提出,没有得到皇帝的允准,未能实行,雍正元年五月,湖广总督杨宗仁再次提出。他奏称:地方上的公事开销,都是地方官勒派百姓供应,不如令州县官在原有耗羡银内节省出二成,交到布政司库房,"以充一切公事之费,此外丝毫不许派捐。"耗羡本来是地方官私征私用,如康熙所说是地方官的私事,杨宗仁要他们拿出一小部分归省里,作为公用,实际上是提出了具有耗羡归公意义的建议。雍正见到他的奏折,立即加以支持,说他"所言全是,一无瑕疵,勉之"③。鼓励他好好实行。同年,山西巡抚诺岷因该省耗羡问题比较严重,要求将山西各州县全年所得的耗羡银,通通上交布政司库,一部分用作抵补无着落的亏空,一部分给各官作养廉银④。这是全面实行火耗归公的办法,雍正高兴地批准他在山西实行。二年年初,河南巡抚石文焯折奏:该省共有耗羡银四十万两,给全省各官养廉银若干,各项杂用公费若干,下余十五六万两解存藩库,弥补亏空,因此办公费用都出在耗羡内了,不再议捐朘民。这也是耗羡提解的办法。雍正原本看不上石文焯,见到这个奏折,在朱批中表示赞赏:"此奏才见著实,非从前泛泛浮词可比,封疆大吏,原应如此通盘合算,如何抵项,如何补苴,若干作为养廉,若干作为公用,说得通,行得去,人心既服,

① 《清世宗诗文集》卷1《谕布政司》。
② 《清世宗诗文集》卷1《谕知州知县》。
③ 《朱批谕旨·杨宗仁奏折》,元年五月十五日折朱批。
④ 《满汉名臣传》卷44《诺岷传》。

事亦不惧，朕自然批个是字"①。在雍正支持下，山西、河南首先实行耗羡改革。

雍正想推广诺岷的办法，命九卿会议具奏。官员多不赞成，内阁作出请禁提解火耗的条奏。他们的理由是：（甲）耗羡是州县应得之物，上司不得提解。（乙）"提解火耗，定限每两若干，不能寓'抚'字于催科"。意思是把不是正税的火耗当作正税征收，使人感到增加赋税。（丙）"公取分拨，非大臣鼓励属员之道"，即督抚公开允许州县官征收耗羡，使火耗之私征合法；这是允许属员贪婪②。这个奏议发出之后，山西布政使高成龄表示不能同意，缮写奏折，一一与辩。他说州县官私征火耗，以补官俸不足，但其上司没有火耗，又不能枵腹办事，就接受州县官的节礼，这还是出在火耗项上，不如全省征收，给各官养廉银。这样上司也不能再勒索属员，倒免得州县官借口苛征里甲。他又说耗羡归公，不是增加火耗，而是要比原来征收的成数还要少征，况且火耗归公，多征也不归州县，谁还滥加成数。他还说大臣收节礼，甚至受贿赂，才不是教育属员的办法，不如公开的分养廉银，共受皇上的恩赐。他的结论是："耗羡非州县之己资，应听分拨于大吏；提解乃万全之善策，实非为厉于属员。"③他针对当时耗羡滥征的实际情况，讲解了耗羡归公的好处。九卿所说看似有理，光明正大，既不增加百姓负担，又让州县官满意，其实是沽名钓誉，说得好听，而听任州县官狂收滥派，不讲官吏法规，不管百姓死活，如果遵照他们的意见，只能维持旧日弊端。高成龄反驳得很有力，但他只是站在疆吏的地位，

---

① 《朱批谕旨·石文焯奏折》，二年正月二十二日折及朱批。
② 《朱批谕旨·高成龄奏折》，二年六月初八日折。
③ 《朱批谕旨·高成龄奏折》，二年六月初八日折。

更多地着眼于这个问题上大吏与属员的关系,对实行耗羡提解的全部意义还没有透彻的认识。

雍正很重视高成龄的意见,把它交给总理事务王大臣及九卿翰詹科道各官讨论,并要求他们"平心静气,虚公执正,确议具奏。若有怀挟私意以及任性尚气,淆乱是非者,则于此一事,必有一二获罪之人也"①。把他支持高成龄的态度表示出来了。但这件事涉及内外官员的切身利益,也涉及人们的政治观点,所以反对的人仍然很多。吏部右侍郎沈近思认为耗羡归公使火耗与额征无异,不是善法,他说"今日则正项之外更添正项,他日必至耗羡之外更添耗羡。"雍正问他:你作过县令,是否也收火耗? 沈答道:是的,这是为养活妻儿。雍正说你还是为一己之私,沈回说妻儿是不能不养的,否则就绝了人伦②。他的观点不外是私征有理,归公无理。左都御史、吏部尚书朱轼也以不便于民,表示反对③。山西太原知府金鉷时值入京引见,不同意他的上司诺岷、高成龄的主张,雍正问他是否以地方官的私心反对耗羡提解,他回奏:"臣非为地方官游说也,从来财在上不如财在下,州县为亲民之官,宁使留其有余",让他们知道廉耻才好④。他的意思是多给州县官一些养廉银。山西人御史刘灿上疏也反对诺岷的办法⑤。在这种情况下,诺岷感到孤立,压力很大,雍正就把刘灿调为刑部郎中,将其弟刘煜、刘煃的举人革掉⑥,免得他们在山西扰乱耗羡归公的实行。

雍正看到讨论不能取得统一意见,就在二年七月初六日作了

---

① 《朱批谕旨·高成龄奏折》,二年六月初八日折朱批。
② 全祖望《鲒埼亭集》外编卷30《题沈恪恪公神道碑后》。
③ 张廷玉《澄怀园文存》卷12《文端朱公墓志铭》。
④ 《小仓山房文集》卷3《广西巡抚金公神道碑》。
⑤ 《雍正朝起居注》,二年七月二十九日、八月十日条。
⑥ 《雍正朝起居注》,二年七月二十九日、八月十日条。

实行耗羡提解政策的乾断。他发出上谕,首先批评官员见识短浅,不懂得火耗归公的必要,他说:

> 高成龄提解火耗一事,前朕曾降谕旨,令尔等平心静气秉公会议,今观尔等所议,亦属平心静气,但所见浅小,与朕意未合。州县火耗,原非应有之项,因通省公费及各官养廉,有不得不取给于此者,然非可以公言也。朕非不愿天下州县丝毫不取于民,而其势有所不能,且历来火耗,皆在州县,而加派横征,侵蚀国帑,亏空之数,不下数百余万,原其所由,州县征收火耗,分送上司,各上司日用之资取给于州县,以致耗羡之外,种种馈送,名色繁多,故州县有所借口而肆其贪婪,上司有所瞻徇而不肯查参,此从来之积弊所当剔除者也。与其州县存火耗以养上司,何如上司提火耗以养州县乎!

"与其州县存火耗以养上司,何如上司提火耗以养州县。"雍正看得高就在这里。州县用火耗养上司,上司就不得不对他们瞻徇容隐,于是乎吏治不清,实行耗羡归公,就有利于吏治澄清了。

其次,针对有人要在山西先试行,看效果再推广的建议,雍正说:

> 此言甚非,天下事,惟有可行与不可行两端耳,如以为可行,则可通之于天下,如以为不可行,则亦不当试之于山西。

这样讲,表明推行耗羡归公的不可动摇的决心。

复次,耗羡归公事属草创,办法还不完善,有的州县官在起解钱粮时,擅自多留地方公用的火耗银,因此雍正要求州县官把耗羡银尽数提交藩库,他说:

> (九卿)奏称提解火耗,将州县应得之项,听其如数扣存,不必解而复拨等语。现今州县征收钱粮,皆百姓自封投柜,其拆封起解时,同城官公同验看,分毫不能入己,州县皆知重耗

无益于己,孰肯额外多征乎。……若将州县应得之数扣存于下,势必额外加增,私收巧取,浮于应得之数,累及小民。况属之督抚,显然有据,属之州县,难保贪廉,此州县羡余之不可扣存者也①。

把州县合理用银交上去,再由省里发下来,这样做是麻烦,但可以免得州县官多扣留,而且尽数起解,州县官知道多征与本身没有好处,也就不会滥征了。

这次讨论,使疆吏看清雍正态度,遂继晋、豫二省,迅速仿行起来,并在实践中解决耗羡重和养廉银等问题。

（二）耗羡率的降低

雍正对于耗羡及耗羡率,只许减少,不许增加:"倘地方官员,于应取之外,稍有加重者,朕必访闻,重治其罪"②。自从耗羡提解,各省火耗率均有所变动,有的一变再变。各省内的州县火耗率也不相同,但各省有一个平均数字。现将所知者列表于下。（见第157页）

耗羡归公后各省火耗率简表

省 区	时 间	火耗率 （％）	原 率 （％）	说 明	资 料 出 处
山 西	元 年 （1723）	20	30—40		《朱批谕旨·高成龄奏折》,三年二月初八日折

---

① 《雍正朝起居注》,二年七月丁未条;《上谕内阁》,二年七月初六日谕;《清世宗实录》卷22,二年七月丁未条。

② 《雍正朝起居注》,四年十月十四日条。

省 区	时 间	火耗率（%）	原 率（%）	说 明	资 料 出 处
山 西	四 年（1726）	13			《朱批谕旨·伊都立奏折》，四年九月二十三日折
直 隶	二 年（1724）	15		钱粮 219 万两，火耗 23 万两	《朱批谕旨·李维钧奏折》，二年八月初六日折
湖 广	元 年（1723）	10			《朱批谕旨·赵城奏折》，六年十月十一日折
湖 广	九 年（1731）	14—15		加坐平等项	《朱批谕旨·王士俊奏折》
湖 南		10			《朱批谕旨·王国栋奏折》
江 苏	六年以后（1728）	10	5—10		王氏《东华录》雍正十三年十一月癸未条
江 苏	七年（?）（1729）	9		钱粮 372 万两，火耗 34 万两	《朱批谕旨·王玑奏折》
浙 江	二 年（1724）	5—6	不及 10		《朱批谕旨·石文焯奏折》，二年十月十五日折
浙 江	五 年（1727）	6		钱粮 205 万两，火耗 14 万两	《上谕内阁》，五年七月二十七日谕
河 南	二 年（1724）	13	80		《朱批谕旨·石文焯奏折》，二年正月二十二日折；《朱批谕旨·田文镜奏折》，七年八月初三日折
山 东	六年以前（1728）	18	80		《朱批谕旨·田文镜奏折》，七年八月初三日折

省 区	时 间	火耗率 （%）	原 率 （%）	说 明	资 料 出 处
山 东	六年以后 （1728）	16			同上
四 川	五 年 （1727）	30			《上谕内阁》，五年十 月二十七日谕
广 东	元 年 （1723）	10	20以上		《上谕内阁》，七年十 二月初三日谕

表中所示，在多数地区，耗羡率有不同程度的下降，而且在一些地区随着时间的推移在递减，如山西、山东，有的降低幅度较大，如河南、山东。按汪景祺的《西征随笔》说法，鲁、豫两省原来火耗高达正赋的八成，但田文镜说山东是按一成二至二成以上征收的，这两个数字相差太大，田是据官方报告而言，他也知道："州县每有征多报少之弊"①，即实际苛敛的要多，汪说的可能是把地方官所有的私派都算上了，也可能系来自传闻，有所夸张，然而鲁、豫耗羡太重当是事实，因此那里的耗羡率实际下降的很多。个别地区耗羡率略有上升，如江苏，这里钱粮多，原来耗羡率低，耗羡银绝对量还是大的。这时该地官员大约看到别的地区耗羡率总在一成以上，于是也悄悄增上去。总的状况是耗羡率降低了，扭转了康熙后期地方官狂征滥派的严重情况。

（三）耗羡银用途及养廉银制度

耗羡归公后，它的用途，雍正规定是三大项，一是给官员的

---

① 《朱批谕旨·田文镜奏折》，七年八月初三日折。

养廉银,二是弥补地方亏空,三是留作地方公用。用以清补亏欠,主要是雍正初年的事。如元年,山西实收耗羡银四十三万两,用作补偿亏空二十万两,占总数的百分之四十七,各官养廉十一万两,占百分之二十六,给州县作杂费用的二万一千两,通省公费七万一千两计九万二千两,占百分之二十一,尚余二万一千两①。各省弥补完毕或基本清楚,补偿的这笔费用就转用到官员的养廉上。

所谓"养廉银",是给官员生活、办公补助费,以此不许他们贪污,保持廉洁奉公。耗羡在州县官私征时,是没有法律规定的但又是合法的征收,耗羡归公后,耗羡完全合法了,但收入不归州县官,而属省政府,这样州县官失去一条生财之道,势必在已成正项赋税的耗羡之外再去横征暴敛,为了防止新的贪赃不法的出现,雍正决定给州县官一部分生活、办公补助费。过去州县官的上司靠他们送礼,他们失去了自行支配的耗羡银,无从馈赠,绝了督抚司道的财源也不行,于是也给他们补助费。这就形成了地方上各级官员的养廉银。要把它必不可少的原因搞清,就必须了解官僚制度和俸禄制度。

明清两代,官俸都很少,明代正一品官月俸米八十七石,正四品二十四石,正七品七石五斗,从九品五石②。所以清代史学家赵翼说明朝"官俸最薄"③。他不好意思说本朝,清朝又何尝不是这样。在京文武官员每年俸银,一品一百八十两,二品一百五十两,三品一百三十两,四品一百零五两,五品八十两,六品六十两,七品四十五两,八品四十两,正九品三十三两一钱,从九品三

---

① 《朱批谕旨·高成龄奏折》,三年二月初八日折。

② 《明史》卷82《食货志》。

③ 《二十二史札记》卷32《明官俸最薄》。

十一两五钱。另按俸银每两给俸米一斛。在外文官俸银同于在京官员,但没有禄米,武官俸银只及在京武官的一半①。这样封疆大吏的总督年俸一百八十两,巡抚、布政使一百五十两,按察使、盐运使一百三十两,道员、知府一百零五两,同知、知州八十两,通判、州同六十两,县令、府学教授四十五两,县丞、教谕、训导四十两,主簿三十三两一钱,典史、巡检三十一两五钱,吏役钱粮更加微薄,斋夫十二两,铺兵八两,门子、皂隶、马夫、库事、斗级、轿伞扇夫、禁卒约六两②。靠这一点薪俸,知县吏役自身的家口也养活不了,州县官更不能花以百计数的礼金聘请必须具备的幕客了,打点上司、送往迎来的费用即使拿出全部俸银也不够作零头的用场。而出仕的官员,或来自科举,或来自捐纳,或来自恩荫,他们的出仕,赚钱是重要目的之一,当然不能满足于微乎其微的俸禄,更不会贴钱做官。这种低俸禄制度和封建官僚制度的性质相结合,必然产生官吏的贪赃营私。他们贪污的途径很多,诉讼中收受贿赂,历来是官吏主要财源之一,但这在任何情况下,名义上都是非法的;耗羡私征是官吏的另一项重要的额外财源,是半合法的。

实行耗羡提解,等于绝了地方官的一个财路,皇帝又不增加薪俸,若不给他们另辟财源,他们是不可能廉洁奉公的。雍正也不要官员枵腹办公,而是要他们具有合乎他们身份的经济力量,他说做督抚的,应该"取所当取而不伤乎廉,用所当用而不涉乎滥,固不可朘削以困民,亦不必矫激以沽誉,若一切公用犒赏之需,至于拮据

---

① 《清朝文献通考》卷42《国用》。
② 各地吏役工食银略有不同,这里是根据乾隆《震泽县志》卷12《官制》、同治《兴国县志》卷10《田赋》、光绪《常熟昭文合志稿》卷12《钱粮》写成。

地方官员养廉银一览表

地区	总督	巡抚	布政使	按察使	学政	道员	首府	府	直隶州	同知	通判	散州	县
直隶	15000		9000	8000	4000	2000	2600	2000		700/1000	600/700		600/1200
江南	30000												
江苏		12000		8000	4000	1500/6000	3000	2500	2000	500	400	1200/1500	1000/1800
苏州			9000										
江宁			8000										
安徽		10000	8000	6000	4000	2000/3000	2000	2000	1000	500	400	800	600/1000
江西		10000	8000	6000	2400	2600/3800		1600	1400	600/900	600		800/1900
浙江		10000	7000	4000	2500	2000/6000		1200/2400		400/1500	400	800	500/1800
福建	18000	13000	8000	6000	4000	1600/2400		1600/2800		500/1200	500	1200	600/1600
湖北	15000	10000	8000	6000	3000	2500/5000		1500/2600		600/750	500/625	800/1000	600/1000
湖南		10000	8000	6500	3600	2000/4000		1500/2400	1300	600/1000	500/800	900	600/1200

地区	总督	巡抚	布政使	按察使	学政	道员	首府	府	直隶州	同知	通判	散州	县
山东		15000	8000	6059	4000	4000	4000	3000		800/1000	600		1000/2000
山西		15000	8000	7000	4000	4000		3000/4000	1500	800/1200	800/1200	800/1000	800/1000
河南		15000	8000	8444	6666	3857/4229	4000	3000	1800	800/1000	600		1000/2000
四川	13000		8000	4000	3000	2000/3500	2400	2000		400/1000	400/1000	600/1200	600/1000
陕西	20000	12000	8000	5000	2400	2000/2400		2000	1000	800	600	600	600
甘肃		12000	7000	4000	1600	3000		2000	800	800	600	600	600
广东	15000	13000	8000	6000	4500	3000/3800		1500/2400		500/800	500/800	600/1200	600/1200
广西		10000	6000	4920	2000	2360/2400		1000/2000	1756	600/900	500/700		705/2265
云南	20000	10000	8000	5000	4000	3500/5900		1200/2000		400/1000	400/900	700/2000	700/2000
贵州		10000	5000	3000	2700	2000/2500		800/6500		500/1000	400/800	500/800	400/800

资料出处：《清朝文献通考》卷42《国用》。

160

窘乏,殊失封疆之体,非朕意也"①。因此耗羡提解同时,"恐各官无以养廉,以致苛索于百姓,故于耗羡中酌定数目,以为日用之资"②。即从耗羡银中提取一部分,发给从总督巡抚到知县巡检各级官员以一定的银两做养廉费用,它的数目,主要视官职高低来确定,各省之间,由于政务繁简及赋税多少的不同,也有若干区别。随着各地钱粮亏空弥补清楚,养廉银不断增加,到十二年(一七三四年)各省官员的养廉银数有如上表:

上表示知,地方上各级官员养廉银的数量,从数百两到三万两,相差悬殊。各官养廉银同他们的俸禄相比,高出十几倍、几十倍以至上百倍,养廉比俸饷优厚得多。

地方官的问题解决了,京官的俸禄之低就更突出了,不予解决,地方官仍要向他们送礼。雍正顾虑及此,六年(一七二八年)下令,给吏、户、兵、刑、工五部尚书、侍郎发双俸,新增的这一分叫"恩俸"。兼管部务的大学士也得双份俸银和俸米。汉人小京官,原先每年支领俸米十二石,大多不够家属口食,三年(一七二五年),雍正令按照汉官俸银数目给米,免得花大价钱到市场购买,后又命给他们加俸银俸米。

耗羡银也用作地方上的办公费,在山西初行时就有所明确了,高成龄说提解的耗羡银除用于养廉外,"通省遇有不得已之费,即可支应"③。杨宗仁提解火耗,也以用它"充一切公事之费"为目的之一④。雍正批准耗羡归公,对于耗羡银的用途,概括为:"将经年费用之款项,衙门事务之繁简,议定公费,派给养廉,俾公事私用,

① 《朱批谕旨·杨名时奏折》,元年七月初六日折朱批。
② 《雍正朝起居注》,四年十月十四日条。
③ 《清世宗实录》卷21,二年六月乙酉条。
④ 《朱批谕旨·杨宗仁奏折》,元年五月十五日折。

咸足取资"①。即把地方政府的办公费列为重要开支。雍正政府也是这样实践的。杨宗仁在湖广，开始是提取耗羡银的百分之二十作衙门办公经费②，后来增加，改提百分之三十③。山东巡抚以正税的百分之一的数字作为地方经费的数字，把这笔钱从耗羡银中提出，"以为公费之用"。田文镜在河南也实行这样的办法，河南每年实征钱粮银三百一十四万余两，按百分之一计算，为银三万一千多两，从耗羡银中提出这个数目的银子，按官职分给各官作办公费，如直隶州知州三百两，大州县二百四十两，中州县二百两，小州县一百八十两，巡检八十两④。河南信阳州衙门，除知州有公费银二百四十两外，还有地丁、黄腊、河银、漕粮等项解费银⑤。《清朝文献通考》关于实行提解火耗写道："有司之养廉于此酌拨，地方之公用于此动支"⑥，总结性地指出了耗羡银用作地方公费的事实。

耗羡银按地丁税的一定比例征收，地丁银基本上是固定的，耗羡银因而也是固定的。官员的养廉银和衙门的办公用银，是根据该地方事务的繁简状况确定的，即依照需要确定的，一般也不再变化⑦。这就是说，地方政府除去上交国库的钱粮，自行的收入和使用都是固定化了的，基本上保持收支平衡，这就含有近代政府财政预算、决算的味道。这一点孟森先生已经注意到了，他说："养廉自督抚至杂职，皆有定额，因公办有差务，作正开销，火耗不敷，别

---

① 《清世宗实录》卷157，十三年六月乙亥条。
② 《朱批谕旨·杨宗仁奏折》，元年五月十五日折。
③ 《朱批谕旨·赵城奏折》，六年十月十一日折。
④ 《朱批谕旨·田文镜奏折》，七年六月十五日折。
⑤ 乾隆《信阳州志》卷3《食货》。
⑥ 卷3《田赋》。
⑦ 若需调整，也不是为个别人进行，而是全省统一实行。

支国库,自前代以来,漫无稽考之赡官吏,办差徭,作一结束。虽未能入预算决算财政公开轨道,而较之前代,则清之雍乾可谓尽心吏治矣"①。日本学者佐伯富认为耗羡归公,使地方经费明确化、预算化,对地方行政的实施是一大进步②。他对耗羡归公与预算财政的关系提得更明确了。

(四) 取缔陋规、加派的斗争

养廉银制度实行之前,地方官中的下属对上司,按规定馈送礼金,若上司身兼数任,就奉送几分礼物③,所以陋规流行,情节极其严重。雍正元年(一七二三年),山东巡抚黄炳报告他所主管的衙门,以前每年收规礼银十一万两,其中节礼、寿礼银六万两,丁、地规礼银一万余两,两司羡余银三万两,驿道、粮道规礼银各二千两,盐道及盐商规礼银各三千两。黄炳曾任按察使六年,收盐商规礼银三万两④。巡抚一年的规礼,要比后来实行的养廉银多好几倍,按察使所受盐商规礼一项,就占到养廉银的二分之一以上。雍正即位后,注意革除这一弊病,元年发出上谕,禁止钦差接受地方官馈赠,督抚也不得以此向州县摊派⑤。在实行耗羡提解的同时,就大力取缔陋规了。这方面,河南巡抚做的比较突出。石文焯在计议耗羡归公时,考虑到若规礼不除,州县官还会在耗羡外再行加派,以奉献上司,为防止它的出现,就将巡抚衙门"所有司道规例,

---

① 《明清史讲义》,下册,中华书局 1981 年版 486 页。
② 《清代雍正朝にすける养廉银の研究》,载《东洋史研究》,29 卷 1、2、3 号,30 卷 4 号。
③ 《上谕内阁》,十三年六月二十三日谕。
④ 《朱批谕旨·黄炳奏折》,元年十一月二十三日折。
⑤ 《雍正朝起居注》,元年七月十五日条。

府州县节礼,及通省上下各衙门一切节寿规礼,尽行革除"①。田文镜继任,更能以身作则,不收规礼:"家人吏役约束颇严,门包小费一概谢绝"②。河南有一些特产,如开封府的绫、绵、绸、手帕、西瓜,归德府的木瓜、牡丹、永枣、岗榴,怀庆的地黄、山药、竹器,汝南府的光鸭、固鹅、西绢,平原州县的麦豆,水田州县的大米,附山州县的木炭、兽皮、野鸡、鹿、兔等类,上司强令该地方官交纳,成为土例。田文镜一概不收,严行禁止地方官交送③。

有些官员对规礼贪恋不忍放弃,一经发觉,雍正就严加处理。五年(一七二七年),巡察御史博济到江南,勒索驿站规礼,江南总督范时绎即行参奏,雍正将博济革职,交当地大员严审具奏④。山东蒲台知县朱成元在任多年,一直给巡抚、布按两司各官送礼,并有册簿进行登记。六年(一七二八年)被人揭发,雍正命河东总督田文镜、署山东巡抚岳濬对朱成元及受礼的前巡抚黄炳及博尔多、余甸等人进行审讯⑤。当时山东的规礼仍很严重,州县官进谒上司一次,巡抚衙门索门包十六两,布、按八两,粮道十二两,驿道和巡道各五两,本府州十六两,同知、通判三四两。解地丁钱粮,则有鞘费、部费、敲平、饭食、验色、红薄、挂牌、草薄、寄鞘、劈鞘、大门、二门、内栅、外栅、巡风、付子、实收、投批、投文、茶房等名色。这样每解银一千两,共约需三十两的杂费银。田文镜深知"欲禁州县之加耗加派,必先禁上司,欲禁上司,必先革陋规",就采取严行整

① 《朱批谕旨·石文焯奏折》,二年正月二十二日折。
② 《朱批谕旨·王国栋奏折》。
③ 田文镜《抚豫宣化录》卷4《再行严禁勒取土产以苏民困事》。
④ 《上谕内阁》,五年八月二十六日谕。
⑤ 《上谕内阁》,六年七月二十六日、八月十九日谕。

饬态度。雍正对此很满意,命他好好实行①。雍正又通令全国,严禁授受规礼:"倘有再私受规礼者,将该员置之重典,其该管之督抚,亦从重治罪"②。

犁剔地方陋规的同时,雍正加强对中央官员的约束。原来地方官向户部交纳钱粮,每一千两税银,加送余平银二十五两,饭银七两③。雍正于即位之初,下令减去余平的十分之一④。耗羡提解实行后,总理户部三库事务的允祥建议取消收纳钱粮时的加平银和加色银,不许地方解送官员短交或以潮银抵充足色纹银,不许库官通同作弊,侵蚀私分,得到雍正的批准⑤。八年(一七三〇年),雍正明确规定,平余银、饭银均减半收纳⑥。其他衙门也有部费,如题奏事件,不给部费,就不能了结,甚至新设立的会考府,本是清理钱粮的,也有地方大吏用比部费加倍的银钱进行打点,雍正于二年十月二十三日谕告各省总督、巡抚、提督、总兵,严加禁止⑦。

实行耗羡归公和养廉银制度,本来就意味着取消陋规,但是官僚总不想放弃这项财源,力图维持它,所以反对陋规是一场斗争。

(五) 简评耗羡归公和养廉银制度

雍正实行耗羡提解,使原先被侵蚀的国赋,用本来为地方官私有的耗羡加以补偿;确定养廉银制度,希图防止以后再发生侵吞,保证国课不致短缺;控制火耗率,禁止地方官恣意加派,也保障百

---

① 《朱批谕旨·田文镜奏折》,六年九月初八日折及朱批。
② 《朱批谕旨·王士俊奏折》,九年十二月初六日折引六年七月上谕。
③ 朱云锦《户部平余案略》,见《清经世文编》卷27。
④ 《朱批谕旨·杨宗仁奏折》,元年五月十五日折引上谕。
⑤ 《清世宗实录》卷16,二年二月戊申条。
⑥ 朱云锦《户部平余案略》。
⑦ 《上谕内阁》,二年十月二十三日谕。

姓完纳正税。所以这项制度的精神是为保证清朝政府的赋税收入,做到国库充盈。

耗羡归公、清查亏空、养廉银三事同时进行,它使恣意加派、授受规礼、贪婪勒索的恶劣风习和败坏的吏治有所改变。

耗羡归公和养廉银制度使地方政府的正税和附加税都制度化,支出按预计的进行,是政府在财政管理上的进步。

耗羡提解后的耗羡量,大多数地区比州县私征时减少了,这对民间自然有好处。乾隆初年内阁学士钱陈群说:"初定耗羡,视从前听州县自征之数有减无增。奉行以来,吏治肃清,民亦安业"①。这样说不免有溢美之辞,然亦反映耗羡归公确实有益于民生。

上述种种说明,耗羡归公和养廉银制度,表面上肯定了封建政府的加派,实质上有益于整顿吏治,相对减轻人民的负担,从而有利于社会生产力的发展。

火耗私征,沿自明朝,到雍正时已有几百年历史,它的弊病已充分暴露出来,雍正把它加以改变,并使它与养廉银制度相辅相成,从而使得它具有在不发生社会制度变革以前的不可变异性。乾隆初年,当政者中一部分人对耗羡归公持有异议,经过讨论,终不能改变它。当时兵部主事彭端淑说它是"万世不易法也"②。"万世",太绝对化了,清朝一代循而未改则是事实。由此可知,耗羡归公的实现,有其历史的必然性和合理性。雍正能看清形势,毅然实行这项改革,乾隆时纂修《清朝文献通考》的官员就此说他"通权达变"③,不为过誉。

---

① 《香树斋文集》卷4《条陈耗羡奏疏》。

② 《耗羡私议》,见《清经世文编》卷27。

③ 卷3《田赋》。

166

清朝实行低俸禄制度,对官员的薪俸很吝啬。雍正时地丁银约为三千万两,盐课、茶课约四百万两,还有粮食四五百万石①,王公百官的俸禄不及一百万两②,却不肯掏腰包,又不能阻止官僚贪污,只好拿耗羡银送给官僚,最终还是要人民来负担。因此耗羡归公和养廉银制度的确立,对非法的盘剥加以承认,把附加税变成实质上的正税,对官员的额外搜求给予有限度的认可,它的出现,使得加赋、贪污的丑行部分地公开化了,正常化了,合法化了。所以说,对雍正勇于承受加派罪名,整饬横征暴敛的弊政,给以肯定的同时,也要看到他的改革极不彻底性和弱点。

第三节　士民一体当差

耗羡归公,包含解决绅衿与平民耗羡负担不合理的问题,钱陈群说:"康熙年间之耗羡,州县私征,往往乡愚多输,而缙绅士大夫以及胥吏豪强听其自便,输纳之数较少于齐民"③。田文镜指责某些地方官:"征收钱粮,滥加火耗,绅衿上役不令与民一体完纳,任其减轻,而取偿于百姓小户"④。地方官不按田粮向绅富征收火耗,把他们的耗羡银转摊到贫民身上,这种不合理,是官吏在施政过程中给予绅衿的不成文的一种特权。他们还享有法定的和其他不成文的特殊权利。清朝入关之初,依照官员品级优免该户一定量的丁役,免除士人本身的差役和一切杂办。地方官在收税时,就

---

① 见《清世宗实录》每年岁计。
② 《清史稿》卷 125《食货》。
③ 《香树斋文集》卷 4《条陈耗羡奏疏》。
④ 《抚豫宣化录》卷 3 下《为再行条约事》。

把官员和士人称为"官户"、"儒户"①、"宦户"②,各地叫法不一,而且不断变化,所谓"绅监衿吏户名,朝改暮迁"③,大概讲来,秀才称为"儒户",监生称作"宦户"④。这些绅衿户都享受法定的免役权。

绅衿还自行抢夺权利,雍正说"荡检逾闲不顾名节"的士人,"或出入官署,包揽词讼;或武断乡曲,欺压平民;或抗违钱粮,藐视国法;或代民纳课,私润身家。种种卑污下贱之事,难以悉数"⑤。绅衿的不法是:(甲)和地方上官吏勾结,包揽词讼,分享政府的司法权。(乙)横行闾里,欺压小民,致使平民惧怕他们有时比官吏还厉害。(丙)替政府向本宗族、本乡小民征收钱粮,与胥吏勾结,加以侵吞。(丁)本身抗欠应该交纳的丁赋。(戊)将宗族、姻亲田产挂在名下,使他们也免除杂役负担,而从中渔利。绅衿的不法行为,同封建政府的职能和权力发生了冲突,他们占夺一部分行政权力,腐蚀官僚队伍,是造成吏治败坏的一个重要因素。封建国家要保持它的机器正常运转,就必须与不法绅衿作斗争。这是一种社会矛盾。

绅衿应有的徭役负担落在小民肩上,这就在赋役问题上造成贫民与绅衿的矛盾,贫民与维护绅衿特权的封建政府的对立。这又是一种社会矛盾。

雍正认为政府、绅衿、平民三者的矛盾,肇端在不法绅衿,就把矛头指向他们,希图剥夺和限制他们的非法特权,使他们同平民一

---

① 柯耸《编审厘弊疏》,见《清经世文编》卷30。
② 《上谕内阁》,二年二月十四日谕。
③ 曹一士《四焉斋文集》卷8《先考行状》。
④ 《上谕内阁》,二年二月十四日谕。
⑤ 《上谕内阁》,四年九月二十七日谕。

体当差。二年(一七二四年)二月,下令革除儒户、宦户名目,不许生监包揽同姓钱粮,不准他们本身拖欠钱粮,如敢抗顽,即行重处。雍正深知地方官易同绅衿勾结,特地告诫他们认真落实这项政策:"倘有瞻顾,不力革此弊者,或科道官参劾,或被旁人告发,查出必治以重罪"①。过了两年,雍正再次严禁绅衿规避丁粮差役,重申绅衿只免本身一丁差徭,"其子孙族户滥冒及私立儒户、宦户,包揽诡寄者,查出治罪"②。适应这项方针,雍正政府施行了一些具体政策。

士民一体当差政策。元年(一七二三年),河南巩县知县张可标发出告示,令"生员与百姓一体当差",引起生监的不满,恰好他同县学教官杨倬生不和,本人又曾经向属民借过银两,杨以此为由,煽动生员控告张可标,实际上是反对张的士民一体当差政策。这时内阁学士班第到巩县祭宋陵,获知此事,作了报告,雍正令豫抚石文焯调查张可标是否有贪婪不法情事,同时将闹事的衿监重绳以法③。惩治他们主要是从维护社会秩序出发,坚持士民一体当差政策也是重要原因。二年(一七二四年),河南封邱令唐绥祖因黄河堤防须用民工,定出"每田百亩出夫一,计工受值"的办法④,使有田人出夫,绅衿也不例外,这正是"绅衿里民一例当差"精神在河工上的体现⑤。唐绥祖的上司田文镜肯定他的做法,进一步规定:在大堤一二百里内有田土的地主,照佃户多少,认夫几名,俟防汛工程需要,随传随到。四年(一七二六年),他把这项办

---

① 《上谕内阁》,二年二月十四日谕。
② 《清世宗实录》卷43,四年四月戊子条。
③ 《朱批谕旨·石文焯奏折》附班第奏折及朱批。
④ 钱陈群《方伯唐公暨夫人吴氏合葬志铭》,见《碑传集》卷70。
⑤ 《朱批谕旨·田文镜奏折》,二年五月十七日折。

法正式报告雍正①。

严禁绅衿包纳钱粮和抗粮的政策。四年,贡生张鹏生将民人郑廷桂等应纳钱粮包揽入己的案子发生了,刑部议将张枷号三个月,责四十板,雍正拿他作典型,加重处理,枷责之外,发遣黑龙江,同时命令大臣重议生监包揽钱粮的治罪法②。次年,批准朝臣的建议:凡贡监生员包揽钱粮而有拖欠的,不论多少,一律革去功名;包揽拖欠至八十两的,以赃、以枉法论处,并照所纳之数,追罚一半入官;百姓听人揽纳,照不应重律治罪;失查的官员,罚俸一年③。这一年,保定举人苏庭奏请缓征钱粮,雍正说直隶绅衿包揽严重,苏必定是这里头的人,命令革去他的功名,调查他日常行为④。还是这一年,直隶东光知县郑三才奏称该县"地棍绅衿把持包揽,挟制官府,拖累平民,弊端种种"。雍正命严行查处⑤。

对绅衿本身的纳粮,雍正也加强管理。六年(一七二八年)规定,凡系绅衿钱粮,在税收印簿和串票内注明绅衿姓名,按限催比,奏销时将所欠分数逐户开列,另册详报,照绅衿抗粮例治罪,若州县隐匿不报,照徇庇例议处。八年(一七三〇年)进一步规定,州县官要把文武生员应纳的钱粮造册送学官钤印颁发,每完若干,照数注明,按季申送查核⑥。雍正还规定,每年年底,生监要五人互保没有抗粮、包讼的事情,完纳赋粮以后,方准应试⑦。多方面促使绅衿交纳税课。

---

① 《抚豫宣化录》卷1《题为钦奉上谕事》。
② 《雍正朝起居注》,四年十一月十六日条。
③ 光绪《大清会典事例》卷172《户部·田赋·催科禁令》。
④ 《上谕内阁》,五年闰三月十八日谕。
⑤ 《上谕内阁》,五年四月初九日谕。
⑥ 光绪《大清会典事例》卷172,《户部·田赋·催科禁令》。
⑦ 《清高宗实录》卷21,乾隆元年六月庚寅条。

对拖欠粮赋的绅衿,雍正严惩不贷。五年(一七二七年),甘肃阶州绅衿抗粮,护理巡抚印务的钟保,以署知州陈舜裔激变士民的罪名,题请将其革职,雍正不答应,说陈舜裔"催办国课,并非私派苦累民间,若因此将伊革职,则实心办事之人必退缩不前,而无赖生事之人皆以挟制官长为得计矣。"指示将抗粮不法人犯严加审讯,同时责备钟保"沽名邀誉",不要他办理这件事情①。湖广地区不断发生士民抗粮事件,安陆县武生董建勋连年不交钱粮,当地将他革去功名,予以拘禁。九年(一七三一年),该县士民约会抗粮,总督迈柱和地方官捉拿首犯,雍正指示:"此等刁恶风习,自当一一执法惩究,尤贵平日不时访察化导于早也"②。山东绅衿拖欠钱粮成风,有"不欠钱粮,不成好汉"的俗语③。九年(一七三一年),进士举人秀才监生因欠粮应褫革的有一千四百九十七人,本应加罪,大学士张廷玉以当地荒歉,奏准宽限三年完清④。官员催征绅衿逋赋不力的,雍正以因徇庇护严加治罪,十二年(一七三四年),为此把甘肃顺庆知府潘祥等人革职⑤。

严禁官绅勾结包揽词讼政策。二年(一七二四年),雍正在山东巡抚陈世倌的奏折上批示:"凡地方上顽劣绅衿贡监之流,宜严加约束,毋邀虚誉而事姑息,以滋长刁风"⑥。同年,浙江发生了官员袒护缙绅事件。陈世倌的兄弟陈世侃的家人,在原籍浙江海宁县赊欠肉铺银两,与商人斗殴,浙抚黄淑琳审问,让陈世侃坐在后堂观看,杖毙肉铺商人,引起商人罢市。雍正将黄淑琳罢职,命杭

---

① 《雍正朝起居注》,五年九月初三日条。
② 《朱批谕旨·迈柱奏折》,九年四月初一日折朱批。
③ 《清高宗实录》卷17,乾隆元年四月庚辰条。
④ 张廷玉《澄怀园语》卷2。
⑤ 《上谕内阁》,十二年六月十七日谕。
⑥ 《朱批谕旨·陈世倌奏折》,二年九月十七日折朱批。

州将军安泰和布政使佟吉图审理,安泰等奏称打死人命是实,罢市是虚,雍正认为他们仍有徇隐,命再审查①。当时陈世倌折奏,声称吓得"精神恍惚",方寸已乱,其母八十高龄,也是"寝食俱废","风烛难保",请求皇帝怜悯,放宽审讯,雍正毫不为动,责备陈世倌"因私而废公,器量何其偏小!"②足见他不容官官相护和官绅勾结的态度。约在四、五年间,詹事府詹事陈万策回福建省亲,见当地饥荒,命地方官将仓储平粜给县民,雍正知道后,以陈万策欲市恩乡里,令督抚查其家产,换谷散给贫民,并把他降为翰林院检讨③。五年(一七二七年),河南乡绅和景惠"捏造匿名揭帖",田文镜奏其诬告,雍正就把和景惠处了绞刑④。河南监生郑当时诬告佃农高琰,"明火执杖,烧抢其家",田文镜革其监生,张贴告示,"使通省之绅衿皆以郑当时为戒,不敢依恃护符,违禁诬告"⑤。对于劣绅的武断乡曲,田文镜在雍正支持下,绝不留情。项城人进士王辙强夺人牲口,指令伊伯武生王允彝侵占王天寿地亩,伊族武生王甸极骗占生员于嗣哲地亩,他们因有功名,田文镜不能骤行审理,移咨河南学政,把王允彝、王甸极武生革退,同时特疏参奏王辙,雍正革去其进士,对他进行严格审查⑥。浙江富阳县绅士杨六先,私收公粮,占人妻女,与历任知县交好,每年馈送数千两银子,署县令张坦熊到任,拘捕杨六先,提审那天,县民雇船来县城观看的千余人⑦。

---

① 《雍正朝起居注》,二年十月十七日条;《上谕内阁》,二年十月二十三日谕。
② 《朱批谕旨·陈世倌奏折》,二年九月十七日折及朱批。
③ 《养吉斋余录》卷4。
④ 《抚豫宣化录》卷3《为通伤出示晓谕事》。
⑤ 《抚豫宣化录》卷3《为通饬出示晓谕事》。
⑥ 《抚豫宣化录》卷1《题为特参豪绅劣衿倚势嚼民以安良懦事》。
⑦ 《小仓山房文集》续集卷35《书张郎湖臬使逸事》。

172

雍正为防止劣绅干政，不许士民保留地方官。士民保留的去任地方官员，应该是有政绩的，或被冤抑的，百姓怀念他，或为他鸣不平而要求他留任。但雍正看到这中间有官员买嘱保留的，有劣绅为讨好去任官而保留的，是一种刁风恶习，严行禁止①。

制定主佃关系法令。绅衿不法，虐待佃户尤甚，雍正在处理主佃关系问题上，也注意打击不法绅衿。二年（一七二四年），广西生员陈为翰踢死佃农何壮深，雍正说佃户必不敢先动手殴打生员，陈为翰一定是劣衿，因令巡抚李绂严审清楚。他认为读书人打死人，与其身份不合，不应该照常人案例论处，命刑部与九卿重议生员"欺凌百姓殴人致死"如何加倍治罪的法令②。五年（一七二七年），田文镜上疏，请将凌虐佃户的乡绅按照违制例议处，衿监吏员则革去职衔，雍正说他只考虑了绅衿欺压佃农一面，没有顾及佃户拖欠地租及欺慢田主的问题，命再详议，于是定出田主苛虐佃户及佃户欺慢田主之例③。到十二年（一七三四年）又行改定，律文是：

> 凡不法绅衿，私置板棍，擅责佃户，勘实，乡绅照违制律议处，监衿吏员革去衣顶职衔，照律治罪。地方官容隐不行查究，经上司题参，照徇庇例议处；失于觉察，照不行查出例罚俸一年。如将佃户妇女占为婢妾，皆革去衣顶职衔，按律治罪。地方官徇纵肆虐者，照溺职例革职；不能详查者，照不行查出例罚俸一年；该管上司徇纵不行揭参，照不揭报劣员例议处。至有奸顽佃户，拖欠租课，欺慢田主者，照例责罪，所欠之租，

---

① 《雍正朝起居注》，三年七月十五日条；《上谕内阁》，五年三月十七日谕。
② 《雍正朝起居注》，二年六月十二日条。
③ 《清朝文献通考》卷197《刑考三》；《清世宗实录》卷61，五年九月戊寅条。

照数追给田主①。

又具体规定,秀才监生擅责佃户,除革去功名,还处以杖八十的刑法②。清朝法律,凡人之间拷打监禁,罪止杖八十,雍正定律例,将衿监擅责佃户以满刑论处,表示了严厉禁止绅衿欺压佃户的态度,它还表明佃农的法律地位和地主是平等的,起码在这里是如此。清代法律专家薛允升论到此事,有所不解,也有所不满,他说"佃户究与平民不同,擅责即拟满杖,似嫌太重"③。从这里可以看出,这个关于主佃关系法令的制定,具有不可忽视的意义。

镇压生监罢考的政策。雍正压抑不法绅衿方针的执行,引起他们的不满,巩县生员反对张可标实行士民一体当差的政策,是他们的最初反映,封邱生员罢考则是一起较大事件。二年(一七二四年)五月,封邱生员王逊、武生范瑚等人拦截知县唐绥祖,不许他实行按田出夫的办法,声称"征收钱粮应分别儒户、宦户,如何将我等与民一例完粮,一例当差",强烈要求维护他们的特权。不久,河南学政张廷璐按考到开封府,封邱生童实行罢考,武生范瑚把少数应试者的试卷抢去,以示对士民一体当差政策的抗议。事情发生后,田文镜、石文焯迅速报告,雍正认为地方上出了这样的事情,应该"整饬一番,申明国宪"④,把为首的拿禁开封,惩办一二人,以儆其余⑤,为此特派吏部侍郎沈近思、刑部侍郎阿尔松阿赴豫审理,最后把为首的王逊、范瑚等斩决,王前等绞监候。在审理过程中,科甲出身的学政张廷璐、开归道陈时夏、钦差沈近思沽名

---

① 光绪《大清会典事例》卷100《吏部·擅责佃户》。
② 光绪《大清会典事例》卷809《刑部·刑律斗殴》。
③ 《读例存疑》卷35《刑律斗殴·威力制缚人》。
④ 《朱批谕旨·石文焯奏折》,二年六月二十三日折朱批。
⑤ 《朱批谕旨·田文镜奏折》,二年六月二十二日折朱批。

钓誉,有意徇瞻。田文镜不讲情面,所以生童说"宗师甚宽","陈守道是好人",田文镜则是无人不怨,无人不恨①。尤其是陈时夏承审时不坐堂,与诸生座谈,称他们为"年兄",央求他们赴考。雍正对此非常不满,说这是大笑话,"儒生辈惯作如是愚呆举动,将此以博虚誉,足见襟怀狭隘"②。他支持田文镜,把张廷璐革职,陈时夏革职留任③。在处理封邱罢考事件中,清朝政府内部有不同意见,雍正和田文镜采取坚决打击不法生监的方针。以后坚持了这一政策。十二年(一七三四年),雍正说各省常有生童与地方官龃龉,因而罢考,以挟制长官。他命令,以后凡有邀约罢考的,就永远停止他们的考试资格,如果全县罢试,也照样办理,决不姑容④。

雍正还采取加强对监生管理的措施。捐纳贡监不法的比较多,而清朝政府原定监生革退由礼部批准的规则,不利于地方官和学政强化对他们的约束。田文镜想改变旧规,二年(一七二四年)、三年(一七二五年)的年终,径将应革的监生咨照学政执行,而后报礼部备案,但礼部驳回,仍令遵行旧例,田文镜因而上疏,请求把捐纳贡监交由学政,与生员一并约束,雍正批准了他的建议⑤,于是形成这样的规定:衿监凡涉及诉讼,即革去功名,听候审理。雍正还规定,生监被斥后,不许出境,以免他们滋事⑥。

雍正用这些办法调节绅衿、平民、清朝政府三者关系。他对绅衿有所节制,对不法绅衿有所打击,然而不是与他们为敌,他说有的地方官为得百姓称誉,故意摧折乡绅,但是乡绅或者是父祖,或

---

① 《朱批谕旨·田文镜奏折》,二年八月初八日折及朱批。
② 《朱批谕旨·田文镜奏折》,二年八月初八日折及朱批。
③ 《雍正朝起居注》,二年九月初三日条。
④ 《清世宗实录》卷147,十二年九月戊子条。
⑤ 《抚豫宣化录》卷2《题教职督课之例》;《上谕内阁》,五年闰三月初十日谕。
⑥ 《清高宗实录》卷21,乾隆元年六月庚寅条。

175

者是本人为国效劳,这样的簪缨之族,怎么能故意压抑他们呢![1] 他说对绅士应分别情况,区别对待:品行端方的,应当加意敬礼,以为四民之表率;有一般过愆的,则劝戒之,令他改正;对那些不肯改过,就应当以法惩处[2]。针对田文镜处罚田主擅责佃户建议所作的指示,就是他作为地主阶级的最高代表维护绅衿利益的表现。他所反对的是绅衿的不法行为,超越于清朝政府所给予的法定权利,因而侵犯了政府权力,过分危害了平民,不利于封建社会秩序稳定的行为。雍正为保护政府和平民的正当权利,用剥夺绅衿的非法特权、平均赋役的办法,使平民、绅衿、清朝政府三者间的矛盾得到一定程度的解决,维护清朝的有效统治。

第四节 实行益贫损富利国的丁归田粮制度

差徭和田赋两项臣民对封建政府的义务,历来分别征收。徭役很重,为无田者力所不能负荷,加之上节所述,绅衿规避丁役,差徭不均,迫使劳动者隐匿人口,逃避差役,封建政府的征徭也没有保障。这种徭役制度的不合理已成为必须解决的社会问题。

早在明清之际,有的官员鉴于徭役制的弊病,在自己主管地区进行改革。明末,陕西户县实行并丁于粮的办法[3],即把丁银归入田粮征收,不再按人丁完纳。崇祯八年(一六三五年),汉中府城固县亦实现"丁随粮行"新法,顺治十三年(一六五六年),南郑县也推行这一方法[4]。

---

① 《清世宗实录》卷67,六年三月己未条。
② 《雍正朝起居注》,五年闰三月初九日条。
③ 邱家穗《丁役议》,见《清经世文编》卷30。
④ 曾王孙《勘明沔县丁银宜随粮行议》,见《清经世文编》卷30。

康熙中,农民以运动的方式表达了反对以丁派役的愿望。浙江宁波府农民提出"随地派丁"的主张,富豪反对,相持不下①。杭州府民人王之臣报告产少丁多,赔累不起。钱塘、仁和两县,把有产业的称为"乡丁",无产业的称为"市丁",或曰"门面光丁",外来流寓之人称为"赤脚光丁",各自承担丁役,光丁无产应役,承受不起,要求"从田起丁,人不纳丁。"布政使赵申乔不允许,贫民愿望不得实现,斗争不辍②。

这种情况下,一些官僚比较深刻地认识到丁役问题的严重性,主张改变役法。曾王孙提出丁随粮行可以去三弊收三利的见解,他说实行丁差,必须不停地编审,但是也得不到人丁的实情,还是出现耄耋为丁,强壮为黄小的弊病;人丁本应死绝除名,但官吏舞弊,使素封之家不任丁役,贫苦人无丁而有丁徭;穷人承担不起,或逃亡,或拖欠,官府得不到实惠,还害得里甲赔累,官员被惩责。他认为实行丁随粮办有三个好处:买田的人增加田赋随着增添丁役,则卖田的粮去丁亦去,没有包赔的痛苦;以粮派丁,官吏不能放富差贫,可以澄清吏治;无税粮的人口不再受丁银的拖累而逃亡,可以安心在乡从业③。学官盛枫明确提出丁课均入田税的主张,他说:把一县的丁银平均分摊到全县田亩中,每一亩所增加的有限,不是大毛病,而贫民则免除供输,会使国课有保障,官员考成无问题,这是"穷变通久之道"④。反对丁随粮办的官僚也很多。邱家穗讲出两条理由:一是丁并于粮,将使游手之人无所管辖,二是穷人富人都是人,都应有役,并丁入粮,使贫者游堕,让富人代赔他们

---

① 《耆献类征》卷54,蒋金式撰《赵申乔传》。
② 赵申乔《赵恭毅公賸稿》卷5《丁粮不宜从田起赋详》、《清查仁、钱二县光丁详》。
③ 曾王孙《勘明沔县丁银宜随粮行议》,见《清经世文编》卷30。
④ 盛枫《江北均丁说》、《清经世文编》卷30。

的丁银,也是不公平①。他站在富人的立场,坚持丁、粮分担。

康熙实行滋生人丁永不加赋的政策以后,丁役的问题更突出了。康熙宣布以五十年(一七一一年)的人丁数为基准征收丁银,以后不论增添多少人丁,也只收那些丁银,不再增税。这项政策在中国赋役史上具有重要意义,它把人口税固定下来,对于后世不断增加的人丁讲,减少了丁银负担量,有利于劳动力的增殖。但是原来丁、粮分征,丁役不均的积弊依然如故,而且出现征收方法的新问题。人口总在不断变化,有的户有死亡,有的户有增添,这项政策实行后,如何在具体的民户中开除旧的丁银额、增添新的丁银额就不像以前那样简单了。死亡和新增人丁数目绝不会相等,往往新增的多,这就不能用某一个新丁接替已死人丁的差徭。不仅如此,由于人丁的增多,原有人丁的负担也要相对减少,这就需要重新计算每一个人的丁银量,还需要随着人丁的变化不断地计算,而这不是一件容易办到的事情。因此随同滋生人丁永不加赋政策的实行,必须寻求落实人丁丁银的具体办法。御史董之燧在五十二年(一七一三年)就敏锐地感到这个问题,从而建议把丁银总数统计清楚,平均摊入到田亩中,按亩征收。户部讨论了他的建议,认为那样改变丁、粮分别征收的老办法,变化太大,不能实行,但是他提出的问题又不能不解决,就让广东和四川两省试行②。于是四川实行"以粮载丁"的办法,于征粮赋中带收丁银③,广东丁银按地亩分摊④。大约在这时,河南的太康、汝阳等十一州县也实行"丁

---

① 邱家穗《丁役议》,《清经世文编》卷30。
② 《养吉斋余录》卷1。
③ 《雍正朝起居注》,四年四月二十六日条。
④ 《清朝通志》卷83《食货》。

178

随地派"①，浙江常山知县张德纯编审时"均丁于地"，收到"民困以苏"的效果②。

即使到这时，持反对意见的仍很多，福州人李光坡可算代表了。该地官员议论实行按田派丁，李极不赞成，他除具有邱家穗的观点，又认为滋生人丁永不加派政策使丁银固定，官吏不能放富差贫了，若按田亩派丁，各地亩积大小不同，做不到平均，若依田粮派丁，则税粮有轻重不同，又不能不出现偏枯。他还认为丁并于粮，实行久了，或者会以为有粮赋而没有丁银，会添设丁课，形成加赋的大害③。撇开他的顽固态度不讲，他提出了实行丁并于粮可能碰到的问题。

终康熙之世，改变役法与维持旧法的两种主张争执不下，把事情拖了下来，雍正继位就面临着这个棘手的而又必须解决的问题。

首先触及这个问题的是山东巡抚黄炳。他在雍正元年（一七二三年）六月奏请按地摊丁，以苏民困。他与曾王孙、盛枫等人有所不同，身任封疆大吏，更感到丁、粮分征下贫民逃亡问题的严重，他认为有地则纳丁银，无地则去丁银，使贫富负担均平才是善政，因而主张丁银摊入地亩征收。雍正认为"摊丁之议，关系甚重"，不是可以轻率决定的，不但没有接受他的建议，反而责备他"冒昧渎陈"，告诉他把一省的刑名钱谷办理好是正事，这时谈改革是事外越例搜求④。真是臣下兴致冲冲，主子冷冷相待。一个月后，直隶巡抚李维钧以有益于贫民为理由，奏请摊丁入粮，他深知有力之家不乐意这样办，可能会出来阻挠，而户部只知按陈规办事，也不

---

① 雍正《河南通志》卷21《田赋》。
② 嘉庆《松江府志》卷58《张德纯传》。
③ 李光坡《答曾邑候问丁米均派书》，见《清经世文编》卷30。
④ 《朱批谕旨·黄炳奏折》，元年六月初八日折及朱批。

会同意,因此要求雍正乾纲独断,批准他实行。雍正不再像对待黄炳那样,把他的奏章交户部讨论,同时指示:"此事尚可稍缓,更张成例,似宜于丰年暇豫民安物阜之时,以便熟筹利弊,期尽善尽美之效"①。他把丁归田粮视为要事,主张慎重处理,筹谋善策,倒不是反对改革。九月,户部议复,同意李维钧的意见。雍正还不放心,命九卿詹事科道共议,诸臣提出几个问题,一是与李光坡所见相同,亩有大小,按亩分摊,并不平均;二是有人卖田,必先卖去好田,剩下次田,再完丁银就有困难;三是有人卖田而代买主纳钱粮,这就还要代纳丁银。雍正命李维钧就这些问题详细规划,一定做到对国课无损、对穷黎有益,让人挑不出毛病来。李维钧回称准备把地亩分为上中下三等,丁银按地亩等级摊入,不至于好坏地负担不均。雍正称赞他"筹度极当",批准他于二年(一七二四年)开始实行②。但是李维钧害怕雍正反悔,于十一月又奏称他遭到"权势嫌怨",感到孤立。雍正知是为己而发,告诉他:"蓦直做去,坦然勿虑,若信不得自己,即信不得朕矣。朕之耳目岂易为人荧惑耶!"③丁归田粮的问题,从黄炳六月提出,到十一月雍正决心实行,为时半年。这一场讨论,是康熙年间争论的继续,只是前朝悬而未决,新皇帝很快作了抉择。就雍正态度看,他从消极转变到积极,变化迅速。所以能这样,是由于他本着为政务实的精神,吸取臣僚的正确意见,作出果断的裁决。以此而论,丁归田粮制度的建立和实行,决策人物雍正起了积极的作用。

直隶的事情决定之后,雍正指示黄炳向李维钧了解实施情况,

<hr>

① 《朱批谕旨·李维钧奏折》,元年七月十二日折及朱批。
② 《朱批谕旨·李维钧奏折》,元年十月十六日折及朱批。
③ 《朱批谕旨·李维钧奏折》,元年十一月初一日折及朱批。

黄炳表示第二年春天就题请实行①,次年果真实现了他的愿望。二年十二月,云南巡抚杨名时奏报他的辖区"子孙丁"的严重情况:有的人户早已没有寸椽尺土,人丁也不兴旺,但丁役册上有多人的丁役,累代相仍,编审时也不予减除,使孤贫之丁承继先人的徭役。杨名时表示要改变这种不合理状况,向直隶学习,使丁从粮办。雍正批准了他的要求②。同年,浙江官员在原来部分州县摊丁入粮的基础上,准备全面推行,田多的富人不同意,到巡抚衙门喊叫阻拦,巡抚法海惊恐地表示暂不实行,无田的穷人很不满意,聚众到抚院请愿,实行和反实行的两种势力激烈地斗争着。四年(一七二六年)七月,当乡试之时,绅衿聚集千余人到钱塘县衙,不许推行摊丁入粮,并勒令商人罢市。巡抚李卫采取强硬手段,制服了闹事者,使十几年来争执不定的摊丁入粮制度在全省推行③。同年四月,田文镜在河南进行编审,部分贯彻摊丁入粮精神,把没有土地的少壮农民的应纳丁银,着落到地多粮多的人户④。八月题请推行并丁入粮,雍正批准他于下年实行⑤。在此后的两年内,福建、陕西、甘肃、江西、湖北、江苏、安徽等省陆续实行丁归粮办的政策。只有山西没有跟上来,迟至九年(一七三一年)才开始试行,到乾隆中逐步实现。此外,奉天府民人入籍增减变化较大,仍旧丁、粮分征⑥。

摊丁入粮,从康熙间辩论要不要实行,到雍正决策施行及制定

---

① 《朱批谕旨·黄炳奏折》,元年十一月十二日折及朱批。

② 《清史列传》卷14《杨名时传》。

③ 《朱批谕旨·李卫奏折》,四年八月初二日折;《小仓山房文集》续集卷35《书张郎湖臬使逸事》。

④ 《抚豫宣化录》卷4《严禁编审积弊以除民累事》。

⑤ 《抚豫宣化录》卷3《题豫省丁随地派》。

⑥ 《清朝通志》卷83《食货》。

法规,再到乾隆中在全国彻底实现,中间经历半个世纪。这个过程表明,它的实现是斗争的结果。

并丁于粮的方法,前已有所涉及。它大体上以州县为单位,把康熙五十年(一七一一年)该州县的丁银数作为应征额,平均摊入到田亩中随土地税征收。在具体作法上也有两种情形,一是将一州县的丁银平均摊入地粮,即原纳田赋银若干,再加纳平均摊入的丁银若干,由土地所有人统一完纳,如河南确山县,按每地粮银一两,摊派丁银一分八厘多①,再如直隶州县,每地税一两,摊入丁银二钱七厘②。这种办法,着眼于田赋,田粮多的,摊入的丁银就多。另一种是把一州县的丁银平均摊入到田亩之中,如安徽祁门县每亩土地摊入丁银一分六厘多③,霍邱县每亩则摊入九厘多④。这种办法着眼在田亩,土地多的,摊入的就多。侧重田粮和田亩有所不同,田亩有肥瘠的区别,田粮是根据土地等级确定的,所以摊入田粮较为合理,大多数地区也是采用了这种方法。各州县因丁银数量不同,田粮应负担的丁银也就不一样,大致上说,每地粮一两,摊入丁银二钱左右⑤。政府征收时,不再地、丁分征,统一收纳,若原交田粮银一两,至此就交一两二钱。政府只找田粮承担者要丁税,而不找人丁要丁银。

摊丁入粮,使有土地的人增加了赋税,而"贫者免役"⑥,"贫民无厘毫之费"⑦,这是利贫损富的办法。对这一点,雍正很清楚,他

---

① 乾隆《确山县志》卷2《户口》。
② 《清朝通典》卷17《食货》。
③ 同治《祁门县志》卷13《户口》。
④ 同治九年《霍邱县志》卷3《食货》。
⑤ 李元英《请拨粮均丁疏》,见《清经世文编》卷30。
⑥ 同治《建昌府志》卷3《赋役》。
⑦ 乾隆《苏州府志》卷8《田赋》。

说"丁银摊入地亩一事,于穷民有益,而于绅衿富户不便"①。他的臣僚也明白,所以李维钧讲权势厌恶他,福建布政使沈廷正也说"丁银归并地亩,于穷黎有益"②。可见,雍正君臣实行摊丁入粮,是有意识地压抑富户,扶植贫民,改变过去丁役不均,放富差贫的情况。

但是,更重要的是丁、粮合并征收,清朝政府的丁银收入有了保证,因为纳粮人完成丁银的能力,远远超过无地的农民。保障丁银的征收,这才是雍正的真正目的。

不管怎么说,丁归粮办,是损富益贫利国的政策。

并丁入粮后,清代有人说从此"无丁赋矣"③,还有人说"生斯世者,几不识丁徭之名"④。现代有人讲是取消了人口税。丁银并入田赋,从清朝政府讲仍然收人头税,只是变换了收税途径,不能说没有丁徭了,取消了人口税。但就具体人来讲,并不因个人的存在要交纳人头税,从这个意义上说没有人口税了。这是具有进步意义的事情,从此清朝政府减弱了对人民的封建人身控制。

摊丁入粮制度的确定,是中国赋役制度史上的一次重大改革,是值得重视的历史事件。

第五节　汇追与首隐

清理积欠,是雍正的一项政策。这主要是指向民间的,重点在江南地区。

---

① 《上谕内阁》,四年七月初二日谕。
② 《上谕内阁》,四年七月十三日谕。
③ 道光《阜阳县志》卷4《田赋》。
④ 朱云锦《户口说》,见《清经世文编》卷30。

江苏每年的赋银约三百五十万两，在十八个直省中名列前茅，而赋额多的又是苏州、松江、常州三府。因为赋重，逋欠也多，五年（一七二七年）江苏巡抚张楷奏称，自康熙五十一年（一七一二年）起至雍正元年（一七二三年）的十二年中，积欠赋银八百八十一万两①，苏、松、常三府和太仓州各欠一百四十万至一百八十万两之间②。他请求将积欠分十年带征，雍正予以首肯，但实行不通，雍正因而认为"江苏吏治民风颓蔽已极"③，必须整饬，遂于六年（一七二八年）底决定，派户部侍郎王玑、刑部侍郎彭维新率领候选、候补州县官四十余员前往，分赴各州县清查。这些官员到地方上，就一面清查，一面追索逋欠。因系多年积欠，要在短期内一并征收，所以叫作"汇追"。凡是交纳清楚的民户，官吏于门首用红笔写明"清查"二字④。不能补清的就投入监狱追比，一时之间，"狴犴累累，无容囚处"，一个苏州府就关押了一千多人⑤。钱粮多的绅衿，欠赋更多，他们也饱尝了铁窗的风味⑥。这样造成人心惶恐和社会的不安定。雍正获知这种情形，下令暂时停征逋赋，要求先查明积欠中哪些是官员侵占的，哪些是吏胥及包揽人侵蚀的，哪些是民间拖欠的，然后分别处理⑦。到九年（一七三一年）清查完毕，自康熙五十年（一七一一年）至雍正四年（一七二六年），积欠一千零十一万两，其中官侵吏蚀、豪民包揽为四百七十二万两，民欠五百三十九万两。雍正命将侵蚀的分作十年带征，民欠分作二十年

　　①　《清朝文献通考》卷3《田赋》。
　　②　《上谕内阁》，六年十一月三十日谕。
　　③　《朱批谕旨·尹继善奏折》，六年九月二十六日折朱批。
　　④　黄印《锡金识小录》卷1《汇追》。
　　⑤　《小仓山房文集》卷7《苏州府知府童公传》。
　　⑥　黄印《锡金识小录》卷1《汇追》。
　　⑦　《上谕内阁》，七年十月二十三日谕。

带征,又表示开恩,若民户将本年带征之数完纳若干,即照所完之数捐免下年应纳钱粮的数目。还吸收清查亏空的经验,规定官吏侵蚀的,只在本人名下追赔,不得株连,民户所欠,也只由该户完纳,不得波及兄弟亲戚①。

对浙江钱粮的清查,雍正派性桂为钦差大臣前往,会同督抚李卫协力办理。查核清楚,将逋欠分年带征。五年(一七二七年)、六年(一七二八年)两年,每年带征十五万两,到七年(一七二九年)已将三至五年未完的赋银七十七万两带征了四十余万两,其余的也可在规定期间内完成。雍正表示满意,特命将七年(一七二九年)赋银蠲免十分之二,即六十万两②。这个数字约与清欠所得相当。

在福建,积欠和亏空两事一并清理。经过钦差大臣杨文乾、许容等查核,从康熙五十五年(一七一六年)到雍正四年(一七二六年),积欠四十四万余两,其中属于民欠的三十三万多两。六年(一七二八年),雍正因福建歉收,命蠲除,不再带征③。

山东逋赋较多,七年(一七二九年),河东总督田文镜奏报欠银三百万两④,到乾隆元年(一七三六年),还有康熙五十八年(一七一九年)至雍正十二年(一七三四年)带征未完积欠三百余万两⑤。这就是一面带征,一面拖欠,总有巨额欠粮。

安徽凤阳府有十万两旧欠,知府朱鸿绪分清那些是胥吏地棍的包揽侵蚀,那些是民间欠粮,分别立出清偿办法,二年内补交完

① 《上谕内阁》,十年二月初二日谕;《清朝通志》卷83《食货》。
② 《上谕内阁》,七年二月二十六日谕;《小仓山房文集》卷9《李敏达公遗事》。
③ 《上谕内阁》,五年六月初八日、六年五月二十日、十一月初六日谕。
④ 《朱批谕旨·田文镜奏折》,七年八月初三日折。
⑤ 《清高宗实录》卷17,乾隆元年四月庚辰条。

毕,雍正对他大加表扬,以之谕令各省督抚抓紧清理积欠①。

湖北积欠二十万两,七年(一七二九年)以前输纳了九万两,但沔阳一州,从康熙五十五年(一七一六年)至雍正五年(一七二七年)竟欠八万余两,其中百分之四十是绅衿包揽的,百分之四十为衙役侵蚀的,下余百分之二十由民户拖欠。②

从各地清理积欠的实际情形看,它的对象,包括侵占钱粮的官员,包揽钱粮的胥吏和绅衿,拖欠赋税的有田民户。这欠粮的田户,成员复杂,有绅衿,有中小地主,有自耕农民,还有只有极少量土地的半自耕的农民。所以清欠的对象归纳起来,是官吏、绅衿(包括大地主)、中小地主和一般农民四种人。如果用当时的概念,没有特权的中小地主也是平民,则是官吏、绅衿、平民三方面的人。雍正指示清欠要分清侵欺、包揽、民欠三种类型,是区分这三种人犯法的情况,以便区别对待。他说清理积欠,是因"地方贪官污吏及不法衿棍借民欠之名,恣意侵蚀,蠹国累民,为害甚巨,不得不清厘惩治"③。这是说把打击重点放在贪官劣衿上,好像不涉及平民,这是他有意的隐讳。各地逋欠,一半以上,或大部分属于民欠,雍正把清欠抓得那么紧,就是为追索民间欠粮。可以这样认为:清欠是雍正向官吏、绅衿、平民三方面四种人全面出击,而以平民为重点对象。

雍正在实行分年带征积欠政策时,搞了一些蠲免,用带征来的税银蠲去当年应征的一部分款项,表示他清欠不是为了增加财政收入,而是要扫除官吏、绅衿、平民的不法行为,移风易俗,希望形

---

① 《上谕内阁》,六年二月十五日谕。

② 《上谕内阁》,七年十一月初十日谕。

③ 《上谕内阁》,八年八月十七日谕。

成优良的吏治和士风、民俗。其实,要钱和移风易俗两方面的目的他是兼有的,并取得了同样的效果。他强调经济要清,在实践上有重要意义。各方面先清补,使违法者知道警诫,避免以后再犯。补交了欠赋,然后又得到免交一部分赋税的好处,可以过得去,这样就便于历年带征的顺利进行。

清理逋赋,使一部分绅士和富人受到政治上和经济上的打击,有人出卖田产清偿积欠,此后要按时交纳新的钱粮,还要承担摊入田亩的丁银,感到田地负担重,买田出租并不那么划算,因而对土地兼并的热情有所衰减。在清欠搞得激烈的江南地区,这种现象表现的最明显。人们抛售土地,价格显著下降。据钱泳的《履园丛话》记载:顺治初良田二、三两一亩,康熙间涨到四、五两,雍正中恢复顺治初的价值,到乾隆初年田价渐涨,乾隆中期就增至七、八两甚至十两以上了①。清代田价没有直线上升,也就是放慢了土地兼并的速度,这同雍正的赋税政策有很大关系。

绅民还有一种逃避赋税的办法,就是隐瞒田产。它自然也逃不过雍正的眼睛,也如同眼内有砂子一样为他所不能容忍。二年(一七二四年),他批准田文镜提出的自首隐田政策,在河南推行。田文镜的办法是允许民间自首,隐田当年交纳钱粮,已往所隐,不论年头久近,不再追征;对官吏失于查考,亦不究参。以便他们安心承办首隐事务。这个政策的执行,当年就见成效,清出隐地二千五百多顷,应征钱粮六千四百余两,实收了四千四百多两②。田文镜对执行不力的官员严加惩处,如唐县有官隐地五百七十余顷,知县关隩不行造报,田文镜遂将其揭参③。作为"模范督抚"的田文

---

① 卷1《田价》。
② 《朱批谕旨·田文镜奏折》,三年九月十一日折。
③ 《朱批谕旨·田文镜奏折》,二年十一月二十日折。

镜认真实行,而其他地区则开展不力。雍正为推进这一事业,在五年(一七二七年)下令,于一年之内,许民人自首隐田,免治隐匿之罪。届期以进展不理想,又展限半年①。他执行得很认真,如江西监生周作孚控告族人欺隐田地六百亩,结果反倒查出他有隐田二百二十七亩,雍正把他的隐田没收,同时按年追征钱粮②。

雍正令民人自觉呈报同时,在一些地区采行清丈的方法,企图查出隐匿的垦田。他重点抓的是四川省。清朝初年,四川地广人稀,赋税较少,五年(一七二七年),巡抚马会伯、宪德先后奏称该省垦田随着人口增多,隐匿太甚,而且民间诉讼因田土纠纷引起的也太多,要求清丈,以解决这两个问题。六年(一七二八年),雍正采纳他们的建议,派遣给事中高维新等前往办理。清丈结果,据雍正讲,对于"民生风俗大有裨益"。③ 但是有的清丈官员大肆勒索,受贿放卖。豪强本不乐意清丈,于是借机反对。据说垫江、万县一千多人拉起旗帜,不许丈量④。又据记载,垫江、忠州等地杨成勋、王可久等人聚众,被地方官发觉,杨成勋自缢身死,同伙陈文魁、杨成禄等供称"祸冤起于戊申年(六年,一七二八年)奉旨钦命丈民田"⑤,表明这起事件的矛头直指雍正。九年(一七三一年),雍正命四川减少额粮较重的州县的田赋⑥,这大约是考虑到清丈中的问题,而采取的补救措施。

五年(一七二七年),福建官员预备在台湾清丈,许多人弃产逃亡,台湾道沈起元怕于首隐不利,建议只查新垦土地,对新查出

---

① 《上谕内阁》,六年七月十五日谕。

② 《上谕内阁》,六年十月二十一日谕。

③ 《上谕内阁》,八年四月初六日、七年三月初十日谕。

④ 《朱批谕旨·赵弘恩奏折》,七年十一月初七日折。

⑤ 《上谕内阁》,八年四月初六日、七年三月初十日谕。

⑥ 《上谕内阁》,九年十月十九日谕。

的按下则起科,而不宜于清丈,于是按他的主意办理①。

　　清丈的事情涉及所有与土地所有权有关系的人,触犯的人太多,历来难于实行,一般统治者也不敢这样做,只有在大规模变革时期,如王安石变法、张居正改革,才比较有成效地进行了清丈。雍正对此并无确定主意,四川清丈以前,他说"清丈乃系必不可行之事,视乎其人,因乎其地,斟酌万妥,然后举行一二处。"②贵州布政使鄂弥达请求清丈,雍正说"清丈之说万不可轻举",指责他的提出要求本身就"甚属猛浪",随后又以四川开始实行的尚好,在他的奏折中批道:"丈量之说,朕言其不可轻举,未言其必不可行也","况如四川通省现俱清丈行之得宜,何妨乎?"③他并没有在全国普遍实行清丈,大约是看到后来四川清丈中出现的社会动荡不安的问题,缩手了。雍正既不想进行具有更深刻意义的社会变革,像清丈的事情,原无定见,浅尝即止,所以只在个别地区实行了。

　　雍正搞汇追和清丈,主要目标是保证政府税收;对象主要是纳税人——绅衿、中小地主和农民,不法胥吏尚在其次;收到了一定的成效。

第六节　钱法与铜禁

　　雍正费了很大精力,实行禁用铜器的政策,这是保护钱法的需要。

　　清代商品经济发展,需要货币较多,而制造铜钱的主要原料黄

---

① 《小仓山房文集》卷8《光禄寺卿沈公行状》。
② 《上谕内阁》,六年十月初七日谕。
③ 《朱批谕旨·鄂弥达奏折》,七年四月十五日折及朱批。

铜生产不足,铸钱就少,"各省未得流布,民用不敷"①,于是出现钱贵银贱的现象。按照清朝政府规定,每两银子换制钱一千文,但在大多数地区换不到这么多,经过雍正整顿,也没能改变这一状况,如九年(一七三一年),户部因京城钱价昂贵,建议国家拿钱作本,以九百五十文换一两银子,到条件成熟,再以一千文兑换②。这就是说政府争取做到一两银子值九百五十文,实际上达不到。十年(一七三二年),陕西按察使杨秘报告,该省黄铜不敷鼓铸,钱贵于银,一两银子只能兑换八百一二十文③。这都表明钱价高于银价。

铸造铜钱,铜和铅要有适合的比例,以保证质量,还要有一定的重量。如康熙制钱为铜六铅四,质量高,雍正制钱为铜、铅各半,质量差,铸字模糊④。钱不够用,有些人就私铸小钱,量轻质次,冒充好钱,从中渔利。如有一种"沙板钱",铅多铜少,比制钱小而薄,多有小砂眼,故而得名。还有一种叫作"锤扁钱",钱小而轻,两个才能当制钱一个,但作伪者将之锤薄,使与制钱大小略等。这些劣质钱,在每一千制钱中,掺上三四十文,可以合法通行⑤。作伪者有厚利可图,大量制造,私铸案不断出现。二年(一七二四年)沧州人刘七等合伙私铸,被步军统领衙门破获⑥。三年(一七二五年),雍正说:"湖广、河南等省私铸之风尤甚"⑦。

私铸破坏制钱的信誉,同时,因铜为清朝政府控制物资,私铸者没有来源,就销毁制钱,用作原料,这样一来,制钱更加减少,更

---

① 《雍正朝起居注》,三年五月十六日条。
② 《清世宗实录》卷108,七年九月戊辰条。
③ 《上谕内阁》,十年闰五月二十九日谕。
④ 《大义觉迷录》卷2。
⑤ 《朱批谕旨·田文镜奏折》,六年二月初三日折。
⑥ 《上谕内阁》,六年正月二十三日谕。
⑦ 《雍正朝起居注》,三年五月十六日条。

使私铸钱畅行无阻。所以私铸破坏清朝钱法,侵犯政府利益,也不利于民间。雍正为制止私铸,采取了几项措施:

禁止使用铜器,搜集铸钱原料。三年(一七二五年),御史觉罗勒洪特疏奏,欲杜私毁制钱之弊,必先加强铜禁,雍正命户部等衙门议行。四年正月户部建议:除乐部等必须用黄铜铸造的器皿外,一律不许再用黄铜制造;已成者,当作废铜交官,估价给值;倘有再造者,照违例造禁物律治罪;失察官员、买用之人,亦照例议处。雍正批准实行①。同年九月,他再下禁令,惟准三品以上官员用黄铜器具,其他一概禁止;现有铜器,一律要在三年内交清②。十二月,雍正特谕京城文武百官满汉军民人等交售铜器③。他亲自带头,宫中不用黄铜造物④。

雍正的禁用铜器命令在京城有所实现,地方上反响很小,为此,他于五年(一七二七年)命各省城派出专门官员,设立收买铜器公所,动用藩库钱粮银子为基金,大力开展收购⑤。他又考虑到住在边远州县的百姓离交铜器处所太远,数量也不会多,往城里交纳不便,命户部讨论可否以交纳铜器顶替钱粮⑥。"模范督抚"田文镜别出心裁,提出允许私藏铜器的绅富之家的奴仆告发主人,准许脱籍,并治主人之罪,迫使可能拥有铜器的人家不敢私藏⑦。

民间所有黄铜器皿本不算多,且已成之物,人们爱惜,也不肯

① 《清世宗实录》卷40,四年正月己未条。
② 《上谕内阁》,四年九月初七日谕。
③ 《上谕内阁》,四年十二月十九日谕。
④ 《上谕内阁》,四年七月十五日谕。
⑤ 《上谕内阁》,五年十月二十一日谕。
⑥ 《上谕内阁》,五年十一月初三日谕。
⑦ 《小仓山房文集》卷7《直隶总督兵部尚书李敏达公传》。

当作废铜交售。绅富爱讲排场,有的人明知故犯,违禁私造黄铜器具①。所以雍正铜禁虽也收到一些成效,但不是很大。如四年(一七二六年),山西祁县等五十九州县收废铜三千四百斤,小钱九千四百斤②,五年(一七二七年)河南城乡收铜六万二千多斤③。这点数量,比起铸钱的需要,就太微小了。雍正说铜禁造成"钱价渐平,民用颇利"④,不过是信口之言,算不得准。

严禁私铸。三年(一七二五年),雍正命各省督抚申饬地方官:对私铸犯"密访查拿,严行禁止,毋使奸徒漏网";官员若不实力办理,定行从重治罪。他又命三法司制定严禁私铸的条例⑤。随后他亲自定出因私铸而销毁制钱的惩治条例:

> 定例毁化制钱本犯与该管地方官并邻佑房主俱照私铸例治罪,除销毁新铸制钱者仍照私铸例治罪外,如有毁化小制钱者,其该管地方官,若知情者与本犯同罪,不知情者亦照私铸例降三级调用,房主邻佑不分知情与不知情,亦照私铸例枷号一个月,仗一百,徒一年⑥。

对于私铸的案子,雍正总是抓住不放。前述沧州私铸案由步军统领衙门发现,雍正令直隶总督李维钧查办,李回称查无此事,雍正拿出证据,并就此令各省大吏严查,否则照溺职例处分⑦。七年(一七二九年),将私铸犯刘四海、王四海、郭二判处斩刑,李文荣

---

① 《上谕内阁》,五年十一月十五日谕。
② 《朱批谕旨·德明奏折》,五年二月二十三日折。
③ 《朱批谕旨·田文镜奏折》,六年三月初四日折。
④ 《上谕内阁》,七年六月十五日谕。
⑤ 《雍正朝起居注》,三年五月十六日条。
⑥ 雍正《吏部则例》卷20《户部·钱法·钦定例》。
⑦ 《上谕内阁》,六年正月二十二日谕。

判处绞刑①。十年秋天，有人密报安徽亳州、寿州两地出现私铸，雍正令步军统领差人前往，拿获案犯，交本地官员审办。安徽巡抚程元章奏称事情发生于夏秋之交，私铸不久即停。雍正以他秋天得知此事，其进行必在夏秋之交以前，认为程元章希图草率结案，因命再加确讯②。

　　雍正令出必行，唯有铜禁与禁私铸行不通。早在嘉道间，包世臣就说："铜禁之严，莫如宪庙，其时政事，无不令行禁止者，而铜禁竟不能行"③。这个失败也是必然的。一个事情的顺利解决，要抓主要矛盾及其主要方面，私铸问题的产生，根源在铜的原料不足，因而制钱有限。关键要抓铜的生产，这个问题不解决，私铸就不可能减少。雍正注意到铜的生产④，然而它的产量没有达到铸钱的需要，所以他尽管大力开展铜禁活动和严厉私铸处分，仍不能达到预期效果。

　　雍正间，有人批评时政，说"朝廷惩盗臣而重聚敛之臣"⑤。评论公允与否且不管它，它讲注意吏治和赋税，倒基本上概括了本章所叙述的雍正朝赋税政策及其实践，以及与之紧密关联的整饬吏治的问题。当然，对那种议论，雍正另有看法，也作了一番辩论：

　　　地方之害，莫大于贪官蠹役之朘削，强绅劣衿之欺凌，地棍土豪之暴横，巨盗积贼之劫夺，此等之人，不能化导惩戒，则百姓不获安生。假若为大吏有司者图宽大之名，沽安静之誉，于贪官蠹役则庇护之，于强绅劣衿则宽假之，于地棍土豪则姑

----

① 《上谕内阁》，七年六月初三日谕。
② 《清世宗实录》卷117，十年四月己酉条。
③ 《安吴四种》卷26《齐民四术·再答王亮生书》。
④ 第五章将要讲到，这里不赘。
⑤ 《雍正朝起居注》，三年四月二十一日条。

容之,于巨盗积贼则疏纵之,虽在己无残害百姓之实迹,而留此害民之人,令百姓暗中受其荼毒,无可控诉。……天以牧民之任授之君臣,而百姓又复敬谨尊奉,胼手胝足,竭力输将,以事其上,为君臣者当共思之,受天之恩,奉天之命,食民之食,衣民之衣,而乃怠忽优游,不能锄奸禁暴,置民间疾苦于度外,上负穹苍,下负百姓,诚天地间之大罪人矣①。

他反对沽名钓誉,因循守旧,为自己的革新政治辩护。应当怎样看待双方的观点,实质上是如何评价雍正的财政政策和吏治政策。正确的方法还是把它放在当时的社会矛盾中来考察,分析雍正处理是否得当。以此而论,不难发现:

第一、雍正政策缓和了阶级矛盾。

绅民一体当差、摊丁入粮、清查积欠以及火耗归公,对于绅衿地主的经济利益和政治待遇均有所触犯,但却平均了赋役,或多或少地减轻贫穷农民的负担,因此缓和了农民与国家的矛盾。这些政策的实行,自然不利于清朝政府与地主阶级中一部分人关系的融洽,但是雍正政府所打击的是豪绅劣衿,剥夺他们的非法特权,加重地主的经济负担,这是要地主阶级从经济上支持它自身的政权,以便强化它,使它更有力地代表它那个阶级。换句话说,雍正政府作为强有力的政权,可以很好地代表地主阶级的整体利益和长远利益。

国赋,从地主手中所征收的,实质上是地租的再分配,归根结蒂是剥削农民,雍正政府当然是地主阶级政权。国家不是被统治阶级与统治阶级的调和机关,它是统治阶级利益的体现,但是对于阶级矛盾的状况,它的适当政策,可以起一定的调节作用。雍正的

---

① 《上谕内阁》,六年六月十七日谕。

政策,就是这样。

第二、一定程度上整顿了吏治。

压抑豪绅,不容他们结交官府把持政权,这是整肃吏治的一个途径,清查亏空、耗羡归公和养廉银制度,都是整治不法官吏的比较有效办法,所以雍正年间官吏的贪赃枉法,比康熙末年有明显的好转。乾隆六年(一七四一年),清高宗说:"近见居官者家计多觉艰难,而旗员为甚。""思其所以致此之由,细推其故,盖由于查办亏空时,其囊橐不足抵补,则将房产入官,以致资生无策,栖身无所。且不独本身为然,旁及兄弟亲戚平日霑其余润者,亦皆牵带于中,以补公项,而仕宦之家,遂多致贫乏矣"①。雍正时被打击的赃官到乾隆时还没有缓过气来,亦见打击的严厉和吏治的有所澄清了。"吏治乃一篇真文章也"②,雍正的这篇文章,可以说是做得比较好的。

第三、清朝政府财政状况根本好转。

雍正的各项理财措施,在基本上不增加贫穷人民负担的条件下,堵塞官吏侵蚀、绅衿包揽等漏洞,收足赋额,国帑充实起来。康熙死的那一年(一七二二年),国库存银只有八百万两③,第二年,即雍正继位的头一年就有了好转,增为一千七百万两,到五年(一七二七年),就高达五千万两④。雍正因帑藏充盈,才敢于在西北两路用兵,花费很多,到他末年,库存犹有三千余万两⑤,或云乾隆初尚存二千四百万两⑥。

----

① 王先谦《东华录》乾隆朝卷13,六年二月乙巳条。

② 《朱批谕旨·杨名时奏折》,四年十二月十八日折朱批。

③ 阿桂《论增兵筹饷疏》,见《清经世文编》卷26。

④ 《掌故丛编》第4辑《鄂尔泰奏折》,五年十一月十一日折朱批。

⑤ 《啸亭杂录》卷1《理足国帑》。

⑥ 阿桂《论增兵筹饷疏》,《清经世文编》卷26。

雍正实行这些政策,得了"爱银癖"的恶谥①,还遭到"严刻"之诮。他确实像他自己所说,抱着严厉的态度,对待经济上的不法事情:"严治贪婪,清厘帑项,概不得免,而追呼牵扰,亦有所不恤"②。他厉行追赃,禁铸私钱,认真实行耗羡归公、养廉银、摊丁入亩、士民一体当差政策,即实行那个时代比较好的税收政策,一定程度清厘了积弊,刷新了吏治。他的摊丁入粮、耗羡归公是中国赋役制度史上的重大改革,是他的革新思想的产物和体现。应当给雍正的这些政策和政治思想以应有的肯定,那些因这些政策而受损害的人的评论,或持有不同政治主张的人的评论,失去客观合理性,原不足据论。

---

①　《李朝实录·英宗实录》卷24,五年(雍正七年)九月己亥条,43 册 167 页。

②　《上谕内阁》,十年闰五月初十日谕。

第五章　实行重农抑末的政策

五年（一七二七年），雍正发布禁止奢侈的上谕，谈到各业人户在社会中的地位，他说："朕观四民之业，士之外，农为最贵，凡士、农、工、贾，皆赖食于农，以故农为天下之本务，而工贾皆其末也。"他重视农业，是因为它能给人们提供食粮。他为维持农业，就不愿意多出工商业者，认为"市肆之中多一工作之人，则田亩之中少一耕稼之人"①。他处在农业是最主要的生产部门的封建社会，深深体会到它的重要，所以如同以往的封建统治者一样具有重农业贱工商的观点，并且实行重本抑末政策。

第一节　种种重农措施及其弊病

雍正即位不久，就说："我国家休养生息，数十年来，户口日繁，而土地止有此数，非率天下农民竭力耕耘，兼收倍获，欲家室宁止，必不可得"②。他较清楚地看到人口繁多、垦田有限而食粮不足的问题，为此设法推动农业生产，采取了许多措施，其中有沿袭前人的，也有他的创造。他的举措有：

授予老农顶戴。二年（一七二四年），雍正说农民辛劳作苦以

---

① 《雍正朝起居注》，五年五月初四日条。
② 《上谕内阁》，二年二月初九日谕。

197

供租赋,不仅工商不及,连不肖士人也不如他们。因此下令各州县官,每年在每乡中选择一两个勤劳俭朴、没有过失的老年农民,给予八品顶戴,以示奖励①,这就是所谓老农总吏之例。雍正认为只有农民竭力耕耘,大幅度增产,才能解决食粮问题。而他又以为农民努力生产不够,他说:"朕闻江南、江西、湖广、粤东数省有一岁再熟之稻,风土如此,而仍至于乏食者,是土地之力有余,而播植之功不足"②。他予老农顶戴,就是希图在农民当中树立"楷模",以便众人仿效,也努力生产,同时赋予老农督课农民生产的责任。清朝地方政府只管收税,没有课农的官员,雍正特设老农,想让它起到农官的作用。但在实践中,州县官选择老农,听凭绅衿保荐,有的豪民就向绅衿馈送财物,邀得中选,这样,勤劳朴实的农民很难入选,一些无赖豪横之辈倒混个顶戴荣身,借以大耍威风,作恶乡里。有的老农击鼓升堂,传见农民,俨然以父母官自居;有的自称"某县左堂",建旗帜,设军牢捕役,以八品官自命,意欲凌驾正式官员九品的巡检、未入流的典史之上。七年(一七二九年),雍正发现这些问题,命把冒滥生事的老农革退,另选题补;准许不法老农及保送官员自首,免予追究,否则查出重治不贷③。雍正又命把一年一举改为三年一次,以昭郑重。但是选期拖长之后,老农顶戴难以得到,贿赂更加严重。雍正的办法避免不了似农非农的豪民的钻营。乾隆即位,就把它废弃④。

推广耤田法。"农事惟邦本,先民履亩东。翠华临广陌,彩轺

① 《上谕内阁》,二年二月初九日、二十日谕。
② 《上谕内阁》,二年二月初九日、二十日谕。
③ 《上谕内阁》,七年正月二十七日谕。
④ 《清高宗实录》卷22,元年七月庚卯条。

驾春风。礼备明神格,年期率土丰。劝耕时廑虑,何敢惜劳躬"①。
这是雍正亲耕耤田有感而作。他自二年二月首行亲耕礼,以后经
常举行。康熙于十一年(一六七二年)行耕耤礼,到雍正再举行,
是实现"五十余年之旷典"②。行耕耤礼,始于周天子,是以农为邦
本的观念和政策的表现形式,如汉文帝所说:"农,天下之本,其开
耤田,朕躬耕以给宗庙粢盛"③。雍正在春耕伊始,亲自开犁,和先
代帝王一样,也正如他诗中所述,表现他对农本的重视。耤田和先
农坛原来设于首都,雍正于四年(一七二六年)下令,命各府州县
设立先农坛,备置耤田,每年仲春亥日地方官举行耕耤礼,意思是
让他们知道皇帝"敬天勤民",学习皇帝注重农功的精神,劝率百
姓力田务本④。使官员"存重农课稼之心",农民"无苟安怠惰之
习"⑤。他的命令立刻得到实现,五年(一七二七年)春天各地开始
举行耕耤礼。个别地方实行不力,他就严肃处理。五年九月,广西
巡抚韩良辅奏参临桂县知县杨询朋将耤田荒芜,颗粒无收,雍正命
将杨革职,留于该县管理耤田十年,并以此为例,惩治犯同类错误
的官员⑥。六年(一七二八年)六月,浙江总督李卫题参永康县试
用知县陈桂于耤田大典草率不合规制,雍正也将他革职⑦。雍正
这样做是任意为法,不过表现了他严格要求地方官重视农业生产
的决心。州县的耤田只有四亩九分,但种好这点田,必须了解天时
气节,土地肥瘠,农民生产情绪,可以以此指导全州县的生产,所以

① 《清世宗文集》卷28《四宜堂集·耕耤》。
② 李绂:《穆堂初稿》卷1《耤田赋》。
③ 《文献通考》卷87《郊社·耤田祭先农》。
④ 《上谕内阁》,七年四月二十二日谕。
⑤ 《清朝通典》卷44《吉礼·耤田》。
⑥ 《雍正朝起居注》,五年九月二十二日条。
⑦ 《上谕内阁》,六年六月初四日谕。

仍然有一定意义。在实行得好的地方,促进了农业生产。江南松江府民谣:"雨过番湾①滑大堤,先农坛下看扶犁。争传野老荣冠带,到处撑献早罱泥"②。这是推行耕籍礼和老农顶戴政策,起了提高农民生产热情的作用。

限制经济作物的发展。在耕地有限的情况下,如何解决粮食作物和经济作物争田地争劳力的矛盾呢? 雍正碰到了这个问题。五年(一七二七年),广西巡抚韩良辅报告:广东人多种龙眼、甘蔗、烟草、青靛,收入多,富有,但产米少,不够食用,转向广西采买,而广西产量有限,不能满足广东人的需要,还引起当地粮荒③。雍正采用两种方法处理这类矛盾:一是凡适合种粮食的地方,劝令农民生产食粮,不要种植经济作物,尤其不要栽种烟草④。二是在不适宜生产粮食作物的土地上,鼓励种植各种物产。二年,他要求在舍旁、田畔、荒山旷野,度量土宜,栽培桑柘、枣栗、柏桐以及树木荆棘,以便饲蚕、佐食,做材木和薪炭⑤。五年三月,他讲:"不可以种植五谷之处,则不妨种他物以取利"⑥。同年,令州县官劝谕农民在村坊种植枣栗,河堤植柳,陂塘淀种菱藕养鱼凫,其他适宜于种桑麻的处所,更要栽植。他要求地方官每年按村坊报告种植情况⑦。雍正尽先照顾食粮生产,是出于形势的需要,此外他也不可能有更好的办法。但是他的政策影响了经济作物的生产,有些地方官在奉行时,把已生长的经济作物毁掉,改种粮食,也因失去农

① 番湾,松江府先农坛所在地。
② 陈金浩:《松江衢歌》。
③ 《上谕内阁》,五年二月二十八日谕。
④ 《雍正朝起居注》,五年三月初三日条。
⑤ 《上谕内阁》,二年二月初九日谕。
⑥ 《上谕内阁》,五年四月十三日谕。
⑦ 《清朝文献通考》卷3《田赋》。

时而不能生长①,更是一种破坏。减少经济作物的生产,使手工业原料不够丰富,不利于商品经济的发展。

垦荒。二年,雍正说开垦能够解决民食问题,"于百姓最有裨益"。这是尽人皆知的道理,问题是他试图克服垦荒中的一些难题。过去民间报垦,官员勒索费用,以致垦荒之费比买田价格还高,故而农民不愿报垦。雍正下令,允许民人相度地宜,自垦自报,官吏不得勒索和阻挠。从前报垦,水田六年、旱田九年起科,雍正命水田照旧,旱田推迟为十年,并著为定例②。山西、河南、山东闲旷土地,民人无力开垦的,官给牛具,起科后官给执照,永为世业③。垦荒令下达后,各地陆续推行,而以田文镜在河南实行最有力。据记载,他严饬垦荒,在雍正元年至八年的八年中,垦荒和自首的隐田共五万四千一百顷,而康熙九年至六十一年的五十三年中,报垦和首隐的为十二万六千九百顷④。这就是说康熙间河南每年平均增加垦首田近二千四百顷,雍正间为四千六百多顷,后者比前者增长速度高出一点六七倍。记载又说,雍正十年(一七三二年)河南税田为六十二万九千多顷⑤,以八年的首垦田论,它占到垦田总数的百分之八点二,可见河南垦首田增加的速度快,幅度大。在这报垦荒田中也有弄虚作假的,有的地方官为显示政绩,谎报垦田数字,"以虚粮累民"⑥。有的按现耕田加赋,以多征之税,

---

① 《雍正朝起居注》,五年七月初八日条。
② 《雍正朝起居注》,元年四月二十六日条。
③ 《清朝文献通考》卷3《田赋》。
④ 雍正《河南通志》卷21《田赋》。该书将垦荒田与自首隐田统计在一起,今无法分清各是多少,只能拢在一起叙述。
⑤ 雍正《河南通志》卷21《田赋》。该书将垦荒田与自首隐田统计在一起,今无法分清各是多少,只能拢在一起叙述。
⑥ 乾隆《光州志》卷49《顾心楷传》。

虚报垦田①。当王士俊接任河东总督后,这个问题更突出了。雍正在晚年也意识到事情的乖张,他说地方上报垦荒,有的以多报少,有的以少报多,或将已垦之地重报,荒熟地亩不分,混行造报,要给予不同的处分②。他死后,反对报垦荒的人很多,乾隆带头指责王士俊的垦荒是"并未开垦,不过将升科钱粮飞洒于见在地亩之中,名为开荒,实则加赋"③。大学士朱轼"首陈除开垦、省刑罚两疏"④。监察御史金溶要求"开垦之地,缓其升科"⑤。给事中曹一士请禁州县捏报垦荒,勿使"仁民之政,反启累民之阶"⑥。他说得很好,雍正号召垦荒,原想增加生产,也起了一些好作用,但副作用很大。

在垦荒中,雍正有组织地做了两件事,一是搞直隶营田。三年(一七二五年)春天,直隶总督李维钧奏报在保定挖沟渠、兴水利的事,雍正责怪他孟浪,说"此事必通盘将地之高下,水之去来,明白绘画审视,斟酌而后可定"⑦。他赞成修水利,但主张审慎,先作考察,了解河水来龙去脉,地形高低,以便设计优佳的施工方案,取得预期效果。李维钧想干就干,因而不合他的心意。这一年直隶大水灾,促使雍正下决心早日经营畿辅地区的水利,当即派怡亲王允祥、大学士朱轼率员考察,经过他们一冬和次年春天的勘探,制成水域图进呈。雍正见到,大为欣赏,赞扬他们"于直隶地方东西南三面数千里之广,俱身履其地,不惮烦劳,凡巨川细流,莫不穷究

---

① 谢济世:《谢梅庄先生遗集》卷 1《遵旨陈言疏》。
② 《清朝文献通考》卷 3《田赋》。
③ 《清高宗实录》卷 4,雍正十三年十月乙亥条。
④ 《小仓山房文集》卷 2《文华殿大学士太傅朱文端公神道碑》。
⑤ 《小仓山房文集》续集卷 33《浙江督粮道金公传》。
⑥ 《四焉斋文集》卷 2《请核实开垦地亩》。
⑦ 《朱批谕旨·李维钧奏折》,三年二月二十五日折朱批。

竟委,相度周详,且因地制宜,准今酌古,曲尽筹画,以期有益于民生"①。于是设立营田水利府,下辖四个营田局,委派允祥、朱轼董理其事,兴办直隶水利田。为加速工程的进度,朱轼提出四项建议:一是民人自行营田,照亩积多寡,给予九品以上、五品以下的顶戴,鼓励私人垦辟;一是到水利府工程处效力的民人,视其包干完成的工程量的大小,录用为不同职务的官员;一是降级、革职的官员赴工程处效力者,工成准予开复;一是流徙以上的罪犯效力者,准予减等②。这是开捐纳,借民人和官员的力量兴造水利,但朱轼说是为收"谙练之员效力营田","集众力厚民生",不是国家舍不得出工本③。雍正批准了朱轼的建议,在五年(一七二七年)就大力开展起来。营田工程有两项内容,一是修治河道,疏浚建闸,一是造田,主要是水田。据担任营田观察使的陈仪讲,工程中注意"留湖心毋垦",即建设水库,宣泄洪水。当时要增加垦田,留湖心就与它矛盾,从长远利益看还以留湖心为宜,所以陈仪说这是措施中的妙着,"舍尺寸之利,而远无穷之害"④。北方农民不懂得种水田,雍正命招募江南、浙江的老农来进行教耕,所需水田农具和水利工具,延请江浙工匠制造,并命直隶工匠跟从学习,以便把技术传接下来⑤。营田很快收到一些效果,五年(一七二七年),官私垦田八千多顷,每亩可收稻谷五至七石⑥。北方人不习惯吃稻米,雍正命发官帑平价收购,不使谷贱伤农。有的地方官强迫农民出卖,

① 《上谕内阁》,四年四月十四日谕。
② 《清史列传》卷14《朱轼传》。
③ 《永宪录》续编,332页。
④ 陈仪:《后湖官地议》,见《清经世文编》卷109。
⑤ 《清朝文献通考》卷6《水利田》。
⑥ 《清世宗实录》卷60,五年八月己酉条。

雍正对这种劣员非常痛恨,说他们"较之一切贪劣之员,尤为可恶",命直隶总督严参治罪①。雍正对与事官员严格实行奖惩制度,以期用命葳事。知县李正茂在洪水暴发时,奋力防护堤工,擢为知府。知县吴槃实心办事,亦升为知府。知县魏德茂专务虚名,防守工程废弛,革职。徐谷瑞见堤工危险,推诿规避,交吏部议处②。雍正坚持直隶营田,直至末年。乾隆对此不热心,认为营田是地方上的事,决定撤销水利局,将它的业务交所在州县官管理③,事实上取消了营田。促成乾隆作出这个决定的原因,可能是捐赎事例。清制,捐纳监生,需要用银三百两,而直隶营田捐赎例规定,营田一亩,相当于交银一两,开渠建闸用银一两作营田一亩计,只需用一百两银子建设营田,就可成为监生,比定例交银,减少了三分之二的费用。其他营田捐纳职员,州同的费用,也比单纯交银子的少。雍正原意是以此招徕,加速垦辟,但实行一长,就同捐纳成例产生较大矛盾,因有"名器滥觞"之讥④。当然,营田要能坚持下去,必须根治直隶河道,这是雍正、乾隆父子做不到的,所以只能行于一时,而不能持久。直隶水利田问题,为一些帝王和地方官留意,北魏幽州刺史裴延俊、唐朝瀛州刺史卢晖、宋代制置河北屯田使何承矩、明代汪应蛟都搞过引水灌溉,元代郭守敬、明朝徐贞明之论畿辅水利更为著名,但以帝王而倾注巨大心血的,要数雍正了。仅此一事,不能不说他关心农业生产。

雍正还组织了宁夏垦荒。二年(一七二四年),雍正命川陕总

① 《上谕内阁》,五年十一月初八日谕。
② 《上谕内阁》,五年五月初九日谕。
③ 《清高宗实录》卷7,雍正十三年十一月壬戌条。
④ 《永宪录》续编,333页。

督年羹尧到宁夏察看河渠①,三年(一七二五年),改宁夏左、右卫为宁夏府,下辖四县,五年(一七二七年),增置新渠县,七年(一七二九年),又设宝丰县。设府添县,反映宁夏地区的发展。雍正听说该地若得水利,可垦地二万余顷,若每户授田百亩,可安置二万户。特派大臣单畴书到宁夏插汉拖灰,与陕西总督、甘肃巡抚共同治理渠道,募民垦种,官给牛具籽种银两,所辟土地,永为世业,还号召宁夏籍的文武官员在原籍尽力开垦②。七年,单畴书死在宁夏工程上,就派右通政使史在甲前往接任,不久又派兵部侍郎通智主持其事。宁夏原有大清、汉、唐三条水渠,但年久失修,水道淤浅,雍正命集中力量疏浚,又命开濬惠农、昌润二渠,工程取得一些进展。十年(一七三二年),因西北用兵,使用民力较多,顾不上宁夏河工,撤回通智、史在甲,将其事交宁夏水利同知专管,即按常规进行。乾隆三年(一七三八年),撤销新渠、宝丰两个县的建制,说明宁夏水利工程未达预期效果。

在垦田方面,雍正还注意到四川的开发。当时四川仍处地广人稀的状态,农民生产技术较低,雍正命地方官劝谕开垦,招聘湖广、江西在四川的老农教授土著居民垦荒的方法,给予老农衣粮,等到开垦有成效了,给以老农顶戴③。六年(一七二八年),湖广、江西、广东、广西四省民人数十万进入四川,雍正命根据各地区流来人口的多寡,分给三四十亩、五六十亩不等的荒地,并给牛种口粮,以事安置④。

雍正还修筑了浙江、江南海塘。元年(一七二三年),他指出

<hr>

① 蒋良骐:《东华录》卷26,中华书局1980年版,423页。
② 《上谕内阁》,六年十二月十一日谕。
③ 《清朝通典》卷1《民田》。
④ 《清朝通典》卷9《户口丁中》。

康熙间建筑浙江海塘,官员没有实心办事,仍使海潮妨害杭嘉湖三府民田水利,二年就派吏部尚书朱轼往江浙会同巡抚何天培、法海商议修治办法,朱轼提出动用帑银十五万筑浙江海塘,十九万筑松江海塘,雍正予以批准①。松江海塘开始修筑的是土塘,雍正说不牢固,东南是财赋重地,应保证安全,改筑石塘。后来在石塘之外,增修贴石土塘一道②。在施工中,浙江总督请将骤决不可缓待的工程,先行抢修,随后奏闻,雍正同意照办。浙江、江南修了海塘,而江北盐场出了大事。一次海潮冲决范公堤,沿海二十九个盐场被淹,溺死灶丁男妇四万九千余人③。

提倡社仓。这是救荒的办法,早在宋代,朱熹著文大力鼓吹,然难于实行。康熙中有官员建议推行,康熙一概不准,户部侍郎张伯行强烈要求实行,康熙就惩罚他在山西举办,张在实践中处处碰壁,主动请求作罢,才算了事。雍正同乃父态度大不一样,即位就谕令湖广督抚杨宗仁等设立社仓,官员迎合他,强令百姓输纳仓粮,规定凡交正赋银一两的,外纳社仓谷一石,并以存储多少,作为州县官的考成④。这等于是新的加派,而且很重。二年(一七二四年),雍正发现问题,对办理社仓提出明确方针:由民间承办,不用官办;官员只宜劝导举行,不可强迫命令;仓中存粮数目,出入办法,官府都不要经管⑤。同时确定管理奖惩办法:仓粮由百姓捐输,捐至十石给花红,三十石以上挂匾,三四百石以上的给八品顶戴;每社设正副社长,选择人品端方家道殷实者充任,干得好,十年

① 《清史列传》卷14《朱轼传》。
② 《清朝文献通考》卷6《田赋》。
③ 清世宗"朱谕",第6函。
④ 《清朝文献通考》卷35《市籴》。
⑤ 《清朝文献通考》卷35《市籴》。

以上亦给八品顶戴;侵蚀仓粮的法办;借谷收息,一石加息二斗,若遇荒歉年头,小歉减半,大歉全免,只收本谷①。这个方针下达以后,并未收到预想的效果,五年(一七二七年),署湖广总督傅敏盘查社仓,发现仓谷储藏不多,据他分析,可能是被官员侵蚀或挪用了,也可能是杨宗仁初办时,州县官为迎合上宪之意,虚报存仓之数②。但是雍正相信有治人无治法,认为只要适合的人来办,还是可以把事情搞好,所以同年任命田文镜为河南总督的敕书中,要求他于"地方备储之计,如常平、社仓等事,责令有司,力行修举"③。陕西总督岳钟琪奉命设立社仓,发司库耗羡银于各州县,采买谷麦近四十万石。但州县官始而勒买,继而勒借,百姓不满,称之为"皇粮"。雍正获知后,把社仓条约刻立碑石,禁止官吏作弊④。浙督李卫针对出现的问题,预筹对策:仓谷出粜要在青黄不接之时,减价出售,以平准商人的高价;买补仓粮,要在秋收的时候,避免哄抬粮价⑤。

　　社仓的办法难以实行,雍正并非没有意识到。他知道富饶之家自有储蓄,即使遇上荒年,也不依赖仓谷,是以不愿输纳;贫乏人家,希望社仓办好,然而无力纳粟,官吏对有关考成的常平仓尚有侵蚀挪用之弊,对不计考成的社仓更难望其用心办好了⑥。就是这样他还要实践,说明他办事不免主观而不尊重实际,也说明他救荒心切,不管办法可行与否,总想一试。

---

① 清世宗"朱谕",第九函。
② 《上谕内阁》,五年六月初一日谕。
③ 雍正《河南通志》卷1《圣制》。
④ 《上谕内阁》,七年六月二十六日谕。
⑤ 李卫:《钦遵圣谕条列事宜》,见《钦颁州县事宜》。
⑥ 《上谕内阁》,五年六月初一日谕。

第二节　严禁开矿和滇铜的生产

社会经济的发展,要求矿冶业的相应扩大生产,如商品经济发展,货币流通量大,铸造制钱的原料铜、铅的需要量就增加;耕地有限,人口增殖,人们就要在农业之外广谋生路,开拓手工业。发展矿冶业、手工业的要求摆在雍正面前,也不时通过一些官员的建议反映出来,有待于雍正的裁决。

雍正初执政时,对矿冶业比较陌生,没有定见。元年,他在广东巡抚年希尧报告驱逐盗矿矿徒的奏折中批道:

> 民利未必能全禁,只要地方官不贪取容忍,聚多不令至于数百,又不官采,又不明开,权巧相机而行方可。若尽行禁止,行得来时,妙不可言,恐此图利小民不能忍受也。此不过朕数千里之外遥夺之言,总要你们地方官公正,实行筹划,认真任事,那里有行不来的事?[①]

他认为不开矿最好,在已开的情况下又不便全行禁止,因可允许少数人在半公开半隐蔽状态下开采,如何掌握得好,就要看地方官的行政艺术了。这时他禁采的倾向性已有了,但没有决定,他还考虑矿徒开采的既成事实。次年四月,新任广西巡抚李绂陛辞,雍正要他对开矿的事"时刻留心"[②],反映雍正关心此事,希望多听各方面意见,以便决策。约在五月,雍正将通政司右通政梁文科请求允许广东开矿的条陈发给两广总督孔毓珣评议。梁的奏疏说:"查广东各处山内出产铅锡,原系天地自然之利,可以赡养穷民。近年奉禁

---

① 《朱批奏折》,转引自中国人民大学清史研究所等编:《清代的矿业》,中华书局1983年版,22页。

② 《朱批谕旨·李绂奏折》,二年八月初四日折。

不许刨挖,则民间无此生业矣。嗣后似应任民刨挖,以为糊口之计"①。梁所说的近年奉禁,系指康熙后期封闭矿峒。他讲开矿有利于穷民生计,是要解决社会就业问题。雍正说有人极力反对开采,而梁文科"乃一老成人,且在广年久,未必肯猛浪多事",因此才要孔毓珣发表意见②。六月,孔毓珣回奏:

> 查广东田少人多,穷民无以资生,铅锡等矿原系天地自然之利,所以资养穷民。臣愚以为弃之可惜,不如择无碍民间田地庐墓、出产铅锡之山场,招商开采,俾附近穷民可借工作养生,并堪抽收课饷,实系有益无损③。

他主张开采,原因是一养穷民,二增国课。但有个前提,即所开的矿场,不妨碍民间的田地庐墓。开矿,可能损坏山林,使水土流失,堵塞河道,影响水利,破坏已开垦的农田;还可能毁掉居民的祖坟,而这是长期受宗法观念统治的人所不能接受的。这两点是禁矿论者所持的主要理由,孔毓珣预先声明,要注意这些问题,以便能实现他的主张。雍正把他的奏疏交户部讨论,遭到了反对。到九月,雍正经过一年多的考虑之后,决策禁止开矿,他在给孔毓珣的上谕中明确表示:"招商开厂,设官征税","断不可行"。针对开采派的理由,说明他的看法:第一,解决穷民的生活问题,应当加强农业,而不在逐末开矿,他说:"养民之道,惟在劝农务本,若皆舍本逐末,争趋目前之利,不肯尽力畎亩,殊非经常之道。"他害怕开矿了,人民弃本逐末。他还是从农业与工商业的基本关系出发,把双方绝对对立起来,为固本而抑末。第二,开矿将使民人聚集,会出

---

① 《朱批谕旨·孔毓珣奏折》附录。
② 《朱批谕旨·孔毓珣奏折》附录梁文科条陈朱批。
③ 《朱批谕旨·孔毓珣奏折》,二年六月二十四日折。

乱子。他说康熙年间,广东有一二十万矿夫,"遂致盗贼渐起,邻郡戒严",所以才禁止开采。他还认为开矿不像种庄稼,弄不好就断了矿脉,生产不成,而矿徒中奸良不一,当有利可图时人们聚拢了,矿闭时,矿徒没处去,就要闹乱子。可见维护封建治安,是他不许开矿的重要原因,而对矿冶业前途的不能把握,则是当时生产力水平所决定。第三,不言开矿征税之利,他表示"富有四海,何籍于此"①。广东田少人多,人民生活困苦,而山多正可供开采,解决民间困难,是以开矿者多,政府禁而不散。广东的官员面临地方上急需解决的严重问题,才从实际出发,提请开矿。雍正对他们的态度很不满意,说孔毓珣、布政使王士俊、署按察使楼俨等人受到"格外成全委任",可是"王士俊反有开矿之请,是何意见耶!"要他们扪心自问,以知愧耻,实心办事,不要以请开矿作为地方事务治理不善的托词②。他们只好自认愚昧,不敢坚持。但仍另有官员不时提请开采,雍正遂在九年(一七三一年)断言:"粤东矿厂,除严禁之外,无二议也"③。毫无通融之意。

十二年(一七三四年),广东总督鄂弥达疏请允许商人在广东惠州、潮州、肇庆、韶州等府开矿。他认为解决小民资生之策,应开发天然矿藏,他说这样做是"应时通变,以疏众货之源"。他把开矿看作民生经济的一个新部门,开辟新的经济领域,不拘泥于农业,确是审时度变的有识之论。他针对矿徒易聚难散、恐为"匪类"的观点,讲述了广东从事铁冶的有几万人而相安无事的事实,说明不要怕人多聚众,只要搞好生产,就不会出乱子,以打消禁采

① 《朱批谕旨・孔毓珣奏折》,二年九月初八日折朱批;《清世宗实录》卷24,二年九月戊申条。
② 《朱批谕旨・楼俨奏折》,七年四月二十六日折朱批。
③ 《朱批谕旨・焦祈年奏折》,九年六月二十九日折朱批。

派的疑惧。他还指出开矿可以供应铸造制钱的原料铜、铅，有利于钱币流通①。制钱原料不足，是雍正苦心谋图改变的问题，鄂弥达希图以此拨动皇帝的心弦。果然有点效果，雍正准允实行。鄂弥达刚开始办理，就有几名官员条陈反对，道理不过是广东"盗案"多和矿夫增而民食不足两条，这本是老生常谈，然却为雍正所接受。十三年（一七三五年）四月，他说："广东近年以来，年谷顺成，米价平减，盗贼渐少，地方宁谧，与从前风景迥异，今若举行开采之事，聚集多人，其中良顽不一，难于稽察管束，恐为闾阎之扰累"，因命鄂弥达停止办理②。又两次告诫他："地方一切事务，自当以久远宁帖，永无后患，始为尽善"。"为大吏者当以镇静处之，不当引之于动"③。

雍正在许多事情上，主张因时制宜，从务实出发，兴利除弊。在开矿问题上，他也多方面征询臣工意见，反复考虑，认为开矿有利有弊，而"权其利与害之轻重大小"，是害多利少④。他所谓的"害"，关键又在"易聚难散"上。归结起来，害怕新的生产部门的发展，冲击崇本抑末的方针，破坏封建秩序，因而顽固地坚持禁止开矿的政策。

雍正矿禁，唯对采铜开一面之网。六年（一七二八年），广西巡抚金铁疏请于桂林府涔江等矿，召募本地殷实商人开采，所得矿砂，三分归公，七分归商。又谓"粤西贫瘠，铜器稀少，如开采得铜，并请价买，以资鼓铸"⑤。涔江等矿是铜矿，雍正就批准在那里

①　《请开矿采铸疏》，见《清经世文编》卷52。
②　《上谕内阁》，十三年四月十七日谕。
③　《朱批谕旨·鄂弥达奏折》，十二年三月十五日折及朱批。
④　《清世宗实录》卷55，五年闰五月戊午条。
⑤　《清世宗实录》卷76，六年十二月丙申条。

招商生产。云南的采铜，得到雍正的特许，因而有较大的发展。雍正初年，云南产铜每年约八九十万斤①，一百余万斤②，四年（一七二六年），骤增至二百十五万斤③，五年（一七二七年），又将近翻了一番，达四百万斤④。云南采铜业的发展，同其他采矿业严遭禁止，踟蹰不前的状况，形成了强烈的对比，也是尖锐的矛盾。雍正厚此薄彼，在于他急需黄铜铸造货币。他允许云南开发铜矿，心情一定复杂，一则喜其提供铸币原料，一则忧其可能扰乱他的社会秩序。他的思想、政策也是充满了矛盾。

清朝前期，社会生产和商品经济的发展，要求正确处理手工业、商业与农业之间的关系，要求正确处理农业内部粮食作物与经济作物生产之间的关系，雍正在这两个重大问题上的决策，墨守历朝政府的重农抑末的政策，违背经济发展的要求，阻碍手工业、商业的发展，从而不利于资本主义萌芽的生长，不利于清代社会的前进。他的这一决策，表明他对社会提出的新问题不能理解和处理，表明他有地主阶级顽固守旧思想，同他在别的问题上通权达变比较起来，这是他思想中的糟粕，行政上的败政。

制约农业生产迅速发展的根本问题是封建地主土地所有制，雍正没有接触它，这也是那个时代任何人解决不了的事情。雍正企图提高农业生产，所采取的那些措施，涉及到的只是少数地区、少数农民，谈不上是发展农业生产的有效办法。

雍正在垦荒、水利事业中，大量开捐，五年行直隶营田事例，已如前述，六年开云贵垦荒事例，八年广西开垦事例，十一年海塘事

---

① 《清史稿》卷124《食货·矿政》。
② 《朱批谕旨·杨名时奏折》，五年六月十七日折。
③ 《朱批谕旨·杨名时奏折》，五年六月十七日折。
④ 《朱批谕旨·鄂尔泰奏折》，六年四月二十六日折。

例。清政府的收入主要来自田赋,雍正却舍不得多少拿出点来搞农业,库存很多,还要大开捐纳,好得钱财,如广西在八年十一月十五日至九年十二月开捐一年,收官生捐垦银二十五万九千余两①。雍正说不是为得钱,是要用捐纳人做官,可以破坏科举出身官员的朋党②,然而主要目的还是为增加收入。捐纳卖官,从捐纳制度看,它是政治败坏的表现,不是好事。

农工商业的矛盾得不到较合理的解决,雍正的崇本抑末,实质上也是阻碍农业发展的。

---

① 《朱批谕旨·金铁奏折》,十年正月十二日折。
② 《永宪录》续编,417 页。

第六章　围绕士人的矛盾和政治斗争

第一节　李绂与田文镜互参案，
打击"科甲朋党"

第三章说过雍正在四年(一七二六年)完成了两个大规模的反对朋党斗争，彻底打垮了允禩集团、年羹尧集团。这种斗争甫告完结，又出现了直隶总督李绂弹劾河南巡抚田文镜案子，引出第三次打击"朋党"事件，即反对科甲官员"朋党"的斗争。

（一）李绂奏参田文镜

当康熙废太子时，满朝官员倾心于允禩，其中的汉人官僚绝大多数是科举出身，允禩的宽仁，也深得士人之心，这就必然造成雍正对科甲人的隐恨，因而在他的政策中表现出来。

三年(一七二五年)六月，长芦巡盐御史莽鹄立折请禁止官员投拜门生，他说：

> 臣见钻营附势之徒，广通声气，投拜门生，未中者遇科场
> 则求关节，已仕者遇计典则图荐举，且有素不相睦，一拜师生，
> 遂成胶漆，求分说情，每至以直为曲，偏徇庇护，罔顾法纪。

科举制下的师生特殊关系，自这个制度于隋唐形成以来就出现了，至此相沿千年，积习之深之重，自不待莽鹄立说明而尽人皆知，只是并无师生关系的官员，下级要拜朝中权贵为老师，是清朝的严重

陋习,莽鹄立所说原有嫌隙之人一拜师生而契合,即为指斥时弊了。他又说:

> 有无厌之辈,一遇门生升授外职,老师、世兄以及同年故旧,或亲行探望,或差人索取,名曰"抽丰"。在门生情不能却,送往迎来,周旋应接,非剥削民脂,即挪移正项,穷员亏空,从此渐多,倘稍为拒却,人皆鄙笑,指为刻薄寡情。

他指出官员挪移亏空的一个原因是为应付打秋风,这就同雍正的整理财政联系起来了。雍正看到很高兴,朱批:"师生党比之风,朕所深恶,此奏甚属得理,与朕意合"①。因命九卿会议,采纳莽鹄立的建议,禁止内外官员投拜门生与打抽丰。

在这之前,田文镜就在河南约束师生,不得朋比,二年十二月发出"严禁夤缘钻刺以正官方以肃法纪"的告示,说他对于"师生一道,平日痛恶于心",自诩为官四十年,"从未曳裾于显要之门"②。雍正和田文镜式官员的这些举措,产生"天下方轻读书人,不齿举人进士"③的对士人不利的情况。

田文镜是监生出身,年轻时出仕为县丞,历四十年始升为地方大员,不入朋党,没有也不可能有师生同年的援引,唯知感激雍正的拔识,竭力以图报效。他视师生朋比为弊端,因对科甲出身的属员并不特别礼遇,而严格以他们所任官职的责任要求他们。三年(一七二五年)十一月,题参信阳州知县黄振国"狂悖贪劣,实出异常"④,次年正月密参汝宁府知府张玢"浮而不实,渐加放纵",息县知县邵言纶"任柜书银匠朦官作弊,重等收粮",固始县知县汪诚

---

① 《朱批谕旨·莽鹄立奏折》,三年六月初二日折及朱批。
② 《抚豫宣化录》卷3上。
③ 《西征随笔·缪礼科条奏》。
④ 《朱批谕旨·田文镜奏折》,四年六月十一日折。

215

"向盐商借贷,至用十四两小秤发卖食盐",陈州知州蔡维翰"怠惰偷安,并不清查保甲,盗案垒垒,亦不比缉"①。黄振国、张玢、邵言纶和汪诚都是康熙四十八年的进士,有些人联系田文镜不许师生夤缘等主张,又以他是非科甲出身,认为他无端排斥士人,"不容读书之人在豫省做官"②。事有凑巧,也是康熙四十八年的进士、广西巡抚李绂奉调为直隶总督,于四年三月间路过河南,面责田文镜"有心蹂践读书人"③。李绂到京入觐,面陈田文镜负国殃民,雍正认真听取,至午夜方罢④。李绂随又上疏参劾田文镜"信用金邪,贤否倒置";信任"本属市井无赖"的署理知州张球;张球向邵言纶勒借未满所欲,勒索汪诚馈送不遂,转向田文镜诬告,致使田文镜误参他们,因恳乞雍正干预,以使"公道彰而人心劝"⑤。又说田文镜把黄振国害死在狱中,以杀人灭口。雍正对田文镜的为人深信不疑,但据李绂所参,怕他上了属员的当,因将李折发给他,要他审查张球⑥。田文镜于四月二十七日仍以张球为贤能之员回奏。他明知这个弹章为李绂所发,佯作不知,说观疏内斥张球为"市井无赖",可知此人必为进士⑦。六月,他更以黄、张、邵、汪都是同年为理由,进一步说他们同年弟兄"不无徇私袒护",对他们的被参"群起妄议",这样下去,"科甲之员如有贪污苟且,督抚诸臣断不敢为题参矣。"又说皇上屡次颁旨解散朋党,似此是违背圣意,性质严重。田文镜不愧为老吏,找出反对朋党的大题目,而且

---

① 《朱批谕旨・田文镜奏折》,四年正月二十一日折。
② 《朱批谕旨・田文镜奏折》,四年六月十一日折。
③ 《小仓山房文集》卷27《内阁学士原任直隶总督临川李公传》。
④ 《小仓山房文集》卷27《内阁学士原任直隶总督临川李公传》。
⑤ 《朱批谕旨・田文镜奏折》附录李绂奏折。
⑥ 《朱批谕旨・田文镜奏折》附录李绂奏折朱批。
⑦ 《朱批谕旨・田文镜奏折》,四年四月二十一日折。

以科甲人为对象,把矛头隐隐指向李绂,欲陷敌手于非命。雍正果然重视他的话,引起对新的朋党问题的注意,说田文镜奏的很对,"浮言啧啧,朕亦闻之,此风何可滋长。"但他还不相信田文镜一面之词,决心把事情弄个水落石出,于六月派遣刑部侍郎海寿、工部侍郎史贻直为钦差大臣,到河南审理黄振国等案①。海寿等查明张球贪婪不法,证明田文镜祖护张球,但对全案作出有利于田的审断。钦差承审中,河南管河道佟镇向钦差揭发田文镜信用的道员陈世倕。佟镇是隆科多亲属,而隆又说过汪诚是好官,被参受冤抑②。雍正早知道年羹尧、隆科多对田文镜不满③,又见佟镇以揭发陈世倕为名反对田文镜,遂联系到隆科多,怀疑弹劾田文镜是朋党活动。钦差到河南,证实黄振国并没有被田文镜害死,而黄振国原是兵部尚书蔡珽在四川巡抚任内的属员,大计被参革,由于蔡珽的推荐才得任知州④,李绂听传闻为他叫屈,使雍正想到李绂与蔡珽的密切关系,怀疑他们搞朋党,害怕再出现年、隆专擅的局面。因此在田文镜承认受张球欺骗的错误后,决心支持他,特地赐给风羊、荔枝,使河南"通省臣民惊为异数"⑤,田文镜也就在羞愧中振作起来,继续贯彻雍正的方针政策。与此同时,李绂还在攻诘田文镜,就祖护同年的说法为自己辩护,他认为这种言论"立说甚巧,而实未合",因他也题参过同年张玢、陈世倕及广西官员孙来贺。雍正讨厌他的置辩,谓为"喋喋之辞,而见轻于朕"⑥,加以申饬,并将他调离直隶总督要缺,改任工部侍郎,又以蔡珽在直隶总督任内

① 《朱批谕旨·田文镜奏折》,四年六月十一日折及朱批。
② 《上谕内阁》,四年九月十二日谕。
③ 《朱批谕旨·田文镜奏折》,二年十二月十五日折朱批。
④ 《上谕内阁》,四年十二月初七日谕。
⑤ 《朱批谕旨·田文镜奏折》,四年九月二十一日折。
⑥ 《朱批谕旨·李绂奏折》,四年七月初一日折朱批。

徇庇昌平营参将杨云栋为名,把他降为奉天府尹①。以上是四年(一七二六年)十二月以前发生的事情。

(二) 谢济世题参田文镜,李绂的失败

翰林院检讨陈学海跟随海寿、史贻直赴河南审查,不同意钦差的意见,回京后向浙江道监察御史谢济世说明了自己的看法,想上奏,又胆怯,谢济世遂以"济世"为己任,于四年十二月上疏劾奏田文镜,"营私负国、贪虐不法十罪。"雍正把他的奏章掷还,即不让他参劾,他却坚持,雍正大怒,说他所奏内容,与李绂的完全相同,显然是受人指使,"公然结为大党,扰乱国政,颠倒是非",为了严惩这种结党排陷倾害的恶习,将谢济世革职,发往阿尔泰军前效力赎罪②。

雍正认为谢济世是受了李绂的指使,就把李、田互控案推向深入。他要查清李绂与谢济世关系,命令广西提督、署巡抚事韩良辅调查谢济世在其家乡的行止,了解李绂巡抚任内同谢的关系③。韩没有查出把柄,雍正仍不作罢,就以李绂在广西、直隶任内事把他革职。七年(一七二九年),谢济世在阿尔泰军营承认参劾田文镜是受李绂、蔡珽的支使,雍正就把李绂投入监狱。据文学家袁枚记载,两次决囚,雍正命李绂陪绑,刀置其颈,问现在知道田文镜的公忠了吗? 李回称我愚笨,虽死也不知道田文镜的好处④。这个情节很难说是准确的,李因田而获罪入狱,则是事实。蔡珽降调之后,在川抚任上受知府程如丝之贿案发,又审出他袒护黄振国在川

① 《清史列传》卷13《蔡珽传》。
② 《雍正朝起居注》,四年十二月初七日、初八日谕。
③ 《朱批谕旨·韩良辅奏折》,五年正月十六日折朱批。
④ 《小仓山房文集》卷27《内阁学士原任直隶总督临川李公传》。

监毙二命、枷毙二命及杖毙一命的情罪,连及谢济世事,雍正命把他判斩刑,监候处决,黄振国斩立决,张球绞监候。以后,乾隆即位,李绂恢复官籍,蔡珽获释。李、蔡一方受到了沉重打击。雍正对田文镜迭加升赏,五年(一七二七年),特授他为河南总督,加兵部尚书衔。田文镜原籍正蓝旗,抬入上三旗。六年(一七二八年)升任河南山东总督,七年(一七二九年)加太子太保,八年(一七三〇年)兼北河总督。田文镜取得了完全的胜利。

李绂与田文镜都是雍正的宠臣。雍正在李绂二年十二月初四日的奏折上批道:"汝与田文镜二人,实难辜负朕恩也"①。李绂在康熙末年待罪于永定河工地,雍正登极,立即给他侍郎衔管理户部三库,逾月补户部左侍郎,再逾月又兼兵部右侍郎,以后任督抚,当他就任直隶总督陛见时,赐宴内庭,赏四团龙褂、五爪龙袍,赐对联曰:"畿辅旬宣膺重寄,扶风节钺选名臣"②。雍正谈他同李绂的关系,总说"尔乃不由旁人荐举,为朕所特用之人"③,"尔实非他人可比"④,"汝之出处与众不同"⑤,并特别称赞他:"诚然不党者李绂也"⑥。两个亲信相争,雍正开始想加调和,对挑起争端的李绂说:过处在你,不在田文镜,你不应当辩解了⑦。但事态的发展,尤其是谢济世的参预,使雍正肯定李绂和蔡珽搞了个科目人朋党,从而注定了他们的惨败。

李绂揭发田文镜误用张球是准确的,而为黄振国鸣冤是错误

① 《朱批谕旨·李绂奏折》。
② 《永宪录》卷4,274页。
③ 《朱批谕旨·李绂奏折》,二年十月初六日折朱批。
④ 《朱批谕旨·李绂奏折》,二年九月二十八日折朱批。
⑤ 《朱批谕旨·李绂奏折》,四年八月初一日折朱批。
⑥ 《朱批谕旨·李绂奏折》,二年十月初六日折朱批。
⑦ 《朱批谕旨·李绂奏折》,四年七月初一日折朱批。

的,他不是朝臣,又非言官,河南的事本不和他相干,对田文镜的过失他又抓得不确切,那么为什么要责备田文镜,非要上诸弹章呢?他是骨鲠在喉,非发不可。原因何在? 他是有名学者,康熙中理学名臣李光地说六百年以来,没人能超过欧阳修和曾巩,而李绂大有希望。诗坛领袖王士祯说:通观当时的文士,没有一个顶得上李绂的①。但是他在康熙六十年任会试副考官时,遭到落第举子的哄闹,栽了大觔斗。可以想象,他蔑视落第士人和非士人,对监生出身的田文镜之流打击科甲官员会愤恨不平。如在雍正三年春天,他的门生杨梦佽在河南做官,他就说杨"必不得田文镜之欢心"②,可见对田的作为早怀不满情绪。他的思想和所处地位决定,他们有意或无意地同不重视科甲的社会势力作斗争,为科举者争地位,鸣不平,又恃有雍正的宠信,才敢于向田文镜发难。谢济世、陈学登等科举出身者与李绂具有同样的思想感情,是以追随其后。李、谢等科目人为被参劾的同类呼号,他们的攻诘田文镜,具有了科甲官员与非科甲官员斗争的性质。不过问题还要复杂,雍正的打击李、蔡还有超过田、李互控范围的缘由。

(三) 有计划地打击科目人及其原因

雍正处置谢济世的后几天,就提出科甲人结党的事情了。他说:"师生同年之联络声气,徇私灭公,惑人听闻之邪说,其害于世道人心者更大。""若科目出身者徇私结党,互相排陷,必至扰乱国政,肆行无忌"③。五年(一七二七年)二月,雍正谕大学士九卿詹事科道:科甲出身的人作弊,还不如非科举出身的,因为后者易于

① 《穆堂别稿》,安常《序》。
② 《朱批谕旨·田文镜奏折》,四年十月初九日折朱批。
③ 《上谕内阁》,四年十月十二日谕。

败露,而前者巧诈隐密,互相袒护,不易识破。他表示要把官场中科甲人的"唐宋元明积染之习,尽行洗涤"①。七年(一七二九年),谕科目进身官员:"乃科甲出身之人,不思秉公持正,以报国恩,相率而趋于植党营私之习,夤缘请托,朋比袒护,以至颠倒是非,排陷报复,无所不为。"又说:"科甲流品相夸尚,其风自唐宋以来就有之,至前明而流弊已极。"又说:"科甲之习一日不革,则天下之公理一日不著,尔等当豁然醒悟,庶可使历代相沿之弊习,廓然顿除也"②。他看出科甲人的朋比是唐宋以来的千年积习,不清理不得了,明确了反对科甲朋比的任务。他的决心很大,即使废掉科举也在所不惜③。

他采取擒贼先擒王的办法,有计划地打击科目领袖,惩治李绂,即为显例,而抑迫吏部尚书、云贵总督管云南巡抚事的杨名时又是一个典型事例。雍正在给云贵总督鄂尔泰的朱谕中说:"今海内李光地辈已逝,如杨名时者少矣。""朕整理科甲积习,伊挺身乐为领袖","仗伊向来凤望,必因其党庇恶习,抗违朕意,即如朱轼、张廷玉现任大学士,莫不因伊前辈,慑服尊重",若不惩治他,"恶习万不能革"④。于是屡次降旨呵责杨名时。五年闰三月撤销他的职务,只命他署理滇抚事务。这时杨名时奏请用盐务盈余银两修浚洱海河道,雍正就此大加责难,说他即将离任,始有是请,是给自己在地方上留好名声;他的请求不用折本先请示,而径用题本,欲令众人皆知,以博赞誉;不把好事留给后任,也是沽名,所以他"但知有己而不知有人,并不知有君,尚得靦颜自命为读书人

① 《雍正朝起居注》,五年二月初三日条。
② 《清世宗实录》卷87,七年十月乙丑条。
③ 《上谕内阁》,四年十二月十二日谕。
④ 清世宗"朱谕",第六函。

乎?"又说他既想加惠地方,就命他以己资修治洱海河道,他死后,"著伊子孙承办,使天下之人知沽名邀誉之徒不但己身获罪,而且遗累子孙也"①。同年秋天,新任巡抚朱纲参奏杨名时任内亏空钱粮仓谷,雍正说亏空应当同布政使常德寿有关,但杨名时不行弹劾,是乐于自负其责,就勒令他赔偿,而不与常德寿相干②。次年正月,雍正命杨名时进京,特谕地方官民,在杨行程中,不许以礼接待,不许为他鸣不平,不许造作谤语,揭帖③。可见雍正是蓄意打击他。

雍正对一般科举进身的官员,也搜寻他们的过失,予以惩治。五年(一七二七年),任命浙江观风整俗使王国栋为湖南巡抚,要他到任不要犯"偏袒科目、姑息绅衿"的毛病,要他严参一二科甲出身的庸员,重惩数名败检不肖的劣生,"令众人晓然知尔心迹方好,否则年谊故旧之夤缘请托,音问书札,络绎纷纭,即不胜其酬酢矣"④。同年,田文镜又题参进士出身的知县周知非"顽废不职",雍正认为这是科甲入仕者怨恨田文镜而废弛政治,将其革职拿问,"俾科目出身之员因结党怨望上司而废弛公事者知所儆戒"⑤。与此相联系,对科甲人间的相互包容严肃处理。五年,湖南攸县革职知县陈溥任内仓谷霉变,没有买粮补足,接任知县萧师谔报称陈已补完,接印理事。萧、陈都是科目人,雍正认为萧师谔故意袒护陈溥,朋比为奸,因罚他代替陈完纳亏项,若在一年内不能全完,即监禁严追⑥。给事中崔致远丁忧回山西原籍,雍正说他人品不好,命

① 《上谕内阁》,五年六月十五日谕。
② 《上谕内阁》,五年十二月二十日谕。
③ 《上谕内阁》,六年正月二十三日谕。
④ 《朱批谕旨·王国栋奏折》。
⑤ 《上谕内阁》,五年八月二十六日谕。
⑥ 《上谕内阁》,五年七月十六日谕。

晋抚伊都立考察他,一年后伊都立没复奏,雍正说他因系科甲进身,保护同类,故而不能奉命,命将他交吏部严行议处①。

雍正还从组织措施上压抑科目人。给事中、御史和吏部司官,历来从科甲中铨选,雍正为杜绝党援的弊病,收用人的效果,变通旧例,命这些官职的补充,不一定非从科甲中选拔②。封建时代对官员的任用有许多回避的规则,但没有师生回避的条例。七年(一七二九年),御史阎绖玺提出外任官回避各种条款,雍正因命知府、知县若为师生,自应回避,司道以下有谊关师生者申报督抚,督抚有者报吏部存案③。接着吏部定出师生陋习徇庇处分例,规定若师生馈送徇庇,道府失查州县、督抚两司失查道府均须议处④。雍正希望用这些办法,防止科甲官员结党营私。

雍正惩治科目人的原因,结党以外,还有重要内容。他说谢济世参劾田文镜的目的,"不过欲使天下督抚皆因循苟且,庸碌偷安,邀众人之虚誉,保一己之身家,而不为国家实心效力,以快其党锢之私心"⑤。为难杨名时的时候,已指责他好名而不顾及君父和同僚,又痛诋他"性喜沽名邀誉,而苟且因徇,置国家之事于膜外"⑥。雍正厌恶科目出身的官员讲假道学,不务实政,只能因循苟且,博安静持重的虚名,不利于贯彻他的革新的政治方针,是以对好犯因循废弛毛病的科目人大加整饬。

由李绂弹劾田文镜产生的雍正打击、压抑科目官员,就具体问题论,田、李各有是非,雍正全面支持田,重惩李,看似不公平,然而

① 《上谕内阁》,五年七月十七日谕。
② 《上谕内阁》,五年十月初三日谕。
③ 《上谕内阁》,七年闰七月二十一日谕。
④ 《上谕内阁》,七年九月十九日谕。
⑤ 《上谕内阁》,四年十二月初八日谕。
⑥ 《清史列传》卷14《杨名时传》。

223

他不是有心袒护一方。反对朋党,改革积弊,这是他的既定施政方针,科举人易犯的徇庇和守旧的毛病,正是他所要清理的内容,李绂、谢济世不期而然地反对执行他的方针最有力的"模范疆吏"田文镜,他才把科甲人当作结党营私加以打击,以推行他的政令。他曾说:

> 朕早夜孜孜,欲使万民各得其所,措天下于长治久安,何事不加整顿厘饬,务令秩然就理,岂容尔等科甲中党援积习,为世道民生之害,而不望其翕然丕变乎①?

把他反对科甲朋比与他总的清厘政务方针的关系说得很清楚。被他严惩的科甲领袖杨名时,"以道自任,不与时合"②。他们君臣处于对立状态,是政见不同,这就是雍正打击科甲朋党的原因和性质。

科甲官员之间徇情瞻顾的现象,确如雍正所说是很严重的,但是把李绂、谢济世等当作特定的朋党加以打击,未免冤抑。他们只是思想相通,没有有形的或无形的组织。当谢济世参劾田文镜的时候,雍正咬定他受人指使,刑部尚书励廷仪承审,问谢受何人指令?谢回答说是孔孟,因为"自幼读孔孟书,知事上以忠荩,即为孔孟所主使也"③。意为做臣子的应忠谏,揭发奸臣。其后在阿尔泰军营承认受蔡珽、李绂指使,是受不住压力的违心话,到乾隆时就推翻了。杨名时所受的不白之冤也多,在处理他时同情者不乏其人,乾隆登基即召用他,入京路上,"天下想望其丰采,滇黔人狂走欢告,老幼相率观公,或张酒宴罗拜,继以泣,至环马首不得

---

① 《清世宗实录》卷87,七年十月乙丑条。
② 《小仓山房文集》卷2《礼部尚书太子太傅杨公神道碑》。
③ 《国朝先正事略》卷15《谢梅庄观察事略》;《啸亭杂录》卷9《谢济世》。

224

前"①。也是反映人们的一种情绪。但是雍正在这个活动中,反对虚名邀誉、苟且因循、徇情瞻顾,是针对士风吏习的时弊而发,是富有革新进取精神的表现,是应当基本肯定的。李绂、谢济世、杨名时等人虽未结成有形的科甲朋党,然而为维护科目人的利益积极活动,所受惩创也含有咎由自取的成分。

（四）陆生楠"通鉴论"案

当谢济世发往阿尔泰军营效力时,他的同乡陆生楠也遭到同样的恶运。陆生楠,举人出身,部选江南吴县知县,引见,雍正将他改授工部主事。外任知县,历俸多年,或大计卓异行取,才能升补此职,陆生楠初仕就得到这种任用,应该说是受到雍正赏识的。自李绂、谢济世事发,雍正因他是广西人,"平日必有与李绂、谢济世结为党援之处",就把他革职,也发往军前,与谢济世一块效力。七年（一七二九年）五月,振武将军、顺承郡王锡保奏参陆生楠书写《通鉴论》十七篇,"抗愤不平之语甚多,其论封建之利,言辞更属狂悖,显系诽议时政。"陆生楠对封建、建储、兵制、君臣关系、无为之治等问题,就《资治通鉴》所叙述的历史,发表了许多议论。他以为古代的分封制,是"万世无弊之良规,废之为害,不循其制亦为害,至于今,害深祸烈,不可胜言。"陆生楠就汉武帝戾太子事件议论建储,认为"储贰不宜干预外事",而且要使他懂得干涉政事对于朝政的危机。又以钩弋宫尧母门之事,认为应早立储君。他谈到无为之治,认为国事应抓纲领,"不人人而察,但察铨选之任;不事事而理,只理付托之人。"他说人主只需要"察言动,谨几微,防谗间,虑疏虞,忧盛危明,防微杜渐而已。若笾豆之事,则有

---

① 《小仓山房文集》卷2《礼部尚书太子太傅杨公神道碑》。

司存"等等。陆生柟讥刺康熙前不能教育太子,至有废黜之事,后不能预立储贰,致使皇子互争,骨肉成为仇人。他同情允䄉等人,谴责雍正滥用君权,主张无为而治。雍正说他"借托古人之事几,诬引古人之言论,以泄一己不平之怨怒。"对他的观点逐条进行辩难。雍正认为封建抑或郡县,是"时势"决定的,称赞柳宗元的公天下自秦始、苏轼的封建者争之端的观点是确有所见,并从秦朝、元朝及清朝的统一,说明郡县优于封建,反对陆生柟主张分封的观点。陆生柟讲到"蓄必深,发必毒",雍正说这是他"指阿其那等而言",意即雍正与允䄉等积怨太深太重,所以处理恨毒,因此雍正指斥他"狂悖恶乱,不亦甚乎!"挑明陆生柟的观点与允䄉的关系。讲到皇帝的亲理庶务,雍正说:圣明君主"未有不以勤劳为励,而以逸乐无为为治者也。"皇帝一定要励精图治,亲理庶务,革新政治①。

陆生柟作为一个小臣,读书人,探讨政权形式和治理方法,雍正同他的争辩,是地主阶级内部不同政治见解的交锋,本来是正常的。但是陆生柟结合时政进行评论,抨击了康熙和雍正两朝的某些政事,站在允䄉一方,对雍正政治的指责并没有多少道理。雍正"以牙还牙",说他"罪大恶极,情无可免",于七年年底下令,把他在军前正法②。对陆作一些行政处分不是不可以,处以极刑,未免太残酷了。

谢济世与陆生柟可以说是难兄难弟,锡保在告发陆生柟时,也把谢济世参了一本,说他借着批注《大学》,讥刺时政,怙恶不悛③。这是对他的文字加以傅会,乱加罪名。雍正也深明其事,免其死

① 《清世宗实录》卷83,七年七月丙午条;《上谕内阁》,七年六月二十六日谕。
② 《清世宗实录》卷89,七年十二月壬戌条。
③ 《清世宗实录》卷83,七年七月戊申条。

刑,但同他开了一个"玩笑",命锡保假意将他和陆生楠同时正法,俟陪绑后才宣布免死的决定。雍正耍弄这种心机,是刻薄的表现。

雍正反对允禩集团、年羹尧集团,打击的对象是一部分满洲贵族和一部分官僚,这些官僚中,有科举出身的,也有非科目人,而第三次整治朋党,则以反对科举入仕者为目标,所以三次反党比,内容、性质各不相同,而出问题多的则在第三次,这是他在前两次胜利的情况下,不够谨慎所产生的。而这三起事件的目标,归结起来则是一个,就是澄清官方,推行他的改革政治。

第二节　曾静投书案与吕留良文字狱

六年(一七二八年),反对科甲朋党还没有完全结束,湖南秀才曾静上书川陕总督岳钟琪,策动他反清,雍正就此大作文章,严加审讯,广肆株连,引出后世赫赫有名的吕留良文字狱。真是一波未平,一波又起。

(一) 曾静投书岳钟琪与雍正在舆论上的不利地位

曾静选择岳钟琪作为下书对象,当然是事出有因,不妨先从岳钟琪说起。岳是汉人,籍贯四川成都,在平定罗卜藏丹津叛乱中立有大功,受封三等公,年羹尧出事后,接任川陕总督。这个职位,自康熙十九年定例,是八旗人员的专缺①,他破例得任这个职务,表明他深得雍正的宠信,然而招来不少人的嫉妒,在曾静投书以前,向雍正密参他的"谤书"就有一篑之多②。当岳受命总督之际,议

---

① 福格:《听雨丛谈》卷3《八旗直省督抚大臣考》。
② 《上谕内阁》,五年七月初三日谕。

政大臣、署理直隶总督、汉军旗人蔡珽奏称岳钟琪"不可深信",后岳陛见进京,路过保定,蔡珽告诉他:怡亲王对你非常恼怒,皇上藩邸旧人傅鼐告诉你要留心①。允祥是雍正最信任的兄弟,这无非是说雍正怀疑他,使他惶惧不安,不知怎样做才好。当时倒岳的言论,一个重要内容,是说他为岳飞后人,要替汉人报仇,反对清朝②。这是社会上层的看法,下层也是这样。五年(一七二七年)六月,民人卢宗汉在成都街道上大叫,"岳公爷带川陕兵丁造反",并说成都四门设有黑店,杀人。同时社会上传说岳钟琪已遭到谴责,他的长子岳濬业已捉拿问罪③。寻经四川提督黄廷桂等审问,卢宗汉是神经病患者,处死了事。岳钟琪益发不安,疏请解退总督职务,雍正对他大加安抚,说那是"蔡珽、程如丝等鬼魅之所为",要他继续供职,"愈加鼓励精神,协赞朕躬,利益社稷苍生,措天下于泰山之安,理大清于磐石之固,造无穷之福以遗子孙也。"当时,雍正在考虑对准噶尔部用兵事,又暗示岳钟琪,可能还要同他协商④。雍正对岳钟琪没有任何怀疑,依赖信任如初。但是岳钟琪与朝廷关系不协调的话却在民间广泛流传着,四川、湖南人中传说岳钟琪"上一谏本,说些不知忌讳的话,劝皇上修德行仁"⑤。郴州永兴人曾静听传说:岳钟琪尽忠爱民,可是皇上疑他,防他,要召他进京削夺兵权,他不奉召。因他是大学士朱轼保的,令朱轼召他才进京,后允许他回任,还让朱轼保他,朱不愿再保,别的大臣也不保,这时就有人奏称,朱不保他,是和他预谋造反,更不应该让岳离京。

---

① 《永宪录》续编,404 页。

② 《上谕内阁》,五年七月初三日谕。

③ 《文献丛编》第 3 辑《卢宗汉案》,2 页下—4 页下。

④ 《文献丛编》第 3 辑《卢宗汉案》,2 页下—4 页下。

⑤ 《文献丛编》第 1 辑《张倬投书岳钟琪案》,19 页上。

雍正于是派吴荆山追岳回京,岳不从命,吴就自杀了。岳到任所,就上章非议朝政①。可见岳钟琪是朝野瞩目的人物,朝中有人因他是权重的汉人而忌他防他,民间则又以为他是忠义爱民的、反对皇帝暴政的人,对他寄予希望。这就使得他成为政治斗争和民族矛盾的一个测量器,是他本人所不乐意,也没有充分意识到的事情。

曾静中年弃举业,教授生徒,人称"蒲潭先生"②,有自己的政治观。他根据社会的看法和自己的理解,相信岳钟琪能实现他的目标,就派遣门人张熙带着他的书信和《生员应诏书》赴陕策动岳造反。六年九月,张熙在西安向岳递交了书信。

曾静书信封面称岳钟琪为"天吏元帅",它的内容,据岳转述,是"江南无主游民夏靓遣徒张倬上书。其中皆诋毁天朝,言极悖乱,且谓系宋武穆王岳飞后裔,今握重兵,居要地,当乘时反叛,为宋、明复仇等语"③。夏靓、张倬显系曾静、张熙师徒的化名,所谓"无主游民",是不承认清朝政府。书信的意思是,岳钟琪是宋朝岳飞后代,清朝皇帝是金朝女真人的后代,岳飞抗金,他的遗胤不应该侍奉女真人的后人,希望他利用手中的兵力反对清朝,为祖宗报仇,替汉人雪耻。这个观点与别人密告岳钟琪的说法相同,与卢宗汉的呼叫类似,岳当即找陕西巡抚、满人西琳同审张熙,西琳有事未到,由按察使、满人硕色于暗室同听,岳问张的师父是谁,张不回答,拷打昏绝,坚不吐口④,惟说他们势力散布湖广、江西、广东、

---

① 《大义觉迷录》卷3。
② 《大义觉迷录》卷4。
③ 《文献丛编》第2辑《张倬投书岳钟琪案》,25页上—26页上。
④ 《文献丛编》第2辑《张倬投书岳钟琪案》,25页上—26页上。

广西、云南、贵州六省,这些地方传檄可定①。岳钟琪见动刑无效,改设骗局,以礼相待,表示他早想造反,希望其师来辅佐,又赌咒发誓,痛哭流涕,以示诚意。张熙缺乏政治斗争经验,受骗说了实情②。

曾静的政治观点,在他的著作《知新录》③和被捕审问口供中所表述的,有三个方面。

(甲)雍正是失德的暴君。他认为雍正有十大罪状,即"谋父"、"逼母"、"弑兄"、"屠弟"、"贪财"、"好杀"、"酗酒"、"淫色"、"怀疑诛忠"、"好谀任佞"④。他相信雍正毒死康熙的传说,认为新皇帝处处与老皇帝"为仇为敌"⑤;逼母是指仁寿皇太后之死为被迫自杀;弑兄是因被囚的允礽死于雍正二年,怀疑是被雍正杀害;屠弟当然是指允禩、允禟之死了;淫色是说雍正将废太子的"妃嫔收了"⑥;诛忠无疑是指年羹尧、隆科多的案子;酗酒,乃因社会上传说皇帝好饮酒,带着大臣在圆明园白昼饮酒作乐,不理政事;贪财,内容更多,如曾静说雍正"使人从四川贩米,至江南苏州发卖"⑦。这十条罪名,包括了雍正继位及在头五六年的重大政治事件,曾静都持否定态度,认为他是暴君。

(乙)主张"华夷之分大于君臣之伦",反对清朝统治。清朝皇帝是满人,又是君主,按封建伦常,臣民对君主应该绝对忠顺,依照

① 《文献丛编》第1辑《张倬投书岳钟琪案》,2页上。
② 《大义觉迷录》卷3。
③ 曾静著有《知新录》、《知几录》,均未刊行。雍正"上谕"和审讯曾静问话中常转述《知新录》一书中的话,它们散见于《大义觉迷录》一书中。
④ 《大义觉迷录》卷1。
⑤ 《大义觉迷录》卷2。
⑥ 《大义觉迷录》卷3。
⑦ 《大义觉迷录》卷3。

一部分汉人的"夷夏之大防"的观念,对少数民族的皇帝又要反抗,那么应当如何看待满人的统治呢?曾静说:"先明君丧其德,臣失其守,中原陆沉,夷狄乘虚窃其神器,乾坤反复,地塌天荒,八十余年,天运衰歇,天震地怒,鬼哭神号"①。他反对清朝的代明,认为它带来了巨大的灾难。他之所以这样看待,并非完全从实际出发,而是他认为区分汉族与少数民族的统治比君臣大义还重要,他在《知新录》中就孔子对管仲的态度对此作了说明:"管仲忘君事仇,孔子何故恕之而反许以仁?盖以华夷之分大于君臣之伦,华之与夷,乃人与物之分界,为域中第一义,所以圣人许管仲之功。"因此对已经号令全国的少数民族统治者,他主张逐杀,他说"夷狄侵陵中国,在圣人所必诛而不宥者,只有杀而已矣,砍而已矣"②。反对满族为统治者的观点非常明确。

(丙)希望拯救百姓于贫穷。岳钟琪审问张熙为什么谋反,回答说:"百姓贫穷,只为救民起见"③。曾静著书说:"土田尽为富室所收,富者日富,贫者日贫"④。他看到了社会上财富占有不平均,特别是土地集中的情况,又从自身的经历中得到深刻的感受。他出身于"家事单寒"的家庭。在清朝"湖广填四川"的移民运动中,他父亲就想迁居蜀中,没能实现。曾静时家中景况更坏,他收张熙、廖易两个徒弟在家,住房也不够。他先有同居的兄、嫂,这夫妻反目,哥哥把妻子改嫁,单这一件事就充分说明他是寒素之家了。他的岳家"贫不能自立",在康熙末年搬到四川去了。张熙、廖易"家事亦贫寒",张熙赴陕,靠当的家产做路费。曾静师徒及亲友

① 《大义觉迷录》卷1。
② 《大义觉迷录》卷1。
③ 《大义觉迷录》卷2。
④ 《文献丛编》第2辑《张倬投书岳钟琪案》,25页下。

是小土地所有者,生活没有保障。所以曾静读到《孟子·滕文公篇》,对讲井田制,"心中觉得快活",认为现时应该实行①。他希望农民的耕地问题能得到解决,使他们并包括自身从困苦中解脱出来。

看来曾静是比较清苦的汉族读书人,具有敌视满族政权和不满意贫富不均的思想,碰上舆论中颇多异议的雍正政治,激化了原有的反抗意识。他的发难,当然首先是对雍正的挑战。

雍正在储位斗争中,以其继位获得了初步的胜利;接着在反对朋党斗争中,沉重打击不甘心失败的政敌允禩、允禟、允禵,巩固了帝位;当功臣年羹尧、隆科多出现尾大不掉之势,迭兴大狱,使他们飞灰烟灭;他怀疑科举出身的官僚会结成新的朋党,借着李绂参劾田文镜的案子,重重地压抑了科目人;他即位就清查钱粮,实行耗羡归公和养廉银制度,摊丁入粮制度,从而整饬了吏治,打击了不法绅衿。在所有这些方面,他都如愿以偿,可以说他是政治上的胜利者,组织上的胜利者。但是那些政敌和被打击的人并不因失败而完全退出政治舞台,他们中的一部分人采取了各种方式进行不同程度的反抗。对雍正的继位及其政治,人们看法不一,怀疑的,不满的,反对的,都大有人在。曾静宣布的雍正十大罪状,并非是他的发明,不过是社会上流传的攻讦雍正观点的归纳。舆论中把雍正描绘成篡逆的伪君,不讲人伦的畜类,凶恶残忍、不行仁政的暴君,希望他立即垮台,以便有道明君的治理。不用说,在思想和舆论上,雍正不但没有像在政治、组织上那样获得成功,而是处于不利的地位。曾静的投书,就是利用他的这种弱点,反对满人统治,企图恢复汉

---

① 《大义觉迷录》卷1。

232

人的江山。

（二） 雍正的"出奇料理"

岳钟琪得到曾静书信后,即行奏报。雍正极力抚慰他,夸奖他的忠诚,说他朝夕焚香,对天祖叩首,祝愿岳钟琪"多福多寿多男子"。并说他给岳的谕旨,都是真心话,"少有口心相异处,天祖必殛之"①。对臣子起誓,如同昔日对待年羹尧一样,表示对岳的绝对信任,进一步把岳稳定住。

雍正以更大的精力处理曾静案子,派遣刑部侍郎杭奕禄、正白旗副都统觉罗海兰到湖南,会同湘抚王国栋审理曾静一干人犯。曾静供出他的思想受浙江吕留良的影响,张熙见过吕的弟子严鸿逵及再传弟子沈在宽,因是广泛株连。后因涉及人多,地域广,为加速审理进度,将案中人统统调往北京审讯。

他对曾静案的方针,在一开始就定下来了。他在六年(一七二八年)十月十七日的岳钟琪的奏折上批道:

> 朕览逆书,惊讶堕泪。览之,梦中亦未料天下有人如此论朕也,亦未料其逆情如此之大也。此等逆物,如此自首,非天而何? 朕实感天祖之恩,昊天罔极矣。此书一无可隐讳处,事情明白后,朕另有谕②。

他说自己受到莫大的冤枉,但却是好事——正好洗刷冤情。他虽说料不到有人那样议论他,其实,他实行的奏折制度,能很快获得各种消息,他知道关于他的嗣位,处理允禩党人,诛戮年、隆,朝野颇多私议,只是自己不便挑明,公开论战,因而隐忍不发,或只一般

---

① 《文献丛编》第1辑《张倬投书岳钟琪案》,3页下。
② 《文献丛编》第1辑《张倬投书岳钟琪案》,4页。

谈谈,如元年、二年两次讲到有人说他"凌逼弟辈"①,"凌逼众阿哥"②,仅表示那是攻击,并不追究造言者。曾静出来了,固然把他骂得狗血喷头,但有人承认了这些言论,正好顺藤摸瓜,清其源而塞其流。所以他在上述朱批谕旨中指示岳钟琪:"卿可将冤抑处,伊从何处听闻,随便再与言之,看伊如何论议"③。这就是说他重点追查关于他的失德言论的根源。他的宠臣、云贵广西总督鄂尔泰在关于曾静案的奏折中说:曾静"诬谤圣躬","所以能如此,得如此者,臣以为其事有渐,其来有因","若非由内而外,由满而汉,谁能以影响全无之言据为可信,此阿其那、塞思黑等之本意,为逆贼曾静之本说也"④。他分析像授受之际的事情,民间的传说,必来自官场,而本源必在皇室内部,具体说就是允禩、允禟。雍正称赞他的奏折"恳挚详明,深诛奸逆之心"⑤。他们君臣追造言人的看法完全一致。

承审官员秉命追问曾静,曾供认系听安仁县生员何立忠、永兴县医生陈象侯所说,而何、陈都是闻听于茶陵州堪舆陈帝西,陈供称在往衡州路上,碰见四个说官话、穿马褂、像是旗人的人,互相说"岳老爷上了谏本,不知避讳,恐怕不便"⑥。这样辗转审问,雍正断定是发配南方边疆的犯人传说的,命沿途各省长吏查究。各省巡抚应命相继报告。广西巡抚金𬭚奏报发往该省人犯所造的流言,雍正赞许他"逐一密查,确有证据"⑦。田文镜据解守人员供报,折奏发遣广西人犯达色、马守柱、蔡登科、耿桑格、六格、太监吴

① 《上谕内阁》,元年二月初十日谕。
② 《上谕内阁》,二年正月初八日谕。
③ 《文献丛编》第1辑《张倬投书岳钟琪案》,4页下。
④ 《朱批谕旨·鄂尔泰奏折》,七年四月十五日折。
⑤ 《上谕内阁》,七年十月初十日谕。
⑥ 《文献丛编》第2辑《张倬投书岳钟琪案》,21页下。
⑦ 《上谕内阁》,七年九月初二日谕。

守义、霍成等言行①。湘抚王国栋、布政使赵城、按察使郭朝祚审不出根由，雍正屡次降旨催责，要他们"再行详讯，务必追出传言之人，则此事方可归着"②。王等仍没弄清，就将王调进京城，赵、郭革职③。继任巡抚赵弘恩惩前任之失，极意追询，终于报称：允禟等人太监发往戍地，"沿途称冤，逢人讪谤，解送之兵役，住宿之店家共闻之。凡遇村店城市高声呼喊：你们都来听新皇帝的新闻，我们已受冤屈，要向你们告诉，好等你们向人传说。又云：只好问我们的罪，岂能封我们的口？"④据三藩之一耿精忠的孙子耿六格供招，他被充发在三姓地方时，在允禟党人允祹使用过的八宝家中，听允禟心腹太监何玉柱、于义向八宝妻子讲述皇上改诏篡位，毒死康熙，逼死太后的话。达色供认允禟太监马起云向他讲太后自杀的情况⑤。这样，雍正找到允禟集团是他失德舆论的散播者。为此，采取对策，一方面再次宣布允禟等人的罪过，另一方面，就曾静所说他的罪状，逐条辩析他没有过失，这样他发了很多上谕。他深知关键是继嗣问题，特加解说，在说明他的嗣统合法性基础上，进而指责曾静谋反与允禟集团的关系。他说：允禟、允禵等人的"奴隶、太监平日相助为虐者，多发遣黔粤烟瘴地方，故于经过之处，布散流言，而逆贼曾静等又素怀不臣之心，一经传闻，遂借以为蛊惑人心之具耳"⑥。利用曾静的案子，雍正自我宣布找到了诬蔑他失德的舆论根源。这是他在这个案件中着意追查的第一个内

---

① 《朱批谕旨·田文镜奏折》，七年十一月十六日折。
② 《文献丛编》第 1 辑《张倬投书岳钟琪案》，22 页上。
③ 《上谕内阁》，七年九月初二日、十月初七日谕。
④ 《大义觉迷录》卷 3。
⑤ 《大义觉迷录》卷 3。关于改诏、谋父、逼母等说法及雍正自云继位合法的内容在第一章、第三章中均有说明，这里不赘述。
⑥ 《大义觉迷录》卷 1。

容,他还在曾静与吕留良关系问题上大作文章。

　　岳钟琪诱骗张熙时,张就明白表示,他们最崇敬的是吕留良。张说他去过吕家,见其诗文,且随身带有吕的诗册,让岳观看。岳说看不出吕诗有什么反清观点,张为他一一指明①。张熙的见解来自曾静,曾读吕的评选时文,认为吕是"进世名儒",及读他的诗,反复推敲,得其旨意,遂以"华夷之见横介于中心"②。也就是说曾静师徒的华夷之辨的观念,受吕留良的影响很大。曾静对吕留良钦佩得五体投地,认为吕应当做皇帝。他在《知新录》中写道:"皇帝合该是吾学中儒者做,不该把世路上英雄做。周末局变,在位多不知学,尽是世路中英雄,甚至老奸巨滑,即谚所谓光棍也。"他以为合格做皇帝的,春秋时应是孔子,战国该是孟子,秦以后应为程、朱,"明末皇帝该吕子做"③。

　　吕留良(一六二九——一六八三年),号晚村,浙江石门人,顺治十年(一六五三年)中秀才,后思想大变,悔恨猎取清朝功名,康熙五年(一六六六年)弃青衿,操选政,名气很大,被人尊称为"东海夫子"。他在著述中强调区分华夷的不同。他说"华夷之分,大于君臣之义"④。教人站稳华夏的民族立场,不能效忠于夷狄政权。他曾借讲述历史道出对清朝的看法,他说"德祐以后,天地大变,亘古未经,于今复见"⑤。南宋德祐二年(一二七六年)二月,元军进临安,南宋实已灭亡,与此同时,蒙古族的元朝在全国建立了统治,这是第一个统一全国的少数民族政权,所以吕留良说是从古

---

① 《文献丛编》第 1 辑《张倬投书岳钟琪案》,2 页下。
② 《大义觉迷录》卷 3。
③ 《大义觉迷录》卷 2。
④ 《大义觉迷录》卷 3。
⑤ 《大义觉迷录》卷 1。

未有的不幸事变。清朝是继元之后的统理全国的少数民族政权，吕留良也把它的出现看作是绝大的灾难。他怀念着明朝，在文中说南明永历帝朱由榔被缅甸送回国时，"满汉皆倾心"，向他下跪；处死他时，"天地晦霾，日月失光"，百里以内的关帝庙都被雷击①，意为天怨人怒，反对清朝暴政。他坚持汉族的立场，不承认清朝政府，谓之为"彼中"、"燕"、"北"、"清"②，而不称"大清"、"国朝"、"圣朝"。他拒绝为清朝服务，康熙十八年（一六七九年）开博学鸿词科，官员推荐他，誓死不就，次年，地方官又以山林隐逸荐举他，坚辞不赴③。他把这些荐扬看作逼他出仕，厌恶至极。免得再被纠缠，就削发为僧④。他这个立场，加上作为理学家的声望，成为具有一定影响的学者，所谓"穷乡晚进有志之士，风闻而兴起者甚众"⑤。僻处湘南山区的曾静闻其名而向往之，可见其名播海内。

吕的门人严鸿逵等继承了他的思想。严敌视清朝，希望发生变故，一日观天象，说数年之内，"吴越有兵起于市井之中"。他总想看满人的笑话，说索伦发生地裂，热河大水淹死满洲人两万多，同情朱三太子。大学士朱轼推荐他纂修《明史》，他在日记中表示："予意自定，当以死拒之耳"⑥。严的学生沈在宽作诗云："陆沉不必由洪水，谁为神州理旧疆?"还说"更无地著避秦人"。又录吕留良私淑门人黄补庵诗："闻说深山无甲子，可知雍正又三年"⑦。这时清朝统治已近百年，他秉承师说，拒不承认清朝，希望恢复汉

---

① 《大义觉迷录》卷4。

② 《大义觉迷录》卷4。

③ 吕留良：《吕晚村先生文集》附录吕葆中等撰《行略》。

④ 吕留良：《吕晚村先生文集》附录吕葆中等撰《行略》。

⑤ 吕留良：《吕晚村先生文集》附录吕葆中等撰《行略》。

⑥ 《大义觉迷录》卷4。

⑦ 蒋良骐：《东华录》卷30,496页。

人的神州。张熙到东南访求吕留良遗书,严、沈热情接待。所以吕留良虽死,而后继有人。

雍正说吕留良以批评时艺,托名讲学,造成"海内士子尊崇其著述非一日矣"①。深知要清除一部分汉人的反满情绪,要批驳曾静的华夷之辨,必须结合触及他们所崇拜的吕留良,于是将吕师徒和曾静一并谴责。他指斥吕留良"凶顽梗化,肆为诬谤,极尽悖逆。"严鸿逵为吕留良羽翼,其言词有较吕更恶劣处。沈在宽"堕惑逆党之邪说,习染凶徒之余风",亦是不逞之徒②。更重要的是雍正驳难吕、曾等坚持的华夷之辨。他针对汉人反对少数民族做皇帝的观点,提出不以地域作为区别君主好坏标准的理论,他说帝王所以成为国君,是生民选择有德之人,而不是挑选那个地方的人③。这个为分析少数民族统治全国立了一个标准,即合不合生民的需要。他举例说:虞舜是东夷之人,文王是西夷之人,并不因地域而不能做君主,也不能损害他们的圣德。因此,他说清朝"之为满洲,犹中国之有籍贯",同虞舜、文王一样可以为君主④。声明

---

① 《上谕内阁》,八年十二月十九日谕。
② 《清世宗实录》卷82,七年六月丙戌、戊子条。
③ 《大义觉迷录》卷1。雍正讲:"……在逆贼等之意,徒谓本朝以满洲之君,入为中国之主,妄生此疆彼界之私,遂故为讪谤诋讥之说耳。不知本朝之为满洲,犹中国之有籍贯。舜为东夷之人,文王为西夷之人,曾何损于圣德乎!《诗》言'戎狄是膺,荆舒是惩'者,以其僭王猾夏,不知君臣之大义,故声其罪而惩艾之,非以其戎狄而外之也。若以戎狄而言,则孔子周游,不当主楚应昭王之聘;而秦穆之霸西戎,孔子删定之时,不应以其誓列于《周书》之后矣。"
④ 《大义觉迷录》卷1。雍正讲:"……在逆贼等之意,徒谓本朝以满洲之君,入为中国之主,妄生此疆彼界之私,遂故为讪谤诋讥之说耳。不知本朝之为满洲,犹中国之有籍贯。舜为东夷之人,文王为西夷之人,曾何损于圣德乎!《诗》言'戎狄是膺,荆舒是惩'者,以其僭王猾夏,不知君臣之大义,故声其罪而惩艾之,非以其戎狄而外之也。若以戎狄而言,则孔子周游,不当主楚应昭王之聘;而秦穆之霸西戎,孔子删定之时,不应以其誓列于《周书》之后矣。"

清朝统治的合理。雍正还说了清朝统治的好处:(甲)清朝使中国疆土开拓广远,是中国臣民的幸事。(乙)清朝创造了太平盛世,使"四方无事,百姓康乐,户口蕃庶",田野日辟。(丙)清朝是从李自成手中得的天下,不但不是夺的明朝皇位,还为明报仇雪耻,汉人专以朱明后裔为反清旗号,是叛逆的行为①。(丁)清朝的衣冠是天命来主中国的形式,"孔雀翎,马蹄袖,衣冠中禽兽"的话,是无知之人的诋毁②。雍正在华夷之辨中具有自豪感,认为南北朝时,君主只能统驭一方,所以南人指北人为索虏,北人诋南人为岛夷③。明朝朱元璋的威德不足以抚育蒙古,才兢兢于边防④。他以各族都在清朝统治之下的事实,说明华夷无别,维护以满族为统治民族的清朝政权。雍正主张不分地域,以德为王,在理论上,在实践上,对维护多民族国家的统一有积极意义。但他以地域观念代替民族观念,是偷换概念,回避清朝的民族压迫和民族歧视问题,这是由他作为少数民族统治者的地位所决定。

经过案情的审查和思想观点的驳诘,雍正遂作结案的处理,就此又抓了两个方面,一是文字上的,另一是组织上的。

雍正在曾案初发时表示曾书不必隐讳,将来自有处置,过了将近一年,即在七年(一七二九年)九月,下令将论述这个案子的上谕编辑在一起,附上曾静的口供和忏悔的《归仁录》,集成《大义觉迷录》一书,加以刊刻,颁于全国各府州县学,使读书士子观览知悉。如果不知此书,一经发现,就将该省学政、该州县教官从重治

---

① 《大义觉迷录》卷1。
② 《大义觉迷录》卷2。
③ 《大义觉迷录》卷1。
④ 《大义觉迷录》卷2。

罪①。曾静口供和《归仁录》,说清世宗至孝纯仁,受位于康熙,兼得传子、传贤二意;又说雍正朝乾夕惕,惩贪婪,减浮粮,勤政爱民。所以《大义觉迷录》一书是为世宗嗣位及初政作宣传的著述。

同年十月,雍正命将曾静、张熙免罪释放,并且宣布不但他不杀他们,"即朕之子孙将来亦不得以其诋毁朕躬而追究诛戮之"。②这样处理的原因据说有两条,一是岳钟琪为明了投书真相曾同张熙盟过誓,岳为股肱大臣,与皇上应视为一体,不能让他失信,故应宽免曾、张。二是因曾静投书,才获知造作谤言之人为阿其那、塞思黑的太监,追出元凶,得以晓谕百姓,这样看曾静还有功,不应斩杀③。其实,真正的原因是为用他们现身说法,宣传《大义觉迷录》。他命杭奕禄带领曾静到江南江宁、苏州、浙江杭州等地宣讲,然后秘密押送到湖南,在观风整俗使衙门听用④。张熙由尚书史贻直带往陕西,在各地宣讲完毕,送回原籍,在家候旨,以便随传随到⑤。他们的宣传作用,是任何人所不能起到的。

对吕留良一干人等的处理要复杂一些。八年(一七三〇年)十二月,刑部提出结案意见,雍正命交各省学政,遍询各学生监的意见,因为要焚禁吕的著作,怕有人私藏,故以此为名,多做宣传工作。雍正还命大学士朱轼等批驳吕留良的四书讲义、语录,到九年(一七三一年)十二月书成,也刊刻颁发学宫⑥。又过了一年,才正式定案,将吕留良及其子、已故进士吕葆中、严鸿逵戮尸枭示,另一

---

① 《大义觉迷录》卷1。
② 《大义觉迷录》卷3。
③ 《上谕内阁》,七年十月初六日谕。
④ 《朱批谕旨·赵弘恩奏折》,八年二月初四日折;《朱批谕旨·李卫奏折》,八年二月初八日折。
⑤ 《朱批谕旨·史贻直奏折》,十年二月初三日折。
⑥ 《上谕内阁》,九年十二月十六日谕。

子吕毅中、沈在宽斩立决,吕和严的孙辈,人数众多,俱发遣宁古塔给披甲人为奴,倘有"顶替隐匿等弊,一经发觉,将浙省办理此案之官员与该犯一体治罪。"吕家财产没官,充浙江工程用费①。案中牵连人分别判处:黄补庵已死,妻妾子女给功臣家为奴,父母祖孙兄弟流二千里;刻书人车鼎臣、车鼎贲②、与吕留良交往的孙克用、收藏吕留良书籍的周敬舆均应斩,秋后处决;吕门人房明畴、金子尚革去生员,金妻流三千里;陈祖陶、沈允怀等十一人革去教谕、举人、监生、秀才,杖一百;严鸿逵、沈在宽的学生朱霞山、张圣范等人因年幼释放③。被处分的还有吕留良的同乡朱振基,他景仰吕的为人,在任广东连州知州时,供奉吕留良牌位,吕案发生时,他已调任广州府理瑶同知,但连州生员告发他,雍正将他革职严审,使其死于狱中④。

在审查曾静不久,雍正就此事在宠臣田文镜的奏折上批道:"遇此种怪物,不得不有一番出奇料理,倾耳以听可也"⑤!对鄂尔泰亦作了同样内容的朱批⑥。经过他的精心料理,由曾静枝蔓出吕留良,作了曾轻吕重的结案处置,确实够出奇的了!亏他想得出!

----

① 《清世宗实录》卷126,十年十二月乙丑条。
② 车氏兄弟,江宁上元县人,亦具反满思想。据说车鼎贲与车鼎丰饮酒,酒杯为明朝磁器,底有成化年造款识,车鼎丰把酒杯翻过来,说"大明天下今重见",车鼎贲把酒壶放在一边,说"又把壶儿搁一边",利用"壶"、"胡"同音,谓把满人的清朝弃置在一旁。车鼎贲之兄车鼎晋曾奉诏在曹寅主持下校刊《全唐诗》,因这个案子的影响,忧惧而死。见陈作霖著《炳烛里谈》卷上《文字祸》。
③ 《清世宗实录》卷126,十年十二月庚午条。
④ 《清世宗实录》卷89,七年十二月丙午条;《朱批谕旨·王士俊奏折》,八年十月十一日折。
⑤ 《朱批谕旨·田文镜奏折》,七年五月二十一日折朱批。
⑥ 《朱批谕旨·鄂尔泰奏折》,七年四月十五日折朱批。

（三）雍正嗣位及其初年政治斗争的总结

曾静以抨击雍正失德,作为反对清朝统治的武器,有着明确的政治目标。雍正如何处理他,原是可以多样的,可以抓他的造反问题,或反满问题,可以不扩大线索,可以秘密进行,也可以公开审理,这就要看雍正的需要了。前已说明,雍正在政治上的成功,同在思想、舆论上的不利地位形成突出的矛盾,在一定程度上影响他的政治成就,影响他的统治的进一步巩固,他需要在思想、舆论上再打一仗,以巩固和扩大他在政治上的胜利。而在雍正五年以前,初政繁忙,还来不及做这件事,曾静出来了,提出的恰是他继位和初政问题,正是思想、舆论界对他不信任的因素,他一下子就敏感到了,抓住了,遂借曾静出的题目,凭恃帝王的权威,在思想上向政敌开火。他在案件初起就对岳钟琪说曾静投书也是好事,随后给浙江总督李卫的朱谕进一步明确了这个观点,他说:关于朕的谣言,由曾静暴露出来,是"天道昭彰,令自投首。静言思之,翻足感庆,借此表明于天下后世,不使白璧蒙污,莫非上苍笃佑乎!"[1]他把曾静的发难视作天赐良机,利用它说明得位的正当,政治举措的得当,政敌的错误,进而说明反对他的舆论根源在于对手的恶意中伤,希图改变人们对他嗣统与初政的看法。雍正的"奇料理",奇在敢于抓曾静的观点,公开辩论,敢于把不利于他的观点加以公布,敢于把曾静、张熙放到社会上,这个"奇",表明他有政治气魄,善于料理重大政治事务。当他颁布关于曾静的上谕,鄂尔泰说:"捧读上谕,坦然恻然,自问自慊,不为一曾静,而为千百亿万人,遍示臣民,布告中外,自非大光明,大智慧,无我无人,惟中惟正,固

---

[1] 清世宗"朱谕",第9函。

未有能几此者"①。撇开他的谀献成分,讲不为曾静而为众人,鄂尔泰说到了雍正心坎上,他是拿曾静做文章,争取舆论同情。由此可见,曾静本身的反清与雍正处理的、旨在说明他嗣位合法性、政治合理性的曾静案不完全一致。这个案子是雍正在思想上打了一仗,被他用作说明继统与初政的工具了,即用作政治斗争的工具了。它是雍正嗣位和初年政治斗争的延续和总结,它的出现是雍正朝政治斗争的必然结果。

吕留良的事和曾静不完全相同。清初,汉族士大夫中一部分人具有强烈的反满思想,吕留良就是其中的一员,他是思想家而不是政治家,他宣传夷夏之防主要是认识问题,出家不仕也涉及到政治,然而是次要的方面。曾静的政治事件把他株连上,他的思想被曾静接受并产生出政治行动,这应由曾静负责,已故的吕留良自不能成为这个事件的主谋,雍正把他作为元凶,处以戮尸酷刑,是按政治犯对待的,但是吕留良本身非政治活动性质并不因人为的加以政治罪名而改变。所以吕留良、严鸿逵、沈在宽的获罪,在于他们具有和宣传反满思想,是文字之祸。这个案子搞得那么严重,是雍正处理曾静案的需要。他在曾静案辩嗣位问题中,是被置于被告席的,被告自然愿意把事情讲清,然而纠缠不休,总使自身处于被动地位,于己不利,雍正要改变这种状况,夺取主动权,就放大视野,扩大事态,抓住吕留良,大讲华夷问题,扭转嗣统问题上的被动状态,所以吕案是掩盖曾案的,是为解决曾案问题服务的。不难明了,吕案中人是无辜的受害者。这个冤狱,充分表现了雍正和封建文化专制主义的残暴,还反映了清朝满族统治者对汉人的民族压迫。

---

① 《朱批谕旨·鄂尔泰奏折》,七年四月十五日折。

由此可见,曾静案和吕留良案是既有联系又有区别的两件事,不是一个案子。

第三节　文字之祸的蔓延

曾静案和吕留良案发生后,雍正和官员更加注意对人们思想的控制,文字狱和准文字狱接踵发生。

七年(一七二九年)十二月,湘抚赵弘恩折奏,浏阳县发现《朱姓家规》一书,端首称谓条内,有"侏傈左衽,可变华夏"二语。赵就此说:"当此圣明之世,饮和食德,在在蒙休,乃敢肆其犬吠,狂悖亵慢"。以为朱姓是曾静一党,严加审讯,没有结果,遂将《朱姓家规》送呈雍正。"侏傈左衽,可变华夏",是汉人观点,具有普遍性,《朱姓家规》所写,并没有反清的特殊意义,而且与曾静案毫无关系,雍正因此指示不必深究,但要对朱姓严加教育,以警其余①。

张熙往见岳钟琪时,说他听说广东有屈温山,诗文很好,亦不出仕,可惜没有见过,岳为引诱他上钩,说藏有屈温山集。八年(一七三〇年)十月,署理广东巡抚傅泰看到《大义觉迷录》。因"屈温山",想到广东著名学者屈大均号"翁山",认定屈温山是屈翁山读音之误,遂查到屈翁山文外、诗外、文钞诸书,发现其中"多有悖逆之词,隐藏抑郁不平之气",遇到明朝称呼之处俱空抬一字。这时屈大均已死三十多年,其子屈明洪任惠来县教谕,自动到广州投监,交出所有乃父诗文及刊板。傅泰因以其为线索,进行严审,并上报雍正。刑部议请按大逆律问罪,屈大均戮尸枭示。雍正

---

① 《朱批谕旨·赵弘恩奏折》,七年十二月初九日折及朱批。

以其子自首,减等论处,终将他的后人流放福建,诗文毁禁①。

徐骏,江苏昆山人,刑部尚书徐乾学的儿子,中进士,选庶吉士。作诗有"明月有情还顾我,清风无意不留人"句,被人告发"思念明代,不念本朝,出语诋毁,大逆不道。"雍正说这是讥讪悖乱的言论,将他照大不敬律斩决,文稿尽行焚毁。徐骏出身大官僚家庭,青年时骄狂暴劣,据说暗置毒药,害死其塾师,因而为情理所不容②。但他"明月清风"诗句,本为文人骚客所滥用的词藻,与反清复明思想风马牛不相及。他死于文字之祸,不能说不是冤枉的。

八年(一七三○年),福建汀州府上杭县童生范世杰读到《大义觉迷录》,向福建观风整俗使刘师恕投递词呈,斥曾静,颂雍正,刘师恕称赞他"忠爱之心可嘉"。待到福建学政戴瀚按考到汀州,他又上呈文,说曾静的话是"逆天悖命越礼犯分之言",对曾指责雍正的言论一一加以驳斥,说雍正在继位之前,以子道事父母,以臣道事君父,授受之际,"三兄有抚驭之才,钦遵父命,让弟居之,而圣君不敢自以为是,三揖三让,而后升堂践天子位焉。"说明雍正同诸兄弟和睦,得位正当,没有弑兄屠弟的事。他还说雍正世道比三代还强,为生于这样的盛世而庆幸。他满以为会得到学政的赏识,岂料遭到拘禁审问。戴瀚问他三兄让位的话从何而来,是什么意思?范世杰供称,在汀州城里,人人都是这样说的。戴瀚很敏感,理解为这是讲诚亲王允祉有抚驭之才,应该当皇帝,所以严厉追问,并立即将范世杰呈词上奏。雍正认为他做得很正确,说地方大员若能对这样的事情不隐讳,范世杰之类的棍徒匪类必能尽除。

① 《清代文字狱档·屈大均诗文及雨花台衣冠冢案》;《朱批谕旨·傅泰奏折》,八年九月十九日折。
② 《清世宗实录》卷99,八年十月己亥条;刘禺生:《世载堂杂忆》,中华书局1960年版,20页。

遂命戴瀚会同督抚密审,又准情度理,认为范世杰是一个企图侥幸进身的小人,不会有多大背景,不必铺张扩大事态。随后,戴瀚与福建总督刘世明、巡抚赵国麟密讯范世杰,重点审问三兄让位的话头。范供称,他知道雍正序居第四,他即位,必是三个哥哥让位,所谓三兄,不是指第三个哥哥,而是长、二、三三位;说三哥有抚驭之才,也不是真知道,只是想天家的龙子龙孙自然都该是贤才,他们让位,更说明皇上聪明天纵。他将三兄解释为三个兄长,是为避允祉的实指所进行的诡辩,因为他听人说过:"朝廷家有个三爷,虽然有才,乃是秉性凶暴,做不得人君。"不过他的原意还是说允祉尽管有才,做不了皇帝,雍正不是抢皇位,谦让再三才坐的龙廷。三位疆吏审不出什么来,只能说他造言生事,建议将他押交原籍地方官,严加管束,每逢朔望,令其宣读《大义觉迷录》,若再多事,即行治罪。雍正于九年(一七三一年)六月同意了他们的处置办法①。

范世杰写呈时二十三岁,不甘于童生地位,想借指斥曾静、颂扬雍正为进身之阶,哪知这是政治斗争,岂能儿戏。颂圣要颂在点子上,讲雍正继位,要以上谕为准,添枝加叶,将民间传说写进呈文,岂非自讨苦吃! 好心不得好报,这是他利令智昏,也是咎由自取。颂圣是范世杰呈文的主旨,仅因三兄让位的话饱尝铁窗风味,亦见雍正朝文字狱的凶残。范世杰说雍正推辞帝位的话,在其即位之初,遣使到朝鲜告康熙之丧,朝鲜接待人员就听说:雍正在康熙死后六、七天才登基,是因"新皇屡次让位,以致迁就"②。这是官方讲雍正推让,范世杰也讲这个问题,就有了错,真是只许州官

---

① 《文献丛编》第7辑《雍正朝文字狱·范世杰呈词案》。
② 《李朝实录·景宗实录》卷10,二年(康熙六十一年)十二月戊辰条,42册151页。

放火,不许百姓点灯。

江南崇明县人沈伦,著有《大樵山人诗集》,于雍正十二年(一七三四年)九月病故,该县施天一与沈家争田产,遂挟嫌首告沈伦诗内有狂悖语句,江南总督赵弘恩查出沈伦名在沈在宽案内,诗板藏在苏州沈苍林家,就捉拿沈伦嗣孙沈自耕、沈苍林、施天一等人,彻底查究。雍正极表赞同,在赵弘恩的奏折上写道:"凡似此狂妄之徒,自应彻底究惩,以靖悖逆风习"①。此案如何结局,未见资料。施天一以诗句狂悖告诘仇人,则是文字之祸成风的一种表现。

吴茂育,浙江淳安人,官宛平县丞,著作《求志编》,被族弟、生员吴雾告发,浙江总督程元章立即拿审,认为该书评论古今,"语言感慨,词气不平,肆口妄谈,毫无忌惮。"该书一种本子上的李沛霖序文,于纪年处只用干支,书"癸卯九月",不写雍正元年,更干法纪。雍正夸奖程元章办理的得体和用心,要求他"严加审究,毋涉疏纵",并向他讲解这种匪人比盗贼有害的道理:盗贼有形迹外露,该管有司不想惩治也不可能,而托名斯文,借口著述的奸匪,尽可置之不问,所以除盗贼易,除思想犯人难。而地方官不尽心的原因,在于不认识这个问题的严重,也在于怕烦劳和招人抱怨,因此,做纯臣就"不可因远'多事苛求'四字之嫌,而贻误于世道生民。"《求志编》的另一种本子,有吴茂育的自序,就书写了清朝年号②。究竟该书有无吴雾、程元章等人所说的狂悖文字,这也是人们理解的问题,当文字狱盛行之时,原是可以任意添加这个罪名的。

上述数案,发生在雍正后期,它们与前期的汪景祺、查嗣庭、钱名世等案有所不同,汪、查、钱等之获罪,虽同文字有关,但是涉及

① 《朱批谕旨·赵弘恩奏折》,十二年十二月初九日折及朱批。
② 《朱批谕旨·程元章奏折》。

到年羹尧、隆科多的政治斗争中了,曾静案和吕留良案发生之后,使事情发生了变化,后来出现的徐骏诸狱,犯事人本身没有政治主张,也未牵涉到政治集团,完全是受了文字之累。所以雍正朝的文字之祸,有着发展变化,前期是政治斗争的一个组成部分,后期则是加强思想统治的问题,有着不同的性质和内容。前期遭祸的人,以及曾案中人,是政治斗争的牺牲品,后期冤情更增,多是无辜受害者。如果说雍正搞汪、查、钱、曾还有一定道理,整治吕、屈、徐等文人,纯粹是出于强化思想统治的需要,适足表现封建文化专制主义的严密和反动。

第七章 军机处的创建和奏折 制度的确立

雍正整顿吏治的同时,对行政机构、管理制度也相应作了一些变革,最主要的是确立奏折制度和设立军机处。

第一节 "台省合一"和观风整俗使的设置

元年(一七二三年),雍正说六科的掌印给事中责任紧要,人选交都察院公同拣选保奏。并具体规定各科掌印给事中员缺,该科知会吏部,开列各科不掌印的给事中名单,送都察院拣选二人,出具考语,转回吏科,缮本具题。题本用都察院的印信①。这是把六科给事中的考核交都察院掌管,使他们成为该院的属吏,都御史的属员。都察院的监察御史,向例有巡视京师五城、京仓、通仓、巡盐、巡漕等差,给事中归都察院考核后,都御史把他们与御史一体对待,巡视城、漕、盐、仓等差②。于是给事中与御史没有什么区别了。

六科,原是一个衙署,职责是所谓"传达纶音,稽考庶政"③。它把皇帝批过的臣工题本,从内阁领出,誊抄清楚,发给有关部门

---

① 光绪《大清会典事例》卷 1014,《都察院·六科·掌印》。
② 曹一士:《四焉斋文集》卷 2《请复六科旧制》。
③ 《清朝通志》卷 65《职官》。

执行。它不仅转发文件,还具有封驳权,已经皇帝批准的奏章,六科认为有不妥的地方,可以封还执奏,若内阁票签批本错误,原奏章的失当之处,就应当接受它的驳正。它还稽察六部,察核奉旨事件完结情况,如有迁延迟误情事,即行参奏①。六科给事中所理之事,在唐朝属于门下省,是宰执机关的事情,清初虽沿元、明之旧,没有门下省,但给事中有封还奏章之权,职位不高,而地位重要。

给事中自归都察院管辖,被按照御史来分派差遣,原来分外的事多了,以至"奔走内外,朝夕不遑",原属分内的事,没有时间和精力去管。有时大量被派遣出去,本科只留一人,忙不过来,把领到的本章,匆匆发出,来不及详细审读,封驳就无从谈起了②。这样就削弱了给事中的职权,使他们等同于御史了。都察院在唐代为御史台,雍正使六科实质上隶属于都察院,按当时的说法,是"台省合一"。

六科由都察院管辖的命令刚一下达,引起一些人的不满,给事中崔致远"哓哓陈奏",反对这一措施③,雍正拒不理睬。乾隆初有人说这个做法是"轻重倒置",是不尊重纶綍④。雍正恰是要重者轻之,使给事中不能抗皇帝之命,使纶音得到绝对尊崇。

雍正这样做,还是接受明末党争的历史教训。明朝六科,比较能够实现"制敕宣行,大事复奏,小事署而颁之,有失,封还执奏"⑤的权力,明后期,以言官的身份,较多地干预了朝政。这种情况,清初已经有所改变,但康熙后期储位斗争,也就是雍正说的朋党之弊

① 光绪《大清会典事例》卷 1014《都察院·六科》;《清朝文献通考》卷 82《职官·六科》。
② 《四焉斋文集》卷 2《请复六科旧制》。
③ 《上谕内阁》,五年十月十五日谕。
④ 《四焉斋文集》卷 2《请复六科旧制》。
⑤ 《明史》卷 74《职官志》,中华书局标点本 1805 页。

严重,明末遗风不息,而六科官员又参与其间,给事中秦道然为允
禩管理家政即是一例。雍正为打击朋党,就对六科的官制进行了
相应的改革。

雍正贬低给事中职能,却加重了监察御史的职责,向地方派遣
了各种类型的巡察御史。元年(一七二三年),以黑龙江船厂等处
人口增殖,贸易事繁,原设将军料理不开,命派出御史、给事中二
员,巡视吉林和黑龙江①。三年(一七二五年),向各省派遣巡察御
史,其中山东、河南各一人,两湖一人,江宁、安徽两布政司共一人,
官员由小京堂、科道及各部郎中内拣选②,他们到各省,处理一些
政事,监察地方官吏,有钦差的味道。四年(一七二六年),因直隶
旗下人多,不法者众,派御史和给事中数人往八府巡视,凡旗下告
退官员、庄头、内监的亲戚、在籍绅衿,犯法的,即会同地方官惩
处③。七年(一七二九年),又因直隶兴建了营田,特派巡农御史,
巡历州县,查察农民生产情形,以定州县考成,以示重视农业④。
在京城,于四年(一七二六年)添设稽察内务府的御史四员⑤,五年
(一七二七年)又增设稽察宗人府的御史二员⑥。

台省合一,削弱六科谏议权,加强都察院对臣工的监察,两者
相辅相成,是强化皇权的两个侧面。雍正这一改制,使皇帝更加集
权了。

向地方派遣观风整俗使,也是雍正的一个创造。浙江文化发
达,人才较多,浙籍士人与江南士人一起垄断科闱,官员散布朝内

---

① 《上谕内阁》,元年四月十三日谕;《清史稿》卷115《职官·都察院》。
② 《上谕内阁》,三年十一月二十一日谕。
③ 《上谕内阁》,四年十月十一日谕。
④ 《上谕内阁》,七年二月十九日谕。
⑤ 雍正《吏部则例·铨选满官则例》。
⑥ 雍正《吏部则例·铨选满官则例》。

外,幕客布满各衙门。三年(一七二五年)十月发案的汪景祺、四年九月判决的查嗣庭都是浙江人,这两个案子引起雍正的警觉,他再联想到欧秀臣为允禩造舆论,杭州发生反对摊丁入粮的运动,对浙江的印象之坏可想而知了。四年(一七二六年)八月,浙抚李卫折奏,谓该省"民刁俗悍,动则钱粮挂误,命案参黜",以致"大吏屡易其人,守令席不暇暖"①。这就更使雍正认为"浙江风俗浇漓,甚于他省"②,绅衿"好尚议论",浙江人是"恩德所不能感化者,狼子野心聚于一方"③,决心对他大加整顿,当年十月,决定派遣专职官员到浙江"查问风俗,稽察奸伪,应劝导者劝导之,应惩治者惩治之,应交于地方官审结者即交地方官审结,应参奏提问者即参奏提问,务使绅衿士庶有所儆戒,尽除浮薄嚣陵之习"④。规定了赴浙官员的任务。至于用什么官名,吏部以为唐太宗贞观年间派遣萧瑀、李靖等巡行天下,号"观风使",可仿之取名"观风整俗使",雍正接受这个建议,任命光禄寺卿、河南学政王国栋为右佥都御史衔浙江观风整俗使。十二月,雍正说浙江风俗既如此败坏,士人"挟其笔墨之微长,遂忘纲常之大义,则开科取士又复何用?"因命停止浙江人的乡会试⑤。同月,浙江人、吏部左侍郎沈近思奏请整顿其故乡风俗十事,说该省逆种叠生,"越水增羞,吴山蒙耻。"他的十议是:(1)童生县府试不得求乡绅请托,违者府县、乡绅、父、师、本童各坐罪。(2)生员不得奔走当事投拜门生,通谒显贵,乞求关节,不许造作揭帖污蔑官民,违者以光棍例治罪。(3)禁士子写作

---

① 《朱批谕旨·李卫奏折》,四年八月初二日折。
② 《雍正朝起居注》,四年十月初六日条。
③ 《朱批谕旨·陈世倌奏折》,四年十一月十六日折朱批。
④ 《雍正朝起居注》,四年十月初六日条。
⑤ 《永宪录》卷4,321页;《清世宗实录》卷50,四年十一月乙卯条。

淫词艳曲,不得刊刻诗歌献媚权贵。(4)遇有地方事务,严禁举贡生监哭庙抬神,以免干预官方。(5)禁止乡绅关说公事。(6)生监不许联名公呈。(7)禁无赖棍徒包揽衙门。(8)禁止衙役勾结乡绅讼棍挟制本官。(9)禁士人耍纸牌马吊及打降等事。(10)禁地棍强派赛神演戏钱,禁妇女游览寺观。雍正认为这十议切中浙江情弊,敕令浙抚和观风整俗使贯彻施行,又夸奖沈近思不为恶俗所染,足"洗越水吴山之羞耻"①。王国栋赴任前进京觐见,雍正给他关于浙江棚民的两份奏折,又要他清查钱粮积欠②。王国栋到任,遍巡浙江府县,到处召集绅衿于孔庙明伦堂训话,宣布雍正整饬浙江士俗民风的宗旨。那时查嗣庭的家乡海宁县发生"屠城"的谣传③,有的居民迁出县城,人心惶惶,王国栋前往宣讲,使绅士"战战栗栗叩头谢恩,切齿查〔嗣庭〕贼"④。他在一般的宣讲之外,做了三件事,一是清查钱粮,行文各府州县依限催征,及时将征收情况报告给他,凡未按期完纳的,如系绅衿黎庶顽抗,不待州县详报,即分别轻重处分,应参究的参究,应革惩的革惩,以使钱粮清楚⑤。他为清积欠,严惩包揽绅衿,还预备在仙居县清丈土地⑥。一是清查各府州县命盗讼狱案件。再一项是清查保甲,编审棚民。此外,他对整理营伍,兴修水利,买粮备荒等事亦行参预。雍正对王国栋的活动很满意,在他的奏折上批写:"尔到浙与〔巡抚〕李卫协衷任事,能推诚布公,宣明朕旨,风俗人心颇觉转移,朕闻知嘉悦之至"⑦。

① 《永宪录》卷4,325—326页。
② 《朱批谕旨·王国栋奏折》。
③ 《雍正朝起居注》,五年六月初二日条。
④ 《朱批谕旨·王国栋奏折》。
⑤ 《朱批谕旨·王国栋奏折》。
⑥ 《朱批谕旨·王国栋奏折》。
⑦ 《朱批谕旨·王国栋奏折》折及朱批。

"所奏办理数事,均属公当明白"①。他到任半年多,雍正就将他升为湖南巡抚,把他同鄂尔泰、田文镜相提并论,说"朕又庆得一好抚臣矣"②。王调任后,由浙江粮道许容接任,六年(一七二八年)许升甘肃巡抚,遗缺由粮道蔡仕舢补进,七年(一七二九年)蔡署巡抚,八年(一七三〇年),雍正以浙江风俗已渐改移,又有总督李卫善于训导,因而不再派遣观风整俗使③。从雍正的历次上谕和王国栋在浙江的实际做法可知,这个官职,是针对某省的特殊情况设置的,其使命主要是惩治不法绅衿,改变当地风俗,强化对绅衿和人民的统治。观风整俗使所办理的事务,有的与巡抚职责相冲突,因此雍正要王国栋与李卫和衷共济,又命他将征收钱粮等具体业务交李卫办理④,避免双方矛盾的发展,并在观风整俗使任务完成之后,即行撤销。

曾静案发之后,湖南被官方认为"风俗不端,人情刁恶"⑤,雍正即向这里派遣观风整俗使。七年(一七二九年),雍正以广东"盗案繁多,民俗犷悍",设置观风整俗使加以整训。⑥ 前已叙过,广东矿徒问题严重,雍正很是担忧,这是他向广东派出观风整俗使的主要原因。福建地处沿海,民穷事繁,雍正也派了观风整俗使。湘、粤、闽等省的观风整俗使,在职权上都不如王国栋。八年(一七三〇年)六月,粤藩王士俊折奏观风整俗使焦祈年行为虚浮,大约是焦好胜越出职权,与地方官发生了冲突,雍正为支持观风整俗使,并不责备

① 《朱批谕旨·王国栋奏折》折及朱批。
② 《朱批谕旨·王国栋奏折》折及朱批。
③ 《清史稿》卷291《蔡仕舢传》。
④ 《朱批谕旨·王国栋折》折及朱批
⑤ 《朱批谕旨·赵弘恩奏折》,七年十一月初七日折。
⑥ 《上谕内阁》,七年十二月初八日谕。

焦祈年,然而说:"其责任不过为稽查耳目之寄,非有专阃重权,纵使仪制少逾,庸何伤乎?"①说明这个职务已不能管理多少政事了。

与观风整俗使性质相近似的,是雍正向陕甘派出的宣谕化导使。雍正后期,陕甘人民因西北用兵负担加重,不满情绪大增,雍正派尚书史贻直、侍郎杭奕禄、署理内务府总管郑禅宝率领翰林院庶吉士、进士分赴六部学习人员、国子监肄业的贡生,到陕甘宣抚,希望民人"笃尊君亲上之义,消亢戾怨恕之情"②。

"雍正间,或用人惟贤,或因事权授,往往不拘定制"③。吴振棫的这个评论比较反映实际。督抚的设置亦时有变化。直隶原设巡抚,为李维钧改作总督,后成为定制,原无布、按二司,亦行增设④。河南巡抚田文镜为雍正宠信,特为他授河南总督,又置河南、山东总督,辖这两个省。闽浙总督先为一人,雍正用李卫为浙江总督,兼理江南五府二州的盗案,于是福建也单独为一总督。两广总督辖下的广西割归云贵总督,广东仍保留总督。巡抚,历来各省只有一个,雍正在有的省派人协理。当王国栋署理山东巡抚时,雍正又用吏部左侍郎刘於义协办山东巡抚事务⑤。伊都立为晋抚,布政使高成龄协办巡抚事。马尔泰署陕抚,宣谕化导使史贻直亦为协理巡抚,待史任署抚,雍正又用内阁学士德龄协办巡抚事,后又命甘肃布政使鄂昌协办。直隶总督宜兆雄任上,礼部侍郎刘师恕被任命为协办总督,后何世璂接替宜兆雄,刘师恕协办如故。齐苏勒任河道总督多年,雍正又命署理广东巡抚尹继善为总河协办。大学士

---

① 《朱批谕旨·王士俊奏折》,八年六月初二日折朱批。
② 《上谕内阁》,九年四月初八日谕。
③ 《养吉斋丛录》卷3。
④ 《雍正朝起居注》,二年十二月初九日条。
⑤ 《清世宗实录》卷99,八年十月甲子条。

也增添协办。二年(一七二四年),雍正命田从典为协理大学士,六年(一七二八年),命尹泰、陈元龙为额外大学士,十年(一七三二年),用福敏为协理大学士,到乾隆时,协办大学士就成了定制。

雍正对这些官制的变动,有的成为定制,反映了客观事物发展的需要;有的因特殊情况所必需,事竣即裁撤;有的是他观察客观事物不准确,故亦不能长久;有的是他为酬劳宠臣,特为立制,他说的很明确,人去事变,不为保持。

第二节　奏折制度与政令的推行

比台省合一更影响政治的是奏折制度的全面实行。

奏折是后起的官文书,在先,地方官有事报告皇帝,凡系地方公事,用题本,若系个人私事,则用奏本,前一种盖官印,后种不用印,两种文体都交由通政司进呈,在皇帝观览之前,已先由有关官员看过,因此这两种文体的奏章,是公开的,不是只有皇帝拆阅的秘密奏疏。这样的文体,有些事情官员不便奏闻,皇帝想知道的从中得不到,不利于下情上达。这本是明朝制度,清朝沿袭以来,皇帝感到不便,据记载,在顺治年间产生了补救的文书——秘密奏折,但今天见不到实物,不能证实。至迟到康熙三十二年(一六九三年),它已确实存在了。今存苏州织造李煦在那年七月奏报苏州得雨、粮价和民情的折子,康熙见到后,朱笔批复说:"五月间闻得淮徐以南时旸舛候,夏泽愆期,民心慌慌,两浙尤甚。朕夙夜焦思,寝食不安,但有南来者,必问详细,闻尔所奏,少解宵旰之劳。秋收之后,还写奏帖奏来。凡有奏帖,万不可与人知道"①。由此

---

① 《李煦奏折》,1—2页。

获知,不得让第三者知道的奏章,是秘密的,不是题本、奏本;这种文字,当时叫作"奏帖";它的要点,是在一个"密"字。康熙在江宁织造曹寅于四十三年(一七〇四年)七月二十九日的奏折上朱批:"倘有疑难之事,可以密折请旨。凡奏折不可令人写,但有风声,关系匪浅。小心,小心,小心,小心!"①康熙于再立允礽后,听到有不同的舆论,苦于不知其详,因在李煦的奏折上写道:"近日闻得南方有许多闲言,无中作有,议论大小事。朕无可以托人打听,尔等受恩深重,但有所闻,可以亲手书折奏闻才好。此话断不可叫人知道,若有人知,尔即招祸矣"②。奏折人李煦、曹寅,都是皇帝的家奴,是特别亲信者。康熙四十年(一七〇一年),江苏巡抚宋荦的奏折,由李煦代达③,这表明当时具有写、送奏折权力的人,不在官阶,而在同皇帝的关系。五十一年(一七一二年),康熙谕领侍卫内大臣、大学士、都统、尚书、副都统、侍郎、学士、副都御史等,说他有听不到的话,常令总督、巡抚、提督、总兵官、将军在请安折内,"附陈密奏,故各省之事不能欺隐"。因令这些官员也于请安折上,"将应奏之事,各罄所见,开列陈奏。"并表示代为保密,原折朱批后发还④。这说明康熙晚年能上奏折的官员增多了。所以说,康熙间密折已经产生,大多数的情况是官员利用请安折子,密陈地方官民动态,内容尚不甚广,能够书写奏折的官员也不太多,因而还没有形成严格的奏折制度。

雍正时期,奏折人的范围明显地扩大了。元年(一七二三年),雍正下令各省督抚密上奏折,于是封疆大吏都有了这个权

---

① 《关于江宁织造曹家档案史料》,23页。
② 《李煦奏折》,76页。
③ 《李煦奏折》,23页。
④ 《清圣祖实录》卷249,五十一年正月壬子条。

力,只是在实行中有的犯了错误,遭到处分,停止其使用权。后来雍正又给提督、总兵官、布政使、按察使和学政全体官员书写密折的权力,只是在上交的渠道上与督抚有所不同。督抚提镇藩臬学政均是地方大员,此外,一些微末之员,由于雍正的特许,也可径上密章,像湖南衡永郴道王柔、广西右江道乔于瀛、福建盐驿道伊拉齐、浙江粮道蔡仕舢、杭嘉湖道徐鼎、江安粮道葛森、陕西平庆道李元英、粮盐道杜滨、宁夏道鄂昌、直隶通永道高镶、云南驿盐道李卫、浙江杭州知府孙国玺、山东兖州知府吴关杰、湖广郧阳府同知廖坤、山东沂州营副将杨鹏等。这些道府同知副将是中级官员,而用雍正的话说:"道府等员,乃系小臣,品级卑微,无奏对之分"①。他们的能上奏折,是雍正特给的恩宠。这些人或者与雍正有特殊关系,或者为亲重大臣的子侄,或在引见时获得青睐,因得荣膺书写奏折之宠。由中央派到地方的常设官员,如江宁、苏州、杭州三织造、各处巡监御史、税关监督、各种临时性的巡察御史、给事中,或因挂有科道衔名,或因为皇帝家臣,自然赋予密折言事之责。还有的临时派到地方办事,也可密上折子,如清理江苏积欠,负责大员户部侍郎王玑有此权利自不必说,连分查松江府钱粮的王溯维也得奏折言事。在中央,京堂以上和翰詹科道官员都能书写奏折。雍正扩大奏折人员的范围,使它达到了一定的数量,仅《朱批谕旨》一书所收的奏折的撰写人,即达二百二十三人,实际奏折人多达一千人以上。

奏折,几乎全有皇帝的朱笔批语,叫作"朱批谕旨",批过的奏折称作"朱批奏折",奏折和朱批谕旨构成奏折制度的必备成分。

雍正朝的奏折内容,比康熙朝大大丰富了。君臣筹商全国的

---

① 《朱批谕旨·王柔奏折》。

或地方的政务,是最重要的内涵。二年(一七二四年)十一月,雍正向大学士等发出上谕:"凡督抚大吏任封疆之寄,其所陈奏皆有关国计民生,故于本章之外准用奏折,以本所不能尽者,亦可于奏折中详悉批示,以定行止"①。督抚所要陈奏的政事,限于题本程式和保密要求,很难详尽,皇帝就不能彻底了解臣下隐衷和下情,而皇帝的指示也以同样的原因不能尽述,使臣下对皇帝的意图了解也受到限制。这样,上边难于决策,下面不能全力奉行。雍正就是要用奏折这种公文,使臣工和皇帝双方亮明观点,经过讨论,定策施行。雍正朝的重大改革,许多是先经君臣密商,而后决策付诸实行,前述摊丁入粮制度,就是雍正同黄炳、李维钧及九卿通过奏折,反复商酌决定下来的,这里不作赘言。改土归流的政策,也是在多人的奏折中,君臣密筹,议而后定。雍正元年(一七二三年),礼部掌印给事中缪沅就处理苗民事务,疏请令土司诸子分袭以杀其势,雍正把它交湖广总督杨宗仁议奏,杨不同意,认为那样做会出现强弱兼并的后遗症,雍正朱批不以为然,他写道:

> 从来统驭外蕃,以众建诸侯以分其势为善策,一时陡然举行,彼中头目自必不愿遵依,苟可缓缓设法,谕令听从,逐渐分袭,似亦潜移默化安边之一道,其强弱欺凌之虞,何必为之远虑耶!朕谓其势既分,心即离异,日后纵欲鸱张其中,必互相掣肘,或畏惧相诫,则其邪谋自息矣。于我内地颇觉有益。朕偶然见及于此,非欲必行其事,尔等切勿勉强遵承,以求符朕旨为念,当徐徐斟酌,详议具奏可也②。

就这个问题详述自己意见,不作结论,然后要臣工讨论。

---

① 《清史列传》卷12《觉罗满保传》。
② 《朱批谕旨·杨宗仁奏折》,元年四月初五日折朱批。

至于改土归流,雍正起始并不赞成,他于二年(一七二四年)在广西巡抚李绂的奏折上批云:

> 土官相袭已久,若一旦无故夺其职守,改土为流,谁不惊疑?

李绂服膺主子的见解,上奏折表态,雍正又批道:

> 斟酌处颇为合宜,诸凡总在尔等封疆大吏审择中道而行也①。

三年,贵州提督马会伯奏请对苗民用兵,以推行改土归流,雍正让他同云南巡抚管云贵总督事鄂尔泰商讨,朱批说:

> 黔属仲苗之凶悍及从前地方官之姑息因循,皆朕所悉知,览所奏数条,虽属有理,然不可轻举妄动。鄂尔泰慎重明敏,实心为国人也,诸凡与之详细商酌而行②。

这时署理贵州巡抚石礼哈亦欲用兵,雍正内心赞同他们的意见,但怕他们少年鲁莽,把事情办坏,故而压住了。不久,何世璂出任黔抚,折奏主张招抚,雍正内心不以为然,但亦允许他实行,然而不见效验。四年四月,鄂尔泰折请贵州用兵,雍正大加赞赏,朱批写道:

> 前者马会伯奏到,朕恐其猛浪,后见何世璂之奏,朕又恐其怯懦因循,正在忧疑,览汝此奏,朕始宽怀,量尔料理必得事情之中也。事定之时,应具本题奏,当以军功赏叙。石礼哈已调用广州将军,因汝此奏,复命其暂停往粤,俟料理此事毕,再赴新任矣③。

至此决定强力推行改土归流。这是几年间持有不同意见的君臣往复磋商的结果,就中,雍正从对苗民事务的不熟悉,主意不定,到把

---

① 《朱批谕旨·李绂奏折》,二年十二月二十六日折朱批。

② 《朱批谕旨·马会伯奏折》,三年十月二十八日折朱批。

③ 《朱批谕旨·鄂尔泰奏折》,四年四月初九日折朱批。

握实情,做出裁断,是他吸收臣下意见的过程,所以这种奏折,便于君臣商讨事务,决定政策措施。

河工的问题,雍正亦通过河臣的奏折进行探讨,决定行止。李绂曾向雍正当面提出疏浚淮扬运河的建议,雍正觉得有些道理,命他与河道总督齐苏勒商酌,齐以工程浩大,不敢轻定,拟于实地考察之后,再提出具体意见。他的奏折上呈后,雍正朱批:

> 朕命李绂来传谕旨,不过令尔得知有此一论,细细再为斟酌,并不为其所奏必可行也。大率河官惟希望兴举工程,尔属员多不可信。况此事关系甚大,岂可猛浪,若徒劳无益,而反有害,不但虚耗钱粮,抑且为千古笑柄。倘果于国计民生有益,亦不可畏难而中止,总在尔详悉筹画妥确,将始终利益通盘打算定时,备细一一奏闻。并非目下急务,尤非轻举妄动之事也①。

李绂的建议是否可行,雍正说的全是活话,他并非为推卸己责,事成则居乾断之功,事败则推诿臣下,而是要大家商量,他则从中考虑。即如治黄专家靳辅的儿子靳治豫奏称滚水坝无益,减水坝有利,雍正说他"实未洞彻"其利弊,而"河务关系甚大,不便自立主意。"因将靳治豫打发到齐苏勒处,命他们"悉心通盘打算,酌量为之"②。有一官员折陈河工备料的弊端,雍正匿去撰折人姓名,将折转发齐苏勒,命其"尽心筹画",齐苏勒遵旨陈奏事情原委,雍正览后朱批:"所奏是当之至,朕原甚不然其说,但既有此论,其中或不无些少裨益,所以询汝者,此意耳。今览尔奏,朕洞彻矣"③。河工事务复杂,学问甚大,雍正早年虽曾随侍康熙南巡视察河工,参

---

① 《朱批谕旨·齐苏勒奏折》,二年闰四月十五日折及朱批。
② 《朱批谕旨·齐苏勒奏折》,三年十二月十五日折及朱批。
③ 《朱批谕旨·齐苏勒奏折》,四年二月初九日折及朱批。

261

与过永定河工程,但毕竟不是身任其事,了解有限,登极后要拿主意,又不能鲁莽蛮干,自认知识有限,多方考察,臣工奏折就成为他考虑决策的一种材料。上述与齐苏勒商议的几件事,都被否定了,也是处决了政事。雍正君臣利用奏折筹商政务,虽巨细非一,行否不定,但却是奏折的重要内容。

奏折的其他内容,雍正在宁夏道鄂昌奏谢允其奏折言事的折子后写了一篇六七百字的长谕,讲叙极其详明,他写道:

> 今许汝等下僚亦得折奏者,不过欲广耳目之意。于汝责任外,一切地方之利弊,通省吏治之勤惰,上司孰公孰私,属员某优某劣,营伍是否整饬,雨旸果否时若,百姓之生计若何,风俗之淳浇奚似,即邻近远省,以及都门内外,凡有骇人听闻之事,不必待真知灼见,悉可以风闻入告也。只须于奏中将有无确据,抑或偶尔风闻之处,分析陈明,以便朕更加采访,得其实情,汝等既非本所管辖,欲求真知灼见而不可得,所奏纵有谬误失实,断不加责①。

雍正要了解的情况较多,有地方政事的好坏,地方官的勤惰优劣,大吏待属员是否公正或徇私,军队的训练和纪律,水旱和农业生产,百姓的生活和风俗,以及本省和外地的重大事情,概括起来,不外两条,即地方吏治和民情,可以说它们分别是奏折的第二项、第三项内容。

雍正用奏折考察地方吏治,从他的实践看,着重点是在对地方官吏的察核。当李卫任云南盐驿道时,雍正在云南永北镇总兵马会伯奏折上批道:"近闻李卫行事狂纵,操守亦不如前,果然否?

---

① 《朱批谕旨·鄂昌奏折》,七年六月十八日折朱批。

一毫不可瞻顾情面及存酬恩报怨之心,据实奏闻"①。这是调查李卫。待其任浙江巡抚时,雍正在他的奏折上批示说:对新任黄岩镇总兵董一隆的优劣所知不多,"于伊莅任后,其细加察访,密奏以闻"②。雍正派大理寺卿性桂赴浙江清查仓储钱粮,要他到浙后,"凡有风闻之事,即行密奏。"性桂到任后报告杭州将军鄂弥达与李卫的隔阂③。田文镜也折奏,说李卫是"当世之贤员,所谓难能而可贵者也",但"驭吏绳尺未免稍疏,振肃规模未免少检,则于大僚之体有未全,于皇上任使之意亦有所未付"④。以"模范督抚"李卫来讲,他密奏别人,别人也密查他。当雍正派李绂为广西巡抚时,李正得宠信,然在他赴任之际,命原广西署抚、提督韩良辅"细访其吏治,密奏朕知"⑤。雍正要重庆总兵任国荣留心文武官声名,他于七年六月折奏:四川学政宋在诗"公而且明,声名甚好。"川东道陆赐书"办事细心,人去得。"永宁道刘嵩龄"人明白,身子甚弱。"永宁协副将张英"声名平常",漳腊营游击张朝良"操守廉洁,谙练营伍,但不识字。"雍正对这些人分别给了批语:"谨慎自守,小才器";"为人老成,才情未能倜傥";"观其人甚有长进,于引见时不似有病,为何如此?""原系甚平常人,且有猛浪多事之疵";"其人优劣,前此未知"⑥。湖南布政使朱纲深受雍正信任,亦同样受人考察。雍正在湘抚王朝恩奏折上批示:"朱纲行止,舆论不一,依朕观之,似欲速成者,然否? 据实奏来。密之!"⑦而在此以

---

① 《朱批谕旨·马会伯奏折》,二年七月十一日折朱批。
② 《朱批谕旨·李卫奏折》,五年四月十一日折朱批。
③ 《朱批谕旨·性桂奏折》,六年八月初三日折。
④ 《朱批谕旨·田文镜奏折》,七年三月二十日折。
⑤ 《朱批谕旨·韩良辅奏折》,二年闰四月十七日折朱批。
⑥ 《朱批谕旨·任国荣奏折》,七年六月二十七日折朱批。
⑦ 《朱批谕旨·王朝恩奏折》,二年十一月初四日折朱批。

前是让朱纲访查他的顶头上司王朝恩——在朱的二年九月初五日的奏折上批语讲其引见王朝恩的印象："观其为人于地方吏治颇为谙练,但才具微觉狭小","汝其事事留意,看其居心行事,倘少有不妥处,密奏以闻。"又怕他有顾虑,指示说:"如稍隐匿,不以实告,欺蔽之咎,汝难辞也"①。雍正对亲信和非亲信,了解的或不甚了解的,都令臣下互相监察,文员武弁,上下级之间,中央差遣人员和地方官员都在互相进行。文武不同途,互察出了正常范围。上级监督下级,本是应有职责,但又要密访密奏,就不全是正常的考核了。中央特差人员只解决专门问题,报告地方吏治,则是额外的事情。属员向皇帝汇报主官的事,是不正常的,而雍正很重视这类报告,他要鄂昌奏述"上司孰公孰私"即指此。

对于地方上绅民的情况,雍正甚为关切,希望从奏折中获得确实消息。六年三月,苏州织造李秉忠奏报苏州春雨调和,油菜、小麦长势良好,物价平稳,小民乐业,雍正批道:"览雨水调和情形深慰朕怀,凡如此等之奏,务须一一据实入告,毋得丝毫隐饰。""苏州地当孔道,为四方辐辏之所,其来往官员暨经过商贾,或遇有关系之事,亦应留心体访明白,密奏以闻"②。同年,雍正在广西学政卫昌绩的奏折上批示:"地方上所闻所见,何不乘便奏闻耶?"③卫昌绩随即应诏折奏:"粤西风俗之恶薄有宜整齐者,绅士之强横有宜约束者"④。使雍正获知该省百姓畏"乡绅如虎,畏士子如狼,故俗有'举人阁老,秀才尚书'之语,其畏官长也不如畏绅士,故俗有

---

① 《朱批谕旨·朱纲奏折》,二年九月初五日折朱批。
② 《朱批谕旨·李秉忠奏折》,六年三月初三日折及朱批。
③ 《朱批谕旨·卫昌绩奏折》,六年七月十六日折朱批。
④ 《朱批谕旨·卫昌绩奏折》,七年四月二十九日折。

'官如河水流,绅衿石头在'之语"①。七年,署理直隶总督刘於义折奏:赵州隆平县民李思义等妄称跪拜太阳可以攘灾避难,接受信徒,骗取钱财,然并无党羽,请将李思义发遣边疆,余众枷责。雍正同意,但指出折中未言及李到发遣地后的管束问题,命作题本时添叙明白②。两广总督孔毓珣等奏报广东龙门营千总刘贵于巡查中捕人,遭遇抢犯,被杀身死,业已将拦截者抓获,题请正法,并请治疏忽之罪。雍正朱批:"地方上凡遇此等事件,但要据实奏闻,何罪之有? 若隐讳支饰,则反获罪于朕矣!"③就是这些奏折,使雍正及时地掌握了各地方的民风习俗、生产生活和吏治情况。

讨论用人问题和宣布对官员的任使,也是奏折的一项内容,也即第四个内容了。四年(一七二六年)八月,鄂尔泰折奏滇黔两省大小文武各官的情况,雍正作了长篇批语:

> 治天下惟以用人为本,其余皆枝叶事耳。览汝所论之文武大吏以至于微弁,就朕所知者,甚合朕意。……览卿之奏,非大公不能如是,非注意留神为国得人不能如是,非虚明觉照不能如是,朕实嘉之。但所见如是,仍必明试以功,临事经验,方可信任,即经历几事,亦只可信其已往,犹当留意观其将来,万不可信其必不改移也④。

他很明确,用人是为政的根本大事,而观察人,是看其实践,看他的变化。他自己要掌握这个方法,还要通过朱批让大臣运用这个法则。

雍正利用朱批启示官员如何做人和任职。田文镜刚被提拔为

① 《上谕内阁》,七年六月初十日谕。
② 《朱批谕旨·刘於义奏折》,十年闰五月初六日折及朱批。
③ 《朱批谕旨·孔毓珣奏折》,三年二月二十五日折及朱批。
④ 《朱批谕旨·鄂尔泰奏折》,四年六月初八日折及朱批。

河南巡抚，感恩图报心切，会急躁办坏事，雍正顾虑及此，在其奏折中朱批："豫抚之任，汝优为之。但天下事过犹不及，适中为贵，朕不虑不及，反恐报效心切，或失之少过耳"①。在另一个折子上，就田文镜处理一事不妥善，批示说："大凡临事，最忌犹豫，尤不宜迎合，设一味揣摩迁就，反致乖忤本意。……今后勿更如是游移无定，随时变转，始于身任封疆重寄，临大节而不可夺之义相符也，切记勿忘"②。让他不要迎合，正确理解皇帝意图，方是大臣立足的根基。这是针对具体人、事而发，此类事例很多，如在李秉忠的一个折子上批道："今将尔调任苏州织造矣。勉力供职，惟当以顾惜颜面为务"③。另一折上批云："竭力保全颜面，莫负朕任用之恩，但尔等包衣下贱习气，率多以欺隐为务，每见小利而不顾品行，辜恩者不一其人，即尔奏中矢公矢慎之语，朕亦未能遽信，试勉力行与朕看"④。

官员之间特别是平级的，只有和衷共济，才能理好政事，雍正常以此考查和启示臣下。在李卫的叙及鄂弥达赴京陛见、希望令其早日回任的奏折上，雍正批道："尽心奉职之人，同城共事，焉有不彼此相惜之理，鄂弥达于驻防武臣中论，实一好将军，汝今奏伊约束驻兵之长，伊在朕前极口赞服汝之勤敏，亦出公诚。朕览之甚为欣悦，如是方好"⑤。禅济布与丁士一同为巡视台湾御史，在他们的奏折上，雍正指示说："和衷二字最为官箴之要，倘有意见不同处，秉公据实密奏，不可匿怨而友，尤不可徇友误公"⑥。不怕有

---

① 《朱批谕旨·田文镜奏折》，二年九月初三日折朱批。
② 《朱批谕旨·田文镜奏折》，二年十一月初九日折朱批。
③ 《朱批谕旨·李秉忠奏折》，六年二月十二日折朱批。
④ 《朱批谕旨·李秉忠奏折》，六年二月二十七日折朱批。
⑤ 《朱批谕旨·李卫奏折》，四年十二月初二日折及朱批。
⑥ 《朱批谕旨·禅济布奏折》，二年六月十五日折朱批。

不同的政见,问题在于秉公办理,这样的批示是正确的。

雍正用奏折表彰或训饬一些官员。元年四月江南提督高其位的请安折,雍正批道:"览高其位此奏,字句之外,实有一片爱君之心,发乎至诚,非泛泛虚文可比,朕观之不觉泪落,该部传谕嘉奖之,以表其诚"①。雍正在朱批中要领旨人向"模范官吏"效法,他写:"鲁论云择善而从,何不努力效法李卫、鄂尔泰、田文镜三人耶?内外臣工不肯似其居心行事之故,朕殊不解。若不能如三人之行为,而冀朕如三人之信任,不可得也。呕宜殚心竭力黾勉尽职。"②雍正在朱批中训斥臣下,非常严厉。杨名时奏折论因循干誉,雍正于行间批云:"人为流俗所渐染,每苦不自知,然所谓渐染者,不过沽名矫廉之习,其病本轻而可治,无如身既为流俗所染,而反泥古自信,认古之非者为是,则病入膏肓,难以救药也。""一切姑听朕之训示,反躬内省,有则改之,无则加勉,不必簧鼓唇吻,掉弄机锋也。"最后作总批:"朕因欲汝洞悉朕之居心,故走笔而谕,不觉言之纚迤而繁也"③。指责杨名时犯了沽名钓誉的毛病。

雍正借用奏折评论人物,并决定或宣布官员的取舍任用。李卫奏折称仁和知县纪逯宜"过于拘禁",不能胜繁剧之任。候补官朱永龄如上谕所说,人去得,确系诚实勤慎,但因系北方人,不熟习南方情况,恐怕难于承担仁和县重任。此外还论到浙江知县张坦熊、云南知州张坦璁、知州张坦让的居官情形。雍正则向他评论新发往浙江的袁皞与申成章二人④。

雍正时或命人转传谕旨,又谓传错了,用朱批谕旨改过来。福

① 《朱批谕旨·高其位奏折》,元年四月二十七日折朱批。

② 《朱批谕旨·王朔维奏折》,七年闰七月初十日折朱批。

③ 《朱批谕旨·杨名时奏折》,四年九月初四日折朱批。

④ 《朱批谕旨·李卫奏折》,五年二月十七日折及朱批。

建按察使刘藩长向布政使潘体丰传达谕旨,谓"潘体丰人草率,亦鲁莽,因他在那里摇摇不定,朕也拿不住他。"潘听后慌惧上折,转述刘言,雍正阅后,说是被刘弄错混传了,将之改正为"潘体丰系朕物色之人,但涉于草率,办事亦鲁莽,因他主见尚在摇摇未定,朕亦未之确许,命他坚定志向,以精详和平自勉"①。

雍正在朱批中对官员的除陟降调先打招呼,预告本人,或他的主官。如在江苏崇明总兵官李灿九年十月初一日奏折上朱批宣布:"今命尔署理浙江总督印务,须当竭力黾勉"②。七年八月,广东琼州总兵官施廷专奏报香山澳洋船遭风事,雍正批云:"今已调尔离琼,该镇地方一切总与尔无涉矣"③。

雍正对奏折的批谕,具有很强的针对性,往往因人而异,有的事相近,而批语却大不一样。他为此在关于《朱批谕旨》一书的上谕中特作说明:

> 至其中有两奏事,而朕之批示迥乎不同者,此则因人而施,量材而教,严急者导之以宽和,优柔者济之以刚毅,过者裁之,不及者引之,并非逞一时之胸臆,信笔旨画,前后矛盾,读者当体朕苦心也④。

有些事有特别的机密性,雍正通过朱批谕旨下达命令,这可以说是奏折的又一项内容。查嗣庭案发,雍正在李卫奏折上批示,要杭州将军鄂弥达委派副都统傅森、李卫选派可信属官一同星速驰去抄查嗣庭的家。⑤ 这是急待执行的绝密命令,不走颁布正式公

---

① 《朱批谕旨·潘体丰奏折》。
② 《朱批谕旨·李灿奏折》,九年十月初一日折朱批。
③ 《朱批谕旨·施廷专奏折》,七年八月十二日折朱批。
④ 《朱批谕旨·卷首上谕》。
⑤ 《朱批谕旨·李卫奏折》,四年十月初九日折朱批。

文的渠道,避免被查抄人获知消息,先行准备,破坏抄检,这样,通过奏折途径保证秘密不至泄露。

奏折内容,包罗广泛,既然涉及政策的制定和执行,涉及官员的取舍,不要说那些绝密事件的贯彻,就是这些政治事务,也决定了它的保密性。雍正一再以此要求具折人,在命鄂昌书写奏折的朱批上说:"密之一字,最为紧要,不可令一人知之,即汝叔鄂尔泰亦不必令知。假若借此擅作威福,挟制上司,凌人舞弊,少存私意于其间,岂但非荣事,反为取祸之捷径也"①。对禅济布的奏折,雍正于保密问题说的极透彻:"至于密折奏闻之事,在朕斟酌,偶一宣露则可,在尔既非露章,惟以审密不泄为要,否则大不利于尔,而亦无益于国事也。其凛遵毋忽"②。又向李秉忠说:"地方上事件,从未见尔陈奏一次,此后亦当留心访询;但须慎密,毋借此作威福于人,若不能密,不如不奏也"③。不能保密,就不要上奏折,保密与奏折完全一致,保密是写作奏折的前提条件。这是要求具折人不要声扬文件内容,同时要求领受朱批谕旨的人保守朱批的机密,不得转告他人,更不能交他人观看,只有雍正特别指令告诉某有关人员时,才令其阅读,或转传谕旨精神,若私相传述,即使保密性较小的内容,也是非法的。如原甘肃提督路振声将朱批中对其弟固原提督路振扬的褒语抄告乃弟,路振扬又因此上折谢恩,雍正就此指出:"朕有旨,一切密谕,非奉旨通知,不许传告一人,今路振声公然将朕批谕抄录,宣示于尔,甚属不合,朕已另谕申饬。可见尔等武夫粗率,不达事体也"④。雍正严格要求大小臣工保守奏折内

① 《朱批谕旨·鄂昌奏折》,七年六月十八日折朱批。
② 《朱批谕旨·禅济布奏折》,三年十月初七日折朱批。
③ 《朱批谕旨·李秉忠奏折》,七年三月初十日折朱批。
④ 《朱批谕旨·路振扬奏折》,四年六月十五日折朱批。

容和朱批的机密,特别是对小臣,教导不厌其烦,并以泄密对他们不利相威胁。他考虑到小臣得此荣宠,容易擅作威福,挟制上司和同僚,造成官僚间互相猜忌,政治混乱,对国事不利。

对于不遵守奏折机密的人,雍正采取了必要的惩罚措施。雍正初年,封疆大吏多半派亲属或亲信在京,拆看奏折,为的是他们了解朝中情况,看此奏折合否时宜,有无窒碍,决定上奏与否,对于皇帝的朱批,他们也先行阅视,以便早作料理和应付。二年(一七二四年),雍正发现了浙闽总督觉罗满保、山西巡抚诺岷、江苏布政使鄂尔泰、云南巡抚杨名时等人的这种情况,决定停止他们书写奏折的权力,以示惩罚①。这样一来,需要同皇帝商酌的事不好办了,杨名时等为此承认错误,请求恢复他们的密奏权,雍正也从政事出发允许了。没有处分路振声,乃因他是武人,不知书。看来对这类具折人要求低一些。

雍正知道,制裁不能成为主要手段,重要是制定奏折保密制度。他采取了四项措施,一是收回朱批奏折。雍正即位的当月,命令内外官员上交康熙朱批、朱谕的上谕中,又规定:"嗣后朕亲批密旨,亦著交进,不得抄写存留"②。此后定制,奏折人在得到朱批谕旨的一定时期后,将原折及朱批一并上交,于宫中保存,本人不得抄存留底。奏折中的朱批,亦不得写入题本,作为奏事的依据。杨名时有一次把朱批叙入本章,暴露了机密,雍正指责他是有意这样办,以证明他过去泄露朱批没有罪③。二是打造奏折专用箱锁。雍正于内廷特制皮匣,配备锁钥,发给具奏官员,凡有奏折,均装匣内,差专人送至京城。钥匙备有两份,一给奏折人,一执于皇帝手

---

① 《雍正朝起居注》,二年十一月初九日条。
② 《上谕内阁》,康熙六十一年十一月二十七日谕。
③ 《上谕内阁》,四年十一月二十五日谕。

中,这样只有具折人和皇帝二人能够开匣,别人不能也不敢私开。为具折人不断书写奏折的需要,奏匣每员发数个,一般为四个,它只作传递奏折用,凡所上奏折只能用它封装,否则内廷亦不接受。广州巡抚常赍的奏匣被贼盗去,只得借用广东将军石礼哈的奏匣,不敢仿制。三是奏折直送内廷。奏折由地方送到北京,不同于题本投递办法,不送通政司转呈,若是督抚的折子,直接送到内廷的乾清门,交内奏事处太监径呈皇帝;其他地方官的奏折不能直送宫门,交由雍正指定的王大臣转呈。雍正说若小臣径赴宫门送折,不成体统,其实他是为具折的小臣保密,不使人知道除了方面大员以外有一些什么人能上折子。被指定转传奏折的人,有怡亲王允祥、尚书隆科多、大学士张廷玉、蒋廷锡等人,如赵向奎、鄂昌的奏折送怡亲王府,潘体丰、王溯维的交张廷玉,吕耀曾的交蒋廷锡,朱纲的交隆科多①。边远地区的小臣,还有送交巡抚代呈的,如雍正命广西右江道乔于瀛将奏折交巡抚李绂或提督韩良辅转送②。转呈的王大臣都是雍正的亲信,他们只是代转,亦不得拆看,具折人也不向代呈人说明奏折内容,如朱纲一再在奏折中保证所奏内容绝对秘密,连隆科多"亦不敢令闻知一字"③。四是雍正亲自阅看,不假手于人。折子到了内廷,雍正一人开阅,写朱批,不要任何人员参与此事。他说:"各省文武官员之奏折,一日之间,尝至二三十件,多或至五六十件不等,皆朕亲自览阅批发,从无留滞,无一人赞襄于左右,不但宫中无档可查,亦并无专司其事之人"④。由于他要专断,以及奏折的保密性,不会让他人与闻,他在这里所说的是实

---

① 《朱批谕旨·朱纲奏折》,二年九月初五日折;《朱批谕旨·赵向奎奏折》。
② 《朱批谕旨·乔于瀛奏折》,二年十一月初七日折。
③ 《朱批谕旨·朱纲奏折》,三年正月初七日折。
④ 《上谕内阁》,八年七月初七日谕。

际情况。雍正批阅以后，一般折子转回到具折人手中，以便他们遵循朱批谕旨办事，有少量折子所叙问题，雍正一时拿不定主意，就将它留中，待到有了成熟意见再批发下去。

关于奏折制度的作用，雍正作过说明。他在《朱批谕旨·卷首上谕》中写道：

（朕）受皇考圣祖仁皇帝付托之重，临御寰区，惟日孜孜，勤求治理，以为敷政宁人之本，然耳目不广，见闻未周，何以宣达下情，洞悉庶务，而训导未切，诰诫未详，又何以使臣工共知朕心，相率而遵道遵路，以继治平之政绩，是以内外臣工皆令其具折奏事，以广谘诹，其中确有可采者，即见诸施行，而介在两可者，则或敕交部议，或密谕督抚酌夺奏闻。其有应行指示开导及戒勉惩儆者，则因彼之敷陈，发朕之训谕，每折或手批数十言，或数百言，且有多至千言者，皆出一己之见，未敢言其必当，然而教人为善，戒人为非，示以安民察吏之方，训以正德厚生之要，晓以福善祸淫之理，勉以存诚去伪之功，往复周详，连篇累牍，其大指不过如是，亦既殚竭苦心矣①。

他把朱批奏折的作用归结为两点，一是通上下之情，以便施政；二是启示臣工，以利其从政。他说的有一定道理，但是并不透彻，他每日看几十封奏折，书写千百言批语，对其作用自然清晰，不过有的话他不便明说，故未谈及。其实奏折制度的作用，可以概括为如下三点：

第一，皇帝直接处理庶务，强化其专断权力。

明朝初年，朱元璋废中书省，罢丞相，由皇帝亲领庶务，皇权最重。迨后内阁制形成，它的票拟权使大学士握有一定的宰辅权力。

---

① 《朱批谕旨》卷首；《清世宗文集》卷8《朱批谕旨序》。

清初承明之制,又有议政王大臣会议,都分散一部分皇帝权力。康熙致力强化皇权,设南书房,用一部分职位低的文人协助议政,用少数人写告密文书的奏折,加强了对下情的了解。雍正比乃父又跨进一大步,使奏折成为正式官文书,一切比较重大的事情,官员都先通过奏折请示皇帝,而这种奏折既不通过内阁所属的通政司转呈,皇帝的批示完全出自御撰,不需要同内阁大臣商讨,这样奏折文书由皇帝亲自处理,部分剥夺了内阁票拟权,即把内阁抛在一边了。雍正时内阁中书叶凤毛说:"国朝拟旨有定例,内外大臣言官奏折,则直达御前;天子亲笔批答,阁臣不得与闻"①。正是说的奏折制下的情况。《四库全书总目》亦云:"自增用奏折以后,皆高居紫极,亲御丹毫,在廷之臣,一词莫赞,即《朱批谕旨》是也"②。雍正中期又设立作为纂述转达机构的军机处,代行内阁职权③,这就使皇权如同朱元璋时代,真正是"庶务事皆朝廷总之"了。内阁职能削弱的同时,封疆大吏的职权也有所下降,稍微大一点的地方事情,都要上奏折请示,秉承皇帝旨意办理,他们真是成为皇帝的膀臂,由中枢神经来支配,使中央与地方真正融成一体,在皇帝绝对统治下行施国家机构的职能。章学诚曾就读《朱批谕旨》的感受,说"彼时以督抚之威严,至不能弹一执法县令、罥悮之吏,但使操持可信,大吏虽欲挤之死,而皇览能烛其微。愚尝读《朱批谕旨》,而叹当时清节孤直之臣遭逢如此,虽使感激杀身,亦不足为报也"④。说明当时政令确系出自雍正。奏折制度不仅加强了皇权,还为皇帝行施至高无上的权力提供必要的条件。各种不同身

---

① 《内阁小记·自序》。

② 《四库全书总目》卷55《诏令奏议类》,中华书局1965年版,494页。

③ 关于军机处,下节即将说明。

④ 《章氏遗书》卷29《三上韩城相公书》。

份官员反映各种社会问题的奏折,使皇帝了解情况,洞悉下情,为制定政策、任用官员提供了较为可靠的根据。奏折文书含有互相通讯的意思,君臣间在私下讨论一些问题,君主不懂的事情可以询问臣下,从而增长见识,有利于决策,也即有利于君主集权。

第二,推行雍正政治的工具。奏折文书的制度化,除反映强化皇权的共性外,还体现了雍正的特殊要求。雍正登极,立志改革,他的大政,也即他所说的"机密紧要之事",通过奏折和朱批谕旨的往复讨论,迅速决定下来,又利用这种文书,指导和监督它的实行。这些,前述奏折的内容已经说明,这里不再复述。要之,雍正把奏折利用为推行其革新政治的一种工具。他那些重大改制的完成,原因是多方面的,他在实行耗羡归公、摊丁入粮、改土归流等重大政策的同时,实行的奏折制度,促使了这些改革的实现。关于这个问题,杨启樵在《雍正帝及其密折制度研究》一书中认为,密折制是雍正推行政治的主要手段,笔者虽不完全赞同,但这确系有识之见,在很大程度上反映了奏折制度实行的意义。凡是推行改革政策,必须雷厉风行,讲求高效率。奏折制度,使臣下奏议"无不立达御前",这是免去中间的转呈机关的必然结果。奏折迅速递到雍正手中,他又勤于政事,挑灯阅览,立刻批示,该执行的马上付诸实施,从而大大提高行政效率,促进改革政治的实现。

第三,控制官员的一种手段。康熙间的储位斗争及其在雍正初年的延续,造成雍正了解官民动向的迫切性,增强对官僚控制力的迫切性。秘密奏折制度,在官僚的职责范围以外,使他们互相告密,迫使他们彼此监督,各存戒心,不敢放胆妄为,不敢擅权,因而对雍正更存畏惧之心,做忠顺的奴才,而雍正则可从奏折中窥见臣下的思想、心术以至隐衷,因之予以鼓励和教诲,这样多方联络,上下通情,就能在更大程度上控制臣下。

奏折制度,就其密察官员讲,也是一种告密制度。告密,是一般人所反对的,因为这是不正当的。康熙初行奏折,具折人少,保密程度也高,没有引起多大反响。雍正推广奏折制,就出现反对势力了。他在责备杨名时将奏折朱批叙入题本时,说杨犯错的根本原因,是"其心中以为不当有密奏密批之事耳"①。透露出不满奏折制度的力量的存在。他死后一个多月,谢济世代替伯爵钦拜书写《论开言路疏》,提出"欲收开言路之利,且先除开言路之弊"的呼吁,而所谓言路之弊就是奏折告密。疏中说:"告密之例,小人多以此谗害君子,首告者不知主名,被告者无由申诉,上下相忌,君臣相疑。"因此"请自今除军机外,皆用露章,不许密奏"②。谢济世和钦拜的发难,是乘雍正之丧,代表反对奏折制的势力要求取消这一制度。据说该疏得到乾隆的首肯,然而新君实际坚持实行奏折制,并于十二年停止奏本的使用,进一步肯定了奏折制度。总而言之,奏折制度下官员互相告密,使他们本身具有特务性质,但这种制度把官员秘密言事变为做官的职能,变为本职工作的一部分,他们不是专业的特务,把特务的职任寓于一般官职之中了,这是奏折制下官僚政治的一个特点,因此,雍正政治不宜于视为特务横行的政治。

说到告密,雍正有时不忌讳,而关于这方面的传说又很多,不妨在这里一叙。雍正自云:"朕励精图治,耳目甚广"③。他所说的耳目,包括科道言官,奏折撰写人,另外还有不同类型的人。被他引见的官员,必须上条奏④,其中会有官方吏治的内容,这是一种

① 《上谕内阁》,四年十一月二十五日谕。
② 《谢梅庄先生遗集》卷1。
③ 《清世宗实录》卷78,七年二月丙子条。
④ 《永宪录》续编,356页。

人。另一类是发往督抚处试用后补的侍卫,如派侍卫王守国等六人到直隶总督李绂身边①,又如把侍卫派到年羹尧处,被年用作摆队,引起他的恼火。这些侍卫赋有了解该地官民情况的职责,如年羹尧调离陕西时,雍正要掌握他赴浙江的沿途情况,指示田文镜调查,田即派分发豫省试用的侍卫白琦去跟踪,用皇帝的耳目去察看,雍正当然相信,田文镜确系老吏多谋,然亦表明赴各省的侍卫的特务性质。一种是临时派员到指定地区密访。八年(一七三〇年),雍正派御史严瑞龙和旗人安某到江南、江西办事,又命他们顺路到浙江,"密访吏治民风,沿海战船营汛。"严瑞龙去过浙江后,又托其四川同乡、原任河工通判张鹏飞代为留心暗察。李卫报告这件事,雍正避开严瑞龙、安某不谈,说早知道张鹏飞爱招摇生事,已令江苏巡抚尹继善查拿了。又说即位以来,"并无一次差人密访之事",今后若有人称密访者,"督抚即拿之,参之"②。说得很凶,并没有从严、安、张开始究处,可见这是欺人之谈,由他派出是实。密访人种类也多,有的情况因资料语焉不详弄不清楚了,但他们干密察勾当则是明确的,如《啸亭杂录》记有数事:一官入都引见,购置新帽子,为熟人所见,告知其故,次日引见时,免冠谢恩,雍正笑着说:小心,不要弄脏你的新帽子。就是说置帽当天已有人报告了。鼎甲出身的官僚王云锦于新年休沐日在家与友好耍叶子戏,忽然丢掉一张,一天上朝,雍正问他元旦干什么了,王从实回奏,雍正对他的诚实很高兴,说细事不欺君,不愧为状元郎③。随着从袖中把叶子拿出来给他。昭梿还记一事:王士俊离京赴任,张廷玉向他推荐一名长随,此人供役也很勤谨,后来王士俊要入京陛

---

① 《穆堂别稿》卷 30《请分发后补侍卫疏》。
② 《上谕内阁》,八年五月十二日谕。
③ 此事又见赵翼:《簷曝杂记》卷 2《王云锦》。

见,他先告辞,王问为什么要走,他说:我跟你数年,看你没有大错,先进京见皇帝,报告你的情况。其后知道这个人是侍卫,是雍正通过张廷玉安置到王士俊身边监视他的①。还有记载说田文镜的幕客邬思道是雍正派的暗探,故邬对田要挟高价,不许变更他草拟的奏折,田对他言听计从,参揭隆科多,因而更得到雍正信任,及至对邬尊礼不足,邬不给书写奏折,田就失宠,只好又贵待他。还有记载说雍正私访,某年除夕夜,小吏兰某在衙门值宿,突然一个伟男子进来,问何不回家过年,回说别人都走了,怕有事要办,故留下了,于是二人对饮,问兰有何欲望,答愿得广东河泊所。迨后雍正坐朝,问广东有何税务官缺,命以兰某补用。这些说法近于演义,不实成分很多,有的根本不是那么回事,如邬思道事,李绂奏参田文镜疏,说邬是张球向田推荐的,田自云与邬是旧相识②。更重要的是谓田因邬而宠有盛衰,与田之始终得宠的实际不相合,可见是后人编造。话说回来,雍正用了一些密探,当是事实。

雍正用耳目是为获得真实情况,又知道耳目有时蒙蔽人,反倒得不到实情,所以对他们也非绝对信任。四川巡抚宪德上任之初,苦于无耳目,不了解情况,并以此上奏折,雍正批道:

> 耳目见闻之论,朕殊不以为然。若能用耳目,即道路之人皆可为我之耳目,否则左右前后无非蔽明塞听之辈。偏用一二人,寄以心腹,非善策也。朕御极之初,实一人不识,然彼时之耳目甚公且确;近数年来股肱心膂大臣多矣,而耳目较前反似不及。访察二字,不被人所愚弄甚属难事,至于用耳目,惟宜于新。勉之,慎之! 古云听言当以理察于博采广谘中,要须

① 《啸亭杂录》卷1《察下情》。
② 《朱批谕旨·田文镜奏折》,附录李绂奏折,四年四月二十七日折。

平情酌理,辨别真伪,方可以言用耳目也①。
说不用耳目是瞎话,但他深知用耳目有利有弊,要善于利用他们,要能够识别真假,获得真知灼见。是用耳目,而不是为耳目所用,这是他区别于一般平庸君主的地方。

奏折制度是一种文书制度,它的确立,不像某个官衙的设置,似乎是无形的,其实,它的影响之大,远远超出一般衙门的兴废,它涉及到君臣间权力的分配,皇帝政令的施行,是官僚政治上的重大变化。雍正的这方面的活动,值得研究。日本学者在五十年代,举办《朱批谕旨》研读班,重视这个问题,并有不少研究成果问世,是可喜的事情。

第三节　设立军机处与皇帝综理庶务

雍正即位一周年之际,说"国家政治,皆皇考所遗,朕年尚壮,尔等大学士所应为之事,尚可勉力代理,尔等安乐怡养,心力无耗,得以延年益寿,是亦朕之惠也"②。他的代行臣下之事,除朱批奏折外,就是设立军机处,直接处理庶务。

七年(一七二九年),雍正开始对准噶尔策妄阿拉布坦用兵。为了这场战争的顺利进行,他采取了许多措施,设立军机处,便为其中的一项。六月,雍正发出上谕:"两路军机,朕筹算者久矣。其军需一应事宜,交与怡亲王、大学士张廷玉、蒋廷锡密为办理"③。这是正式建立军机房,派允祥、张廷玉等主持其事。

---

① 《朱批谕旨·宪德奏折》,五年六月二十四日折朱批。
② 《上谕内阁》,元年十一月初八日谕。
③ 《清世宗实录》卷82,七年六月癸未条。

雍正究竟于那一年设立这个机构,载籍所示不一,有七年、八年、十年诸说,其实是可以统一的。王昶在《军机处题名记》一文中说:"雍正七年青海军事兴,始设军机房,领以亲王大臣"①。他于乾隆前期即为军机章京多年,所说军机房设于雍正七年具有权威性。嘉庆末年梁章钜亦充任军机章京,他说:"自雍正庚戌〔八年〕设立军机处,迨兹九十余年"云云②,认为军机处建立于雍正八年。迨后,吴振棫不知所从,含糊地说:"雍正七八年间,以西北两路用兵,设军机房"③。但是他在说到军机处官员军机章京准悬朝珠一事时,又说这是"自雍正七年始"④,这就又肯定为雍正七年了。《清史稿》的记载,在《职官志》和《军机大臣年表》两处自相矛盾,年表处列军机大臣自七年始,而《职官志》则说:"雍正十年,用兵西北,虑僄值者泄机密,始设军机房,后改军机处"⑤。它的误失很大,然亦有原因。十年(一七三二年)春,雍正命大学士等议定军机处的印信,三月初三日,大学士等拟议印文用"办理军机印信"字样,雍正同意,命交礼部铸造,制得归军机处,派专员管理,并将印文通知各省及西北两路军营⑥。不久,印信改由内奏事处保管,军机处使用时请出⑦。由上述诸说可知,雍正设立军机处,经历一个过程,即七年置军机房,八年改名办理军机处(军机处),十年铸造关防,这是这一机构不断完善和成为定制的过程。雍正

①　《春融堂集》卷47。
②　《枢垣纪略·自序》。
③　《养吉斋丛录》卷4。
④　《养吉斋丛录》卷22。
⑤　《清史稿》卷114、卷176。
⑥　《清世宗实录》卷116,十年三月庚申条。乾隆初印文改为"办理军机事务印记",见《养吉斋丛录》卷4。
⑦　《春融堂集》卷47《军机处题名记》;参阅《养吉斋丛录》卷4;《枢垣纪略》卷13《规制》。

死,乾隆守丧期间,把它改名总理处,谅阴毕,复名军机处,后来这个机构坚持到清末,所以说雍正创立军机处,成为清朝一代的制度。

军机处设有军机大臣,雍正从大学士、尚书、侍郎等官员中指定充任,人数不限,正式称呼是"军机处大臣上行走"、"军机大臣上学习行走",统称"办理军机大臣","军机大臣"则是它的简称了。它是军机处的主官,下属有军机章京,雍正时也没有定员,由内阁、翰林院、六部、理藩院、议政处等衙门官员中选择充任,他们负责满、汉、蒙古诸种文字工作。

军机处要办理机密紧急事务,办公地点必然要靠近寝宫,而不能像内阁在太和门外。据王昶记录,军机值房最初设在乾清门外西边,寻迁于乾清门内,与南书房相邻,后来移到隆宗门的西面①。无论是在乾清门内或门外,都离雍正寝宫养心殿很近,联系较便捷。雍正初设军机处时,它的房舍是用木板盖成,乾隆初年才改造瓦房②,建筑很不讲究。

军机处只有值房,没有正式衙门,有军机大臣和军机章京,但他们都因有别的官职,派充的军机处职务;军机大臣不是专职,本职事务仍照常办理;军机章京以此为职责,但仍属原衙门的编制,占其缺额,升转也在原衙门进行,因此王昶说军机处"无公署,大小无专官"③。

军机处这样闻名后世的机构,原来是这样子的,所以它问世后的一段时间内,没有被人们承认为正式衙门。即如最早担任军机大臣的张廷玉,乾隆中自陈履历,备言他历任各种官职和世爵,以

---

① 《春融堂集》卷47《军机处题名记》。
② 《簪曝杂记》卷1《军机处》。
③ 《春融堂集》卷47《军机处题名记》。

及临时性的差使,唯独没有提到担任军机大臣的事①。乾隆五十年前后纂修成功的《清朝通典》、《清朝通志》、《清朝文献通考》等官书,也没有把军机处作为正式衙署看待。军机处成立了,人们还没有充分意识到它的重要性,这是由于它没有官署和专职人员的特点所决定。

军机处的职掌是,面奉谕旨,书成文字,并予转发。雍正每天召见军机大臣,形成一套制度,其详细情况,记载缺略,不得而知。稍后的情形是,每天寅时(三—五点),军机大臣、章京进入值房,辰时(七—九点),皇帝召见,或有紧要事务,提前召见。每天见面一次,有时几次②。退出后,军机大臣书写文件。雍正勤政,估计他召见军机大臣的时间不会晚,次数不会少。当雍正即位之初,办理康熙丧事,特命吏部左侍郎张廷玉协办翰林院文章之事,那时,"凡有诏旨,则命廷玉入内,口授大意,或于御前伏地以书,或隔帘授几,稿就即呈御览,每日不下十数次"③。由于撰写谕旨的需要,每日召见多至十几次,这当然不是张廷玉后来军机大臣任上的情况,但它却是日后雍正召见军机大臣,指授区划的预演。及至张廷玉为军机大臣时,"西北两路用兵,内直自朝至暮,间有一二鼓者"④。八九年间,雍正身体不好,"凡有密旨,悉以谕之。"⑤这时,张廷玉可能是在圆明园内军机处值房中工作,雍正不分昼夜地召见,以至一二更后才返回住宅。在鄂尔泰入阁以前,张廷玉是雍正最亲近的朝臣,他的繁忙比一般官僚又不同,不过他的每日频被召

① 《澄怀园文存》卷5《遵例自陈第一疏》。
② 《枢垣纪略》卷13《规制》。
③ 《澄怀园主人自订年谱》卷1。
④ 《澄怀园主人自订年谱》卷2。
⑤ 《澄怀园主人自订年谱》卷3。

见,则还是反映了军机大臣的情况。

雍正向军机大臣所授旨意,以西北两路用兵之事为重要内容。如十年(一七三二年)二月,宁远大将军岳钟琪奏劾副将军石文焯纵敌,雍正命办理军机大臣议奏①。同年,西路军大本营要移驻穆垒,雍正为它选定六月初四日巳时启行,于四月十三日命军机大臣通知岳钟琪,"将一应事宜预先留心备办,但军营切宜慎密,以防漏泄"②。其他方面的军政、八旗事务,也命军机大臣办理。九年(一七三一年),雍正认为山东登州是滨海重镇,所辖地方辽阔,只有六千兵丁,怕不够用,命军机大臣详细讨论,是否酌量增添兵额③。次年,打牲乌拉地方的丁壮问题,也命军机大臣提出处理意见④。看来,在军机处设立之初,主要是办理战争、军政和八旗事务,而后扩大范围到所有的机要政事。

军机大臣面聆皇帝旨意,草拟文书。在清代,皇帝的诏令有数种。"旨",批答朝内外官员关于一般事务的题本的文书;"敕",颁给各地驻防将军、总督、巡抚、学政、提督、总兵官、榷税使的文书。这两种文书均由内阁草拟,经内阁发六科抄出,宣示有关衙门和人员。上谕,有两种,一是宣布巡幸、上陵、经筵、蠲赈以及侍郎、知府、总兵官以上官员的黜陟调补诸事,这也由内阁传抄发送,叫作"明发上谕";另一种内容是"诰诫臣工,指授兵略,查核政事,责问刑罚之不当者",由军机处撰拟,抄写,密封发出,叫作"寄信上谕",它因不是由内阁,而是朝廷直接寄出,故又称"廷寄"⑤。这几

---

① 《清世宗实录》卷115,十年二月辛亥条。
② 《清世宗实录》卷117,十年四月己亥条。
③ 《上谕内阁》,九年十一月初六日谕。
④ 《清世宗实录》卷116,十年三月丁卯条。
⑤ 《春融堂集》卷47《军机处题名记》;《养吉斋丛录》卷4。

种公文,军机处承办的寄信上谕最重要,内阁所办理的倒是一般性事务。廷寄,经由张廷玉的规划,形成一套制度,凡给经略大将军、钦差大臣、参赞大臣、都统、副都统、办事领队大臣、总督、巡抚、学政的,叫"军机大臣字寄",凡给盐政、关差、布政使、按察使的,叫"军机大臣传谕"。字寄、传谕封函的表面都注明"某处某官开拆",封口处盖有军机处印信,所以保密程度高①。有关军国要务,面奉谕旨,草拟缮发,这是军机处的主要任务。

军机处还有被咨询的任务,前述雍正命军机大臣议奏增加登州驻军问题,即为征询意见,以备采择,这是皇帝主动提出的问题。朝内外官员所上奏疏,雍正有的发给军机大臣审议。这样军机大臣可以和皇帝面议政事,有参议的职责和权力。

官员的奏折,皇帝览阅,朱批"该部议奏"、"该部知道"的,或没有朱批的,交军机处抄成副本(即"录副奏折"),加以保存,这也是军机处的一项工作。

军机处三项任务,最后一项系保存文件,对决定政事无关紧要。参议政事一项,要由皇帝决定参议某事,不是固定职权,是被顾问性质,其与闻事务的多少,与皇帝从政能力、兴趣有关,雍正时代,军机大臣不过是承旨办事,乾隆时当过军机章京的赵翼说:雍正以来,军机大臣"只供传述缮撰,而不能稍有赞画于其间"②。这个结论,用在雍正时代最为确切。军机处作文字工作,王昶就此说它职司的"知制诰之职"③。唐代知制诰,为翰林学士官,专掌诏令撰拟,它是朝廷官职,但又具有"天子私人"的性质④,即秘书性质,

---

① 《养吉斋丛录》卷4。
② 《簷曝杂记》卷1《军机处》。
③ 《春融堂集》卷47《军机处题名记》。
④ 《新唐书》卷46《百官志》。

所以军机处成为皇帝的秘书处了。军机大臣对皇帝负责,它的下属军机章京因系其他部门官员兼任,所以他们之间虽有上下级关系,但后者不是前者的绝对属吏,很难结成死党,因此军机大臣不能对皇帝形成尾大不掉之势,只能绝对秉命于君主。

军机大臣奉旨撰拟机务和用兵大事,而这是原来内阁票拟的内容,至此为军机处所夺,使它只能草写寻常事务的文件,这就降低了内阁的职权。军事要务由军机处承旨,内阁的兵部从事军官考核、稽查军队名额和籍簿,这是些日常琐务,用兵方略、军政区划都无由问津了。

雍正所用的满人军机章京,系从议政处调来①,这就给它来了个釜底抽薪,也使它名存实亡。

雍正时军机处的性质,还从军机大臣和军机章京的任用显示出来。雍正任命怡亲王允祥、大学士张廷玉、蒋廷锡、鄂尔泰、马尔赛、平郡王福彭、贵州提督哈元生、领侍卫内大臣马兰泰、兵部尚书性桂、内阁学士双喜、理藩院侍郎班第、銮仪使讷亲、都统莽鹄立、丰盛额等为军机大臣,内阁侍读学士舒赫德、蒋炳、兵部主事常钧、庶吉士鄂容安、内阁中书柴潮生、翰林院编修张若霭等人为军机章京。允祥、张廷玉、鄂尔泰与雍正关系密切自不必说,蒋廷锡于雍正四年任户部尚书,协助允祥办理财政,获得雍正的信任。马尔赛被雍正用为北路军营抚远大将军,早得眷宠。莽鹄立于雍正初年为长芦盐政,即得雍正的欢心。哈元生,在西南改土归流中立有大功,雍正见他,解御衣赐之,宠待有加。讷亲,雍正病笃,以之为顾命大臣,可见信任之专。张若霭、鄂容安分别为张廷玉、鄂尔泰之子。雍正的军机大臣,原来的官职,由正一品至从四品,相差悬殊,

---

① 《枢垣题名·后记》。

所以他们之被任命为军机大臣,官职是必要条件,但主要的取决于他同皇帝的私人关系,吴振棫就此指出:"军机大臣惟用亲信,不问出身"①。这些亲信入选之后,必定更秉命于皇帝,所以军机大臣只能从事撰述传达工作,而不能成为与天子有一定抗衡权的宰相。雍正给军机处书写"一堂和气"的匾额②,希望他的亲信们和衷共济,不另立门户,共同对他负责,安心做忠顺奴才。

归军机处办的事情,不问大小,"悉以本日完结"③,绝不压积。这样的办事作风,效率自然较高。寄信方法也是快捷的。张廷玉提出的廷寄办法,是军机处将上谕函封后交兵部,由驿站递相传送。军机处根据函件内容,决定递送速度,写于函面,凡标"马上飞递"字样的,日行三百里,紧急事,另写日行里数,或四、五百里,或六百里,甚至有八百里的④。这就和内阁发出的不同了,内阁的明发上谕,或由六科抄发,或由有关部门行文,多一个衙门周转,就费时日,保密也不容易,往往被地方官员探到消息,雇人先行投递,他们在正式公文到来之前,已悉内情,作了准备,加以应付。这样的事不乏其例,如四川布政使程如丝贪婪、人命重案,在成都审理,待后刑部的判处死刑意见被雍正批准,程竟在公文下达前五、六天获得消息,自杀于狱中⑤。雍正深知这些情弊,不止一次地讲到这类问题,并设法加以制止。五年(一七二七年)三月,他说泄密严重:"内外咨呈文书往来,该衙门尤易疏忽,以致匪类探听,多生弊端,间有缉拿之犯,闻讯远扬,遂致漏网,此皆不慎之故,贻误匪

---

① 《养吉斋丛录》卷4。
② 见《文献丛编》第20辑照片。
③ 《枢垣题名》吴荣光"记"。
④ 《簷曝杂记》卷1《廷寄》;《春融堂集》卷47《军机处题名记》。
⑤ 《上谕内阁》,六年二月二十五日谕。

轻。"他命令,"有关涉紧要之案,与缉拿人犯之处,内外各衙门应密封投递,各该管应谨慎办理,以防漏泄。"如有疏忽,从重治罪。①他在军机处设立前,已着手解决重要公文的保密和驿递问题,军机处成立,经张廷玉规划,创廷寄之法,"密且速矣"②,于是既保证中央政令的严格贯彻,速度又较前加快,从而提高了清朝政府的行政效率。

军机处是在雍正清理财政之后设立的,当时整个吏治比较好。军机处官员处机要之地,但没有什么特权。军机大臣有每日晋谒皇帝之荣,没有分外特权。雍正允许军机章京和军机处笔帖式挂朝珠③,表示宠异。朝珠,文职五品、武职四品以上才许悬挂④,出任军机章京的大多是六七品官员,其中编修、检讨、内阁中书均是七品小官,他们破例得同四品以上官员一样挂朝珠,是雍正给的特殊荣誉。然而这种虚荣,并没有实质性的好处。其时军机处官员非常注意保密,不与不相干人员往来。嘉庆五年(一八〇〇年),仁宗曾就军机处漏密事件发布上谕,他说:"军机处台阶上下,窗外廊边,拥挤多人,借回事画稿为名,探听消息。"因此规定不许任何闲人到军机处,即使亲王、贝勒、贝子、公、大臣亦不得到军机值房同军机大臣议事,违者重处不赦。又特派科道官一人,轮流在军机处纠察⑤。这是乾隆后期以后吏治败坏下的情况,雍正年间完全不是这样。张廷玉任职年久,据说"门无竿牍,馈礼有价值百金者辄却之。"讷亲"门庭峻绝,无有能干以私者"⑥。雍正年间军机处官员的廉洁,使他们

---

① 《清世宗实录》卷54,五年三月丁未条。
② 《簷曝杂记》卷1《廷寄》。
③ 《养吉斋丛录》卷22。
④ 福格《听雨丛谈》卷5《朝珠》。
⑤ 《枢垣纪略》卷14。
⑥ 《簷曝杂记》卷1《军机不与外臣交接》。

有可能不违法,保守机密,得以忠实的履行职责。

雍正创设军机处,使它日益取代内阁的作用,是行政制度上的重大改革。它使议政处名存实亡,使内阁形同虚设,军机大臣虽具有一定权力,但主要是秉承皇帝意旨办事,没有议政处的议决权,内阁的票拟权,这些权力通统归于皇帝了。所以行政机构的改革,加强了皇权,削弱了满洲贵族和满汉大臣的"相权"。军机处设立与奏折制度的确立相辅相成,雍正亲自批答奏折,向军机大臣面授机宜,天下庶务皆归他一人处决。前已说过,雍正的专权与明朝的朱元璋相同,但是又有不同,朱元璋日理万机,忙不过来,找几个学士做顾问,然而不是固定的班子在皇帝指导下处理政事,因此皇权是强化了,行政效率却不一定高,而雍正建立军机处,加强皇权的同时,还提高了行政效率,使得皇权能够真正地充分地实现,所以他的权力实际上比朱元璋还要集中,他以前的其他帝王对他更是不可企及的了。

第四节　改定律令

清律,订于顺治三年(一六四六年),大体上沿袭于明律。康熙中有所变化,以《现行则例》颁发执行,对律文未作正式变动。雍正元年(一七二三年),御史汤之旭以《现行则例》有拟罪轻重不一、事同而法异等弊病,建议重新修订律例。雍正采纳他的建议,命吏部尚书朱轼为总裁主持这件事,雍正还因这是个大事,非常重视,朱轼所拟条文,"一句一字,必亲加省览",还同诸臣讨论,加以裁定①。三年(一七二五年),书成,五年(一七二七年)正式公布。

---

① 《大清律集解序》,《清世宗文集》卷6。

律文四百三十六条,附例八百二十四条,卷首有《六赃图》、《五刑图》、《狱具图》、《丧服图》、《纳赎诸例图》等图。律有正文和注释,其文字比旧律多有改易。它删除旧律七条,都是过时了的,如婚姻门的"蒙古、色目人婚姻"条,清朝已不像明朝存在这个问题,它已成为具文;新律将旧律的一些琐碎的条文加以合并,如将"边远充军"条归入"充军地方"条内;它对旧律的某些条文作了若干变动,又增添了新的条文。这次律文制成之后,后代虽有变化,但只是增加附例,而律文本身没有任何改动。到宣统年间,《现行刑律》制定,才对它作了较大更改①。

雍正对律例所作的变动,以有关盗贼方面的为多。康熙中,对窃盗、窝主、逃人,处以割脚筋的刑法。雍正二年(一七二四年)二月,他认为这个刑法将受刑者变成残废,使用应当谨慎,次年又说受此刑的人甚多,没有能区分轻重,起不到警戒的作用,下令将它永远废除②。六年(一七二八年)十一月,改定奴仆盗窃家长财物例,原例犯此罪者,照平民犯罪减等论处,免刺字,罪止金流。改定为:若奴仆自盗,依平民处理,不减等,仍刺字;若勾引他人,按赃数,递加一等,赃在一百二十两以上者拟绞刑,监候处决,三百两以上则拟斩刑,俱不准援赦③。这个改动,由雍正主动提出,他比照监守自盗例论处,是将这类案情从重处理。七年(一七二九年)四月,刑部奏请制定盗贼家属处分例,提议:凡盗贼同居的父兄伯叔,明知其为匪,或者还分受财物,只要据实出首,均准免罪,连本犯亦得照律减免;如不出首,不分赃而知情的,照知人谋害他人不行首

① 《清史稿》卷144《刑法志》;《清朝文献通考》卷197《刑考》。
② 《清世宗实录》卷16,二年二月庚戌条;卷29,三年二月庚午条;《雍正朝起居注》,三年二月初一日条。
③ 《清世宗实录》卷75,六年十一月丙辰条。

告律,杖一百,若知情而又分赃,照本犯罪减一等发落。雍正批准了他们的建议①。八年(一七三〇年),雍正以直隶盗案多于他省,为严行惩治,将盗伙不分首从,皆行正法,是所谓"以辟止辟",至十一年(一七三三年),以盗案减少,遂取消实行于该地的这个特殊条例,再有盗案,仿照其他省份,按"法无可贷"、"情有可原"不同情况拟定结案②。

雍正从维护宗族制度出发,改定有关律例。清朝秋审,原将案件分为情实、缓决、可矜、可疑四种,判决有死刑立即执行的、有缓刑的,有留待进一步调查处理的。康熙五十年后情况复杂一些了,这一年定例:凡犯死罪而非常赦所不原的,高、曾、祖父母及父母年在七十以上又有疾病需要侍养的,家中又没有次丁、成丁,可以根据他犯罪情节,由皇帝决定是否处以死刑;若犯徒流罪的,就杖一百,余罪收赎,存留养亲③。雍正继位就将它制度化,二年(一七二四年),指示要看被害者家中是否有成丁、次丁,否则杀人之人反得留养,死者家中若无次丁、成丁,就不合情理了④。同时他严格要求留养者赔偿银两,于三年(一七二五年)定出具体数目,若不能赔偿,仍照应得之罪法办⑤。同年又规定:凡军流徒犯及免死流犯,家中祖父母、父母老疾,没有次丁、成丁侍养,军流徒犯,照数决杖,余罪收赎;免死流犯,枷号两月,杖一百,俱准存留养亲⑥。存留养亲,本为养活尊亲,也包含有使尊亲后嗣有人,家门永存,香火不断之意,雍正十一年的有关定例,把这个意思进一步明确了。如

---

① 《清世宗实录》卷80,七年四月己卯条。
② 《上谕内阁》,十一年四月十四日谕。
③ 光绪《大清会典事例》卷732《刑部·名例律·犯罪存留养亲》。
④ 光绪《大清会典事例》卷733《刑部·名例律·犯罪存留养亲》。
⑤ 光绪《大清会典事例》卷732《刑部·名例律·犯罪存留养亲》。
⑥ 光绪《大清会典事例》卷732《刑部·名例律·犯罪存留养亲》。

有关条例规定:若夫殴死妻,不是故杀,父母已故,别无承祀之人,可将该犯枷号两月,责四十板,准其存留承祀①。设立了这类条例,自雍正起,秋审四类处分外,增加"留养承祀"一类。对于宗族内成员之间的犯罪律例,雍正亦有所改动。江西永新县民朱宁三屡次犯窃,迫使乃兄朱伦三卖子鬻产代为赔偿,后又偷牛被获,朱伦三遂和其侄朱三杰把朱宁三淹死,案发,刑部拟朱伦三流徒,朱三杰徒刑,雍正不批准,他认为赔累伯叔兄弟的恶人,犯罪可能不至于死,而族人为剪除凶恶,训诫子弟,治以家法,至于身死,亦是惩恶防患之道,情非得已,不当按律拟以抵偿,因此将朱伦三、朱三杰二人免罪释放。同时命制定类似事例,于是经九卿讨论,雍正批准,定出新例:合族公愤,以家法处死不肖子孙,如死者确有应死之罪,将为首者照罪人应死而擅杀律予杖,若罪不至死,将为首者照应得之罪减一等,免其抵偿②。又有福建建安县民人魏华音,偷割人稻禾,竟将已故之胞兄独子勒死,嫁祸于人,以图逃脱自身的偷窃罪,刑部拟罪,按尊长致死卑幼论刑,雍正不赞成,他说魏华音固然是死者的亲叔,但其凶恶惨毒已在伦常之外,凶手与死者就不能论尊卑长幼名分了。对于这样的事情,过去条例没有详加分析,并不妥当。他指示:"其将卑幼致死以脱卸己罪及诬赖他人者,应另定治罪之条。"于是议定:凡属这类情形的,"应照亲伯叔夺兄弟之子房产等情故杀例拟绞监候"③。他针对原来律例中尊长卑幼名分关系而处刑不合理的问题,改定新例,既维护尊长的权力,又不允许他们恣意为非作歹,使刑律改得合理一些。他所定为代表宗族利益惩治恶逆的人减刑的律例,使宗族在实际上具有一定的司

---

① 光绪《大清会典事例》卷732《刑部·名例律·犯罪存留养亲》。

② 《雍正朝起居注》,五年五月初十日条。

③ 《上谕内阁》,六年六月初四日谕。

法权,这是维护宗族制度的法律手段。

清律沿袭唐、明历代之旧章,有赎刑,但有其特点,即捐赎的通行。顺治十八年(一六六一年)定官员犯流徒籍没认工赎罪例,康熙二十九年(一六九〇年)定死罪现监人犯输米边口赎罪例,三十年(一六九一年)又定军流人犯赎罪例,六十年(一七二一年)又有河工捐赎例,等等。这些捐赎事例,都是因事需要而制定,事毕即停止实行。雍正初年,定西安驼捐例、营田事例,都包含捐赎条款。至十二年(一七三四年),吸收以前事例办法,定预筹运粮事例,规定:不管是旗人还是民人,凡罪应斩、绞而情有可原的,三品以上官员捐运粮银一万二千两,四品官捐运粮银五千两,五六品官捐银四千两,七品以下暨进士、举人捐银二千五百两,贡监生二千两,平人一千二百两,俱准减死罪;若犯罪应服充军、流放刑法的,各类人各自交足死刑捐银数的百分之六十;若犯徒刑以下的罪,各类人各自交足死刑捐银数的百分之四十。这些犯人就改行枷号杖责,照徒罪捐赎。这时西北正在两路用兵,军费大增,雍正用这个办法以增加财政收入。雍正以后,清朝用兵之事仍多,使得这个捐赎例基本上坚持下去。官员和富人用金银赎免死罪,不管什么原因总是坏事,雍正自知理亏,在实行中要求从严掌握。五年(一七二七年)十月,刑部议准王惠等数人照营田赎罪例赎罪,雍正复审,允许杨廷璋等三人赎罪,以王惠殴死人命,林必映、林鼎勳身为举人、监生,开设赌场,大干法纪,不准捐赎抵罪①。

雍正在司法行政方面,对决囚颇为注意。雍正朝以前,秋审人犯,在京的审为"情实"者,要三复奏,以定"予勾"(死罪立即执行)、"未勾"(死罪暂缓施行),在地方的,径行勾决,即没有三复审

---

① 《上谕内阁》,五年十月十五日谕。

的可能。雍正表示要"慎重民命",于二年(一七二四年)四月下令,地方秋审情实人犯亦要三复奏闻①。次年秋天,雍正亲自决囚。这在以前,还是康熙五十八年(一七一九年)勾决囚犯的,至此已五年没有进行了②。这次雍正搞了一个多月,勾决范受德等斩犯,对一些斩犯未予勾决。斩犯郑人进原聘王北辰之女为妻,后王北辰赖婚,郑人进因将北辰女抢去,尚未成亲,王北辰率王兰桂前往强接,以致郑人进打死王兰桂。雍正说这是赖婚引起的抢亲,曲在王北辰,郑人进虽有人命,但系斗殴致死,并非有意杀害,遂定为缓决③。前面说过的浙江缙绅陈世侃家人致死人命,嘱托浙抚黄淑琳一案,定为死刑,雍正决囚,以陈世侃之父陈诜为康熙时礼部尚书,"居官尚属谨慎",从宽免勾④。雍正自云重视刑名,"每年秋审、朝审时,朕先将招册细细披览,及至勾到之日,复面与大学士、刑部堂官等往复讲论,至再至三,然后降旨"⑤。地方决囚,亦需三复奏,这是把处决权收归中央,而最终是加强皇帝的司法权。

雍正不断研究司法中的问题,他发现人命案件中,故杀、谋杀的少,斗殴中误伤的多,起因多半是为微小物品,或口角相争,打起架来就不顾性命了,及至抵罪,追悔莫及。他认为这是愚民无知,不懂法律的关系。他也知道律令条文太多,一般人也难于尽知,为此命令刑部,把殴杀人命的律例逐条摘出,详细讲解说明,由地方官刊刻,在大小村落张挂,使家喻户晓,人知守法,减少人命案件⑥。监狱的弊病很多,刑部衙门,凡遇八旗、各部院、步军统领及

---

① 《雍正朝起居注》,三年十一月初七日条。
② 《雍正朝起居注》,三年九月十九日条。
③ 《雍正朝起居注》,三年九月二十一日条。
④ 《雍正朝起居注》,三年九月二十二日条。
⑤ 《上谕内阁》,十三年闰四月二十八日谕。
⑥ 《雍正朝起居注》,二年闰四月初五日条。

五城御史交送人犯,不论事情大小、罪犯之首从,一概收禁候审,受狱吏欺凌吓诈,等到定案,重犯少而轻犯多,还有无辜者,白受监禁之苦。十一年(一七三三年),大学士张廷玉提出区别情况分别收禁的条陈,雍正命九卿议奏,遂不许将轻罪人犯混行送部收禁。张廷玉还发现刑部定案所引律文,往往不当,这就容易出现官吏舞弊,使重罪轻判,或轻罪重判,他要求都察院和大理寺真正起到监察作用,雍正采纳他的意见,也命九卿议定纠正的办法①。"八议"是封建等级制在法律上的反映,历代相沿,被统治者视为不易之法。雍正对它另有看法,他说刑法应是至公至平的,不能随意忽轻忽重,有了"八议",对亲、故、功、贤等类人的犯罪,有意为他们曲法优容,这就使法律可以任意低昂了,这是不公平的。何况这些人,平时已得国家优崇,更应当带头守法,为士民的表率,他们犯罪,再得到曲宥,人们怎能心服,怎么达到惩恶劝善的目的? 并且由于有八议,这些人中的不肖者反倒可以放肆作恶。他认为这样的律文不可为训。不过他承认这是成法,不能取消,也不可完全按它实行②。雍正对宗室、贵族、功臣中多人用刑,他是把八议撇在一边了。

上述雍正的司法活动,可以看出他的精神主旨:

第一,是为强化治安,如对奴仆盗家长财产罪、盗贼家属连坐罪的从严改定,以严刑峻法威吓触犯刑律的平民和贱民,维护封建社会秩序和地主阶级的私有财产制度,所以他的司法的地主阶级性质非常清楚。

第二,是进一步增强皇帝的司法权,如全面实行三复审制度所

---

① 《清世宗实录》卷 129,十一年三月乙酉条。
② 《上谕内阁》,六年三月二十六日谕。

表现出来的。

第三,贯穿了他的为政务实精神,不拘于成例,从实际出发加以改变,如改定关于宗族成员间犯案处分的律例,既不一味维护尊长利益,又不使卑幼无故遭殃。八议虽不取消,又不完全执行,也是根据实际情况执法的表现。

第四,执法从严,有的地方甚为残酷。三年(一七二五年),雍正决囚时说:"人命重案,务使情法得中,严固不可,宽亦不可。"又说:"从来法宽则愚民易犯,非刑期无刑之意"①。他讲执中,司法要合情合理,其实是为他严刑作解释。他的遗诏说从前宽厚的律例,经他改严的,是为整饬人心,改变风俗,原来只打算行于一时,等到弊病革除之后,就可酌情恢复旧章。以后遇到这类事情,就要细加考虑,该照旧例实行的就取消新例②。是他自认严了,还是嗣君乾隆认为他严了,反正他是严了,前述对盗案家属的处理新例即是明证。他在司法上的严,也是他主张严猛政治的体现。

第五节　升府州和更定地方官缺

雍正大量增设府、直隶州和州、县等地方行政机构,对亲民官的任用也作了一些改变。

二年(一七二四年),山西巡抚诺岷建议撤销卫所,改归州县管辖。雍正命兵部等衙门议复,兵部不赞成,理由是军、民户役不同,不便归并;武科甲人员出路是卫所的守备、千总,裁撤卫所,是去了他们做官之路。雍正与他们的看法截然不同,责备他们"所

---

① 《雍正朝起居注》,三年九月十九日条。
② 《清世宗实录》卷159,十三年八月己丑条。

见甚小",指示除边远卫所外,"内地所有卫所,悉令归并州县。"为了把这件事做好,他要求各省督抚详细规划合并事项,吏、兵二部研究武科甲出路问题①。变卫所为州县,他的决心很大,这是地方行政区划改革的内容之一。同时进行的是增置府州,这比卫所改制涉及范围更大。各地督抚见雍正支持诺岷,纷纷效尤,提出申请②,雍正一一采纳,在短期间内许多省的行政区划作了变动。山西原有宁武卫,改升为宁武府,另设宁武县为其附郭,将右卫等三卫改为县,设朔平府领之,升平定、忻、代、保、解、绛、吉、隰等八个散州为直隶州,各领属县。在直隶,添设热河厅、张家口厅,改冀、定、晋、赵、深五散州为直隶州,升天津卫为直隶州,寻升为府。在江苏,将太仓、邳、海、通四州升为直隶州,把苏州府长洲县、松江府华亭县、常州府武进县、扬州府江都县等县析分为二个县或三个县,使苏州府有三个首县,松江府、常州府、扬州府也各有二个附郭县,另改金山卫为金山县。安徽的颍、亳、泗、六安等州,山东的泰安、武定、滨、济宁、曹、沂六州,陕西的商、同、华、耀、乾、邠、鄜、绥德、葭等州,广西的郁林、宾、西隆州等州都升为直隶州。甘肃的甘州、凉州、西宁、宁夏等卫改为府,肃、秦、阶三州升成直隶州,台湾增设彰化县。陆续增置的府厅州县,今据《清史稿·地理志》所载,约略计算一下,增设和复置的府三十三个,直隶州、厅五十八个,州、厅二十八个,县八十五个,共计二百零四个。清代约有一千七百个府厅州县,雍正年间变动的占到总数的百分之十二,可见改动的比较多。这些是添设和提格的,还有的县及县下的村镇改变所隶省份,如直隶的内黄、滑、濬三县拨归河南,而河南的磁州转属

① 《上谕内阁》,二年闰四月十一日谕。
② 《永宪录》卷3,217页。

直隶,祥符县的辛安社、仪封县的李家庄改隶山东曹县①。所有这些变易,都由雍正批准。他还给新置州县命名,如因太湖古名震泽,就以之名吴江县析出之县,山东博山、台湾彰化等都是他定的名称。

在未增置州县以前,福建人兰鼎元撰《论江南应分州县书》一文,认为苏州、松江、常州、太仓等府州的属县应当析小,原因是这里赋税多,县官忙不过来,化小了才便于征收②。他的分析,正是后来两江总督查弼纳提请分县的理由:该地"额征赋税,款项繁多,狱讼刑名,案牍纷积,为牧令者,即有肆应之才,亦难治理"③。苏、松、常是著名的财赋重地,其辖县,钱粮多的,每年至四十多万两,少的亦不下二三十万④。一县的钱粮,比有的省份还要多,如云南通省一年的正额钱粮不过二十万两,贵州全省地税丁银六万六千两,杂税一万三千两,仓粮十一万四千石⑤。苏、松、常、太所属的长洲、昆山、吴江、嘉定、常熟、华亭、娄县、上海、青浦、武进、无锡、宜兴、太仓,合计正赋银米三百五十五万⑥,比滇黔两省的总和还多。达到全国地丁银的百分之十以上。这么多的赋税由极少数人来管,很难征收齐全,需要增添县署。江南分县之后,松江民谣:"百里分城隔浦天,东南半壁又三分。莫看斗大州容易,堂上琴声几处闻"⑦。反映这里州县事务依旧殷繁。江南分县最具代表性,其他地区亦有类似情况。山西布政使高成龄折奏将散州、蒲州、泽

---

① 乾隆《河南通志》卷 26《田赋》。
② 《鹿洲初集》卷 3。
③ 《清世宗实录》卷 24,二年九月甲辰条。
④ 光绪《常熟昭文合志稿》卷 1《疆域》。
⑤ 《朱批谕旨·丁士杰奏折》,三年五月初二日折。
⑥ 《鹿洲初集》卷 3。
⑦ 陈金浩《松江衢歌》。

州升格为直隶州,缘由之一是"本州税粮"倍于他郡①。署理两江总督范时绎奏请在江西安福、永新两县划出一片地方另设新县,原因是那些地方离县城辽远,"每当征收之时,差役不能制服,是以历来两县钱粮旧欠未清,新征不足"②。雍正命他再行调查具奏,后终添设莲花厅。查弼纳、高成龄、范时绎讲的升州增县的共同原因是为了征税。

直隶滑县等三县改归河南是解决河南漕粮运输问题。河南每年漕粮二十万石,定限于次年三月初一日以前送到通州粮仓,运输由河南负责,运道是由卫河进入大运河,转输线上有一段属直隶辖境,河道多沙石浅滩,需要经常疏浚,施工时因该地区不属河南管辖,指挥很不灵便,因而河道不能畅通,河南漕粮不能及时交仓③。河南巡抚田文镜为按期运至通仓,奏请将沿河的滑、濬等三县改隶河南,这几县比较富庶,直隶总督李维钧不乐意划分,雍正还是于三年(一七二五年)批准了田文镜的奏议,改变该三县的隶属关系。事情立见效果,当年的漕粮即如期交仓了④。雍正于四年(一七二六年)向李维钧的后任李绂说起此事,李绂认为这是三年雨水大,才得幸运成事,不是行政区划变动造成的。四年的漕粮,田文镜上交的更早,雍正又问李绂还有什么话说⑤。事实上,这种改变是取得了预期的效果。

清初,四川因人烟稀少,归并裁撤二十个县,康熙五十年(一

① 《朱批谕旨·高成龄奏折》,五年九月十六日折。
② 《朱批谕旨·范时绎奏折》,四年十二月初六日折。
③ 雍正《河南通志》卷25《漕运》。
④ 《上谕内阁》,四年二月二十八日谕。
⑤ 《上谕内阁》,七年十一月十六日谕。

七一一年),川抚年羹尧提请复铜梁、岳池二县①,至六十年(一七二一年)铜梁始获准复置。雍正七年(一七二九年),川抚宪德疏言四川已"生聚日繁",改变了"地广人稀,政事简少"的情况,建议恢复双流、崇宁等十四县,雍正全部批准了他的要求②。此外,改建宁卫为宁远府,升雅州、嘉定、铜川三州为府,升锦州、茂州、达州、忠州及资县为直隶州③。

　　以上地方政区和行政单位的变化,无论是为赋多事繁、是为通漕、是为人口增殖,都是雍正为保证清朝政府的赋税征收,适应客观条件的变化而采取的措施。所以说保障赋税,是产生这种变更的基本原因。

　　原因是多方面的,还有另一种情况。福建总督郝玉麟疏言:"福宁地当冲要,崇山峻岭,向设直隶州,不足以资弹压,请改为福宁府"④。宁远大将军、川陕总督岳钟琪请将榆林卫改府的事,说了同样的话:"(该地)夷汉杂居,必须大员弹压,请于榆林地方设知府一员"⑤。湘抚王国栋疏请将岳州府的澧州升为直隶州,他说:"岳州府属辽阔,中隔洞庭,……文移每至稽迟,有鞭长不及之虑",若将澧州升为直隶,领属石门等三县,岳州府的事就好办了⑥。九年(一七三一年),署理直隶总督唐执玉建言将天津州改为府,他说:"天津直隶州系水陆通衢,五方杂处,事务繁多,请升为府"⑦。同年,署理两江总督尹继善说:"淮安府属之山阳县、扬

①　《掌故丛编》第5辑《年羹尧奏折》17页下。
②　《清世宗实录》卷87,七年十月已酉条。
③　《清史稿》卷69《地理・四川》。
④　《清世宗实录》卷143,十二年五月辛卯条。
⑤　《清世宗实录》卷100,八年十一月壬午条。
⑥　《满汉名臣传》卷45《王国栋传》。
⑦　《清世宗实录》卷103,九年二月丙辰条。

州府属之江都县,事务殷繁,幅员辽阔,请各添设知县"①。他们的请求都被雍正批准了。雍正君臣的出发点,皆因原来辖区大,管理不方便;官员职务卑小,不足以任其事,为了加强对地方的治理,才进行地方机构的调整。

升府州,与地方官的任用制度有关联。道员、知府的任用,在康熙中,由吏部按照官员的俸资,挨次选授,知州、知县的选用大体相同。道、府、州、县员缺,又分"繁"、"简"两项,如何划分繁、简,标准不甚清楚。雍正初年沿用了前朝成法,遗留问题亦未解决,六年(一七二八年),广西布政使金鉷提出新的补授办法,即府州县的事务分出"冲"、"繁"、"疲"、"难"四种情况,"冲"指地理位置的重要,或系交通要道,或系军事重地,或系险阻处所;"繁"指事务殷杂,或钱粮多,或差役杂,或为首府首县;"难"指士习刁凌,"民风强悍",狱讼繁多,难于治理。根据这四项内容,确定各府州县的官职属于何种缺分,以备选择相应官员补任。雍正把他的意见发交九卿讨论,最后决定:在冲、疲、繁、难四项中,该府州县具备四项或三项,则成为"最要缺"、"要缺",否则为"中缺"、"简缺"。属于最要缺、要缺的知府由吏部开列可以补任的官员名单,经皇帝选择,予以补授,这是所谓"请旨补授",也即所谓"特用"。州县官的补授,凡属最要缺、要缺的,由督抚从现任州县官的能员中提出名单加以任用,称为"题授",这种官缺就叫作"题缺",若系中、简缺分,则由吏部除授,叫作"选授",该官缺则为"选缺"②。选授是按俸资排列应升官员名单秩序,然后按序升转,它只讲资格,不重视

① 《清世宗实录》卷109,九年八月丁酉条。
② 《清高宗实录》卷5,雍正十三年十月乙亥;卷7,十一月甲子;卷289,乾隆十二年四月丁丑条;《小仓山房文集》卷3《广西巡抚金公神道碑》;《上谕内阁》,十二年九月初五日谕。

才能。题授、请旨补授选拔才力之人,可以超越俸资,含有鼓励人才的意思。

　　增设府县,提升直隶州,更定府州县官员补授方法,一个后果是加强了皇帝和督抚对基层的控制。田文镜曾说:"我皇上眷念中土,特增加直隶,事得专达"①。直隶州属于省里,题授由督抚进行,他们对州县官的考核和任用权实际上加大了。请旨补授,这是雍正把吏部铨选权削弱了,使皇帝进一步加强对地方行政的指导。所以地方行政制度的变化,同雍正改革中央官制和文书制度相一致。雍正从中央到地方全面地调整了官制,其结果是进一步强化了皇权。

---

　　① 雍正《河南通志》卷 2《舆图序》。

第八章 改革旗务和处理满汉矛盾

第一节 下五旗私属关系的终结

努尔哈赤创建八旗制度,由子侄分任各旗旗主,旗主与旗下有严格的主从关系,皇帝要调发旗下人员,必须通过旗主。旗下隶属于旗主,同皇帝是间接关系,也就是说旗下有两个主人,即旗主和皇帝。各旗内亲王、贝勒、公是世袭的,他们世代掌管所在旗。这样在对待旗民的统治上,皇帝要直接掌管旗民,加强皇权,旗主要维持对旗下的所有权,因而产生皇权与旗主权的矛盾。自清太宗起的清朝前几代皇帝都谋求削弱旗主的权力,太宗、顺治两朝使镶黄旗、正黄旗、正白旗成为上三旗,由天子自将,于是剩下其他五旗,即下五旗旗主问题。康熙在统治后期,派皇七子胤祐管理满洲、蒙古、汉军正蓝旗三旗旗务。当今皇帝的儿子到下五旗中作管主,代替原来的旗主,实际上削弱了旗主的权力。所以雍正以前,八旗旗主势力逐渐衰微,已无力与皇权抗衡,但是他们还拥有一部分权力,影响着皇权在八旗中的进一步行使。

雍正继位初年,承袭乃父遗策,任用亲信弟兄和王公管理旗务,如以康亲王崇安管理正蓝旗三旗事务[①],皇十七弟果郡王允礼管理镶红旗事。他在对管主的使用中,发现它和皇帝及八旗内官

---

① 《雍正朝起居注》,五年五月二十一日条。

员的矛盾,管旗务的诸王因身份崇高,还是影响皇帝对旗民的直接统治,而管主同都统等官员职权难分,往往互相摩擦,对于"公事,亦未免耽误",雍正遂于六年(一七二八年)减少管主,取消崇安、锡保及信郡王德昭等的管理旗务①,七年(一七二九年),雍正"命庄亲王允禄管理镶白旗满洲都统"②,九年(一七三一年),改"命庄亲王允禄管理正红旗满洲都统事务"③,十年(一七三二年),用平郡王福彭"管理镶蓝旗满洲都统事务"④。允禄、福彭是管理都统事务,与管旗务大不相同,管旗务是八旗都统的太上皇,是管主,都统得唯命是从,管理都统事务,本身相当于都统,或是兼职都统。都统是所谓掌"八旗之政令,稽其户口,经其教养,序其官爵,简其军赋,以赞上理旗务"⑤。是八旗的军政长官,是一种职务,由皇帝临时任命,不能世袭,与所在旗的旗民是官民关系,而不是主从关系。允禄是雍正第十六弟,又以亲王身份管都统事,他已不是管主,降为一旗长官了,而这不是他个人的荣辱问题,因为他长期受雍正信任,后来为乾隆顾命大臣之一,他的出任管理都统事务,表明皇子、亲王在八旗中地位的降低,表明管主的被取消。至此,清代管理八旗事务人员经过了三个阶段的变化:旗主——管主——宗室贵族管理都统事务,每一次的变化,都是旗内主从关系的削弱,旗主不再具有原先的旗内自主权,皇帝将它剥夺净尽了。这个三部曲是皇权在八旗内(主要是下五旗)强化的过程,雍正的宗室贵胄管理都统事的办法,则是它的终结。这是八旗制度内皇权、旗

① 《清世宗实录》卷74,六年十月癸巳条。
② 《清世宗实录》卷83,七年七月甲寅条。
③ 《清世宗实录》卷102,九年一月甲申条。
④ 《关于江宁织造曹家档案史料》,220页。
⑤ 光绪《大清会典》卷84《八旗都统》。

主权消长过程的主线,围绕着它,雍正还采取了许多相应措施。

八旗都统,清文为"固山额真",印信即以此为文,"额真",满语意为"主"。雍正元年(一七二三年),给事中硕塞条奏:"额真二字,所关甚巨,非臣下所可滥用",请加改定。雍正为正名分,崇君主,接受他的建议,命将"固山额真"改为"固山昂邦",意为总管,即汉文的都统,又将"伊都额真"改为"伊都章京"①,意为领班。臣下不能称为"主",只能尊奉一个主人——皇帝。"固山额真",是努尔哈赤建旗时的老名称,后来的都统早已不复是旗主的意思,至此,雍正又在文字上加以改变,从意识形态上革除旗主的痕迹,从而也标志旗主权力的实际消失。

旗员的官缺,向分旗缺、翼缺、公缺数种。旗缺,是某一官职例由某旗人员充任;八旗又分左右两翼,翼缺是专属于某一翼的人员的官缺;公缺是所有八旗人员的。旗缺、翼缺只在某旗某翼内进行拣选,旗主、管主可以把持这些缺位,也使得各旗之人具有向心力,团结自固,但在八个旗内,各旗人才不一,因而有的旗升转较快,有的则较迟滞,也不公平。这一问题,康熙初年即着手解决,八年(一六六九年)、十年(一六七一年),分别将各部堂主事、郎中改为公缺,通同论俸升转,但员外郎、主事仍按旗升转。雍正六年(一七二八年),以铨法划一为理由,将原属于旗缺、翼缺的各部员外郎、主事、内阁中书、监察御史、给事中、工部造库郎中,一律改为公缺②。既解决铨法的不公平,亦不使旗主、管主干预旗缺中任何一部分旗员的任用。对八旗内部缺分的补授,雍正亦行更改,原来下五旗王公所谓公中佐领之缺,只在该王属下拣选,八年(一七三〇

---

① 《清世宗实录》卷42,四年三月丁未条。
② 《清世宗实录》卷70,六年六月庚辰条。

年),雍正认为这样做不易得到合适的人,命于该旗中拣选官员引见补授,若该王属下之人可用的当然也可以拣选①。企图使诸王所用人员尽量少同他有密切关系。

佐领是八旗基层牛录的主官,职位虽不甚高,但地位重要,特别是原管佐领(勋旧佐领),系清朝开国时期率族众归来的,被编为牛录,佐领在一个家族世袭,也即使它永远掌握这个基层组织。世管佐领,也是早期投入后金政权的部众,佐领也是世袭②。雍正于四年(一七二六年)二月说,他们中年幼的,愚昧的,衰老不能办事的,只给佐领的俸禄,不许管理事务,其事另选择该旗大臣官员兼理③。这就等于取消了原管佐领、世管佐领的世袭罔替。可见雍正对八旗各级主人下手,褫夺他们的统治权。

对于王公与属下的关系,雍正作了许多规定。元年(一七二三年),禁止王公在所属佐领内滥派差役,只许挑选人员充任护卫、散骑郎、典仪、亲军校、亲军,不许兼管家务,若用作包衣官职,或令跟随子侄,都要列名请旨,并且要知会该旗都统,由都统复奏。若属下犯罪,王公要奏闻,交刑部处理,雍正说:"不请旨,断不可也"④。这是说王公对属人没有任意使用权和处罚权。二年(一七二四年),雍正不许下五旗王公听信谗言,将属下妄加残害,或借端送刑部治罪,若有此种情况,则将这些被害者撤离原主门下。同时规定,王公属下有被问罪发遣的,不许发往该王公打牲处所,免得他们发生联系,私自回到该王公门上⑤。政府惩治王公属下,不

---

① 《清世宗实录》卷100,八年十一月癸巳条。
② 《清圣祖实录》卷281,五十七年十月乙巳条;《养吉斋丛录》卷1;《听雨丛谈》卷1《佐领》,23页。
③ 《清世宗实录》卷41,四年二月辛卯条。
④ 《雍正朝起居注》,元年七月十六日条。
⑤ 《雍正朝起居注》,二年三月二十日条。

容原主包庇,王公迫害其属下,政府不容其肆恶,这是一个问题两个方面,即不许王公与属下有不正常关系。同年,更定王公拥有的护军、领催、马甲数,亲王为护军、领催四十名,马甲一百六十名;郡王护军、领催三十名,马甲一百二十名;贝勒护军、领催十六名,马甲八十名;贝子护军、领催十六名,马甲六十四名;镇国公护军、领催十二名,马甲四十八名;辅国公护军、领催八名,马甲三十二名[①],比原来的数目减少了。同年还下令,诸王所属佐领,凡移出的,其内人员不得再与旧主往来,否则从重治罪[②]。使王公对旧部不能发挥影响。

雍正特别不许王公勒揹属下,元年(一七二三年),他说五旗诸王不体恤门下人在外省做司道府县官的,向他们分外勒取,或纵容门下管事人员肆意贪求,为除此弊,他允许该等官员封章密揭[③]。次年,他发现公爵星尼向属人王承勋勒取几千两银子,为此特发上谕,说星尼才是公爵,而王承勋不过是州县官,就要这么多银子,若主人是王府,属人为地方大员,则不知要多少了。他就此事警告王公,若不悛改,"必将五旗王府佐领下人一概裁撤,永不叙用"[④]。十一年(一七三三年),太原知府刘崇元告发他的佐领李永安,在其回京时,李永安到他家索去银子一百二十两及马匹、衣物,后李永安又派人到他任所,勒取骡头、潞绸,还要三二百两银子。雍正下令对李永安严行查处[⑤]。

削弱八旗王公与属下的私属关系,在雍正初年有特殊意义。

---

① 《清世宗实录》卷23,二年八月戊寅条。
② 《清世宗实录》卷26,二年十一月辛亥条。
③ 《雍正朝起居注》,元年六月二十九日条。
④ 《上谕内阁》,二年六月二十三日谕。
⑤ 《上谕内阁》,十一年九月二十日谕。

雍正严禁诸王滥役属人时说:早先诸王对属下尚知恩抚,而"朕之兄弟,分给包衣佐领之人既少,而差役复多,其余诸王亦从而效之"①。他把诸兄弟视作罪魁,借此整饬,收回王公任用属人的权力,所以这是他打击宗室朋党的一个内容。他把严禁王公勒索旗下,纳入了清查钱粮、打击贪赃、肃清吏治的措施之中。他指责王公的勒逼造成旗下官员的贪赃:"该员竭蹶馈送,不能洁己自好,凡亏空公帑,罹罪罢黜者多由于此"②。可见他在继位之初,急急忙忙地改革旗务,是同打击朋党、整顿吏治紧密结合。

二年(一七二四年),雍正下令设立宗学,按八旗的左右两翼各立一学,招收宗室子弟学习,每学设正教长、副教长,由翰林院编修、检讨充任。宗学招收宗室子弟,学习满文、汉文,演习骑射,由政府按月发给银米、纸笔。每年雍正派大臣去考试,进行奖励和惩罚③。七年(一七二九年),雍正因宗学不能容纳觉罗子弟,特于各旗设立觉罗学,令觉罗子弟读书学射④。此外,雍正还设立咸安宫八旗官学,选择八旗子弟中俊秀者入学,内务府包衣佐领的景山官学中的优秀者亦可入选⑤。雍正对他兴办宗学的原因作过说明,他认为宗室中人各怀私心,互相倾轧,把骨肉视为仇敌,更有甚者,"要结朋党,专事钻营";还有一种人骄奢淫佚,荡尽产业,也是不肖子孙。为改变这种风习,要作许多工作,但必须加强对他们的教育,以事挽救——"急筹保全之道,若非立学设教,鼓舞作兴,循循

① 《雍正朝起居注》,元年七月十六日条。
② 《雍正朝起居注》,元年六月二十九日条。
③ 《上谕内阁》,二年闰四月初五日谕;《养吉斋丛录》卷3;《啸亭杂录》卷9《宗学》。
④ 《清世宗实录》卷84,七年闰七月癸未条。
⑤ 《清世宗实录》卷75,六年十一月丙辰;《啸亭杂录》卷9《八旗官学》。

善诱,安能使之改过迁善,望其有诚"①。他又说:"必教以典礼伦常及治生之计,俾各好善恶恶,崇俭戒奢,方可谓教育有成"②。他把办宗学与削夺诸王权力、宗室朋党同时进行,以巩固他在政治上的胜利。

第二节　试图解决八旗生计问题

清朝入关之初,八旗人口微少,他们为官作宦,当兵吃粮,又有旗地可以耕作,不存在生计问题,但时间稍长,如到雍正继位,已八十年了,这时人口增殖甚多,而官职缺额和兵额都有限量,旗地没有增加,除了上述职业以外,清政府又不允许他们自谋生活出路,因此出现了新添人口的生活问题,此外旗人因长期脱离生产,出现生活上追逐奢华的问题。二年(一七二四年),雍正向八旗官员和民人说:

> 尔等家世武功,业在骑射,近多慕为文职,渐至武备废弛;而由文途进身者,又只侥幸成名,不能苦心向学,玩日愒时,迄无所就;平居积习,尤以奢侈相尚,居室用器,衣服饮馔,无不备极纷华,争夸靡丽,甚且沉湎梨园,遨游博肆,不念从前积累之维艰,不顾向后日用之难继,任意糜费,取快目前,彼此效尤,其害莫甚③。

他敏锐地看到旗人逐渐丢掉尚武精神,向追求生活享乐方面发展。对后一方面感受尤深,他知京中一部分旗人以酗酒、赌博、赴园馆、

---

① 《上谕内阁》,二年闰四月初五日谕;《养吉斋丛录》卷3;《啸亭杂录》卷9《宗学》。
② 《清世宗实录》卷41,四年二月辛卯条。
③ 《清世宗实录》卷16,二年二月丙午条。

斗鸡、鹌、蟋蟀为事,京外他去过盛京,见旗人以"演戏、饮酒为事",以至城中酒肆多得不得了①。他还知道,有的旗人的享乐,靠着变卖家产和钱粮来维持,他说他们"多有以口腹之故而鬻卖房产者,即如每饭必欲食酒,将一月所得钱粮,不过多食肉数次,即罄尽矣。又将每季米石,不思存储备用,违背禁令,以贱价尽行粜卖"②。

雍正针对一些旗人靡费和不善治生的问题,采取种种措施维持旗人的生活,希望他的国家的根本——八旗军不致为生活问题而动摇。

雍正告诫旗人"量入为出,谋百年之生计"③。他严厉禁止旗人分外享乐,元年(一七二三年),不许旗人酗酒、斗鸡,重定公侯及八旗军民婚丧仪制,让旗人崇尚节俭是重要的原因。到十二年(一七三四年),他就此事说:"近闻八旗人等仍有未改陋习,以夸多斗靡相尚者",因命八旗都统务必加强教育④。这些禁令,主要是进行教育,收效自不会多,即如变卖禄米,仍是司空见惯之事。五年(一七二七年),顺承郡王锡保报告,贾富成私自偷买旗军甲米,又向旗人放高利贷,雍正命他加以追查,将所买甲米及高利贷本利银追出,赏给破获此案的官兵⑤。他感到一个一个追查不是根绝旗丁出卖禄米的办法,于六年(一七二八年)令在京仓附近设立八旗米局二十四个,即满、蒙、汉军每旗一个,在通州仓附近按八旗左右两翼,设立米局两处,每局都派有专官,稽查禄米的买卖⑥。

---

① 《雍正朝起居注》,三年四月十二日条。
② 《清世宗实录》卷56,五年四月己亥条。
③ 《清世宗实录》卷16,二年二月丙午条。
④ 《上谕内阁》,十二年五月十七日谕。
⑤ 《上谕内阁》,五年六月二十八日谕。
⑥ 《清世宗实录》卷66,六年二月甲午条。

这是限制旗人的糜费,以便量入为出。

雍正为增加旗人的收入,实行优恤政策。元年(一七二三年),发内帑银八十万两,分给各旗,作为官兵婚嫁丧葬的费用,于是规定护军校、骁骑校等婚事给银十两,丧葬给银二十两,马甲、步军等给银递减①。这是临时性的补助,对八旗生活所助有限。

旗人繁衍了,而八旗兵额是固定的,所以出现很多余丁,没有职业,生活无着。雍正想扩大兵额,但又受政府财力的限制,就略为增加兵数,令从满、蒙、汉军中选取四千八百人为养育兵,每一旗满、蒙、汉军分配六百名,其中满洲四百六十名,蒙古六十名,汉军八十名。每一个满洲、蒙古养育兵每月关饷银三两,汉军每月也应为三两,但实给二两,多余的饷银给额外增加的养育兵,这样汉军每旗又可增添四十人,这次总计添加养育兵五千一百二十人②。同年,雍正又特别增长汉军额数,把汉军二百六十五个佐领又二个半佐领,扩充为二百七十个佐领,兵额从一万七千五百二十八名,增至二万名③。适当增加八旗兵额,雍正坚持了这项政策。九年(一七三一年),西安将军秦布奏称,他所管辖官兵定额八千名,然因户口繁盛,旗丁已近四万人,因请在余丁中挑选一千名当差,每月仅给饷银一两、米三斗,雍正批准了他的要求④。就此,他考虑到驻防各地的八旗情况相类,因命其他驻防地也扩大兵额,挑选余丁充任⑤。

八旗庄田是公田,旗人只有使用权而没有所有权,但是时间长

① 光绪《大清会典事例》卷1139《八旗都统·优恤》。
② 《上谕内阁》,二年正月二十六日谕。
③ 光绪《大清会典事例》卷1121,《八旗都统·兵制》。
④ 《清世宗实录》卷108,九年七月初二日条。
⑤ 《上谕内阁》,九年七月二十二日谕。

了,实际上成了所有者,因而能将所使用的旗地典当或出售,当然这是不合法的。七年(一七二九年),雍正过问这类事情,他考虑典卖旗地之事相沿已久,不便依法惩治,又不能不处理而任其发展,因此命各旗查明典卖情况,动支内库银按原价赎回,留在旗内,限原业主一年之内取赎,过限不赎,准本旗及别旗人照原价购买①。十二年(一七三四年),命清查直隶旗地。他力图保持旗人产业,不令流落八旗之外。

限制出卖甲米和旗地,是消极的防范措施,雍正还着眼于发展旗人生产,即位之初,就兴办热河屯垦。元年(一七二三年)六月命于热河、喀喇和屯、桦榆沟三处屯田,从京城满洲、蒙古八旗中择取没有产业的旗丁八百名前往,编设佐领,另设总管从事经理②。十一年(一七三三年),命喜峰口驻防兵屯田,每名给地一百五十亩,菜园四分,照民田例交税,税银留充兵饷③。

雍正下力搞的是八旗井田。孟轲讲的井田制,二千年间,真正试行者是雍正。二年(一七二四年),他批准户部侍郎塞德的建议,设立井田,令拨京南霸州、永清、固安、新城等县官田二百多顷,作为井田,在京城八旗内,选择十六岁以上、六十岁以下没有产业的人员前往耕种,按照孟轲所说的井田制精神,每户授给一百亩为私田,十二亩半为公田,八家共有公田一百亩,私田在外,公田在内,又给每户十二亩半作室庐场圃之用,官给盖房屋,按人口分配。另给每户发银五十两,购置耕牛、农具、种子。私田收入归井田户,公田收成,在三年后全部交公④。为办理此事,设置井田管理处,

① 光绪《大清会典事例》卷1117《八旗都统·田宅》。
② 《清世宗实录》卷8,元年六月辛酉条。
③ 《清朝通典》卷3《驻防庄田》。
④ 《清世宗实录》卷21,二年六月甲午条。

派建议人塞德前往料理。实行以后,愿去的人很少。五年(一七二七年),雍正说:那些没有产业,游手好闲的旗人,依靠亲戚为生,使好人受累,而他们却能为非作恶,遂强迫他们迁往井田处耕种,那些犯了枷号鞭责罪的革退八旗官兵,也罚往耕种①。以后,又把侍郎哲遑、尚书石文焯等先后发往井田处效力②。由于所去旗人多"非安分食力之人"③,不仅不好好从事生产,反而偷卖官牛,私自出租井田。管理官员又将井田分成等第,徇私调换,干没公田租课④。种种情弊,不断发生。乾隆继位就把井田改为屯田,不愿屯田的井田户撤回京中原旗,留下田房交地方官出租,愿意留下屯种的,按地亩完纳钱粮⑤。雍正试行井田制十年,最后以失败而告终。关于井田制,议论者多,然都不敢贸然实行。康熙年间亦有议行的,康熙说井田法好是好,但形势已不允许它实行了,"后世有欲于旷闲之壤仿古行井田之法者,不惟无补于民,正恐益滋烦扰。天下事兴一利不如去一弊之为愈,增一事不如省一事之为得也"⑥。雍正不怕多事,他宣布:"特开井田,以为八旗养赡之地"⑦,希望它能解决八旗的生计,滋扰之弊,在所不计。但是,他的认识不符合于客观实际。第一,一部分旗人因长期脱离生产,成为寄生虫,要他们改变习性和生活习惯,不是一般的行政命令所能做到的,所以用他们实行井田制,他们就只能破坏而不能建设。第

---

① 《清世宗实录》卷55,五年闰三月丁巳条。
② 《雍正朝起居注》,五年七月二十二日条。
③ 王庆云《熙朝纪政》卷4《记屯田·附记井田》。
④ 中国第一历史档案馆档案,内阁全宗雍正朝题本田赋类,第3函31号海涛为查奏井田事。
⑤ 光绪《大清会典事例》卷161《户部·田赋·井田改屯地》。
⑥ 钟琦《皇朝琐屑录》卷3。
⑦ 《雍正朝起居注》,二年十一月十五日条。

二,实行井田制不是一个孤立的简单的事情,它同土地所有制、政治制度、赋税制度等相关,在封建土地私有制已流行千百年后,没有经历社会革命,实行以土地公有制为基础的井田制,即使在一片国有地上实行,在地主土地私有制的包围下,它也不可能长期存在,必然会出现将井田私租出卖的现象,如此,井田怎能维持!第三,纵令雍正的井田法得以长期维持,垦田不过二百余顷,户民不过约二百家,人、田均极少,而要想扩大,政府给田、房、开垦费就要增多,也是力量所难达到的,这就是说井田很难大规模发展。那样的小规模进行,根本解决不了旗人的生产生活问题。因此,雍正实行井田制,虽力求解决旗人生计问题,勇于实践,但以主观代替客观,盲目实践,失败也是理所当然的。

雍正晚年谋图扩大旗人的生产地区,令人往黑龙江、宁古塔等处调查,规划分拨旗人前往居住耕种,正当就绪之时,由于他的故世而没能实行[①]。

在八旗人员逐渐地脱离生产、追逐享乐、生活窘迫的现实面前,雍正力图挽救危机,劝诫他们节俭,为他们堵塞钱财漏洞,又希望用发展生产增加他们的财源。他的种种努力收效甚微,没有阻止得了旗人的腐化趋势,旗人的生计问题依然存在。他以后,问题更趋严重。这是清朝一代的问题。清朝对八旗用养起来的办法,使他们渐渐成为寄生者,渐渐成为废人,这个基本政策不改变,旗人的问题根本解决不了。雍正希望发展旗人的生产,是有识之见,但没有从根本上变更对旗人的方针,所以就不可能改变旗人的状况。

---

① 梁诗正《八旗屯种疏》,见《清经世文编》卷35。

第三节　满汉关系的调处

在曾静案一节提到雍正反对华夷之辨,强调满族统治的合理性,至于满汉关系,他还有具体的处理办法。

(一) 为明朝皇帝立嗣

反满复明思想,自清朝入关后,就在一部分汉人中流行着,有的人积极实践,故而朱三太子事件不断出现。

崇祯有七个儿子,第二、五、六、七四子都殇逝,长子朱慈烺立为皇太子,三子朱慈炯为周皇后所生,封为定王,四子慈炤生母为田贵妃,受封永王。李自成进北京,获朱慈烺,封之为宋王,得朱慈炯,封为宅安公①,朱慈炤下落不明。李自成退出北京,朱慈烺和朱慈炯兄弟也不知存亡去向,可是不久有人自称是故太子朱慈烺投奔南京福王政权,因真伪莫辨,被朱由崧囚禁。据《明史》记载,该人为明驸马都尉王昺之孙王之明,迨清军至南京,乃投降清朝②。至此,崇祯的长子已不为人所注意,他的遗胤最尊贵的就是第三子朱慈炯了。因为此人不知所终,汉人正好利用他的名号反清。康熙十二年(一六七三年),京城有人称朱三太子,记载说叫杨起隆,又叫朱慈瑞,他草创政权,建年号广德,封了大学士、军师、总督、提督、齐肩王、护驾指挥、黄门官等官,联系郑成功部下降清将领,准备在首都起兵,被人告发,"朱三太子"逃亡,其妻马氏及齐肩王等被捕。此后,有人诈称杨起隆,也即诈称朱三太子,在陕

---

①　计六奇《明季北略》卷20《内臣献太子》。
②　《明史》卷120《庄烈帝诸子传》。

西造反,被抚远大将军图海拿获,于十九年（一六八〇年）解至北京遇害①。与杨起隆活动的同时,蔡寅在福建称"朱三太子",组织数万人,与在台湾的郑经联合,攻打清朝的漳州,被清朝海澄公黄芳世打败②。有个明朝后裔叫朱慈焕,赘于浙江余姚县胡家,生有六子,本人流浪四方,教书为生,化名何诚、王士元。清朝政府对他有所察觉,康熙四十五年（一七〇六年）将他的三个儿子拿获下入湖州长兴县监狱。其时,在宁波、绍兴等府,有张念一（张廿一、张君玉）、张念二（张廿二、张君锡）、施尔远等人从事反清活动,尊奉朱慈焕为朱三太子,四十六年（一七〇七年）十一月,清军对他们围剿,他们打败官军,进入四明山中的大岚山坚守,次年初失败。在苏州,有一念和尚,也声称尊奉朱三太子（慈焕）,秘密组织群众,当清军围攻张念一时,他们竖起大明旗号,头裹红布,抢劫太仓州典铺,声言攻打州仓库,当即被州官镇压。江南、浙江两案发生后,康熙派遣侍郎穆丹到杭州审查,张廿一、张廿二、朱慈焕、一念和尚先后在苏州、山东、吴江等地被逮捕。康熙以朱三父子为首恶,将他们杀害③。又据吴振棫记载,江南有金和尚,诈称崇祯第四子永王朱慈炤是朱三太子,将之拥立,聚众于太湖,准备在康熙南巡时起事,活捉康熙,届时发炮不响,遂为清军破获④。康熙最后一次南巡是在四十六年春天,吴振棫所记,与一念和尚的活动在同时同地,但情节又有所不同,因此尚难于断定为一件事。如果金和尚就是一念和尚,则他的活动计划是较庞大的。

---

① 蒋良骐《东华录》卷 12,193 页;《养吉斋余录》卷 4。
② 《养吉斋余录》卷 4;《清史稿》卷 261《黄芳世传》。
③ 《清圣祖实录》卷 232,四十七年四月戊午;卷 233,六月丁巳条;《李煦奏折》40 页,41—42 页,43—44 页,50—51 页,55 页,56 页。
④ 《养吉斋余录》卷 4。

康熙对出现的反清复明活动严厉镇压,也做出对前朝并无恶感的姿态,他南巡到江宁,亲至朱元璋明孝陵祭奠,或派官员往祀,表示对朱元璋的敬意。他保护明十三陵,派皇子巡查、扫祭,以此笼络汉人,希望消弭反清思明情绪。雍正深知关于"朱三太子"的活动及其能量,特别是大岚山及念一和尚的案子,他应当是很清楚的。他也参加了查看明十三陵的活动。也就是说对反清复明他不仅知道,而且要采取对策。

元年(一七二三年)九月,雍正说他发现康熙的未发谕旨,称赞朱元璋统一华夏,经文纬武,为汉唐宋诸君所未及,因命访求明太祖的后裔,以便奉其禋祀①。次年,找出正白旗籍、正定知府朱之琏,封为一等侯,世袭,承担明朝诸陵的祭祀,同时把他族内人丁都抬入正白旗。朱之琏的先人朱文元,是明宗室代简王的后人,在松山战役中被俘,入了八旗②,是早已满化了的朱明后人。雍正利用这类旗人,完全不用担心他们会和拥护朱明的汉人搅在一起,却可当作招牌,用作宣传不仇视明朝,不歧视汉人的工具。

雍正中,汉人假借朱姓之名反清的仍不乏其人。七年(一七二九年),雍正说:"山东人张玉伪称朱姓,冒充前明帝裔,宣称星士为他算命,当有帝王之分"③。同年,广东总督郝玉麟在恩平县拿获藏有"楚震公"令旗的群众,据说他们的军师叫李梅,以灾变劝人造反,他宣称有一个人,生辰八字俱是壬寅,今年八岁,现在交趾,山西、陕西、福建、广西各省都有他的人,都发了委任书。又据说:康熙末年在台湾造反的朱一贵的儿子称朱三太子,原在交趾小

---

① 《雍正朝起居注》,元年九月十九日条。
② 《清世宗实录》卷16,二年二月丙辰;卷25,十月戊寅条。
③ 《清世宗实录》卷86,七年九月癸未条。

西天,已出发到巫山,有众几十万,不久就要领大兵来了①。郝玉麟称这个案子"人犯众多,情事重大"。案中人原计划在七年十二月初二日攻打恩平县,事机不密,被清政府发觉,首领区在台、陈京干、梁伟杰等被捕,李梅逃亡,后被捕,又逃脱了,雍正对这个案子始终关注,责怪郝玉麟办理不力②。同时期,广西人张淑言、福建延津道员家人马姓等说:钦天监奏紫微星落于福建,朝廷业已派人到闽,把三岁以上、九岁以下的男子全部斩杀。李梅、张淑言等人的言行透露,有"朱三太子"活动在国境之外,可能在南方邻国安南。他们是否为一伙,资料没有揭示清楚,但李梅提到八岁孩童势力达到福建、广西,而张淑言正是广西人,又说福建将发生变故。他们所说的地区、内容相同,似非偶合,估计当时两广、福建部分汉人假借朱三太子旗号,进行反清活动,并有一定的势力。有人认为康熙朝破获朱慈焕案后,反清力量转移到海外吕宋、交趾等地③。此说不无见地,因反清势力屡受挫折,国内活动困难,一部分就转往邻国。然而这只是讲了一方面的道理,还要看到,随着不断发生的"朱三太子"事件的一一失败,再简单地诈称朱三太子,很难使群众相信,不便于首领的活动,而诡称其在海外,把他当作一个偶像,则可以用它继续组织群众,这是一个原因;另一方面,清朝加强了对北方和江浙的控制,反清力量不易在这些地方集聚,而两广、福建处于边远地区,又有反清传统,因此反清复明的活动就南移了。

上面说的是雍正朝出现的"朱三太子",另外,康熙朝朱慈焕

---

① 《朱批谕旨·王士俊奏折》,八年正月初二日折。
② 档案"朱批奏折",转见《康雍乾时期城乡人民反抗斗争资料》,613—614 页。
③ 日本竺沙雅章《朱三太子案——关于清初江南秘密结社的一个考察》,见《史林》62 卷 4 号,1979 年。

余众仍在活动。案内人甘凤池,当日亦被捕,受过两次夹刑,后放出,继续进行反清秘密活动。他被人称为"炼气粗劲,武艺高强","各处闻名,声气颇广",成为领袖人物①。和他共同为首的有周昆来,原籍河南商丘,久居江宁,原姓朱,或说是明朝封在河南的周王的后人,曾往苏州见过朱慈焕,与其认为叔侄②。有张云如,有人说他是明朝后裔③,以相命、念符、练枪为手段,广收门徒④。他们联络各阶层人士,因为名气大,和地方大吏都有往来。张云如被两江总督范时绎请至官署,范为学其坐功,欲下拜求师,张坚辞,就上坐,范在侧领教⑤。江苏按察使马世烆命其子向张云如学习,称张为师。江宁驻防旗人佛插、赫者库亦同张交游。江宁人于琏捐纳为候选县丞,张云如收为徒弟,告诉他"辅助海中真主",又把他荐给扬州盐商程汉瞻⑥。

浙江总督李卫获悉甘凤池、张云如等活动,要从甘凤池突破,假意为他的儿子学武艺,请甘凤池及其子甘述为师,甘氏父子应允入衙而被捕⑦。虽是受骗上当,亦可见他们有较高地位,也自视不凡。

他们联络各地人士,其中有蔡胡子,浙江人,在安庆算命,说八年(一七三〇年)秋天要举事。有镇江旗人潘朝辅,卖私盐,"有大志,结交往来过客。"有常州人陆剑门,会天文六壬奇门,懂得兵法,在松江水师提督柏之藩幕中作事,遍游南北十省,交际人甚多。

---

① 《朱批谕旨·李卫奏折》,七年十二月初二日折。
② 《朱批谕旨·李卫奏折》,七年十二月十一日折。
③ 《朱批谕旨·李卫奏折》,八年正月十七日折。
④ 《朱批谕旨·李卫奏折》,七年十二月初二日折。
⑤ 《朱批谕旨·李卫奏折》,八年二月二十五日折。
⑥ 《朱批谕旨·李卫奏折》,七年十二月初二日折。
⑦ 《朱批谕旨·李卫奏折》,七年十二月初二日折。

有平湖人陆同庵,是贡生,立志反清,往来苏松各处,看视河道地势,在昆山教习徒众。有无锡范龙友,亦是生员,教人拳棒,联络医生李九征,说海上四方山有朱姓聚集,遣人到内地联系,举人张介绥及金甸南、华希渭往浙江乍浦寻觅未遇。有苏州踹匠栾尔集,与段秀清等二十二人拜把结盟,准备进行齐行增价的斗争。嘉定有踹匠王朝和监生姚秉忠,姚给其联络人饷银,每季七两二钱,说是从海上领来,有事听征集调用①。还有江宁人夏林生,在河南固始县卖花树,联络该县武生周图廉,周组织小车会,"党羽甚众",常对结盟弟兄说:"我们虽然穷困,终了还有出头日子。"七年(一七二九年),甘凤池叫他到镇江相会,届期,甘被李卫"请"去,周图廉因缺乏盘费,延期赴会,未得相遇②。这些人有的相互间有交往,有的没有,但众人都以甘凤池晓得天文兵书,"欲得以为将帅,无不与之邀结往来"③。这些人均以反清复明为目标,甘凤池随身携带两个密本,记载各省山川关隘,险要形势,攻守机宜④,他要夺天下。他们与"朱三太子"朱慈焕一案关联,后仍坚持信仰朱明后裔。陆剑门劝陆同庵入伙,以"吕宋山岛内有朱家苗裔"为说词,在给其委任状上用"东明龙飞六年"纪年⑤。他们中人总宣传朱家后人在海上,有寄托,是进行政治斗争。甘凤池等的活动,被李卫派人打入内部,暴露了秘密,七年(一七二九年)、八年(一七三〇年)间相继被捕。雍正深知反清复明活动对清朝统治的不利,对这个案子极力注意,他说:

---

① 《朱批谕旨·李卫奏折》,七年十二月初二日折。
② 《朱批谕旨·田文镜奏折》,八年二月初一日折。
③ 《朱批谕旨·李卫奏折》,七年十二月初二日折及朱批。
④ 《朱批谕旨·田文镜奏折》,八年二月初一日折及朱批。
⑤ 《朱批谕旨·李卫奏折》,七年十二月初二日折及朱批。

> 此种匪类,行藏诡秘,习尚乖张,暗怀幸灾乐祸之心,敢作逆理乱常之事,关系国家隐忧①。

又说:

> 斯种匪类,为生民害甚于盗贼,孟子所谓恶莠恐其乱苗也②。

在他认为,盗窃犯只是单个人的行动,政治犯则可以影响到一群人。有鉴于此,他特派工部尚书李永升到浙江会审。范时绎、马世炖因与张云如有交往,为护己之短,与李卫不协调,雍正支持李卫,赞扬他"矢志坚定,勇于奉公"③,"能于众所忽处留心究察"④。树为"督抚模范"。他对朱明后裔之说倍加警觉。向李卫说:

> 吕宋山岛前明苗裔之真伪有无,极当确切鞫讯。前岁因西洋人来密奏及此,随命闽粤大吏加意访察,佥云子虚。斯事当年圣祖亦曾垂意,今看云审究自不待言,即此案不得实耗,将来仍宜另行设法探访⑤。

随后李卫回奏:对此问题留心已久,还在密探之中⑥。这是他们君臣所谓隐患的核心问题。

雍正用暴力镇压汉人的反清势力,又以优待明裔感化汉人,力图处理好围绕清朝统治是否合法的斗争问题。

(二) 调处直隶旗、汉矛盾

直隶多旗地,旗人甚众,他们依恃特权,欺压汉民,造成严重的

---

① 《朱批谕旨·李卫奏折》,七年十二月初二日折及朱批。
② 《朱批谕旨·田文镜奏折》,八年二月初一日折及朱批。
③ 《朱批谕旨·李卫奏折》,七年十二月初二日折朱批。
④ 《朱批谕旨·田文镜奏折》,八年二月初一日折朱批。
⑤ 《朱批谕旨·李卫奏折》,七年十二月初二日折朱批。
⑥ 《朱批谕旨·李卫奏折》,八年正月十七日折。

旗汉冲突。

雍正元年(一七二三年),直隶巡抚李维钧密奏房山县庄头李信与宛平县庄头索保住勾结作恶的罪行,他说李信等独霸房山县石行,把附近居民的牲口抢去,为其拉石料出售;放高利贷,拿百姓房产作抵押,不能偿还的,勒逼人妻、子、女为奴;强占房山、宛平县民间妇女多人为妾;打死人命。他们的行为造成严重的后果,"以致宣化府士民罢市"。雍正痛恨庄头作恶,见奏即指示李维钧将李信等严审究拟,"以示惩创,以舒畅小民怨抑之气。"他知道此等庄头,必勾结内廷势要,去之不易,他怕李维钧遇到阻力,退缩不前,因在李的奏折上批道:"尔断不可游移软懦,倘遇难以推卸之处,直告之曰上意指示,何敢见宽"①。与此同时,公开向李维钧发出谕旨:

> 畿甸之内,旗、民杂处,向日所在旗人暴横,小民受累,地方官虽知之,莫敢谁何,朕所稔悉。尔当奋勉整饬,不必避忌旗汉冰炭之形迹,不可畏惧勋戚王公之评论,即皇庄内有扰害地方者,毋得姑容,皆密奏以闻②。

李维钧是汉人,若对旗人据法惩治,必遭王公反对,会被安上汉人反对旗人的罪名,雍正给李维钧撑腰,警告贵胄不得对他陷害,以便他顺利处置不法的旗人,适当消释汉人的怨恨。七月,李维钧密奏宝坻庄头焦国栋、焦国璧在城乡占据田土一千余顷,开设当铺、商店数处,打死人命六条,奸占妇女,包揽词讼,私立场集。雍正指示李维钧:"除暴安良,尔分所当为,类此等事,宜极力振作,更勿虑朕以多事见责"③。十月,雍正谕内务府,加强对庄头的管理,对

---

① 《朱批谕旨·李维钧奏折》,元年五月十六日折及朱批,十八日折。
② 《清世宗实录》卷8,元年六月壬申条。
③ 《朱批谕旨·李维钧奏折》,元年七月三十日折及朱批。

怙恶不悛的即行革退①。十二月又谕,庄头不得奢华,住房不得过制,不得擅用非分之物,否则正法不贷②。经过一番整饬,有的凶恶庄头有所收敛,自动将地租和当铺利息各减一分,李维钧因他们知过省改,请求免予治罪。雍正回答说:恶人秉性难移,对他们仍要留心访察,如少蹈前辙,立即参处,不可稍存姑息之念,绝不要始勤终怠。他还作了除恶务尽的表示:"朕必永断此恶而后已"③。正是在雍正的鼓励与督责下,李维钧继续打击作恶庄头,二年(一七二四年)正月又将静海县镶黄旗恶霸庄头李大权捉拿归案④。

　　对于庄头以外的凶横旗人,雍正亦从严惩罚。康熙末,许二倚恃是旗人,率众打死民人刘国玉,雍正即位有赦免恩诏,刑部援引诏书,欲为之减刑,大学士等复奏,雍正说许二倚仗旗人犯罪,实属可恶,不可援赦宥免,仍应按原罪拟绞监候,秋后处决⑤。四年(一七二六年)八月,直隶总督李绂奏报:镶黄旗人王三格,据称是内务府仓官,在满城县有祖遗圈地,早年转典给县人孙含夫、冉铎等取租,雍正三年(一七二五年)回到满城,殴打孙含夫及佃农,占夺原地。转年三月孙含夫到保定控告,还未审理,王三格因冉铎吃斋被乡人称为老道,就诬告冉铎邪党聚众,自称教主,任命孙含夫等人为将军、总管。直隶按察使据报将冉铎等人拘捕审讯,造成冤狱。王三格因是仓官,地方官不便审理,请将其官职革退,以便审结。雍正指示:"三格实属可恶,宜加倍严惩,以警刁诬。仓官非

　　①　《朱批谕旨·李维钧奏折》,元年十一月二十九日折。
　　②　《上谕内阁》,元年十二月初五日谕。
　　③　《朱批谕旨·李维钧奏折》,元年十一月二十九日折及朱批。
　　④　《朱批谕旨·李维钧奏折》,二年正月十九日折。
　　⑤　《雍正朝起居注》,元年七月十八日条。

官,彼自名之为官也,殊可发一大笑!"①王三格夺人财产,又肆诬陷,可见旗人对汉民欺压的严重。他可以自称仓官,封疆大吏的总督也对他无可奈何,亦见旗人特权之大。雍正加倍严惩的态度,才可以多少打击不法旗人的嚣张气焰。五年(一七二七年),顺义县旗人方冬魁在酒馆中见到张四,张未让坐,方即对之打骂,激怒张将其杀死,署理直隶总督宜兆熊承审,拟将张四定为绞监候罪,雍正不以为然,他说:"向来庄居旗人,欺凌民人者甚多,即方冬魁之事可见",因此对张四从宽发落:免死,枷号两月,责四十板完结,"以为旗人不论理恃强凌弱欺压民人者之戒",并将此事晓谕八旗及各屯庄居住之旗人,以引起警惕②。这样从轻处理张四,于法律不合,但不失为纠正旗人肆意作恶弊端的一个措施。

旗、汉民之间的纠纷案件,向例,旗民不由地方官审理,到康熙三十七年(一六九八年),经直隶巡抚于成龙题请,设立满洲理事同知一员,驻保定,审理旗人斗殴、赌博、租佃、债务诸事,至于人命盗匪等重案,则会同督抚鞫审③。这个理事同知,专由满人承当,与作为知府副手的同知不同。州县官不能随意审查旗人案件,也不能对旗人用刑④。雍正初,以直隶旗、汉互相呈控事件繁多,增设满洲通判一员,亦驻保定,协助理事同知处理事务。不久,仍以事多,旗、汉纠纷均赴保定办理不便,遂将张家口、河间、天津的旗、汉事件分别交张家口同知和天津同知审理⑤。这是雍正维持康熙朝旧制,只是增设专管旗民事务的官员,以便比较迅速的处理纠纷

①　《朱批谕旨·李绂奏折》,四年八月初一日折及朱批。
②　《雍正朝起居注》,五年四月丁未条。
③　《永宪录》卷1,60页。
④　《澄怀园文存》卷12 甘汝来墓志铭。
⑤　《穆堂初稿》卷39《请定理事同知通判分审旗人案件疏》。

案件。六年(一七二八年),良乡县知县冉裕棐杖责旗人乌云珠,署直隶总督宜兆熊以违例虐待旗人将他题参。雍正说:"旗、民均属一体,地方官审理事务,只当论理之曲直,分别赏罚,不当分别旗、民。"冉裕棐奉公守法,不应当革职听审,因将宜兆熊的题本掷还。他还说不知道有不许地方官体刑旗人的成例,要刑部查明具奏①。刑部查出果有这种案例,雍正命把它废掉,依他的指示执行,同时指责宜兆熊那样对待属员,过于苛刻②。

旗人与汉人在处刑上,向来有所不同,汉人犯流徒罪的照律充发,旗人则可改为枷号、杖责结案,实际是从轻发落。四年(一七二六年),雍正感到它使法律不能一致,因命大学士、八旗都统及满洲、汉军中的九卿共同商议,可否将旗人的改折刑法取消,一律按照统一的刑律与汉民一样处置③。大学士等认为准折刑法是不好,易使旗人轻于犯罪,但满人、蒙古人缺乏营生之术,发遣难于图存,请维持旧例不变,惟汉军有犯军流罪者,则照律发遣④。

在旗民与汉民关系问题上,雍正亦欲作些改革,但因照顾旗人的方针不变,所以在法令上就不能不遵奉旧制了。然而在实践上,打击不法旗人,尤其是作恶多端的庄头,一定程度地缓和旗、汉矛盾。在这里,人们可以看到,他维护旗人特权,但又不使它过分,这同他对待汉人中的绅衿是一样的,即承认其法定权利,而不允许非法虐民。只有这样,才有利于巩固清朝的统治。

---

① 《上谕内阁》,六年三月初三日谕。
② 《上谕内阁》,六年三月二十四日谕。
③ 《清世宗实录》卷41,四年二月癸酉条。
④ 《清世宗实录》卷48,四年九月辛卯条。

（三）所谓"满汉臣工均为一体"

与旗人欺凌汉民相一致,在官僚中,旗员傲视汉员,这是清朝的职官制度所决定的。雍正宣称:"朕即位以来,视满汉臣工均为一体"①。又声言:"朕待臣下至公至平,从无一毫偏向,惟视其人如何耳"②。听其言而察其行,他的言行并不完全一致。

清朝对大学士、六部尚书、侍郎等官实行复职制,满汉兼用,且为同等职务,但总有一个主事的,即所谓在前行走者,这却法定为满人。五年(一七二七年),雍正规定,大学士领班以满人中居首的充任,其余大学士的行走秩序,不必分别满汉,要依补授时间排列名次,由皇帝临时决定,并指定汉人大学士张廷玉行走在旗人孙柱之前③。六部满尚书在汉尚书之上,张廷玉以大学士管吏部、户部尚书事,雍正不顾定制,命张廷玉行走在前。六年(一七二八年),公爵傅尔丹管部务,张廷玉因他为贵胄,不敢越过他,向雍正请求,让傅尔丹在前行走,雍正不答应,令张廷玉安心居前④。汉人励廷仪任刑部尚书多年,其属满人侍郎海寿升任尚书,按规定超居其上,雍正为表示对励廷仪的重视,命他在前行走⑤。雍正一面执行以满人为领班的制度,一面又因人而异,重用一部分汉人。

满汉官员在政府中的不同地位,自然会产生矛盾,互相排斥。雍正见到:"满洲为上司则以满洲为可信任;汉人为上司,则以汉人为可信任;汉军为上司,则以汉军为可信任"⑥。雍正认为这种

① 《雍正朝起居注》,四年十二月二十六日条。
② 《上谕内阁》,六年八月初九日谕。
③ 《雍正朝起居注》,五年九月二十二日条。
④ 《澄怀园语》卷2。
⑤ 《澄怀园文存》卷12励廷仪墓志铭。
⑥ 《上谕内阁》,四年五月初二日谕。

偏向,将影响政事的治理,时加警惕。汉军杨文乾为广东巡抚,广州将军石礼哈及广东官员阿克敦、常赉、官达等四个满人协谋陷害他,被雍正识破,因训饬他们。雍正说他信任的满员迈柱、汉员李卫、汉军田文镜和杨文乾,什么出身都有,"但能竭忠尽力,则彼挟私倾陷之徒,无论其为满洲、汉军、汉人,皆不得施其狡狯,肆其奸谋"①。在这相互排斥之中,满人占居主导地位,他们不仅据要津,即使为汉人的下属,亦以旗籍而蔑视主官,雍正知道这是旗人的常习,时加警戒。汉人孔毓珣任广西巡抚时,汉军刘廷琛为按察使,雍正叮嘱他:"凡百处不可越分,毋因巡抚系汉人遂失两司之体,而主张分外之事,朕如有所闻,必加以僭妄处分也"②。雍正考虑到政事的治理,需要官员的团结一致,他告诉官员:都是办的朝廷事情,何必分满洲、汉人、汉军、蒙古,应当"满汉协心,文武共济,而后能致治"③。他以此律人,也应该说这是他的真实思想,他为了很好地利用汉官,不愿过分的歧视他们。

雍正说:"天之生人,满汉一理,其才质不齐,有善有不善者,乃人情之常,用人惟当辨其可否,不当论其为满洲为汉人也"④。这里说的是对满汉一视同仁,惟看其才质。可是他又对臣下说:朕"惟望尔等习为善人,如宗室内有一善人,满洲内亦有一善人,朕必先用宗室;满洲内有一善人,汉军内亦有一善人,朕必先用满洲;推之汉军、汉人皆然。苟宗室不及满洲,则朕定用满洲矣"⑤。同样人才,先宗室,次满人,再次汉军,最后才是汉人,满汉就是有区

---

① 《上谕内阁》,六年八月初九日谕。
② 《朱批谕旨·刘廷琛奏折》,元年六月二十九日折朱批。
③ 《上谕内阁》,六年八月初九日谕。
④ 《上谕内阁》,六年十月初六日谕。
⑤ 《上谕内阁》,三年三月十三日谕。

别、有等第。所以说雍正依然执行清朝传统的依靠满洲团结汉人的用人方针,但是他比较重视才能,给某些汉人以较高的地位和特殊的荣誉,有利于这些汉人发挥政治作用。

(四) 巩固满洲地位的方针

雍正即位不久,召见八旗大臣,宣称:"八旗满洲为我朝根本",根本一定要牢固,为此要根据满洲现存问题,逐一解决,限诸臣于三年之内,"将一切废弛陋习,悉行整饬,其各实心任事,训练骑射,整齐器械,教以生理,有顽劣者,即惩之以法"①。解决八旗生计问题,是他巩固满洲根基一项措施,此外,他还抓了几件事。

满洲八旗军事训练在较长和平时期之后逐渐废弛。雍正在藩邸就知道,八旗训练不过是虚应故事,每至校射之期,管旗大臣不过至校场饮茶,闲谈一阵散伙,有人担任领侍卫内大臣三年,竟没有看过侍卫骑射。军械损坏,官员也不修理,将修理费、添置费落入私囊,政府虽有定期检验制度,但彼时各旗互相挪借,以至"租箭呈验",进行欺蔽。雍正说此种情况,先帝没有怪罪,他本人"则不能宽恕",定行整顿。他立限一年,要将器械修整完备,届时检验一旗,即行封存,防止挪移租箭积弊②。训练亦行加强,命教养兵练习长枪、挑刀各艺,八旗前锋营每月习射六次,马甲春秋两季合操。雍正还增加驻防外省八旗军的人数和地区,太原、德州各添五百人,增设驻防福州水师营、浙江乍浦水师营、广州水师营,设甘肃凉州八旗兵二千人,庄浪八旗兵一千人,添设驻防山东青州将

---

① 《清世宗实录》卷12,元年十月辛未条。
② 《上谕内阁》,元年四月十八日,九月十一日谕。

军、副都统,八旗兵二千①。雍正说"省省皆有驻防满兵,方为全美"②。他希望通过训练和扩大防区,维持和增强八旗军的战斗力。

语言,是一个民族得以独立存在的基本条件,雍正致力于防止满人的汉化,在语言上颇为留神,他说"满洲旧习最重学习清语"③,"八旗兵丁学习清语最为紧要"④。六年(一七二八年),他发现侍卫护军废弃满语不讲,用汉话互相调笑,遂指示他们专心学习满语。十一年(一七三三年)又下令,凡是侍卫护军,只许说满语,不许讲汉话。八旗训练时,亦只讲满语,如果仍有说汉话的,定将该管大臣、官员严肃治罪⑤。语言与文字紧密相联,雍正办宗学、觉罗学、八旗官学,亦以满文为主要课程,教育旗人不忘本民族文字。雍正注意满文翻译的准确性,他说若拘泥字句,则文义不能贯通,若追求通俗易晓,修辞就不能典雅,他讲求辞意兼到之法。康熙曾命顾八代用满文翻译朱熹辑的《小学》,没有刊刻,雍正将它印刷颁布,并作序言⑥。雍正令把《孝经》译成满文出版,也为它写了序⑦。

满人散处各地,尽管驻防的旗人有固定居住地区,即俗谓满城,但总是和汉人杂处,往来增多,自不可避免民族间的通婚。雍正采取禁止的政策。蔡良赴福州将军任前,雍正对他说:"驻防兵丁均系旗人,竟有与汉人联姻者"。要他到任后严行禁绝。蔡良

① 《清史稿》卷130《兵志》。
② 《朱批谕旨·田文镜奏折》,六年十二月十六日折朱批。
③ 《清世宗实录》卷65,六年正月庚辰条。
④ 《上谕内阁》,十一年十一月二十七日谕。
⑤ 《上谕内阁》,十一年十一月二十七日谕。
⑥ 《清世宗诗文集》卷7《清汉文小学序》。
⑦ 《清世宗诗文集》卷7《清汉文孝经序》。

至闽,查明旗人娶汉人为妻的二百一十四人,嫁出者二人。雍正说不会就这些人,不过既往者不究,"将来者当加严禁"①。

汉族文明高于满族,满族虽居统治地位,然而汉化却是不可避免的趋势,雍正极力保持满族的语言文字,风俗习惯,禁止满汉通婚,防止满人的汉化,不利于民族融合,违背历史的潮流。其所以如此,是使满族以本来面貌,维持其对全国的统治。

雍正处理满汉关系的原则,可以归结为两条,一是以八旗满洲为立国根本,保护它,维持其生计和特权地位,防止满人汉化;二是适当调节满汉矛盾,打击恣意压迫汉人的不法旗人,重用汉人中的有才能的人士。第一条表现了他的顽固态度,第二点则反映了他的应变精神。

---

① 《朱批谕旨·蔡良奏折》,五年二月二十七日折及朱批。

第九章　西南改土归流与西北两路用兵

第一节　经营青海和西藏

（一）任用年羹尧平叛

青海和硕特蒙古人,原为居住新疆的厄鲁特四部之一,该部首领固始汗于明末率众进入青海和西藏,其后裔在西藏的为拉藏汗,在青海的为鄂齐图汗,在河西的为阿拉山王,稍后,厄鲁特准噶尔人兴起,噶尔丹灭掉鄂齐图汗,阿拉山王投降清朝,康熙命他们在贺兰山游牧。当康熙亲征噶尔丹时,固始汗子孙八家台吉往见康熙,康熙封固始汗子达什巴图尔为亲王,其余授予贝勒、贝子、公等爵,至此青海和硕特受清朝统辖。康熙末年,准噶尔的策妄阿拉布坦派兵入藏,杀拉藏汗,清军分两路进藏平乱,达什巴图尔子罗卜藏丹津于康熙六十年(一七二一年)随军前进,胜利后返回青海。因为进藏的功绩,固始汗子孙势力复振,罗卜藏丹津袭爵亲王,又以固始汗嫡孙自居,希望成为青海和硕特诸部的首领,乃暗中与策妄阿拉布坦勾结,于雍正元年夏天,召集诸部头领于察罕托罗海,令众人放弃清朝封爵,恢复旧日称号,自称达赖混台吉统驭诸部。和硕特另一亲王察罕丹津、郡王额尔德尼额尔克托克托鼐不从,罗卜藏丹津率兵进攻,他们逃到甘肃河州地区,雍正予以安置。这时罗卜藏丹津诡称察罕丹津等阴谋割据青海,故对其用兵,以麻痹清朝。青海和硕特自康熙中期归清,已三十年,却与世仇准噶尔相勾结,所以罗卜藏丹津是野心家,分裂主义分子。

康熙在西藏问题解决后,即把用兵重心转向准噶尔部,大军移驻河西走廊。罗卜藏丹津事发,雍正因继位不久,朝中需要处理的事务很多,不希望在边疆用兵,因作两种部署,一方面派在西宁的侍郎常寿往罗卜藏丹津处,令其罢兵,一面任命川陕总督年羹尧为抚远大将军,准备打仗。

罗卜藏丹津不听劝告,将常寿扣留,又同西宁附近的塔尔寺大喇嘛察罕诺门汗联系,希望得其援助。塔尔寺是喇嘛教圣地,它的大喇嘛深得青海僧众的信仰。察罕诺门汗决定帮助罗卜藏丹津,于是归附他的有二十万人,罗卜藏丹津遂大肆叛乱,进攻西宁。在甘肃、四川的藏人也附从为乱。

反报到京,雍正决心讨逆,谕令在西北的平逆将军延信,边防理饷诸大臣,四川、陕西、云南的督抚提镇,军事事务都告知年羹尧,以统一行动。年羹尧令四川提督岳钟琪率兵驻松潘,以便进剿。岳钟琪于九月三十日折奏,以军机不可预料,设有情况,请不必同年羹尧合期并进,以便相机行事。雍正回称:"朕信得你,但凡百以持重为上,西边有年羹尧、你二人,朕岂有西顾之虑,愿你等速速成功,朕喜闻捷报"[1]。表明他坚决对罗卜藏丹津用兵,并把此事交由年羹尧负责,对未来的立功者岳钟琪予以高度的信任。

年羹尧受命之后,对战争作了周密的部署,他从甘州军营移驻西宁,派兵驻守永昌和布隆吉河,防止敌军进入甘肃内地,分兵固守里塘、巴塘、黄胜关,截断叛军入藏通路,又请雍正敕令靖逆将军

---

① 中国第一历史档案馆藏档案,《宫中档·朱批奏折·民族事务类》,全宗四109卷2号,岳锺琪元年九月三十日奏折及朱批。

富宁安屯兵吐鲁番和噶斯口,隔绝敌军与准噶尔的联系。与此同时,开展对敌军的进攻。罗卜藏丹津见状恐惧,送还常寿,请求罢兵。雍正因谕年羹尧:

> 伊乃深负国恩,与大军对敌之叛贼,国法断不可宥。不得因伊曾封王爵,稍存疑虑。其与罗卜藏丹津同谋之王、贝勒、贝子、公等,既经背叛,即宜削爵。伊等或来归顺,或被擒获,不必更论封爵。但视行事轻重,可宽宥者从宽,应治罪者治罪①。

不许叛逆请和,坚持武力平乱。

年羹尧经过雍正元年冬天的征战,使敌军十万众投降,罗卜藏丹津逃往柴达木。年羹尧与诸将商议进军方略,意欲调兵二万,分四路征讨。岳钟琪认为青海地区辽阔,敌军尚有十万,若深入其境,它分散诱我,击此失彼,反会四面受敌,不如以精兵五千,直捣贼巢。雍正认为岳钟琪的方案可行,命他为奋威将军,参赞军务。二年(一七二四年)二月初八日,岳钟琪等进击,猛烈追杀,俘获罗卜藏丹津母亲和妹妹,叛乱头子吹喇克诺木齐、阿喇布坦鄂木布和藏巴札木,罗卜藏丹津改着女装逃跑到准噶尔部,战斗到二十二日结束,为时十五天,这是草原上的大战少有的速度。三月初一军队凯旋,四月十二日,雍正命举行献俘仪式,祭告太庙、社稷、康熙景陵,晋封年羹尧一等公、岳钟琪三等公②。

(二) 青海善后事务的处理

战争结束,年羹尧于五月提出处理善后事宜十三条,经总理王

---

① 《清史稿》卷 522《青海额鲁特传》。
② 以上参阅魏源《圣武记》卷 3《雍正两征厄鲁特记》;《清世宗诗文集》卷 14《平定青海告成太学碑文》;《清史列传》卷 13《年羹尧传》,卷 17《岳钟琪传》;《清史稿》卷 522《青海额鲁特传》。

大臣讨论,雍正批准实行。这十三条是:

(1)根据青海和硕特诸部首领对战争的态度,给以奖赏或惩治,使恩威并用,以警戒叛服不常的诸部。

(2)仿照内蒙古,实行札萨克制度,将和硕特各部指定游牧地区,编为佐领,授其佐领为札萨克,使其内部不得侵凌征战,亦不能反抗中央。各部有每年会盟习惯,仍许举行,然盟长由谕旨指定,不许私自推尊。

(3)定朝贡和互市制度。原来和硕特人朝贡没有定制,自是将他们按部落分为三班,三年一班入贡,九年一轮回;贡时自备马驼,由口外进出。和硕特与内地人的贸易,指定在西宁和西川口外日月山进行,每年四季交易四次。

(4)在青海的喀尔喀蒙古人,原受和硕特的统治,为分和硕特之势,允许喀尔喀编设佐领,建立札萨克,秉令于中央政府。

(5)青海境内的藏人原受制于和硕特,纳赋贡役,甘肃、四川的藏人亦然,他们也参预了罗卜藏丹津的叛乱,应乘此时机,把藏民收为编户齐民,设立卫所,收其赋税,另在一部分藏人中任命土千户、百户、巡检,归早先设立的道、厅和新添建的卫所管辖。他们所纳钱粮,要少于原交和硕特和喇嘛寺的额数,以便抚绥。

(6)因和硕特的统治与达赖、班禅治区有交叉,故议及抚绥达赖、班禅办法,每年赐达赖茶叶五千斤,班禅二千五百斤。过去藏人与内地贸易,达赖在叉木多、乍丫等处收"鞍租",清朝在打箭炉收税,自是定议两处免收,以利贸易的发展。

(7)整顿青海喇嘛寺,西宁各寺,大者僧徒二三千人,少者五六百人,广收钱粮,供应叛匪,因此限定僧侣每寺不能超过三百人,并不得收税,由政府按人供给衣粮。

(8)自西宁之北川口外,至大通河、野马河,至甘州扁都口外,

332

修筑土墙,建设城堡,禁止蒙古人入内地游牧。

(9)在西宁等处增添驻军,以便弹压。在大通河北设大通镇总兵官,驻军三千,盐池设副将,驻兵一千六百,镇海营参将移驻西川口外丹噶尔寺,添兵至一千名。西宁原有通判,改设同知,原属河州的保安、归德二堡,因靠近西宁,改归西宁辖属。

(10)在藏人居住区增设安西镇,驻木鸦的革达地方,里塘设副将,领兵一千二百名,鄂洛、巴塘、宗俄等地各设驻军。

(11)因新设镇营,相应内地镇营可以裁撤或减少营兵,如撤川北、重庆二镇,减少西宁驻军。

(12)在西宁与甘州、凉州之间,兴办屯田,将直隶、山西、河南、山东、陕西等省军流人犯解往此处,给予种子、耕牛和土地,从事农垦,三年后起科,土地归垦种者为永业。

(13)年羹尧从西宁前线撤回西安,以便办理川陕总督事务,留岳钟琪率兵四千,于西宁办理善后事宜。又甘州有藏人部落,俟秋天马肥时,由西宁出兵加以招抚①。

年羹尧还条奏禁约青海十二事,雍正认为他条划周详,也都批准了②。

平定罗卜藏丹津的叛乱及善后处置,清朝政府加强了对青海地区的统治。康熙虽封始汗子孙,但对青海多数地区乃是间接的管理,甘肃、四川一些地方也因和硕特人和藏人的联合使清朝削弱了控制力,平定罗卜藏丹津,就大大改变了这种情况。雍正在青

---

① 以上参见《文献丛编》第6、7辑《年羹尧奏陈青海善后事宜折》;王先谦《东华录》,雍正二年五月戊辰条;《圣武记》卷3《雍正两征厄鲁特记》;《清史稿》卷522《青海额鲁特传》。

② 以上参见《文献丛编》第6、7辑《年羹尧奏陈青海善后事宜折》;王先谦《东华录》,雍正二年五月戊辰条;《圣武记》卷3《雍正两征厄鲁特记》;《清史稿》卷522《青海额鲁特传》。

海派驻办事大臣,处理蒙藏民事务,把西宁卫改为西宁府,下置西宁县、碾伯县、大通卫,将青海的重要地区直隶于中央。又改甘肃省的凉州卫为凉州府,新设武威县,改镇番卫、永昌卫、古浪所为县,改庄浪所为平番县,改甘州左卫、右卫为张掖县,改高台所为县。随着建制的改变,清朝中央政府对青海地区的统治巩固了。

青海问题,主要是解决青海蒙古人的问题,同时也涉及西藏人,由善后十三条事宜中的有关规定可以看出了。青海、西藏毗连,中央加强对青海的治理,有利于对西藏的进一步经营。

平叛以后开展屯田,兴办农业,促进少数民族地区的经济发展,这也具有积极意义。

在青海的迅速胜利,出乎雍正的预料。他在年羹尧奏折上写道:"前青海势涌,正当危急之时,朕原存一念,即便事不能善结,朕不肯认此大过,何也? 当不起,原是圣祖所遗之事,今如此出于望外,好就将此奇勋自己认起来,实实面愧心惭之至"[1]。他提到这是康熙的未竟事业,这是值得注意的。青海和硕特自康熙中期与清朝加强联系以来,越往后越密切,这对它本身的发展、对清朝加强在青海的统治都有益处,而且这也是历史发展的趋势。罗卜藏丹津不顺应这个历史潮流,却要搞分裂割据,不得人心,自身也曾举棋不定,叛乱后,一些和硕特人归顺清朝,历史发展注定他要失败。而清朝政府,开始想和平解决,一旦发现这是不现实的,即坚决用兵,中途不再接受投降,以利彻底解决问题。主持这一大局的雍正态度坚定,用人得当;前线总指挥年羹尧调度有方,善后措施得宜;深入敌营的岳钟琪,有胆有识,建立奇功。雍正君臣的活动,都为这一事件的顺利发展作了积极贡献。

---

① 《文献丛编》第5辑《年羹尧奏折》,二年三月二十九日折朱批。

（三）驻藏大臣的滥觞

康熙季年，清军进藏，驱逐了准噶尔势力，留蒙古兵二千名驻守，封参战有功的藏人康济鼐、阿尔布巴为贝子、隆布奈为辅国公，以康济鼐总理前藏事务，授颇罗鼐为札萨克一等台吉，管理后藏事务，他们还都担任噶布伦。

雍正继位时，四川巡抚蔡珽奏请安定八旗人心，以为从西藏撤兵是必要的方法。雍正的态度，据公布的《朱批谕旨》所云，是以蔡珽的建议为谬妄，说那样做是孟浪的，是"以皇考举行此事为非"①。这不是当日朱批的实录，是篡改过的。原来他说蔡的看法，"与朕意、廷臣议同，正在此办理。是"②。事实上，他在元年（一七二三年）就把驻藏部队撤回内地了③，只在四川的察木多（今西藏自治区昌都）留军驻守。

雍正五年（一七二七年），西藏噶布伦阿尔布巴、隆布奈、扎尔鼐等忌康济鼐掌权，举兵杀害了他，又阴谋投奔准噶尔。雍正自从西藏撤军，深知对藏中控制力削弱了。阿尔布巴叛乱发生，认为这是一个弥补前咎的机会："当趁此机，先将西藏事宜料理清楚，以为边防久远之计。"他的办法就是出兵，中心任务是"将达赖喇嘛移至西宁，则西藏可永远无事矣。"当时云贵总督鄂尔泰对出兵持保留态度，希望雍正以抚为上，剿杀次之，羁縻为上，驾驭次之。雍正不听他的意见，表示一定发兵，而且不惜费用④。于是下令准备

① 《朱批谕旨·蔡珽奏折》，康熙六十一年十二月十二日折及朱批。
② 档案，藏台北"故宫博物院"，雍正档，8096 号，转见《雍正帝及其密折制度研究》，273 页。
③ 《雍正朝起居注》，元年七月二十九日条。
④ 《掌故丛编》第 4 辑《鄂尔泰奏折·论西藏事宜折一》。

进军。不久,他考虑到,若一发兵,阿尔布巴畏惧而挟持达赖逃亡准噶尔,事情就复杂了,还不如暂不进兵,因而下令停止出师①。

叛乱发生后,管理后藏的颇罗鼐即统领后藏和阿里的兵士九千,一面截断叛匪逃向准噶尔的道路,一面进军拉萨,擒获阿尔布巴等首逆。雍正获悉颇罗鼐的成功,知达赖不可能去准部,决计出兵,命左都御史查郎阿率领陕西、四川、云南驻军一万五千人进藏,继续平叛。六年(一七二八年)秋,查郎阿至拉萨,诛杀首恶。雍正封颇罗鼐为贝子,总管前后藏事务,后又为他晋爵贝勒。

雍正吸收了上次撤兵的教训,为巩固在西藏的统治,设驻藏大臣,正副二人,留兵二千,分驻前后藏,归驻藏大臣统辖。因驻藏大臣系固定职务,不便频繁更换,又怕内地官员入藏生活上不适应,遂定三年一换办法。这时的驻藏大臣重要任务是管理清军,稳定藏中政局。与乾隆后期定的驻藏大臣同达赖共管藏中事务制度有所不同,但它却是这一制度的发端。驻藏大臣是清朝政府的代表,是中央政府与西藏地方政府联系的桥梁,密切着双方关系,有利于我国统一多民族国家的巩固。

阿尔布巴叛乱的同年,准噶尔的策妄阿拉布坦死,子噶尔丹策零继立,扬言送还康熙间掳去的拉藏汗的两个儿子,即要干涉藏中事务。雍正下命严防。准噶尔进藏有三条道路,一为西路,由叶尔羌至阿里,此道至前藏迂远,藏中易于准备。一为东路,走喀喇河,然需经过青海,通行不便。一为中路,经腾格里海,到西藏最便捷。因此,驻藏部队每年夏天到腾格里海驻防,冬天因大雪封山而撤离。达赖喇嘛为藏人、蒙人所信仰,然而也成为蒙、藏贵族争夺的对象,把他利用为掌权的工具。雍正怕噶尔丹策零入藏劫持达赖,

---

① 清世宗"朱谕",第13函。

就把达赖六世迁到他的家乡打箭炉（今四川康定）西边的噶达,用几十万两银子建造规模雄壮的惠远寺,供他居住①。寻又把他迁移到泰宁寺（康定西北）,派兵一千名护守。十二年（一七三四年）,雍正因同准噶尔的关系将有改善,派礼亲王允礼迎达赖六世进京,达赖因未出痘,不便远行②,遂把他送回西藏。

巴塘、里塘地区,康熙时已由清朝治理,雍正初年因从藏中撤兵,这里遂由西藏地方政府管理,平定阿尔布巴之乱以后,雍正命于巴塘、里塘建立宣慰土司,归四川省统辖。又设维西、中甸二厅,归属于云南省。后来章嘉呼图克图以巴塘、里塘为达赖六世出生地,请将该地仍隶前藏,雍正以当地每年商税银五千两赐之,而地仍为四川辖区③。

西藏隶属于清朝政府,大体上经过三个时期,崇德、顺治为开创期,康熙、雍正为发展期,乾隆为巩固期。雍正初年撤军,虽有客观原因,恰如他所说是孟浪举动,缺乏远见,后来积极平叛,设立驻藏大臣,弥补了过失。

在西藏事件中,雍正总把西藏问题与蒙古问题联在一起考虑,他说:

> 西藏、谆噶儿之事,比不得安南、鄂洛素海外诸国,〔内蒙〕四十八旗、西海、喀尔喀等众蒙古人心系焉。谆噶尔事一日不靖,西藏事一日不妥;西藏料理不能妥协,众蒙古心怀疑二。此二处实为国家隐忧,社稷生民忧戚系焉④。

---

① 《清世宗诗文集》卷16《惠远庙碑文》。
② 《清世宗实录》卷154,十三年闰四月庚午条。
③ 以上参见《圣武记》卷5《国朝抚绥西藏记》;《清史稿》卷525《西藏传》,卷297《查郎阿传》。
④ 《掌故丛编》第4辑《鄂尔泰奏折》。

在他看来,西藏和准噶尔的关系是:准噶尔安宁,西藏则不会生事;西藏不平静,也会引起蒙古的骚动。造成这种相互关系的是喇嘛教。雍正又说:"蒙古之人,尊信佛教,惟言是从,故欲约束蒙古,则喇嘛之教亦不轻弃"①。也就是说蒙古人不安静,可以用喇嘛教抚绥,而要利用喇嘛教,就不得不注意西藏问题。注重喇嘛教,首先要笼络教王达赖,这就是雍正以能否控制达赖为前提决定是否进军西藏的原因。

康熙也持同样的见解,所以在命令允禵征讨准噶尔的敕书中说:"朕欲保护黄教,拯救生灵,特命尔为抚远大将军"②。清朝前期的皇帝多能如此,史学家赵翼说清朝优待喇嘛教,"正所以帖服外夷,乃长驾远驭之深意"③。由此可见,雍正在处理西藏问题时,兼顾准噶尔问题,具有全局观念,是正确的。

第二节　批准鄂尔泰的建议与改土归流的实行

(一) 土司制度的弊端

云南、贵州、广西以及同它们邻近的湖南、湖北、四川居住着许多少数民族,他们经济落后,生产方式不同,与中央政府关系疏密不一。大体上说,元、明以来,实行土司制度,土司管辖各该民族,他们的承继行世袭法,然需中央政府批准;土司在内部自行征纳赋役,仅向中央进贡少许银物;土司自定成文的和不成文的法令,对属民生杀予夺,中央政府概不过问,在这里实现的是土司的意志,

① 《上谕内阁》,五年四月初八日谕。
② 《明清史料》丁编第 8 册 782 页。
③ 《簷曝杂记》卷 1《蒙古尊奉喇嘛》。

而不是中央的政策。还有一些少数民族,连中央政府承认的土司也没有,只受该族头人的统治,可以说是土舍制。但他们往往受邻近的土司控制。

土司、土舍是大大小小的割据者,因而产生中央要加强对他们辖区的统治与他们维护旧制度的矛盾。明朝以来,中央政府就在条件成熟的地区,取消土司世袭制,设置府厅州县等地方政权,派遣一定时间进行调换的流官前往治理。这就是改土归流。这种办法,明朝和清初偶或实行,所以土司制的问题严重存在着。到雍正时期,由于弊端的积累,暴露得更清楚了。

土司对属民任情役使,赋税是"一年四小派,三年一大派,小派计钱,大派计两"[1]。他们掠夺的,比向中央上贡的多得多。如云南镇沅土知府刀瀚于雍正初年,每年进贡银三十六两,米一百石,而向土民征收银二千三百四十八两,米一千二百一十二石[2],强征的比上贡的多几十倍。土司恣意虐杀属民,对犯其法而被杀害者的家属,要征六十两、四十两、二十四两不等的银子,还名之曰"垫刀银",真是凶恶至极。康雍时人蓝鼎元说属民对土司"无官民之礼,而有万世奴仆之势,子女财帛总非本人所自有"[3]。说的一点不假。

土司之间,为了争夺土地、人畜,互相厮杀,经年不解,世代为仇。如广西西隆州古隆地方土司王尚氏等与贵州普安州捧酢地方的土司阿九等常年争夺歪染、乌舍、坝犁、鲁磔等寨,雍正二年(一七二四年)告到官府,因事涉两省,地方官互相推诿,到四年(一七

---

① 《鹿洲初集》卷 1《论边省苗蛮事宜书》。

② 《朱批谕旨·鄂尔泰奏折》,四年九月十九日折。

③ 《鹿洲初集》卷 1《论边省苗蛮事宜书》。

二六年)还没有审理①。又如湖南永顺地方的诸土舍,于雍正元年相互仇杀②。

明代土司还发动过对中央的战争,清代虽无此事,但土司、土舍到邻近州县抢劫,屠杀汉民的事屡屡发生。于是出现双重矛盾,一是土司属民与汉民的对立,属民往往成群结伙骚扰汉民,有的在夜间乘人不备,焚屋屠戮,但他们又害怕汉民,一离开村寨,就怕被汉人杀害③。土民、汉民问题基本上还是土司造成的,土司与地方政府也是矛盾重重。有的汉人犯罪,逃匿土司,为其保护,州县官只有"用银钱买求",才能得到④,这就破坏了地方政府的司法权。有的地方官无端欺凌土司,土司继承,需要州县官转呈,有的州县官借机勒索,否则多方刁难⑤。有的土司向州县官送礼,若被上司知道,州县官反诬土司行贿钻营,若不送礼,"则加以傲抗之名,摭拾小事,申报上司,"使土司左右不是⑥。有的地方官向土司要钱,致使土司不敢到府县城里,怕被拘留勒逼⑦。这些弊病,令土、汉民遭殃,中央政令不能统一贯彻,还是产生地方吏治败坏的一个原因。

在土司内部,为争夺继承权,也经常发生战争,如雍正三年(一七二五年),署川陕总督岳钟琪奏报大小金川土司争位仇杀⑧。

土司制妨碍国家的统一,破坏地方经济文化的发展,不利于社

---

① 《上谕内阁》,五年三月初三日谕。
② 严如熤《苗防备览》卷15《经制》。
③ 《鹿洲初集》卷1《论边省苗蛮事宜书》。
④ 李绂《穆堂别稿》卷21《广西二兵记》。
⑤ 《宫中档·朱批谕旨·民族事务类·岳钟琪奏折》,全宗4,898卷1号。
⑥ 《上谕内阁》,七年十二月二十七日谕。
⑦ 《朱批谕旨·李绂奏折》,二年十二月二十六日折。
⑧ 《宫中档·朱批谕旨·民族事务类·岳钟琪奏折》,全宗4,898卷1号。

会安定,是阻碍社会进步的因素,破坏它,是历史发展的要求。而实现的条件,一则是它的落后性充分暴露,愈加不能为土民与汉民所容忍,一则是中央政府力量强大,有能力瓦解土司的势力。

到康雍之世,土司制的罪恶已暴露无遗,土民有着脱离土司统治的强烈愿望,有的全村离开土司、土舍,呈请改归地方政府统辖。汉人也关心这样的事情。雍正二年(一七二四年),幕客兰鼎元提出削夺土司的办法:依据土司犯罪轻重,削减他的村落里数,这如同官员的罚俸降级处分;若罪情严重,则夺其土司,将地方改归流官治理;若不便改土归流的地方,就将为恶的土司除掉,把他的领地分散给其子弟,以众建土司,分其势力①。可见大规模改土归流的条件业已具备,剩下的问题就看当政者的认识和态度了。

(二) 鄂尔泰的建议和雍正的决策

对于土司问题,雍正初年,大臣中看法不同,广西巡抚李绂认为土司虽然为恶,但还不至于非改土归流不可②。雍正对土司的过恶是清楚的,二年(一七二四年)五月谕四川、陕西、湖广、广东、广西、云南、贵州等省督抚提镇:

> 朕闻各处土司,鲜知法纪,所属土民,每年科派,较之有司征收正供,不啻倍蓰,甚至取其牛马,夺其子女,生杀任情,土民受其鱼肉,敢怒而不敢言。莫非朕之赤子,天下共享乐利,而土民独使向隅,朕心深为不忍③。

因此要求这些封疆大吏加强对土司的管辖,但如何加强,他并没有办法。

---

① 《鹿洲初集》卷1《论边省苗蛮事宜书》。
② 《朱批谕旨·李绂奏折》,二年十二月二十六日折。
③ 《上谕内阁》,二年五月十九日谕。

三年(一七二五年),云贵总督高其倬奏准,在贵州贵阳府广顺州仲家族的村寨建设营房,增置防汛,当即在宗角盖造完毕,及至计划在长寨建筑,该寨土舍用大石堵塞路口,不容清军建房进驻。署理贵州巡抚石礼哈、提督马会伯先后提出用兵要求。但如在第七章第二节所讲到的,雍正尽管认为石礼哈、马会伯所奏有理,但怕他们年少孟浪,谋虑不周,不能成功,反倒惹事,因此要他们"万不可轻举妄动"[①]。又怕石礼哈"过于勇往直前"[②],派何世璂为贵州巡抚。何反对用兵,奏请招抚,雍正准许,然而何并没有招抚办法,一无成效。这时雍正的思想是:土司、土舍问题应当解决,但要有得力的官员和妥善的办法。他认为石礼哈等人不是能了这件大事的主持人,因此不能下用兵的决心。

同年冬,雍正任命鄂尔泰为云南巡抚管云贵总督事,召高其倬至京,进一步了解云贵少数民族情况,并征询他的意见,高主张征剿,雍正遂下旨询问鄂尔泰。这时已是四年春天,广顺土舍更加猖狂,焚烧清军营房。鄂尔泰看到事态严重,必须用兵,"穷究到底,杀一儆百,使不敢再犯"[③]。雍正欣赏鄂尔泰的才能,认为他是"才德兼优之督臣",必能担此重任[④],同意他进兵,并预先指示他,将来事定,"当以军功赏叙"[⑤],表明他对此事的重视。在鄂尔泰进军过程中,何世璂主张适可而止,总兵官暂理贵州大定协副将事丁士杰提出三不可剿说,鄂尔泰表示决不姑息,并以三不可不剿答复丁士杰[⑥],要把事情进行到底。雍正支持鄂尔泰,指责何世璂是书生

---

① 《朱批谕旨·马会伯奏折》,三年十月二十八日折朱批。
② 《朱批谕旨·丁士杰奏折》,四年五月初十日折朱批。
③ 《朱批谕旨·鄂尔泰奏折》,四年四月初九日折及朱批。
④ 《朱批谕旨·丁士杰奏折》,四年五月初十日折朱批。
⑤ 《朱批谕旨·鄂尔泰奏折》,四年四月初九日折及朱批。
⑥ 《朱批谕旨·鄂尔泰奏折》,四年十一月十五日折。

之见,要他努力协助鄂尔泰完成此役①;数说丁士杰见解谬妄,失于怯懦因循②。

鄂尔泰在对长寨用兵中,感到对土司、土舍蹈袭阵法难于治理,用兵时他们逃跑了,或伪装投降,军队一撤,事故立即出现,这时他认为筹措一劳永逸之法是当务之急③。到九月,正式提出改土归流的建议。他在奏折中说:土司相杀相劫,"汉民被其摧残,夷人受其荼毒,此边疆大害,必当剪除者也。"办法就是改土归流,否则,虽是擒拿首恶,不过是临事治标,而不能从根本上解决问题。他还认为在滇黔的行政当中,第一要务是处理土司事务,其他钱粮兵刑之事,即使办理得宜,也是没有抓住主要事项。他还知道,变更旧制,实行改土归流,有失败的可能,则将受到舆论的围攻和行政的制裁,而实行得好,必须殚竭心力,勤奋不懈,所以"稍有瞻顾,必不敢行,稍有懈怠,必不能行。"要实行,则必秉公实力去做。改土归流要讲求方法,他提议:"计擒为上策,兵剿为下策;令自投献为上策,勒令投献为下策。"对于投献者,"但收其田赋,稽其户口,仍量予养赡,授以职衔冠带终身,以示鼓励",使土司懂得强暴不如安顺④。鄂尔泰阐述了改土归流的必要,推行这一政策的战略方针和具体措施。他对改土归流的客观要求认识很深刻,才能摆在云贵大吏的第一要务上;他的改流策略,既要用兵,又不专恃用兵,争取波及面小,尽量减少阻力,以便快速实现,而且少留后遗症,是正确的原则。

雍正阅览鄂尔泰奏折,于数处作了行间批语:"即此二句,上

---

① 《朱批谕旨·鄂尔泰奏折》,四年五月二十五日折及朱批。
② 《朱批谕旨·丁士杰奏折》,四年六月二十七日折朱批。
③ 《朱批谕旨·鄂尔泰奏折》,四年五月二十五日折及朱批。
④ 《朱批谕旨·鄂尔泰奏折》,四年九月十九日折、十一月十五日折。

天鉴之矣。""好。""务有名问罪为要。""具题时当将此意入题,即如此意好。"最后总批:"朕中心嘉悦,竟至于感矣! 有何可谕,勉之"①。全部批准鄂尔泰的建议,勉励他努力实行。当鄂尔泰提出条陈时,据说"盈庭失色",朝臣们都为他捏一把汗,以为雍正将要降罪,但是同人们担心的相反,"世宗大悦,曰:卿,朕奇臣也,此天以卿赐朕也"②。雍正对改土归流的态度,与对耗羡归公一样,经历了不赞成——调查研究——赞成的过程,值得注意的是当中一个环节,他进一步了解土司制的弊病、改流的必要性和迫切性,研究和制定了改流的方针、办法,选择了合适的执行人,这才下了决心。由此可见他是善于考察社会问题,肯于接纳臣下的意见,也正是由于有这样的政治品格,才比较适时地决策:推行改土归流的政策。

有些土司、土舍地处两省或三省的边界,发生事故,一省处治不了;有些土司、土舍属于某省,而从治理方面来看,那种区划不便于政令推行。鄂尔泰深知这些弊端,不利于改土归流的实行,早在全面提出改流建议之前,就提议改变不合理的行政区划。他以东川府为例说:东川属四川,离成都二千八百里,距昆明仅四百里。该府已于康熙中改流,然实际情况与未改差不多。它在四川的邻境是乌蒙土府,该土司攻劫它,知府报告四川不能及时得到救援,只有请求云南救护。东川还与云南的寻甸、禄劝、霑益三土州接壤,东川土人到三土州抢掠人口牲畜,告到官府,因隔省审理,多有徇庇,而且长年不能结案。鄂尔泰又说乌蒙土司,不仅荼毒东川,滇、黔、蜀接壤之地没有不受其害的。因此,他要求把东川划归云

---

① 《朱批谕旨·鄂尔泰奏折》,四年九月十九日折朱批。
② 《小仓山房文集》卷8《武英殿大学士太傅鄂文端公行略》。

南,以便统一事权,有步骤地实行改土归流。他的主张也因其合雍正之意获得批准。雍正还命他会同川陕总督岳钟琪料理乌蒙土府事务①。随后又将乌蒙、镇雄二土府改归云南建制。变更数省交界处的行政区划,以统一事权,是改土归流的必要条件,也是改流方针的内容。

(三) 改土归流的实现

四年(一七二六年)四月,鄂尔泰命令对广顺州长寨用兵,不久亲至贵州,到长寨等地巡视,事定后,设立长寨厅(今长顺县)。长寨用兵,成为雍正时期大规模改土归流的开端。

同年十月,雍正实授鄂尔泰云贵总督,并加兵部尚书衔,以利他在辖区推行改土归流和其他政策。在改流过程中,因广西与贵州接壤,改流事务也较多,雍正遂将它从两广总督辖下划出,归云贵总督管理,于六年(一七二八年)十二月特授鄂尔泰为云南、贵州、广西三省总督。鄂尔泰受命后,奏称广西情形与云贵稍异,请容他斟酌实际情况,积极料理,但速度从缓。雍正照准,并说:"卿自有次第料理措置之道,实不烦朕南顾之怀也"②。鄂尔泰以改土归流为己任,雍正对他充分信赖,君臣际合,改流事项就能大力推行了。

镇沅土知府刀瀚、嶍益土知州安于蕃是一伙"势重地广"的"积恶土官",他们视"命盗为儿戏,倚贿庇作生涯,私占横征,任其苛索"③,四年(一七二六年)六月,鄂尔泰发兵擒拿刀瀚、安于蕃,在其地分设镇沅州(今镇沅县)、沾益州(今沾益县)。同年冬天,鄂尔泰因乌蒙土知府禄万钟攻掠东川府,镇雄土知府陇庆侯助之

---

① 《朱批谕旨·鄂尔泰奏折》,四年三月二十日折及朱批。

② 鄂容安《襄勤伯鄂文端年谱》,载《清史资料》第2辑111页。

③ 《朱批谕旨·鄂尔泰奏折》,四年七月初九日折。

为虐,遂命游击哈元生率军讨伐,在四川军队配合下获得全胜,即其地改设乌蒙府(后改称昭通府)和镇雄州(今镇雄县)。雍正为奖励哈元生的功劳,命鄂尔泰以副将或参将题用。后来哈元生所至立功,几年间升至云南提督。

五年(一七二七年),广西泗城土知府岑映宸以力量较强,聚兵四千,耀武于南盘江以北地区,当他听到乌蒙改土归流的消息,遂撤兵敛迹。鄂尔泰巡察到贵州南部安笼镇,准备对他进剿,岑映宸乞降,就把南盘江以北划归贵州省,设立永丰州(后改称贞丰州,今贞丰布依族苗族自治县),又改泗城为府(治所为今凌云县)。这时梧州、柳州、庆远等地土民,为反对土舍的酷虐,"争备粮请兵"①,推动了广西的改土归流和设官建制。

六年(一七二八年),鄂尔泰认为清理黔东南土民问题,重点应在都匀府,其次是黎平府,复次为镇远,要分别轻重,次第解决②。就命贵州按察使张广泗带兵深入黎平府古州(今榕江县)地区的古州江(今都柳江)流域,都匀府丹江(今雷山县)地区小丹江(九股河上游)流域和八寨(今丹寨县),在镇压顽抗土舍势力基础上,设厅,置同知,理民事。

与云贵广西接界的湖南、湖北、四川等省的土司、土舍,本来就因比较接近内地,势力较小,与地方政府的联系也较多,土、汉民交往密切,这些是改土归流的有利条件。及至云贵广西改流、建制的浩大声势,给它们以猛烈的冲击。在其内部,土民纷纷逃向官府,请求改流、建官。土司在内外强大压力之下,相继呈请交出世袭印信,让出领地。六年(一七二八年),湖南桑植、保靖二处土民分别

---

① 《圣武记》卷7《雍正西南夷改流记上》。
② 《朱批谕旨·鄂尔泰奏折》,六年二月初十日折。

控告土司向国栋、彭御彬,湖南巡抚王国栋出兵问罪,这时处在二地之间的永顺土司彭肇槐自动申请改土归流,雍正接受他的请求,授予参将,赐给拖沙喇哈番世职,世袭罔替,又赏银一万两,听其在江西祖籍置买产业①。次年于其地设立永顺府,并设桑植、保靖二县,归该府辖治②。

当永顺府建立之时,邻近它的湖北容美土司田旻如心怀疑惧,表示改恶从善,雍正降旨诚谕,望其改过自新③。但他依旧私征钱粮,掳掠临近土民,滥发委任状,雍正因命其进京询问,他拒不应召,土民见其不道,相继逃亡,其所属石梁司长官张彤硅亦率领土民投交印信令箭,由于土司内的民众催促田旻如出首,田内外交困,自缢死,于是把他的家属"分别安插到别省居住"④,将其地改置为鹤峰州(今鹤峰县)⑤。施南土司覃禹鼎与田旻如为翁婿,相济为恶,容美土民将覃禹鼎押交官府。与此同时,忠峒土司田光祖等十五个土司到武昌省城,恳请归流,于是在施南土司处设宣恩县,忠峒等土司亦隶属于它⑥。

四川土司,经总督岳钟琪、巡抚宪德、总督黄廷桂等先后料理,有的实行了改流。七年(一七二九年),将天全土司改为天全州,土、汉民杂居的黎大所改为清溪县,原来统辖这些地区的雅州直隶州升为雅州府⑦。十三年(一七三五年)七月,在酉阳土司处改置

① 《上谕内阁》,六年二月二十一日谕。
② 《清世宗实录》卷81,七年五月戊午条;《苗防备览》卷15《经制》。
③ 《上谕内阁》,五年十月二十八日谕。
④ 《清世宗实录》卷142,十二年四月丁未;卷150,十二月壬戌条。
⑤ 《清世宗实录》卷153,十三年三月己卯条。
⑥ 《清世宗实录》卷143,十二年五月己卯条;《上谕内阁》,十二年六月初三日谕;《清史稿》卷67《湖北·施南府》。
⑦ 《清世宗实录》卷80,七年四月辛巳条;卷89,十二月乙卯条。

县制①。

在改土归流时,对土司本人,根据他们的态度给以不同的处置,对自动交印者,多加奖赏,给予现任武职,或给世职;对顽抗者加以惩罚,没收全部或大部分财产。开始,将土司及其家属留于原地。五年(一七二七年)春,原镇沅土官刀瀚族人、属官闹事,滇抚杨名时题请将刀瀚家属迁往昆明,雍正考虑:若留原处,管束太严,则不能生存,放松管理,又会闹事,不如远远打发他们,因命将刀瀚家属迁往江苏的江宁,由两江总督进行安顿②。乌蒙土司禄鼎坤,先因其投降较早,免长途迁徙,安插于昆明③,后仍以不妥,移至河南,授为归德营参将,赏银一万两作安家费,由归德知府代其置办产业④。酉阳土司冉广烜发往浙江安置⑤。接受安插土司的各地督抚,往往不着意办理,不及时拨给房屋,所给土地由州县经手,胥役中饱,以致生活无着,私自逃跑。雍正因命各地妥善办理⑥。迁移土司,使他们远离原来的领地,这是比较彻底地实现改土归流的有效措施。

改流的实行,清军驻防地扩大,雍正为加强对新设府县的控制,增添营汛。在云南设置乌蒙镇、昭通雄威镇及普洱元威镇,贵州另设古州镇和台拱镇,广西添立右江镇,湖广增加永顺协、永绥协⑦。

① 《清世宗实录》卷158,十三年七月戊戌条。
② 《朱批谕旨·鄂尔泰奏折》,五年二月初十日折,三月十二日折;《雍正朝起居注》,五年八月二十四日条。
③ 《上谕内阁》,六年七月十二日谕。
④ 《朱批谕旨·田文镜奏折》,八年八月初四日折。
⑤ 《宫中档·朱批谕旨·民族事务类·黄廷桂、杨秘奏折》,全宗4,872卷3号。
⑥ 《上谕内阁》,十一年六月十七日谕。
⑦ 光绪《大清会典事例》卷551、555。

清朝政府在改流地区,变革赋役方法,废除原来土司的征收制度,与内地一样,实行按田亩征税的原则,但征收多少,又根据当地的情况来确定,一般少于内地。如原来永顺土司纳贡银一百六十两,保靖九十六两,桑植二十四两,可是永顺土司按土民炊爨征钱,每一炊灶征银二钱二分,叫"火坑钱"。桑植也是这种办法,不过名曰"烟火钱"。保靖土司则收"锄头钱",土民每用一锄生产,则纳三、五钱不等。这样按户、按人的赋税办法,不考虑财产状况,很不合理,改土归流后清朝政府不便沿袭,雍正命以原定贡额为准,各户自报田产,然后计亩征银,改变了无田土民而有赋税负担的状况①。又如丽江土府改流后,经杨名时提议,将旧额钱粮,照田亩等则均摊,革去旧日"有田无粮,无粮输赋"的弊病②。有的土司原有土贡,改流后,既然纳税,土贡自应取消。广西巡抚韩良辅请将泗城土府的土贡归入正项钱粮,遭到雍正的申斥,命他把土贡等物豁除③。改流后,土民所受的剥削比前稍微减轻了。

　　赋税与土地相联系。原来土司占有大量耕地,设立庄园,他们的宗族和土目也拥有很多田地,土民只有小量的瘠土④。改流时,将土司、土舍的田产当作逆产加以没收,发给兵士,每丁三十亩,实行军屯⑤。所给土地为"军田",许军丁照民田买卖⑥。这就是说清朝政府把土司的田产转给军官和士兵。清朝还对土司强买的土地,实行允许土民按价赎回的政策。个别地方,允许土民占有原土

① 《上谕内阁》,八年三月十八日谕。
② 《清史列传》卷14《杨名时传》。
③ 《上谕内阁》,五年十二月初九日谕。
④ 《上谕内阁》,八年三月十八日谕;《朱批谕旨·鄂尔泰奏折》,四年九月十九日折。
⑤ 《清世宗实录》卷96,八年五月乙酉条。
⑥ 《清世宗实录》卷83,七年七月戊申条。

司的部分土地。但总的说来,土民耕地不足的问题,在改土归流中没有也不可能得到解决。

改土归流和设官建制,不仅使原土司、土舍地区与内地政治、经济联系密切了,文化也相应地发展了,十二年,署理湖南巡抚钟保以永顺设府以来,"人文日盛",奏请于府县设学,府学设教授,额取文武童生各十二名,保靖等县各设训导,各取童生八名,另在府城建立考棚。雍正给予批准①。次年,四川学政隋人鹏也以土民与汉民日趋接近,应鼓励土民读书,提出土民与汉民文武童生一体考试的要求,也获得雍正的准许②。原来土司不许属民读书应试,怕出仕脱离其统治,所以办学也是破坏土司积弊的一项内容。

改土归流,包括上述取消世袭土司,触动土舍,设置府厅州县,派遣流官,增添营汛,建筑城池,兴办学校,实行科举,改革赋役制度等内容。实行的地区,为滇、黔、桂、川、湘、鄂六省,而以滇、黔为主,贵州省的改流设官地区之广,大约相当于原来州县的面积③。改流时间自四年(一七二六年)开始,一直延续到雍正末。因主要地区在云、贵,八年(一七三〇年),鄂尔泰在云、贵边界筑桥,是年为庚戌年,雍正遂为之命名"庚戌桥",以纪念鄂尔泰推行改流政策的功绩,这一年可视为改流基本成功的年份。改流的方式,以用兵为先导,以抚绥继之;在开初用兵较多,随后则凭威势,先声夺人,和平解决为多。基本上按照鄂尔泰的方针进行的。改流中发挥作用的大臣首推鄂尔泰,次为哈元生、张广泗。鄂尔泰不仅是这一方针政策的倡议人,还是实行家,亲赴各地指导,又制定具体的战、抚方案。纵观改流全过程,雍正发挥了主宰的作用。第一,他

---

① 《清世宗实录》卷148,十二年十月丁未条。

② 《清世宗实录》卷154,十三年四月乙巳条。

③ 参阅《上谕内阁》,九年十二月初六日谕。

决策施行,中间毫不动摇,坚持到底。黔抚何世璂在用兵以后,仍"屡言可抚",雍正怕军中意见不一,将之内调为刑部侍郎①,让赞成改流的疆吏顺利推行其政策。第二,任用鄂尔泰等人。他因两江总督事务繁剧,欲调鄂尔泰往任,寻以改流事重,需要他办理,就令他久留其地,至事情基本成功,才于九年(一七三一年)内召,用为军机大臣、大学士,赏赐伯爵。对哈元生不秩拔擢,召见时解衣赐之,亦命为军机大臣。在两年之间,把张广泗由知府重用为巡抚。奖赏政策,激励他们发挥能动作用,在改流中争立功勋。

(四) 镇压古州叛乱

改土归流,废除数百年的土司制度,是一次较大的社会改革,必然引起敌对势力的反抗,改流是斗争的过程,巩固成果也需要继续努力。

镇沅改流后,署理知府刘洪度查田编赋,触及原土司上层的利益,他的家人又借机谋利,原土司刀瀚的族人和土目就以刘洪度"编粮苛刻"、"勒索银钱"为借口,于五年(一七二七年)正月聚众焚烧府衙,杀死刘洪度。鄂尔泰当即发兵往讨。雍正认为事件的发生,一则是土司好乱,再则是委官不当,不能妥善治理②。他说的相当准确,以后面一点而言,有的清军到新地方肆行抢掠,有的流官不善经理,骤然增加赋税,兴派徭役,自身又贪婪不法,加之新设镇营的队伍大多是从邻近营汛抽调来的,造成原防区力量的空虚,给原土司上层煽动叛乱以口舌和可乘之机。

贵州古州、台拱地方设官后,原土舍势力仍大,十二年(一七

---

① 俞正燮《癸巳存稿》卷15《何端简父子事述》。
② 《朱批谕旨·鄂尔泰奏折》,五年二月初十日,三月十二日两折及朱批。

三四年），当地传言"出有苗王"，阴谋恢复旧日局面①。雍正为消弭可能发生的事端，派遣吏部侍郎吕耀曾、大理寺卿德福到贵州，会同当地官员去古州宣谕化导，希望该地安静无事②。但是毫无效果。次年二月，终于发生了叛乱。叛乱者以古州、台拱为中心，攻陷镇远府黄平，焚劫都匀府凯里（今黔东南苗族侗族自治州凯里县），围困都匀府丹江厅（今雷山县），众至数万，贵阳为之戒严。雍正任命贵州提督哈元生为扬威将军，湖广提督董芳为副将军，率领滇、黔、楚、粤诸军往讨，并要求他们"痛加剿除，务尽根株，不遗后患"③。又命刑部尚书张照为抚定苗疆大臣，去贵州。还任用果亲王允礼、皇四子宝亲王弘历、皇五子和亲王弘昼、大学士鄂尔泰、张廷玉、公户部尚书复庆等人办理苗疆事务④。鄂尔泰因事变发生，以对改土归流"布置未妥，筹虑未周"请罪，雍正宣布根据有功则赏、无功则辞的原则，削其伯爵，给假养病⑤，实际仍信任他，令他照前参与政务。在贵州，董芳与哈元生不合作，张照支持董芳。他们认为从前不应当改流、建制，现在应该招抚，恢复旧状⑥。因主张不一，将领不和，征伐没有进展。八月雍正死，乾隆继位，坚持平叛，召回张照，命张广泗为七省经略，统一指挥作战，次年成功。在处理善后时，乾隆命将"古州等处新设钱粮，尽行豁免，永不征收。""嗣后苗众一切自相争讼之事，俱照苗俗完结，不必绳以官法"⑦。根据少数民族地区的特点进行统治。

---

① 《上谕内阁》，十三年三月二十四日谕。
② 《上谕内阁》，十二年九月十二日谕。
③ 《上谕内阁》，十三年五月十八日谕。
④ 《清世宗实录》卷156，十三年五月甲子条。
⑤ 《清世宗实录》卷158，十三年七月乙卯条。
⑥ 《圣武记》卷7《雍正西南夷改流记下》。
⑦ 《清高宗实录》卷22，元年七月辛丑条。

雍正朝的改土归流和设官建制,只是在西南少数民族的一些地区实行了,未改流的地方还不少,土舍地区还很多。即使改流的地方,土司残余势力也还存在,他们仍能不同程度地控制属民,一些地方的流官的权威比他们小得多①。但是这一次改流,打击了土司割据势力,减少了叛乱因素,加强了中央政府对边疆的统治;一定程度废除土司、土舍凌虐属民制度,有利于少数民族地区社会经济文化的发展;由于政体的统一,使得民族杂居地区减少了战争,社会秩序比较安定,为民族联系的加强,提供了条件。一句话,它对我国多民族国家的统一、经济文化的发展有着积极意义。它的出现,体现了社会历史发展的要求,反映了被压迫的土民和受骚扰的汉民的愿望。主持其事的雍正和鄂尔泰,正确地反映了时代的要求,适时地作出了判断,并付诸实行,他们作了有益的贡献。

第三节　调度乖方,西北两路用兵的失败

青海和硕特叛乱首领罗卜藏丹津逃亡准噶尔,为策妄阿拉布坦所接纳,清朝政府索取,策妄阿拉布坦拒不交出,适足说明双方处于敌对状态。这是康熙末年双方关系的继续。

自从抚远大将军允禵于康熙六十年五月移驻甘州(张掖),对准噶尔采取进攻的态势,但是康熙实行的是防御性手段,没有深入敌巢彻底消灭对方的打算。雍正一继位,即以兵丁在前线日久,勤劳过度,撤回内地。策妄阿拉布坦亦派遣使臣根敦到北京讲和,雍正厚加接待,以事笼络,时值雍正二年(一七二四年)元旦,该使臣要求随同廷臣一起朝贺,雍正让他与朝鲜使臣一道行礼,事后,雍

---

① 参阅《簷曝杂记》卷4《黔中保俗》。

正说"其行礼时,光景十分虔敬",大约是反映了策妄阿拉布坦讲和的一些诚意①。因之,雍正派佛保等到准噶尔议和,然遇到罗卜藏丹津的干扰,谈判颇不顺利,策妄阿拉布坦又遣人到京,雍正如同前次厚礼相待②。但是没有商谈出结果,双方依然处于敌对状态。雍正因内部事务繁多和经济力量不足,暂不用兵,而密切注视对方的动静,尤其留心它同西藏的关系和它对喀尔喀蒙古的侵凌。因此,雍正初年,受形势所迫,雍正渴望和谈,实际上是采取的守势,与康熙末年以攻为守有所不同。

雍正随着政治改革的实现,政局稳定,财力充足,就有条件解决准噶尔人的问题了。五年(一七二七年)初就筹谋讨伐准噶尔,及至阿尔布巴叛乱事发,促使他下决心用兵,到五年年底,他说:"(准噶尔、西藏)二处实为国家隐忧,社稷生民忧戚系焉,所以圣祖明见事之始末利益之意,灭取谆噶儿,安定西藏者,圣知灼见,不得已必应举行者也。"他认为阿尔布巴事件,正是讨叛伐罪的机会,决心六年解决西藏问题,七年转向准噶尔,"命两路整大兵勒取,相机声罪致讨,必灭此而后朝食"③。同年,策妄阿拉布坦死,子噶尔丹策零继立,雍正认为是可乘之机,从而促使他下定用兵的决心。

雍正开始筹划用兵事宜,只同怡亲王允祥、大学士张廷玉、岳钟琪等极少数人密商④,因事关钱粮,户部尚书蒋廷锡时或与闻此事。雍正在他们支持之下,决定兵马粮饷屯守进取的方略。

雍正备战首先重视的是军士的挑选和训练。五年(一七二七

---

① 清世宗"朱谕",第 12 函,该谕写于二年正月初一。
② 清世宗"朱谕",第 12 函,该谕约写于二年夏秋。
③ 《掌故丛编》第 4 辑《鄂尔泰奏折》,五年十一月十一日折朱批。
④ 《掌故丛编》第 4 辑《鄂尔泰奏折》,五年十一月十一日折朱批。

年)十一月密令河南、山东、山西三省督抚,于步兵内各拣选二千人,他们不必善长弓马,但要能放鸟枪,以备驾车开垦之用。预计明年秋冬时差遣,为期约二十月,并要三省督抚妥善安排应选兵丁的行装和安家费用①。七年春夏之交,岳钟琪密令四川松潘镇总兵张元佐整饬马步兵丁一千名,预备一切军装器械,听候调遣②。

西北用兵,长途运输,需要大量的骆驼、骡马。五年(一七二七年),命河南总督田文镜购买驮骡三千匹,于六年二月送交西安岳钟琪处,田在河南买足额数,如期送到指定地点,验收时因口老口小等不合格处,只收两千六百多头,岳钟琪一面报告雍正收验情况,一面怕赶不上应用,在陕西省购买补足。雍正相信田文镜认真办事,此事不能按要求办好,必是像以前受张球之骗一样,"又被属员欺瞒矣",要他慎重办理③。所以在准备上雍正君臣都非常郑重严肃。

准噶尔是游牧民族,骑战是其所长,转移比较捷便。清军与之打仗,自须有强大的骑兵,但是要深入敌人的后方,彻底消灭它,军需供应是严重问题,靠驼马运输,代价太大,且易受到攻击,难于保障供给。岳钟琪针对这一情况,提出车战的建议。他的办法是造宽二尺、长五尺的战车,用一人推輂,四人保护,即一车五人,五车为一伍,二十五车为一乘,一百车为一队,每一千车为营。行军时,车上装载军粮军衣;驻防时,以车为营盘;打仗时,两队在前,进行冲锋格斗,三队随后跟进,其余五队保护大营,劫杀冲入的敌军。雍正采纳了他的意见,命打造战车,挑选满洲护军组成车骑营,进

---

① 《朱批谕旨·田文镜奏折》,六年二月初三日折。
② 《朱批谕旨·张元佐奏折》,七年五月初九日折。
③ 《啸亭杂录》卷10《车骑营》。

行练习①。在豫、鲁、晋三省选调的备驾车用的军士，就是为用于车战的②。

　　雍正对他的准备很满意，自称："选派将领，悉系镇协中优等人才，拣选兵丁，率皆行伍中出格精壮，殊非草率从事"③。到七年二月，他认为可以把事情公开了，发布上谕，历数准噶尔首领之罪恶，说噶尔丹策零无悔改之意，对之用兵，乃是完成圣祖的未竟事业，如今国帑充实，士卒振奋，正是用兵之时，若迟疑不决，将来后悔莫及④。因命朝臣讨论用兵事宜。大学士朱轼、散秩大臣达福认为进攻的条件还不成熟，噶尔丹策零能利用先人的旧臣，内部一致，没有可以利用的机会，反对发兵⑤。还有人以为对准部战争是穷兵黩武，得土不足以耕，得民不足以使，不应用兵。大学士张廷玉极力主战。云贵广西总督鄂尔泰认为那些反对派是"庸人畏事，识见不远，但知论难易，而不论是非，并不论利害"，"皆不足道耳"⑥。其实雍正主意早定，不听反对之言，于七年（一七二九年）三月下令两路进军，讨伐准噶尔。命领侍卫内大臣、三等公傅尔丹为靖边大将军，振武将军、公、巴赛为副将军，顺承郡王锡保管理振武将军印务，都统、侯、陈泰，石礼哈，散秩大臣、公、达福，前锋统领衮泰等为参赞大臣，法敏、伊都立、巴泰、西琳、傅德管理粮饷，屯阿尔泰山，是为北路军营。命三等公、川陕总督岳钟琪为宁远大将军，四川提督纪成斌参赞军务，屯巴里坤，为西路军营。

---

① 《啸亭杂录》卷10《车骑营》。
② 《朱批谕旨·田文镜奏折》，六年二月初三日折朱批。
③ 《朱批谕旨·张元佐奏折》，七年五月初九日折朱批。
④ 《圣武记》卷7《雍正两征厄鲁特记》。
⑤ 《清世宗实录》卷78，七年二月癸巳条。
⑥ 《宫中档·朱批奏折·民族事务类》，鄂尔泰七年四月十五日折，全宗4,107卷7号。

六月，雍正以出师告祭太庙，说明讨伐噶尔丹策零的原因："若不迅行扑灭，将来必为蒙古之巨害，贻中国之隐忧"①。在太和殿举行隆重的受钺礼，与傅尔丹、巴赛、陈泰等大将军、参赞大臣一一行跪抱礼，以昭郑重②。雍正还检阅车骑营兵，礼成，作诗二首，一曰：

> 陈师鞠旅卜良朝，万里饷粮备已饶。
>
> 习战自能闲纪律，临戎惟在戒矜骄。
>
> 剑莹鸊鹈清光闪，旗绕龙蛇赤羽飘。
>
> 听彻前锋歌六月，云台合待姓名标。

另一首有句：

> 万里玉关平虏穴，三秋瀚海渡天兵。
>
> 裹粮带甲须珍重，扫荡尘氛远塞清③。

他踌躇满志，以为准备充足，选择了上好的出师日子，只希望领兵将帅戒骄戒躁，荡平敌寇，凯旋回京，论功行赏，再举云台题名、凌烟绘像之盛。

岳钟琪出师之际，疏言有"十胜"的把握，即：一曰主德，二曰天时，三曰地利，四曰人和，五曰糗粮广储，六曰将士精良，七曰车骑营阵尽善，八曰火器兵械锐利，九曰连环迭战，攻守咸宜，十曰士马远征，节制整暇，所以断言"指日荡平，以报国恩"④。从后来的实践看，他的十胜中含有大言、浮言成分，然而他要这样说，也有其客观情况。他所统领的西路军，主要成分是绿旗军，将领多是汉人。他深知满汉矛盾集中在他身上，这时曾静、吕留良案尚未正式

---

① 《清世宗圣训》卷11《武功》。

② 《清世宗实录》卷82，七年六月乙未条。

③ 《清世宗诗文集》卷29《己酉夏南甸大阅》。

④ 《清世宗实录》卷82，七年六月癸未条。

结案,他为防嫌,一味迎合雍正意愿,极力促成西征,欲以直捣准噶尔龙庭表其忠诚。然而客观存在满汉矛盾,对他进军不利,他的前途并不美妙。北路军队主要是满洲兵和蒙古兵,统帅是满洲贵族,辅之以蒙古人和汉军旗人。从以前允禵住军甘州的事实分析,西路应为用兵主力,雍正与岳钟琪筹措各项事宜,说明西路是主攻力量,但后来大战又是在北路打的。前已说过,满人已趋腐化,北路满人战斗力如何,面临着一场考验。

清军出师,突然有准噶尔使臣特磊到达岳钟琪军前,诡称罗卜藏丹津阴谋杀害噶尔丹策零,后者发觉了,把他解送清朝,走到半路,听到清朝进军的消息,就又把他送回伊犁。特磊前来,表示要求和平,岳钟琪当即向雍正报信,并表示对准噶尔诚意的怀疑。但雍正命将特磊送至京城,暂缓进兵,又召傅尔丹、岳钟琪进京商议军情。

岳钟琪离开前线,由纪成斌护理宁远大将军印务。纪认为满洲人强悍,就派副参领查廪率军牧放马驼于科舍图,然而查廪怯懦畏寒,置马驼不顾,"率众避寒山谷间,日置酒高会,挟倡伎以为乐。"准噶尔人两万来劫掠牲畜十几万头,查廪逃遁,求救于总兵曹勷,曹仓卒出战,大败,总兵樊廷、张元佐、副将冶大雄往救,夺回被掳掠的大部分驼马。为此事,纪成斌嘲笑说:"满人之勇,固如是耶!"把查廪绑缚论斩,适值岳钟琪自京回营,见状大惊,说纪成斌要遭灭族之祸了:"满人为国旧人,党类甚众,吾侪汉臣,岂可与之相抗以干其怒也?"立解查缚[1]。纪遂罪曹勷,并以大捷上奏,雍正奖赏樊廷等人,授予世职,遣内务府总管鄂善到前线犒师。九年(一七三一年)二月,岳钟琪奏议军机事宜十六条,请在吐鲁番屯

---

[1] 《啸亭杂录》卷10《岳威信始末》。

田,于哈密、吐鲁番之间设哨所。这时雍正已知道谎报军情,以败为胜,但因自己已予嘉奖,不便说明,就借此责备他,说他所议"无一可采之处",责问他:过去倡言长驱深入,以今日之势,能保必胜吗![1] 三月,命都统伊礼布为西路副将军,带领八旗家选兵二千名赴任,若岳钟琪有统兵行走之处,伊礼布引领满洲兵一同前往[2],实即监视岳钟琪。同时,责备岳的坚壁防守主张,说他统兵二万九千名,不能御敌,是筹度无方[3]。五月,派石云倬为西路副将军,以分岳钟琪统兵之权。满人查郎阿于岳钟琪出兵之时,即署理川陕总督,八年(一七三〇年)在肃州(酒泉)专理军需,他夺了岳钟琪的总督权。岳的后方在陕甘,因而受到查郎阿的挟制。

九年(一七三一年),噶尔丹策零派遣大策零敦多卜、小策零敦多卜领兵三万,东犯北路军营,而派间谍到傅尔丹处报称噶尔丹策零怕受哈萨克人的袭击,分兵防守,又有罗卜藏丹津的族人罗卜藏策零谋反,噶尔丹策零正在和他周旋,所以大策零敦多卜不能出兵,只有小策零敦多卜东来。傅尔丹有勇无谋,信以为真,率领一万人轻装前进。副都统定寿、海国、永寿等谏言敌人有计,不宜轻往,傅尔丹不听。六月,在和通泊与敌军二万相遇,大败,副将军巴赛、查弼纳阵亡,只有二千人逃至科布多。雍正闻讯,掩盖失败,惟说兵马有损失,而傅尔丹等无恙,并说他们能竭力迎战,将自束的腰带赐给傅尔丹系用。他话是这样说,实也知真相,乃降傅尔丹为振武将军,以顺承郡王锡保代为靖边大将军,斩临阵遁逃的参赞大臣陈泰。并命大学士、公、马尔赛为抚远大将军,驻防归化(今呼和浩特市)。寻又以马尔赛为绥远将军,其抚远大将军印务交康

① 蒋良骐《东华录》卷 31,511 页。
② 《清世宗实录》卷 104,九年三月戊子条。
③ 《清世宗实录》卷 104,九年三月乙亥条。

亲王崇安暂行管理。

十年(一七三二年)正月,噶尔丹策零以六千人自乌鲁木齐扰掠哈密,岳钟琪命曹勷往击,命副将军石云倬往断敌之归路,曹勷败敌,石云倬动作迟缓,纵敌逃去。岳钟琪奏劾之,大学士鄂尔泰并劾岳钟琪拥重兵数万,纵投网之敌,不能料敌于先,复不能歼敌于后,雍正遂将岳召回京城,指责他"将国家军旅重务,视同泛常,且赏罚不公,号令不一,不恤士卒,不纳善言,傲慢不恭,刚愎自用"[1]。削其公爵,降三等侯,随即改组西路军营统帅部,命查郎阿署理宁远大将军印务,调汉军旗人、贵州巡抚张广泗为副将军,护军统领阿思海为前锋统领,管辖满洲兵,侍郎武格为扬威将军,统辖巴尔库尔满洲兵,副将军刘世明统领巴尔库尔绿旗兵,并命鄂尔泰督巡陕甘,经略军务。这样,西路军的统帅权,就由汉人手中,转到满人手里,而以汉军旗人为辅佐。张广泗就任,奏参岳钟琪车营法,不适宜于沙碛沟堑,在调兵筹饷、统驭将士诸方面,都不得当。查郎阿与岳钟琪共事多年,本对岳不满,前述丧失马驼的查廪为其亲戚,查廪怀恨旧仇,因向查郎阿进谗言,十一年(一七三三年),查郎阿奏劾岳钟琪、纪成斌、曹勷等人[2],雍正命斩纪成斌、曹勷于军前,囚禁岳钟琪。十二年(一七三四年),大学士等议将岳钟琪处死,雍正命监候待决。

十年(一七三二年)七月,噶尔丹策零亲率大兵,越过阿尔泰山,振武将军傅尔丹与战于乌逊珠勒,大败,准噶尔军进至杭爱山,迫使哲布尊丹巴胡图克图迁徙多伦泊,又袭击喀尔喀蒙古诸部中最强大的策凌部。策凌为额驸、和硕亲王、喀尔喀大札萨克,他因

---

① 《上谕内阁》,十年十月二十六日谕。
② 《啸亭杂录》卷10《岳威信始末》。

不在营中,致使子女被掠,闻讯后,割发及所乘马尾誓天,率部深入敌后,突击准噶尔军,狙击于鄂尔浑河畔的额尔德尼昭(光显寺),杀敌万余,准噶尔余部奔逃①。锡保和策凌要求已降为绥远将军的马尔赛邀击,马尔赛和都统李枝拥兵一万三千,拒不出击,诸将恳求出战,参赞大臣傅鼐跪请,马尔赛终不应允,致使准噶尔败军逃去。光显寺大捷后,雍正大赏策零,赐号超勇亲王,授定边左副将军,屯兵科布多,经理军务。雍正以贻误军机罪,斩马尔赛、李枝与军中,削傅尔丹公爵和官职,留军营效力。又以锡保调遣失宜,怯懦畏葸,罢靖边大将军,派平郡王福彭为定边大将军。

噶尔丹策零光显寺失败之后,无力发动进攻,于十一年下半年放出口风,要释放清军俘虏。福彭不明敌意,不知是真送还是假送,因此无法进行军事部署②。

清朝在几年的战斗中,人力物力消耗很大,用兵前库帑银五六千万两,到雍正末年只剩下二千多万两,大部分是耗费在西北战场上了。其时,翰林院检讨周彬上疏,说西征造成"糜费疲惫",要求迅速撤兵,"军务俱行停止","舒天下之力","养天下之命"③。雍正看到师久无功,所派将帅皆不如意,杀戮降调也不解决问题,感到已不能打下去了。十一年五月宣布暂停进兵,召策凌、查郎阿至京与王大臣会议军事,策凌、查郎阿与庄亲王允禄主张继续开战,张廷玉等希望议和,若噶尔丹策零再事扰乱,重新出兵。雍正就罢兵事征求傅鼐意见,傅鼐叩头说,"此社稷之福也"④,表示赞成。

---

① 《啸亭杂录》卷10《书光显寺战事》。
② 《宫中档·朱批奏折·民族事务类》,福彭十一年十二月十三日奏折,全宗4,105卷。
③ 《宫中档·朱批奏折·民族事务类·周彬奏折》,全宗4,107卷8号。
④ 《啸亭杂录》卷7《傅阁峰尚书》。

十二年(一七三四年)七月,雍正决意议和。他总结了战争的进程:失败多,获胜少,两路共用兵十余万,跟役近十万,消耗太大。他把失败的责任归之于将帅,也作了一点自我反省:"朕之筹划于事先者虽未有爽,而臣工之失机于临事者不一而足,亦皆朕无能不明之咎"①。战争不能进行了,就派傅鼐、内阁学士阿克敦、副都统罗密往准噶尔议和,为准噶尔与喀尔喀划分游牧地,欲以阿尔泰山梁为分界线,噶尔丹策零要求以杭爱山为界,阿尔泰山为其牧地。后又遣使到京,改求以哲尔格西喇呼鲁苏为界,雍正命策凌与议。策凌同意以此为界,但准噶尔人不得过阿尔泰山。雍正采纳策凌意见,噶尔丹策零又不满意,于是和谈持续不决。雍正鉴于形势的缓和,于十三年上半年批准两路撤军的计划,量留守兵,西路用绿旗兵驻哈密,北路留满洲、蒙古兵。到乾隆四年(一七三九年),终于同噶尔丹策零定议,以阿尔泰山作为准噶尔与喀尔喀分界线。

雍正自七年主动向准噶尔用兵,至十二年自动停止进兵,要求议和。战争之发生实出有因,和战又听他选择,似是由他掌握主动权,但是经过六年的战争,他损兵折将,耗费钱粮,没有达到目的。他的用兵是失败了。他及时地刹车,也曾消灭对方的一部分力量,尚不算惨败。

西北两路用兵的失败,应当归咎于雍正的调度乖方。他对准噶尔情况不明,乱下决心,乱指挥,上当受骗。他以为策妄阿拉布坦之丧是可乘之机,实践证明,这是主观臆断。出师之初,噶尔丹策零以诈降作缓兵之计,他不审敌势,轻易信之,推迟进军日期,使初出之师折了锐气。他的前敌将帅和他一样是聋子、瞎子,尽受对方间谍的愚弄,或如傅尔丹的轻进丧师,或如科舍图之受袭击。他

---

① 《上谕内阁》,十二年七月二十一日谕。

用人无方,朝三暮四,北路军营三易统帅,帅外有帅(锡保与马尔赛一度为互不统属的大将军)。而这些人都不是帅才,傅尔丹为靖边大将军时不能料敌与指挥部署,做振武将军时不能临敌打仗。据记载,岳钟琪曾到他的营帐,见四壁刀枪箭戟,问置此何用,傅尔丹回称是素来用之练武,悬之以鼓励士卒。岳钟琪当面不便批评他,私下说:"为大将,不恃谋而恃勇,败矣"①。这样的人怎能膺专阃之寄。锡保惟以逢迎为能,奏参军前效力的陆生楠、谢济世很积极,而军事却无建树,将"兵丁时撤时拨",两年内损伤马匹数万,"合营无不怨恨讥诮者"②。马尔赛之庸劣怯战更不必说了。福彭年青无威望,雍正收他为佛门弟子,加以重用,但并没有在任大将军职务中显示出军事才能。西路岳钟琪是一员战将,康熙末的入藏与雍正初的平青海两大战役中显示了他的这种本领,但他不是帅才,主持西路军三、四年,没有建功业而有过失。雍正始则对他抱有厚望,宠待异常,如在其临出征前,特命其子署理山东巡抚岳濬到西安送行,科舍图失利后,对他又过分失望,派人监视,让他无所措手足,终令庸才查郎阿代之,使西路军更无从进展了。赏罚不当,也是雍正调度失宜的一个表现和内容。傅尔丹和通泊之败,还将御带赐给他,再败于乌逊珠勒,除削爵外,别无处分,后牵连进伊都立侵蚀军饷案下狱,则不是他作为统帅而处治的了。岳钟琪虽然未建功业,但罪不至下狱论死,纪成斌饰败有罪,曹勷战败有罪,都处斩了,可是情罪重大的查廪却逍遥法外。如此意为轻重,怎能服人?怎能令前线将士心情舒畅,全力对敌。雍正对车战法缺乏全面正确的认识,取舍不当。始初对车骑营抱极大希望,亲自检

---

① 《清史稿》卷297《傅尔丹传》。
② 《上谕内阁》,十一年七月十一日谕。

阅,用于西北两路。但它不利于士卒的进攻和撤退,后来就把失败归咎于它,于是废掉车骑营,张广泗还以此追论岳钟琪的责任,雍正又彻底否认了车战法。对游牧民族的骑兵,固应用骑兵、步兵相结合来对付,但辅之以车骑营,并不为过。礼亲王昭梿论及此事,说和通泊之败,"乃将帅骄慢,悮堕贼计,未必皆车骑营之咎也"①。总之在车战法上找原因是找错了,雍正以之责岳钟琪当然不公平。

导致雍正调度乖方的因素之一,是他的骄傲情绪。青海和西藏的迅速成功,令他产生错觉,以为准噶尔的问题也能轻而易举地获得成功。因此对朱轼等人的敌人无隙可击的正确意见听不进去。早在五年年底,他刚准备打仗,就说"一切兵马粮饷屯守进取之策已筹划万全"②,就是浮夸之表现。雍正虚骄,就不可能对战争的战略、战役的部署作周密的、正确的思考和安排,对将领作人尽其才的任用。雍正自身骄满,出师时要求将帅"戒矜骄",不过是空话罢了。上有好者,下必甚焉。岳钟琪的"十胜"妄说,傅尔丹的轻信敌言,都是在雍正轻敌思想影响下出现的骄傲情绪的表露。雍正大搞祥瑞,夸耀盛世,也反映到军队中,西路军营报告:七年十二月二十八日巴尔库尔军营有"紫色祥光,绵亘东北,历四时之久,光华绚烂。"九年二月署川陕总督查郎阿奏称,巩昌府靖远卫红咀子渡口,往年二月解冻,本年正月即开冻通航,便于运送军粮。这种以祥瑞自欺欺人,进一步造成军队麻痹大意,被敌人偷袭。雍正曾反省说:被偷袭这类事情的发生,是否为"军志骄矜,有干盛满之戒,天心特以此示儆耶! 上年被贼侵扰之处,朕于大将军岳钟琪等不能计虑于事先,实难辞疏忽之过"③。但他并没有真

---

① 《啸亭杂录》卷10《车骑营》。
② 《掌故丛编》第4辑《鄂尔泰奏折》,五年十一月十一日折朱批。
③ 《上谕内阁》,九年二月二十五日谕。

正改过来。虚骄思想下不去认真解决战争中的问题,只能举措失宜,归于失败。

用兵之失,仅归罪于雍正个人,自然不公正,也是不符合于历史唯物主义的,个人对历史的进程只起一定的作用,雍正也负不起这个责任。同时,他的过失也有产生的社会根源。八旗军战斗力削弱,是致败的因素之一。前已说过,满洲上层在逐渐腐化,它必然反映到军队里,从将军到士兵,以出征为苦,出征前尽量逃避,不得已从征,也像平时追求安逸享乐。雍正看出满人出兵差时,"胸怀退避,并无勇往之诚心,竟至派出统领之大臣,不以为荣任选用之恩,而以为上意不喜,特令远离,服劳受苦者,又或疑人谗谮而有此差者"①。马尔赛就是如此,他在众大臣集会时,公开的说做统领大将军,还不如发遣黑龙江倒为安逸②。士兵们贪图饮食,肆意糜费,有的人饷银不够花,变卖衣服,换取食物③。这种精神状态,如此生活状况,那里有多大战斗力呢? 只会为保全生命,畏缩不前,纵敌不战,或临阵而逃,不战即溃,或不加警戒,受敌人突然袭击,遭到失败。查廪的科舍图之败,马尔赛的坐失良机,陈泰的不战而遁,都是显例。

满汉矛盾在战争中暴露了,也影响到战争的结局。满汉不平等,八旗兵待遇高于绿营兵,歧视绿营兵。绿营兵不满,反抗也是理所当然的。纪成斌蔑视打仗无能的查廪之辈,反映了绿营对八旗的不满情绪,深知满汉矛盾利害的岳钟琪,欲事弥合,卒未成功,说明这个矛盾是不可调和的,虽然尚不至于激化。雍正始初重用岳钟琪,不愧为有识之见,但他仍然坚持依靠满洲的基本政策,偏

---

① 《清世宗实录》卷159,十三年八月辛未条。
② 《清世宗实录》卷124,十年十月初八日条。
③ 《上谕内阁》,十年九月初一日谕。

祖满员,这就是他奖惩不公的一个原因。八旗和绿营的矛盾,因而军前不能一心一德,通力合作,绿营军也不可能充分发挥它的战斗力。

八旗军趋于衰落与满汉矛盾,是贯穿清朝一代的问题,它们影响着西北两路用兵的结局,不是孤立地起作用,是同雍正调度乖方结合在一起,共同发生作用,如果不是雍正的用兵无方,它们的影响可能小一些,所以对这两种原因,应具体分析,不可过分强调。

用兵尽管失败了,然仍有一定意义。噶尔丹策零三次出兵喀尔喀,起始胜利了,也立即退去,终不敢留于这里,最后还是以阿尔泰山为界。清朝与准噶尔的紧张关系,是准噶尔在康熙末年挑起的,雍正对它的进攻是一种反击,失败了,也起了扼制它发展的作用,使它不能干预喀尔喀、青海和硕特和西藏的事务。雍正在喀尔喀西北部设乌里雅苏台定边左副将军,辖治阿尔泰山东边的科布多、唐努乌梁海等地,营造了科布多城,使喀尔喀人更加依赖清朝政府,如十一年(一七三三年),车臣汗垂札卜请求给予俸禄,雍正欣然接受。再扩大范围来看,雍正时期在青海、西藏、喀尔喀的成功,与一定程度控制准噶尔相结合,为乾隆时期最终解决准噶尔问题奠定了某种基础,魏源讲到清朝经营西北、西藏问题时说:"圣祖垦之,世宗耨之,高宗获之"①。道出了康、雍、乾三代的各自贡献,相当中肯。总之,雍正对西北边疆的经营有其成效,可以肯定。

----

① 《圣武记》卷7《雍正两征厄鲁特记》。

第十章　惴惴于民间的反抗运动

雍正对民众运动的态度和相应政策,是他行政的重要内容,本章叙述他在这一领域的活动。

第一节　推行保甲和宗族制度

二年(一七二四年)二月,雍正颁布《圣谕广训》,第十五条为"联保甲以弭盗贼",他说安民之道在于消弭"盗贼",而治贼的最有效办法是实行保甲制,使民众互相监察,不容奸匪窝藏,盗贼窃发。他看到当时保甲法推行无力,有名无实,盗匪不能肃清。他希望改变这种状况,要求"城市乡村严行保甲,每处各自分保,每保各统一甲,城以防分,乡以团别,排邻比户,互相防闲。"历代封建政府对民众的日常统辖办法是户口编审,保甲制则是一种辅助法规,它实行的状况,历代亦不尽相同,只在少数情况下推行得彻底一些。这时雍正也是在户口编审为主要制度的前提下,谈保甲制的推行和作用。然而事情很快就起了变化,四年(一七二六年),雍正再次强调实行保甲法就有了新的内容和意义。

清初实行户口登记,以户为单位,记注丁口、籍贯、职业。丁口,是政府征发徭役的根据;籍贯关系到人们读书、应试、做官等权力;职业,有的不能随意改变。这些内容关系政府和民人的利害,双方都很重视,政府由于据以进行剥削和统治,更加留心。人们的家庭情况总在不断地变化,所以户籍登记不间断地进行。清初政府规定三年进行一次编审(后改五年一次),稽查户口,尤注意于核实丁口,所以叫作"编审壮丁"。当编审之年,各省于年终报告户部,若违限不报,经管官员都要照违限例议处①。可见编审户口,是地方政府的重要事务。雍正实行摊丁入粮制度,使编审壮丁的必要性大大降低了。

最早实现摊丁入粮的直隶,在实行二、三年后,总督李绂发现了新问题,即丁役体现的丁银已摊派到钱粮里面,而且丁银的数量是固定的,不再考虑增减,因此政府了解人丁数字,已同征收钱粮没有关系,这样编审制度就成为多余的了。他在四年五月的密折中说:"直隶丁银业已照粮均摊,是编丁之增损与一定之丁银全无关涉","似宜斟酌变法"。编审不仅是多余的,它需要一笔经费,购买纸墨,登记造册,报部,这些费用派向民间,胥吏还要贪占。为免除这个弊病,他要求停止编审。可是废弃编审后,如何管制民人,他也思谋到了。他认为保甲法既能清查户口,又能稽察游民,比编审更好,因此建议严饬地方官推行保甲:"于编排保甲时逐户清查实在人丁,自十五岁以上毋许一名遗漏,岁底造册申送布政司,汇齐另造总册,具题进呈御览"②。以保甲代替编审,雍正也在考虑这一问题,在李绂折奏前半个月,他再次发布实行保甲法的上谕。他指责地方官把保甲当作陈规故套,"奉行不实,稽查不严。"针对村落零散、沿海、少数民族地区不宜实行的观点,指出数家亦可编为一甲,汉化较高的苗民、僮民都可编为齐民。他怕地方官依

① 乾隆《吏部则史》卷18《户口》。
② 《朱批谕旨·李绂奏折》,四年五月初十日折;《穆堂初稿》卷39,《请通融编审之法疏》。

然不实力奉行,命制定相应的奖惩条令①。当见到李绂奏折后,雍正详细披阅,认为所议"甚近情理",只是实行摊丁入粮不久,骤然取消编审是否会产生别的问题,还吃不透,因此要李绂正式题本,发给廷臣,广泛征求意见②。七月,吏部遵照雍正的指示,议定保甲条例:(1)十户为一牌,设一牌头,十牌为一甲,设甲长,十甲为一保,设保正。(2)畸零村庄、"熟苗"、"熟僮",一体编入保甲。(3)地方官不实力奉行,按情节分别议处。(4)建立民间劝惩办法,对违犯保甲条令的人,若行告发,按被揭发的人数给奖,若为隐匿,予以杖责。雍正批准这一条例,命各省通行,限一年内执行完毕③。这时就在事实上停止了编审,到乾隆三十七年(一七七二年)正式取消这一制度。编审停止后的保甲法,与从前的不同,它包含调查户口与维持治安两项内容,突出了它的治安管制的性质。也就是说自此以后,封建政府日常控制人民的手段,主要是保甲法。所以说自四年起,雍正厉行保甲,是在摊丁入粮新形势下对人民进行约束。

自此之后,清朝政府就把推行保甲制当作考核地方官吏的重要内容。在这方面,田文镜也是一个模范疆吏。他在三年(一七二五年)就抓了推行保甲法的注意事项,要求州县官做好选择捕役、严查窝家、训练民壮、查察寺庙饭店等项事务④。四年(一七二六年),他以保甲推行状况衡量属员优劣,唐县知县周璠"不能勤查保甲,一任捕役纵贼",加之"诸务废弛",田文镜就把他参劾。固始县县丞程秉礼署理光山县及息县知县事,"奉行保甲极其谨

① 《上谕内阁》,四年四月二十三日谕。
② 《朱批谕旨·李绂奏折》,四年五月初十日折朱批。
③ 《清世宗实录》卷46,四年七月乙卯条。
④ 《抚豫宣化录》卷3上,《特揭保甲之要法以课吏治事》。

严",又能革除地方积弊,将他推荐,提升为唐县令①。田文镜还赞扬老城知县高镗"稽察保甲,亦无盗案"②。田文镜的捕务、民壮、保甲相结合的办法,浙江总督李卫也在推行。

在编排保甲时,雍正解决了对棚民的控制问题。有一部分在本籍无业的农民,到异地谋生,开山种地,或作雇工,因系搭棚居住,被称作"棚民"。他们多生活在丘陵地带,江西、安徽、浙江、福建、湖北、陕西、四川等省山区尤多。他们生活没有保障,迁徙不常,还曾发生过武装起义,引起统治者的注意。雍正二年(一七二四年),户部尚书张廷玉说浙、赣的一些抢掠事件,是棚民煽惑倡首,应设法安置,疏请敕令督抚派遣能干的州县官严行管制,加以编排,在稽核保甲时一体查察,并请允许棚民读书进学,把他们变为土著,以绥靖地方③。雍正命有关官员议处,三年(一七二五年),两江总督查弼纳、浙闽总督觉罗满保疏奏处置浙、闽、赣三省棚民办法,四年(一七二六年),雍正令仿照保甲的法规,按户将棚民编审入册,租地的山主、雇工的雇主,要对棚民进行担保;愿入籍的棚民一经获准,即与土著一体当差;入籍二十年的可以参加文武生的考试④。条令制定了,由各地督抚落实。李卫和观风整俗使王国栋严厉执行,把浙江棚民控制起来。六年(一七二八年),大理寺卿性桂到衢州密访后,奏称"棚民近日光景,皆知安分,不敢生事。"雍正自负地说:"在昔棚民,何有今日光景,经大费一番措置,方能如是帖然"⑤。编查棚民法令下达时间一长,地方官和担

---

① 《抚豫宣化录》卷1,《奏请调补事》。
② 《抚豫宣化录》卷1,《题考城高令能改旧习》。
③ 《澄怀园文存》卷4《请定安辑棚民之法疏》。
④ 《清朝通典》卷9《户口丁中》。
⑤ 《朱批谕旨·性桂奏折》,六年九月二十八日折及朱批。

保的山主、地主就忽视它了,而雍正结记不忘,死前的上个月,犹发出上谕,要求"督抚等转饬有司实力奉行,毋或怠惰,倘有不遵,即行严参,从重议处,若督抚失于觉察,朕访闻亦必加以严谴"①。雍正在位,始终大力推行保甲法(包括棚民编查),企图使人民俯首帖耳,任其摆布。

实行孝道,历来被封建统治者视为做人的根本。顺治、康熙两朝撰述《孝经衍义》,康熙四十一年以前,会试第二场的论题,就从《孝经》选出,以后因着力提倡宋儒理学,改在周敦颐的《太极图说》、《通书》等书中出题。雍正继位,强调"孝为百行之首",重视《孝经》,命从元年恩科会试起,仍用《孝经》命题,"庶士子咸知诵习,而民间亦敦本励行,即移孝作忠之道胥由此乎"②。就是令人懂得孝道,在家做孝子,而这种人到了社会上,无论是做官为民,必能竭尽本分,忠实于朝廷。所以早在东汉时期,就有人说"求忠臣必于孝子之门"③。雍正把它概括为"移孝作忠",更说明统治者的提倡孝道,终极目的是要臣民忠君做顺民。雍正围绕这个目标,更自觉地、大力地倡导孝道和与它相联系的宗族制度,实行以孝治天下的方针。

孝道实行于家庭,家庭又是宗族成员,崇孝道,必然重宗族。雍正在《圣谕广训》第一条讲解了敦孝弟之后,就在第二条说明"笃宗族以昭雍睦",他首先分析宗族内部发生不和睦的原因:

    大抵宗族所以不笃者,或富者多吝而无解推之德,或贫者多求而生觖望之思,或以贵凌贱而势利汩其天亲,或以贱骄人而忿傲施于骨肉,或货财相竞不念袒免之情,或意见偶乖顿失

①　《上谕内阁》,十三年七月十四日谕。
②　《上谕内阁》,元年五月二十一日谕。
③　《后汉书》卷26《韦彪传》。

宗亲之义,或偏听妻孥之浅识,或误中谗慝之虚词,因而诟谇
倾排,无所不至,非惟不知雍睦,抑且忘为宗族矣。

接着要求族人以同宗共祖而相亲相爱:

凡属一家一姓,当念乃祖乃宗,宁厚毋薄,宁亲毋疏,长幼
必以序相洽,尊卑必以分相联,喜则相庆以结其绸缪,戚则相
怜以通其缓急。

为此他号召宗族:

立家庙以荐烝尝,设家塾以课子弟,置义田以赡贫乏,修
族谱以联疏远①。

他把兴建祠堂、设立宗族学校、添置族产、纂修谱牒四事,当作维持
宗族制度的要务。

在清代,一部分家族设立宗祠,有的大族还另立支祠,祠堂设
有族长,大祠堂还有其他管理人员。祠堂的职责名义上是管理祭
祀,实际是统治族人的机构。雍正为了强化它的职权,于四年(一
七二六年)下令在宗族设立族正,"察族之贤不肖",即考察族内民
人的行为是否符合封建的道德标准,表彰遵守模范,谴责它的破坏
者②。族长的选择,是宗族内自主的事情,他主持族政,政府一般
给予支持。族正,由政府指定,代表官方,加重了宗祠的权力。五
年(一七二七年),雍正更改与祠堂有关系的法律条例,他说经官
惩治而不悔改的人,准许祠堂告官,可以将他流徙远方,以为宗族
除害;若祠堂私自以族规处治,以致身死,可免执行人的抵罪。经
过九卿讨论,根据他的指示精神,拟定了相关的律例③。司法权原

① 《圣谕广训》,宣统二年印本。
② 《清朝文献通考》卷19《户口》;王士俊《吏治学古编》卷下《劝戒》。
③ 《雍正朝起居注》,五年五月初十日条。这个问题,在《改定律令》一节已有
说明。

只在政府手中,这一变更,使祠堂也拥有了惩治族人的某种司法权,族长的权力加大了。雍正企图用宗族权力辅佐政权,使两者更好地结合起来,维护清朝的统治。但是这种改变,破坏了政府司法权的完整性,造成政府与宗族的矛盾。因而族正和处理族人司法权的律例能否长期存在,就成了问题。乾隆初年把族正给否定了,至二十二年(一七五七年)重新设立,可见雍正父子在探索如何更好地进行族权与政权的配合。

十年(一七三二年),内阁学士兼礼部侍郎张照奏称:读《圣谕广训》有"置义田以赡贫乏"之教,其祖张淇用己田一千亩作为义田,养赡同族的贫民,现今请求皇上允许立案,在政府注册,载入县志,该项土地不许别人侵占,即使张淇子孙亦不得出卖,他人亦不许私买,违者照律治罪。如此则该项田产可以长久保持,以利解决贫宗的生活问题。雍正见是响应他的号召,高兴地允许立册存案,并说:"张淇以己田作为公产赡养宗党,其敦本厚族之谊可嘉",应当表彰他这种义举①。张淇用私田作义田,建立义庄,经张照的登记,可以长久的保存,它的土地不仅他人不得侵犯,连政府也保证不损害它。义庄始设于北宋的范仲淹,他的事业一直维持下来,雍正中,该族范瑶又以己田一千亩扩建它,收租赡族,其扩充部分,亦申请立案。该义庄所在地的江苏巡抚尹继善奏称,范瑶的行为是受皇上《圣谕广训》教导的结果,现在"化行俗美,群黎编德,三吴士庶,莫不闻风兴起,咏歌盛世,传为美谈。"雍正说范瑶义风可嘉,应予鼓励,于是将他从候选知州补授为员外郎。雍正同时教训尹继善:"地方上偶一善事,何得遽云化行俗美,群黎编德?"②他不

---

① 《张氏捐义田奏折》,抄本,藏南开大学图书馆。
② 《朱批谕旨·尹继善奏折》,八年三月二十二日折及朱批。

以有少数义庄为满足,希望它大量的出现,以实现他倡导义行的主张。义田、义庄的地租,一部分用作赡济宗族内贫宗成员。雍正号召置立义田,是利用宗族的力量实行互助,减少政府的压力,使那些不稳定的因素因生活问题得到某种解决而暂时稳定下来。这也是用宗族制度支持政权。

雍正表彰义庄的建立者,只是他旌表义行的一个内容。元年(一七二三年)二月,命礼部研讨建立忠孝节义牌坊事务,他说以往疆吏把此事当作形式,未认真执行,富室巨姓滥膺表扬,穷乡僻壤的孝子节妇反遭隐没不闻,督抚学政必须加意搜罗①。报请旌表,申请人需要到县城,要花路费,胥吏讨索酒食钱,这笔开销,造成贫民不能申请。雍正着意于寒素之家,就是要在实际上扩大旌表对象,以发挥它的影响。礼部遵照雍正指示,议请建立两种祠宇,一为忠义孝悌,一为节孝妇女。建坊银两由政府发给。雍正把它批准了②。实行情况各地不尽相同,但都比较重视。七年(一七二九年),马淑襄被任命为河南光州学政,"抵任值督抚旌表节孝,即为悉心采举,于无力者尤亟搜扬"③。有的地方官侵占建坊银两,以致易于倾圮,雍正对此大为恼火,下命把查检祠宇作为地方官交盘的一项内容④。忠孝节义祠表彰的是个人,对于"模范宗族",雍正同过往君主一样施行表扬,十年(一七三二年),亲书"世笃仁风"匾额,赐给湖南沅江县七世同居的谯衿家族⑤,同年,还给七世同居的陕西武功县李倬、同州刘运惇赐了御书匾额,照例建立牌坊⑥。他

① 《上谕内阁》,元年二月十三日谕。
② 《清世宗实录》卷12,元年十月甲寅条。
③ 乾隆《光州志》卷49《宦迹》。
④ 《雍正朝起居注》,五年闰三月二十九日条。
⑤ 《清世宗实录》卷125,十年十一月乙未条。
⑥ 《上谕内阁》,十年十二月十五日谕。

的臣子也仿效执行,如湖南宜章知县胡星说该地禾仓堆曹族,"循理守法,安分乐业,秀者诗书,朴者耒耜,凡牵牛服贾之俦,莫不以孝弟为先,而寇攘奸宄之事无闻焉。"于是赠送"淳善可风"匾①。

咸同时间的思想家冯桂芬,鉴于摊丁入粮后"民轻去其乡",政府不易控制的状态,认为需要实行"以保甲为经,宗法为纬"的统治②。雍正在摊丁入粮实行之始,就停止编审,制定新的保甲法,设立族正,倡导孝道。他虽然没有像冯桂芬那样总结出保甲与宗族的经纬关系,但却是这样实践的。他这样做,把封建统治真正深入到民间,把人民置于保甲与祠堂交织的严密罗网中。他这样做,使政权自上而下地支持族权,宗祠又自下而上地维护政权,两者结合,封建统治更稳固了。雍正实现行政机构改革,加强了皇权,加上这些地方组织的强化,增强政府统治力,所以雍正时代,从上到下,封建统治更加严酷了。

清人张惠言说:"保甲之法,原为保安富户起见"③。宗法也是如此,那些赈贫的"义行",其实行者的目的,也如清人孙璜所说:"一以行惠,一以保家"④。雍正的地方组织政策,是为保障富人的利益,他的政权的地主阶级性质以此而愈趋明显。

第二节　更定服色婚丧仪制

元年(一七二三年)八月,雍正谕百官:"国家欲安黎庶,莫先于厚风俗;厚风俗,莫要于崇节俭。《周礼》一书,上下有等,财用

---

① (宜章)《曹氏族谱》。
② 《校邠庐抗议·稽户口议、复宗法议》。
③ 《论保甲事宜书》,见《清经世文编》卷74。
④ 沈德潜《归愚文钞·余集》卷5《文学孙古愚传》。

有度,所以防僭越,禁奢侈也"①。这里提出安民、易风俗、崇节俭、防僭越几者间的关系,他认为崇尚节俭,才能使官民各守本分,尊重名器,无有僭越,因而社会安定,黎民乐业,而要做到崇朴素去奢华,在于采取必要的措施,形成良好的社会风气。他就根据这种认识,倡导移风易俗,维护既定的服色、婚丧法规,并对它的不完善的或不实用的部分加以改定。

元年五月,雍正下令,文武百官要按品级规定戴素珠,穿马褂,用坐褥,放引马。他说大小官员有一定的品级,就有一定的服制,"所以重名器也",但近来多不按品级,随便用素珠、踢缨(马项悬缨)、导马,都是不应该的僭越,因令八旗大臣、步军统领、都察院严行查核,对违犯者即行指参②。接着,福建巡抚黄国材折奏,请将服色违制的人,治以僭妄之罪。雍正说移风易俗,宜渐不宜骤,以从宽不迫为好,对违犯的人先徐徐劝导,然后严为定制,以法绳之③。他禁止乱用服色,但要有节奏地进行,逐步加严。

同年八月,禁止官民服用有五爪龙图案的纱缎衣物④。次年二月,左都御史尹泰疏称:玄狐、黄色、米色、香色久经禁止官民服用,如有违犯,加等治罪,雍正允准⑤。五年(一七二七年),雍正谕诸王大臣:王公百官朝服顶戴都早有规制,但平时所用服色没有区别,需按官品分别确定下来。经过讨论,规定贵胄百官和士人的暖帽、凉帽制式:亲王、郡王、入八分镇国公用红宝石帽顶;不入八分公、民公、侯伯、镇国、辅国、奉国将军、固伦、和硕、多罗额驸、一品

---

① 《清世宗实录》卷10,元年八月己酉条。
② 《上谕内阁》,元年五月初六日谕;《永宪录》卷2上,114页。
③ 《清世宗实录》卷10,元年八月己未条。
④ 《清世宗实录》卷10,元年八月庚申条。
⑤ 《清世宗实录》卷10,二年二月壬申条。

大臣用净明珊瑚顶;二三品大臣用起花珊瑚顶;奉恩将军、固山额附、四品官员用青宝石顶;五六品官用水晶石顶;七品以下官员及进士、举人、贡生用金顶,生员、监生用银顶①。八年(一七三〇年)十月,又因一品以下官员帽顶区分不够细致,作了进一步的详细规定②。

康熙六十一年(一七二二年)十二月,雍正要求丧葬"务从简朴,毋得僭妄",命九卿分别为满汉职官和兵民制定婚丧礼仪③。次年五月规定官民婚嫁彩礼、鼓乐数目,汉人纳彩成婚,四品以上官员之家,绸缎、首饰以八件为限,食物限十样,五品以下官分别递减,平民之家送绸绢,果盒限四种。举行婚礼这一天,品官用本官执事,限用六个灯,十二个吹鼓手,庶民限四灯、八名鼓乐人④。兵民丧葬,前后敛衣五袭,鞍马一具,棺罩用春布,若是秀才、监生则用春绢⑤。二年(一七二四年),又对出殡作补充规定,因有的地方军民送葬前一天,聚集亲友,设筵演戏,出殡时队列前也演戏,雍正严加禁止⑥。五年(一七二七年),雍正说用金银殉葬,对死者丝毫没有好处,是极愚昧的行为,应当晓谕劝阻⑦。

劝人节俭,雍正不殚其烦,前述告诫旗人俭约外,对商人尤加注意,元年八月,谕各省盐政官员,指责盐商过于糜费:

衣服屋宇,穷极奢华,饮食器具,备求精巧,俳优伎乐,恒舞酣歌,宴会嬉游,殆无虚日,金钱珠贝,视为泥沙。甚至悍仆

① 《清世宗实录》卷61,五年九月丙寅条;《永宪录·续编》,368页。
② 《清世宗实录》卷99,八年十月庚子条;《永宪录·续编》,369—370页。
③ 《上谕内阁》,康熙六十一年十二月十二日谕。
④ 《清朝文献通考》卷55《乐考》;《清史稿》卷89《礼志》。
⑤ 《清史稿》卷93《礼制》。
⑥ 《清世宗实录》卷28,二年十一月庚戌条。
⑦ 光绪《大清会典事例》卷768《刑部·礼律仪制》。

豪奴,服食起居,同于仕官。越礼犯分,罔知自检,骄奢淫佚,
相习成风。

要求对他们严行约束:"使其痛自改悔,庶徇礼安分,不致蹈僭越
之愆"①。

民间向有春祈秋报,酬神赛会,除了迷信成分以外,也是民人
难得的娱乐机会。雍正元年,鸿胪寺卿李凤翥认为迎神演戏,使得
男女混杂,耗费多端,要求加以禁止。雍正表示同感,以为集会可
以招致匪类,有碍治安,男女混杂,有伤风化,演戏费钱,影响生活,
同意禁止②。这些活动都与农业收成有关,而且成了根深蒂固的
习惯。在以农为本的封建社会,对于农民祈求好年成的愿望,丰收
的谢神,大多数统治者不予干涉。雍正在禁止几年后,发觉自己做
错了。五年(一七二七年)四月,田文镜奏折中讲他在禁止迎神赛
会,雍正就不以为然了,说酬神祭饷是庆祝有秋之意,不要简单的
禁绝,只需惩治借端生事的地棍就可以了③。六年(一七二八年)
三月,安徽巡抚魏廷珍疏称将违禁演戏的歙县保长处责了八十板,
雍正说演戏要区别情况,给以不同的对待:

    有力之家祀神酬愿,欢庆之会,歌颂太平,在民间有必不
    容已之情,在国法无一概禁止之理。今但称违例演戏,而未分
    析其缘由,则是凡属演戏者皆为犯法,国家无此科条也④。
其实应该禁绝的是豪势借端敛财,鱼肉农民的弊病,雍正并未在此
下力,是不得要领。

在戏禁中,雍正对官员自设戏班,尤为不满。二年(一七二四

①　《上谕内阁》,元年八月初二日谕。
②　《上谕内阁》,元年六月二十三日谕。
③　《朱批谕旨·田文镜奏折》,五年四月二十八日折及朱批。
④　《上谕内阁》,元年六月二十三日谕。

年)十二月,他说地方官私人设剧团,用二、三十人,一年要开支几千两银子。官员以此为乐,耽误公事,如广西按察使白洵终日以看戏为事,诸务俱皆废弛。所养演员,有的仗势扰害平民,有的送于属员、乡绅处打秋风,因而接交,夤缘生事。于是下令禁止督抚提镇司道府官家中设立戏班①。

在这些活动中,雍正大讲移风易俗,要官民在衣食住行、婚丧、社交等方面,遵循清朝定制,安分守己,奉公守法,防止可能发生的人民反抗和统治集团的内乱。所以说,维护封建的等级制,巩固清朝统治,是雍正更定礼乐制度的目的所在。

第三节 “教化”种种

(一) 乡约与宣讲《圣谕广训》

七年(一七二九年),雍正命在乡村设立乡约,凡大乡大村,派约正一人,值月三、四人。约正由地方官于生员中拣选充当,政府酌量发给廪饩,值月由耆民充任。他们备置两种簿册,一记民间“善行”,一记“过恶”,以便对民人进行表彰和规教②。其实,乡约主要任务是宣讲《圣谕广训》。

康熙颁布“圣谕十六条”,命在各地宣讲。这十六条是:敦孝弟以重人伦,笃宗族以昭雍睦,和乡党以息争讼,重农桑以足衣食,尚勤俭以惜财用,隆学校以端士习,黜异端以崇正学,讲法律以儆愚顽,明礼让以厚风俗,务本业以定民志,训子弟以禁非为,息诬告

① 《上谕内阁》,二年十二月十八日谕。
② 王士俊《吏治学古篇》卷下《劝戒》;凌如焕《敬陈风化之要疏》,见《清经世文编》卷23。

以全善良,诚匿逃以免株连,完钱粮以省追科,联保甲以弭盗贼,解仇忿以重身命。它全面系统地宣扬三纲五常,让人民安分守法,甘当顺民。雍正深知它的作用,说它"自纲常名教之际,以至于耕桑作息之间,本末精粗,公私巨细",民间一切问题都讲到了。他为了使人明瞭十六条,对它加以解释,写成洋洋万言的《圣谕广训》,希望人民不要把它当成条教虚文,以之"共勉为谨身节用之庶人,尽除夫浮薄嚣凌之陋习"①。

雍正要求在八旗和直省民间宣传《圣谕广训》,每月初一、十五宣讲两次,一定要做到家喻户晓。宣讲的事情,在直省由乡约负责,八旗由各级衙门经管。他始终注意宣讲情况,晚年发现八旗中的宣讲流产了,于死前数日谕令八旗都统,于每月逢三、逢八操练之后,讲解一、二条②。

地方上的宣讲,在州县,每月朔望两日进行,地方官和绅衿会集于明伦堂,主讲者在鼓声中登上讲台,宣读《圣谕广训》条文③。在农村,由值月宣读,约正用通俗的语言解说,以便听众明白。有不清楚的地方可以提问。讲解完毕,就进行善恶二册的登记。在省会,仪式非常隆重,届期,先在公堂设香案,文武官齐集,穿着蟒衣,行三跪九叩礼,礼毕赴宣讲所,先由司礼生宣布讲解会议开始,宣讲人到香案前跪拜毕,捧上谕登讲台,由司教老人跪着宣读,司礼生再宣布开讲,宣讲人始行解说。在这过程中,军民都站立严肃谛听④。

---

① 《圣谕广训·序》。
② 《上谕内阁》,十三年八月十六日谕。
③ 光绪《奉贤县志》卷5《学校》,乡约附引旧志。
④ 雍正《河南通志》卷10《礼乐》;《朱批谕旨·王士俊奏折》,八年二月十六日折。

曾静案中撰辑的《大义觉迷录》,也由地方官和乡约宣讲,有的同《圣谕广训》的宣传结合进行①。

有的地方官考虑到宣讲时有过恶的人不出席,无法教育,建议在乡约公所前树立木榜,上书"奸盗诈伪,干名犯义,有伤风俗,现经犯法治罪"的人,以便邻里宗族帮助他,监督他,迨一年后改正了,再把名字从榜上去掉。雍正说横暴不法的人,乡约一定不敢公布他们的名字,而有小过的良懦乡民倒可能给写上了,怕此举会有名无实。不过他又认为这是有益无损的事,可以试行,只是注意办好,不要弄成民间的笑料②。

《圣谕广训》不过万言,逐条宣讲,有十六次也行了,每月两次,用时也只八个月,而雍正要成年累月地进行,势必重复,更令人生厌了。所以雍正督责虽严,听众和宣讲人都把它视为具文,宣讲流于形式。

(二)倡建义堂与"乐善好施"的议叙

二年(一七二四年),雍正号召各地兴办普济堂和育婴堂。他在北京彰义门外建普济堂,收养鳏寡孤独无依靠的老人,无以为生的病人,由国库拨款作每年的经费,每月派大臣去稽察③。北京广渠门内原有育婴堂,雍正把它扩充,交给顺天府尹经管,政府拨钱外,京中贵族、官僚、士人和有钱人加以资助,收养弃婴。雍正说:孔子讲大道之行也,人不独亲其亲,不独子其子。这些善堂的建立,就是实现孔子讲的大道。他希望京城做出榜样,四方都来学

---

① 雍正《河南通志》卷10《礼乐》;《清代文字狱档·屈大均诗文及雨花台衣冠冢案》。

② 《朱批谕旨·王士俊奏折》,八年二月十六日折朱批。

③ 《归愚文钞·余集》卷4《淮安普济堂记》。

习,做到"老安少怀,风俗益臻醇茂"①。在雍正带动下,一些地方官、士绅、大商人纷纷效尤,建设各种善堂。江苏扬州贡生耿兆组捐田三百亩,另每年捐银二千两,建瓜洲普济堂②。河南确山县令与绅商共建普济堂,官拨公田,绅商买田捐助,收入给贫民作衣粮③。江西新城知县邵鸿元与监生邓其铨建成普济堂④。山东淄川知县和绅士买地、捐田,也设置了普济堂⑤。江苏苏州府创建锡类堂,为无力安葬的死者收尸⑥。松江府南汇县绅士朱日成等兴办育婴堂⑦。江西南昌原有育婴堂,但有名无实,没有普济堂,两江总督赵弘恩动用公项建房置产,交由董事经理⑧。此外绅衿商人和一般地主还捐献银钱田产,修缮或兴建文庙、城垣、书院、义学、考棚、道路、桥梁、义仓、宗族义田。雍正为鼓励臣民的"乐善好施",制定旌奖办法,凡捐助多的,由疆吏题请议叙;少的,给匾额,登记档册,免去差徭。这是把"乐善好施"的捐助与捐官的捐纳同样对待,比照捐纳议叙例给捐助者议叙,即有职衔而没有实缺的官员可以即用,有职衔的可以即升,无职的贡生、监生准给衔选用。江南有个革职通判倪兆鹏作了捐助,便准复还职衔,给予原品顶戴⑨。捐助议叙,前无此例,所以李绂议及此事,把它同前代作对比,说"授以秩官,视有明之所以劝之者尤厚"⑩。

① 《清世宗诗文集》卷14《育婴堂碑文》。
② 嘉庆《扬州府志》卷18《公署》,卷52《笃行》。
③ 乾隆《确山县志》卷4《艺文》。
④ 同治《新城县志》卷2《寺观》。
⑤ 乾隆四十一年《淄川县志》卷2《公署》。
⑥ 乾隆《苏州府志》卷15《义局》。
⑦ 嘉庆《松江府志》卷16《建置》。
⑧ 《朱批谕旨·赵弘恩奏折》,十二年二月初八日折。
⑨ 《澄怀园文存》卷4《议复好乐施奖励叙用疏》。
⑩ 《穆堂别稿》卷24《尚义左氏族谱序》。

"乐善好施",是官僚、地主、大商人把剥削人民的钱财拿出一小部分,解决极少数人的生存问题,缓和贫富对立、人民与政府对立的关系,它帮助政府赈济贫乏,政府给予叙用的报答。就政府讲,是用富人的钱财稳定它的统治,而以议叙作为与富人的交换条件。从议叙讲,捐助与捐纳有相同之处,捐助议叙也具有卖官的性质。后来雍正也在一定程度上承认了这一点。十三年(一七三五年)春天,山西巡抚石麟奏报曲阳、汾阳两县绅衿愿捐银两,存贮公所,以备周济乡里贫民之用。原来"好善乐施"都是因事而捐,而这却是无事备用,分明是为议叙而来,所以雍正说"此乃另开捐纳之条也"①。乾隆初,监察御史郭石渠更进而指责捐助议叙本身了,他说:素封之家,"趋捐助以博功名,假好善之虚声,启夤缘之捷径,因之贿嘱官吏以虚作实,以少报多,受爵公朝,拜恩私室,种种弊端,皆从此起"②。

捐助应是自愿的,然因雍正提倡,视作移风易俗的一种标志,疆吏为博取化民成俗、风气丕变的美誉,授意下属捐助;州县官为显示勤于职守,根据属民的财产状况,定出认捐数目,强迫交纳。实行起来,与捐助原则也不合。

雍正对这个问题,表现也不一致。赵弘恩折奏在江西、江苏料理慈善事业,雍正批写道:"育婴、普济固属应行善举,然亦不过妇女慈仁之类,非急务也"③。他公开发的上谕,与这密折朱批大不相同,朱批是绝密的私房话,他把善堂事业放在政治中的次要地位,他不过是用它麻醉贫民,对统治者产生幻想,甘于安贫守贱。这是欺骗人民的花招。

① 《清世宗实录》卷 156,十三年五月癸亥条。
② 《澄怀园文存》卷 4《议复好善乐施奖励叙用疏》。
③ 《朱批谕旨·赵弘恩奏折》,十二年二月初八日折朱批。

(三) 旌奖拾金不昧

五年(一七二七年),上驷院奏称,锄草夫满人六十一送钱粮的回程,发现车内有别人遗落的元宝一个,呈报主官。雍正说:一个卑微的夫役能献出拾物,深属可嘉,就将那个元宝赏给他,并命把这件事在八旗里宣传①。这是雍正朝报告拾金不昧的先河。次年六月,田文镜折奏:河南孟津县农民翟世有在地里拾得商人秦泰一百七十两银子,交给原主,秦泰要分给他一半,坚辞不受,他的妻子徐氏支持他这样做。田文镜遂给他赏银五十两,送"士女淳良"匾额,又在县里给他立碑,教育民人,向他学习②。雍正命给翟世有七品顶戴,另赏银一百两,以表彰他的善行。雍正还就六十一和翟世有的事,要官绅士民广为效法,说那些贪赃纳贿,出入公门,网利营私,不守官箴,不端士品的人,怎不惭愧呢③!一个月后,田文镜又报商丘贫民陈怀金拾银二十四两八钱,交还失主,坚不受谢,与翟世有的事相仿,"仰见圣教流行之速"。雍正说:"朕训诲臣民,惟以正人心厚风俗为首务,期以薄海内外去浇漓之习,敦仁让之风。"翟、陈事出,"可见民心淳朴性善,皆同率教","实风俗转移之机会",希望今后"人人各怀乐善之心"。遂给陈怀金九品顶戴,赏银五十两④。自此之后,各省相继效尤,纷纷呈报路不拾遗的事情。同年,直隶总督何世璂先后奏报平山县民郭见忠、景州民李世齐拾金不昧,雍正命各赏八品顶戴、银五十两⑤。此后,疆吏再报

---

① 《上谕内阁》,五年十二月十三日谕。
② 《朱批谕旨·田文镜奏折》,六年六月二十一日折。
③ 《上谕内阁》,六年七月初五日谕。
④ 《上谕内阁》,六年八月十六日谕。
⑤ 《上谕内阁》,六年十一月二十六日、十二月二十日谕。

不拾遗金的人,就是各行各业,各种类型的了。川陕总督岳钟琪报告绿营兵丁刘子奋在张掖拾银交给原主①。鄂尔泰报称云南兵丁李应芳、金贵拾金不昧。雍正说这些事出在边疆,更为可嘉,除赏给银两外,给予把总衔,遇缺拨补②。直隶巡察御史鄂昌奏报文安县织席民妇卢梁氏拾金不受谢,雍正命赏米、布和匾额③。磁州佃农杨进朝拾银四十两,送交地主,转给失主,也按例给赏④。贵州巡抚张广泗奏报古州土通事杨士奇、麦董寨仲家人阿罗拾金交还原主,雍正因为这事出在新近改土归流的地方,非常高兴⑤。又有湖南凤凰营汉人妇女张林氏,迷路走入苗民村寨苗龙有家,苗龙有报官,将人送回。雍正说:"苗民有此善举,足征苗俗之奉公向化,应加格外之恩,以示嘉奖"⑥。在台湾,有高山族母女二人,拾得银钱衣物,报官还给原主,雍正以"廉让之义举见之番黎妇女,更属可嘉",赏银三十两,以示奖励⑦。

路不拾遗,表明民风淳美,世道清明,自古以来作为盛世的标志。它偶或见于史书记载,那也是像贞观之治的时代,希世罕有。雍正旌表拾金不昧,含有双重意义,一是用以教育民人,以便政府的治理。他要人讲礼义,兴仁让,端正心术,做出事来就符合礼法。人人如此,社会风俗就淳正了,压倒了邪气,坏事就少了,或不出了,这样人民就易于治理,他说:"天下之治平,在乎

---

① 《上谕内阁》,七年二月十六日谕。
② 《上谕内阁》,七年六月二十一日谕。
③ 《上谕内阁》,七年九月初七日谕。
④ 《上谕内阁》,七年十月十四日谕。
⑤ 《上谕内阁》,八年元月初二日谕。
⑥ 《上谕内阁》,十二年四月十二日谕。
⑦ 《上谕内阁》,十三年闰四月二十八日谕。

端风俗,而风俗之整理,在乎正人心"①,他用倡导路不拾遗作为正人心的一种手段。二是宣传他的统治已趋向盛世。按照他的说明,拾金不昧发生在社会下层,军民男女,内地边疆,满、汉、苗、高山、仲家各民族,在在皆有,似乎形成了社会风尚,仿佛雍正时代已经成为太平治世。田文镜就翟世有的事歌颂雍正,"圣治淳熙,化及愚夫愚妇"②,雍正则说那是"风俗休美之明征,国家实在之祥瑞"③。这种人心向化,风俗休美,只有仁育万民的政治才能做到,因此,雍正虽未把拾金不昧诸事说成是尧舜之世的再现,但已俨然以盛世自居了。人民之间互助,以及拾金不昧,是广大人民的美德,本来就在民间存在着,雍正大肆渲染,并予官职、物质和精神的鼓励,其规模之大,前所未有,这就使此类事超出了当时人民自觉的美德范围,用名利引诱人交还拾金,从而把它纳入封建伦理轨道,加之雍正借它宣扬自己的政治,所以这种旌表,成为雍正统治人民的一种手段,而不是"风俗休美"的表现。

以重赏诱人不取遗金,不可避免出现作弊现象,有人弄虚作假,谎作拾金不昧,领取奖赏。官员为表示他化导有方,劝奖有功,也以制造拾金不昧猎取名声,为升迁铺平道路。乾隆继位,有鉴于此,加以禁遏。他规定:若真有拾金不昧,州县官可以酌量奖励,不许申报上司,督抚大吏亦不得以此陈奏④。由此可见,雍正朝的道不拾遗,多系雍正君臣的宣教。

---

① 《上谕内阁》,六年七月初五日谕。
② 《朱批谕旨·田文镜奏折》,六年六月二十一日折。
③ 《上谕内阁》,六年七月初五日谕。
④ 《清高宗实录》卷5,雍正十三年十月乙酉条。

第四节　除豁贱民

雍正元年三月,监察御史年熙上书请除豁山西、陕西乐户的贱籍。山陕乐户的祖先,是明朝永乐帝夺天下时,坚决拥护建文帝的官员,永乐成功后,除加害这些政敌本人,还将他们的妻女罚入教坊司,充当官妓,世代相传,久习贱业。他们想脱离卑贱处境,因身陷乐籍,政府不准,即地方上的绅衿恶霸以他们为蹂躏的对象,也不容他们跳出火坑。年熙奏疏说他们是忠义之士的后代,沉沦至此,无由自新,请求雍正开豁他们的贱籍,准许他们改业从良。年熙是年羹尧的长子,就是雍正赐给隆科多为子的"得住",这时他的生父在川陕总督任上,山西也是年羹尧势力所及之处。年熙的建议很可能跟他生父商讨过,他又同雍正关系密切,也可能事先了解雍正对这个问题的看法。他的条议上呈之后,雍正说很好,令礼部议行。王大臣们秉从旨意,说"压良为贱,前朝弊政。我国家化民成俗,以礼义廉耻为先,似此有伤风化之事,亟宜革除。"雍正就批准山陕乐户改业从良,同时命各省检查,若有类似贱民一律准许出贱为良①。于是其他省区的贱民也得开豁。削除乐籍,是一项仁政,后来年羹尧出事,署理山西巡抚伊都立参劾他,说他将皇上乾纲独断的乐户出籍的事攘为己功,且向泽州乐户窦经荣索取谢银十万两。雍正命年羹尧回奏,年辩白说:改乐户为良,是"圣主首端风化",没敢掠夺为己功②。此一番辩驳,实可表明乐户除籍之议发端于年羹尧,裁决于雍正。

---

① 阮葵生《茶余客话》卷2《乐户惰民丐户之世袭》;《永宪录》卷2上,102—103页。

② 《文献丛编》第8辑《年羹尧奏折》,43页。

山陕乐户削籍的同时,雍正命除豁京中教坊司乐户。清初定制,凡宫悬大乐,均由教坊司演奏,雍正命乐户从良,另选精通音乐的良人,充当教坊司乐工,从事演奏①。这使教坊司的乐人改变了属籍,成为良人的职业了。七年(一七二九年),雍正又把教坊司改为和声署②,由内务府管理,官员由内务府、太常寺、鸿胪寺官兼摄。教坊司乐工改用良人后,由于人们的习惯观念,认为它名实不一,改名和声署,是良人充役的良人机构,名实相副,这一改,进一步巩固乐户除籍的成果。

元年七月,两浙巡盐御史噶尔泰因乐户的削籍,上奏折请求除豁浙江绍兴府惰民丐籍。他的折子概述了惰民的基本情况:

> 所谓惰民者,细问土人,并查绍兴志书,相传为宋罪俘之遗,故摈之,而名以惰民。其内外率习污贱无赖,四民中居业不得占,四民中所籍不得籍,即四民中所常服彼亦不得服,特别以辱之者也。……男子只许捕蛙、卖饧、逐鬼为业,妇则习媒,或伴良家新娶嫁,为人髻冠梳发,或穿珠花,群走市巷,兼就所私,丑秽不堪,辱贱已极,实于乐籍无二。间有流入他方者,人皆贱之③。

据讲惰民的来源是宋代罪人的遗胤,已有数百年的历史。惰民籍属丐户,不得列于士农工商四民的名籍,是为贱籍,不许改变。他们的职业,是士农工商所不屑于干的,男子作小手艺和小买卖,塑造土牛,木偶,拗竹灯檠,编机扣,捕蛙、龟,卖饧、饼,或者当吹鼓手,演戏,抬轿子,女子保媒,当伴娘,充栉工,卖珠,做收生婆。他们从事的是服务性的、被当时人贱视的工作。政府不许惰民读书

---

① 光绪《大清会典事例》卷524,《乐部·设官》。
② 《清朝通典》卷63《乐典》。
③ 《朱批谕旨·噶尔泰奏折》,元年七月十一日折。

应举,不能做官,不得充当吏员、里长,不准与良人通婚,也不得与良人平等相处。封建政府为侮辱他们,在居住地区、房屋式样、穿着打扮、行路乘车等方面,都作了规定。所以惰民同乐户一样,没有任何政治权利,没有人格,没有尊严,是被侮辱被损害的最受压迫的人群。

噶尔泰认为应给惰民自新之路,请求照山陕乐籍例开豁,雍正命礼部议奏。礼部认为捕龟、卖饼、穿珠、作媒是贫民糊口职业,若除其籍,就是不许他们再干这些事,他们反倒无法为生了,不同意削籍①。雍正说除籍"亦系好事",礼部不要反对了②。于是令惰民放弃原来职业,别习新职,脱离丐籍,转为民户,按照良民纳税服役。

五年(一七二七年),雍正亲自提出安徽宁国府"世仆"、徽州府"伴当"的开豁为良问题。他说:

> 近闻江南省中,徽州府则有伴当,宁国府则有世仆,本地呼为细民。其籍业下贱,几与乐户、惰民相同。又其甚者,譬如二姓,丁户村庄相等,而此姓乃系彼姓伴当、世仆,彼姓凡有婚丧之事,此姓即往执役,有如奴隶,稍有不合,人人皆得加以箠楚。迨讯其仆役起自何时,则皆茫然无考,非实有上下之分,不过相沿恶习耳。此朕得诸传闻者,若果有此等之人,应予开豁为良,俾得奋兴向上,免至污贱终身,且及于后裔③。

遂令安徽巡抚魏廷珍查核,提出处理意见。魏廷珍议请区别对待:绅衿之家典买奴仆,有文契可考,未经赎身者,本身及其子孙俱应听从伊主使役;即已赎身,其本身及在主家所生子孙仍应有主仆名

---

① 《永宪录》卷2下,131页。
② 《雍正朝起居注》,元年九月初六日条。
③ 《上谕内阁》,五年四月二十七日谕。

分;奴仆在赎身后所生子孙,与原主没有也不应再有主仆名分,应准许豁免为良;年代久远,没有文契,也不受主家豢养的,一概不许以伴当、世仆对待。雍正认为他所议允当,批准执行①。世仆、伴当所受压迫,雍正讲的以外,同惰民一样,习鼓吹、抬轿,不与大姓联姻,不报考,不与大姓平等相称、同坐共食②。雍正的除豁,使他们中的一部分人免遭主姓凌辱,得为编户齐民。然在实行中,对年代久远、文契无存的贱民,如何区别豢养与不豢养,不好把握,纷争不已③。

广东沿江沿海有一种旦民,早在宋元时期,就采集真珠,向政府纳贡,还被称为"乌旦户"④,明代又称"龙户",清初称为"獭家",在广州河泊所下辖的,每年按户按船交纳鱼课,少数人已略通文字,上岸居住⑤。雍正于二年(一七二四年)亲书朱谕,命将旦民编立埠次,加以约束⑥。七年(一七二九年),向广东督抚发出上谕:

> 旦户即苗蛮之类,以船为家,以捕鱼为业。通省河路,俱有旦船,生齿繁多,不可数计。粤民视旦户为卑贱之流,不容登岸居住,旦户亦不敢与平民抗衡,畏威隐忍,蹓蹭舟中,终身不获安居之乐,深可悯恻。旦户本属良民,无可轻贱摈弃之处,且彼输纳鱼课,与齐民一体,安得因地方积习,强为区别,而使之飘荡靡宁乎!

① 《清世宗实录》卷56,五年四月癸丑条。
② 《刑案汇览》卷39《刑律斗殴·道光五年四月题准案》。
③ 《朱批谕旨·刘桢奏折》。
④ 俞正燮《癸巳类稿》卷12《除乐户丐户籍及女乐附考古事》;陶宗仪《辍耕录》卷10《乌旦户》。
⑤ 屈大钧《广东新语》卷18《舟语·旦家艇》。
⑥ 《朱批谕旨·孔毓珣奏折》,二年九月初八日折。

他承认旦户被抑为贱民的不合理,应以他们交纳鱼课为基本事实,把他们当作平民百姓。因此指示广东督抚:

> 凡无力之旦户,听其在船自便,不必强令登岸。如有力能建造房屋及搭棚栖身者,准其于近水村庄居住,与齐民一同编列甲户,以便稽查,势豪土棍不得借端欺凌驱逐。并令有司劝谕旦户,开垦荒地,播种力田,共为务本之人①。

这个上谕为旦户开辟了自新之路。

江南苏州府常熟、昭文二县有一种丐户,籍属、社会地位与浙江的惰民完全一样。八年(一七三〇年),江苏巡抚尹继善以他们业已"化行俗美,深知愧耻,欲涤前污",请照乐户、惰民事例,除其丐籍,列入编户。雍正答应了他的请求②。

雍正在短短的几年中,宣布削除乐户等贱民名籍,试图解决数百年来存在的问题。促使他这样做的原因是:

第一、把它作为厘革前朝弊政的一项内容。雍正以清除前代积弊为政治纲领,数百年来压抑贱民的传统政策是一种弊端。雍正君臣认为永乐"压良为贱"产生的山陕乐户,是"前朝弊政",故"亟宜革除"。在宋朝有罪的惰民,到清朝并没有罪,再加继承,于理不顺,应当"特沛恩纶",给予开豁。因此,开豁贱民,同摊丁入粮,耗羡归公,改土归流等项政事一样,是改革政治整体中的一个组成部分。

第二、获取政治资本的手段。据记载,乐户除籍"令下之日,人皆流涕"③。伊都立又说年羹尧攘夺这分功绩,说明除豁贱民是功德之事,统治者都想占有它。噶尔泰请求削除惰民丐籍,说此举

---

① 《上谕内阁》,七年五月二十八日谕。
② 《清世宗实录》卷94,八年五月丙戌条。
③ 《清朝文献通考》卷152《王礼·泰陵圣德神功碑》。

"使尧天舜日之中,无一物不被其泽,岂独浙省惰民生者结环,死者衔草,即千万世之后,共戴皇恩于无既矣"①。可见释放贱民作为一种仁政,可以提高皇帝的威望。在雍正初年,统治尚不稳固,特别需要民众的支持,这也是雍正忙于处理贱民问题的原因。

第三、移风易俗,维护封建秩序和伦理。在封建地主阶级中,对待贱民的态度,历来有两种,一是坚持等级制度,残暴地奴役贱民,一是主张部分地释免贱民。如明初人解缙说:"夫罪人不孥,罚弗及嗣。……律以人伦为重,而有给配妇女之条,听之于不义,则又何取夫节义哉? 此风化之所由也"②。从维护封建伦常出发,反对降罪人于乐户。雍正君臣与这类人的思想相一致,朝臣说:"我国家化民成俗,以礼义廉耻为先",贱民"有伤风化",理应清除③。雍正自己则说:"朕以移风易俗为心,凡习俗相沿,不能振拔者,咸与以自新之路。"令贱民改业从良,就是"励廉耻,而广风化也"④。表明他们的动机是维护统治阶级自定的封建道德,同其内部自我破坏其道德准则的人作斗争。

第四、压抑绅权与消弭贱民反抗的一个措施。雍正执行打击不法绅衿的政策,贱民主要受绅衿控制,为他们服务,贱民要脱籍,触犯绅衿的利益,他们不乐意,所以雍正除豁贱民的法令中,包含禁止绅衿土棍阻拦贱民出籍的条文。释放贱民,也是同不法绅衿的斗争。

贱民所受的欺凌,迫使他们产生不满情绪,时或爆发反抗斗争。徽州府祁门县的贱民的政治态度,在康熙间发生了较大变化,

① 《朱批谕旨·噶尔泰奏折》,元年七月十一日折。
② 《明史》卷147《解缙传》,4118—4119页。
③ 《永宪录》卷2上,102页。
④ 《清世宗实录》卷56,五年四月癸丑条。

在这以前默默忍受非人的虐待,这时起奋发反抗,所谓"越分跳梁者比比,是为厉阶"①。他们的斗争已经被统治者视为严重的社会问题。宁国府泾县的"附丁",即是雍正所说的一姓奴役一姓关系中的世仆,于康熙二十七年要求开户独立,争取摆脱主姓的控制。因为斗争的激烈,得到清朝政府的允许。雍正六年开豁令下达之后,执行中受到绅衿阻挠,十二年(一七三四年),世仆葛遇等十人到北京鸣冤告状,请求立户,终于实现了心愿②。官定的浙江惰民服制,逐渐遭到他们的抵制,还在明朝中叶就不太遵守了③。常熟有一部分丐户以制绳为业,康熙二十七年,该地造船,勒派丐户交绳索,丐户陆三、周文等向江苏巡抚上告,反对额外差派,经苏州知府查明,是常熟县奸徒搞的鬼,于是在该县立碑,禁止再差派丐户供应绳索,如有违犯,"即严拿究解,官以失察指参,役以蔑功令处死"④。这里的丐户通过斗争解除了不合理的差役。

　　贱民的各种形式的反抗斗争,迫使统治者考虑改变对他们的统治办法,雍正又要压抑绅权,就把这两方面结合起来,开豁贱籍,既可消弭贱民的对抗情绪,又是取消不法绅衿特权的一个方法。

　　贱民除籍令下之后,少数贱民改业从良,摆脱了屈辱的地位,多数贱民依然固旧。苏州的丐户还要应承迎春扮演的差役⑤。宁波府没有得到削籍的很多,矛盾严重,终于在光绪三十年(一九〇四年)发生第二次除豁事件⑥。安徽贱民与绅衿的斗争一直拖到清朝末年,绅衿顽固地制驭世仆,不容改业。如祁门县有周姓为李

---

① 同治《祁门县志》卷5《风俗》引康熙志。
② 乾隆《泾县志》卷2下《乡都》。
③ 徐渭《青藤书屋文集》卷18《会稽县志诸论·风俗论》。
④ 《江苏省明清以来碑刻资料选集》,621—622页。
⑤ 《江苏省明清以来碑刻资料选集》,276—277页,645页。
⑥ 《清德宗实录》卷536,三十年十月丙寅条。

姓世仆,嘉庆十四年(一八〇九年)按雍正例开豁为良,但周姓恐李姓不依,照旧服役。道光元年(一八二一年),李姓的李应芳强迫周觉春充当吹鼓手,以致闹出人命案子①。

清朝政府对从良的贱民非常苛刻,如乾隆三十六年(一七七一年)定例,规定出籍贱民的应试资格,要从报官改业的人起,"下逮四世,本族亲枝皆清白者方准报捐应试,若仅一二世及亲伯叔姑姊尚习猥业者,一概不许滥厕士类"②。这都影响贱民的真正脱离被奴役地位。所以雍正的一纸命令和某些努力,并没有真能拯救贱民,而他们的最终脱离苦海,也不是靠某个人的恩赐所能达到的。

这是因为贱民的解放,不是某个人的意志所能决定的事情,它取决于社会状况。贱民改业从良,要求社会给他们提供新的就业机会,可是雍正时代并没有准备这个条件。在讨论噶尔泰的建议时,礼部就指出惰民的就业问题不能解决,是考虑实际问题的。事情也正是这样,在大多数贱民没有新的谋生之道以前,不可能做到削籍从良。

尽管如此,雍正的开豁令仍具有一定意义。它为贱民脱离贱籍解除了法律禁令,是贱民解放的开始。具体一点说,削籍令是政府宣布取消对贱民的特殊控制法,是使贱民有了离开贱籍的可能。贱民只要依照政府的条件申请改业从良,就可以按照齐民的方式进行生活,一定时期之后可以应试出仕,如果同平民发生纠纷,可以以良人的身份出现在官廷上,可以不会像过去那样因是贱民而遭受不应有的歧视和打击。所有这些,起码在道理上讲是能够达

---

① 《刑案汇览》卷39《刑律斗殴·道光五年四月题准案》。
② 《清高宗实录》卷886,三十六年六月庚辰条。

到的了。贱民的除籍,使他们数百年的积郁有所申舒,生活欲望有所增强,奴才性有所消减,从而使他们受到极大压抑的创造力得到一定程度的解放。所以削除贱籍,是对这一部分人的生产力的某种解放。再者,雍正实行摊丁入粮制度后,人民的封建隶属关系有所削弱,贱民的除籍,与这一历史趋势相一致。它们共同地反映变革生产关系的要求,发展生产力的要求。

丐户、乐户、旦户、世仆、伴当等贱民是历史遗留问题,持续几百年了。有没有人像雍正一样来触动它们呢?明朝人沈德符曾不解地说:"何以自宋迄今六百余年",惰民"不蒙宽宥"①?其实对贱民也有人做过一点事情,如明英宗释放教坊司乐工三千八百余人为民②。明景帝时议准,凡原为民人而落入乐户的,准许改回去,原为乐户而愿从良的,也允许申请改业,与民一体当差③。康熙年间裁革扬州乐户④。这些君主只在乐户范围内,释放一部分人,小手小脚,而雍正则大刀阔斧,不仅削去山陕乐籍,取消教坊司,削除全部乐户,又豁除丐户等其他贱籍,所以清人俞正燮研究乐户、丐户史指出:"本朝尽除其籍,而天地为之廓清矣"⑤。"廓清"为谀词过誉,下令除籍则是事实。在上述帝王的行事中,不难看出,雍正很有政治气魄,敢于革除旧弊,使政治趋于修明。

第五节 残暴镇压民众运动

雍正推行保甲、宗法、礼法等制度,宣传纲常名教,没有也不可

---

① 《万历野获编》卷 24《丐户》。
② 《万历野获编》卷 1《释乐工夷妇》。
③ 《茶余客话》卷 4《教坊司》。
④ 《皇朝琐屑录》卷 38《风俗》。
⑤ 《癸巳类稿》卷 12。

能窒息人民的反抗思想,没有也不可能绝对控制人民的行动。雍正年间,农民、工匠进行了多种形式的斗争;雍正仇恨人民运动,一概残酷镇压。

(一) 社会下层的各种反抗斗争

康熙六十年(一七二一年),台湾朱一贵的起义虽然当年就失败了,余众却在大陆继续活动。福建上杭人温上贵在台湾被朱一贵封为元帅,即返回家乡组织群众,朱一贵牺牲后,他转移到江西万载,联系棚民,准备攻打县城,雍正元年被知县施昭庭侦破,就与前来镇压的清兵格斗,三百余人英勇就义,温上贵被俘遇害,雍正命给施昭庭议叙①。温上贵的同伴裘永锡等逃亡,清政府严行缉捕。又在万载、瑞州一带添设同知、游击,加强对该地区的统治。温上贵的族弟温廷瑞继续进行反抗活动,任命沈子荣为大将军,温淘滨、温庭奉为军师。他们夜聚晓散,操练武艺,打造兵器。十一年(一七三三年)九月,赵弘恩署理两江总督,重申对温案的通缉令,次年二月,被温廷瑞委任为千总的温坤生向清朝政府自首,温廷瑞等遂遭逮捕。雍正得到报告,说"蔓草不除,逢时勃发",忧虑于温上贵党众活动的长久性,要求赵弘恩继续"严饬搜缉,务尽根荄,毋使一匪漏网"②。

湖南辰溪人谢禄正于康熙五十九年开始组织反抗队伍,占据山谷,雍正四年(一七二六年),清军一千多人前来镇压,谢禄正等奋起抵抗,失败后,谢逃亡。雍正指责湖广提督赵坤等"因循疏忽,纵盗养奸"③。不久谢禄正被捕,残遭凌迟,妻子没为奴隶,同

---

① 《清世宗实录》卷13,元年十一月乙未条。
② 《朱批谕旨·赵弘恩奏折》,十二年三月十五日折及朱批。
③ 《上谕内阁》,四年九月初十日谕。

伴陈彬臣等被杀,张如茂等被充发到三姓地方为奴①。温上贵和谢禄正分别组织了一部分群众,准备武装起义,正在发展中,就被雍正政府镇压,但从他们与清军对阵情况看,已构成武装暴动性质。

江西兴国县佃农于康熙间组织会馆,反对地主撤佃转佃,于五十二年(一七一三年)取得一定成功。会馆保持下来,每到分租季节,就以收成只有七、八成,不许地主按原额取租,地主若不应承,就率众捣毁他家房屋,收回已取的地租。雍正初年也是这种情况。佃农林其昌反对田主、举人曾霖的退佃,曾霖告官,林其昌邀集同伙,乘曾霖出门之机,在路途中将他痛打。江西巡抚迈柱获知后,严酷镇压,拆毁会馆,解散农民组织,地主分子因而庆幸"顽梗无自逞也"②。江苏崇明县地主对佃农的剥削花样繁多,每年收夏、秋两季地租,还要轿钱、折饭、家人杂费等附加地租。八年(一七三〇年)五月,地主催收麦租,迫使佃户反抗,拒不交纳,商人罢市支持。夏君钦等撰写传单,贴于街市,揭露大地主施大受与崇明镇总兵施廷专联宗,馈送金帛美女,倚势勒逼佃户交租。浙江总督兼管江苏盗案的李卫认为这是佃户图赖正租,聚众妄行,恶风断不可长,一定要捉拿为首之人,严行惩治。雍正说:"崇明边海要地,刁风尤当禁遏。"支持李卫的行动,同时把施廷专调离崇明,免得他同不法豪绅相勾结,使事态扩大③。佃农和地主的对立,是构成封建社会基本矛盾的要素,兴国、崇明农民反对撤佃和抗租,反映了农民要求耕地和反对地租剥削的愿望。

---

① 《清世宗实录》卷60,五年八月乙未条。
② 同治《兴国县志》卷46《杂记》。
③ 《朱批谕旨·李卫奏折》,八年六月初六日折及朱批;《朱批谕旨·尹继善奏折》,八年六月初三日折。

约在雍正元年冬天,山西万泉县农民几千人,冲破关闭的城门,进入县城,焚烧衙署,抗议知县瞿某的横征暴敛,瞿某及其幕客、家奴跳墙逃跑,巡抚诺岷一面参劾瞿某,一面令平阳知府董绅擒拿群众首领。董绅调绿营兵和民壮二百人去农村拘捕,愤怒的群众拿起弓刀,操起火器,把官兵几乎全部杀死。董绅亲自前来,发誓不伤害群众,只要他们交出三个人来,给官府一个面子,就可以完结,对交出的人,董绅写了文书,保证不加杀害。这样才把事情了结①。四年(一七二六年),福建安溪人民反对追征屯地欠银,举行罢市,浙闽总督高其倬逮捕为首的群众,严刑打死,雍正支持他,说"应如是惩治,以警刁顽"②。约在六年(一七二八年),安徽唐缮等抗粮,发动罢市,打闹公堂③。抗粮,把矛头直接指向清朝政府的赋役剥削。

　　四年五月,广东米贵,群众抢米厂,到衙门说理,打伤前来阻拦的军官和士兵,参加的人中还有驻防士兵。雍正认为事态严重,派兵部左侍郎塞楞额驰驿赴广州,会同署理广州将军阿克敦、巡抚杨文乾审究④。五年春天,湖北人民因去年水灾,春荒无食,结伙找富户强借粮食。雍正要求署理湖广总督福敏"竭力惩治,以振其颓风"⑤。勒借和抢粮,是农民群众强行收回部分被剥削的劳动成果。

　　苏州的踹匠,是碾布作坊手工工人,多是来自江苏南北和安徽的失业农民,人数众多,雍正时期达到两万余人⑥。他们工价低

---

① 汪景祺《西征随笔·西安吏治》。
② 《朱批谕旨·高其倬奏折》,四年十月十三日折及朱批。
③ 《上谕内阁》,七年七月初三日谕。
④ 《清世宗实录》卷44,四年五月丁巳条。
⑤ 《朱批谕旨·福敏奏折》,五年三月十六日折及朱批。
⑥ 《朱批谕旨·胡凤翚奏折》,元年四月初五日折。

廉,还受作坊包头的盘剥和压迫,并受清朝政府的严密控制。他们入坊要有保人,被政府编入保甲,白天做工,夜间被关闭在作坊,驻防兵丁昼夜不停地在附近巡察。踹匠若投河、自刎、自缢由保人及亲属领回尸体,不得告官①。踹匠不堪坊主与政府的压迫,又无家口拖累,不断进行斗争,所谓"凡遇盗案发觉,常有踹匠在内"②。康熙九年(一六七〇年),踹匠窦桂甫因米价上涨,发动停踹,要求增加工钱,勒令破坏罢工的店主程美请戏赔礼③。三十二年(一六九三年),踹匠罗贵领导"齐行增价"斗争,撕毁清政府的镇压告示④。雍正中他们继续战斗,元年(一七二三年),踹匠栾晋公、徐乐也聚众,预备于五月五日夺取仓库,若遇官兵即行战斗,失败就逃亡海上,正在筹备中,被包头吴景范获知告官,三十五人被逮捕,雍正政府残酷地屠杀十三人,栾晋公、徐乐也逃亡,清朝政府多年搜捕,均告失败⑤。七年(一七二九年),栾晋公的侄儿栾尔集与段秀清等人拜把结盟,遭到巡营把总的迫害。同时,松江府嘉定县踹匠王朝也在进行反抗活动⑥,此事在八章三节业已提到,这里不赘。

苏州丝织业发达,机工很多,他们同踹匠一样进行反对作坊主机户和清朝政府的斗争,联合伙友停工,要求增加工钱,作坊主请求地方政府干涉。雍正十二年(一七三四年),苏州府长洲县发生"禁机匠聚众叫歇勒加阻工一案",地方政府竖立"永禁机匠叫歇

---

① 《江苏省明清以来碑刻资料选集》,44—45页。
② 《朱批谕旨·胡凤翚奏折》,元年四月初五日折。
③ 《江苏省明清以来碑刻资料选集》,33页。
④ 《江苏省明清以来碑刻资料选集》,34—36页。
⑤ 《朱批谕旨·李卫奏折》,八年七月二十五日折。
⑥ 《朱批谕旨·李卫奏折》,七年十二月初二日折。

碑",迫使机工停止反抗①。兼管江苏督抚事务李卫、署两江总督史贻直、江苏巡抚尹继善为了有效的统治踹匠、机工以及其他各界人民,加强对苏州、松江的管理,联名向雍正建议:设立专事"弹压"的官员,适当改变地方驻军的规制,严格实行关汛的巡逻,进一步规划稽察治安的方法。雍正认为条议很好,同意实行②。

六年(一七二八年),户部宝泉局铸钱工匠潘士花等人集合抗议官员剋扣工食钱,雍正说:若匠役曾为工食事禀过监督,责在监督,"若不曾禀明,辄敢聚众喧嚷,则刁风断不可长,应将匠役人等严加治罪"③。

内务府佐领每年所需钱粮,康熙中为三十余万两,雍正初增了一倍多,至七十余万两,雍正为减少开支,于二年(一七二四年)十月,命削减内务府佐领披甲人数,佐领下人见夺其钱粮,数百人到参与此事的廉亲王允禩、内务府总管李延禧家中吵闹,步军统领阿奇图派兵捉拿为首者。雍正说这件事是办事人经理不善,将管理内务府总管事庄亲王允禄罚俸三年,革去常明、来保内务府总管,后者还枷号三月,鞭一百,以平众怒,同时把闹事的佐领下人中一部分人分发云南、贵州、四川、广西,另户安插当苦差,若原系奴仆,则给该处兵丁为奴。这件事,是八旗下层的反抗活动。

五年(一七二七年)七月,河道总督标下参将兴王政剋扣兵饷,激起兵丁交甲退伍。雍正命将兴王政革职拿问,同时严惩闹事兵士:"至该营兵丁等果有被屈情由,理应赴上司衙门控告,何得倡率喧哗,目无法纪。"著严提究审,"将为首者按律治罪,其愿退

---

① 《江苏省明清以来碑刻资料选集》,6页。
② 《朱批谕旨·李卫奏折》,八年七月二十五日折及朱批。
③ 《上谕内阁》,六年二月初五日谕。

名粮者,具著革退兵丁,押回本籍,令该县严加管束,不许复生事端,倘再有过犯,从重惩治"①。

以上,有农民的反对地租和赋役剥削;有城市居民的抢粮,也即所谓民变;有工匠的斗争,可称为工变;有旗下人的斗争,可视为旗变;还有士卒闹退伍的兵变。这些事变,规模不大,但涉及各种职业的人,可以说社会下层中不满雍正政府的势力,以一定的方式表达了他们的态度。

(二) 盗案累累

雍正说:"从来直隶、江南两省盗案多于别省"②。盗案普遍存在,江南、直隶尤多,确系事实。"南方多暴客,杀夺为耕耘。鞘刀裹红帕,行劫无昏晨。事主诉县官,县官不欲闻"③。苏州人沈德潜这首纪实诗,反映了盗劫在江南的普遍性。雍正初两江总督查弼纳因"盗贼"多,想在河道钉木桩,以防盗船的出没。尽管他们加强了防范,三年六月十七日至七月十七日的一个月中,江南所报盗案就有一百零九起,没有报的当还不少④。五年(一七二七年),松江府奉贤县发生黄三圣等抢劫裴诗度当铺事件⑤。次年,江苏巡抚陈时夏奏报有四人窃得绸布三千余匹,雍正说这是陈时夏受了下属欺蔽,哪有四个人能偷这么多布匹,这不是毛贼小窃,而是大盗抢劫⑥。七年(一七二九年)正月初,江宁城里发生的强盗夜

---

① 《上谕内阁》,五年七月十五日谕。
② 《上谕内阁》,四年八月初九日谕。
③ 《归愚诗钞》卷5《百一诗》。
④ 《雍正朝起居注》,三年七月二十一日条。
⑤ 《清世宗实录》卷60,五年八月癸丑条。
⑥ 《上谕内阁》,六年七月十一日谕。

劫案有四、五起,小偷小摸就更多了①。

直隶盗风,经过整肃,到六年(一七二八年),据雍正讲业已"渐觉少息",然也接连发生。六月初九日,盗入署理卢龙县知县卫步青衙门,将幕宾误认为知县,绑缚拷逼,劫去财物,卫步青怕因有盗而遭处分,只报了个失窃。同夜,贼入山永协副将胡杰内宅,胡杰因寝于外堂,发觉了,贼逃去,胡也不报案。十一月,数人白昼抢劫山海关何字号当铺,官役兵弁如同不知其事,不闻不问。直隶有总督、提督,还有巡察御史,既不查处,也不奏报,雍正很不满意,责令他们明白回奏②。

其他省区也是盗案屡发,情节严重。六年(一七二八年),山东济宁州城内,一伙人劫狱,抢了仓库,又持执兵器,突然袭击正在聚会的文武官员,将游击、守备、州同、闸官等官员砍伤。雍正为此命给地方官配备长随,以资保护③。在江西南昌,沈二、杨二等人盗窃南昌知府和盐驿道员两个衙门,潜逃河南,被田文镜捕获,发回江西,在押途中,又行逃脱④。

广东是多盗之区,广南韶道林兆惠命差役往从化县山中采买陵工木料,被当地盗伙掳去十二人,放回四人,命官衙拿数百两银子去赎取余人。另一伙数百人,没有兵器,到龙门营七子汛抢夺器械,该汛有官兵三十余人,躲藏起来,这伙人把所有的兵器抢去,从事劫掠。署督阿克敦不敢缉捕,捏称在兵丁睡熟之时,被十余名窃贼偷去兵械,薄责兵弁了事。高州电白县山中聚有千余人,白昼沿乡抢劫,有时一天连抢二十几家,把追捕的乡勇捉入山中,割去双

---

① 《上谕内阁》,七年二月十九日谕。
② 《上谕内阁》,六年十二月初十日谕。
③ 《上谕内阁》,六年十一月十三日、二十五日谕。
④ 《上谕内阁》,七年十二月二十七日谕。

耳放出,威胁官府不要追赶。广州将军石礼哈的标兵中,有人窝盗分赃,巡抚常赉发函要求提审,石礼哈护短,嘱常赉审作被人诬陷,常赉顾于情面,不再提审。常赉衙门亦曾被盗,连奏折匣子的钥匙都被盗出,只得向石礼哈借用,他怎敢认真审理盗案。盗伙在广州城内任意活动,当地民谣:"孔督(孔毓珣)去,阿婆(阿克敦)来,盗结党,民何赖"①,可见盗伙力量的强大和官府的无能为力。两广人韦庭耀等一百余人结伙,打劫湖南宁远县生员荆之寰家,劫持其家口,打死打伤前来拘捕的官兵多人②。七年二月,山西蒲州盗伙,同一天夜间,明火执杖,到道员、知府和武职衙门,抢去衣物③。

上述种种盗案,有个别人的小摸小窃,有几百人的成群结伙,劫持官兵,强劫官衙和府库,闹得官府不得安宁。这种"盗案"和"盗贼",性质比较复杂,有的土匪、窃贼,不分对象,乱抢乱杀,也危害到人民,然而也打劫了官僚、富户,破坏封建秩序的安宁,一定程度表现了失业人民的反抗情绪,是阶级斗争的曲折反映,故应对它作具体的分析。

雍正极端重视盗案,五年(一七二七年),在田文镜的奏折上批道:"朕自即位五年以来,曾经日夜思维,总无善策,不得已而为严责督抚大吏,俾督抚大吏严责州县有司,有司自必勒比捕役,勿令玩愒疏纵"④。尽管他严行督责,地方官对盗案缉捕仍然不力,这有它的原因。大计,有才力不及、罢软无力的处分标准,地方多盗贼,正是它的内容。因此地方官盗案报的多,倒说明他抚绥无方,有碍考成,不如隐匿不报,或以抢为窃,或以多报少,潦草结案。

---

① 《朱批谕旨·孔毓珣奏折》,六年四月十一日折附朱谕。
② 《朱批谕旨·孔毓珣奏折》,六年四月十一日折。
③ 《上谕内阁》,七年二月二十三日谕。
④ 《朱批谕旨·田文镜奏折》,五年八月二十八日折朱批。

403

雍正知道这种情况,力图改变,采取了多种措施。

重定讳盗不报处分例。元年十二月,他说:"州县有司因畏盗案参处,往往讳盗不报,或以抢为窃,或以多报少,或贿嘱事主通同隐匿,以致盗贼肆无忌惮。"为此命九卿重议处治地方官讳盗办法和怎样加重对盗案的治理①。次年二月,刑部议复讳盗不报处分例:凡讳盗不报,州县官革职,道、府、同知、通判失察的,降二级调用,徇庇者降三级调用;州县既经揭报,而上司不行转报者,降四级调用。州县官以强盗为窃贼,案重而报轻,上司不行核查,代为转报,及解审时又不能审出真情,亦降三级调用;若督抚失察,降一级留任。由武官兼职的,亦照文职例议处。法律规定,犯窃罪的,到三次该处绞刑,贼赃至一百二十两以上的也该绞,官员若不照章究拟,或于窃贼初犯、再犯时不依律文处罚刺字,因而使他得以屡次犯案,也照失出例议处。雍正把它全部批准了②。此后,注意对它的实行。五年(一七二七年),湖北磁阳知县惠克广不及时审理盗案,吏部议请将其革职,雍正说他既不提审人犯,又不申报上司,情罪可恶,不但革职,还把他投入该县监狱,等到该案查清之后,再行释放,以为不实力奉行严惩盗贼政策的州县官的鉴戒③。这就比他制定的讳盗处分例严厉了。事实上地方官仍然讳盗,"疏纵盗贼,习以为常,故失察之案甚多。"到六年(一七二八年),他力图改变这种状况,规定:对雍正三年以前的过失者不再究治,而"自雍正三年正月以后失察盗案之官员仍照例查参处分"④。事实表明,他的努力没有结果。

---

① 《清世宗实录》卷14,元年十二月庚申条。

② 《清世宗实录》卷15,二年二月癸卯条。

③ 《上谕内阁》,五年四月二十六日谕。

④ 《上谕内阁》,六年十月十九日谕。

教育官员重视盗案。五年(一七二七年),河南河北镇总兵官纪成斌在奏折中讲到一起盗案,说案犯不过是游手无赖之徒,"其意在于劫掠富户,似非谋为不轨之类。"雍正对他的看法大不以为然,将他严加训饬:

> 出语可谓乱道之至。试思此等匪类,目无法纪,劫掠富户之后,将作何结局?身膺封疆之责,凡百宁过于堪重,小事如大事办理方是。似此立意宽纵疏忽,甚负朕之任用①。

雍正是如履薄冰,以安为危,以小事为大事,从盗贼掠富,想到群众武力反抗他的国家,故而训诫臣下,抓盗贼如临大敌,堪重办理盗案。

整顿京城治安。五年(一七二七年)三月,雍正下令,京师中除了有职业的、赶考的、作幕的外地人允许居住外,其他无业的,即系奸伪棍徒,步军统领、巡城御史即行驱逐,客店、寺庙、官民人等都不许容留可疑的人②。闰三月,特命步军统领阿齐图,把京城中的游方僧道、自称神仙、聚众做会者递解回籍,行文原管地方官,永远不许他们出境,若有再来而被查获的,连同该地方官一体治罪,断不姑容,并命地方官于年底将解犯情况上报步军统领衙门③。

(三)严禁民间秘密结社

人民为了反抗封建政府和地主阶级,往往通过秘密结社,进行思想动员,组织起来,当条件成熟时,拉起队伍,打出旗号,进行武装斗争。清朝以前的有些农民起义就是这样发生的。秘密宗教,一般都有连续性,一次起义失败了,后来者换个名称,或者径用旧

---

① 《朱批谕旨·纪成斌奏折》,五年七月初八日折及朱批。
② 《上谕内阁》,五年三月二十六日谕。
③ 《上谕内阁》,五年闰三月十八日谕。

名,继续利用它从事组织活动。雍正时期,民间有许多秘密宗教,继前朝遗绪,活动不辍。它们的名目很多,叫作清净教、无为教、白莲教、罗门教、悟真教、三元会、祖师教,等等。活动地区广泛,山东、河南、直隶、山西、陕西、湖南、湖北、江西、浙江、江苏诸省都有它们的组织,冀、鲁、豫三省的尤为活跃。活动方式隐蔽,夜间聚会,教首演说,信徒烧香求福,白昼即行散去,其首领解说内容,或预言天灾、瘟疫要流行,指导教友消灾去难的方法;或言人之生老病死,为人治病除祟;或言天命,如何争取幸福世道的来临。会中有纪律,徒众交香钱。会众有组织,教首设立名号,给教徒封号符札。

秘密宗教的活动,使雍正如芒在背,非禁绝而后快。他即位就向各地疆吏布置缉破秘密结社的任务和方法。元年春,命石文焯为河南巡抚,陛辞时要他秘密清除白莲教,一年后,见受命者没有反映,特别指示他:

> 处处留心,时时密访。第不可妄嘱属员,致令扰民惊众,魁奸得以诇知消息,深藏潜匿,反与事无益,须不露声色,严加伺察,少有风声,即权巧设法,不惜重赏,弋获首恶,必能除其教长,方为拔树寻根之善着,庶可永断瓜葛。倘若处置失宜,反致激出事端,则又大不可也①。

要求他不要因密办而不去办,只是要特别注意查办的方法。石文焯随即折奏查拿白莲教事,雍正又指示他:

> 涓涓不塞,流为江河,所以圣人谨于防微杜渐,若不除之于早,其害必致蔓延,此事慎毋泛泛视之。一者整齐风俗,清

---

① 《朱批谕旨·石文焯奏折》,二年五月十八日折批谕。

洁地方;二者抑邪扶正,消弭祸患于未形也①。

二年,谕告湖广总督杨宗仁楚省秘密教徒不少,要"饬行所属各员密访渠魁,严拿究惩,化导协从,去邪返正。""但须密加侦伺,设法缉擒","切戒无知属员急遽声扬,扰民骇众,致生事端,则非徒无益而有害也。慎之,密之"②。同年,因江西"颇有邪教",要求该省官员"密访为首之人,严加惩治"③。又在浙抚黄淑琳奏折上告知该省"颇尚邪教","若不早绝根株,俾致滋蔓,则大费减除矣。"黄随奏报无为教活动情况,雍正遂批示:"此当徐徐而行之事,非急务也,但须时刻留心,不可日久而怠"④。又给江南总督查弼纳、镇海将军署江苏巡抚何天培朱谕:"闻江南颇有邪教,安立名号,惑诱愚氓,"要他们将"为首之人严拿治罪,有能去邪归正者概予从宽,出首者量加奖赏"⑤。从这些朱批、朱谕中,可以看出,雍正对待秘密结社的方针,一是高度重视,把它看作隐患,不因其势未成,其变未作而忽视。二是秘密进行,以密对密,不动声色,企图抓住首领,一网打尽。三是稳妥,不要躁急图成,因秘密结社不是一朝之事,也非一日能致政府于死命的,故要讲求方法,稳步瓦解它。

雍正在后来的几年实践中,更加知道破坏秘密结社的困难,并想出打入群众团体内部进行破坏的毒辣方法。五年(一七二七年),他在田文镜的奏折上批道:"此等邪党,率皆诡寄深藏,惟彼同类之人,声应气求,原无彰明较著形迹,猝难发摘"⑥。因指示

---

① 《朱批谕旨·石文焯奏折》,二年六月十三日折及朱批。

② 《朱批谕旨·杨宗仁奏折》,二年闰四月二十二日折朱批。

③ 《清世宗实录》卷21,二年六月庚子条。

④ 《朱批谕旨·黄叔琳奏折》。

⑤ 《朱批谕旨·何天培奏折》,二年闰四月二十六日折后朱谕。

⑥ 《朱批谕旨·田文镜奏折》,五年闰三月二十日折朱批。

说:"非深入其教者断不能窥测底里,访察愈严则闭藏愈固,不但地方大吏莫能施为,便州县有司亦无从探其脉络。盖胥吏中即有党羽为之耳目,以伺官之动静,非才能牧令默运机巧,设法钩致,弗克稽获"①。田文镜遂令有才能的州县官选择一二心腹人,"改装易姓,潜入其教"②。

在雍正的严密搜查下,发生了两起与秘密结社有关的较大案件。一起是五年(一七二七年)发生的"泽州匪类妖言聚众"案。案中主要人物,有翟斌如,又称翟神仙,河南济源县人,曾在陕西部阳县所谓"妖道"潘凤池率领下传授符术③,会看风水,以行医为掩护。有张冉公,组织教会,藏有立天后会经一部,内中"俱是泄漏天机的话",雍正说它是"妖妄邪书"④。有杨廷选,原是河南济源县千总。有靳广,原为山西泽州王泰来家人,不满富人的刻薄,聚众在大箕村,练习武术,准备打劫王泰来家,被人告密。泽州知州刘毓嵓以查点保甲为名,逮捕会友二人,靳广遂带领群众于途中抢劫被捕人员,打伤州役一人,擒拿十三人,刘毓嵓请绅士出面讲和,靳广等将州役放回,刘毓嵓却暗中抓人⑤。山西方面知会河南,田文镜等极力配合,翟斌如、靳广先后被捕,杨廷选自杀。此案发生后,雍正派监察御史性桂到山西审理,指示有关人员,"此案人犯竭力缉捕,毋令一名致有兔脱"⑥。"未获人犯,当速行密设赏格,严督擒捕务获"⑦。雍正还说:此案中人有康熙末年亢珽暴动的余

① 《朱批谕旨·田文镜奏折》,五年六月初三日折朱批。
② 《朱批谕旨·田文镜奏折》,五年七月初四日折朱批。
③ 《上谕内阁》,六年四月二十九日谕。
④ 《朱批谕旨·高成龄奏折》,五年八月十六日折及朱批。
⑤ 《朱批谕旨·纪成斌奏折》,五年七月初八日折。
⑥ 《朱批谕旨·田文镜奏折》,五年八月二十八日折朱批。
⑦ 《朱批谕旨·高成龄奏折》,五年八月十六日折朱批。

众,这是大害,不可大意①。最后,雍正命将翟斌如、靳广、张冉公等六人斩决,杨世隆等秋后处斩;办理此案不力的山西巡抚德明销去纪录两次,田文镜等从优议叙②。因为这件事,令怡亲王允祥和大学士转谕各省督抚藩臬,务将民间秘密结社"随时随地逐一搜剔,铲除净尽"③。

另一起是山东三元会案。山东东平州人牛三花拉(又名牛三花子,真名牛见德),组织三元会,又名空宗教,以贸易为名,在莱州、青州等府进行传教活动,自云能超度人的祖宗,宣传"正④空家乡,无生父母,现在如来,弥勒我主"经文,告人可以去灾获福。广收徒众⑤。六年(一七二八年)七月,被人告密,高密县令首先抓人,牛三花拉逃亡。雍正得到山东总兵万际瑞的报告,即指示:既然是邪教,一定查清是什么教,为何立教,那些人参加,要分清有政治目标与为敛财两种情况,区别对待⑥。但"渠魁务须捕获,万勿疏脱"⑦。山东、河南官员追查一年,毫无牛三花拉的踪影,河东总督田文镜题请将空宗教徒分别判处枷号三个月重责四十板、枷号二月重责四十板的刑法,雍正同意了,仍要求他"严缉正犯,务获究拟示惩"⑧。

秘密结社,形式上是落后的,内容上有许多荒诞无稽的东西,但在清代,人民处于痛苦之中,要求得到解脱,科学文化又不发达,

---

① 《朱批谕旨·田文镜奏折》,五年九月二十五日折朱批。
② 《上谕内阁》,六年三月二十五日谕。
③ 《上谕内阁》,六年三月二十五日谕。
④ "正"字应为"真"字,这是记录此事的文件写作人为避胤禛名讳而改写的。
⑤ 《朱批谕旨·田文镜奏折》,六年九月初八日折。
⑥ 《朱批谕旨·万际瑞奏折》,六年七月二十二日折朱批。
⑦ 《朱批谕旨·岳濬奏折》,六年八月十七日折朱批。
⑧ 《朱批谕旨·田文镜奏折》,七年七月二十一日折朱批。

很容易把希望寄托于秘密宗教的神明,想靠天神和自己力量的结合,反抗封建的黑暗现实,赢得幸福生活,这就是它的合理性。

雍正时期,没有大规模的农民战争,总的讲,封建社会秩序是稳定的,但上述从群众性的秘密组织活动到小规模的农民暴动的出现,说明人民的反抗斗争始终在进行着,社会并不十分安定。雍正的种种强化统治措施,起到了控制人民的一定作用,所以秘密结社被破坏和其他反抗斗争被镇压;但是这些斗争的不断出现,表明即使雍正那样的严密统治网,也不能阻止人民运动的爆发。

人民斗争的出现,在那个时代是必然的。封建社会里,土地占有的不平均,使人民遭受地租、高利贷的剥削,加上政府的赋役压榨,生活无着,当然要采取对付剥削者、压迫者的办法,以致不惜违犯政府禁令,铤而走险了。雍正的改革赋役,打击贪官污吏和不法绅衿,一定程度上减少了人民的负担,至少在多数情况下没有增加对人民的剥削。但他厉行征收额定赋税,也是一部分人民所不能承担的,他又极力保护地主阶级的法定利益,使一部分农民在封建盘剥下无法生活。雍正朝存在着农民与地主阶级的基本矛盾,人民与政府的对立。这些矛盾,自然会引出人民的反抗运动。这种斗争是正当的。

雍正对待人民斗争,以镇压为基本方针,不论具体情节,只要是抗官的,就被视为邪党乱民,即以犯上作乱的反叛罪论处,对那些首领,严刑杀戮,从不手软。他的另一方针是对民众运动中暴露出的官府问题认真处理,对为恶和失职的官吏也不姑息。就是说他在屠杀反抗群众的同时,改革弊政,以减少日后可能发生的反抗运动。他代表地主阶级政治利益,镇压民众运动是反动的;他谋求改良,又是政治家的作为。反对人民运动,改革政治,他是这两者的结合体。所以说,他是地主阶级的政治家。

410

第十一章 对外关系与对外贸易政策

第一节 迁西洋人于澳门和开闽粤洋禁

（一）驱逐传教士于澳门、广州

康熙对来华的西方传教士区别对待,利用他们的科技知识,发展数学、天文学、历法的研究,并有所成就。对他们的传播天主教,对教皇格勒门得十一世干涉中国内政的传教方针严予驳斥,至晚年尤甚。五十六年（一七一七年）,再次严禁天主教的传播①。五十九年（一七二○年）,命罗马教廷使臣嘉乐带回除愿意留下服务的技艺人之外的所有传教士②,又因西洋人德里格妄行陈奏,将之囚禁③。对中国人的出洋贸易,加以限制,有的人外出噶喇巴（今印度尼西亚爪哇）、吕宋（今菲律宾）等地,久居不归,清朝政府害怕他们成为海盗,于五十六年禁止民人往南洋贸易,前已出洋的限三年之内回籍④。其久留外洋的,知情同去的人坐罪枷号一个月,清朝政府并行文该居留国,要求将留住清人解送回国,立处斩

---

① 蒋良骐《东华录》卷 23，374 页。
② 《康熙与罗马使节关系文书》影印本第十三《嘉乐来朝日记》。
③ 《清朝文献通考》卷 298《意大利亚》。
④ 《清朝文献通考》卷 297《噶喇巴》。

刑①。可见康熙晚年严禁西洋人在华传教和华人出洋贸易,目的是为了保障封建社会秩序。雍正初年,基本上继承了前朝政策,而后稍有变动。

康熙末年禁止天主教的法令实行不彻底,雍正元年,浙闽总督觉罗满保重新提出查禁的建议,他说西洋人在各省行教,人心渐被煽惑,请把他们通晓技艺又愿赴京效力的送到北京,其余一律送到澳门。雍正同意他的要求,指令地方官做好西洋人的迁移澳门事务,毋使其劳苦②。命令执行中,西洋人戴进贤请求不要把他们全部驱逐到澳门,雍正饬令有关督抚讨论,两广总督孔毓珣认为西洋人于吏治民生原无大害,只是别为一教,"原非中国圣人之道,愚民轻信误听,究非长远之计。"因请将各省西洋人,不必尽送澳门,可在广州等候该国船来搭乘回国,其中老弱不愿归去的,令其居住于广州天主堂内,不许出外行教,亦不许百姓入教。其他地方的天主堂一律改为公所,入教的民人令他们放弃信仰。雍正说他对"西洋教法原无深恶痛绝之处,但念于我中国圣人之道无甚裨益,不过聊从众议耳。"西洋人只要没有大恶,应从宽对待,不要绳之过严③。同时批准了孔毓珣的建议。他和康熙一样禁止西洋人传教,把他们驱逐到澳门,或集中于广州,但在人身上保证他们安全。

驱逐西洋传教士的政策,在各地执行得比较缓慢,因为后来允许俄国人在京建立教堂,不得不从缓进行。五年(一七二七年)十一月,浙江巡抚李卫称奏,西洋人传教,以金钱引诱中国人,因而许

---

① 《朱批谕旨·高其倬奏折》,六年正月初八日折。
② 《清世宗实录》卷14,元年十二月壬戌条;《朱批谕旨·孔毓珣奏折》,二年十月二十九日折。
③ 《清世宗实录》卷27,二年十二月己丑;《朱批谕旨·孔毓珣奏折》,二年十月二十九日折及朱批。

多人暗中入教,现在虽无大害,但应禁革。雍正说:"姑且以理化导,不宜遽绳以法,何也? 现今都中许其行教,一旦严惩,人岂诚服? 若论沿海省份,尤当禁革,徐徐逐渐为之甚是"①。李卫还是积极办理,八年(一七三〇年),把西洋人马德诺遣送到澳门,将杭州天主堂改为天后宫②。雍正禁止传教,用意是在不许中国人信教,尤其不准满人崇信。贝勒苏努的儿子苏尔金、库尔陈、乌尔陈等信奉天主教,苏努因是允禩党人遭到打击,雍正多次指责他的信教的儿子们背祖宗、违朝廷的罪过③。李卫在报告地方上信教情形时,特地说明"驻防旗下亦染此风"④。他们君臣怕人信仰天主教后背儒家的纲常大义。

这一次驱逐,对天主教是一次较大打击,清末北京主教樊国梁说:"各省大小圣堂,一时俱拆毁尽净,其圣堂之房屋院落,或改为仓廒,或改为书院,一所不留。京师顺天府属之文安县、古北口、宣化府等处,均有圣堂,至是尽改为官所,京都之北堂,亦改为病院矣。其堂之圣像、圣龛,尽遭焚毁,从来中国圣教之厄,未有烈于是时者也"⑤。反映了教堂被摧毁的情况。

雍正与罗马教廷也发生过交往。三年(一七二五年)十月,教皇伯纳地哕的使臣噶达都易德丰朝见雍正,祝贺他的登基。雍正深感满意,表示对来华的西洋人,只要他们"慎守法度,行止无愆",一定"推恩抚恤"⑥。康熙时被囚禁的德里格,合于雍正即位

---

① 《朱批谕旨·李卫奏折》,五年十一月初八日折及朱批。
② 《朱批谕旨·李卫奏折》,八年五月初二日折。
③ 《雍正朝起居注》,五年四月初八日折;参阅《陈垣学术论文集·雍乾间奉天主教之宗室》,中华书局 1980 年版。
④ 《朱批谕旨·李卫奏折》,八年五月初二日折。
⑤ 《燕京开教略·中篇》。
⑥ 《上谕内阁》,三年十月初八日谕。

恩诏的赦免条款,前已释放,尚有传教士毕天祥、计有纲也于康熙间关在广州,教皇要求援德里格之例把他们开释,雍正查检他们的犯罪情节,符合释放条件,同意了他的请求①。

耶稣会士来华,既带来某些西方的科学知识,又是西方资本主义侵略势力的先导。清朝政府针锋相对,部分利用其技术,防制其传教和颠覆活动,雍正也执行这一方针。他的驱逐传教士于澳门、广州,是防范他们深入民间,影响民众思想。传教士是外来者,占进攻地位,雍正的措施,实质上具有防御性。雍正在驱逐时,强调作好护送工作,后又允许居留广州,做的有节制。在驱逐时,虽也命令精通技艺的西洋人留在北京服务,但对他们的利用远不如康熙那样热心,这一点大不及于乃父。

对待西欧来的使臣,雍正以礼相待。五年(一七二七年),博尔都噶尔(今葡萄牙)使臣麦德乐到北京,雍正召见,于常赐之外,又赐人参、瓷器、漆器、纸墨、字画、香囊等物,特遣御史常保住伴送到澳门,命他们走江南、浙江、江西一线,观看富庶和人文发达的地区,指示各地厚予照顾,使与"各国贡使不同"。常保住乘机图利,为勒索地方官,故意抬高麦德乐身价,以便得遂其私,因此各地督抚待以不寻常的礼遇。如江苏巡抚陈时夏出郭十里迎接他们,在常保住、麦德乐前跪请皇帝安好。设宴招待他们,陈时夏亲自往请,否则不赴席。他们一行到浙江,李卫因没有改变接待仪注的谕旨,认为像陈时夏那样做,是有损国威,于是只在常保住面前跪请圣安,让麦德乐在远处观看,使知中国尊君礼节,常保住要李卫等先拜见麦德乐,李卫坚持请麦德乐到官厅相会。使臣过后,李卫奏报麦德乐"骄横",常保住"不顾国体,但借之以作威福。"雍正很欣

---

① 《上谕内阁》,四年六月初五日谕。

赏李卫的做法,朱批说:"所奏殊属可嘉之至,各省封疆诸臣悉能如此居心,顾惜国体,天下何愁不治。"又指责"陈时夏身为大吏,不应卑躬失体至于若是。"要求李卫调查使臣离浙赴粤情况①。使臣到澳门,两广总督孔毓珣折奏,说常保住"一路廉静,待夷人亦甚得体。"雍正据李卫的报告,要求他据实奏闻②。此后具折回奏:前报常保住廉静,是因他离广州时拒收各官公送程仪八百两。其实他在广东,来回都派家人打前站,所至勒要抄填勘合银、小包及其他费用,"在澳门收受西洋人食物,则人皆知道,收受西洋人是何礼物,则外人不知"③。说明常保住确实不惜以伤国体捞取钱财。雍正对麦德乐的优待,使他深为感激,到澳门正值雍正寿辰,经征得常保住同意,率领西洋商人,在天主堂作祈祷,为雍正祝寿④。雍正对天主教、西洋人,如前所述,并无恶感,他有西洋发式头部画像,也可以作为明证。

(二) 行商贸易

雍正中,西洋和南洋的商人来华贸易,均至广州,来的商船不算多,然而不少于康熙时期。三年(一七二五年),到广州的外国商船总计十艘,其中英国船六只,载来货物有黑铅、番钱、哆罗(宽幅毛织呢)、哔叽以及胡椒、檀香等物,法国船一只,所载黑铅、番钱、羽缎、哆罗,大体与英货相同。噶喇巴(爪哇)、嗰沙、吗吧喇斯各一只,货物为胡椒、苏木、檀香⑤。北欧的瑞典、丹麦

---

① 《朱批谕旨·李卫奏折》,五年九月十九日折。
② 《朱批谕旨·孔毓珣奏折》,五年十一月十六日折及朱批。
③ 《朱批谕旨·孔毓珣奏折》,六年三月二十二日折。
④ 《朱批谕旨·孔毓珣奏折》,五年十一月十六日折及朱批。
⑤ 《朱批谕旨·孔毓珣奏折》,三年九月初九日折。

商人,都是在雍正年间来到广州进行贸易①。所有的外商贸易量不大,如署粤抚兼管粤海关税务常赉所说:"货物无几,大半均属番银"②。

到广州的外国船,清政府一律令在黄埔停泊,进行严格管理,其船所带炮位,由中国官方起卸保存,离去时始行发还③。船到后,中国派兵看守,只许正商数人与中国行商进行交易,其余水手人等都在船上等候,不许上岸行走④,由粤海关进行征税和查货⑤。中国的与外商贸易无关的人员,一律不许进入外商船只⑥。要求外商于当年十一月、十二月乘信风便利,办理清楚离去⑦。雍正同意这些规则和做法,只是强调"严加约束稽查"。⑧

与外商洽谈贸易的行商,又叫"洋商"、"官商",他们在康熙年间组织公行,经过向政府申请,获得允许,负责对外商的贸易。雍正初年洋行名为"十三行",其实有四五十家。三年(一七二五年),粤抚杨文乾在行商中设立行头,专用其中的六家,洋船报税上货等事全由他们专理⑨,这就是说清朝政府用行商垄断外商的贸易,杨文乾又选择少数行商垄断洋行生意。

雍正时,管理外商的官员往往大肆贪污。杨文乾是被雍正视为实心奉公、不避嫌怨的好官,当两广总督孔毓珣、广东藩司常赉、

---

① 《清史稿》卷159《邦交》。
② 《朱批谕旨·常赉奏折》,五年七月十九日折。
③ 《清高宗实录》卷28,乾隆元年十月甲子条。
④ 《朱批谕旨·孔毓珣奏折》,二年十月二十九日折。
⑤ 《朱批谕旨·孔毓珣奏折》,二年六月二十四日折。
⑥ 《朱批谕旨·孔毓珣奏折》,三年九月初九日折。
⑦ 《朱批谕旨·孔毓珣奏折》,二年十月二十九日折。
⑧ 《朱批谕旨·孔毓珣奏折》,三年九月初九日折。
⑨ 《朱批谕旨·官达奏折》,五年五月二十日折。

官达等揭露他贪赃时,雍正很不以为然,大加保护①,可是后来真相大白。杨文乾于粤海关每年额税四万两外,以溢耗之名,多得十一万两;外商带来的银两,每两抽银三分九厘,共得两万余两;红黄颜色的绸缎向例不许出口,杨文乾违禁准许,每匹得银七钱,约计可得银万两;外商回船,不论其买货多少,按其携来银两,每两加抽一分,获银四万三千两;以进上为名从外商船上拣选奇巧物件自用,由洋行商人代给货价,计银万两。这样杨文乾每年因管理外商事务,约计贪赃二十万两。五年(一七二五年)夏天,杨文乾进京陛见,而时值外船到来之时,不能细查外商贸易情况,故行前传令,外商凡买湖丝一担,扣银二十两,茶叶一担扣银五两,瓷器等货扣银二两②。杨文乾还向行商索取银钱,行商按接洽的外商船只大小,包送杨文乾一万两,或八千两、六千两、三千两不等。雍正六、七年间,傅泰署理粤抚印务,为时八月,对属官节礼、陋规一概不收,表示清廉,但补用粤海关书吏五人,向他们每人收银三百两③,否则不予录用。杨文乾、傅泰在其他方面清廉,独涉及外商事,以为贪浊无碍。雍正揭露他们的心理是:以为这些事"不关国计民生,设法巧取,而名实兼收"④。官吏借外商而获巨利,由杨、傅事可见一斑。雍正在对洋人关系上处处以国体为重,官吏专在与洋人贸易上舞弊,收受贿赂,也是有失国体,而他却留意不够。

对于后世臭名昭著的鸦片贸易,雍正时鸦片进口数量还小,但已引起雍正的重视,禁止贩卖鸦片烟,官员也较认真执行。福建漳

---

① 《朱批谕旨·官达奏折》,五年五月二十日折朱批;《朱批谕旨·孔毓珣奏折》,六年七月十八日折及朱批。
② 《朱批谕旨·常赉奏折》,五年十月二十五日折。
③ 《朱批谕旨·王士俊奏折》,七年六月十一日折。
④ 《朱批谕旨·常赉奏折》,五年十月二十五日折朱批。

州知府李治国为清源塞流,注意查拿贩毒人。七年(一七二九年),在陈远家中查获鸦片三十三斤,拟以枷号充军之罪,陈远称冤,说他所有的是药用鸦片,不是鸦片烟,经巡抚刘世明交药店鉴别,确系医药用品,尚未制成毒烟,因将陈远释放,鸦片贮存藩库。刘世明认为李治国犯了失入的过错,本拟究参,又怕因此使人误会,以为解除鸦片烟禁,故只密折奏闻。雍正对此事的看法与刘世明不全相同,他说:"李治国于此一事虽欠明察,然乃过于从事之咎,情理尚在可原,不就此案参处甚是。"至于没收陈远鸦片,"若系犯法之物,即不应宽释,若不违禁,何故贮存藩库,此皆小民贸易血本,岂可将错就错,夺其生计。如欲留为异日证据,数两几斤足矣,未有全留贮库之理! 虽系细事,殊关舆论,汝等身膺封疆重任,慎勿因其细而漫忽视之"①。此一事反映雍正治事的细密不说外,他对鸦片政策是:贩卖毒品,严惩不贷;严格区分药用鸦片与毒品鸦片烟,毒品严禁,药用毫不干涉,且照顾到小本商人的正当利益。

在广州与外商进行贸易的同时,清政府注意到对澳门外商的管理。康熙末年禁止中国人到南洋贸易,于是这一路的生意归在澳门的外国人所得,他们逐年添置船只,扩大交易。雍正初,澳门的洋船已达二十五只,居住西洋人男女三千五百多人,引起朝内外官员的注目。元年(一七二三年),广东人、通政司右通政梁文科条奏,请在澳门增设官兵,以便弹压。二年,孔毓珣提出全面规划:澳门西洋人现有船泊二十五只,以此为限,损坏了可以修理,但不得再行添置,防止其贸易扩大,招引西洋人来澳居住;葡萄牙派来的管理人,许其自行更换;无故来澳门的人,即令随来船离去,不许

　　① 《朱批谕旨·刘世明奏折》,七年七月二十六日折及朱批。

容留居住。他的建议经兵部讨论,雍正批准执行①。

决定来澳门的外国人的留住,限制他们的商业活动,都是雍正年间清朝政府行施对澳门主权的表现。在澳门的外国侨民要遵守清朝法令和交纳赋税。清朝在澳门设有驻防军,由把总领兵五十名驻守,又在澳门和内地的通道上设立城池关卡,由都司、守备带领兵丁驻防,四面安设炮台,不许西洋人随便进入内地②。

十八世纪上半叶,西方殖民主义者向中国输送文化和商品,为日后大规模的侵略作准备,但此时还没有构成严重威胁。康熙、雍正父子对西洋人的活动非常警惕,主要是防止侵略者和中国一部分民人的结合,以免发生社会动乱,影响清朝的统治,为此而驱逐传教士,限制澳门西洋人贸易。值得注意的是西洋商人惯于向中国官吏行贿,败坏中国吏治,而中国一部分官僚利用办理对外事务的机会,贪污舞弊,那些在对内事务中清廉的人的犯罪,更说明问题的严重性。

(三) 闽粤洋禁的开放

康熙五十六年禁止人民往南洋贸易后,使一部人失业,无法生活,在广东的官员大多看出这一问题。雍正初年,孔毓珣建议取消洋禁,允许人民出海贸易。雍正交廷臣密议,隆科多反对。雍正认为两方面都有道理,委决不下③。二年秋天,产生了倾向性意见,反对开禁,他告诉孔毓珣:"料理地方一切事宜,当于远大处熟筹深计,凡出一令举一事,必期永久可行,有利无害方好,不可只顾目

---

① 《清世宗实录》卷29,三年二月己巳条;《朱批谕旨·孔毓珣奏折》,二年十月二十九日折。
② 《朱批谕旨·孔毓珣奏折》,二年六月二十四日折。
③ 清世宗"朱谕",第9函。

前小利。"①又说:"海禁宁严毋宽,余无善策"②。他错误地认为开禁对眼前有利,对将来有害,而继续严禁是视野远大的措施。

福建是地少人众、粮食不足的地区,人民常以甘薯充饥,尚难满足。若再有灾荒,民食问题更严重。人民在生活无着时,就发动各种形式的反抗。雍正三年秋季歉收,次年又遇春荒,各地相继出现民众运动,兴化府南台县民反对粮食出境,抢劫米店,福州人民要求降低米价,巡抚毛文铨不允,群众打破巡抚辕门栅栏和巡捕官的轿子。邵武府建宁县百姓罢市,汀州人民因米、盐价昂,赶骂知府何国栋,上杭人民抢米③。

"地狭人稠,无田可耕,民且去而为盗"。这是浙闽总督高其倬于四年(一七二六年)总结福建情况而得出的福建不安定的原因之一,他把它作为请求开禁的根本理由,因为民无食又无其他办法,才被迫为"盗",要弭盗,最好为他们筹划谋生之路。开洋禁,允许民人出洋贸易,不失为消除人民反抗的一个方法,他说:"出海贸易,富者为船主,为商人,贫者为头舵,为水手,一舟养百人,且得余利归赡家属。"他针对主禁派的观点进行批驳:怕开禁大米出口,食粮越发不够,其实外洋产米地方甚多,粮食不会成为大宗出口物品;或虑把中国的船料卖给外国人,然而中国船小,外国人得了没有用。他经过正反两方面的分析,请求雍正解除海禁④。五年(一七二七年)三月,雍正原则上同意了他的分析,命高其倬与福建巡抚常赉、广东巡抚杨文乾商讨具体办法,并命内阁将康熙年间办理海洋事务的成案,汇编成《海洋事宜》,发给高其倬等筹议

---

① 《朱批谕旨·孔毓珣奏折》,二年六月二十四日折朱批。
② 《朱批谕旨·孔毓珣奏折》,二年十月初九日折朱批。
③ 《朱批谕旨·高其倬奏折》,四年六月十九日折。
④ 《清史稿》卷292《高其倬传》。

时参考①。高其倬、常赉、杨文乾等主要是讨论出洋民人的回归问题。九月,折奏民人留住外洋情况:过去出洋一只船,船户只报六七十人,七八十人,实际二三百人,甚至四五百人,多数人都不回归,因此侨居爪哇的有万余人或几万人,留住菲律宾的有几千人。他们认为留居问题的解决,首要的是禁止人民再偷流出国,所以开洋禁着重考虑如何使出洋的人员按时归来。他们建议采取两项办法,一是外出者交具保结,凡出洋的船主、水手、商人都要由族邻保甲出具保单,再用同业三船连环互保,手续齐全,地方官发给出洋执照,同时登记外出者姓名、年龄、面貌,注明指纹,到出洋时由有关官员检验,回归时同样查核,如有去多回少情事,先将船户人等严行治罪,再将留住之人家属严刑追比。另一项是指定出洋地点,为了避免徇情隐瞒的弊端,出洋船只许于所在地出口,一律到指定地点检核出洋,福建集中于厦门,广东则为虎门,若在其他口岸出海,照私越之例治罪。雍正认为第二条办法好,第一条言之有理,但不便于实行。更不同的是他不赞成高其倬等人的基本精神,高其倬等人的目的是让出洋之人一定回来,雍正则说:

> 朕非欲必令此辈旋归也。即尽数旋归,于国家亦复何益?所虑者既经久离乡井,安身异域,宜乎首邱之念绝矣,而一旦返回故土,其中保无奸徒包藏诡谋,勾连串通之故乎!②

他所顾虑的是久离乡井的人回来,是否别有企图,影响治安。次年正月,高其倬、常赉、杨文乾三人会奏,坚持上年原议,雍正甚为不满,说他们胶执谬见,“惟恐内地人外出,设为种种严切科条,殊属可笑,朕实不解”。又说久留于外洋的人,“忽复内返,踪迹莫可端

---

① 《朱批谕旨·高其倬奏折》,五年九月初九日折。
② 《朱批谕旨·孔毓珣奏折》,五年九月初九日折及朱批。

倪,倘有与外夷勾连,奸诡阴谋,不可不思患预防耳。"又针对杨等严密的保结条文说:大海茫茫,失风飘没是常有的事,追比其家属,有这个道理吗?① 雍正的办法是规定出洋期限,对于逾期不归的人,就认为他是甘心流落外方,不值得怜悯,不许再回国,这样就使那些想回来的人不敢滞留于外了②。雍正是把外出者的按期归来与逾限归来两个问题综合考虑,不像高其倬等主要考虑前一问题。他的中心意思是保障社会秩序,而对民人的归国与否则不太感兴趣。

经过闽、粤督抚和廷臣、雍正的反复磋商,于六年(一七二八年)十月制定闽粤民人出洋贸易规则:船只出口,按规定期限进行,出口船于每年四月提出申请,进口船于九月造报,入口船如因在外洋商务未清,未能按期进口,准于来年六、七月进港,若遭风飘泊他处,取该地方官印结,随时可以返回,若故意迟延,徇私捏报,则行究处。每船携带食米,去暹罗的大船限三百石,中船二百石;去爪哇的大船二百五十石,中船二百石;去菲律宾的大船二百石,中船一百石。如若多带,按接济外洋例论罪。各船所需用的钉、棕、麻等物,许可酌量携带,但要登记清楚,以便查验③。其他方面,如出洋取结,指定港口都没有变动。

高其倬等筹议之时,也即在五年(一七二七年),就在福建宣布开放洋禁,允许民人往南洋贸易,同时公布了他们拟议中的出洋条规,依照实行。在高其倬开福建洋禁奏议获准之后的一个月,当时担任广东布政使的常赉亦折请广东与福建一体开禁。他说广东也是田少人多,沿海居民藉开洋生业的人不可胜数,比福建更需要

---

① 《朱批谕旨·高其倬奏折》,六年正月初八日折。

② 《上谕内阁》,五年六月二十二日谕。

③ 《清世宗实录》卷74,六年十月己卯条。

开禁,以便弥补"耕耘之不足"①。雍正也允准了,正逢广东巡抚杨文乾奉命赴福建清查仓库,雍正遂命他与高其倬会同筹商开洋事务。所以开海禁,施行于闽、粤二省。有些史书只提福建洋禁之开,忽略了广东的实行,给人以错觉,应当纠正。

　　洋禁初开之时,雍正坚决执行规则。五年夏天,高其倬发出允许出洋贸易的通告,到十一月,船户和商人报告:水手手皮粗厚,罗纹不明,难于取得印结;每船总有数十人,难免临开船时有人死亡,则需另雇,一时保结不易办妥;船上客人有的是远州别府的,仓卒赶来,到本地取结,耽误时日。但是风汛不等人,过了初春就不能出洋,因此请求在保结方面加以变通。高其倬回答说:通告已发布数月之久,船户与商人不积极办理手续,到临行的时候,"欲以误期误货胁制"政府,断难实行通融。并以此态度向雍正奏报②。这时商人因造船、办货投入本钱,若届风汛之期不能出洋,必有损失,水手人等将失去生活之道,若没有开洋之说,他们没有指望,现若不能按时出洋,则会产生抱怨,发生民变③。高其倬上奏折,说的很强硬,心里也有担心。常赉也是这样,于六年(一七二八年)正月奏报各商船货俱集而原藉地方官印结未到不能出洋的情况④。雍正在高其倬奏折上批道:"坚持不移甚善。鲁论云民无信不立,凡百处悉宜如是,无可疑者。当此创始之际,稍若游移将就,向后法不行矣。误货误期,皆伊等自误,与人何涉!"⑤对常赉的折子更

---

① 《文献丛编》第20辑《雍正朝关税史料》。
② 《朱批谕旨·高其倬奏折》。
③ 《小仓山房文集》卷8《光禄寺卿沈公行状》。
④ 《朱批谕旨·常赉奏折》,六年正月初八日折。
⑤ 《朱批谕旨·高其倬奏折》,朱批。

423

有指责意味,说"误亦系彼自误,与汝等何涉?"①雍正的意思是立法必行,对不遵守的采取高压手段,不怕出乱子,不因多人的不遵守或反对而随便更改。他的开洋法规就这样执行了。

雍正六年份(即五年冬至六年秋),从厦门出口的福建洋船共二十一只,到七月以前返回的十二只,载回大米一万一千多石,还有燕窝、海参、苏木、牛皮等物,同时带回流落南洋的居民三十多人,其中有的人已在外居住十七八年,在那里种田、种园、卖茶,在家乡多有妻子,高其倬让他们回籍安插,并向雍正报告,"此等留住外国之人,实因往彼贸易、种田谋生。"雍正批准高其倬对他们的安置,同时指示:"毋即信以为然,宁可再加察访,在外如许年岁,一旦复回,安保毫无情故,饬令属员徐徐设法访问,务悉其底里"②。从制定开洋条规到检查出洋情况,雍正拳拳以保证国内治安为念。

在废弛海禁问题上,雍正先以怕留居海外的民人归来怀有异心,策动反叛,成为顽固的主禁派,迨后,鉴于闽粤民人生活困窘,社会动荡,为取宁谧,转而赞成开洋,企图消弭不安定因素。但对长期留住外洋民人的回归仍有戒心,与臣下往复计议,谋求善策。由此可见,作为最高统治者的雍正,考虑任何政策,都是围绕维护清朝的长远统治进行的,为此,他没有成见,可以适应环境,调整统治政策。他的开放洋禁,使南方沿海一部分人民恢复康熙末年被剥夺的谋生手段,有利于中国与南洋地区进行经济文化交流。但如果把他的海洋政策同西方资本主义国家政府鼓励对外贸易的方针相对比,不用说,他的限制人民出洋的种种规定,是落后的。对

---

① 《朱批谕旨·常赉奏折》,六年正月初八日折朱批。
② 《朱批谕旨·高其倬奏折》,六年八月初十日折及朱批。

424

于久留国外民人的叶落归根的故国之思毫不珍惜与欢迎,反映了他的封建统治者仇视人民的立场。中国在沦为半殖民地国家后,华侨在外国备受欺凌,受不到祖国保护。雍正统治时代,还有他的父祖及儿孙时代,国力尚强,也弃置华侨于不顾,这却是中国封建统治者没有世界眼光的结果。所以说,在国际斗争舞台上,这些佼佼者的帝王往往是昏庸者。

第二节　签订恰克图条约

雍正驱逐天主教士,却允许俄国人在北京兴建教堂,显得很矛盾。他对俄国的政策是什么?为什么实行这样的政策?

事情得从尼布楚条约说起。康熙二十八年(一六八九年)签订的这个条约,划定了中俄东段边境。但是沙俄殖民主义者继续实行它的侵略政策,蚕食中国领土,对喀尔喀蒙古地区的侵蚀尤其严重。与此同时,引诱中国边民,制造叛逃事件。清朝政府为了制止沙俄的领土侵略,多次行文俄国,要求双方举行谈判,划定疆界,俄国拒不回答,以事拖延。三十二年(一六九三年),俄国使臣义杰斯到北京,以未奉沙皇训令拒绝谈判边界问题[1]。五十六年(一七一七年),康熙说:关于议定中俄喀尔喀蒙古地区的疆界,给俄国去信十余年,至今没有得到答复[2]。《尼布楚条约》规定,双方可以开展贸易,俄国人企图通过商业对中国进行掠夺。三十二年(一六九三年),清朝政府定例,允许俄国商人到北京做买卖,三年

---

① 葛斯顿·加思《早期中俄关系史》,中译本,商务印书馆 1961 年版,168 页;班第什—卡缅斯基《1619—1792 年俄中外交资料汇编》,68 页,转引自中国社会科学院近代史研究所《沙俄侵华史》第 1 卷 224 页。

② 《清圣祖实录》卷 273,五十六年七月壬申条。

进行一次,每次不得超过二百人,在京不得超过八十天,一应货物俱不纳税,犯禁之物不准交易,商人路费自理,在京期间不供给伙食①。虽是这么规定了,但对俄国商人往往给以优待,如康熙所说:对前来的数百人的商队,"俱令乘驿,送至京城,留住数月,给以廪食,饲喂马匹,诸事应付,所费钱粮甚多"②。四十九年(一七一○年),康熙命原任大学士马齐管理俄国商人事务③。康熙前期,清朝政府以俄人组成俄罗斯佐领,属镶黄旗,康熙赐给寺院,他们擅自改为东正教教堂,有神父。《尼布楚条约》签订后,俄国要求派人到北京学习满文和汉文,俟学成之后换回,再派人来。清朝政府于翰林院下设俄罗斯学,派人教育俄国学生。俄国教士、学生,都住在俄罗斯馆内。

《尼布楚条约》签订前后,清朝政府正同中国的准噶尔部噶尔丹集团作斗争。康熙五十一年(一七一二年),是准部策妄阿拉布坦集团向清朝进攻的前夕,康熙想联络在半个多世纪前被准噶尔人压迫迁徙到伏尔加河下游的土尔扈特人,拟派遣使团前往探望,需要假道俄国,俄国为了发展它的对华贸易和派遣传教士来华,同意为清朝使团提供方便,同时要求允许俄国增派传教士来北京。结果是图理琛使团去土尔扈特部,于五十四年(一七一五年)回国时带来俄国修士大司祭。康熙末年,清朝政府同策妄阿拉布坦进行战争,俄国政府妄图诱迫策妄阿拉布坦臣服于它,严重干涉中国内政,激起清朝的愤怒,六十一年(一七二二年),通知俄国商队离开北京,并不得在蒙古地区的库伦进行贸易,拒绝俄国派遣来华的库尔齐茨基主教入境。这些事实说明,康熙时期的中俄关系中,除

---

① 何秋涛《朔方备乘》卷37《俄罗斯互市始末》。
② 《清圣祖实录》卷273,五十六年七月壬申条。
③ 《朔方备乘》卷37《俄罗斯互市始末》。

清朝政府和沙俄政府双方外,还涉及到中国的准噶尔人和居住在伏尔加河下游的土尔扈特人,俄国政府力图把土尔扈特人役为属民,阴谋利用准噶尔叛乱势力侵略中国。值得注意的问题正在这里。一七〇〇年前后的半个世纪中,准噶尔分裂势力猖獗,攻打喀尔喀,控制西藏。康熙为了尽快清除这个破坏因素,割断俄国殖民主义者与准噶尔分裂集团的联系,为了遏制俄国的侵略,争取同俄国订立条约,为此被迫作了一些让步,俄国殖民主义者以支持准噶尔分裂势力为筹码,与清朝政府讨价还价,攫取侵略利益。清朝政府对付俄国侵略者的手段,主要是停止贸易和拒绝接受俄国教士。

雍正即位后,全部继承了康熙的对俄国政策。元年(一七二三年),有一部分被清军俘虏的准噶尔叛乱分子逃亡俄国,清朝政府要求俄国交回逃人,未获结果,雍正政府就拒绝次年应入境的俄国特列季亚科夫商队的来华。

俄国政府鉴于中国政府的坚决态度,深感中断贸易对它的不利,遂改变策略,于雍正二年(一七二四年)初表示部分遣返中国逃人,雍正政府当即派遣一等公、都统鄂伦岱和理藩院侍郎特古忒前往边境洽谈,他们又一次代表中国政府要求两国订立新的边界和逃人问题的条约①。三年(一七二五年),俄国新沙皇叶卡捷琳娜一世决定派遣萨瓦·务拉的斯拉维赤伯爵为出使中国大使,祝贺雍正登基和宣布她本人的继位,谈判两国贸易和划界问题。萨瓦是俄国外交界和商界老手,受命之后,一面组织人员绘制中俄边境地图,一面准备钱货,以便收买清朝官员和在华西方传教士。他把在彼得堡的房子租给法国驻俄大使康普里顿,由该大使写信给

---

① 《1619—1792 年俄中外交资料汇编》,110 页,转自《沙俄侵华史》第 1 卷,239 页。

法国在华的耶稣会士,为他们搭桥。

雍正在得到俄国遣使通知后,于四年(一七二六年)正月命原理藩院尚书、舅舅、一等公隆科多在察视阿尔泰山后,往喀尔喀蒙古边境查看疆界,等候与俄国使臣会谈。雍正还指令喀尔喀郡王、额驸策凌和散秩大臣、伯、四格为谈判成员①。同年夏天,隆科多、四格与萨瓦相会于恰克图附近的布尔河,萨瓦表示要祝贺雍正登极,要求率领商队和库尔齐茨基主教同行,隆科多同意萨瓦进京,而使商队、教士留在该地,等待谈判后决定行止。萨瓦于冬天到京,雍正令吏部尚书察毕那、理藩院尚书特古忒、侍郎图理琛与俄使会谈,萨瓦为等待其属员绘制地图,极力拖延对边界问题的讨论,却利用时机,收买法国在华传教士巴多明,又经由巴多明的牵引,结识多年负责俄国事务的大学士马齐,用卑鄙的收买办法,从马齐处获得中国谈判代表团的内情②。历时半年,双方就原则问题达成初步协议。萨瓦回到布尔河,与隆科多、策凌、四格、图理琛继续会谈,隆科多坚决要求俄国归还所侵占的喀尔喀土地,萨瓦蛮横地以发动战争威胁中国放弃领土要求。恰在这时,早就受审查的隆科多私藏玉牒底本的事情被揭发了,雍正非常恼怒,说从前差遣隆科多料理边疆事务,"并非不得办理鄂洛斯事件之人",且"鄂洛斯事件系最易完之事",把他从谈判代表团撤回治罪③,还派马齐参与对他的审理④。察察为明的雍正在这里误信非人,过分看重隆科多的过失,不利于边界坚持原则的谈判。隆科多走后,策凌和萨瓦分别代表中俄两国,于五年(一七二七年)七月在布尔河畔

---

① 《雍正朝起居注》,四年正月二十一日条。
② 《早期中俄关系史》,115 页。
③ 《雍正朝起居注》,五年六月初八日条。
④ 《雍正朝起居注》,五年五月二十八日条。

签订《布连斯奇条约》,划定中俄在喀尔喀地区的疆界。中国方面又就此条约和前此在北京所达成的协议,拟成总条约草案,六年(一七二八年)五月,双方代表在恰克图正式签字,这就是《恰克图条约》,它共有十一款,主要内容是:

划定中俄喀尔喀地区边界。以恰克图为分界点,东自额尔古纳河,西至沙毕纳依岭(沙宾达巴哈,位于唐努乌梁海地区的西北端)为界线,线以南为中国境,北为俄国境。

处理越境人犯。以往逃人不再追究,嗣后双方不得收容,并严行查拿,送交对方守边人员。

确定贸易方法。基本上维持康熙年间做法,俄商三年至北京一次,每次不超过二百人,中国不收赋税。零星贸易另于尼布楚、色楞格二地区择地进行。

规定宗教职员和留学生人数。俄国原在北京住有传教士一人,条约规定可增加三人,中国接受俄国学童四人来京学习满文和汉文,另接受通晓俄文、拉丁文二人,总共十人。规定十年一轮换。同时中国政府帮助俄国在北京建立一所教堂①。

条约签订后,俄国极力开展活动,清朝政府按照条约给俄国人提供方便。五年(一七二七年),接受俄国东正教学生四人。次年,雍正命翰林院选派满汉助教各一人充任俄国学生教官。十年(一七三二年),为俄国兴建的新教堂建成。自此之后,俄国人得以按期向中国派遣传教士团和留学生。在贸易方面,还在谈判期间,俄方要求将俄商的马匹牛羊留在边界放牧,雍正谕允,要俄国约束其放牧者,不得生事,派理藩院官员前往照料,通知附近的蒙

---

① 《朔方备乘》卷9《北徼条例考》;《清世宗实录》卷60,五年八月乙巳条;《文献丛编》第27辑《俄罗斯档》,4页上。

古官员严防盗贼,若俄商马匹牲畜失窃,由该地方总管赔偿①。同时期,谈判代表图理琛擅自允许俄商入境贸易,清朝政府有关官员要求以非贸易年究治图理琛之罪,雍正予以宽免。九年(一七三一年),清朝政府定例,俄商自恰克图入口,由喀尔喀土谢图汗等报告理藩院,经皇帝委派官员前往边境,伴同俄商进京。雍正还任命内大臣、部院大臣数人总理俄罗斯事务,又从内阁侍读学士、科道等官中简用监视贸易官。同年赐给俄国商队银子一万两,补助其路途马匹的耗费②。在边境上,俄国在恰克图建立贸易市场,中国在它的对面兴建买卖城,作为双方的互市场所。自从《恰克图条约》签订以后,俄商不再经由尼布楚、黑龙江进入北京,径直由买卖城,经张家口抵达北京,免得再东绕一圈,所以自此以后买卖城一线成了俄国商队主要通路,给它取得了便利。

《恰克图条约》签订以前,雍正已在准备对准噶尔的战争,条约正式签字的第二年(一七二九年)即开始了西北两路进军,讨伐噶尔丹策零。出师后,他派满泰、阿思海前往土尔扈特,托时、广锡往俄罗斯,告知该汗和沙皇对准噶尔用兵的事。前已说明,清军出发之初,噶尔丹策零谎称和好,清军暂停进攻,雍正又命将此事通知满泰、托时等人,要他们将情况向使往处说明③。雍正联络土尔扈特,无疑是利用它与准噶尔的历史性矛盾:争取它,孤立准部。把中国内部事务正式通告俄国,是制止俄国勾结噶尔丹策零,利用中国分裂势力侵略我国。中俄既然签订了《恰克图条约》,它对双方都有约束力,它所规定的中俄喀尔喀地区的边界,也是准噶尔部

① 《雍正朝起居注》,五年十月初五日条。
② 《朔方备乘》卷37《俄罗斯互市始末》。
③ 《上谕内阁》,八年五月十三日谕。

内野心家觊觎的地方。俄国人如果不想破坏这个条约的话,就不能公开的、大规模的支持准噶尔分裂势力的活动。事实上,条约签订后,在所规定的边界地区,没有发生大的变化。清朝政府也加强了喀尔喀地区的防务,设立卡伦(边防哨所)五十九个,东边十二个属黑龙江将军统辖,西边四十七个由喀尔喀四部管理。由这些情况可知,雍正签订《恰克图条约》,是为防御俄国殖民主义者的侵略,保卫喀尔喀地方领土,也是为中国解决准噶尔问题时,防止俄国殖民主义者干涉中国内政。雍正的目标基本达到了,在一个时期内遏制了俄国人的侵略野心。但是条约签订前,中国喀尔喀地区被俄国殖民主义者所侵占的土地丧失了,清朝在贸易、宗教方面给了俄国人优惠待遇,是其他西方殖民主义者所企求的,它们屡次向清朝政府提出要求给予俄国人的那些东西,均为清朝政府所拒绝,可见俄国人得了便宜。雍正签订《恰克图条约》,付出了相当的代价。他撤换隆科多,是不可饶恕的罪过。订约过程中马齐等的受贿,不仅表明清朝官员在对外事务中受贿成风,更说明殖民主义者用行贿作为侵略中国的一个手段,方法至为卑鄙无耻。

第十二章　文化思想与政策

第一节　向孔子顶礼膜拜和教育方针

　　雍正对孔子的尊崇,超越于前辈帝王,做人所未做,言人所未言,也留其特性于后世。

　　元年(一七二三年)三月,雍正追封孔子先世为王。他说:天地君亲师是人人所至为尊重的,而阐明天地君亲大义的则是教育,教育又以孔子为最优,所以自幼读书,就极其崇敬他,但孔子既被尊为"大成至圣先师",已脱离人臣的封号,没有办法再尊称了,因此决定追封孔子五世先人。把他们由前代封的公爵,改封为王爵[①]。二年(一七二四年),雍正将"幸学"改称"诣学"。他在举行临雍释奠礼以前,谕告礼部,过去帝王去学宫,称作"幸学",尊帝王之巡幸,这本是臣下尊君的意思,但"朕心有所未安",以后凡去太学,一应奏章记注,"将幸字改为诣字,以申崇敬"[②]。同年六月,曲阜孔庙火灾,烧了大成殿及两庑,雍正命工部堂官赶去兴修[③],三年(一七二五年),雍正终归想出尊孔的新花样,命对孔子的名讳像对君主一样予以敬避,凡地名、姓氏均加改易。礼部议请:除天坛圜丘之"丘"字不避外,凡遇姓氏都加偏旁,作"邱"字,如系地

----

　　① 《永宪录》卷2上,99页。
　　② 《清世宗实录》卷16,二年二月辛酉条。
　　③ 《清世宗圣训》卷1《圣德》。

432

名,则改用他字,至于单用"丘"字,则书古体"𠀉"字。雍正说:今文出于古文,若改用"𠀉"字,还是没有回避,这个字还有"期"音,以后除"四书"、"五经"外,并加"阝"旁,作"邱"字,地名也不必改,通用"邱"字,读"期"音①。四年(一七二六年),雍正亲书"生民未有"四字匾额,悬挂于天下学宫。为曲阜孔庙书写"德冠生民,道隆群圣"对联,并书大成殿榜额②,还应衍圣公孔传铎之请,为《圣迹图像》作序文,亲自书写③。又亲祭孔子。过去帝王在奠帛献爵时,从不行跪拜礼,雍正径行下跪,事后告诉礼部和太常寺官员,他不按照仪注所定行礼没有错误,因"若立献于先师之前,朕心有所不安"④。他是把孔子真正当作老师来对待了。五年(一七二七年),定八月二十七日为孔子圣诞,其典礼规格同于康熙圣诞节,这一天禁止屠宰,命天下虔诚斋肃⑤。孔子诞辰祀典,过去本为中祀,至此改为大祀了。八年(一七三〇年),雍正以圣庙执事人员没有爵秩,不足以光祀典,因特设执事官,三品的二员,四品的四员。这些人员由衍圣公在孔氏子孙内拣选,报礼部备案⑥。同年十月,曲阜孔庙大成殿修成,"黄瓦画栋,悉仿宫殿制",所用器皿,也由宫中颁出⑦,用银一百十五万两。雍正命皇五子弘昼、淳郡王弘景前往参加落成告祭典礼,弘昼回京复命,奏报孔林围墙倾圮,雍正又遣官往修⑧。

① 《清世宗圣训》卷1《圣德》;《永宪录》卷3,226页、卷4,268页。
② 近代史研究所中华民国史研究室、曲阜文管会编《孔府档案选编》,中华书局1982年版,上册22页。
③ 《永宪录》卷3,228页。
④ 《清朝通典》卷48《礼典》。
⑤ 《永宪录》续编,347页。
⑥ 《清世宗圣训》卷2《圣德》。
⑦ 《清史稿》卷84《礼志》。
⑧ 《清世宗圣训》卷2《圣德》。

雍正如此尊孔,自有他的认识。他说:

> 至圣先师孔子以仁义道德启迪万世之人心,而三纲以正,五伦以明,后之继天御宇兼君师之任者有所则效,以敷政立教,企及乎唐虞三代之隆大矣哉。圣人之道,其为福于群黎也甚溥,而为益于帝王也甚宏,宜乎尊崇之典与天地共悠久也①。

又说:

> 若无孔子之教,则人将忽于天秩天叙之经,昧于民彝物则之理,势必以小加大,以少陵长,以贱妨贵,尊卑倒置,上下无等,干名犯分,越礼悖义,所谓君不君,臣不臣,父不父,子不子,虽有粟,吾得而食诸? 其为世道人心之害尚可胜言哉! ……使为君者不知尊崇孔子,亦何以建极于上而表正万邦乎? 人第知孔子之教在明伦纪,辨名分,正人心,端风俗,亦知伦纪既明,名分既辨,人心既正,风俗既端,而受其益者之尤在君上也哉! 朕故表而出之,以见孔子之道之大,而孔子之功之隆也②。

他直言不讳,讲君主从孔子学说得的利益最多,所以才极力尊崇他。孔子思想,教人各守本分,君君臣臣父父子子,三纲五常一实现,没有犯上作乱的,君主的统治就安稳,当然是帝王从中受益最多了。过往人们只讲遵循孔子名教,使风俗端淳,于民有益,不懂得对君主的好处更大。他体察到了,公开地讲出来,这有他坦白的一面,更重要的是在孔学与维护君主统治的关系上,他比大多数统治者要认识得深刻。

---

① 《清世宗圣训》卷4《圣学》。
② 《清世宗实录》卷59,五年七月癸酉条。

雍正对于儒家的思想,也有他的理解,并且超出常人之外。五年(一七二七年)会试,出的论题有"士人当有礼义廉耻",雍正看了试卷,认为贡士们所答,"皆词章记诵之常谈,未能真知题中之理蕴而实有发明"。批评他们"所言止于仪文末节而已,非礼义廉耻之大者也。"他认为礼义廉耻所指甚远,所包甚宏。他说所谓礼,若讲究进退周旋、俯仰揖让,这是小礼,"化民成俗,立教明伦,使天下之人为臣皆知忠,为子皆知孝",这才是礼的本意。至于"义",主要是讲开诚布公,荡平正直,使天下之人无党无偏,和衷共济;讲信用,不欺人,谨言行,这是对义的狭隘理解。做官的不吃喝老百姓的东西这是小廉,而真正的廉,是要善于理财,教民务本崇俭,做到家给人足,路不拾遗,盗贼不生,争讼不作,贪官污吏无以自容。"耻",对不同的人,要求也不一样,作为人君,当以一夫不获其所为耻,而人臣则当以其君之不为尧舜为耻,一般百姓以不失言于人、不失色于人为耻,则是耻之末意。他的结论是:士人以天下为己任,有致君之责,不可徒知小节而不懂它的大义,拘于小节,检束一身,不敢担负天下重任,这是小民的行为,而不是士人之道①。即此一端,可见雍正从君主的需要出发,解释儒家的思想,使它更适合统治者的需要。

雍正宣传儒家思想,重要的途径是学校教育和科举。雍正以前的乡试、会试,各考三场,头场试题从"四书"、"五经"里出,"四书"题由皇帝裁定,二场作策论、判文、表文,三场作经诗时务策②。三场中最重要的是头场,解释"四书"经文。雍正取士,第一重视"四书"文,十年(一七三二年),敕谕负责科举事务的礼部:"制科

---

① 《清世宗圣训》卷4《圣学》。
② 《清朝通志》卷72《选举略》。

以'四书'文取士,所以觇士子实学,且和其声以鸣国家之盛也。"他认为只有"四书"才是检验士子真才实学的标准,加以提倡。他要求"四书"文一定要做得"雅正清真","雅"、"清"当指文章优美,分量适中,"正"是思想醇正,"真"是讲解真切,符合于儒家圣贤的原意。他的这个要求,针对科场文风而发,他感到当时"士子逞其才气辞华,不免有冗长浮靡之习"。要求考官衡文,"支蔓浮夸之言,当所屏去"①。以科举衡文制约文风。朱熹作《四书章句集注》,考"四书",是以他的注释为标准,雍正重"四书"文,要求士子按照朱注观点,发表议论。但是科举早已成为人们进身的敲门砖,以"四书"为内容的八股文已经不可能作为经世致用之学的文体了。雍正中,沈近思上疏说:"近来士子惟知习学时文(按即'四书'文),以为梯荣之具,身心民物,久置度外"②。这是老问题了,但它的严重,与雍正的提倡有很大关系。后来乾隆也如乃父以经义取士,敕命学士方苞选辑了《钦定四书文》,颁布为标准。经过两代人的倡导,于是士子"以'四书'文义相为矜尚",把通晓经典和古今之变的看作"杂学",写作诗古文辞的目为"杂作",不精于"四书"文的不被承认为有学问③。这是一种极其恶劣的学风,把人束缚于"四书"及朱注,不研究实际问题,不关心国计民生,使士人成为汲汲于个人私利而又没有真才实学的庸人。雍正声称改变唐宋以来科举积弊,但是他对科举制本身不作任何变动,就不可能去触动它,以朱注为标准的八股文取士的传统不变,士人攻习章句就不可能振作有为,所以他的提倡"四书"文,只能窒息人才,培养忠实于帝王的奴才。

---

① 《上谕内阁》,十年七月二十八日谕。
② 沈曰富《沈端恪公年谱》卷下。
③ 章学诚《文史通义》外篇卷3《答沈枫墀论学》。

雍正提倡"四书"文,是以儒家理学为正宗,这是继承了康熙传统政策。但在实践上,他对理学并不迷信,他用什么,根据需要来确定。他要讲求孝道,就恢复顺治时乡会试二场从《孝经》出题的办法,舍弃了宋儒的性理著作,他说:"宋儒之书,虽足羽翼经传,未若圣言之广大悉备"①。十一年(一七三二年),福建学政杨炳条奏,认为《孝经》中可出的题目不多,要求在它之外,也从性理著述中选出一些题。雍正不答应,他说:《孝经》是孔子的撰述,宋儒理学再好也是解释圣人著作的东西,两者不能等量齐观。他所以还让士人留心理学,"盖欲其实体圣贤之德性,非徒记诵宋儒之文辞"②。所以还是专从《孝经》出题。不仅如此,国子监司业那布尔建议,把录取童生复试时用的"小学"试题,改用《孝经》之题,雍正痛快地把它接受了③。不过《孝经》确实分量小,可出之题不多,所以乾隆继位,乡会试二场的论题,就参用性理之书了④。但是雍正对程朱理学还是尊崇的,提倡的,他是把儒家鼻祖孔子的原著和宋儒的注释视为一体,在使用时有所侧重。

有统治思想,必然会有对抗思想的出现,异端的出现。雍正四年因参劾田文镜而被发往阿尔泰军营效力的谢济世,不以惩罚在身而有所顾忌,批注《大学》,被当权者说为"毁谤程朱"⑤。当时他究竟关于程朱写了些什么,没有记录,无法获知。后来,他在乾隆初年出版经书注疏,批评朱注《论语》、《中庸》"错误支离",提出了自己的见解——"以己意笺释释之"⑥。他自己在《进学庸注

---

① 《雍正朝起居注》,元年五月二十一日条。
② 《上谕内阁》,十一年九月二十四日谕。
③ 《清世宗实录》卷145,十二年七月己卯条。
④ 《清朝通志》卷72《选举略》。
⑤ 蒋良骐《东华录》卷30,497 页。
⑥ 《清代文字狱档·谢济世著书案》。

疏疏》中,就指责他毁斥程朱一事辩解说:"盖以诽谤者因先儒之有疵,讽刺者特行文之失检也。"他主张"发挥孔、曾、思、孟,何必拘泥周、程、张、朱","遵古本而不遵程朱"①。他大胆攻诘程朱,不怕获罪。这虽是乾隆初年的言论,想雍正中可能锐气更盛。雍正不允许他抨击程朱,又认为他是借题发挥,讥讪时政,进一步罚他在军营当苦差效力赎罪②。谢济世是在清代朱学地位提到高峰之后,早期反对它的一个代表,此后,不满意它的人增多,至乾隆后期,形成"宋儒语录,言不雅驯,又腾空说,其义虽有甚醇,学者罕诵习之"的局面③。由此可见,雍正坚持的儒家及其理学,在统治阶级内部也不甚得人心,他用它愚弄人民和训练忠实奴才,与社会的进步背道而驰。

科举是读书人的仕进之路,科举的做法实际上起着指导教育的作用。雍正反对朋党,打击过科目人,但并非不要科目人,他不满意的只是科甲朋党,对于教育、科举、科甲出身的官僚相当重视,采取了许多优崇士人的措施:

增加科目和科次。雍正即位后,下令于元年举办恩科会试,又考虑到入闱官员的子弟需遵例回避,这个规矩不能破,还要不使他们向隅,决定另开回避卷,使他们得以应试④。雍正在即位恩诏中,要求府州县卫官员各举孝廉方正,暂给六品顶戴荣身,以备召用。数月后没有官员推荐,雍正再命各省督抚速遵前诏,"广询博访",属民中"果有行谊笃实,素为乡党所推者,即列名具奏"⑤。次

① 《谢梅庄先生遗集》卷1。
② 《清世宗实录》卷89,七年十二月壬戌条。
③ 《文史通义》外篇卷3《答沈枫墀论学》。
④ 《雍正朝起居注》,元年十月二十一日条。
⑤ 《上谕内阁》,元年四月十五日谕。

年根据浙江、直隶、福建、广西疆吏的荐举,各用二人为知县,年龄在五十五以上的用为知州①。这是清朝实行孝廉方正科的开始,此后新皇帝继位照例举行。三年(一七二五年),命在八旗、汉军中推举孝友读书人士。五年(一七二七年)四月,又要州县官会同该地教官,在每个府州县学的贡生、生员内,公举"居家孝友,行己端方,才可办事,而文亦可观"的一个人,于年底申报上司,偏僻之地无人可举,要县官、教官出具印结,避免人才的遗漏②。这两项也是举行孝廉方正科的意思。雍正元年,命八旗满洲人于考试汉字生员、举人、进士外,另试翻译,恢复康熙间中断的满洲翻译科。九年(一七三一年),雍正怕蒙古文字的废弃,特设蒙文翻译科,取生员、举人、进士,以备理藩院使用③。雍正还下令开设专门技术科。元年(一七二三年),侍讲学士戚麟祥疏奏,请设医学,考取医生,雍正"欲得良医以济众",命礼部议奏,寻因礼部意见不当,又让吏部和礼部协商,"将如何教习方成良医之处详议具奏"④。十一年(一七三三年),雍正以算法为六艺之一,要求各部院笔帖式、官学生、候补笔帖式学习,三年后举行考试⑤。还没到期,他就离世而不能举行了。康熙开博学鸿词科,雍正亦行效法,十一年下令准备开科,要求三品以上京官各举所知,外省督抚会同学政保题,除现任翰林院、詹事府官员外,都可被推荐,届时亲试,优加录用,"广示兴贤之典,茂昭稽古之荣"⑥。两年中,只有河东总督和直隶

---

① 《清朝通典》卷18《选举》。
② 《上谕内阁》,五年四月初八日谕。
③ 《上谕内阁》,九年四月三十日谕。
④ 《雍正朝起居注》,元年十月初二日条。
⑤ 《上谕内阁》,十一年五月初一日谕。
⑥ 《上谕内阁》,十一年四月初八日谕。

总督各举了一二人,其他疆吏迟延不动,雍正下诏催促①,然而他寻即死去,此事由乾隆分两年举行,其影响远不及康熙朝的盛大。

扩大录取范围。元年,顺天乡试,雍正命检查落榜的试卷,从中选取二人。同年会试,复检落卷,中选竟多至七十八人。次年会试,如上年一样复检。清代乡试有取副榜的制度,雍正四年(一七二六年)乡试,命中副榜者,若前曾中过,则授予举人,这是雍正的创例。五年(一七二七年)会试,雍正命于落第的举人中,选择"文理明通"的,引见后发往各省,担任教职②。拔贡,旧例州县学每十二年一选取,雍正即位开恩,普选一次。至五年,命以后六年一选,以增加它的名额③。雍正以这些办法扩大中式的额数,增加读书人入仕的机会。

雍正还以种种办法笼络士子。元年的恩科,殿试在十月二十七日进行,时天已寒冷,雍正怕砚水结冰,令将贡士在丹墀对策改于太和殿内举行,又让太监多置火炉,使温暖以便书写④。五年的会试原定在二月,因天寒改在三月,天仍冷,若再延期,怕举子盘费不够,遂按期举行,特许携带手炉和穿皮衣、厚棉衣入场,并由官家供给木炭、姜汤⑤。湖南省的乡试,过往在湖北省进行,雍正以有的应试人要经过洞庭湖,有覆溺的危险,因命在湖南建立试院⑥。国子监进士题名碑原由公费树立,康熙三年裁省,由进士出资自建,雍正认为这是关系国家振兴文教的大事,命仍用公费建造,以

---

① 《上谕内阁》,十三年二月二十八日谕。
② 《清世宗圣训》卷 10《文教》。
③ 《清世宗圣训》卷 10《文教》。
④ 《雍正朝起居注》,元年十月二十一日条。
⑤ 《清世宗圣训》卷 10《文教》。
⑥ 《清世宗圣训》卷 10《文教》。

使士子观览丰碑,"知读书之可以荣名,益励其自修上达之志"①。

雍正不仅是奖励,他还用科举作为惩罚手段。如因查嗣庭、汪景祺的缘故,停止浙江乡会试。最有意思的是,雍正要推广官话,也以不许参加科举相制裁。六年(一七二八年),他说:官员临民,说话要让老百姓听得懂,才能通达上下之情,把政事办好。可是每逢召见闽、粤籍的官员,听他们的乡音不能全懂,他们到地方上处理公事百姓就听不清楚,需要胥吏代传,这就会出现弊窦了,因此要求这两省的士人首先改变乡音。并定则例:生童举监要在八年内学会官话,否则不得参加科举;待到改变了乡音,方能应试。到十年(一七三二年),署理广东巡抚杨永斌折奏:广东人学官话很困难,已经学习四年了,一点还没有变②。推广官话,有利于政令的推行,有益于人们思想感情的交流,有益于生产力和民族文化的提高,本来是好事,采取强制推行的办法,未免粗暴不得当了。

第二节　讲求祥瑞

帝王讲求祯祥,是中国历史上常见的事情。古人把"天降甘露"、"麒麟见"、"瑞芝生"之类当作嘉庆祯祥,以为它们标志着政治清明、人民乐业的太平治世的出现。相信和制造祥瑞的主要是统治者,在历代皇帝中有一些人热衷于搞它,也有人对此并不感兴趣。康熙属于后一类型,他认为讲庆云、景星、凤凰、麒麟、灵芝、甘露、天书、月宫诸事,是贻讥后世的事情③,可是他注意灾异,每当

---

① 《雍正朝起居注》,二年十二月初四日条。
② 《上谕内阁》,六年八月初六日谕;《朱批谕旨·杨永斌奏折》,十年五月二十七日折。
③ 《清圣祖实录》卷291,六十年三月乙丑条。

遇到日月食、旱涝不常的情况,就认为是天象示警,表示要搞好政治,以挽回天心,为民求福。雍正与乃父不同,属于前一类型的帝王,大讲祥瑞。

（一）官员纷纷呈报祯祥和宣付史馆

雍正朝,自始至终,所谓祥瑞层出不穷。凡是历史上说有的,这时也差不多被说成出现了。诸如:

嘉禾。元年八月,大学士等奏称:江南、山东出产的麦、谷,大多双歧、双穗,蜀黍有一本四穗的,这都是"皇上圣德之所感召",请宣付史馆。雍正同意了①。这是报瑞谷的开始。不过这时只报一本两穗、四穗,以后则越报越多,越离奇了。二年(一七二四年),顺天府尹张令璜进呈耤田瑞谷,一茎四穗②。同时,大学士等报雍正亲自耕种的丰泽园稻田,大量出现多穗稻,且"穗长盈尺,珠粒圆坚"③。五年(一七二七年),田文镜奏报河南所产谷子,有一茎十五穗的,雍正很高兴,说这是田文镜忠诚任事感召天和的表现④。其他官僚不甘落后,大幅度多报。陕抚张保送进一茎十二穗的麦子,据说"颖粒坚硬,茎本丰茂"⑤。总兵官马骥伯奏报鄂尔坤图拉地方的屯田,麦子高产有一茎十五穗的⑥。七年(一七二九年),黔抚张广泗报告,新近改土归流的地区,稻谷粟米一茎数穗,多的达十五、六穗,稻谷每穗四、五百粒,七百粒,粟米每穗长至二

---

① 《清世宗实录》卷10,元年八月戊午条。
② 《清世宗实录》卷23,二年八月癸未条。
③ 《清世宗实录》卷23,二年八月己亥条。
④ 《上谕内阁》,五年八月二十日谕。
⑤ 《雍正朝起居注》,五年十月初十日条。
⑥ 《雍正朝起居注》,五年十一月十七日条。

尺多。雍正命把他呈进的瑞谷及图重新绘画刊刻,颁发各省督抚观览①。十二年(一七三四年),镇箪镇总兵官杨凯、侍郎蒋泂分别折奏改土归流地区谷子一茎五、六穗,或十余穗,雍正把他们的奏折及谷本图样发给廷臣观看②。雍正还把地方官奏报的瑞谷,制成《嘉禾图》、《瑞谷图》,亲自作跋,他说:"览各种瑞谷,硕大坚实,迥异寻常,不但目所未见,实亦耳所未闻,若但见图画而未见谷本,则人且疑而不信矣"③。他自己相信那是真的,也要求臣民和他共同相信实有其事。七年(一七二九年),顺天府尹进呈的耤田嘉禾二十四穗,雍正说这种谷子本来是多穗品种,叫"龙爪谷",播种时不应将它掺入,因此告诫该尹:"嗣后不可被小人愚诈"④。他以此证明他懂得那些是真的嘉禾、瑞谷,不会被人欺骗。其实他是在自欺欺人。

瑞茧。七年(一七二九年),署理浙江总督性桂奏称,湖州民人王文隆家万蚕同织瑞茧一幅,长五尺八寸,宽二尺三寸,老农都说这是从来没有的事。雍正怀疑有人为加工成分,命确查清楚⑤。性桂回报确系天然而成,雍正遂把它向廷臣宣布⑥。

菁草、瑞芝。元年四月,马兰峪总兵官范时绎进呈菁草,说是顺治的孝陵所生,雍正命廷臣传阅,百官"惊喜赞颂以为奇瑞"⑦。七年(一七二九年),康熙景陵的圣德神功碑建成,领侍卫内大臣尚崇廙奏称碑亭仪柱石上生出瑞芝一本,长六七寸,"祥光焕发",

① 《上谕内阁》,七年十一月初四日谕。
② 《上谕内阁》,十二年十月二十六日谕。
③ 《清世宗诗文集》卷12《瑞谷图跋》。
④ 《上谕内阁》,七年闰七月二十四日谕。
⑤ 《上谕内阁》,七年七月二十七日谕。
⑥ 《上谕内阁》,七年八月十八日谕。
⑦ 《清世宗实录》卷6,元年四月丁丑条。

雍正说这是"上天特赐嘉祥,以表扬我皇考功德之隆盛"①。十年(一七三二年)和十二年(一七三四年)官员都奏报景陵生瑞芝,雍正命宣付史馆,昭示中外②。

瑞麟。山东巡抚岳濬于十年(一七三二年)报告,钜野县民家牛生瑞麟,麕身牛尾,遍身皆甲,甲缝有紫毫,玉定文顶,光彩烂生,实为盛德瑞征。雍正说山东连年水旱灾浸,不敢言瑞,但将此事告谕天下臣民共知③。次年四川总督黄廷桂奏,盐亭县农家牛生瑞麟,绘出图形进呈④。十二年(一七三四年)十月,山东官员又报称宁阳县牛产毓麒麟⑤。"圣人生,王道行",则麒麟现。雍正朝三次获麟,当然是"奇瑞"了。

凤鸟。八年(一七三〇年),雍正正在经营他的陵寝,总理石道事务、散秩大臣常明等奏,在房山县采石工地上,飞来一只凤凰,"五色具备,文彩灿然。"同时另有官员报告,见到高五、六尺的神鸟,"毛羽如锦,五色具备,所立处,群鸟环绕,北向飞鸣"⑥。自古以来称凤鸟为王者的嘉祥,出现在陵工采石场,更同皇帝圣德联系起来了。

甘露。据浙江观风整俗使蔡仕舢折奏,七年(一七二九年)正月二十二日,天降甘露于嘉善、嘉兴二县,遍结树枝苇竹之上,形若脂凝,味如饴美,实系太平上瑞。雍正信而不疑,说"汝等大员果肯秉公持正,察吏安民,实心为国家宣犹敷化,此等征应,乃必有者

---

① 《上谕内阁》,七年十月初五日谕。
② 《上谕内阁》,十年七月初三日、十二年十月二十六日谕。
③ 《上谕内阁》,十年七月初三日谕。
④ 《上谕内阁》,十一年七月二十一日谕。
⑤ 《上谕内阁》,十三年正月初八日谕。
⑥ 《上谕内阁》,八年正月二十九日谕。

也。勉之"①。

五星联珠。一九八二年出现了两次九星联珠,太阳系的九大行星集于太阳一侧的约一百度角的范围以内。中国古人尚不知道围绕太阳运转的有九大行星,但已有五星联珠之说。清代把金木水火土五星同在太阳一侧四十五度角范围以内叫"五星联珠"。雍正三年(一七二五年)二月初二日,发生了日月同升("日月合璧")和五星联珠的自然现象。这种异常情况,数百年才会出现一次,历来被古人视为嘉瑞。钦天监在推算出这一现象将要发生之后,雍正以为这是难得遭逢的幸事,命令史馆加以纪录,并宣告臣民知晓②。届时举朝庆贺。

黄河清。河道总督齐苏勒、漕运总督张大有、河南巡抚田文镜、山东巡抚塞楞额、陕西巡抚法敏等人先后奏报黄河水清。据说陕、豫、鲁三千一百余里的黄河道上,在四年(一七二六年)十二月初八日至次年正月十三日之间,河水清澈见底③。与此同时,晋抚德明奏报,河曲县至垣曲县黄河水,在四年十二月初九日、初十日逐渐澄清,冰冷之处,凿冰取水,水清亦觉异常。雍正说黄河之水虽然浑浊,而结冰则清,今以冰清为河清之据,未免牵强④。八年(一七三〇年),甘肃巡抚许容折奏,七月五日起的三天内,积石关一带河流澄清澈底。雍正认为这是正在河源处筹建河神庙,才得到这个祥瑞⑤。对于齐苏勒等所报的黄河清,雍正君臣大肆张扬,群臣说这是从来未有的上瑞,雍正说这是上天和皇考的赐福,他不

---

① 《朱批谕旨·蔡仕舢奏折》,七年三月二十日折及朱批。
② 《上谕内阁》,三年正月二十九日谕。
③ 《清世宗诗文集》卷15《黄河澄清碑记》。
④ 《雍正朝起居注》,五年三月二十七日条。
⑤ 《上谕内阁》,八年八月十三日谕。

愿独享,转赐诸臣,给知县、参将、主事以上朝内外文武百官每人加一级的恩典①。在群臣受赏喜庆之时,也有个倒霉的人。因为河清,文臣遍写贺词,太常寺卿邹汝鲁作《河清颂》,中有"旧染维新,风移俗易"一语,原意是说皇帝实行新政,才得此河清之瑞。这本是献媚的话,原没有错,不想却惹起雍正的恼怒,他说:

> 朕御极以来,用人行政,事事效法皇考,凡朕所行政务,皆皇考已行之旧章,所颁谕者,皆皇考所颁之宝训,初未尝少有所增损更张也。

接着责问邹汝鲁:

> 所移者何风,所易者何俗,旧染者何事,维新者何政?②

并把他革职,发到湖北荆州沿江工程处效力。雍正对他父亲的政治作了许多改变,但又要打着法祖的旗号,现今正在说河清是康熙保佑的结果,邹汝鲁却说对旧政作了改革,这不是和皇帝唱反调了吗?邹是书呆子,拍马屁也不会拍,活该受罚!而雍正大耍淫威,实属可恨。

卿云现。据雍正朝曾任总督、侍郎的李绂记载,康熙六十一年十一月二十日雍正即位的前数日,天气阴霾惨淡,到举行登基典礼时,"天忽晴明,赤日中天,臣民欢呼,占为圣主之瑞",待到第三天,空中发现了卿云。元年(一七二三年)九月,雍正送他的生母孝恭仁皇后的灵柩赴遵化景陵时,卿云再次出现。次年正月,他举行祈谷祭天礼毕,卿云又发生了③。这些卿云现,未见官员的报告,也未见雍正的批谕。六年(一七二八年)十二月,云贵总督鄂

---

① 《上谕内阁》,五年正月十三日谕。
② 《雍正朝起居注》,五年正月二十九日条。
③ 《穆堂初稿》卷1《卿云颂》。

尔泰折奏:十月二十九日圣寿节这一天①,云南四府三县地方,出现"五色卿云,光灿捧日",次日"绚烂倍常"②。七年(一七二九年)闰七月,鄂尔泰又折奏,贵州省思州和古州在一个月之内祥云连续七次出现。有的官员不赞成鄂尔泰这样献媚,如大理县刘姓知县说,我的眼睛迷了沙子,怎么看不见庆云啊③! 雍正自然支持鄂尔泰,很不满意那些官员,他说像鄂尔泰这样督抚的陈奏祥瑞,是出于强烈的爱君真实感情,认为他是迎合、诡谀的,那是藏有幸灾乐祸的邪心,不简单是春秋责备贤者的意思④。在雍正支持下,继鄂尔泰报卿云的纷来沓至。同年,署山东巡抚岳濬奏报,当曲阜孔庙修缮工程进行到大成殿上梁的前两天,庆云出现在阙里上空。雍正说前次阙里火灾,此次庆云,可视为功过相抵,不算祥瑞,但增明年会试的取中额,由上科二百二十六人,加至四百名⑤。山西巡抚石麟奏报十一月初二日保德州人民发现卿云捧日,外绕三环,光华四射⑥。又报临晋县卿云丽日,五色缤纷,霞光万丈。雍正认为这是山西民风淳朴的验证,命照奖励河南的事例,每州县可多报一个老农,赏给八品顶戴⑦。八年(一七三〇年)五月,湖广镇箪镇总兵官周一德奏报,白沙等处"庆云丽日,霞光万道"⑧。不久湖厂提督岳超龙奏称,万寿节时,镇箪镇"祥云五色,捧绕日轮,光华四射"⑨。

① 按:雍正生日在三十日,本月系小月,故以二十九日为圣诞日。
② 《朱批谕旨·鄂尔泰奏折》,六年十二月初八日折。
③ 《耆献类徵》卷16,袁枚撰《鄂尔泰行略》。
④ 《上谕内阁》,七年八月二十一日谕。
⑤ 《上谕内阁》,七年十二月十三日谕。
⑥ 《上谕内阁》,七年十二月十九日谕。
⑦ 《上谕内阁》,七年十二月二十九日谕。
⑧ 《上谕内阁》,八年六月二十二日谕。
⑨ 《清世宗实录》卷101,八年十二月辛丑条。

九年(一七三一年)、十年(一七三二年)、十二年(一七三四年),山西、山东、云南大吏继续报告庆云呈瑞①。

官员这样奏报祯祥,雍正迭加奖励,可是他说:"朕从来不言祥瑞"②,"朕素不言祥瑞"③。他用尚崇廙奏直隶遵化州凤凰翔集、鄂尔泰奏贵州都匀府石芝丛生二事没有向廷臣宣布的事实,表明他不谈祥瑞——"天下之人勿误以为朕为夸张祥瑞而忘自修之道也"④,不管他怎样表白,官员的报祥瑞是在他鼓励、指导之下进行的。

(二)"天人感应,捷如影响"的说教

古人认为天意有两种表现形式,当国泰民安时屡现嘉祥,至政乱刑紊之际,则灾异频兴。雍正笃信天理,认为老天的赏罚最公平。每当新春之时,他爱写"福"字,赐给臣下,官员感谢皇帝的赐福,雍正说不要这样看,不但皇帝不能以意赐福,"即上天亦岂能以福私与人哉!"⑤衍圣公孔传铎在奏贺庆云的本章中,把祥瑞的出现说成是"乾坤效灵",雍正说看到奏本,心里很不安宁,因为"朕于事天神至诚至敬,惟望天地神祇俯垂默佑,锡福兆庶,共享升平,……今乃谓天地神祇效灵于人君,岂不闻王者父天而母地,而敢为此亵慢之语乎!"⑥他这样敬天,尤笃信于董仲舒的天人感应之说。二年(一七二四年)三月初五日,他说在二月二十八日向

---

① 《清世宗实录》卷103,五年二月丙辰条;卷150,十二年十二月庚申条;《上谕内阁》,十年七月二十三日谕。
② 《清世宗诗文集》卷12《瑞谷图跋》。
③ 《上谕内阁》,七年八月十八日谕。
④ 《上谕内阁》,七年十二月二十一日谕。
⑤ 《上谕内阁》,四年十二月二十二日谕。
⑥ 《上谕内阁》,七年五月初四日谕。

刑部官员讲:"刑狱上关天和,当钦恤民命,牵连之人,毋得久羁监禁"。刑部遵旨释放了几百人,到三月初三日感动上天,普降大雨。消除了春旱的危险,因此,"天人之感,捷如影响,莫谓适逢其会,事属偶然"①。三年(一七二五年)四月十一日又说:三月底田文镜奏报开封干旱,他于四月初一日祈祷神明,初三日河南就得雨了。据此,他进一步阐发天人感应的道理:"天人感应之理至微而实至显,凡人果实尽诚敬,自能上格天心,人君受天眷命,日鉴在兹,其感通为尤捷"②。

雍正把自然现象与朝中政治、民间风俗联系起来,用以说明他的政治清明,具体说是:

宣扬雍正政治,海宇升平。官员报祥瑞,总不忘声明这是"皇上敬诚所感,仁孝所孚"③,"此皆皇上之至诚足以感召天和,协应地灵"④。把它归之于雍正敬天法祖的结果。对此,雍正毫不推让,完全承受。他就五星联珠,日月合璧一事说:日月五星运行于天,原本有规则,是可以测算出来的,但是在什么时候遇到它,是幸运的,这时候,必定是"海宇升平,民安物阜"⑤。他之所以大肆庆贺五星联珠、日月合璧,就是为了说明它的统治造成了太平盛世。

借以教育、鼓励臣僚研究政治得失。雍正说他坚信天人感应,一时一刻"不敢自懈自逸"⑥,凡是遇到水旱灾浸,就"内省行事之过愆,详察政治之阙失"⑦。九年(一七三一年)上半年天旱,自认

---

① 《上谕内阁》,二年三月初五日谕。
② 《上谕内阁》,三年四月十一日谕。
③ 《清世宗实录》卷23,二年八月己亥条。
④ 《上谕内阁》,七年十月二十日谕。
⑤ 《上谕内阁》,三年正月二十九日谕。
⑥ 《上谕内阁》,十二年正月初一日谕。
⑦ 《雍正朝起居注》,三年四月十一日条。

是他"一人之咎"①。他这样说，包含有内省的因素，但主要是为教导百官。凡是他宠幸的人报祯祥，必就此称赞他们治绩显著，堪为臣僚表率，如田文镜奏报十三穗瑞谷，雍正就说："朕前降旨言田文镜、杨文乾、李卫皆实心办理地方事务，今闻广东、浙江二省今岁皆获丰收，而广东之熟为数年所未有，豫省民田又产瑞谷，此即该省巡抚诚意感通之征验也"②。表彰田文镜治绩，连带肯定杨文乾、李卫的行政。雍正不满意的官员奏报灾害时，必遭一通责骂，往往说有你这样的封疆大吏，地方上不受灾才怪呢！雍正用天人感应说要求官员检查自身的行政，道理上是荒唐的，但若真能借此考察政治，改变吏治，也还有其意义。对人君来讲，言官的进谏在可采与不可采之间，若"天变示警"，对于迷信的君主讲也许能起点作用——使他作些微的内省，这就是腐朽的东西作神奇了。

宣传雍正圣孝。祥瑞出现最多的是卿云。庆云、卿云，是一回事。相传虞舜将让位给大禹，和臣僚一起唱歌："卿云烂兮，纠缦缦兮，日月光华，且复旦兮"③。卿云现是表示太平气象。此外还别有含意。鄂尔泰在六年十二月报告卿云呈现折子中援引《孝经纬·援神契》的话："天子孝，则庆云现"，说明云南出现的卿云，是"皇上大孝格天"所至的麻徵。雍正见到这个奏折异常高兴，在朱批中写道："朕每遇此祥瑞，蒙上天慈恩，岂有不感喜之理。"因为这个祯祥是鄂尔泰报告的，所以嘉许他是上天恩给的"不世出之良臣"④。随即谕告廷臣，特别引出"天子孝则庆云现"的话，并说"朕之事亲，不敢言孝，但自藩邸以至于今，四十余年，诚敬之心，

---

① 《朱批谕旨·鄂尔泰奏折》，九年五月二十八日折朱批。
② 《上谕内阁》，四年八月十五日谕。
③ 陈寿祺辑《尚书大传》卷1下《虞夏传》。
④ 《朱批谕旨·鄂尔泰奏折》，六年十二月初八日折及朱批。

有如一日,只此一念,可以自信"①。因为鄂尔泰把庆云与天子孝顺连在一起,使他的这次报庆云不同寻常,雍正大肆开恩,为云贵官员加级晋爵。鄂尔泰由头等轻车都尉超授为三等男爵,云南提督郝玉麟从云骑尉晋为骑都卫,其他巡抚、提督、总兵官各加二级,知县、千总以上俱加一级②。雍正重视这件事,同曾静案有密切关系。鄂尔泰奏报前的三个月,曾静案子发生,曾静指责雍正谋父、逼母、弑兄、屠弟,即是大逆不孝的人,在这种情况下,不管雍正有无谋父之事,颂扬他是圣孝的天子,正适合他在政治斗争上的需要,他以此证明他是无辜者,谁若再相信曾静一流的传说,就是悖逆天理昧于忠义的乱臣贼子了。所以庆云现,不是一般的谈祥瑞,而是雍正政治斗争的工具。

(三) 地震中的雍正

雍正中,朝鲜使臣李真望等人回国,向国王说雍正"恶闻灾异,钦天监虽有灾不敢奏"③。当时朝鲜君臣对雍正有偏见,但在这一点上是求实的。雍正时代,由于追求祥瑞,把历来视为灾异的自然现象也认为是祯祥了。八年(一七三〇年)六月初一日发生日食,晋抚石麟奏称,太原当日食时,浓云密雨,等到天晴,太阳已经复元,所以没有见到日食,因此具本题贺④。如果说日食是灾异,太原见到与否,它总是发生了,总不是好事,怎么会称起贺来呢?无独有偶,江宁织造隋赫德也奏报,日食之前,江宁阴雨,等到

---

① 《上谕内阁》,七年正月初九日谕。
② 《上谕内阁》,七年正月二十四日谕。
③ 《李朝实录·英宗实录》卷34,九年(雍正十一年)四月戊午条,43册350页上。
④ 《上谕内阁》,八年六月十八日谕。

天色晴明时,日光无云,没有见到日食,也把它当作祯祥具折祝贺①。雍正虽然没有接受他们的贺折,但这种荒唐事情的出现,则是恶言灾异的结果。

八年(一七三〇年)八月十九日,北京发生剧烈地震。中国史书对它有所记录,但缺乏雍正的活动资料,还是朝鲜人作了点滴的记叙。朝鲜英宗六年(即雍正八年,一七三〇年)十一月、七年(一七三一年)四月出使中国的朝鲜官员李枢、李桡,分别讲述亲历北京地震和耳闻的情况。据他们讲,地震之前,忽然狂风暴雨,接着地震,掀动了桌椅,居民用的沙器,互相撞击,都打破了。房屋倒塌严重,皇宫、圆明园、畅春园都有破坏,连太和殿的一角也倾颓了。死的人很多,有说二万多的,也有说四万的。这时雍正的情况,朝鲜人听清朝内大臣常明讲,皇上"乘船幕处,以避崩压"。这是说地震发生后,雍正先是跑到船上,后来住在临时搭的帐篷中,没有回宫室理政和休息。这个话若真是出自常明之口,当是可信的,因为他是皇帝身边的人。雍正泛舟而居,真是惊慌失措,变了常态。朝鲜英宗讥笑他,"以万乘之主",作此"举措","可谓骇异矣"②。

唐宋以前,君主在政治上不景气时,常向祯祥求救,以欺骗民众,维持自己的统治,这样也把祥瑞搞臭了。雍正在这之后讲求祯祥,总是羞羞答答,遮遮掩掩,可是又非搞不可。究其原因,一方面是他相信天人感应,另一方面也是更重要的原因,是复杂的政治斗争的需要,他借此打击政敌,争取民众。

讲祥瑞,弄虚作假,愚弄民众,是统治阶级腐败的表现,无力的

---

① 《上谕内阁》,八年六月三十日谕。
② 《李朝实录·英宗实录》卷28,六年(雍正八年)十一月戊辰、壬午条,43册236页上—238页上。

表现,雍正大搞祯瑞,是愚蠢的做法。乾隆即位,把献祥瑞也当作前朝败政之一取消了①。

第三节　崇佛、用佛的精神教主

尊崇喇嘛教是清朝的国策,然而实践中各个皇帝的态度不尽相同。康熙很有节制,如他所说:"一切僧道原不可过于优崇,若一时优崇,日后渐加纵肆,或别致妄为"②。雍正也有所节制,但比他父亲优宠佛徒,自身也修庙宇,大做佛事。

(一)　雍邸时与僧衲往还论佛

雍正青年时期,与当时的其他贵族一样,雇人代他出家,即有替僧(替身)。在他做皇帝后,僧人正修,自称又名"四和尚",曾为雍亲王府附近的柏林寺住持,是"王府替僧",求见总督仓场户部右侍郎法敏,代人请求差事。法敏将此事折奏雍正,后者朱批写道:"王府岂有此等替僧,一毫影响全无之事也。殊属大胆可恶至极,即严拿夹讯,审明定拟具奏。此奏并朕此谕皆不必叙入本内"③。正修不一定是雍亲王替僧,有可能是诈骗犯,然从朱批可知,雍正有替僧,他自己也不否认,只是不承认正修罢了。

雍正自云少年时代就喜欢阅读佛家典籍。成年之后,更事研讨,与僧侣密相往来,过从较多的是章嘉呼土克图喇嘛、迦陵性音、弘素等人。康熙五十一年(一七一二年)、五十二年(一七一三年),雍正在藩邸举行法会,进行坐七,与章嘉活佛、迦陵性音论说

---

① 《清高宗实录》卷7,雍正十三年十一月癸亥。
② 《清圣祖实录》卷111,二十二年七月乙未条。
③ 《朱批谕旨·法敏奏折》,二年八月初八日折及朱批。

佛法,受到章嘉指点,得踏"三关",章嘉赞许他"得大自在矣",他则称章嘉为"证明恩师"。这时他自视精通佛法,要找京中高僧讲论,众僧推荐千佛音禅师,遂召之来问难,迫使对方说"王爷解路过于大慧果,贫衲实无计奈何矣"①。他在雍邸赠给僧人扇子,亲书五言律诗:"绿阴垂永昼,人静鸟啼烟。脱网游金鲫,翻阶艳石蝉。无心犹是妄,有说即非元。偶值朝来暇,留师品茗泉"②。是他研讨佛理、交结僧衲的纪录。他在西山建大觉寺,用迦陵性音做住持③。这个寺后来成为西山名刹之一。

在本书第一章讲到储位斗争中雍正搞《悦心集》,以宣传清心寡欲掩盖他参加储贰的争夺。在那本书中,他还收辑了阐发佛家出世思想的文字,如卷四所录无名氏的《醒世歌》:"南来北往走西东,看得浮生总是空。天也空,地也空,人生杳杳在其中。日也空,月也空,来来往往有何功。田也空,地也空,换了多少主人翁。金也空,银也空,死后何曾在手中。妻也空,子也空,黄泉路上不相逢。《大藏经》中空是色,《般若经》中色是空。朝走西来暮走东,人生恰是采花蜂。采得百花成蜜后,到头辛苦一场空。夜深听得三更鼓,翻身不觉五更钟。从头仔细思量看,便是南柯一梦中。"宣扬人生如梦,一切皆空,不如"安心坐下念弥陀"④。那时雍正在藩邸集云堂坐七,作《集云百问》论佛旨。所以那时的雍正从儒、佛两家吸取思想,同时也以礼佛掩盖他参加储位的斗争。

---

① 清世宗《御选语录》卷18《御制后序》。
② 《清世宗诗文集》卷26《雍邸集·书扇与僧》。
③ 《雍正朝起居注》,四年十二月初八日条。
④ 《悦心集》卷4所录冯其源《题布袋和尚》中词句。

454

（二）继位后自比"释主"

　　雍正在位期间,自云"十年未谈禅宗"①,实情并非如此。他在臣工奏折的批语中好谈佛法,一日看了年羹尧于二年七月初二日上的折子,批了一段与该折内容毫不相关的闲话:

　　　　京中有一姓刘的道人,久有名的,说他几百岁,寿不可考。前者怡王见他,此人漫言人的前生,他说怡王生前是个道士。朕大笑说:这是你们生前的缘法,应如是也,但只是为什么商量来与我和尚出力? 王未能答。朕说不是这样真佛真仙真圣人,不过是大家来为利益众生,栽培福田,那里在色像上着脚,若是力量差些的,还得去做和尚,当道士,各立门庭,方使得。大家大笑一回,闲写来令你一笑②。

语气和内容,反映的是君臣间欢洽地谈佛论道。在这里,雍正把怡亲王允祥视为道士,自比和尚,是戏言,然又表示了他的某种实际思想。他说他们君臣不是真佛真仙真圣人,只是来为众生栽培福田的。虽然不是真出世,但比一般的出家人要高明。文中说他问怡王,你这个道士为什么来为我和尚出力,而"王未能答",他遂讲了一番道理。这样的交谈及纪录它的行文方法,是采用禅宗的机锋,允祥不能回答皇帝的问题,是没有觉悟的俗人,只好倾听得道的皇帝的教诲。不仅自称和尚,雍正还自视为"野僧"。他在题为《自疑》的诗中说:

　　　　谁道空门最上乘,谩言白日可飞升。

　　　　垂裳宇内一闲客,不衲人间个野僧③。

---

　　① 《御选语录·御制总序》。
　　② 《文献丛编》第6辑《年羹尧奏折》。
　　③ 《清世宗诗文集》卷30《四宜堂集》。

自谓是不着僧服的野盘僧,无有闲暇地为众生奔走四方,把自己打扮成在家的为臣民谋利益的皇帝。五年(一七二七年)正月,当群臣庆贺"黄河清"时,蒙古王公进觐朝贺,并要求诵经祈福。雍正说:若蒙古地区因做佛事而人畜兴旺,是受我之赐,"朕亦即是释主"。不但允许,还要给以资助①。在这里已不是一般地比作佛徒,而是自称教主了。雍正自号破尘居士,又称圆明居士,表示他身不出家,却在家修行。十一年(一七三三年)在宫中举行法会,召集全国有学行的僧人参加,凡与会者以为荣耀。雍正亲自说法,收门徒十四人,为爱月居士庄亲王允禄,自得居士果亲王允礼,长春居士宝亲王弘历,旭日居士和亲王弘昼,如心居士多罗平郡王福彭,坦然居士大学士鄂尔泰,澄怀居士大学士张廷玉,得意居士左都御史张照,文觉禅师元信雪鸿,悟修禅师明楚楚云,妙正真人娄近垣,僧超善若水,僧超鼎玉铉,僧超盛如川②。其中俗家八人,和尚五人,道士一个。雍正把和尚、野僧、释主念不离口,可见他当皇帝也没有忘掉谈佛。不仅如此,他还引用僧人过问政治。

(三) 用比丘密参帷幄

文觉禅师住于宫中,雍正命他参与议论国家最机密的要务,"倚之如左右手"。据说年羹尧、隆科多、允禩、允禵等人的案子,他都出了主意,成了雍正的高级参谋。十一年(一七三三年),文觉年满七十,雍正命他往江南朝山,行程中,"仪卫尊严等王公",所过地方的官员多对他顶礼膜拜,文华殿大学士、吏部尚书、江南河道总督嵇曾筠、税关监督年希尧等都以弟子礼相见③,可见他因

---

① 《雍正朝起居注》,五年正月十八日条。
② 《御选语录》卷 19《当今法会》;《永宪录》续编,358 页。
③ 《永宪录》续编,358 页;《养吉斋余录》卷 4。

密参帷幄具有较高的地位,有类于他的先辈唐朝的李泌、明朝的姚广孝,不过始终没有公开政治身份罢了。

三年(一七二五年)五月,雍正讲:"近日直隶宣化府、江南苏州府等处竟有僧人假称朕旨,在彼招摇生事"①。比丘何以敢于冒称圣旨?而且又不只一起?和尚弘素是雍正的老相识,他的门徒在外地要刊刻《金刚经》,据说是雍正在藩邸赐给弘素的,还有雍亲王亲书的序文。雍正叫把序文送京观看,不承认是他写的②。是否为他所书,今已不得而知。这件事和前述正修称替僧,都是和尚争言与皇帝有密切关系。雍正对迦陵性音的态度,前后有绝大的变化。四年(一七二六年),雍正说他登极后,性音不图权势,到庐山隐居寺修行,"谨守清规,谢绝尘境",与江西官吏绝无往还,一居四年,默默圆寂。又说性音对佛学"深悟圆通,能阐微妙","其语录乃近代僧人之罕能者。"为了表彰他的真修翼善之功,下命追赠国师,赐给谥号,其语录收入经藏③。数年之后,雍正大变其调,说他早看出性音品行不端,"好干世法",所以在御极后即令其出京,以保护法门的清规。性音的语录也是"含糊处不少",不是"彻底利生之作",于是性音不能作为"人天师范",削黜封号,语录撤出藏经。不仅如此,还命地方官查访,不许性音门徒"将朕当年藩邸之旧迹私记作留,违者重治其罪"④。这些和尚声称与皇帝有瓜葛,雍正或不承认,或加斥责,究其原因,他们是假借与皇帝关系之名,干预政务,雍正对他们的排斥,是不允许他们从政,或超过他允许的范围的干政,但也从反面说明确有僧人参与政事。

---

① 《雍正朝起居注》,三年五月二十五日条。
② 《雍正朝起居注》,三年五月二十五日条。
③ 《雍正朝起居注》,四年十二月初八日条。
④ 《文献丛编》第3辑《清世宗关于佛学之谕旨(一)》。

（四）朝臣反对言佛及雍正的克制态度

雍正的引用僧人和信佛，很自然地引起一些笃信儒学而又正直的大臣的不满，并借用各种方式表达他们的意见。五年（一七二七年），青年时曾为沙门的沈近思升任左都御史，雍正问他：你必定精通佛教宗旨，不妨陈说一些。沈回奏：臣少年潦倒时逃于佛门，待到进入黉宫，专心于经世之学，以报效国家，哪有闲情顾及佛学。臣知道皇上圣明天纵，早悟大乘之学，但是万机庶务，系于圣躬一身，"是以臣愿皇上为尧舜，不愿皇上为释迦。"臣就是懂得佛学，也不敢向主上妄陈，"以分睿虑"①。这一番儒家道理，那时人认为是光明正大的，迫使雍正改容称是。在沈近思以前，侍郎李绂尚得雍正宠幸时，也谏言佛教无补于天下国家②。据记载，有一天雍正赐宴，九卿侍坐，为讨得皇帝欢心，大家竟谈禅学，这时雍正问户部侍郎赵殿最，你也能谈这个吗，赵回奏没有学过，雍正笑着说你不妨试着讲一下，随即以一佛语问他，赵殿最不愿说佛法，就用儒家的观念加以解释，雍正被弄得哭笑不得，只好对群臣说，他"真钝根也"③。另一日，雍正问翰林院检讨任启运佛教经论，任奏称"臣未之学。"雍正只好讪讪地说："朕知卿非尧舜之道不陈耳"。④ 当文觉禅师颐指南下，地方官趋迎之时，漕运总督魏廷珍独不为礼，且上疏声称："臣不能从佛法"，以示抗议⑤。陆生楠在被任命主事前的引见时，呈递的奏折上说："五经、四书中如惠迪

---

① 沈曰富《沈端恪公年谱》卷下。
② 沈曰富《沈端恪公年谱》卷下。
③ 全祖望《鲒埼亭集》卷18《工部尚书仁和赵公神道碑铭》。
④ 《国朝先正事略》卷34《任钓台先生事略》。
⑤ 《永宪录》续编，358页。

吉,从逆凶,何以异于佛老。"据雍正讲,这是讥刺他崇尚佛老①。这些官僚从维持朝纲的大题目出发,主张独尊儒术,排斥释氏。

一些官僚提出抑佛的具体建议,有的还付诸实行。三年(一七二五年),御史钱以瑛奏请敕下各省督抚,勒令僧尼还俗②。直隶唐山县令驱逐和尚,强夺僧舍,改为民房③。有的地方官建言把寺宇改为书院,发展儒学。有的要求重申禁止私度为僧的条令。

雍正对官僚的反佛言行,有时暴跳如雷,而在处理上还是有所克制,如直隶一个赶逐僧道的知县,被他下旨拿问,侍郎留保为之委婉解颐,说僧道都是无法生活的穷人,寺庙实际上是他们的收容所,皇帝容留他们,就如同周文王视民如伤的意思一样,不过是把他们当作鳏寡孤独加以照顾,然而那个学究式的县令不能领会皇上的圣意,难免犯错误。雍正见他说得堂而皇之,捧了自己,又堵了自己的嘴,就把那个知县从轻发落了④。

雍正尽力为自己信佛辩解,他说佛教的善应感报的学说,有"补于人之身心","然于治天下之道则实无裨益"⑤。又说:"凡体国经邦一应庶务自有古帝王治世大法,佛氏见性明心之学与世无涉"⑥,所以没有"密用僧人赞助之理"⑦。他甚至睁着眼睛说瞎话:"试问黄冠缁衣之徒,何人为朕所听信优待乎"⑧!但也懂得一

① 《上谕内阁》,七年六月二十五日谕。"惠迪吉"句出于《尚书·大禹谟》:"禹曰:惠迪吉,从逆凶,惟影响。"
② 《上谕内阁》,三年十二月初一日谕。
③ 《小仓山房文集》卷4《安徽布政使李公墓志铭》。
④ 《小仓山房文集》续集卷33《吏部侍郎留裔松先生传》。
⑤ 《上谕内阁》,四年七月初二日谕。
⑥ 《上谕内阁》,四年十二月初八日谕。
⑦ 《上谕内阁》,三年五月二十五日谕。
⑧ 《上谕内阁》,七年六月二十六日谕。

手遮不住天下人耳目，用缁衣总有人知晓，就又为沙门参政作解说。他说乃祖顺治征召禅僧玉林琇入内廷，研究佛学，就像黄帝到崆峒山访问广成子，讲求治身之要①。黄帝是圣王，所有的行为都是正确的，因此顺治延揽僧人，是师法黄帝，当然没有错。言外之意，我雍正皇帝效法古圣王，师法祖宗，与僧衲过从有何过失！抵赖、辩解也说明他不敢公开地以佛教作为执掌朝纲的政治势力，他信佛、崇佛，也是有所节制的。有人说雍正十年以前内廷不举行法会，是沈近思、李绂反对言佛的结果②，有一定道理。中国历史上统治阶级中总有一部分人反佛，形成了传统，密用僧人是不名誉的事情，因此雍正不能不有所顾忌，从而不能恣意信佛、用佛。

（五）直接干预佛教内部事务及与释子辨是非

皇帝对佛教内部事务的经管，历来多寡不一。雍正的干预之多，在许多方面超过了其他帝王。主要表现在任命寺院住持，扩建、修缮梵宫，赐予佛徒封号，反对僧衲中的"邪说"等方面。

雍正说要扶持禅宗，"仍择宗门法侣具正知正见者，为之表率倡导"③，即使用他认为是正道僧侣持掌寺院事务。如允祥、弘晓父子重修香山卧佛寺成功，因禅师超盛在当时"宗徒内无有出其右者"④，特命其去掌法席⑤。又如北京护国寺修缮竣工，雍正选择玉林琇的徒孙超善去充任方丈⑥。根据这些情况，萧奭才在《永宪

① 《清世宗诗文集》卷17《报恩寺碑文》。
② 沈曰富《沈端恪公年谱》卷下。
③ 《清世宗诗文集》卷17《拈花寺碑文》。
④ 《文献丛编》第3辑《清世宗关于佛学之谕旨（五）》。
⑤ 《清世宗诗文集》卷17《十方普觉寺碑文》。
⑥ 《清世宗诗文集》卷17《拈花寺碑文》。

录》中说:"凡名山古寺,皆内遣僧主之"①。

雍正在晚年大量修缮古刹名寺。江南荆溪(今宜兴县)崇恩寺,系玉林琇国师、茚溪森禅师传法之所,雍正以该寺规模较小,容纳桑门有限,于十一年(一七三三年)加以扩充,增建殿宇②。浙江绍兴报恩寺是玉林琇开堂之所,为传其法,予以维修③。浙江舟山普陀山是所谓观音大士示现的圣地,该处普济寺,建于后梁,历代维修,雍正特发帑金,派专官董理修饰,同时修缮了普陀山的法雨寺④。南岳恒山是雍正的主寿山,湖南巡抚赵弘恩奏请动用库银修葺,以为皇上祝寿。雍正说为朕延寿不必进行,但为崇祀江河山岳之神则可以,批准了他的建议,指责了他的"识见鄙陋"⑤。华山佛宇遭火灾,雍正命江南督抚供给钱财,不计数量,务必恢复原状,于是佛寺及道观均修葺一新⑥。他所维修的兰若,一类是佛教圣地的名寺,再则是他所表彰的玉林琇一派的修行之处,表现了他提倡佛教宗派。

十一年(一七三三年),雍正表彰他认为的圣僧,赐以封号。授鸠摩罗什高足僧肇为大智圆正圣僧禅师,沩仰宗的创始人灵祐及其弟子慧寂分别封为灵觉大圆禅师、真证智通禅师。雍正说这些名僧阐扬佛旨,"救拔群迷",千百年后帝王旌奖他们,希望时下释徒力求奉信正宗正论⑦。

雍正在赐号、修庙中已表明崇的是玉林琇一派,但觉不够,又

① 《永宪录》358 页。
② 《清世宗诗文集》卷 17《崇恩寺碑文》。
③ 《清世宗诗文集》卷 17《报恩寺碑文》。
④ 《清世宗诗文集》卷 17《普陀山普济寺碑文》,《普陀山法雨寺碑文》。
⑤ 《上谕内阁》,十年七月二十五日谕。
⑥ 《文献丛编》第 3 辑《清世宗关于佛学之谕旨(四)》。
⑦ 《永宪录》续编,358 页。

亲自著述《拣魔辨异录》，发布有关上谕，直接参加佛教宗派学术斗争。明崇祯间，汉月藏(法藏)著《五宗原》，密云悟与之论辨，产生宗旨之争。汉月藏法嗣弘吉忍(弘忍)作《五宗救》阐述师说，深受学者欢迎，密云悟又作《辟妄救》驳难。雍正把汉月藏、弘吉忍之说当作邪魔外道，说自己明于"禅宗之旨，洞知魔外之情，灼见现在魔业之大，预识将来魔患之深"，为了拯救佛徒，"不得不言，不忍不言"，乃摘抄藏、忍语录八十余条，一一指斥，成《拣魔辨异录》一书。同时命令销毁藏、忍语录及《五宗原》、《五宗救》等书，若有僧徒私自收藏的，以不敬律论罪。又命地方官查明汉月藏派下徒众，尽除出禅宗临济宗，永远不许复入祖庭①。为了同样的目的，即不许"邪说横行"，雍正又在僧侣的语录中，选择"提持向上，直指真宗"的，搞了《御选语录》一书②，入选的有僧肇、永嘉觉、寒山、拾得、沩山祐、仰山寂、赵州谂、云门偃、永明寿、紫阳真人、雪窦显、园悟勤、玉林琇、茚溪森等僧侣、道士的语录，还编入他自己的《圆明语录》、《圆明百问》，附录《当今法会》。于十一年作序，刊刻问世。十二年，雍正令沛天上人组织四十多名僧侣校勘藏经③。他还刻印释典《宗镜录》、《宗镜大纲》、《经海一滴》诸书。他采取行政命令的方法解决宗教内部的派别斗争、宗旨之争，以皇帝的权威干涉宗教内部事务。

雍正与释子辨难，遭人讥笑，"以人天子与匹夫搏"④。不过这倒符合他一贯的作风。前此与草民曾静、小吏陆生枬驳诘，再与沙门对阵，毫不奇怪。他所注重的是辨明思想，即要以符合自己意见

① 《拣魔辨异录》所收十一年四月初八日上谕；参阅陈垣《明季滇黔佛教考》卷2。
② 《御选语录·御制总序》。
③ 《养吉斋余录》卷3。
④ 《明季滇黔佛教考》，49页。

的观念作为指导思想,不仅要把它贯彻在俗民中,还要统治方外世界,为此就不顾及自己的身份地位了。

(六) 利用道家

雍正谋求储位时相信武夷山道士的算命,已见其对道家的态度。他在当皇子时也和道士结交,了解老氏之学,在他的《藩邸集》中,收录《赠羽士》(二首)、《群仙册》(十八首),记录了他对道家的认识和要求。《碧霞祠题宝旛步虚词》之二云:

> 琼宇璇宫日月长,奇花瑶草总飘香。
>
> 琉璃作殿苍龙卫,云雾裁帷青鸟翔。
>
> 拂露霓旌珠灿烂,御风鸾驾玉铿锵。
>
> 常将天福人间锡,奖孝褒忠佑乃方①。

希望道士们存济世之心,宣传忠孝,协助君王的治理。

继位后的雍正,对道家的兴趣不减当年。北京白云观,据说是金代所建,长春真人邱处机曾在此著书②,是道家的重地。雍正时与白云观道士往还。该观道士罗清山于五年(一七二七年)初死去,雍正命内务府官员为他料理丧事,指示按道家礼节从优办理,又追封他为真人③,可见他们关系的密切。道士娄近垣,江西人,雍正将他召来,居于光明殿,还把他收为自己的佛家子弟,他为雍正"结幡招鹤",被封为"妙应真人"④。雍正把道士贾士芳、张太虚、王定乾等人养在宫苑,用他们治病和修炼丹药⑤。

---

① 《清世宗诗文集》卷 26。

② 富察敦崇《燕京岁时记·白云观》,北京出版社 1961 年版,49 页。

③ 《雍正朝起居注》,五年二月初七日条。

④ 《啸亭杂录》卷 9《娄真人》。

⑤ 关于炼丹事,将在雍正死亡章中说明。

雍正对道家思想并不看得那么重要。他在御极后作的《蓬莱洲咏古》中写道：

> 唐家空筑望仙楼,秦汉何人到十洲。
>
> 尘外啸歌红树晚,壶中坐卧碧天秋。
>
> 庙堂待起烟霞侣,泉石还看鹤鹿游。
>
> 弱水三千休问渡,皇家自有济川舟①。

是啊,古来谁到过蓬莱瀛洲,唐明皇仁立望仙楼,既无仙人来会,自己也是肉胎俗身。雍正相信他的办法能够治理天下,没对道教思想寄托多大希望。

（七）融合儒佛道三教于一炉

作为剥削阶级的意识形态,儒佛道三学有许多共同的东西,雍正抓住它们,参以己意,给予说明。他讲三教有共同的目标,即教育百姓如何作人:"三教之觉民于海内也,理同出于一原,道并行而不悖。"比如劝人为善弃恶,儒家用五常百行之说,"诱掖奖劝",佛家的五戒十善,也是"导人于善"。他说:"劝善者,治天下之要道也。"儒佛都劝善,共同起着"致君泽民"的作用。他还以天命论的观念解释儒佛的共性。儒家天人感应说警戒人们省修过愆,雍正认为求佛也是如此,他说:"天人感应之理无他,曰诚敬而已。"当人诚心拜佛,哪怕是微贱的,愚夫愚妇,他的精神,会引起神明的怜悯而给予拯救和惠泽。他的结论是,儒佛有共同的思想,同一的育民作用。

释老矛盾重重,雍正以帝王之力大搞调和。他说"性命无二途,仙佛无二道"②,强把佛道捏合在一起。他收佛门弟子,却接受

---

① 《清世宗诗文集》卷30《四宜堂集》。

② 《文献丛编》第3辑《清世宗关于佛学之谕旨(二)》;《清世宗诗文集》卷17《天竺寺碑文》。

了妙应真人娄近垣;他编选佛家的语录,把道家紫阳真人张伯端的著述选了进去;他给沙门赐封号,也赠张伯端为"大慈圆通禅仙紫阳真人"。他认为张伯端的《悟真篇》,尽管是道家的著作,即在佛学中也是最上乘的①。

儒家思想历来处于神圣不可动摇的统治地位,雍正尊儒,又把儒佛道拉在一起,是以儒助佛,抬高佛教的地位,为自己信佛辩解。他把道家的著作归入佛家典籍,使佛经驳杂了,但却是把道归入于佛,含有扬佛的意思。所以雍正糅合儒佛道三家,要旨在于提倡佛教。当然,糅合了三教,更可以全面利用它们,充分发挥它们各自的御用工具的作用。

(八)政权与神权的高度结合

雍正一生与佛老结下了不解之缘,以万乘之尊而自称"居士";在日理万机的繁忙中,自撰佛学语录,编选和刊刻释氏经典;大开法会,广收门徒;大力干预梵宫内部事务,兴修庙宇,任命住持,表彰高僧,摈斥外道;对朝中出现的奉佛与反佛的摩擦,虽有所顾忌,仍坚持信佛。为什么他在讥笑和反对之中还要扬佛呢? 自然有着社会的和个人的原因。

第一、是强化封建专制主义思想统治的需要。雍正深知佛教对于稳定封建秩序的作用。他讲佛家劝人为善,要被压迫的受苦受难的群众,相信今生的不幸是前生作孽的报应,既然如此,只好甘心忍受,以求来生的幸福。雍正欣赏的是佛教中的禅宗,而禅宗是把佛性灌输到人的内心,给人的心灵套上枷锁,使俗人也变成了

---

① 《文献丛编》第3辑《清世宗关于佛学之谕旨(三)》。

僧侣①。一句话，佛教要人做逆来顺受的良民，极其有利于封建秩序的稳定。孔孟之道作为官方哲学，是统治人民思想的工具，雍正极力利用它，又给佛学以较高地位，用来辅助儒学，这样就加强了对臣民的专制主义思想统治。

第二、用释徒为谋主必然提高佛教的地位。雍正由于政治斗争的需要，利用僧衲密参帷幄，使他们起到高级助手作用。因之，也要受他们的一些影响，反映他们的一定愿望，给他们应有的社会地位。所以他的修兰若，赐法号，也是使用比丘而采取的必要的奖励手段。

第三、是统治蒙古人的需要。用喇嘛教联系、控制蒙古人，这是清朝满族统治者的传统政策，雍正也在自觉地使用它，此点已无须细说。

雍正崇佛，是利用佛教为他的统治服务，他不是佞佛，不是让沙门利用他。他左右佛堂，而不允许佛教驾驭他。他打击一些比丘，除前述教派宗旨关系，还有政治原因。他惩治迦陵性音门人，同时反对木陈忞徒众。木陈是与玉林琇同时受到顺治礼遇的高僧，曾作《北游集》，涉及侍奉内廷之事，露透其对顺治的影响。雍正指责他是无知妄人，"于瞻顾天颜后，即私乱记载，以无为有，恣意矜夸。"他是否造作顺治的谣言倒不一定，但有以御用僧地位进行招摇之嫌。雍正把木陈忞、迦陵性音看作一类人物，他们虽死，但对他们的徒子徒孙实行管制，毁禁他们的书籍②。雍正用僧人作高参，但给他们一个活动范围，不许逾越，否则惩治，他把僧侣玩弄于股掌之中，所以虽崇佛，而没有桑门乱政的事情。还要看到，

---

① 参阅任继愈《汉唐佛教思想论集》。
② 《文献丛编》第3辑《清世宗关于佛学之谕旨(一)》。

雍正大修庙宇,耗费了许多金钱,搞了些虚文,虚热闹,这同崇尚务实、反对靡费的精神相违背。

　　总之,雍正身为天子,是俗民的最高统治者;又以佛教宗旨的权威解释人自居,大量干预佛教事务,有类于精神教主。他身兼俗王与法王的地位,使他的统治成为政权与神权的高度结合物。当然,前此的君主也拥有神权,也有利用佛教、道教的,但雍正利用得更自觉、更广泛,且不受宗教的支配,因而有其显著特点。他这样使人神高度结合起来,强化了清朝政府对人民的统治,这也是封建专制主义的发展。

第十三章 用人、待人和宠臣

第一节 论才技而不限成例的方针

雍正对于官吏的任用非常重视,前述在鄂尔泰的奏折上批写"治天下惟以用人为本,其余皆支叶事耳"①即为一例。四年(一七二六年),对诸王大臣等说:"从古帝王之治天下,皆言理财、用人,朕思用人之关系,更在理财之上,果任用得人,又何患财之不理,事之不办乎?"②六年(一七二八年),在署理江苏巡抚尹继善的奏折上批写:"朕之责任,不过擢用汝等数员督抚而已"③。把用人看作行政的第一件大事,根本重事。因此,对用人的原则、方法倍加考究,也形成他的风格和特点。

雍正的任用官僚,不像乃父,康熙对人比较宽厚,官僚队伍相对稳定,任职较为长久,雍正时人事变动频繁,一些官员来去匆匆,有的微员骤升大僚,而一些大吏被逐出政治舞台,看似混乱,其实亦有章法。三年(一七二五年),他说用人变化迅速的原因:"事无一定,又不可拘执,有时似若好翻前案,不知其中实有苦心,总欲归于至是,是故或一缺而屡易其人,或一人而忽用忽舍,前后顿异,盖

---

① 《朱批谕旨·鄂尔泰奏折》,四年八月初六日折朱批。
② 《上谕内阁》,四年六月二十八日谕。
③ 《朱批谕旨·尹继善奏折》,六年十一月初九日折朱批。

朕随时转移,以求其当者,亦出乎不得已"①。"总欲归于至是",想把事情办好,因而在用人上颠过来倒过去,以求人和职结合得当。这还是一般地讲用人原则。五年(一七二七年),他说得就更清楚了:

> 朕现今用人之法,亦止堪暂行一时,将来自仍归于圣祖畴昔铨衡之成宪。朕缘目击官常懈弛,吏治因循,专以积累为劳,坐废濯磨之志,不得不大示鼓舞,以振作群工委靡之气。俟咸知奋勉,治行改观时,自另有裁处之道②。

雍正要清扫康熙末季积弊,使雍正改元出现新气象,与这个政治方针相适应,确定用人的原则:造成一个振作有为的官吏队伍,去革新政治,因此破坏常规的任用官僚办法,反对因循腐败的吏治。在这个总原则下,有一整套用人的具体办法。

雍正和鄂尔泰通过奏折和朱批讨论识人和用人,表明他们对官员的要求。鄂尔泰在四年八月初六日奏折中说:

> 政有缓急难易,人有强柔短长,用违其才,虽能者亦难以自效,虽贤者亦或致误公;用当其可,即中人亦可以有为,即小人亦每能济事,因材、因地、因事、因时,必官无弃人,斯政无废事。

他强调用人一定要得当,要因事择人,不能因人派差事。雍正异常赞赏他的观点,转告他批谕田文镜的关于用人的两句话:

> 可信者非人何求,不可信者非人而何。

又说:

> 不明此理不可以言用人也,朕实以此法用人,卿等当法

---

① 《雍正朝起居注》,三年四月十六日条。
② 《朱批谕旨·田文镜奏折》,五年二月十八日折朱批。

之,则永不被人愚矣。

这两句话,提出如何对待可信任的人与他的能力之间的关系问题,即对那些可信任而又不能胜任官职的人,就不能抱有什么指望,对不可信又不能胜任的人就不必给他职责了。他不仅重视官员的可信程度,更重要的是把它同他们的才能结合在一块考虑。雍正接着在朱批中写道:

> 凡有才具之员,当惜之,教之。朕意虽魑魅魍魉,亦不能逃我范围,何惧之有?及至教而不听,有真凭实据时,处之以法,乃伊自取也,何碍乎?卿等封疆大臣,只以留神用才为要,庸碌安分、洁己沽名之人,驾驭虽然省力,唯恐误事。但用才情之人,要费心力,方可操纵。若无能大员,转不如用忠厚老诚人,然亦不过得中医之法耳,究非尽人力听天之道也[①]。

提出用人要用人才之人。他还看到,这种人未免恃才傲物,与那些庸愚听话的人不同,不容易驾驭,但是他认为不必惧怕他们,应当用心去掌握他们。在这里尤需注意的是"惜之、教之"的思想,这是说人才难得,对已经涌现出来的干才,尽管他们有缺陷,也要爱惜,不能摧残;爱惜的方法之一,是对他们加强教育,帮助他们改正过失,以利充分发挥他们的才智。鄂尔泰见到朱批后,于十一月十五日具折陈述自己的意见:

> 可信、不可信原俱在人,而能用、不能用则实由己,忠厚老成而略无才具者,可信而不可用,聪明才智而动出范围者,可用而不可信。朝廷设官分职,原以济事,非为众人藏身地,但能济事,俱属可用,虽小人亦当惜之,教之;但不能济事,俱属无用,即善人亦当移之,置之。

---

① 《朱批谕旨·鄂尔泰奏折》,四年八月初六日折及朱批。

他认为国家设官定职,出发点是为办事,不是为用人,尤其不是为养闲人,谁能把事情办好就应当用谁,而不必管他是君子,抑或是小人。在这个前提下,对于有缺陷的能人加强教育,对不能办事的善人,或调换职务,或离职赋闲,让出缺位给有能力的人来干。他进一步说明和发展了雍正的使用有才能的人及其有缺点即加以教育的用人方针,雍正看后大为欣赏,称赞他的说理"实可开拓人之胸襟"①。雍正用人,一定要使他的才能和职务相当,有才而不肖,贤而无才,取前者而舍后者,这是他用才思想的一个内容。

在贤和才的取弃上,雍正还有更深入的考虑。自从司马昭给官员提出"清慎勤"三字要求之后,历代的封建统治者皆奉之为圭臬,康熙也不例外,雍正却提出了异议。他在论巡抚的职责时说:"巡抚一官,原极繁难,非勉能清、慎、勤三字便可谓胜任也。用人虽不求备,惟至督抚必须全才,方不有所贻误,若无包罗通省之襟怀,统驭群僚之器量,即为不称厥职。"又说:"凡事当务大者远者,若只思就区区目前支吾,以尽职任而已,未有不顾此失彼,跋前踬后者,当努力勉一大字"②。他把清(廉洁奉公)、慎(忠诚谨慎)、勤(勤劳王事),视作对高级官员的基本要求,另要他们胸有全局,目光远大,办事瞻前顾后,能够驾驭属员,即要兼有才能与忠于职守的品德。署理湖广提督岳超龙在奏谢折中表示:"惟有益思正己率属,砥砺官方,以仰报高厚之恩。"雍正告诉他,即使做到了正己率属,"若不知训练兵丁,涤除陋习,不过自了一身而已,与木偶何异,旷职之愆,仍不能免"③。说得很清楚,身为提督大员,以自身的模范行动带领下属清正廉洁固然很好,但若不能将军队训练

---

① 《朱批谕旨·鄂尔泰奏折》,四年十一月十五日折及朱批。

② 《朱批谕旨·王国栋奏折》。

③ 《朱批谕旨·岳超龙奏折》,七年七月初八日折朱批。

好,把从前的弊病革除掉,这样的人品行再好,也不过像个木偶,起不到他所担任的职责的作用。他以这个标尺衡量湘抚王国栋,认为王"心有余而力不足,清慎勤三字朕皆许之,然不能扩充识见,毫无益于地方,殊不胜任。"于是将之内调,并以此教育其后任赵弘恩①。直隶巡抚李维钧考察吴桥知县常三乐,"操守廉洁","但懦弱不振,难膺民社之寄",拟将其改任不理民事的教职,报吏部审批。吏部认为,既说常三乐"生性懦弱,必有废弛实迹",而李维钧又不实指纠参,不予批准。李维钧感到常三乐清廉并无劣迹可议,但不称职,不便留任,不知如何处理才好,特请雍正裁夺。雍正回说,这事很好办,就照他"居官罢软,殊属溺职,相应参革"②。有德无才的官,在雍正手下难于得到重任。

　　一个政府对人员的使用,有许多规章制度,雍正去庸人用才干的方针,同清朝的一些固有规则发生了矛盾,他就以不惜破坏定制的精神贯彻自己的原则。他表示:"朕用人原只论才技,从不拘限成例"③。又说:"唯期要缺得人,何论升迁之迟速,则例之合否耶!"④那些关于官员除陟的规则,主要内容是资历、出身、旗汉区别。他不取消有关规定,在实行中加以变通。元年(一七二三年),雍正向湖广总督杨宗仁说:"如遇有为有守贤能之员,即行越格保题,以示奖励。如此则官吏劝而民心悦,地方有不改观者乎?"⑤主张不要按资历升转,越级提拔贤能官员,以鼓励官员奋发向上。二年(一七二四年),要充任布政使的田文镜推荐能够担当

① 《朱批谕旨·赵弘恩奏折》,七年八月二十四日折朱批。
② 《朱批谕旨·李维钧奏折》,二年六月二十五日折及朱批。
③ 《朱批谕旨·石麟奏折》,十年九月二十五日折朱批。
④ 《朱批谕旨·田文镜奏折》,八年五月初六日折朱批。
⑤ 《朱批谕旨·杨宗仁奏折》,元年三月初九日折朱批。

这种职务的人:"若有才守兼优堪任藩司之职,为尔素所深知者,密举二三员来,以备选擢。朕从来用人,不悉拘资格,即或阶级悬殊,亦属无妨"①。七年(一七二九年),命京官学士、侍郎以上,外官布、按以上,各人密保一人,"将其人可胜督抚之任,或可胜藩桌之任,据实奏明。不必拘定满汉,亦不限定资格,即府县等员,官阶尚远者,果有真知灼见,信其可任封疆大僚,亦准列于荐牍之内"②。准荐府县为督抚,真是要破格选人才。十二年(一七三四年),赣南道缺出,雍正命署理两江总督赵弘恩在属员或了解的官员中,"无论越衔与否,拟定一员",折奏请旨,以便任用补缺③。雍正在位期间,一直注意把有才能的人迅速地提到重要官职上。

人们的出身,无论是科甲的或门第的因素,都影响到人的前程和才能的发挥。雍正也重视官员的出身,但有分寸。他说:

> 国家用人,但当论其贤否,不当限以出身。朕即位以来,亦素重待科甲,然立贤无方,不可谓科甲之外遂无人可用,倘自恃科甲而轻忽非科甲之人,尤为不可。自古来名臣良辅,不从科甲出身者甚多,而科甲出身之人,亦屡见有荡检逾闲者。……④

他有意压抑一些科目人,在科举时代,实不多见。

雍正任用才力官员,自然对年老多病的官员表示反感和不能容忍。元年,在指示湖广总督杨宗仁越格荐人的同时,要他考察属员,将"贪婪酷劣及老病无能向来苟且姑留之辈,尽数纠参"⑤。十

---

① 《朱批谕旨·田文镜奏折》,二年九月初三日折朱批。
② 《清世宗实录》卷80,七年四月壬辰条。
③ 《朱批谕旨·赵弘恩奏折》,十二年五月初一日折朱批。
④ 《上谕内阁》,四年七月十三日谕。
⑤ 《朱批谕旨·杨宗仁奏折》,元年三月初九日折朱批。

一年(一七三三年),责备兵部堂官将"年力衰迈"的郎中阿尔哈图、玛绅不行清理,他说:"此等人员留于部内,不但于部务无益,且碍后进之阶",命他们原品休致。同时传谕各部院衙门,如"章京、笔帖式内有此等年老衰迈、人平常者即行奏闻"[①]以便清除。他对老病而无能的官员的态度,更从对官员的正常考核的大计、京察、军政中表现出来。其考核情况,略见下表:

雍正八至十一年大计、京察、军政情况表

时间	考核类别	地区范围	卓异	贪官	浮躁官	年老官	不谨官	罢软官	有疾官	才力不及官	资料出处
8年	大计	奉天及直隶等七省	28	1	12	55	36	13	26	34	《清世宗实录》卷103,九年二月丙午条
9	京察				1	1	4	3	6	6	《实录》卷117,十年四月丙辰条
10	军政		3	2		3			2	1	《实录》卷126,十年十二月庚午条
11	大计	浙江等十省	22		17	56	36	23	24	31	《实录》卷140,十二年三月壬戌条
11	大计	直隶及直隶总河	7		4	22	2	2	3	8	《实录》卷143,十二年五月庚寅条

这些考察,都照例处理了。在被处分的人中,最多的是年老官,尤

---

① 《上谕内阁》,十一年五月二十日谕。

其是在大计中,远远多于其他类型的官员。这是雍正不容年老多病官员留于任上的表现。

雍正对官员有一套宠信驾驭的办法,最常用的是赏赐,如赐世职,加衔,加级,加纪录,赐四团龙补服、双眼花翎、黄带、紫辔,赐"福"字,赏书,赏赐各种食品、药物、人参,以奖励"公忠奉职,勤慎持己"的官僚①。雍正对一些官员的身体表示关怀。元年,湖广总督杨宗仁因病奏请命其子、陕西榆林道杨文乾到武昌侍养,雍正立即批准,为使杨宗仁安心养病,给杨文乾加按察使衔,又派深知为好医官的御医赵士英赴鄂为杨宗仁诊治②。三年(一七二五年)七月,两广总督孔毓珣折奏广东按察使宋玮"才守兼优",可惜有病,恰在他的奏折未到之前,雍正已命宋玮赴京引见,及见孔折,即命宋暂停来京,告诉孔毓珣,转告宋玮:等全好了,可以走路了,再前进,"切勿任伊勉强扶病而行",免得赶路把他拖垮了③。这是因爱才而怜惜之。十一月,孔毓珣折奏宋玮已痊愈起程,雍正知道了很高兴④。八年(一七三〇年),浙江按察使方觐调任陕西布政使,上任途中病倒了,雍正要他回家好好休养,等候派遣的御医前往看视,并告他陕西藩司之职已另委他人,要其痊愈后即行报告⑤。雍正还关怀到官员的家属。陈时夏在封丘罢考事件中被革职,两年后却升为江苏巡抚,他是云南人,愿将八旬老母迎养任所,雍正就令云南督抚把陈母送到江苏,特地指示:"起身日期一听其母之便,在路随意歇息行走,不必因乘驿定限。"如此优宠,就是要陈时

———————————

① 《朱批谕旨·吴陛奏折》,二年五月十八日折朱批。
② 《朱批谕旨·杨宗仁奏折》,元年五月十五日折及朱批。
③ 《朱批谕旨·孔毓珣奏折》,三年七月二十六日折及朱批。
④ 《朱批谕旨·孔毓珣奏折》,三年十一月十五日折及朱批。
⑤ 《朱批谕旨·方觐奏折》,八年二月初六日折及朱批。

夏尽力办事,他直言不讳地说:"朕既擢用陈时夏,欲其宣力以报朝廷,自不忍令伊垂白之母暌违数千里外,两相悬切"①。四年(一七二六年),雍正见河南禹州知州孙国玺,问他寡母的年龄,要他俟其母至八十岁时奏请御赐匾额②。六年(一七二八年),孙国玺任台湾道,因这个职务不能带家属,就将老母寄居漳州,并将此情折奏雍正,雍正为使他能够迎养,改任他为福建盐驿道③。十年(一七三二年),孙母已届八旬,孙国玺遂为其母请求匾额和诰封,然而雍正大变其调:"朕初期望于汝之心实惟天鉴,岂料汝如是负朕深恩也。今日不但汝母匾额无须启齿,汝若不痛自悛改,仍循洁己沽誉欺蒙隐饰辙迹,身家性命,目前难保,累及汝母,尚在未定。具何心胆面皮,辄敢冒请封典耶! 观汝此奏甚属妄诞,可恶之至!"④雍正因他沽名钓誉,不实心办事,收回了给他母亲恩典的诺言。由此可见,雍正关怀臣下,一则是为赏功,一则也是驾驭手段,使臣工感激莫名,效忠图报,稍或不谨,就给颜色。袁枚写过雍正关心臣下的两个故事,不一定全都可靠,也可叙来作参考。侍郎留保奉命赴浙江,雍正在他的奏折上批云:闻汝尚无子,可在浙买一、二婢妾回京。杭州织造隆升因将女子奴奴赠送给他,于是世间传说留保"奉旨取妾",以为不世之荣⑤。雍正用尹泰为协办大学士,用其子尹继善为总督,尹继善生母徐氏为尹泰之妾,她儿子位至封疆,却仍青衣侍候主母。一日尹继善陛见,将有所请,雍正说你不用讲了,想为你生母事,回家听旨吧。归家,尹泰以子不先请示于

① 《朱批谕旨·杨名时奏折》,五年闰三月初八日折及朱批。
② 《朱批谕旨·孙国玺奏折》,六年十一月初三日折。
③ 《朱批谕旨·孙国玺奏折》,七年四月十一日折。
④ 《朱批谕旨·孙国玺奏折》,十年正月初十日折朱批。
⑤ 《小仓山房文集》卷33《吏部侍郎留松裔先生传》。

己,就上奏,要拿主上恩眷压抑老父,就以杖击之,至徐氏跪求乃止。雍正听说此事,派宫娥四人至尹宅,为徐氏梳装,顷刻间,内阁学士来宣旨,封徐氏为一品夫人,并令尹泰先拜徐氏,因其生有贤子①。用这个方法宠待尹继善。

雍正打击政敌,残酷无情,但对一些持有不同政策见解的人,只要不同政治斗争相联系,不但不迫害,照旧予以使用和信任。朱轼,康熙末为左都御史,雍正继位,封太子太傅,二年(一七二四年)命兼吏部尚书,赐诗,云"忠岂惟供职,清能不近名。眷言思共理,为国福苍生"②。希望在他辅佐下治好国家。但是朱轼违反雍正意愿,反对耗羡归公。三年(一七二五年),雍正用他为大学士,还要他教育皇子弘历等人。后来他又反对西北用兵,据传说,他曾不安于位,以病乞休,雍正挽留他,说"尔病如不可医,朕何忍留,如尚可医,尔亦何忍言去。"他感激涕零,从此不复有去志③,及至雍正死,他立即针对老主子政策,上条陈,指责司法严刻和垦荒之弊,旋即病死,遗疏反对言利④。他同雍正的一些主张唱反调,雍正知道他的思想,但仍然重用他。太原知府金𬭤也反对耗羡归公,雍正却很快提升他为广西按察使,寻即擢为巡抚。他为地方官任用的合理,向雍正建议把州县分为冲、疲、繁、难四类,依据分类情况,任用官吏。前已说过,他的办法为雍正所接受⑤。曾静案子中,他清查军流人犯在广西散布反雍正的流言。他既得到雍正的信任,也极力为主子效劳。侍郎沈近思反对火耗提解,雍正仍重其

---

① 《小仓山房文集》卷9《稗事二则》。
② 《清世宗诗文集》卷28《四宜堂集·赐尚书朱轼》。
③ 《清稗类钞·恩遇类·世宗慰留朱文端》,第3册18页。
④ 张廷玉《澄怀园文存》卷12《文端朱公墓志铭》。
⑤ 《小仓山房文集》卷3《广西巡抚金公神道碑》;《清史稿》卷292《金𬭤传》。

为人,赐诗赞许他:"操比寒潭洁,心同秋月明"①。沈近思反对雍正崇佛,雍正并不为意,他死后,加礼部尚书、太子少傅,遣官往祭,又以其子幼,令吏部派司官经理丧事。另一反对耗羡归公的御史刘灿,雍正始初认为他有私心,改授刑部郎中②。后见他"居心尚属纯谨",升之为福建汀漳道。五年(一七二七年),他因漳州府及属县仓米短少,揭报督抚,文书被府县截回,他气得以头撞壁,福建陆路提督丁士杰密参他浮躁失体统,雍正保护他,说他是感恩图报心切而忘掉了礼体,倒是肯实力任事的表现,没有过错③。七年(一七二九年),李元直为监察御史,上任八个月,疏奏数十上,其一对满汉大学士等均有指责,说"朝廷都俞多,吁咈少,有尧舜,无皋夔。"意即朝中只有赞同,没有争论,名虽谴诘廷臣,实亦涉及皇帝,雍正问他:没有皋夔臣子,哪来的尧舜之君。不过雍正认为他没有恶意,告他:"汝敢言自好,嗣后仍尽言毋惧。"恰好广东上贡的荔枝送到,雍正即赐数枚,以表彰他正直。不久用他为巡视台湾监察御史,雍正亲自取时宪书,为之选择上路的日子。李陛辞时,雍正说他肯定不会贪赃,只怕"任事过急"④。雍正即位不久,翰林院检讨孙嘉淦上疏言三事,请"亲骨肉","停捐纳","罢西兵"。在储位之争余波未熄的情况下要求"亲骨肉",自然是逆鳞犯讳的,果然雍正大怒,责问翰林院掌院学士为何容此狂生,朱轼在侧说,此人诚然狂妄,但臣佩服他的胆量,雍正沉思一会大笑说,我也不能不赞赏他的胆量,即拔置为国子监司业,且谕九卿:"朕即位

---

① 《清世宗诗文集》卷28《四宜堂集·赐侍郎沈近思》。
② 《雍正朝起居注》,二年八月初十日条。
③ 《朱批谕旨·丁士杰奏折》,五年四月二十四日折及朱批。
④ 《小仓山房文集》卷25《巡视台湾监察御史李公墓志铭》;《清人传记、志铭、杂文钞》所收不著撰人文《读侍御李公行状》,抄本,南开大学图书馆藏。

以来,孙嘉淦每事直言极谏,朕不惟不怒,且嘉悦焉,尔等且以为法。"随后用他为祭酒、顺天府尹、侍郎①。七年(一七二九年),雍正鉴于生监请人代考的弊病,令自首,可免罪。御史陈宏谋奏,这样做将使胥吏查访,滋扰地方,不如宽其既往,禁其将来,不必令自首了。雍正开始不接受,和他辩论再三,最后认为他识大体,立加表彰,当时山西乡试主考已定了人选,雍正改令他去,试毕复命,雍正命他以御史衔知扬州府事,允许他密折言事②。

帝王多用南面之术,越是那些有作为的人用的越高明。雍正说有人攻击他"权术御下"③,向大臣表示:"君臣之间惟以推诚为贵,朕与卿等期共勉之"④。其实,他说的与做的不一样。他善于用一部分人整治另一部分人。如年羹尧案件之初,雍正在河道总督齐苏勒奏折上批写:"隆科多止论尔操守平常,而年羹尧前岁数奏尔不学无术,必不能料理河务"⑤。用挑动他对年私仇的办法,揭发年羹尧。对待允禩集团,雍正实行的打拉策略,这虽是政治斗争中采取的手段,但也反映雍正的使用权术。雍正讲用人之难,以允禩为例,说"廉亲王其心断不可用,而其人有不得不用之委曲"⑥。政敌的首脑当然不能用,但又必须用,这就看驾驭术之精疏了。雍正成功了,也表示他的权术之高。

雍正继位不久,就有人批评他用人不得法。元年二月,他愤愤

① 《国朝先正事略》卷15《孙文定公事略》;《小仓山房文集》卷3《协办大学士吏部尚书孙文定公神道碑》。
② 《小仓山房文集》卷27《东阁大学士陈文恭公传》;《国朝先正事略》卷16《陈文恭公事略》。
③ 《雍正朝起居注》,四年十月二十六日条。
④ 《朱批谕旨·孔毓珣奏折》,四年二月十二日折朱批。
⑤ 《朱批谕旨·齐苏勒奏折》,二年十二月十三日折朱批。
⑥ 《雍正朝起居注》,二年十一月十五日条。

不平地说:"外间匪类捏造流言,妄生议论。""且如发遣一人,即议朕报复旧怨,""又如擢用一人,即议朕恩出于私,以新进加于耆旧之上"①。随后,有人说他"进人太骤,退人太速"②。他处分臣下,也有人不服,比如黄河清时诸臣表贺,云南督抚杨名时和鄂尔泰的贺表都不合规格,通政司题参,雍正把杨名时交吏部议处,对鄂尔泰免予察议,同时发生的同一事情、同一性质的错误,处理两样,自然引起议论。雍正就宣布他如此处置的原因:

> 观人必以其素,不以一事之偶差而掩其众善,亦不以一端之偶善而盖其众愆。或为有心之过,或为无心之失,朕无不悉之体之。……鄂尔泰公忠体国,其办理之事,陈奏之言,悉本至诚,恺切之心,以为事君之道,此等纯臣,求之史册,亦不多觏,故其本章错误之小节,朕不但不忍加以处分,并不忍发于部议。至于杨名时,巧诈沽誉,朋比欺蒙,从不实心办事,毫无亲君爱国之心,与鄂尔泰相去霄壤,今若因恕鄂尔泰之事,而并宽杨名时之过,则赏罚不当,于朕公平待下之道转失之矣③。

他把官员分为两类,区别对待,他所认为才德兼优的,辄加重用,升迁较速,对他们的一般过失,给予教导,而不作处分;若是沽名钓誉、洁身自好,庸懦守旧的,动辄申斥,加以处分,以至降调、罢官。这也是他的用人思想表现,从这可以看出他用人、去人的底蕴。

总括雍正的用人思想和实践,可以归纳出以下三点:

(1)雍正为贯彻革新政治的总目标,希望有一个振作有为的

---

① 《上谕内阁》,元年二月初十日谕。
② 《雍正朝起居注》,四年十月二十六日条。
③ 《上谕内阁》,五年四月十九日谕。

官僚队伍去执行他的政策,要求官员振奋向上,并以此决定官员的取舍,摒弃庸懦老病的官员,重用有才能的人,为此而不顾清朝传统的某些规章制度。他的这个用人原则比较合理,无可非难。他对有弱点的干才,采取"惜之、教之"的方针,是积极的爱护人才的态度,体现了政治家的胸怀,是真正使用人才的思想和方针。

(2)雍正因处理政敌、权臣、贪官污吏较多,给人造成不能容人的感觉,又因他宠信的那些人被人误解是雍邸旧人,使人以为他的圈子很小。其实他所重用的人多非藩邸老人。他能够容纳持有不同政策主张的人,如那些反对过他的重大改革的人,不赞成他崇佛的人,当然要以这些人没有朋党活动为前提。他分清是非,凡是为巩固清朝和他的统治着想的,不管政见与他相同与否,一概宽容。他是政治家,不是愚蠢的杀人狂。

(3)雍正同其他帝王一样,好行南面之术。他为实现君主的淫威,也有顺我者昌、逆我者亡的问题,不可能使各种人才充分发挥他们的聪明才智。

第二节　宠臣允祥、鄂尔泰、张廷玉、田文镜和李卫

雍正宠信过的王公大臣,有允祥、允禄、允礼、福彭、马尔赛、隆科多、张廷玉、朱轼、蒋廷锡、沈近思、年羹尧、鄂尔泰、岳钟琪、田文镜、李卫、高其倬、杨文乾、蔡珽、李绂等人,眷宠隆而且久的,则是本节标题所示的允祥等五人。雍正同他们的关系,反映了他的为人、用人和政治。所以需要用一些篇幅说明他的宠臣及他们间的关系。

（一）"忠敬诚直勤慎廉明"的怡亲王允祥

雍正和允祥,在康熙时是一对难兄难弟,雍正朝则成了密迩无间的君臣。

雍正继位,命允祥总理事务,封怡亲王。元年设立会考府,命允祥主其事。允祥同时奉命管理户部三库、户部事务。雍正谅阴期间,四个总理事务王大臣中,主事的就是允祥和隆科多。后来雍正回忆这段历史,说"辅政之初,阿其那包藏祸心,扰乱国是,隆科多作威作福,揽势招权,实赖〔怡亲〕王一人挺然独立于其中,镇静刚方之气,俾奸宄不得肆其志"①。是的,允祥与皇帝关系最密切,其他王大臣不能不注意他的态度。三年(一七二五年)冬,允祥主持新开展的直隶营田事务。雍正前期,允祥以相当多的精力从事整顿财政、发展生产的事情,雍正赠他的诗中说:"经理度支需赞画,畴咨水土奏丰穰"②。确是纪实的。六年(一七二八年)五月,雍正讲到云南布政使李卫的铜政业务时说:"怡亲王之在户部,诺岷之在山西,李卫之在滇省,实系公忠体国,涤弊清源,劳绩茂著"③。充分肯定了允祥理财的作用。七年(一七二九年),军机处成立,雍正命允祥为军机大臣,办理西北两路用兵的事情,前已叙过,开始筹商这件大事时,只有允祥、张廷玉几个人预谋,由此可见允祥是雍正朝政治舞台上的重要角色。

允祥只在任总理事务王时官位最崇,后虽为议政大臣、军机大臣,但后一官职在军机处制度草创之时,远不像后来之尊贵。后人

---

① 《上谕内阁》,八年五月初九日谕。
② 《清世宗诗文集》卷28《四宜堂集·赐怡亲王》。
③ 《上谕内阁》,六年五月初八日谕。

为允祥作传的非常少,除《清史稿》外,仅见彭绍升的《和硕怡贤亲王》①和张廷玉的《澄怀园文存》中的传,内容又极其简略。这就使得人们不易了解他在朝政中真正的地位和作用。其实,允祥在没有正式名义的情况下,在雍正指导下处理了繁杂的事务。

雍正发号施令,有时亲自进行,发布口谕,或朱谕、朱批,有时用大学士传旨,有时用亲重大臣,如二年(一七二四年)初冬,年羹尧陛见期间,用他传旨。允祥是被经常用作传旨的亲王,在朱批奏折中,就有疆吏对怡亲王传旨事务处理的报告,即是他此类活动的证明。传旨,代皇帝发令,"口含天宪",自极重要,而允祥等的传旨,又与汉、唐、明的宦官专擅不同,他是以亲王之尊,奉皇帝之旨出纳王命,是参与处理最高级政务的表现。

雍正不许官僚结党,为惩治政敌所必需,但官僚为保持自己的地位和升迁,总想在权臣中找个靠山。雍正知道这种情况与结党乱政不同,虽然也不允许,但不绝对禁止,特别是为了牢固控制疆吏以及中级地方官,一人难于做到,需要有个中间人,这就使用了允祥。要他转递一些官员的奏折,还令一些大员私下和允祥接触。如在河道总督齐苏勒的二年十二月十三日的奏折朱批中说:知道你同怡亲王没有往来,今令你同他接交,因这是朕的主意,不用害怕,"保于尔有益无损也"。又为使齐苏勒进一步安心,告诉他对允祥的评价:"王公廉忠诚,为当代诸王大臣中第一人,尔其知之"②。有这个谕旨,齐苏勒自然要向允祥靠拢了。为了摊丁入粮的实行,允祥奉命主动支持创议人李维钧,雍正亦指示李有事可同允祥密商,迨后为拆散李与年羹尧的关系,再次命他同允祥联系:

---

① 见《测海集》卷2《思贤咏》。
② 《朱批谕旨·齐苏勒奏折》,二年十二月十三日折朱批。

"诸王大臣中秉公为国家爱惜人才者,惟怡亲王一人,卿倘有不便达朕琐屑之隐情,怡亲王尽能照拂,并可为卿周全,卿何不乐为此不担干系之坦途耶!"①与别人联络,有结党之嫌,惟与允祥交往不用作此担心,这是雍正特许的。在这类联系中,允祥作为皇帝代表,与那些人商洽政事,乃至他们的私事,疏通臣下与皇帝的感情,这也是使疆吏绝对忠于皇帝的一个方法,是皇帝无精力做的或不便做的,允祥替雍正操办了。

雍正说允祥"为国荐贤之处甚多"②。允祥向雍正推荐允礼是件大事。康熙第十七子允礼被雍正认为参加了允禩党,康熙死,雍正罚他往守陵寝。这时允祥奏称允礼"居心端方,乃忠君亲上深明大义之人",极力保举③。雍正采纳他的意见,元年(一七二三年)即封允礼为果郡王,命管理藩院事,三年(一七二五年)以他实心为国,操守清廉,给亲王俸,并按亲王给予侍卫。六年(一七二八年)晋封他为果亲王。以后雍正又用他管工部、户部三库、户部事务,任宗人府宗令,办理苗疆事务。使允礼成为雍正朝赫赫有名的凛不可犯的贵族④。他所以能得到这个地位,雍正之所以能得此宠臣,用雍正的话说是"朕之任用果亲王者,实赖〔怡亲〕王之陈奏也"⑤。允祥还以推荐李卫而被雍正感念在怀,据雍正说,李卫在户部任郎中时,还不知道他,是允祥"在朕前极力保荐,谓其才品俱优,可当大任。"所以才屡加擢用,使之位至总督⑥。其他经允祥保举的人尚多,如刘世明用至福建总督。

① 《朱批谕旨·李维钧奏折》,二年十一月十三日折朱批。
② 《上谕内阁》,九年七月初十日谕。
③ 《上谕内阁》,八年五月初九日谕。
④ 《鲒埼亭集》卷18《工部尚书仁和赵公神道碑铭》。
⑤ 《上谕内阁》,八年五月初九日谕。
⑥ 《上谕内阁》,九年七月初十日谕。

允祥还能向雍正进谏。雍正用年羹尧主持青海军事,隆科多阻挠他成功,允祥针锋相对,向雍正说:"军旅之事,既已委任年羹尧,应听其得尽专阃之道,方能迅奏肤功。"雍正听了他的话,不从中掣肘,于是青海迅速成功①。雍正要惩治一些官僚,允祥也屡加谏阻,追赔户部积欠,经允祥多次奏请,雍正作了减免。

此外,允祥做的事还很多,管理汉侍卫,督领圆明园八旗守卫禁兵,负责雍正办公处养心殿的用物制造,雍正的藩邸旧务,诸皇子的事务,雍正的陵寝,均由允祥经管②。雍正曾说他办过的事情:"总理事务,王夙夜匪懈。……至于军务机宜,度支出纳,兴修水利,督领禁军,凡宫中府中,事无巨细,皆王一人经画料理。"而且"无不精详妥协,符合朕心"③。允祥既是参与帷幄的重臣,又是雍正的大管家和侍卫长。

允祥如此事君,雍正待他也不同寻常。元年(一七二三年)封王后,雍正要按自己被封时得银二十三万两的例子赐给,但允祥谦谢不要,最后接受了十三万两。雍正又要照例支给他六件官物,允祥固辞不受,雍正就另行加恩,将他兼管佐领改为其属下,另多赏给侍卫和亲军④。三年服满,以总理事务功劳,加封允祥一个郡王,任从他于诸子中指封,允祥坚决不受,就给他增加俸银一万两。四年(一七二六年)七月,雍正亲书"忠敬诚直勤慎廉明"八字匾额赐允祥。他解释说,允祥的忠,是"公而忘私,视国事如家事,处处妥帖,能代朕劳,不烦朕心。"敬是"小心兢业,无纤毫怠忽。"诚是"精白一心,无欺无伪。"直是"直言无隐,表里如一。"勤为"黾勉奉

①　《上谕内阁》,八年五月初九日谕。
②　《上谕内阁》,四年七月二十一日谕。
③　《上谕内阁》,八年五月初九日谕。
④　《上谕内阁》,元年十一月二十五日、二十八日谕。

公,夙夜匪懈。"慎乃"一举未尝放逸,一语未尝宣漏。"廉是"清洁之操,一尘不染。"明为"见理透彻,莅事精详,利弊周知,贤愚立辨。"他又说在廷臣之中,做到"忠勤慎明"的不乏其人,而具备"敬诚直廉"的则很少,要众人向他效法①。同年,直隶总督李绂因允祥在畿辅搞营田,而直隶无档案,具折请示可否立档。雍正批示说:"怡亲王所办之事,何用尔衙门备卷!尔等大臣为朕任用,虽百千聚集一处,朕依赖未必如王一人也。勉之。必效法王之屏尽私心,纯然忠爱,以受朕如是见信,庶不负为人臣一生之名节也"②。十月初一是允祥生日,某年生日前,雍正指令词臣代他拟诗作寿,诗要表达允祥"赤心为国,至诚待朕,明敏通达,廉洁正直,上苍自然垂佑锡福锡寿,君臣兄弟永永吉祥等意"③。八年(一七三〇年)五月,允祥生病,雍正出钱为他斋醮祈祷,并令廷臣设醮④。迨允祥病危,雍正亲往探视,及至,允祥已死,次日亲临奠祭,赞他是"自古以来,无此公忠体国之贤王"⑤。命配享太庙,准许他名字上一字用"胤"字,赐谥曰"贤",并破例将往日所书"忠敬诚直勤慎廉明"八字置于谥号之上。又在京西白家疃、直隶天津、江苏扬州、浙江杭州为立祠祀。十年(一七三二年),安葬允祥,雍正亲往奠送。允祥死,子弘晓袭爵,原来不接受的另一郡王爵,雍正封其第四子弘晈为宁郡王。允祥子弘暾早死未受封,其聘妻富蔡氏入府守寡,雍正因命将弘暾视贝勒例殡葬。雍正对允祥及其家属的宠眷,是很少见的。

---

① 《上谕内阁》,四年七月二十一日谕。
② 《朱批谕旨·李绂奏折》,四年八月二十四日折朱批。
③ 清世宗"朱谕",第16函。
④ 柴萼《梵天庐丛录》卷2《清宪宗八则》。
⑤ 《上谕内阁》,八年五月初七日谕。

总之，允祥克尽臣弟之道，忠心不贰地为雍正既当大臣又当仆人，在雍正朝的政治生活中起了重要作用，为雍正的全力从政提供了较多方便。他更有一个特点是不居功，极其谦抑。这一点，当然为极端强调君权的雍正所喜。他保持宠眷不衰，这是一个重要原因。所以彭绍升指出允祥"每承恩礼，益加谦畏，故上眷遇日笃。"①

作为雍正兄弟受到宠爱的，还有允礼、允禄等人。允祥死后，允礼曾有顶替他的味道。李卫到果亲王府请安，允礼对他赏赐甚多，事后，李卫报告这件事，雍正说："王之优待断非出于笼络之术，卿之晋谒亦非怀有趋奉之心，朕皆深信而无疑者。人臣于义固无私交，若同心体国，互相敬爱，则又惟恐其不然也"②。雍正在李卫另一奏折上又批道：允礼"居心虚公，非若辈大臣所能企及"③。把允礼看得很重。雍正元年，庄亲王博尔铎死，无子，雍正命十六弟允禄承袭，当时舆论认为雍正垂爱允禄，才让他去袭爵袭产④。雍正还让他管理内务府事务，同时加强对他的教导。在赐诗中说："尽洗膏粱习，须教学业醇。股肱兼耳目，属望更谆谆"⑤。要求他克服贵胄的纨绔习气，做胜任的亲信重臣。

雍正对那些小兄弟也赐予爵禄。四年（一七二六年），封十五弟允禑为贝勒，八年（一七三〇年）晋封为愉郡王。四年封二十弟允祎为贝子，八年改封贝勒。二十一弟允禧得到允祥的好感，褒他"立志向上"，雍正于八年封他为贝子，继而认为他"感恩向上之念

---

① 《测海集》卷 2《和硕怡贤亲王》。
② 《朱批谕旨·李卫奏折》，十三年八月初三日折及朱批。
③ 《朱批谕旨·李卫奏折》，十二年六月初十日折朱批。
④ 《上谕内阁》，元年二月初十日谕。
⑤ 《清世宗诗文集》卷 28《四宜堂集·赐庄亲王》。

果诚,将来可望成立",晋封贝勒①。雍正也封二十二弟允祜为贝勒,二十三弟允祁为镇国公,认为二十四弟允祕"秉心忠厚,赋性和平",在宫中读书,学识已经增长,封为诚亲王②。这些事实表明,雍正除打击争位的政敌允禩等人,团结了允祥、允禄、允礼一班弟兄,他在家中并不孤立,没有必要,也没有全部打击亲兄弟。

（二）政治家鄂尔泰

鄂尔泰,字毅庵,姓西林觉罗,满洲镶蓝旗人,康熙十九年(一六八〇年)生,三十八年(一六九九年)中举,官场蹭顿,五十五年(一七一六年)始为内务府员外郎,终康熙之世居于此职,故心常怏怏,康熙六十年(一七二一年)元旦,时届四十二岁,作诗自叹:"揽镜人将老,开门草未生。"又在《咏怀》诗中写道:"看来四十犹如此,便到百年已可知"③。想不到后来知遇雍正,出将入相,为一代名臣。

还在康熙间,作为雍亲王的雍正要鄂尔泰为其办事,鄂尔泰以"皇子宜毓德春华,不可交结外臣",拒不承应。雍正认为他刚正不阿,是忠臣的资质,即位后召见他,赞赏地说:"汝以郎官之微,而敢上拒皇子,其守法甚坚,今命汝为大臣,必不受他人之请托也"④。元年正月命为云南乡试副主考,五月即超擢为江苏布政使。雍正不计前嫌,以才德用人,有豁达大度之气魄。三年(一七二五年)九月升鄂尔泰为广西巡抚,寻觉之仍可大用,在其赴任途中,命调为云南巡抚管理云贵总督事,而原总督杨名时只管理云南

488

巡抚。二人名实颠倒,为的是人尽其才。四年十月,实授鄂尔泰云贵总督,加兵部尚书衔。六年十二月,雍正命鄂尔泰兼管广西,封为云贵广西总督。十年正月,鄂尔泰内召至京,受封为保和殿大学士,居首辅地位,充经筵讲官,国史、实录、明史三馆总裁,二月封一等伯。七月,因西北两路用兵不利,雍正命鄂尔泰督巡陕甘,经略军务,后又巡视北路军营。十三年,贵州台拱地区新设州县的土民叛乱,雍正为显示赏罚分明,以鄂尔泰经理未善,削其伯爵,留男爵,休沐,仍食大学士俸,并命为办理苗疆事务大臣,眷注实未变化①。

鄂尔泰受知于雍正,以及他的业绩,主要表现在三个方面:

一是在西南推行改土归流政策。这方面已作过专题叙述,毋庸赘言,仅将鄂尔泰的作用略一勾勒:他正确地提出改土归流的目标、方针、措施,获得雍正的批准;认真实行,调兵遣将,任用能吏,剿抚兼施,基本完成改流事业,就中他不辞辛劳,深入各地山寨,就近指挥,成功较为迅速;他负责的云贵广西的改土归流,推动了邻省两湖、四川的改流事业。

二是用人有道。鄂尔泰与雍正论用人,讲才职相当,讲设官为办事而非养闲人,讲珍惜与教育人才,是用人学上不可废弃的精当至论。鄂尔泰有识人之明,拔哈元生于末弁之中,识张广泗于众属吏之间,但对他们的评价亦较客观。他在八年(一七三〇年)五月说哈元生,"虽勇敢,少近残刻,止可备调遣,不足以资统帅"②。后来哈元生的经历证明他的看法是准确的。他论张广泗,胸襟颇开阔,立志颇坚定,"但明敏强干,犹属见事办事,若夫先筹全局,次

① 主要参考鄂容安等《襄勤伯鄂文端公年谱》,见《清史资料》第2辑。
② 《掌故丛编》第3辑《鄂尔泰奏折》,8页下。

扼要领,不遗琐细,而一视繁难,张广泗心能知及,而尚未能了了"①。雍正对鄂尔泰说:"卿之识人,实越常人"②。又讲:"卿之识人感人,朕实信及"③。君臣际合,本身就是他们君臣知人用人理论的体现。

三是搞祥瑞。在报祥瑞的大臣中,鄂尔泰当首屈一指,他以此遭讥,在所不惜。他亦知祯祥之妄诞,故大理令刘某奚落他,不但不记仇,反而嘉其公直,向雍正推荐他④。他的报祥瑞,是在政治斗争中支持雍正的一种手段,当然其倡导迷信是愚蠢的行动。

不难看出,鄂尔泰是一个政治家,他适时地提出并实行改土归流,有政治目光。他身为云贵两省总督,但考虑到完成这一不限于两省的事情,建议统一事权,为此雍正调整了几省边境行政区划,鄂尔泰又协调了当时在他功绩之上的川陕总督岳钟琪的关系,没有大局量不可能进行改流事业。这是他作为政治家的主要内容和标志。用人的理论和知人善任,也是政治家的品格,鄂尔泰具备了。鄂尔泰曾说:"大事不可糊涂,小事不可不糊涂,若小事不糊涂,则大事必至糊涂矣。"这就是要明辨大是大非,为政抓纲领,重大局。他的同僚张廷玉虽与之不协,亦服其见识,说他的这个名言"最有味,宜静思之"⑤。他的云贵总督后任尹继善也服膺鄂尔泰"大局好,宜学处多"⑥。清人钟琦评他为"识量宏渊,规画久远"⑦。均为定评。清朝前期,国事有多方面的发展,但由于皇权

① 《掌故丛编》第3辑《鄂尔泰奏折》,6页下。
② 《朱批谕旨·鄂尔泰奏折》,四年十一月十五日折朱批。
③ 《掌故丛编》第3辑《鄂尔泰奏折》,4页下。
④ 《小仓山房文集》卷8《武英殿大学士太傅鄂文端公行略》。
⑤ 《澄怀园语》卷1。
⑥ 《小仓山房文集》卷3《文华殿大学士尹文端公神道碑》。
⑦ 《皇朝琐屑录》卷4《轶事》。

加强,臣下难于发挥到具有政治家那样高的作用,所以极少产生政治家,因此鄂尔泰的出现非常难得。他本人有功于清代历史的发展,雍正治下能有这样人物的出现,表明雍正用人有道,在君主绝对独裁之中,尚能容纳建立不世之功的人物,并非专一屠戮功臣。

鄂尔泰受知于雍正,始于康熙中表现出的"公忠",以后他益以此自励。五年(一七二七年)十月,他对新任云南巡抚朱纲说:皇上用人行政,"无甚神奇,只是一个至诚,事事从天上体贴下来,以一贯万,一切刑赏予夺皆听人自取,而了无成心。如果无欺,虽大过必恕;设或弄巧,虽小事必惩。我辈身任封疆,只须实心实力为地方兵民计,即所以酬恩,即所以自为,一切观望揣度念头皆无所用,一并不能用。"他把皇帝事天归为至诚,臣下亦应以此道对皇帝,只要诚心,事情没有办不好的,没有不得到皇帝赏识的,即使办事不甚妥协,也会得到谅解。他为讲这番道理,敢于说雍正的用人行政没有什么神奇的,而雍正体察他的真诚之心,在朱批中说:"朕实含泪观之。卿实可为朕之知己,卿若见不透,信不及,亦不能如此行,亦不敢如此行也。朕实嘉悦而庆幸焉"①。鄂尔泰的忠诚把这对君臣联结在一起了。雍正将他作为"模范督抚"向群臣推荐,就夸赞他"居官奉职,悉秉忠诚,此专心为国,而不知其他者"②。

雍正还欣赏鄂尔泰的才识,说他每事必"筹及远大"③。是把他的忠和才结合起来看待和信用的。

皇帝与臣下无所谓私交,但在雍正和鄂尔泰之间,有着私交成分。三年(一七二五年)冬,鄂尔泰陛辞往云南赴任,正值身体不

---

① 《朱批谕旨·鄂尔泰奏折》,五年十一月十一日折及朱批。
② 《上谕内阁》,七年十月谕。
③ 《上谕内阁》,七年十月谕。

适,雍正命他乘御舆前往,鄂尔泰于途中折奏行程和已恢复健康,雍正获悉后说:"朕与卿一种君臣相得之情,实不比泛泛,乃无量劫善缘之所致"①。四年(一七二六年),雍正作主,将鄂尔泰的哥哥鄂临泰的女儿配给允祥之子弘皎,当鄂尔泰折奏谢恩时,雍正说他最信任的就是允祥和鄂尔泰,今既奉旨联姻,正可互相交往,"彼此规谏,以报朕知遇之恩"②。对鄂尔泰的家事,雍正也表示关切,在五年五月初十日鄂尔泰的奏折上批说,他"默祝上苍厚土、圣祖神明,令我鄂尔泰多福多寿多男子,平安如意"③。八月初十日鄂尔泰奏称,到云南后,连得二子,已有五个儿子了,感谢皇上的祝愿和赐福。雍正说他的祝愿出于至诚,"今多子之愿既应,其他上苍必赐如意也"④。九月十六日,鄂尔泰在奏折中写道:"(皇上)爱臣谆笃,臣之慈父;勉臣深切,臣之严师"。读之令人肉麻。雍正却说是"字字出于至诚",又在朱批中告诉他,在庆贺五旬圣诞的宴会上,因没有他出席,特将亲自尝过的食物寄往云南,就如同君臣对席了⑤。当鄂尔泰经略陕甘期间,雍正命内大臣海望为之建设官邸,赐给用物,治成,雍正亲为检查,嫌不精好,责令海望重办,迨鄂尔泰回京,进入新宅,雍正又亲书"公忠弼亮"匾额赐之⑥。雍正如此酬忠,鄂尔泰亦发感恩图报,肝脑涂地,在所不惜。

(三)"第一宣力"的汉大臣张廷玉

张廷玉,安徽桐城人,康熙十一年(一六七二年)生,大学士张

---

① 《朱批谕旨·鄂尔泰奏折》,三年十二月十九日折及朱批。
② 《朱批谕旨·鄂尔泰奏折》,四年六月二十日折及朱批。
③ 《朱批谕旨·鄂尔泰奏折》,五年五月初十日折及朱批。
④ 《朱批谕旨·鄂尔泰奏折》,五年八月初十日折及朱批。
⑤ 《朱批谕旨·鄂尔泰奏折》,五年九月十六日折及朱批。
⑥ 《小仓山房文集》卷8《武英殿大学士太傅鄂文端公行略》。

英子,三十九年(一七〇〇年)中进士,康熙末年任吏部侍郎兼翰林学士,雍正继位,就命他协办翰林院掌院学士事,晋为礼部尚书,次年转户部尚书,翰林院掌院学士,国史馆总裁,太子太保,三年(一七二五年)署大学士事,四年(一七二六年)晋文渊阁大学士,仍兼户部尚书,康熙实录总裁官,六年(一七二八年)转保和殿大学士,兼管吏部尚书,七年(一七二九年)任军机大臣,加少保,八年(一七三〇年)赐轻车都尉①。张廷玉身为大学士,军机大臣,兼管吏部、户部、翰林院,十几个修书馆的总裁官,职务繁多,工务忙碌。他自己说,雍正宣召不时,一日晋谒三次,习以为常。西北用兵以后,"遵奉密谕,筹画经理,羽书四出,刻不容缓。"及出内廷,至朝房及公署理事时,属吏请求指示和批阅文件的常达百数十人。坐在轿中批览文书,入紫禁城骑马,吏人随行汇报,处决事务。傍晚回至府中,"燃双烛以完本日未竟之事,并办次日应办之事,盛暑之夜亦必至二鼓始就寝,或从枕上思及某事某稿未妥,即披衣起,亲自改正,于黎明时付书记缮录以进"②。雍正也说他和鄂尔泰二人"办理事务甚多,自朝至夕,无片刻之暇"③。张廷玉把他的全部精力投入雍正所交给的各项事务。

然而他有何政绩呢?遍检关于雍正朝的史书,他的传记,他的著作《澄怀园文存》、《澄怀园语》、《澄怀园主人自订年谱》,只发现他干了两三件事情,一是处理棚民问题,再一是关于旌表寡妇守节,过去民间妇女在三十岁以前守节,至五十岁以后,就可以请求旌表,张廷玉考虑到,若该妇享年不永,未足五十而亡,就令她的苦

① 《澄怀园主人自订年谱》;《澄怀园文存》卷5。
② 《澄怀园语》卷1。
③ 《上谕内阁》,十三年三月初七日谕。

493

节泯没不闻,深堪可怜,因此请求把旌表条件的五十岁改为四十岁①,获得雍正的允准。

张廷玉的事功不在于处理某件政事,而是他的文字工作和设立军机处制度。雍正面谕廷臣,多有记不准确,以之发布,不能宣达御意。雍正召见地方官员,往往命其回任给同省或路过地方官员转述旨意,这些人聆听时,或未听清,或有遗忘,传达得不合原意。此等事又不便责怪朝臣和疆吏,雍正恒思加以解决。就中也有例外,就是张廷玉所草之上谕,全合雍正本意,是以屡获表扬。军机处规章,由张廷玉制定,军机处成为枢垣,影响清代历史,这是张廷玉的大事业。但是在雍正的眼里,张廷玉的作用是"纂修《圣祖仁皇帝实录》宣力独多,每年遵旨缮写上谕,悉能详达朕意,训示臣民,其功甚巨。"②承认他的功劳在于文字。这文书工作,由身为大学士、军机大臣的宰执来做,不过是个书记长,这地位,自然不能独树一帜,建立创新的大功业。因此,要评价张廷玉及雍正对他的重视,就必须注意到皇权高度集中下的大臣作用,就是由参预机务和书写文字方面体现的。雍正重视张廷玉,后者接受主子的奖赏,都是按照对这个职务的使命的理解及执行的好坏来决定的。张廷玉是很好地完成了他的职责的官僚。

雍正给张廷玉优厚的酬劳,爵禄而外,于五年(一七二七年)赐典铺一所,价值三万五千两。这年,张廷玉曾患小病,雍正对近侍说:连日来朕臂痛,你们知道吗? 近侍们吃惊地问缘故,雍正说:"大学士张廷玉患病,非朕臂病而何?"③真把他视作股肱大臣。八

---

① 《澄怀园文存》卷4《请定守节年例疏》。
② 《清世宗实录》卷159,十三年八月己丑条;卷87,七年十月乙丑条。
③ 《澄怀园主人自订年谱》卷2。

年(一七三〇年)赏银二万两,张辞谢,雍正讲"汝非大臣中第一宣力者乎!"领赐勿谦①。当雍正身体不适时,凡有密旨,悉交张廷玉承领,事后雍正说,"彼时在朝臣中只此一人"②。确实,允祥死后,鄂尔泰入阁以前,张廷玉在满汉朝臣中实处于第一个被信任者的地位。十一年(一七三三年),命张廷玉回籍祭祖,行前一日赐玉如意,特谕"愿尔往来事事如意"③,同时赐物品及内府书籍五十二种,《古今图书集成》只印六十四部,独赐张廷玉两部。雍正还赐张廷玉春联一副,词曰:"天恩春灏荡,文治日光华"④。倒是这对君臣关系的写实。张家领此皇恩,岁岁用其词作门联,后来官民袭用,表达颂圣和希冀获恩的愿望。

张廷玉对黄山谷说的"万言万当,不如一默",极其倾倒,表示"终身诵之"⑤。缄默,这是他立身的主导思想,也是他的做官之道。他以人主之意为意,默默去做,不事张扬,事成归功于人主,事败亦关己事。与缄默相联系,主张恕道,他说:"待人好为责备之论,由于身在局外也。恕之一字,圣贤从天性中来"⑥。与缄默相联系,他相信和宣扬命运。他说自身任宰辅,管吏部,常见皇帝想用的人,或遭到奏劾,或得病,或死亡,结果没有见用;而皇帝不想用的人,或因有人推荐,或一时没有适当的人才,竟然获用了,所以人生荣辱进退,不在君主,更不在他人,而是"有一定之数",因此他要人"以义命自安",不要去追求⑦。缄默做官,就是老老实实当

---

① 《澄怀园主人自订年谱》卷 2。
② 《澄怀园主人自订年谱》卷 3。
③ 《国朝先正事略》卷 13《张廷玉事略》。
④ 《茶余客话》卷 12《雍正帝联》,346 页。
⑤ 《澄怀园语》卷 1。
⑥ 《澄怀园语》卷 2。
⑦ 《澄怀园语》卷 1。

奴才,并且不管地位如何变化,总是一个样子。大约是由于这个缘故,雍正赞扬他"器量纯全,抒诚供职"①。乾隆称许他"在皇考时勤慎赞襄,小心书谕"②。昭梿说由于他及其门下士汪由敦、于敏中,造成"缄默成风"的政治局面③。

在此可以将雍正后期的两个辅佐张廷玉、鄂尔泰作一比较。鄂尔泰在康熙中有怀才不遇之感,雍正见用后,在尽忠皇帝的前提下,敢作敢为,以济世为己任,作诗云:"问心都是酬恩客,屈指谁为济世才?"又云:"炊烟卓食散经丝,十万人家饭熟时。问讯何来招济火?斜阳满树武乡祠"④。以诸葛亮自命,欲大展宏图。此二人,一恭谦默做,一进取不辍,雍正对这两种人都能很好地驾驭,使之各自发挥所长,也是不拘一格用人。有人说张廷玉的见宠,是因他纂修康熙实录,掩盖雍正篡逆事实的缘故。如果这就能得到如此荣宠,雍正没有这么多职位来作酬谢吧! 其不合事实,除对篡位一说信之太深外,也是不了解雍正用人特点和当时政局之所系。

雍正尽管宠待张廷玉,不顾成宪,以之在同职的满官之上,但鄂尔泰入阁,即居首辅,致久历机枢的张廷玉于下方,张廷玉虽然主缄默,也不甘心,以至到乾隆时形成鄂、张两党。此实雍正朝开端之事。雍正极力反对朋党,到了晚年,在自己眼皮下,由于自己的用人,出现新的朋党的萌芽,这也是历史对他的嘲弄。

(四)"模范督抚"田文镜

田文镜,康熙元年(一六六二年)生,监生出身,二十二年(一

---

① 《清世宗实录》卷 159,十三年八月己丑条。
② 《清史列传》卷 14《张廷玉传》。
③ 《啸亭杂录》卷 6《张文和之才》。
④ 转录《随园诗话》卷 1。

六八三年)出仕县丞,久淹州县官,五十六年(一七一七年)始为内阁侍读学士。雍正元年署山西布政使,二年出任河南藩司,同年升本省巡抚,五年七月晋河南总督,加兵部尚书衔,六年十月为河南山东总督,七年加太子太保,八年兼北河总督①。十年(一七三二年)十一月,以久病请解任,十五日批准,时为阳历一七三二年十二月三十一日,二十一日(一七三三年一月六日)命予田文镜祭葬,谥端肃②。他可能死在一七三三年元月的头两三天。有记载说田文镜是雍正藩邸旧人③,或云为雍邸庄头。雍正在康熙三十八年受封为贝勒,始得有庄田,其时田文镜早已出仕,不可能为雍邸庄头,后来也不可能成为雍邸旧人。雍正于二年年底将陕西延安知府沈廷正调任河南开归道,在田文镜奏折中告诉他,沈"原系藩邸旧人",又说:"闻伊未到豫省,即先蓄成见,欲与汝作梗。试思朕岂有命一属员前来钤束上司,使掣肘于汝之理!伊若露有不肯尽心协助,实力承办,反倚势借端,妄作威福,卖汝以取媚他人情景,严加参劾,候朕重惩,决不姑宽之也。汝接到此谕旨时,可与伊共观之"④。此恰证明田文镜不是雍邸人。沈廷正欲倚之势,即藩邸旧人之势,正欺田文镜不是老伙伴。雍正如此宽解于田文镜,也因其不是旧人,要他不必因此在藩邸人面前自惭废政。

雍正之宠待田文镜,自有缘由。田文镜死,雍正给他盖棺论定:"老成历练,才守兼优,自简任督抚以来,府库不亏,仓储充足,察吏安民,惩贪除弊,殚竭心志,不辞劳苦,不避嫌怨,庶务俱举,四

① 《清史列传》卷13,《田文镜传》。
② 《清世宗实录》卷125,十年十一月戊戌条、甲辰条。
③ 《永宪录》续编,377页。
④ 《朱批谕旨·田文镜奏折》,二年十一月二十日折朱批。

境肃然”[1]。这就是欣赏田文镜的所在,具体地说:

第一、一心为国,毫不瞻顾,不避嫌怨。元年春天,田文镜奉命去华山告祭,路过山西,正值该省灾荒,雍正已有所闻,但晋抚德音谎称无灾,及田文镜回京,雍正问之,田如实奏报[2]。官员们一般采取瞒上不瞒下的办法,互相包庇,田文镜破此旧俗,忠君不欺,立即得到雍正欢心,命他去山西办理赈务,并罢德音之职。田文镜到河南不久,就遇上封丘罢考,他主张严厉镇压,以维护雍正的新政。河南学政张廷璐是张廷玉之弟,纵容生监罢考,田文镜不顾乃兄权势,如实奏报他的情况,使雍正处分了他,为此事,张廷玉、朱轼等人很不高兴田文镜。田文镜为犁剔山东粮驿道衙门的陋规,直言不讳地奏报户部等中央衙门接受规礼。他不依附于年羹尧、隆科多,钦差到豫,也不送礼,使钦差认为小看他们而到雍正面前说他的坏话。田文镜处于孤立无援之中,这却是雍正欣赏之处。

第二、厉行雍正新政。清查积欠,实行耗羡提解,打击贪官污吏,保证府库充盈;惩治不法绅衿,平均赋役,调节了绅衿与国家、与平民关系,缓和社会矛盾;推行保甲法,加强对人民的控制,强化了治安。

田文镜在河南,屡遭攻击和议论,不满意于他的人有中央的、邻省的及辖区的官民,为数不少,究其内容,则谓其刻薄,虐待科目人和绅衿。田文镜也深知其处境,自称在河南行政,使“贪墨官吏、玩法士民不遂其私,多称未便,谤腾毁积,物议风生。”在就任河南山东总督之际,自己预料,照河南那样行政,山东也会“怨声蠭起”,但他表示不恤人言,坚决把在河南的政策移到山东,以不

---

① 雍正《河南通志》卷1《圣制》。

② 《上谕内阁》,元年四月十四日谕。

辜负皇帝的宠眷①。雍正支持他,不是孤立把他看作一个人,看作田文镜个人,而是视之为"巡抚中之第一人"②,"若各省督抚皆能如田文镜、鄂尔泰,则天下允称大治矣"③。雍正把他树为"模范疆吏",希望各省督抚向他效法。肯定的是他的行政体现了雍正振刷数百年颓风的革新精神和政策,肯定的是他雷厉风行、施行严政的手段。雍正深知,田文镜与他休戚相关,对田文镜的评价,关系到对他的用人和行政的看法。他在田文镜奏折上写道:"卿之是即朕之是,卿之非即朕之非,其间有何区别?"④他曾自惭用人不当,说"假如诸臣之中,不得田文镜、鄂尔泰,则朕之罪将何以谢天下也!"⑤他们真是君臣一体,鱼水难分。雍正褒奖田文镜,既是支持这个宠臣,也是坚持自己的政治,为自己的政治辩护。

具有讽刺意义的是田文镜以揭发晋抚德音匿灾起家,而自身在晚年也以匿灾闹得朝野窃议,雍正却保全了他。田文镜常报祥瑞、人瑞、丰登,报喜报成了习惯,就不能报忧了。八年(一七三〇年),河南水灾,田文镜不报灾赈济,还说"民间家给人足",严催钱粮⑥。灾民被迫逃亡邻省,湖广总督迈柱将河南的流民资送回籍,并报告雍正。田文镜却行强辩,说直隶、山东、江南的饥民逃到河南,河南的富人遂囤积居奇,以致粮价上涨。又说和湖北接壤的地方收成好,粮价低,人民不会逃亡⑦。谎言总掩盖不了事实,到次年春天,大量的饥民离开家乡,四处乞讨,有的向山陕商人出卖男

① 《朱批谕旨·田文镜奏折》,六年六月二十一日折。
② 《上谕内阁》,四年十二月初八日谕。
③ 《上谕内阁》,六年五月二十五日谕。
④ 《朱批谕旨·田文镜奏折》,七年八月初三日折朱批。
⑤ 《上谕内阁》,六年五月二十五日谕。
⑥ 《朱批谕旨·田文镜奏折》,八年九月二十八日折。
⑦ 《朱批谕旨·田文镜奏折》,九年正月初三日折。

女,田文镜不行救济,不帮助穷人赎回人口,惟以惩办中保媒人了事。饥民无法生存,群起勒令富人借贷①。事情很快就被雍正知道了,还有人密参田文镜"匿荒不报,忽视民艰"②。当此之际,雍正极力为田撑腰,说他是"实心任事之大臣,必无膜视民艰之理。大约因伊近来年老多病,精神不及,为属员之所欺瞒耳"③。把他的责任推到其下属身上。又把攻讦他的人说成是"摇唇鼓舌",不准议论④。雍正为解决实际问题,派刑部侍郎王国栋赴豫办理赈务,"兼理稽查匪类,缉捕盗贼之事"⑤。既搞赈济,又以暴力维持封建秩序。田文镜匿灾,有其客观原因。他总报祯祥、大有,以歌颂雍正之治,"天心协应,叠见嘉祥"⑥。按照雍正、田文镜一贯宣扬的,祥瑞是政治好的表现,灾异是败政的反映,田文镜怎么好承认有灾情呢? 所以田的匿灾,正是雍正君臣大搞祯瑞的必然恶果,雍正有鉴于此,自然对田曲加保护。

　　田文镜原隶汉军正蓝旗籍,正蓝旗在下五旗,他不乐于此地位,向下僚河南布政使、汉军正白旗人杨文乾透露过这种心情。五年春,时为粤抚的杨文乾陛见,言及田文镜的心思。那时正值李绂、谢济世参劾田文镜案尚未了结,雍正为支持田,将他拨入上三旗,"以示朕厚待贤良大臣之至意。"又命问田愿入哪一个旗哪一个佐领,结果入了正黄旗。事后,雍正在田的奏折上作朱批责问他为什么不把这个心思告诉君上:"君臣之际,恩义兼崇,一切衷曲,皆当剖析直诉。朕甚嗔汝,为何不以实告? ……嗣后更有为难不

① 《上谕内阁》,九年二月二十六日谕。
② 《上谕内阁》,九年四月二十九日谕。
③ 《上谕内阁》,九年二月二十六日谕。
④ 《上谕内阁》,九年四月二十九日谕。
⑤ 《清世宗实录》卷107,九年七月丁卯条。
⑥ 《朱批谕旨·田文镜奏折》,七年五月二十一日折。

得已处,慎毋如是含而不吐"①。嗔归嗔,封建的森严的等级制度,君臣之间,怎能无话不谈呢?臣子怎敢放肆?田文镜究属老吏,经验丰富,雍正如此待他,又有允祥保护,他也不冒昧向皇帝提出要求,也不越分,谨守臣子之道,更能得到君主的赏识。封建制度决定,君臣之间不存形迹是不可能的。不过像雍正这样对待田文镜也是少有的,难得的。

田文镜不仅以严刻在当时受到广泛的攻讦,还留骂名于后世。其实他不避嫌怨,不徇瞻顾,正是应当称赞的。当时人指责他,是因他触动了绅衿的利益,并留下了一些纪录;后人则误信了前人的资料,忽视了对其行政的具体分析。这大概就是舆论的不公平吧。

(五)"勇敢任事"的李卫

李卫,字又玠,江苏铜山(今徐州市)人,康熙二十五年(一六八六年)生,五十六年(一七一七年)捐资为兵部员外郎,两年后升户部郎中。据说当时有一亲王管户部事,每收钱粮一千两,加收平余十两,李卫谏阻不听,乃置一柜蓄其钱,外写"某王赢余",置于廊下,把某王搞得非常难堪,乃停止多收②。因此被雍正看重,即位便任为云南盐驿道,二年升布政使,三年擢浙江巡抚,四年兼理两浙盐政,五年授浙江总督管巡抚事,六年兼理江苏盗案,七年加兵部尚书衔,复加太子少傅,十年内召,署理刑部尚书,寻授为直隶总督,终雍正之世留居此任③。

李卫离开浙江之后,干预浙省事务,为后任程元章密参,雍正

---

① 《朱批谕旨·田文镜奏折》,五年九月十一日折及朱批。
② 《小仓山房文集》卷7《直隶总督兵部尚书李敏达公传》。
③ 《清史列传》卷13《李卫传》。

就此批道:"李卫之粗率狂纵,人所共知者,何必介意。朕取其操守廉洁,勇敢任事,以挽回瞻顾因循,视国政如膜外之颓风耳。除此他无足称"①。基本上反映了雍正对李卫的看法。这里是讲了两条,一是赞他勇于任事,大节好;二是批评他粗率狂纵,不注意小节。雍正用其大节,发挥其优长,注意对他的教育,望其悛改。

李卫任云南布政使不久,奉旨奏议治河事,请求雍正访寻"深知黄河水利,实有经济"的人去总理河务,这是对任用齐苏勒为河督提出异议。又奉旨论用人,评他的老上司户部侍郎张伯行,谓其清廉,但不能持筹综理,"密于小而疏于大,是以多被群奸蒙蔽而不知,原为其操守廉洁可以胜任,而孰知库帑依旧暗销矣。"又议原任户部尚书赵申乔于钱谷吏治无一不谙练精详,"但其精神止用于分厘毫忽之间,及重大有关系之处反多有出入未妥。"还论及赵申乔湖南巡抚任上,无经文纬武之能,流弊至今未消②。这样议论比其职位高的官员,并非雍正放纵他,也非他妄言。这是他以与雍正休戚与共之忠心,直言无隐地谈出他的看法,供雍正参考。

李卫兼理盐务,奏请关防,户部不准,李卫再以需要呈请,户部仍不给予,雍正认为这是李卫毫不瞻顾和性情骄傲所招致,由于业务的需要,命令颁给。后来户部议复李卫关于两浙盐务的题本,称"该盐政"如何如何,而不称其"该督",以事奚落,雍正发旨查问,原来是司官张复故意这样写的,雍正就把他革职,发回原籍云南,交当地督抚严加管束③。就此一事,可见李卫之遭嫉恨和雍正对他的保护。

江浙邻省,太湖周围又是所谓多盗之区,又都有海塘工程,所

---

① 《朱批谕旨·程元章奏折》。
② 《朱批谕旨·李卫奏折》,二年七月二十五日折。
③ 《上谕内阁》,六年三月十五日谕。

以两省官员多有事务联系,李卫精明狂傲,自然引起两江总督范时绎的嫉妒和不满。六年(一七二八年),雍正以江南盗案多,而江苏巡抚陈时夏柔懦,范时绎缺乏戢盗之才,命一切盗案交李卫管理,并参与江苏军政举劾,当户部侍郎王玑到江南清查逋赋,雍正又命李卫与闻其事,这就超过了督捕盗案的范围。可以预料范时绎等将会不满意于李卫的使命。李卫也深明于此,受命之初,奏明他的顾虑:"臣因除窝、拿盐、勘塘诸事,获罪于范时绎,而奉命议论河工,又与齐苏勒有芥蒂之嫌。"雍正也清楚,故给李卫写道:"范时绎乃不足置论之人,与汝不协,更何待言。即以命汝办理下江缉捕一节,揆之其心,便可知矣。"又开导他:"人事参差不齐,何能计较纤细?"①李卫发现张云如、甘凤池活动及张与范时绎关系后,不因涉及到范而放松对案件的追查,坚持要范把张云如交到浙江审理。范时绎是李卫的原籍公祖大吏,李卫对范毫不徇情,也不怕范在他老家搞他,照直做去。雍正秉公处置,将范时绎革职。十一年(一七三三年),户部尚书兼步军统领、鄂尔泰之弟鄂尔奇犯法,时为直隶总督的李卫不顾鄂尔泰的地位和眷宠均在自己之上,密奏鄂尔奇坏法营私,紊制乱民。雍正览奏非常高兴,说"嘉许之怀,笔莫能罄。"原因是"非深悉朕衷,毫不瞻顾,安肯毅然直陈。"说的对,李卫若不了解雍正用人思想和原则,就不敢上陈了。雍正接着告诉他,对鄂尔奇的指斥由宫中发出不好,而且从内容上,众人也猜得出是你揭发的,你"不如公开指参,名正言顺,亦见当代有如是刚方大臣也"②。李卫于是具折奏参,雍正命允礼等审查,终因照顾到鄂尔泰,只将鄂尔奇革职。李卫自出仕以来,不瞻情

① 《朱批谕旨·李卫奏折》,六年七月十八日折及朱批。
② 《朱批谕旨·李卫奏折》,十一年九月二十日折朱批。

面,勇敢任事,以此受知于雍正,并在雍正鼓励与保护下,持之以恒,不改初衷。

雍正对李卫的教育是多方面的,也是持之以恒的,打开《朱批谕旨》中的《李卫奏折》,可以翻到很多。李卫就任云南盐驿道的第一批奏折,雍正在批谕中讲,对他的忠诚勤敏没有顾虑,所不放心的是"尔以少年锋锐之气,而兼报效情殷,于上司僚友中过于强毅自用,致招恃恩犯纵之讥。"要他一定以"谦能"待人,避免"以气陵人之咎"①。但是李卫恃才傲物,对上司粗鲁无礼,有人密参他私下称呼总督高其倬、巡抚杨名时为"老高"、"老杨",在自己执事牌子上书写"钦用"字样,还偶尔接受他人礼物。雍正于是在他的奏折上批写:"……嗣后极宜谦恭持己,和平接物。川马、古董之收受,俱当检点。两面'钦用'牌,不可以已乎!是皆小人逞志之态,何须乃尔。其克谨克慎毋忽"②。随后,李卫在奏折中表示:"若稍避嫌怨,万难整顿,惟有谨遵礼法,不敢任性,亦不敢委蛇从事。"雍正怕他分不清刚直与傲慢的区别,又朱批道:"不避嫌怨与使气凌人,骄慢无礼,判然两途,弗相交涉,汝宜勤修者,惟'涵养'二字最为切要,务须勉为全人,方不有负知遇殊恩,竭力操持可也。"又因人的习性难改,郑重告诫他:"书云习与性成,若不痛自刻责,未易改除。将来必以此受累,后悔何及!"③不久,雍正又在李卫奏折上以身说法:"和平度宇,为朕生平之所羡慕;骄傲形态,乃朕生平之所检戒。以汝气质而论,亦宜时存此念,方收涵养功效"④。雍正到了晚年,对李卫仍谆谆教戒不绝。在李卫十二年四

① 《朱批谕旨·李卫奏折》,元年六月十九日折朱批。
② 《朱批谕旨·李卫奏折》,二年九月初六日折朱批。
③ 《朱批谕旨·李卫奏折》,二年十一月十五日折朱批。
④ 《朱批谕旨·李卫奏折》,三年正月二十六日折朱批。

月二十八日的奏折作朱批:有人在朕前批评你"任性使气,动辄矢口肆詈。"接着开导他:"谨言之戒,朕屡经谆训,不啻再三。丈夫立身行己,于此等小节不能操持,尚何进德修业之可期,向后当竭力悛改,时自检点,勤加从容涵养之功,渐融粗猛傲慢之习,则谤毁不弭自消矣。惟口出好兴戎,可不慎诸!"①

据袁枚记载,尹继善评论过鄂尔泰、田文镜和李卫三个"模范督抚"。事情是这样:一天,雍正召见督臣尹继善,问他在督抚当中该向谁效法,尹思之有素,应声回答,因论雍正历来表彰的三总督:"李卫,臣学其勇,不学其粗;田文镜,臣学其勤,不学其刻;鄂尔泰大局好,宜学处多,然臣亦不学其愎也"②。袁枚给雍正时期许多人物作传记,持论不全允当,他写尹继善之廷对,颇有戏剧性,疑有加工成分,未必尹继善如此看待三位前辈。但其论李卫,确是入木三分,可为定评。雍正因李卫之勇,戒其之粗,不因过失而弃人才,正如他同鄂尔泰论用人中所说,对有缺点的人才惜之、教之,对李卫,就是这种思想和方针的实践。

(六) 雍正宠臣的共性

允祥等人各有其个性,各有其与雍正际合的原因、条件和情况,宠信的程度亦有所差异,他们发挥的作用也不尽相同,但是更重要的是他们有着共同点,这就是忠、公、能三者的兼备。

"君为臣纲",任何皇帝都要求臣下的忠诚,雍正尤致力于此。二年(一七二四年)四月,雍正因平青海受百官朝贺,刑部员外郎李建勋、罗植二人尚未行礼即就座,言官参劾他们失仪,雍正说国

---

① 《朱批谕旨·李卫奏折》,十二年四月二十八日折朱批。
② 《小仓山房文集》卷3《文华殿大学士尹文端公神道碑》。

家有大典,君臣有定分,他们犯这个大不敬的罪,本应立即斩首,因即位之初不便轻易杀人,先行监候。随后献俘、祭坛等典礼,朝臣皆敬谨如仪,才将二人释放回籍①。四年(一七二六年),陕西臬司许容先于奏折中误存影格一纸,发觉后折奏请罪,雍正责他"于尊君亲之义,甚属藐忽。"遂以孔子论事君尽礼,孟子讲欲为臣尽臣道,朱熹的主敬,教导他时刻存一敬字,就能事事尊君了②。臣下往往以君恩深重,表示感激莫名,涓埃难报,雍正认为这样不够,要求官员"但尽臣节所当为,何论君恩之厚薄"③。以至高无上的君主,要求臣子不管在什么情况下绝对的忠诚。对宠臣的这种要求自然更高。如田文镜报丰收,雍正朱批:"切毋高兴肆志,更宜加敬加慎,以仰承天贶"④。要他倍加恭敬地对待上天和皇帝。允祥等对雍正忠诚不二,雍正才对他们有忠荩的褒奖。他的这种赞扬,绝不是廉价的。

公。田文镜说:"惟知有君,则凡事悉秉至公"⑤。官员要把自身看成是君主的,办起事来,以符合君主利益为前提,而不要考虑自己,就可以不瞻徇私情,任劳任怨。官吏贪赃坏法,于"公"相对立。即使那些为官清廉的人,若遇事先替自己打算,而不计公事成败,这也是与"公"相矛盾的,这种官僚很多,雍正对之极端不满,反对沽名钓誉即为此而发。他说洁己沽誉的巧宦最坏,如江南总督查弼纳、滇抚杨名时、赣抚裴𢴃度、苏抚张楷、皖抚魏廷珍"操守虽清,而皆稍顾惜情面将就求容悦于人,故内外之人称誉之者甚

---

① 《雍正朝起居注》,二年四月十五日条;《上谕内阁》,二年五月初四日谕。
② 《朱批谕旨·许容奏折》,四年四月十二日折及朱批。
③ 《朱批谕旨·田文镜奏折》,七年六月十五日折朱批。
④ 《朱批谕旨·田文镜奏折》,四年五月十五日折朱批。
⑤ 《朱批谕旨·田文镜奏折》,四年十一月初九日折。

多。"而田文镜、杨文乾、李卫、诺岷操守好外,"实心任事,整饬官民,不避嫌怨,遂不满众人之意,或谤其苛刻,或议其偏执,或讥其骄傲,故意吹索,加以评论,此风若不悛改,必致封疆大吏皆以实心任事整理地方为嫌,相率而为苟且之计,吏治何所依赖乎!"[①]这一褒一贬,适见其提倡公是公心,而他的宠臣正是实现这种要求的典范。

能。允祥等各有所长,胜任于雍正所交付的职责,各有政绩。

允祥等人还有其他艺能,"忠、公、能"是他们共同具备的。雍正也不是孤立的要求他们的这些品德才力,而是把它同执行改革弊政的方针结合起来,即使用忠、公、能吏去从事改革。允祥等人成为奉行他的政策的楷模,是他的齐心合力的忠实助手,因此才得到他那样的褒奖和保护。

这些人并非为某些学者所误解的雍邸旧人,雍正用他们不是为原来小集团的私利,是他的改革方针把他们君臣联结在一起了。

---

① 清世宗"朱谕",第9函。

第十四章　才识、性格与作风

第一节　才能、学识和自信

鄂尔泰等编纂的《清世宗实录》介绍书主：

> 天表奇伟，隆准颀身，双耳半垂，目光炯照，音吐洪亮，举止端凝。……幼耽书诗，博览弗倦，精究理学之原，旁彻性宗之旨。天章濬发，立就万言。书法遒雄，妙兼众体。每筹度事理，评骘人才，因端竟委，烛照如神。韬略机宜，皆所洞悉①。

人臣论君主多有谀词，鄂尔泰等对他们的君主自也难于例外，不过所说他的才能倒基本上合于雍正的实况。他说话声音很高，有朝鲜文献可作佐证。《李朝实录》记载该国使臣李穖于雍正元年回国，向国王报告，亲见雍正"气象英发，语言洪亮"②。

雍正自幼，受严格的教育，掌握了满文和汉文。他当皇子时间长，尽有时间读书，他自己说："幼承庭训，时习简编。"登极之后，为了"敷政宁人"，继续学习，举行经筵③。他把儒家的"四书"、"五经"烂记于胸，并有自己的理解，不像章句腐儒，咬文嚼字，在儒家圣贤的字句里转悠，毫无发明创见。他对这种人也很看不起。如前述对会试"士人当有礼义廉耻"论题的试卷表示不满，说那些

---

① 卷1。
② 《李朝实录·景宗实录》卷13，三年（雍正元年）九月癸未条，42册181页。
③ 《雍正朝起居注》，三年七月二十二日条。

贡士们的见解都是老生常谈，"识量狭隘"①。五年（一七二七年）八月初六日经筵，讲官邓德、蔡世远讲解"文行忠信"，雍正批评说，讲章内将文、行、忠、信分为四端，是贯穿的解释，他认为："仁义道德之理见于词章者为文，见于躬行者为行，实有诸己则为忠，诚孚于物则为信。分之固为四端，合之则此一理，圣人四教，即谓之一教亦可。"他把仁义道德的观念贯穿于文行忠信之中，即以仁义道德解释文行忠信，使它们凝为一体，就比那些章句经师讲解高明了。雍正又说，在书经讲义里，谓人君以天之心为心，臣下则以君主之心为心，他认为这同君臣一德一心观念不合，君臣都要以天心为心②。臣下以君主的意愿为意愿，本来就是要忠君，现在以天心为心，要对天负责，对臣子的要求更高了。对于儒家讲的智、仁、勇，雍正也有他的理解，他说：

圣人统言智、仁、勇，乃一贯之义，如遇有益于民应行之善政，见得透彻，即毅然行之，则是勇以行其智，勇以全其仁，智仁勇未尝非一事，若将三字误会，恐涉于匹夫之勇，妇人之仁，奸徒之智，反将圣人之言误解矣③。

他看清智、仁、勇三者的联系，以其之智，认识教和刑的相辅相成关系，所以他"治天下，不肯以妇人之仁弛三尺之法"④。

雍正因熟于儒家典论，所以能熟练地应用它"敷政宁人"，教育臣下。如在豫抚石文焯二年（一七二四年）二月的一份奏折上批道："谚云说得一丈，不如行得一尺，宜圣所以听言必观行也。积年老吏之习，不合封疆重任之体，总要规模弘阔，志虑精白，不屑

① 《雍正朝起居注》，五年六月十七日条。
② 《雍正朝起居注》，五年八月初六日条。
③ 《朱批谕旨·朱纲奏折》，朱纲记录训旨一折。
④ 《大义觉迷录》卷1。

屑于市恩避怨,方为无忝厥职"①。用孔子的话教他改变积习,言行一致。一次石文焯奏报严查白莲教事,雍正批示:"涓涓不塞,流为江河。所以圣人谨于防微杜渐,若不除之于早,其害必致蔓延,此事慎毋泛泛视之,一者整齐风俗,洁清地方,二者抑邪扶正,消弥祸患于未形也"②。山东巡抚岳濬折奏给予赴粤教种旱田的农人的铣费及家口安置情形,雍正要他从丰赡给,朱批说:"孟子云上农夫食九人,则是众口所赖者,惟此一夫,今离乡远出,所给银两办装可矣,养家之资或恐不敷耳"③。七年(一七二九年)六月初四日,广西巡抚金铣请安折得到的朱批是:"朕躬甚安,今岁愈觉健壮,此皆蒙我皇考圣灵佑庇之所致。诗云欲报之德,昊天罔极。朕三复斯言,增感曷已"④。

经学、史学是相联系的,雍正也很熟悉历史,在位期间,能吸取前代经验,改善和加强他的统治。清朝以前,对历代帝王的崇祀,只及开创之君二十一人,从祀的功臣也只有三十九人。雍正认为那些虽非创业的君臣,也有统治经验值得吸取,值得尊崇,他说:

> 三代以上,若夏启之能敬承,殷之太甲、太戊、武丁,周之成王、康王、宣王,颂美诗书,光耀史牒。三代以下,英君哲后,或继世而生,则德教累洽,或间世而出,则谟烈崇光,胥能致海宇之乂安,跻斯民于康阜,嘉言传于信史,善政式为良规。至凡蒙业守成之主,即或运会各殊,屯亨不一,苟无闻于失德,咸帝命所宠绥。

至于历代名臣:

---

① 《朱批谕旨·石文焯奏折》,二年二月二十二日折朱批。
② 《朱批谕旨·石文焯奏折》,二年六月十三日折朱批。
③ 《朱批谕旨·岳濬奏折》,十三年二月初九日折朱批。
④ 《朱批谕旨·金铣奏折》,七年六月初四日折朱批。

亦皆川岳钟灵,为时辅佐,功在社稷,德协股肱,比诸从龙之彦,何多让焉①。

因此,增祀守成的帝王一百四十三人,功臣四十人,并作《历代帝王庙碑文》,以记其事。魏征谏唐太宗,上"十思疏",希望君上知足自戒,止兴作以安民,谦冲自牧,慎始敬终,虚心纳下,去谗邪,慎刑法。雍正认为魏征君臣论治,需要吸取,亲书"十思疏",置于屏风,朝夕观览,又亲书多幅,颁赐给田文镜等宠臣②,以便君臣共勉共励。他如评论历史人物、事件、制度,以之训诲臣下尚多。如赐户部"九式经邦"匾额,赐文以周制要求户部忠于职守:"《周礼》以九式之法均节国之财用,职綦重焉,尚其平准出纳,阜成兆民,毋旷乃守。"③

雍正倡三教同源之说,学兼佛老。他能崇佛用佛,乃因通于佛学。

在自然科学方面,雍正说在皇子时代,奉乃父之命,教习裕亲王福全之子保泰"经书算法"④。那时保泰年轻,所学算法,不过是初等的,雍正本人对此所知有限。大体说来,雍正的自然科学知识远不及乃父,也不及于乃兄允祉、乃弟允禄等人。他迷信天人感应说,不可能深入钻研和相信自然科学,相反,他用自然科学的知识为他的敬天愚民政策服务,说搞天文律历,"用以敬天授民,格神知人,行于邦国,而周于乡间"⑤。

雍正极其迷信神鬼命运。办事一定选择黄道吉日,如岳钟琪

---

① 《清世宗诗文集》卷14《历代帝王庙碑文》。
② 《朱批谕旨·田文镜奏折》,四年十一月初三日折。
③ 《清世宗诗文集》卷11《御书匾额题辞》。
④ 《雍正朝起居注》,二年十月二十七日条。
⑤ 《清世宗诗文集》卷6《数理精蕴序》。

西路军大本营迁移,由雍正看历书选定,通知移营时日。有的地方官赴任雍正也给他择定出发日子。他事事讲求吉祥如意,大臣出行,赐予如意,每到过年,诸王大臣向他进呈如意,"取吉兆之意",从他这儿开始,形成了习惯,流传后世①。他笃信八字。他知道年羹尧的八字,有一次年要进京陛见,雍正不允许,向对方说明原因是,"有看八字人说年熙不宜你来"②。又告诉年:"你的真八字不可使众知之,著实审密好。番僧中镇厌之事,实不能侵正人,虽属荒唐,然亦说不得全无,未免令人心彰些"③。这是怕被人知道八字,遭仇家厌胜。他又要求年羹尧把岳钟琪八字告给他④。他还要鄂尔泰报告八字,回奏人觉得这是受到极大关怀,他则告诉鄂尔泰:因你身体弱,故要你八字,看你的寿数,今知竟是"大寿八字,朕之心病已全愈矣"⑤。因信八字,和算命的结了不解之缘。有个浙江人史瞎子,名声很大,所谓"言休咎奇中",有人把他推荐给雍正,大约奏对时说了不中听的话,发遣到辽左为民⑥。

雍正文思敏捷,于日理万机之中,亲自书写朱谕、朱批,少则数字、数十字,多则上千言,都是一挥而就。他的朱谕,从存于中国第一历史档案馆的所见,书写都很整洁,文字流畅,间有口语,很少涂抹。朱批、朱谕不是为作文,也不是为发议论,是处理政事,于行文之中,说明他对某事处理意见,全系政事内容,更可见他的才思和从政能力相一致。朱批、朱谕是这两方面才能的结合。兹录两分原件完好,便于识认的给年羹尧的朱谕,以见一斑。一件:

---

① 《竹叶亭杂记》卷1。
② 清世宗"朱谕",第12函。
③ 《文献丛编》第5辑《年羹尧奏折》。
④ 《文献丛编》第5辑《年羹尧奏折》。
⑤ 《朱批谕旨·鄂尔泰奏折》,四年九月十九日折及朱批。
⑥ 《簷曝杂记》卷2《揣骨史瞎子》。

使臣中佛保等回来所奏之折,抄来发于你看。未出尔之所略。但你临行之奏,待他来人少轻淡之论,朕少不然。朕意仍如前番相待,何也? 今换人来矣,想策汪疑根敦,与事无益,二者朕总实在推心置腹,不因彼变迁而随之转移,总以无知小儿之辈待之,体理复彰,你意为何如? 再其所请求之事,逐款当如何处,将你意见写来朕看。他如此待留罗卜藏丹津之意,你意为何如? 他的人来,一路上仍加意令其丰足感激,可速谕一路应事官员知悉。再他又向藏之论,此信未必也。可速速详悉逐条写奏以闻。特谕①。

从原件可知,这二百余字中,只抹去"料"字,改为"略"字,再则加了"如"、"此"二字。另有一件,原文是:

都中一切蒙古王子、台吉和喇嘛闻郭隆逆僧一事,皆大有敢怒而不敢言之色,此种愚顽总不论是非情理,迷惑于此无理之道者,实不可解。并拉什、特古特等闻之,皆为之辨(变)色,虽口中挫挣云是,光景甚属可笑。因此,朕之佛法实超出于此辈庸僧,时将正经佛法开导他们众蒙古王子、台吉等好几次矣。然皆有貌感而心不然之景。虽然你知道了,北边一带蒙古之众心亦不可不照顾。朕借此机会亦欲言明正经佛法,严敕喇嘛护教,当端其本,敬僧必择其人,连京中一切庸俗番僧,皆严示一番。特令你知道留心,但再若如有如前当行处,亦不可因此姑容。善后之策,甚属紧要,不可因小而误大,图缓而略急。朕之闻见,全谕你来,你知道后只管相时度机而行,你的见识再不得错的,朕信得及②。

---

① 原件藏中国第一历史档案馆。
② 原件藏中国第一历史档案馆。

全谕约三百言,只涂改一字,添增十余字,雍正一日书写很多,因系处理政事,一定很认真,一定要深思。但一天处理那么多事,写那么多朱批、朱谕,不可能在每一篇上用很多时间。所以还是他才能出众,思路清晰,援笔立就。

康熙的儿子们多擅长书法,康熙三十八年(一六九九年)王士禛看到允祉的作品,赞叹"遒美妍妙",又说"东宫暨诸皇子皆工书如此,盖唐宋明以来仅见之盛事也"①。这就把雍正包括在里了。雍正元年八月,《景陵圣德神功碑》碑文撰成,雍正命善于书法的允祉、允祐和翰林院中书法精妙者书写。他说自己学过康熙的书法,得到乃父的"嘉奖",这时也书写一过,以便与诸臣比较选择,以供刻石。他说这不是"自耀己长",不过是为表示对乃父的恭敬②。显然,他自认为有精于书法的特长。据记载,康熙欣赏他的书法,每年都令他书写扇面,多达一百余幅③。他留下的手迹很多,大多是小字行书,今藏中国第一历史档案馆的赐年羹尧宝石的朱谕、命宠信督抚推荐懂得医学的人的谕旨等原件,均可看出他运笔流畅、娴熟,结构严整的书法工力。

说到雍正的政治才能,突出表现在三个方面,一是比较了解下情,二是比较了解自己,三是建立在这种了解基础上改革政治的抱负。

雍正把他和康熙作了一个比较,说他事事不及乃父,"惟有洞悉下情之处",比乃父高明。他认为康熙八岁即位,深居宫中,很难了解真实情况,因为"大小臣工方欲自行其私,又孰肯敷陈其弊;在朕居子臣之位,定省承欢,又有不便陈言之处。以朕为皇考

---

① 《居易录》卷31。
② 《上谕内阁》,元年八月初十日谕。
③ 《养吉斋余录》卷3。

之爱子尚不能言,则皇考果何从而知之乎?"而他自己则有藩邸四十余年的亲身阅历,了解官场和政治实施情况:"凡臣下之结党怀奸,夤缘请托,欺罔蒙蔽,阳奉阴违,假公济私,面从背非,种种恶劣之习,皆朕所深知灼见,可以屈指而数者。"他又因在藩邸时间长,阅历深,自认为"较之古来以藩王而入承大统,如汉文帝辈,朕之见闻,更远过之"。继位之后,他通过奏折制度,派遣侍卫和亲信私访,以及一般的官方公文等途径,了解吏治民情,比较多地把握真实情况。同时政事是他亲自处理的,事态的发展变化也就能在他的洞鉴之中。如程如丝贪婪案,为年羹尧所揭发,受蔡珽的阻挠,当年羹尧出事之时,雍正命石文焯往四川审理,石因过去同年有交往,这时更怕再审出实情,落个包庇年的罪名,就做出有利于程、蔡的报告。后来蔡案发生,要重审程案,雍正还打算派石文焯去,为了他能秉公审处,给他如下批示:

> 程如丝夔州惨伤私商一案,汝前番审鞫大有不协之处,今另行审查,或著汝赴川亦未可定。不必惊慌,朕谅汝彼时原有许多不得已处,虽然终受软懦依违之累,有失公正刚方之体,不合为蔡珽所欺,又欲避年羹尧向日之形迹,未免傅会其间,今恐逃坑复落堑矣①。

虽然在这件事情中,雍正原有欲诛年而偏袒蔡、程之病,石迎合而为程开释,不能怪罪于石,但雍正了解石、年关系,洞察他的腑肺,分析他的思想入情入微,无不肯綮。雍正曾让署湖广总督福敏路过河南向田文镜转传谕旨,后发现有讹误,又命浙江观风整俗使王国栋路过开封时加以改正,田文镜为此折奏,说一般人只知"皇上

---

① 《朱批谕旨·石文焯奏折》,五年二月二十五日折朱批。

操生杀予夺之大权而可畏,而不知皇上禀至圣至神之聪明而不可欺"①。雍正实在了解下情,不易被臣下蔽锢。

雍正把他同乃父作比较,也是对自身的了解,自云洞悉下情,是有自知之明的一个方面。他相信自己政治上成熟,意志坚定,一往直前实施既定的方针。五年(一七二七年),他说:

> 朕年已五十,于事务经练甚多,加以勤于政事,早夜孜孜,凡是非曲直尚有定见,不致为浮言所动②。

他对自己的了解还表现在有较强的自信心上。他相信自己的能力,在直隶总督李绂的一份奏折的朱批中,极言自身的见识超过他的臣下。他颇有意思地写道:

> 尔自被擢用以来,识见实属平常,观人目力亦甚不及。朕但取尔秉彝之良,直率之性而已。凡聆朕一切训谕,如果倾心感服,将来智虑自当增长扩充。……尔诚不及朕远甚,何也?朕经历世故多年,所以动心忍性处实不寻常,若能精白自矢,勉竭同心合德之诚,朕再无不随事训诲玉成汝之理。倘以为能记诵数篇陈文,掇拾几句死册,而怀轻朕之心,恐将来噬脐不及。朕非大言不惭,肆志傲物,徒以威尊凌下之庸主,极当敬而慎之,五内感激,庶永远获益无穷,尔其钦承此谕毋忽③。

要这有文名而又刚直的臣子服他,并非专恃帝王的权威,也非不知羞耻地大言不惭,他自信识见在被教导人之上,自信不是庸愚的人主,能够驾驭群臣。他认识自己的地位,懂得做皇帝的难处,他不止一次地讲"为君难",如说:若对弊政不加改革,众人会说皇帝懈

---

① 《朱批谕旨·田文镜奏折》,五年正月初七日折。
② 《雍正朝起居注》,五年十月初三日条。
③ 《朱批谕旨·李绂奏折》,四年十一月二十五日折朱批。

于政务,若竭力整顿,又会被人目为苛刻①。对于言官的意见若不采纳,则是不能受谏,若以其言谬妄而加处分,则是堵塞言路,怎样做才好呢? 他感到这是"为君之所以难也"②。他因此铸造了"为君难"的玉玺。这样认识自己的地位,有利于处理政事。他还知道在君主宝位上,要使自己政策正确,要真正吸取臣下意见,就要反对他们的揣摩迎合,为此屡发指示:"尔诸臣宜矢公矢慎,共襄盛治,嗣后务宜屏去私心,勿事机巧,凡事只求当理,即合朕意,逢迎之术,断不可用。朕在藩邸,洞悉诸弊,岂有向以为非,至今日而忽以为是耶!"③

了解情况,认识自己,就可以制定比较切合实际的施政纲领、方针和政策,而且有能力有信心去实现。正因为他把握了康熙末、雍正初的政情、民情,懂得历史,具有"振数百年颓风"的抱负,才能够提出"雍正改元,政治一新"的奋斗目标,适时地要求臣下"将向来怠玩积习务须尽改"④,从而进行了一番改革。

英国人濮兰德·白克好司讲到雍正的才智:"控御之才,文章之美,亦令人赞扬不值。而批臣下之折,尤有趣味,所降谕旨,洋洋数千言,倚笔立就,事理洞明,可谓非常之才矣"⑤。他的中肯之言,可作为这一节的结束语了。

第二节 "朝乾夕惕"

雍正即位前几年,多次表示要勤于理政。元年(一七二三

---

① 《雍正朝起居注》,二年十月十七日条。
② 《雍正朝起居注》,五年十月初三日条。
③ 《上谕内阁》,元年五月初七日谕。
④ 《雍正朝起居注》,元年七月十一日条。
⑤ 《清室外纪》,《清外史丛刊》本,62页。

年),京口将军缺出,雍正命叫李枺署理,大学士票拟时误将张天植拟用为副都统署理京口将军,事情发觉后,大学士们自请交吏部议处,雍正因此教导他们认真办事,并自云年富力强,可以"代理""大学士所应为之事"①。二年(一七二四年),雍正向朝臣讲:

> (朕)仰荷皇考诒谋之重大,夙夜祗惧,不遑寝食,天下几务,无分巨细,务期综理详明。朕非以此博取令名,特以钦承列祖开创鸿基,体仰皇考付托至意,为社稷之重,勤劳罔懈耳②。

他感到维持清朝江山责任的重大,而新继统对臣工不熟悉,需要勤政治理。五年(一七二七年),雍正把他比较欣赏的疆吏朱纲用为云南巡抚,在朱纲陛辞时,作了可谓推心置腹的长谈,讲到继统初期的心情和情况:

> 初御极时,诸臣多未识面,朕费无限苦心,鉴别人才,办事自朝至夜,刻无停息,惟以天下大计为重,此身亦不爱惜③。

其实,雍正的勤于理事,还不仅是初期政事没有头绪的形势所决定的,更重要的是,他健全奏折制度,又创设军机处,把辅臣进一步降低为"幕僚",使自己一身兼国家元首和行政首脑两重职务,事务自然更加殷繁了。

雍正处理朝政,自早至晚,少有停息,大体上是白天同臣下接触,议决和实施政事,晚上批览奏章。即在吃饭和休息的时候,也是"孜孜以勤慎自勉"④,不敢贪图轻松安逸。年年如此,寒暑无间。六年(一七二八年)夏天,他写《夏日勤政殿观新月作》七律一

---

① 《上谕内阁》,元年十一月初八日谕。
② 《上谕内阁》,二年四月初七日谕。
③ 《朱批谕旨·朱纲奏折》,朱纲纪录训旨一折。
④ 《朱批谕旨·李维钧奏折》,三年二月初一日折朱批。

首:"勉思解愠鼓虞琴,殿壁书悬大宝箴。独览万几凭溽暑,难抛一寸是光阴。丝纶日注临轩语,禾黍常期击壤吟。恰好碧天新吐月,半轮为启戒盈心"①。雍正因早年夏天中过暑,以后形成畏暑的心理②。这一年酷热之时,意欲休息,但一想到前贤的箴言,帝王的职责,就不敢浪费一点时光,又勉励自己警戒骄盈,去努力从事政务。次年又作《暮春有感》:"虚窗帘卷曙光新,柳絮榆钱又暮春。听政每忘花月好,对时惟望雨旸匀。宵衣旰食非干誉,夕惕朝乾自体仁。风纪分颁虽七度,民风深愧未能淳"③。因此朝夕戒惧,不敢怠惰,时序的变化虽大,然而无暇也无心欣赏花木的繁荣。

晚间,也是雍正紧张的时刻,批览奏折,常常到深夜,搞得精力疲敝。他常把这种情形书写在臣工的奏折上:

日间刻无宁晷,时夜漏下二鼓,灯下随笔所书④。

灯下所批,字画潦草,汝其详加审视⑤。

灯下批写,字迹可笑之极⑥。

又系灯下率笔,字迹更属可笑⑦。

丙夜灯下逐条省览,一一批示矣⑧。

因灯烛之下字画潦草,恐卿虑及朕之精神不到,故有前谕,非欲示朕之精勤也⑨。

---

① 《清世宗诗文集》卷29《四宜堂集》。
② 《上谕内阁》,五年四月二十七日谕;《朱批谕旨·鄂尔泰奏折》,七年六月十八日折朱批。
③ 《清世宗诗文集》卷29《四宜堂集》。
④ 《朱批谕旨·蔡珽奏折》。
⑤ 《朱批谕旨·赵弘恩奏折》,七年十一月初七日折朱批。
⑥ 《掌故丛编》第3辑《鄂尔泰奏折》,4页下。
⑦ 《朱批谕旨·鄂尔泰奏折》,四年四月十九日折朱批。
⑧ 《朱批谕旨·田文镜奏折》,七年九月二十九日折朱批。
⑨ 《朱批谕旨·田文镜奏折》,七年十月二十四日折朱批。

朱批是雍正勤政的最好纪录。这一做法他一直坚持下去,虽然八年(一七三〇年)以后,朱批分量有所减少,但他的励精图治的精神仍然洋溢其间。

雍正处理事务,非常认真。臣下的疏忽大意,草率从事,掩饰过愆,往往在他的精细之中被发现了。元年(一七二三年),年羹尧奏一折,大学士已经议复,后蔡珽有同样内容的折子,大学士没有察觉,又行上奏,雍正注意到了,批评他们"漫不经心"①。同年,礼部侍郎蒋廷锡等书写追封孔子五世王爵诏,将"重道"二字误写,没有检查出来,雍正看题本时发现了,把蒋廷锡等叫到跟前,告诫他们"勿谓此等本章无甚紧要,朕不详览,嗣后当惩之"②。五年(一七二七年),浙闽总督高其倬连着就福建水师问题作了两个报告,因路途遥远等缘故,后写的折子先到,雍正见了,因上有续报的话,追问是怎么回事③。可见他不放过一个溽隙。七年(一七二九年),署理浙江总督性桂折奏侦缉甘凤池事,雍正阅后批道:"前既奏过,今又照样抄誊渎奏,是何意见耶?"④具奏人忘了这是重复奏报,日理万机的皇帝对其前折倒印象很深。福建巡抚刘世明没有及时对雍正的训令作出反映,雍正可不是说了话就置于脑后的,于是新的训饬就发生了:"朕日理万几,刻无宁晷,费一片心血,亲笔训诲之旨,竟一字不复,想汝终日在醉梦中矣"⑤。雍正就是这样孜孜不倦地热衷于他的事务。他说:"朕于政事,从来不殚细密,非过为搜求也"⑥。确实,他不是为挑蒋廷锡、高其倬、刘世明等错

---

① 《雍正朝起居注》,元年七月十一日条。

② 《雍正朝起居注》,元年十一月初六日条。

③ 《朱批谕旨·高其倬奏折》,五年十一月十七日折朱批。

④ 《朱批谕旨·性桂奏折》,七年八月初六日折朱批。

⑤ 《朱批谕旨·刘世明奏折》,八年二月初三日折朱批。

⑥ 《朱批谕旨·李维钧奏折》,二年六月二十二日折朱批。

误,而是他本身办理认真,并以此要求臣下。

　　雍正在对朱纲说了他不惜自己身体地勤政之后,接着说:"朕之不少图暇逸者如此,尔等督抚身任封疆之责,朕又岂肯任其贪图逸乐?务宜勉励为之,无为溺职之巡抚。"要求臣下和他一样紧张忙碌。他不许官员设立戏班,原因是多方面的,怕他们贪污腐化,败坏风俗,再则是怕他们"以看戏为事,诸务俱以废弛"①,影响公务。五年(一七二七年)六月,他因交廷臣所办事务不能及时办理,发了脾气,他说:我整天坐在勤政殿里,又不顾暑热,想办理事情,为什么诸大臣对交代的事情抱沉默态度,不来回奏,若不能办的话,何以不讲明原委,若不想办的话,干脆交给我,我来替你们办。现在责令你们把因循迟延的问题回答清楚②。次年二月,新任御史鄂齐善、曾元迈值班早退,大学士马尔赛请把他们交部议处,雍正讲不要按常规处罚,他们是新进小臣,就这样怠惰,不严加教导,就不能警戒那些越礼偷安的人了。因此命令他们每天到圆明园值班,日未出时到宫门,日落以后才准散班③。他们住在城里,这样的当班,真够受的。

　　雍正勤政,加上他的一套行政办法,所以他办事非常迅速。他每日召见大臣,议决事情。当西北两路用兵时,一天面见军机大臣数次,晚上也要召见。他看官员的本章、奏折,认真而外,处理及时。如在豫抚田文镜三年四月十七日奏折上朱批,询问年羹尧向河南运送资财的去向和河北镇总兵纪成斌的为人,五月初六日田文镜具折回奏,报告已派人了解年的问题,谈了对纪的印象④。四

　　①　《朱批谕旨·李绂奏折》,三年六月初九日折朱批。
　　②　《上谕内阁》,五年六月初四日谕。
　　③　《上谕内阁》,六年二月二十九日谕。
　　④　《朱批谕旨·田文镜奏折》。

月十七日至五月初六日,头尾算上才二十天。他们君臣的笔谈,就进行了一个来回。五月二十六日,田文镜进一步折奏年、纪二人的情况,雍正阅后在朱批中又问道员佟世镳的为人。同一天,田文镜还进呈一谢恩折,雍正也写了朱批,到六月十三日,田文镜就见到这份朱批了,随后于二十一日对佟世镳问题作了奏报①。这一年五月小,二十六日至下月十三日,共十七天。开封到北京的路程是一千六百里,来回三千二百里。这些奏折,都由田文镜家人呈递,日行不可能像驿站传送公文,可以三、四百里,四、五百里,所以这十七天,主要是路上来回占用了,不用说,雍正随收到随批阅,随即发出。他就是以不过夜的精神看臣下的折子,因而很快掌握了情况,处理了事务。十年(一七三二年)七月初八日,礼部侍郎张照为他祖父张淇呈请设立义庄和请求旌奖,三天后,即十一日,雍正批准了他的请求,命礼部议奏旌表,十月十三日大学士张廷玉题请给张淇封典,十五日雍正即予认可②。关于张淇的封典,事情很小,又是例行公事,两次题本,雍正都在两三天内答复了,并不因平常的事情而拖延。他如此迅速处理事情,可见他的行政效率之高。

雍正躬亲细务,惹出了一些不同的看法。二年(一七二四年)年初,福建巡抚黄国材上奏,认为细微的事情不必专折奏闻,只需报给六部,由他们汇总具题③。还有人认为雍正大小事一齐抓,"烦苛琐细",他们希望人君不要亲理庶务④。雍正对此作了一些辩解,就黄国材的奏议说,他是效法康熙六十余年的勤政精神,所以"朝乾夕惕,事无巨细,亲为裁断。"他强调正当年富力强之时,

---

① 《朱批谕旨·田文镜奏折》。
② 《张氏捐义田奏折》。
③ 《雍正朝起居注》,二年二月初九日条。
④ 《雍正朝起居注》,二年七月十六日条。

不可稍图暇逸。他说劝他的人也可能有爱君之意,但不知他的脾气,如果大家都效忠为国,事情办得井井有条,就是封章堆叠,也乐于披览,不以为劳,若众人苟且塞责,以致事务废弛,日无一分封章,心里反倒不安①。表示他绝不图暇逸而减少对政务的处理。五月,他进一步说明皇帝躬亲政务的必要:"国家设官分职,各有专司,而总揽万几,全在一人之裁决",因此天子不能端默高拱,必须综理庶务②。七月,《御制朋党论》中,把反对他躬理细务的人归之朋党,认为那些人"畏人君之英察,而欲蒙蔽耳目,以自便其好恶之私"③。这样一来,再没有人敢于非议亲理庶务了。

雍正从政,日日勤慎,戒备怠惰,坚持不懈,以朝乾夕惕自励,自诩。年羹尧错书"朝乾夕惕"为"夕阳朝乾",他以此作为整治年的理由,虽是借题发挥,然亦有因。他认为"'朝乾夕惕',《易经》传注,皆以为人君之事"④。只有人主才配得上"朝乾夕惕",而他是当之无愧的,年羹尧居然在这里写错了,不诚敬,也就是不以"朝乾夕惕"许他,就这一点来讲他也要恼火的。朝乾夕惕,励精图治,雍正是当之无愧的。

第三节 刚毅和急躁的性格

五年(一七二七年),雍正批评浙闽总督高其倬优柔寡断:

> 观汝办理诸务,必先将两边情理论一精详,周围弊窦讲一透彻,方欲兴此一利,而又虑彼一害,甫欲除彼一害,而又不忍

① 《雍正朝起居注》,二年二月初九日条。
② 《上谕内阁》,二年五月十三日谕。
③ 《雍正朝起居注》,二年七月十六日条。
④ 《大义觉迷录》卷4。

弃此一利,辗转游移,毫无定见。若是则天下无可办之事矣。夫人之处世如行路,然断不能自始至终尽遇坦途顺境,既无风雨困顿,又无山川险阻,所以古人多咏行路难,盖大有寓意存焉。凡举一事,他人之扰乱沮挠已不可当,何堪自复犹豫疑难,百端交集,如蚕吐丝,以缚其身耶!世间事,要当审择一是处,力行之,其余利害是非,概弗左盼右顾,一切扰乱沮挠,不为纤毫摇动,操此坚耐不拔之志以往,庶几有成。及事成后,害者利矣,非者是矣。无知沮挠之辈,不屏自息矣。今汝则不然,一味优柔不断,依违莫决,朕甚忧汝不克胜任,有关国家用人之得失也,奈何!奈何!①

他教诲臣下,办事要拿定主意,不能瞻前顾后,游移不决,莫衷一是。这一朱批贯穿了反对优柔寡断思想,表明雍正主张办事不怕艰难,不顾阻挠,认准了就干。从而说明他具有刚毅果断的性格。

他的这一性格,表现在政治上就是决策果断。对一件事情的利弊,一旦有所把握,就做出裁决,即如黄炳创议实行摊丁入粮,他认为时机不成熟,不准许,数月后李维钧又提出来,促使他进一步思考这一问题,及至议出实施办法,立即决策施行。又如诺岷倡议火耗归公,遭到廷臣的强烈反对,他表示支持,朝臣没法,退了一步,希望先作试行,雍正讲可行就行,试什么,于是全面推行。拖泥带水,颠三倒四,犹豫不决,和他的性格不相容。他办起事来,说干就干,干就像干的样子。如他为推行新政策和整顿吏治,大批的罢黜不称职官员和破格引进人才。别人批评他"进人太骤,退人太速",也毫不顾恤。这种坚毅性格,才便于冲破反对势力的阻挠,坚定地实施他的政策。凡是做开了的事情,他就坚持下去,力求达

---

① 《朱批谕旨·高其倬奏折》,五年九月初二日折朱批。

到目的,所以他的重大的社会政策都没有改变。

雍正的刚毅果断,同他的急躁毛病连在一起。他自己说康熙训诫他遇事时要"戒急用忍",他就把这个教导书写出来,置于居室,以便朝夕观览。二年(一七二四年)闰四月,他就对辅国公阿布兰的态度检查自己,说没有详察而急于启用阿布兰,及其犯罪又不能隐忍,就是没有实现"戒急用忍"①。康熙早在四十七年(一七〇八年)评论他的儿子们时,说雍正幼年"喜怒不定",雍正认为自己已过而立之年,居心行事,性格已经稳定,不再是幼时喜怒无常的情形,特向乃父说明,并请求不要把这个谕旨记载在档案里。康熙说这十几年来四阿哥确实没有这种情况了,可以免予记载②。雍正少年时代忽喜忽怒,后来是否改变了,暂且不说。这喜怒不定,是性情乖僻,可能是神经质的表现,也可能是心境不佳,情绪不安宁,遇事会狂喜狂怒。喜怒不定,也是脾气暴躁的表现,感情说暴发就暴发出来。所以康熙说他喜怒不定,要他戒急用忍,都是说他性情急躁的毛病。

雍正注意改变他的急脾气,在给李绂的朱批中写道:"朕经历世故多年,所以动心忍性处实不寻常"。③ 就是说,多年来,在重大的事务中,以坚忍的毅力锻炼耐性,克服急躁毛病。在储位斗争时,搞《悦心集》,研究佛学,就是动心忍性的表现。做皇帝后也留心不犯老毛病。三年春天,直隶总督李维钧奏报广开沟渠,雍正以开沟不是不可等待之事责备他,说他急急忙忙去做,"殊属悖谬",又警告他,你不怕做贻笑于人的督抚,"朕不甘为轻举妄动之人主"④。

① 《雍正朝起居注》,二年闰四月十四日条。
② 《雍正朝起居注》,四年十月初八日条。
③ 《朱批谕旨·李绂奏折》,四年十一月二十五日折朱批。
④ 《朱批谕旨·李维钧奏折》,三年二月二十五日折朱批。

但是他轻举妄动的事并不少,像强迫闽粤士人学官话,坚持朔望宣讲《圣谕广训》,停止浙江人的乡会试。对待官员,也常常是喜怒不定。如对福建陆路提督丁士杰原是赏识提拔,在他于四年十二月初一日写的折子上批云"所奏甚是,但勉行以践所言可也。"不久,丁士杰借执事给回乡的少詹事陈万策使用的事,被雍正知道了,把他交部议处,丁士杰又上一折为己辩解,这下激恼了雍正,朱批就相当苛刻了。丁士杰折子上说他借执事的"隐微之处更不敢不为我皇上直陈",雍正就此朱批"无耻之极"。丁说他对上司"并不知如何逢迎",朱批:"不知逢迎上司,惟知曲意逢迎钦差,其罪更甚。"丁说"臣立意自矢,时存无欺隐之心,亦不敢萌一逢迎之私。"朱批"好无欺隐","好不逢迎。"丁又说"逢迎之事,不惟目前不为,即臣终身实断不可为也。"朱批"可谓天良丧尽矣。"丁说他因不知陈万策的狂妄行为,所以没有参奏他,朱批"看尔光景,小人之福有限矣。"这些行间批外,雍正又在折尾写道:"观尔不知悔过,不知愧恶,一味强词饰辨,必不知感朕恩遇,愚贱小人之态露矣,'卑贱无耻'四字当深以为戒,莫令人指唾。""无耻之极","天良丧尽",骂得真凶。但是,十几天之后,也即二十六日,丁士杰奏报福建仓储情形的折子上,雍正又夸奖了他:"尔奏甚属可嘉,一切皆似此据实无隐,乃报朕第一著也,勉之,朕甚嘉尔之存心立志。"丁士杰随即获知,陈万策事使他降三级留任,遂于五月二十八日具折谢恩,折中说:"臣闻命自天,愧感无地。"雍正朱批:"若再愧为数事,恐不能有感之一字矣。"丁又表示今后"恪遵慈训,终始如一,以仰答高厚之恩于万一。"朱批则说:"朕因尔向不欺隐,所以训尔终始如一,但饬尔痛改前非矣"①。陈万策是

---

　　① 《朱批谕旨·丁世杰奏折》,四年十二月初一日折朱批;五年四月初六日折及朱批;五年四月二十四日折朱批;五年五月二十八日折及朱批。

正四品的中级官员,丁士杰是从一品的大僚,丁借给他轿舆执事,原是碍于情面,谈不上有意逢迎,他的奏辩原合情理,而雍正原认为丁忠诚,而隐蔽陈万策在乡活动不报,就生他的气,及至看到他的辩解,气上加气,于是指斥激烈,言词过当,迫及有所觉察,于丁的谢恩折中就改过来了。可见他气恼时自己也不能克制,仍有暴怒的毛病。他有时好走极端,说话很不反映实际,以之办事就会出问题。即位初年,对朋党痛恨已极,在《御制朋党论》里大肆伐挞欧阳修,说他的君子有党、小人无朋的说法造成清代的朋党之风,因此,如果他还活着的话,"朕必诛之以正其惑世之罪"①。好家伙,欧阳修没遭开棺戮尸之刑真是万幸!对欧阳修发这样大的火真是没来由的,所以他的臣子为他撰写《实录》时,替他害羞,就把欧阳修造成朋党流毒的话删掉,将"诛之"一句,改为"朕必饬之以正其惑"②。欧阳修地下有知,这才可以安心了。雍正有一天看戏,演的是郑儋打子,看得高兴,赐给伶人食物,该伶受宠若惊,遂于皇帝攀谈起来,因剧中主角是常州刺史,就问今日常州太守为谁。雍正一听勃然大怒,一个贱优,怎敢问起长官!不加惩治,形成风气还得了,立即将伶人杖死③。他一激动不要紧,就造成人命归天的惨事。

雍正在他的统治后期,指责一些疆吏轻于改变旧制。他说:"常见督抚提镇等于莅任之初,或轻听人言,或自凭臆见,率尔具奏,更改旧章,不计事之永远可行与否,及至再经条奏,仍复旧规,多费曲折,地方官民未必不受更张之扰累"④。其实,他很可以反

①　《雍正朝起居注》,二年七月十六日条。
②　《清世宗实录》卷22,二年七月丁巳条。
③　《啸亭杂录》卷1《杖杀优伶》。
④　《上谕内阁》,九年九月十四日谕。

躬自问,正是因为他锐意改革,有的人搞迎合,经过申请,由他批准实行,所以这些官员犯的过失,正是由他促成的。他的急躁病应为出现此种败政的原因之一。

有人批评雍正,"性高傲而又猜忌,自以为天下事无不知无不能者"①。有人指斥他"以黑为白","群臣莫能矫其非"②,"为人自圣"③。归纳这些评论,无非是说雍正刚愎自用,听不得不同意见,不能采纳臣下的建议。这样说有一定道理,但不完全符合事实。雍正对许多问题的决策,事先同有关官员商讨,就中他进行考虑,吸收众人的意见。前述在朱批奏折中讨论政事,已说明了这一点。他对于有些事情中的错误也是乐于承认的。年羹尧的事情发生之后,他在多种场合表示自己识人不准,用人不当。两广总督孔毓珣因与年羹尧有往来而引罪,雍正则说:"朕无识人之明,惧宠匪类,正自引咎不暇,何颜复株连无辜"④。认错的态度是诚恳的。再如四年九月甘肃巡抚石文焯建议在该地开炉铸造制钱,以便禁绝私钱,雍正朱批不允,不久,在石的十一月的一份奏折的批示就改变了态度,他写道:"禁止私钱一事,果如所议,钱法既清,而民用亦裕,区画甚属妥协。彼时朕虑未周详,故谕暂缓,今已准部议矣"⑤。老老实实承认自己原来考虑不周全,很自然地把事情改过来。雍正对他的纳谏问题向大臣作过表白:"朕非文过饰非之人。人非圣贤,孰能无过。尔等果能指摘朕过,朕心甚喜。君子之过也如日月之食,人皆见之,及其更也,人皆仰之。改过是天下第一等

---

① 《梵天庐丛录》卷2《清宪宗八则》。
② 《李朝实录·英宗实录》卷22,五年(雍正七年)四月丙申条,43册125页下。
③ 《李朝实录·英宗实录》卷40,十一年(雍正十三年)正月甲戌条,44册1页上。
④ 《朱批谕旨·孔毓珣奏折》,三年十一月初十日折及朱批。
⑤ 《朱批谕旨·石文焯奏折》,四年九月二十二日折、十一月二十六日折朱批。

好事,有何系吝!"①把他完全看成是文过饰非、刚愎自用的人,与事实不合。但是他确实也有过于自信的情况。他以为通过各种渠道完全掌握了下情,其实有的官员的报告是道听途说,不足为信,他却因之对事情作出错误判断。

总之,雍正的性格,主要是刚毅果断,急躁和喜怒不定是老毛病,虽有所警惕、改正,但是极不彻底。他刚毅,但不愎拗。自信,然而有点过分。

雍正的刚强果决,产生雷厉风行的作风,办事迅速,讲究功效,所以他即位就开展革除积弊的活动,时间不长,就取得一定的效果。他的急躁使他的果断不能完全建立在对客观事物深入认识的基础上,对有的问题分析不够,行动上陷入盲目性,于是事情受到挫折,或开展不下去,达不到预期效果,犯了轻举妄动的毛病。自信心有助于他坚强果敢,自信太过,作为皇帝,就容易阻塞言路,影响政治的改良。

雍正的才能、性格,对于他的政治的出现,给予重大影响,使它赋有他的特色,他的形象。政治像人,也有鲜明的个性,雍正如果不是那样的性格,他的时代的面貌也将不完全是那个样子。

第四节　著　述

雍正思维敏捷,下笔成文,自撰和编辑书籍较多。当然这些书籍的问世,有赖于臣僚的帮助。不过这些图籍记录和反映了他的思想、性格、才能和作风,记录和反映了他的时代的面貌。本节把它们的写作、剖劂、内容作一简单介绍,以便更好地了解雍正。

---

① 《雍正朝起居注》,元年七月十一日谕。

（一）《上谕内阁》

这是把雍正的谕旨辑录而成的著作。

雍正的口谕，有由御前大臣、侍卫、奏事官、奏事太监转传。他要求他们传达准确。为了便于查考、核对，他于二年（一七二四年）七月决定，凡转传谕旨的人，都要作记录，立为档案，奏事处每月汇总奏呈①。这就使他的上谕比较完整地保存下来。他习惯于多讲话，上谕比较详细。他认为朋党斗争激烈，他对朋党的打击，如果不详细说清，人们不明原委，会对他的行为不理解。既然详细说了，在形成文字的时候，就要求臣下记录得完整，公布以后，怕外间传播有误，就加以刊刻颁布。三年（一七二五年）四月，他说："朕每下谕旨，必令票签全写，或有遗漏，即令添补。朕侍圣祖数十年，每见票签简要，岂不欲效法成式，盖以时势不同，非委曲详尽，恐人不能喻朕之志，则小人乘隙议朕之非也。朕所下谕旨，一字一句皆有关系，恐后世有朋比余党，欲蔽惑朕之子孙者，忽将紧要字句私行删节，甚关朕用人行政之声名，则朕抱不白于千古矣。故多刊刻颁布者，有深意也"②。他用心良苦，然而却使他的上谕详明，而且随颁布随刊刻，得以广为流传。五年（一七二七年），他下令各省督抚，将所奉谕旨全部缮写成册，一一详载，不仅自己每日观览，还要传给后任，以便继续遵循御旨办理③。这是把对各省发的专门谕旨加以汇集。七年（一七二九年），侍读学士康五瑞提出汇编上谕刊刻颁发的请求，他说"皇上训谕数百万言，精微广大，无不备举，实于二典三谟媲美先后"，若加汇辑刊发，可使内外

①　《清世宗实录》卷22，二年七月癸丑条。
②　《雍正朝起居注》，三年四月十六日条。
③　《清世宗实录》卷63，五年十一月壬戌条。

530

臣民知晓遵守。允祥、马尔赛等予以转奏。八月,雍正考虑到所发谕旨,有的是为一个地区作出的,有的是因某一事件发出的,只有有关人员了解,众人不能知晓;他还考虑到,谕旨加以传写,字句之间,可能会有错误,也需加以纠正,遂允许诸大臣的请求,命庄亲王允禄负责编辑刊布,以便所有臣民获知圣训,"遵道遵路,易俗移风"①。

允禄主持编选的上谕,所收谕旨,自雍正继位开始,即自康熙六十一年十一月十三日所发谕旨起,至雍正七年止。九年(一七三一年)书成,颁发全国。乾隆继位以后,认为应当把乃父的上谕编完,命和亲王弘昼主持编务,将雍正八年至十三年八月的上谕加以厘定,到乾隆六年(一七四一年)告成。使雍正一朝的上谕成一汇集。这些上谕,大部分由内阁宣示的,所以取名《上谕内阁》。它汇集了雍正公开宣布的大部分谕旨。

允禄等辑《上谕内阁》,采取编年体方式,按时间排定,每月一编。原来不分卷,亦有作一百五十九卷的,因雍正在位一百五十九个月,这样就是每月一卷,所以分不分卷没有任何不同。

雍正在世完成的部分,所收上谕较多,统观全书,前七年的分量占全书的四分之三,换句话说,乾隆时收辑的较少,这一方面是因七年以前的上谕多,后来较少,再一方面则是乾隆不如乃父对这件事那样认真,也就不能多收了。

《上谕内阁》所收谕旨,是否保持了雍正实发上谕的原貌呢?这是可以用《雍正朝起居注》、《清世宗实录》的有关部分对照出来的。"起居注"的书写,一月一清,第二年年初要把头一年的缮清定稿,因此,雍正九年完成的《上谕内阁》部分,都出于前七年的

---

① 《上谕内阁·卷首》;《清世宗实录》卷85,七年八月丁未条。

"起居注"之后。《清世宗实录》作成于乾隆六年,与《上谕内阁》中雍正八年以后部分完成的时间恰相一致。将这三部分加以对照,发现《上谕内阁》与"实录"两见的文字,从八年起,几乎完全相同,这本是乾隆间同时搞的,也是互抄的,相同就是很自然的了。但是《上谕内阁》前七年部分与"起居注"两见的文字则有一些不同。如元年四月二十日向大学士九卿谕朋党之弊,"起居注"云:

> ……一结朋党,两党必致一伤。皇考执中宥物,各与保全,不曾戮及一人。尔诸臣内不无立党营私者,即宗室中亦或有之,尔等若以蒙皇考宽大,幸免罪愆,仍蹈前辙,诱惑朕之无知弟侄,不改恶习,徒致杀身灭族,有何益处,昏昧极矣①。

《上谕内阁》则作:

> ……两相结党,必致一伤。唯我皇考允厥执中,至仁至宥,各与保全,不曾戮及一人。尔诸大臣内不无立党营私者,即宗室中亦或有之,尔等若以向蒙皇考宽大,幸免罪愆,仍蹈前辙,诱惑朕之无知弟侄,必致杀身复族。昏昧极矣②。

应该说"起居注"记载最接近雍正原话,《上谕内阁》与它的不同处,是在文字上作了一些更动,以便文气流畅,而在意思上没有变化。还有一些改动就不同于此了,如"起居注"二年五月二十七日记雍正指斥允禩朋党,原文是:

> 廉亲王至今与朕结怨,特为此〔指朋党〕耳。廉亲王之意,不过欲触朕之怒,必至杀人,杀戮显著,则众心离失,伊便可以希图侥幸成事,虽然伊不过作此妄想耳。……即今党羽之人尚犹未息,譬如抄没石文桂家产时,大学士马齐不知从何

---

① 着重号为引者所加,下同。
② 《上谕内阁》作十八日谕。

得信,于先一日晚间通知将各样物件俱皆藏匿。

《上谕内阁》则记为:

> 廉亲王至今与朕结怨,亦即此故。今廉亲王之意,不过欲
> 触朕之怒,多行杀戮,使众心离散,希图挠乱国家耳。

《上谕内阁》只说允禩等结党“希图扰乱国家”的罪责,比《起居注》说的“希图侥幸成事”轻得多。同时把对马齐的那段指责删掉了。为了疏通文字而发生的改变,没有多大关系,变更意思的改动是说明认识上发生了变化,又要维护皇帝的威信,而作出的骗人之举。总观改动情况,文字上居多,在涉及到某些人物和事件评价时,有的作了变动,但并非变异原貌,而是局部的变化。《上谕内阁》前七年部分与“实录”两见的文字,后者又对前者作了一些变异,其情形大体上与《上谕内阁》对“起居注”的改变相同。所以从史料价值上看,“起居注”最高,《上谕内阁》其次,而“实录”最差。

雍正在汇编《上谕内阁》时,命允禄编辑关于八旗事务的谕旨,允禄也于九年(一七三一年)完成,命名为《上谕八旗》。

(二)《朱批谕旨》

有人说《上谕内阁》“名为臣工所缮录,实与御札手敕无以异”①。但是与雍正手书的《朱批谕旨》究竟有所不同。雍正勤政,每日批览奏折,恒用朱笔作批语,或双行写,或折尾写。因为这些奏折都是直达御前的,只给皇帝看的,批语完全出自雍正一人,诚如他所说:“此等奏折皆本人封达朕前,朕亲自览阅,亲笔批发,一字一句,皆出朕之心思,无一件假手于人,亦无一人赞襄于侧,非如

---

① 《四库全书总目》卷55《世宗宪皇帝上谕内阁》,中华书局1965年版,494页。

外廷宣布之谕旨,尚有阁臣等之撰拟也"①。

雍正在敕令整理《上谕内阁》的同时,编辑《朱批谕旨》,十年(一七三二年)书成,发上谕,说明他批览奏折的情况和辑书的原因,他说奏折是秘密的,朱批不为人所知,但其内容"可为人心风俗之一助",故而加以公布;同时还可使臣民"咸知朕图治之念,诲人之诚,庶几将此不敢暇逸之心,仰报我皇考于万一耳"②。在很大成分上为了表白自己。十一年(一七三三年)刊刻成功,颁发给臣僚。乾隆三年(一七三八年)又出了新的刊本。

据雍正在十年(一七三二年)讲,朱批奏折不下万余件,《朱批谕旨》所收不过是它的十分之二三③。其撰折人都是外任文武官员,内官临时差遣在外者间亦有之。今传乾隆本,具折人二百二十三人,大约收有七千件朱批奏折。

朱批奏折的件数,远远超出雍正估计的万余件,台北"故宫博物院"收藏有二万三千多件,具折人约一千名。雍正时把这些奏折分为三类,一是"已录"的,即刊载于《朱批谕旨》上的;一是"不录奏折",一九三〇年故宫博物院出有《雍正朱批谕旨不录奏折总目》,反映了这类奏折的一部分情况;再一种是"未录奏折",即准备公开而没有公布的。

纪昀把雍正的勤于阅读奏折和写朱批,与历代帝王作了比较:秦汉以后,皇帝对于奏章,有看有不看的,即使御目了,批上一个字,名曰"凤尾诺",没有连篇累牍,一一对奏疏作手敕的;唐宋以后,皇帝的文章多是臣下代草,偶尔写几个字的就传为美谈,哪里有雍正

---

① 《朱批谕旨》卷首上谕。

② 《朱批谕旨》卷首上谕。

③ 《四库全书总目》卷55《世宗宪皇帝朱批谕旨》494页。

那样"句栉字比,标注甲乙,无几微不到者",真是"书契以来所未尝闻见者"。雍正写了那么多的朱批谕旨,确实是前无古人。

《朱批谕旨》所公布的文献,与原来的奏折及朱批,亦不尽相同。仅举一例:《朱批谕旨》所收广东巡抚傅泰的八年十月十九日折,与《清代文字狱档》所公布的同一折子的档案有数处不同:(甲)档案详细,如傅泰报告宣讲《大义觉迷录》情况,《朱批谕旨》中不载;档案中有傅泰报告发现屈翁山文字悖谬的一段议论,有叙及屈翁山子屈明洪投监后的一番议论,《朱批谕旨》中皆无。(乙)档案中:"及臣近敬看《大义觉迷录》内"一句,《朱批谕旨》作:"及臣近日敬看颁到《大义觉迷录》内"。(丙)档案记屈明洪供,对其父文集"曾察阅",《朱批谕旨》改作"未曾察阅"。(丁)档案中朱批原文是"糊涂烦渎,不明人事之至。"《朱批谕旨》则为"殊属糊涂烦渎,不明事体之至。"这些改动,有的无伤于原意,有的则大有出入。和《上谕内阁》一样,雍正不尊重历史,爱改史料,实是一个大毛病。

(三)《世宗宪皇帝御制文集》和《世宗宪皇帝圣训》

雍正能作各种体裁的文字,中国第一历史档案馆收藏他的朱谕,其中有他草写的对子和未完成的诗词,如"天清地宁四序成,恩覆九有仰文明。""一廷和气庆丰盈,愿抒愚悃体维城"。"仰成仁考四方宁,九秋嘉节公清明。普天率土安丰盈"①。可见他是亲自为文的。他的诗文,乾隆时给编成集子,名《世宗宪皇帝御制文集》,共三十卷,其中文二十卷,诗十卷。文分十三种体裁,有勅谕,诏,册文,论,记,序,杂著,题辞,赞,题跋,碑文,祭文,诔。这类作品,大多见于《上谕内阁》、《清世宗实录》等书,但它将重要谕旨

---

① 清世宗"朱谕"第13函。

集中了,便于人们寻找利用。诗分《雍邸集》(七卷)和《四宜堂集》(三卷)。雍邸诗是在皇子时所作,于雍正四年作序刊刻。他皇子时代的传记资料不多,该集辑录他随从康熙巡幸之诗歌,可借作历史资料看待。"四宜堂"是圆明园的一个处所,该诗集作于帝王之时,除给大臣的赐诗反映朝政外,就是他宫廷生活的纪录,也有史料价值。

乾隆时在修纂《清世宗实录》和续编《上谕内阁》中,又编辑成《世宗宪皇帝圣训》,由乾隆于五年(一七四〇年)作成序言,剞劂问世。《上谕内阁》是编年体的,"圣训"则把上谕按类编排,全书三十六卷,分三十类,为圣德,圣孝,圣学,圣治,敬天,法祖,文教,武功,敦睦,用人,恤臣,爱民,恤民,察吏,训臣工,奖将士,广言路,理财,慎刑,重农桑,厚风俗,治河,捐赈,积贮,谨制度,崇祀典,笃勋旧,褒忠节,绥藩服,弭盗。由于它是按问题分类,便于读者查找他的有关言论,而其内容,远不及《上谕内阁》丰富。

(四)《圣谕广训》和《大义觉迷录》

康熙作"圣谕十六条",作为约束民人的规范,雍正继位后对它加以说明,于二年(一七二四年)刊刻颁发,命名《圣谕广训》,于各地宣传。他作序言,说明颁发缘由。一为继承康熙遗志:"朕缵承大统,临御兆人,以圣祖之心为心,以圣祖之政为政,夙夜黾勉,率由旧章,惟恐小民遵信奉行,久而或怠,用申告诫,以示提撕"。二为小民"共勉为谨身节用之庶人,尽除夫浮薄器凌之陋习,则风俗醇厚,室家和平"①。这本书是雍正用较通俗的语言,向臣民,尤其是乡曲小民灌输三纲五常的封建伦理,约束臣民的行动。

————————

① 《圣谕广训序》。

536

《大义觉迷录》从内容上讲，与《圣谕广训》并不相同，但在宣传上则是一致的，都要做到家喻户晓。《大义觉迷录》是关于曾静投书案和吕留良文字狱的历史纪录，它汇集了雍正关于这两个案子的主要上谕，说明了审案过程及结案的处理意见。全书分四卷，还包括《奉旨讯问曾静口供》，其中有问有答，问话是承审官员转述雍正的问题，雍正就此阐明他的一些看法。这本书还附录了曾静的《归仁录》。这本书具有很高的史料价值，所谓雍正篡改康熙遗诏，改"十"字为"于"字，所谓仁寿皇太后为允禵遭囚而自戕，均只见于此，而为其他史籍所无。雍正公布这本书，是为说明他继承的合法，乾隆认为这个问题不宜于公开讲，就把这本书列为禁书，于是更抬高了它的价值。

（五）《执中成宪》、《悦心集》和《庭训格言》

　　六年(一七二八年)二月，雍正命儒臣采录经史子集所载古代帝王的功德谟训、名臣章奏和儒家圣贤的语类。诸臣边辑录边进呈，雍正亲加删定，至十三年(一七三五年)五月书成，名《执中成宪》，共分八卷。该书先录前人言行，雍正为之作论——"御制论"。如就"商王太甲曰：天作孽，犹可违；自作孽，不可逭，"作论："天以仁爱为心，必无作孽于人之理，此皆由人之自取也。其云天作孽者，乃人有过失，天降灾异以示儆，而人能恐惧修省，自可潜为转移，故曰犹可违也。若有过愆，而上天垂训，仍无忌惮，不知畏惧，故曰自作孽也，其能逭乎。"发挥了他的天人感应论见解。他用这本书阐发他的儒家的政治观点，因此乾隆读了该书，知乃父的"圣心圣学实于尧舜孔子同揆，而汲汲于是编，则专以启迪我后人，示之标准也"[1]。这本

---

[1]　乾隆《执中成宪序》。

书在雍正生前没有印刷，乾隆元年才得以问世。

四年（一七二六年），雍正把他在藩邸时编辑的《悦心集》刊刻出版。该书共四卷，收录历代政治家、思想家、僧道及一般文士的著述，或一文，或语录，或一诗一词，录后有雍正对作者的介绍，别无评论，选编者的意思完全从选文中表现出来。卷一收有陶潜的《归去来辞》、《桃花源记》、刘禹锡《陋室铭》、黄洽《五不欺》、林逋《省心录》、邵雍《为善吟》、释令遵《法语》，卷二选有欧阳修《归田录》、朱熹《敬恕斋铭》，卷三辑入唐寅《一世歌》、《花下酌酒歌》、陈继儒《警世通言》，卷四录有赵灿英《安命歌》、冯其源《题布袋和尚》、无名氏《醒世歌》、《知足歌》，等等。这些东西，无非是劝人乐天知命，清心寡欲，与世无争，自得其乐，充满释老的观念。雍正以搞这样的闲书，说明他皇子时追求清净无为，甘心做一闲人，掩盖他参预争夺储位的事实。这也是他在雍正四年把它出版的原因之一。十二年（一七三四年），赐给直隶总督李卫一部，并告他："公务余暇，时一展对，颇可悦目清心。朕及卿辈翻阅此书，大似山僧野客观览朝报而谈时政，殊为越分妄想，每一思之不禁失笑"[1]。李卫阅后，奏言由此知"皇上龙潜藩邸，随境而安，澹泊宁静。"雍正的宣传目的可谓达到了。李卫又说："伏读集中，如黄洽之矢不欺，林逋之戒沽名，邵雍之勉为善，司马光之劝知足，皆古来名臣大儒以忠君爱国之心，抒乐天知命之致。其他单词片语，无非去妄止贪。不同晋人清谈，惟夸旷怀逸志，实为觉世名言，修身至宝。皇上以之涵养圣心，即以之教训臣下，使气质化于和平，性情归于恬淡"[2]。这就是说这本书还有着告诫臣下安分守己的作用。

---

[1] 《朱批谕旨·李卫奏折》，十二年五月十五日折朱批。
[2] 《朱批谕旨·李卫奏折》，十二年五月二十四日折。

八年(一七三〇年),雍正和允祉等追记康熙对他们众兄弟的教诲,得二百四十六条,成《庭训格言》一书,雍正亲为序文,说可从这些语录见乃父对"天、祖之精诚,侍养两宫之纯孝,主敬存诚之奥义,任人敷政之宏猷,慎刑重谷之深仁"[①]。他以追念父祖之圣德,教导兄弟子孙如何处世。这本书所说的康熙语录,既是雍正追忆,很难准确,肯定含有雍正的思想成分,一定程度上可以作为研究雍正思想的资料。

(六)《御选语录》和《拣魔辨异录》

这是雍正编辑的关于佛学的两本书,都成于十一年(一七三三年)。

雍正青年时代就研究佛学,也以精通佛学自居,他为贯彻他的宗教思想,控制佛教,参加当时释子内部的教义之争,编辑两本书,把禅宗、净土宗名僧和道士紫阳真人的语录选集成《御选语录》,全书十九卷,第十二卷是他的语录,即《和硕雍亲王圆明居士语录》、《圆明百问》。他为该书作了《御制总序》和《御制后序》,说明他学习佛学的过程和出书的目的。书中每一卷的开首,又有他作的小序。

如果说《御选语录》是正面讲道理,《拣魔辨异录》则是批驳性的。他认为明末清初的禅僧汉月藏、谭吉忍师徒的《五宗原》、《五宗救》背离了佛家宗旨,是邪说,由于它得人信仰,有使禅宗陷入魔道的危险,乃与它作斗争,摘出汉月藏师徒语录八十余条,逐一辨难,因名《拣魔辨异录》[②]。

---

① 《庭训格言序》。
② 《拣魔辨异录》卷首"上谕"。

此外,雍正还有一些朱谕,在中国第一历史档案馆收藏的有九包,总计四百二十七件,其中绝大部分是雍正用朱笔所写,少量系由他人墨书,雍正阅时作了个别文字改动。墨书者多收入《上谕内阁》等书,而大部朱书的则未见公布,颇有阅读的价值。

由雍正下令撰修的书籍很多,有的由他作了序文。此类著述不再一一说明。

雍正的著述,与他的勤政相适应,颇为丰富。他的述作记录了雍正一朝的政治,包括他的政治、经济、文化、民族、对外关系各方面政策;从继位开始的几次重大政治斗争;他的时代的社会生活。反映了他本人的思想、经历和部分的生活状况。还是他思维敏捷,下笔成文的才能的体现;当然,这只是就他帝王的身份讲的,比起有成就的文学家,他的诗文技艺则是不足道的了。

第十五章　生活、辞世与政治的延续

第一节　家庭生活

（一）圆明园中的生活

康熙爱好出行,南巡、木兰秋狝、东巡、西巡不绝,有时隆冬之际犹出塞打猎。雍正即位,下诏罢鹰犬之贡,宫中所畜养的珍禽异兽全令放出,一个不留①。表示他不事游猎,不但东、南、西的巡幸不搞,连康熙每年举行的北狩也不进行。

雍正极少离开京城。他于元年先后送康熙和仁寿皇太后灵柩去遵化东陵,以后也还去过东陵祭祀。除了这个地方哪儿也没有去。他固守京城,开始是为提防允禩集团,怕离开了发生意外。允禩、允禟死后,他表示"将天下政事经理区画悉皆得宜"时,举行秋狝之礼②。但是他始终没有搞,这说明他除了防范允禩集团,还因政事繁忙,无暇出行。

谅阴期间,雍正居于大内养心殿,这里离乾清门较近,便于召见朝臣,处理政事。

三年(一七二五年)春天,谅阴期满,开始去圆明园居住和办

---

① 《李朝实录·景宗实录》卷11,三年(雍正元年,一七二三年)二月己卯,42册162页下。
② 《雍正朝起居注》,四年十月初二日条。

公。八年下谕百官知晓,他在圆明园和在宫中一样,凡一切应办之事都照常办理,大家不要以为在园中就可以迟惶。他还规定春末到秋初、秋末至春初两个时令官员到园办公的时间①。表明他在园中起居理事已开始制度化。

雍正说他谅阴治事时,"虽炎景郁蒸,不为避暑纳凉之计",待到三年期满,众臣以为"百务俱举,宁神受福,少屏烦喧,而风土清佳,惟园居为胜,"于是才住园中②。他想说明住圆明园的原因,一是嫌大内嘈杂喧嚣,不合办公需要安静环境的要求;二是园中水土好,风景宜人,便于享受;三是消释大内夏季炎热,便于纳凉。清朝皇室来自凉爽的东北,不耐酷暑,而且形成传统的心理因素,雍正因中过暑,更怕热,尤需园居。清朝皇室注意武功,开展巡幸游猎活动,习惯于离开大内过园居生活,摄政王多尔衮谋于塞外建离宫,康熙不仅经营了热河避暑山庄,在京城又常居于畅春园。雍正的园居,倒也符合他的父祖的传统习惯。

圆明园在京城西北郊,畅春园紧北,原为明代一座私人花园,清朝成为官园。雍正在康熙三十七年被封为贝勒,四十八年受封为雍亲王,不知这两次的册封中那一次受赐圆明园。康熙册封皇子集中在三十七年和四十八年两批进行,三十七年时,他在畅春园定居也还不到十年,他的大儿们也都成年不久,估计这时在畅春园附近给他们赐第的可能性不大,雍正的获园在受封雍亲王前后的可能性较大。

作为藩邸赐园,雍正在皇子时已对圆明园作了一些兴建。六十一年三月康熙幸园,在牡丹台会见雍正和乾隆,祖孙三个皇帝聚

① 《雍正朝起居注》,三年八月二十九日条。
② 雍正《圆明园记》,见乾隆《御制圆明园图咏》。

于一堂,亦为趣事。牡丹台,后名镂月开云,为圆明园全盛时四十景之一,可见当时修的已很像样子了。雍正三年(一七二五年),开始大修,雍正年间完成二十八处重要建筑群组的兴建。这些建筑,与宫中一样,分为外朝与内朝两大部分。外朝在圆明园南部,正中为"正大光明殿",是雍正坐朝的地方。其东侧是"勤政亲贤殿",为雍正接见臣僚,披阅奏章,处理日常政务的地方。殿的后楣悬有雍正亲书的"为君难"匾①。"正大光明殿"之南为军机处值房,再南为内阁、六部值房。雍正又赐给亲重大臣在圆明园附近的宅第,以便利他们到园内办公。所以他说"建设轩墀,分列朝署,俾侍直诸臣有视事之所,构殿于园之南,御以听政。晨曦初丽,夏晷方长,召对咨询,频移昼漏,与诸臣接见之时为多"②。圆明园建设了皇帝和中央政府的办公处,成了施政之所,雍正并不是在此逸居游乐。

园中的另一部分建设,则是为了雍正及其家属的生活享受的需要。"正大光明殿"之北,前湖后湖之间,是"九洲清晏"一大组建筑群。乾隆为之歌咏:"昔我皇考,宅是广居,旰食宵衣,左图右书,园林游观,以适几余"③。这是雍正寝息之所,观其名称,寓意四海升平,国泰民安,雍正真是于动静食息之间,也考虑巩固清朝的统治。它的后湖对岸的"慈云普护",是一所观音庙。雍正有时睡不着,赋歌云其寝息环境:"……夜静梵音来水面,月明渔唱到窗边。虚堂虑息难成寐,冰簟心清即入禅"④。听着从后湖水面上传来的慈云普护的钟声,心情可以宁静下来入睡了。圆明园西边

① 《清高宗文集》第五集卷93《洪范九五福之五曰考终命联句》。
② 《圆明园记》。
③ 《圆明园图咏》卷上《九洲清晏》。
④ 《清世宗诗文集》卷29《夏夜不成寐》。

有西山，雍正在九洲清晏望去，尤其是在雨后，湖光山色，令人心旷神怡，故他有《雨后九洲清晏望西山》诗，抒发感怀："蒹葭叶上雨声过，乍觉新凉飒飒多。山色崔嵬千叠翠，湖光潋滟万重波。游鱼避钓依寒藻，翔鸟惊弦就碧萝。莫讶金风催改序，秋晖偏好快晴和"①。"四宜书屋"建筑群，"春宜花，夏宜风，秋宜月，冬宜雪"②，四季适于居住，雍正常休憩于此，因用它为御极后诗集的名字——《四宜堂集》。"万方安和"一群建筑组呈卍字形，设在水中，冬燠夏爽，四季咸宜，所以雍正喜于居此③。今故宫博物院收藏的雍正画像，有观花图一帧，绘雍正于百花盛开之时，临溪观赏各种野花，想是园中生活的写真。

园的名字叫"圆明"，是康熙所赐，雍正说这个赐名大有深意，他认为"圆而入神，君子之时中；旺而普照，达人之睿智也"④。以此从政，就是要符合时宜，既不宽纵废弛，也不严刻病民。他好像居住在这里就要实行"时中"的政策。

为了警卫圆明园离宫，雍正建立圆明园八旗，内务府三旗护军营。

自三年（一七二五年）起，雍正来往于皇宫与圆明园，使之两处都成为清朝统治的心脏。

雍正大肆兴建圆明园，到乾隆时再为扩建，使它成为当时世界上最华丽的宫苑。雍正在位期间不巡幸，不狩猎，建设圆明园和名山宝刹是他两项最大的挥霍。大内、三海和景山，足供皇家生活、

---

① 《清世宗诗文集》卷29。
② 《圆明园图咏》卷下《四宜书屋》。
③ 以上参阅周维权《圆明园的兴建及其造园艺术浅谈》，见《圆明园》第一集，1981年11月出版。
④ 《圆明园记》。

544

休憩、游览之用,雍正别筑圆明园,充分表现他在享乐上的追求。为此就不惜民脂民膏了。

据一些资料反映,雍正在某些生活用品方面不是太讲究。曹頫一次进贡几件文具和生活用品,雍正只对湖笔一项表示欣赏,批语说"笔用得好",对匾、对单条字绫,批云:"用不着的东西,再不必进。"对笺纸四百张,亦批说:"也用〔不〕了如许之多,再少进些。"又就锦扇一百把说:"此种徒费事,朕甚嫌,倒是墨色曹扇朕喜用,此种扇再不必进"①。他讲求实用,而不注意物品是否名贵。他经常教导臣民商人节俭,那些公开的上谕有例行公事之嫌且不说它,他在一些臣子的奏折上特别批示,应是真心话了。闽抚黄国材三年六月初三日奏折的朱批:"请安折用绫绢为面,表汝等郑重之意犹可。至奏事折面概用绫绢,物力维艰,殊为可惜,以后改用素纸可也。此事亦传知〔闽浙总督觉罗〕满保遵奉"②。折子面用的绫绢很有限,他从爱惜物力上讲,也注意节约。他自己也这样做,看他遗留下的朱谕,所用纸张大多是裁成的小条,有时书写不换纸条,将所述内容密密地写在一张纸上。

曾静数说雍正十大罪状,其一为酗酒。社会上传说他日日饮酒,频频地与隆科多饮至深夜,把隆灌得烂醉,令人抬出。又传说四年(一七二六年)端午节这一天,雍正与诸王大臣登上数十条龙舟,饮蒲酒③。雍正喝酒,《花下偶成》一诗云:"对酒吟诗花劝饮,花前得句自推敲。九重三殿谁为友,皓月清风作契交。"④当皇帝,哪有像平民间存在的推心置腹的密友,他有孤寂之感,就把清风明

---

① 《关于江宁织造曹家档案史料》,184 页。

② 《朱批谕旨·黄国材奏折》,三年六月初三日折朱批。

③ 《上谕内阁》,四年五月初九日谕。

④ 《清世宗诗文集》卷 30。

月鲜花美酒当作知心朋友,聊以消遣。他喝酒不烂,因为他勤政,不允许他整日在醉乡之中。

不过,作为最高统治者的雍正,追逐享乐是他的本性,也是他的本领。对于中国上层社会传统的玩艺,如香袋、盆景,他表现了浓厚的兴趣。犬马之爱他亦有之,如屡次指示制作狗衣、狗笼、狗窝、套头。对于西洋的器物、玩意,他接受的很快,如喜爱温度计、望远镜,并令内府仿制。西洋玻璃眼镜,寝宫、乘舆随处备有。他的这些喜好,有的纯属浪费财力、物力,满足犬马声色的贪欲;有的是生理需要,如用西洋眼镜是因老花眼的关系,同时他还指示给泼灰处的工匠发眼镜,作为劳动保护用具①。从他对西洋物品的追求中,可见中国封建统治者首先乐于接受奢侈品的通病。

这里要交代一下雍正龙潜时的雍邸。三年(一七二五年),升之为行宫,名雍和宫,交允祥经管,民间不知道,以为它改名"昌运",赐给允祥了②。待到允祥死,遗言薄葬,雍正说若动用国库、内府的银子给他安葬,不合他的遗愿,而雍邸尚有剩银,因用之为造园寝③。雍正在国库内府之外,还保留雍邸藩库,作为私房钱,也是个守财奴。雍正死后,乾隆于九年(一七四四年)把雍和宫改建为喇嘛庙,使它成为著名的梵宫。

(二) 妻和子

雍正在藩邸时,嫡妻那拉氏,原任步军统领费扬古之女,被康熙册封为雍亲王妃。雍正即位,立为皇后,九年(一七三一年)九月病死,雍正因久病初愈,没有亲临含殓,谥为孝敬皇后。她于康

---

① 参阅杨乃济《雍正帝喜好之物》,见《紫禁城》,第 24 期。
② 《永宪录》卷 4,314 页。
③ 《上谕内阁》,八年六月二十四日谕。

熙三十六年三月生子弘晖,是雍正的长子,但八岁上死去。

李氏,在雍邸时为侧福晋,雍正中被封为齐妃,是雍正后妃中生子女最多的人,也是在诸妾中侍奉雍正最早的人。她比那拉氏晚三个月生雍正第二子弘盼,这个孩子未满两周岁即殇逝,故而没有排入行次。三年后李氏生弘昀,被排为行二,活到十一岁上死去。康熙四十三年李氏又生弘时,是为第三子,他健康地成长了。李氏生一女,为和硕怀恪公主。

钮祜禄氏,康熙三十一年生,十三岁入雍正贝勒府,为格格,五十年八月生弘历,按雍正之子次序应为第五子,因弘盼未叙齿,所以他排行第四,雍正中所称的皇四子,就是他。有一种传说,谓弘历系浙江海宁陈阁老之子,时因雍亲王没有子嗣,王府生了女孩,偷偷与陈家换了个男孩①。这是没有根据的无稽之谈。第一、雍正这时虽死去三个儿子,但弘时已经八岁,他有子嗣,无须偷要人家的。第二、这时雍正三十四岁,前已生子,后来的事实证明他还有生育能力,有何必要在壮年时偷要别人的儿子。第三、那时姜耿氏已怀孕五个月,虽不知是男是女,然亦不是不可等待急于抱子的。第四、进行这种说法的燕北老人,在他的书中又写道:"世宗肃俭勤学,靡有声色侍御之好,福晋别居,进见有时,会夏被时疾,御者多不乐往,孝圣②奉妃命,旦夕服事唯谨,连五六旬,疾不愈,遂得留侍,生高宗焉。"③在这里他又说弘历是孝圣所亲生,而不是陈家换来的了。这是写到后头忘了前头。这种自相矛盾,表明了这个说法不足为信。业师郑天挺先生指出:高宗生时,世宗方居潜

---

① 燕北老人《满清十三朝宫闱秘史》。
② 乾隆生母谥号。
③ 《满清十三朝宫闱秘史》。金梁在《清帝外纪·高宗生于雍和宫》对这个问题有所辨驳(92页)。

邸,春秋鼎盛,且尚有子,"又何必急急于夺人之子以为己子耶!"①
实可破乾隆为汉人之子的传说。钮祜禄氏雍正中被封为熹贵妃,
地位出齐妃李氏之上,是因弘历被康熙、雍正父子所重,她乃得母
以子贵。乾隆继位后,她为皇太后四十余年。

耿氏,生弘昼,只比弘历晚三个月,是为皇五子。其时她亦为
格格,雍正中晋为裕妃。

年氏,巡抚年遐龄女,或云为遐龄养女。雍邸时受封为侧妃。
她于康熙五十九年五月生雍正的第七个儿子福宜,未满周岁死去。
六十年十月生第八个儿子福惠。雍正元年受封为贵妃,地位仅次
于孝敬皇后,同年五月生第九子福沛,当即死去。年氏还生有一
女,为雍正第四女,亦殇。年氏死于三年十一月,病危之时,雍正加
封她为皇贵妃,表彰她"秉性柔嘉,持躬淑慎,朕在藩邸时事朕克
尽敬慎,在皇后前小心恭谨,……朕即位后,贵妃于皇考、皇妣大事
悉皆尽心力疾尽礼,实能赞襄内政"②。年氏进雍邸,从生子在康
熙末年和雍正初年情况看,一定比较晚,且连生三子,说明她得到
雍正的喜爱,有专房之宠。她的这种地位,与她哥哥年羹尧有一定
关系,但主要是她自己获得的。雍正于二年冬已决定整治年羹尧,
三年三月公开罪责他,可是到十一月雍正还那样关怀年妃,显然不
是她哥哥往日有功的因素在起作用。而她死去的下个月,年羹尧
就被赐死,或许年妃倒多少起到一点保护他娘家的作用,当然这不
会很大。

刘氏,雍邸的贵人,雍正中封为谦嫔,于十一年(一七三三年)
六月生雍正的第十个儿子弘曕,因生长在圆明园,被称为圆明园

---

① 《探微集》,中华书局1980年版,63页。
② 《雍正朝起居注》,三年十一月十五日条。

阿哥。

宋氏，雍邸的格格，为雍正生了长女和三女，都没有长大，她只被封为懋嫔。

武氏，宁嫔，没有生育过[1]。

雍正共有八个后妃，一夫多妻。但如果像曾静那样把淫色定为他的一大罪状，则似又够不上。他的后妃，比起乃祖、乃父、乃子乾隆都少得多。顺治只活了二十四岁，有后妃十八人，康熙则更多。在康熙诸皇子中，据四十五年"玉牒"所载，其时大阿哥允禔、皇太子允礽各有妻妾六人，三阿哥允祉五人，五阿哥允祺，七阿哥允祐、九阿哥允禟均为四人，十阿哥允䄉、十二阿哥允祹、十四阿哥允䄉各三人，八阿哥允禩、十三阿哥允祥都是二人，雍正那时只有那拉氏和李氏一妻一妾。十四阿哥在这群人中年龄最小，才十九岁，雍正时已二十九岁，在年长的兄弟中妻妾最少。

雍正共有十个儿子，长到成年的是弘时、弘历、弘昼、弘瞻四人。弘时在成年的儿子中是最大的，但他为人放纵不法，不为乃祖康熙所喜。五十九年（一七二〇年），封允祉子弘晟、允祺子弘昇为世子。这时弘时已十七岁了，也到了可以受封之年，但却没有得到。弘晟、弘时、弘昇的父亲都是亲王，雍正地位绝不在允祺之下，弘时的没有受封，只能是他本人的行为不配得的缘故。五年（一七二七年），雍正以他"性情放纵，行事不谨"，严行惩治，削除宗籍[2]，随即死亡。康熙朝储位斗争那样激烈，康熙也只采取因禁办法处分允禔、允礽，雍正竟如此对待弘时，一方面可以想见弘时罪

---

① 以上见康熙四十五年《宗室玉牒》；雍正二年《宗室玉牒》；吴昌绶《清帝系、后妃、皇子、皇女四考》；《皇清通志纲要》卷4上；张尔田《清列朝后妃传稿》卷上；《清史稿》卷214《后妃传》。

② 《清高宗实录》卷5，雍正十三年十月己丑条。

情严重,一方面也表明雍正对违背他意志的人绝不宽容,哪怕是他的儿子,表现了他的残酷性格。

弘历早为雍正秘密立为储君,十一年(一七三三年)受封为宝亲王,参与一些政务。

雍正对弘昼比较喜爱,派他办一些政事,八年(一七三〇年)去曲阜参加阙里文庙典礼,十一年被封为和亲王,大约是要他与弘历和衷共济,将来辅佐乃兄,而不要出现老一辈的兄弟争位事件。十三年设立办理苗疆事务处,令弘昼和弘历、诸大臣负责这一事务。弘昼在雍正死后,参与朝政,极其骄横,因为小隙,在庙堂之上殴打顾命大臣讷亲①。这种性情,必是雍正养成的。想雍正生子虽多,得以成长的仅四人,而其生前,弘瞻尚在襁褓之中,所以眼见者三人,而弘时罪戾见斥,弘历预为储君,剩下只有弘昼,为了使弘历为君时不致孤立,保证他的子孙的天下,必然有意识地培养和溺爱于弘昼,使他养成贵胄所易有的骄横通病。

弘昼以后的弟兄,除弘瞻外均夭折,就再没有排行次,年贵妃生的第八子福惠亦被称为八阿哥,自幼得到乃父钟爱。雍正在给年羹尧的朱谕中讲家常:"贵妃甚好,福慧上好,特谕尔喜"②。八阿哥的名字,雍正二年"玉牒"所载为福惠,上述朱谕又书作福慧,惠、慧音同而字不同。四年(一七二六年)十一月初七日,雍正说"八阿哥弘晟之名着改为富慧"③。允祉世子弘晟曾于康熙末年随同雍正去盛京谒陵,雍正当然知道他的名字,不知出于什么考虑,夺人之名为自己第八子之名,这时又觉得不好,放弃了。福慧、福惠不会是八阿哥的大名,因康熙孙子们的名字上一字为"弘"字,

---

① 《啸亭杂录》卷6《和王预凶》。
② 清世宗"朱谕",第12函。
③ 《雍正朝起居注》,四年十一月初七日条。

下一字从"日"字,八阿哥的名字与此不合。雍正在命名问题上反复作文章,反映了对这个孩子的重视。五年(一七二七年),革退诚亲王府长史那尔太,雍正意将他一家和由他兄弟担任佐领的那个佐领都给八阿哥①。这时福惠才七岁,雍正就忙着给他分配属下人了。但他还来不及享受,就在八岁时死去。他的死一定给雍正带来很大痛苦。

雍正有四个女儿,三个夭亡,二女儿于康熙五十一年下嫁星德,受封为郡主。她也享年不永,康熙间故去,雍正继位后追封她为和硕怀恪公主。雍正做皇帝时没有女儿,就把允礽第六女、允祥第四女、允禄第一女养于宫中,后来封她们为和硕公主②。

雍正对子女的教育很重视,皇子们六岁以上,就到尚书房读书。雍正在藩邸,请福敏辅导弘历读书。福敏于康熙三十六年中进士,选庶吉士,散馆后,就雍邸之请③。雍正即位,命朱轼、徐元梦、张廷玉、嵇曾筠和蔡世远等教育皇子读书,设堂懋勤殿,行拜师礼。在这几人中,朱轼、蔡世远经常到尚书房上课。朱轼是康熙三十三年进士,推崇宋学。他教皇子,用乾隆的话说是"汉则称贾、董,宋惟宗五子。"他要求皇子把儒家理论运用于实践:"恒云不在言,惟在行而已"④。蔡世远参加编撰《性理精义》,遵奉理学,以编修、礼部侍郎侍雍正子读书十年。他"凡进讲四书五经及宗五子之书,必近而引之身心发言处事所宜设诚而致行者;观诸史及历代文士所述作,则于兴亡治乱君子小人消长心迹异同,反复陈列,三致意焉"⑤。

① 《雍正朝起居注》,五年七月二十八日条。
② 《清列朝后妃传稿》卷上;《清帝系皇妃皇子皇女四考》。
③ 《耆献类徵》卷14《福敏传》;《清史稿》卷303《福敏传》。
④ 《清史列传》卷14《朱轼传》。
⑤ 《国朝先正事略》卷14《蔡文勤公事略》。

他们向皇子传授了儒家特别是理学家的思想。后来乾隆作《怀旧诗》，说他从朱轼那里"得学之体"，蔡世远"得学之用"，福敏"得学之基"①。又在追赠福敏为太师的谕中说："回忆冲龄就傅时，久侍讲帏，敷陈启沃，福敏、蔡世远两师傅之力为多"②。

大内而外，雍正还在圆明园指定"洞天深处"为皇子读书的地方，乾隆咏"洞天深处"诗云："对此少淹留，安知岁月流。愿为君子儒，不作逍遥游"③。记录了他们兄弟读书的实情和愿望。

雍正用具有理学思想的儒臣训练儿子们，使他们与士子一样受儒家教育，具备较高的文化水平。

（三）制驭太监

雍正以对外臣的那样严格精神，对待身边的服役太监。按照忠诚与不预外事的两条原则要求和制驭他们。只有忠敬才能不干预朝廷，归根到底是忠勤服役的一个要求。

元年（一七二三年）六月，雍正说有的太监不懂规矩，打扫之时，拿着笤帚，从宝座前昂头走过，没有表现出敬畏的意思，因此要求，凡有御座的地方，太监要以恭敬之心，急走过去④。八月十三日，又申明太监接待朝臣的礼节：诸王大臣官员进入大内，坐着的太监必须起身站立，正在行走的则要让路，不许光头脱帽，也不许斜倚踞坐⑤。

雍正严禁太监干预外廷事务。康熙时总管太监魏珠与允禵接交，泄漏禁中秘密。雍正即位，就把他罚往景陵守陵。雍正屡发谕

① 《清史稿》卷303《福敏传》。
② 《国朝先正事略》卷13《福文端公事略》。
③ 《圆明园图咏》卷下。
④ 《掌故丛编》第1辑《宫中现行则例·训谕》。
⑤ 《掌故丛编》第1辑《宫中现行则例·训谕》。

旨,告诫外臣不得钻营太监,内外臣工无得欺蔽。三年(一七二五年),扫院太监傅国相向奏事太监刘裕打听,有一废官,欲求复职,不知是否保奏的事情。这是违法的,刘裕应当上奏,但他没有这样做,只是告诉总管太监,总管太监也没有奏闻,雍正获知此事,责令总管太监和刘裕说明原委,其他关涉这件事的人都锁拿问罪①。严肃对待这一并不太严重的事情,以防微杜渐。太监多系直隶人,他们的亲友往往仗势作恶,地方官若惩治,就逃亡京城。雍正有鉴于此,于四年(一七二六年)八月谕总管太监,凡有太监亲属被地方官查拿的,行文到内务府,即按例发落,不必奏闻②,表示不保护使役太监,一定按国法办事,令太监畏法,不敢生事。

雍正尽管严明,然而一人难管天下之事。洞察入微,也难于万方俱到。到他后期,太监亦有骄恣的趋势。总管太监苏培盛敢于同管理内务府事的庄亲王允禄"并坐接谈",在其他王大臣面前的踞傲之状,可以想见了。有一次苏培盛吃饭,见弘历、弘昼等皇子到来,竟敢邀请他们与之"并坐而食",弘历觉得他不懂上下之分,又因其为雍正所亲信,只得敷衍他。及至雍正死,弘历就指责他"狂枉骄恣"③。

第二节 雍正之死

(一) 健康状况

皇子时的雍正,身体一定很好,否则也不可能在储位的角逐中

---

① 《上谕内阁》,三年十二月二十五日谕。
② 《掌故丛编》第1辑《宫中现行则例·训谕》。
③ 《清高宗实录》卷4,雍正十三年十月丙子条。

取胜。他在位的头六年,对自己的健康情况,多次表示满意。他在鄂尔泰五年正月二十五日请安折上朱批告诉这位宠臣:"朕躬甚好,自去冬以来,外缘顺序,身体更觉好"①。在高其倬同年二月初十日请安折上作了大体相同的批语:"朕躬甚安,自入春以来,颇觉诸凡顺适,总皆仰赖上苍、圣祖之祐庇耳"②。到七年(一七二九年)四月十五日的请安折至京,雍正又批示:"朕躬甚安好,今岁饮食肌肉更觉增长健旺"③。现有资料表明,在七年夏天以前,雍正的身体机能正常,也才支持了他从事日理万机的政务活动。

七年冬天起,雍正经历了一场大病,几乎去见阎罗。他对这次生病在八年五月作过一个说明:"朕自去年冬即稍觉违和,疏忽未曾调治,自今年二月以来,间日时发寒热,往来饮食,不似平时,夜间不能熟寝,始此者两月有余矣。及五月初四日怡亲王事出,朕亲临其丧,发抒哀痛之情,次日留心试察,觉体中从前不适之状,一一解退,今日渐次如常矣"④。说他的痊愈是哀痛造成的,悲痛只能使病人添病,怎么倒好了呢?显然不合事实。果然,一年后孝敬皇后死,他因不能亲视入殓,于是说了他一年多来的病情:"自上年以来,朕躬违和,调理经年,近始痊愈,医家皆言尚宜静摄,不可过劳,因思怡贤亲王仙逝之后,朕悲情难遏,曾亲奠数次,颇觉精力勉强"⑤。他这一次病的时间很长,从七年冬天到九年夏天或秋天,他的病情是寒热不定,饮食失常,睡眠不安,究系何病,说不清楚。八年正月二十四日工部尚书李永升到杭州对李卫说:"皇上下颏

① 《朱批谕旨·鄂尔泰奏折》,五年正月二十五日折朱批。
② 《朱批谕旨·高其倬奏折》,五年二月初十日折朱批。
③ 《朱批谕旨·鄂尔泰奏折》,七年四月十五日折朱批。
④ 《上谕内阁》,八年五月二十日谕。
⑤ 《上谕内阁》,九年十月初三日谕。

偶有些微疙瘩",已经好了①。龙体欠安,臣下是不敢传说的,显然这是在一定范围宣布过的。下颏起疙瘩,严重了,才会对臣下承认。这次病在八年夏秋最重,这时他向田文镜、李卫、鄂尔泰等心腹督抚秘密发出谕旨,要求向他推荐好医生:

> 可留心访问,有内外科好医生与深达修养性命之人,或道士,或讲道之儒士俗家。倘遇缘访得时,必委曲开导,令其乐从方好,不可迫之以势,厚赠以安其家,一面奏闻,一面着人优待送至京城,朕有用处。竭力代朕访求之,不必预存疑难之怀,便荐送非人,朕亦不怪也;朕自有试用之道。如有闻他省之人,可速将姓名来历密奏以闻,朕再传谕该督抚访查。不可视为具文从事,可留神博问广访,以副朕意。慎密为之②。

他忙于访求医家,说是为允祥治病,其实是为得了重病的他自己。果然有应命者,八年(一七三〇年),李卫访得河南省道士贾士芳,密加推荐,雍正遂命田文镜把他送至京城。此人原是京中白云观道士,允祥曾于七年(一七二九年)推荐,召见过他,雍正认为他无用而遣出。他必是有一定名声,李卫才得以闻名而举荐。这次召其治病,他"口诵经咒,并用以手按摩之术"③。开始很见效果,雍正高兴地将"朕躬违和,适得异人贾士芳调治有效"之情批谕鄂尔泰④。不久,雍正宣布他是妖人左道,要用妖术掌握他的健康:"其调治朕躬也,安与不安,伊竟欲手操其柄,若不能出其范围者"⑤。

---

① 《朱批谕旨·李卫奏折》,八年二月二十五日折。
② 清世宗"朱谕",第6函。见照片。
③ 《上谕内阁》,八年九月二十五日谕。
④ 《朱批谕旨·鄂尔泰奏折》,八年十一月二十八日折。
⑤ 台北"故宫博物院"宫中档,20035号,上谕,转录《雍正帝及其密折制度研究》,292页。

因此将他处死①。究竟是什么病，这里也没有透露。不过这次病的严重，还表现在他对后事的安排。八年六月，"因圣躬违和"，召见允禄、允礼、弘历、弘昼，大学士、内大臣数人，"面谕遗诏大意"②。九月，他将亲自写好的朱笔传位密诏一事告知大学士张廷玉③。如果不是死神在守着他，他不可能在五十三岁时那样料理后事。这次病是怎样治好的，不得而知，但总让他闯过来了。

这次生病对他的从政有一定影响，自云搞了几个月的"静养调摄"④，其间"精神不能贯注"于政务⑤。但是他还是坚持了理事。李卫获知皇帝有病后，奏请他"万几之余，稍为静养片刻。"雍正回答说："养身之道，不关动静，能养则动未有损，不能养则静亦无益，故曰养身莫如养心，而养心之要，惟贵适理"⑥。表示完全静养做不到，也不一定有益。福建总督刘世明也奏请雍正"静摄圣躬"，以俯慰臣民的愿望。雍正不但不听，反而责备他："朕之调养精神，必待外省臣工规谏而后省悟，宁有是理?"⑦他好逞强，只要有可能，都勉力办事。八年（一七三〇年）和九年（一七三一年）的二月，他还照常举行耕耤礼，亲耕耤田，行四推礼，只是精力不足，把筵宴取消了⑧。

九年秋天以后，雍正身体康复了，以后虽有小病，如十年正月患感冒，随即治愈，这一年，他在田文镜奏折上多次朱批讲其身体

① 《清世宗实录》卷99，八年十月丁酉条。
② 《清高宗诗文集》初集卷15《圣德神功碑》。
③ 《澄怀园主人自订年谱》卷3。
④ 《清世宗实录》卷99，八年十月卯寅条。
⑤ 《上谕内阁》，八年十月十四日谕。
⑥ 《朱批谕旨·李卫奏折》，八年二月二十五日折及朱批。
⑦ 《朱批谕旨·刘世明奏折》，八年十月二十六日折及朱批。
⑧ 《清世宗实录》卷91，八年二月辛亥条；卷103，九年二月辛亥条。

状况,正月二十八日折朱批:"朕躬今已全愈矣"①。二月二十五日
折批语:"朕躬甚安,夙疾尽除矣。较之去冬更觉调畅顺适,特谕
卿知,自应倍喜矣"②。三月十五日折批谕:"朕躬安适如常"③,十
月初十日折批云:"朕躬甚安。今岁以来,觉健爽倍常,此皆荷蒙
上天、圣祖眷佑所致,实为过望"④。"实为过望",是他的心里话,
也确实是身体好了。次年六月添了儿子弘瞻,他自元年生福沛,至
此相隔十年得子,说明他的身体比较好。十一年(一七三三年)正
月,雍正往遵化谒陵,前后六天⑤。十三年(一七三五年)二月又谒
东陵⑥,表明他身体无恙。

(二)辞世及死因

据《清世宗实录》记载,十三年八月二十一日雍正在圆明园生
病,然在此以前他照常办公,如十八日,与办理苗疆事务王大臣议
事,命哈元生、张照一定清除苗患,否则唯他们是问。二十日,谕军
机大臣关于北路军营驼马事务,引见宁古塔将军杜赍咨送补授协
领、佐领人员⑦。设若这时身体已经不好,不会接见这一类不重要
的官员。这时健康状况不会太恶劣。及至二十一日也未休息,二
十二日晚病剧,召见宝亲王弘历,和亲王弘昼,庄亲王允禄,礼亲王
允礼,大学士鄂尔泰,张廷玉,领侍卫内大臣、公、丰盛额,纳亲,内
大臣、户部侍郎海望,宣布传位弘历,二十三日故世。这个对中国

---

① 《朱批谕旨·田文镜奏折》,十年正月二十八日折朱批。
② 《朱批谕旨·田文镜奏折》,十年二月二十五日折朱批。
③ 《朱批谕旨·田文镜奏折》,十年三月十五日折朱批。
④ 《朱批谕旨·田文镜奏折》,十年十月初十日折朱批。
⑤ 《清世宗实录》卷127,十一年正月丁未至壬子条。
⑥ 《清世宗实录》卷152,十三年三月癸丑至己未条。
⑦ 《清世宗实录》卷159,十三年八月甲申、丙戌条。

历史施予了一定影响、有着传奇性经历的皇帝就这样急骤地撇弃了金銮宝座和热切留恋的人世。

雍正之死,"实录"只反映故世的迅速,而为他送终的张廷玉则有感情地提供了一点新情况。张廷玉在自撰年谱中写道:

> 八月二十日,圣躬偶而违和,犹听政如常,廷玉每日进见,未尝有间。二十二日漏将二鼓,方就寝,忽闻宣诏甚急,疾起整衣,趋至圆明园,内侍三四辈待于园之西南门,引至寝宫,始知上疾大渐,惊骇欲绝,庄亲王、果亲王、大学士鄂尔泰、公丰盛额、纳亲、内大臣海望先后至,同至御榻前请安,出,候于阶下。太医进药罔效,至二十三日子时,龙驭上宾矣①。

他是说雍正二十日就有病了,然很平常,二十二日白天还见了皇帝,夜间再奉召入见,就"惊骇欲绝"了。除了惊讶病情急速变化之外,是否还有难言之隐? 这是不能排除的。

雍正暴卒,官书不载原因,自易引起人的疑窦,再加上关于他为人的传说和评论,更易引人猜测,于是不得好死的种种说法便产生了。其中,被吕四娘刺杀的说法较为风行。传说吕四娘是吕留良的女儿,或说是吕留良之子进士吕葆中的女儿,在吕留良案中,她携母及一仆逃出,为替父祖报仇,习武,入宫杀掉了雍正。或云她的师父是一僧人,原为雍正剑客,后不乐为其所用,离去,培养了这位女徒。据有人讲,这种说法,"都是实录"②。这个传说直到今日仍有市场,一九八一年曾发掘雍正地宫,未打开即作罢。可是社会上传说棺材已经打开,雍正有尸身而无头,似以考古发掘证实雍正被吕四娘所刺。其实,这个说法并没有道理。雍正处置吕家,戮

---

① 《澄怀园主人自订年谱》卷3。
② 《满清十三朝宫闱秘史》第一册所刊《吕四娘演义》广告。

尸、斩首之外,吕留良孙辈发戍宁古塔,给披甲人为奴①。乾隆时,吕氏遗胤有开面铺、药铺的,有行医的,还有人成为捐纳监生,被清政府发觉,改发配黑龙江给披甲人为奴。后住齐齐哈尔,隶水师营②。吕氏后裔俱在,不过遭到严格管制,不能自由活动,当然不能替祖上报仇。至于吕四娘主仆三人的逃出是不可能的,当时办理此事的浙江总督李卫以善长缉捕盗贼而著称,所以奉命兼管江苏盗案,若吕留良后人果有逸出,他自有能力搜捕到案。再说他曾为吕家题过匾,吕案发生后雍正没有责备他,他必心怀畏惧地下死劲处理有关人员,怎肯容主犯子孙免脱!

这种传说,亦有它的渊源。另有一种传说,谓雍正九年,宫女与太监吴守义、霍成伺雍正睡熟,以绳缢之,气将绝,用太医张某之药而愈③。这是子虚乌有的事。在明朝倒发生过类似的事。明世宗在嘉靖二十一年(一五四二年)被宫婢杨金英等缢而未死,用太医许绅之药而康复④。雍正和嘉靖都庙号"世宗",民间传说,把明世宗事安到清世宗身上,也是难免的。雍正被吕四娘之刺说,可能由此衍化而来。再说他的孙子嘉庆倒真被人谋刺过。嘉庆八年(一八〇三年)闰二月二十日,嘉庆从圆明园返回大内,进神武门,至顺贞门,突有旗人陈德向他行刺,未及近前,已被拿获。这个发生在宫禁的行刺案件,也可能成为后人附会刺客杀害雍正的张本。

还有雍正遇刺于湖南卢氏妇人的说法。谓卢某谋逆被处死,

---

① 《清世宗实录》卷126,十年十二月乙丑条。
② 参阅《陈垣学术论文集》第二集《记吕晚村子孙》,88—91页;罗继祖《吕留良后人》,见《吉林大学学报》1980年第4期。
③ 《梵天庐丛录》卷2《清宪宗八则》。
④ 《明史》卷114《孝烈皇后传》;卷299《许绅传》。

其妇工剑术,为夫报仇,进入畅春园,刺杀雍正,然后自刎①。这是小说家言。说湘人被害,大约是出过曾静案的缘故。把圆明园误为畅春园,可见传闻的不确实了。

另有雍正死于丹药中毒的猜测,它得到金梁的重视:"惟世宗之崩,相传修炼饵丹所致,或出有因"②。近日杨启樵多方验证此说,认为雍正是"服饵丹药中毒而亡的"③。这类宫闱秘事,要确证论定,实在难得有过硬资料,不过可以从几个方面下手分析。

雍正早就对道家的药石感到兴趣,雍邸时作《烧丹》诗:"铅砂和药物,松柏绕云坛。炉运阴阳火,功兼内外丹。光芒冲斗耀,灵异卫龙蟠。自觉仙胎熟,天符降紫鸾"④。他推崇紫阳真人,为之重建道院,特别赞赏的是真人"发明金丹之要"⑤。表明他对道家丹药的强烈兴趣。他平时爱吃丹药既济丹,四年(一七二六年),赐鄂尔泰服食,受赐者服用一个月后奏报"大有功效",并云"旧服药方,有人参鹿茸,无金鱼鳔,今仍以参汤送之,亦与方药无碍。"雍正告诉他:"此方实佳,若于此药相对,朕又添一重宽念矣。仍于秋石兼用作引,不尤当乎?"⑥要他将儒医与道医之药并用不悖。雍正还把既济丹赐给田文镜,说自己正在服用它,没有间断。又说这种药"性不涉寒热温凉,征其效亦不在攻击疾病,惟补益元气,是乃专功"⑦。原来他常服它,并非治疗某种疾病,专用作弥补元气。人们服丹药,总有所顾忌,怕与身体不投,所以雍正要田文镜

---

① 濮兰德·白克好司《清室外纪》第4章,66页。
② 《清帝外纪·世宗崩》,89页。
③ 《雍正帝及其密折制度研究》,297页。
④ 《清世宗诗文集》卷26《烧丹》。
⑤ 《清世宗诗文集》卷17《紫阳道院碑文》。
⑥ 《朱批谕旨·鄂尔泰奏折》,四年十一月十五日折朱批。
⑦ 《朱批谕旨·田文镜奏折》,十年十月初十日折朱批。

放心："此丹修合精工,奏效殊异,放胆服之,莫稍怀疑,乃有益无损良药也。朕知之最确"①。表明他研究丹药药性。

雍正在宫中养着道士,原是为着治病,有的是用药石,有的用其他手段,如贾士芳则是念咒,行按摩术。娄近垣,为雍正设醮祷祈除祟,此人"颇不喜言炼气修真之法",不是炼药石的。他很得雍正的青睐,封为妙应真人②。雍正密令督抚推荐懂医药的道家,就是要"修炼养生之人"③。为雍正炼丹的是道士张太虚、王定乾等人,他们"为炼火之说",在圆明园内修炼④。雍正和道士接近,极其希望道士给他治病、健身,对道家的丹药持欣赏态度,这些情况说明他有可能食丹药中毒而死。

雍正死的第三天,新君乾隆下令驱逐道士张太虚,这是与雍正之死是否有关的耐人寻味的事情。乾隆上谕:

> 皇考万几余暇,闻外间炉火修炼之说,圣心深知其非,聊欲试观其术,以为游戏消闲之具,因将张太虚、王定乾等数人置于西苑空闲之地,圣心视之与俳优人等耳,未曾听其一言,未曾用其一药。且深知其为市井无赖之徒,最好造言生事,皇考向朕与和亲王面谕者屡矣。今朕将伊等驱出,各回本籍。……伊等平时不安本分,狂妄乖张,惑世欺民,有干法纪,久为皇考之所洞鉴,兹从宽驱逐,乃再造之恩,若伊等因内廷行走数年,捏称在大行皇帝御前一言一字,以及在外招摇煽惑,断无不败露之理,一经访闻,定严行拿究,立即正法,决不

---

① 《朱批谕旨·田文镜奏折》,十一年七月初四日折朱批。
② 《啸亭杂录》卷9《娄真人》。
③ 《朱批谕旨·鄂尔泰奏折》,八年十一月二十八日折。
④ 《养吉斋余录》卷4。

宽贷①。

雍正事出仓皇,乾隆继位,百务待理,竟把驱逐道士当作要务,实令人费解。如果纯粹出于厌恶道士,本可从容解退,如若仅此之由,必令臣下认为他即位首先挑剔乃父毛病,这对其统治不利,他不会这么干。然则或有大故,有可能是乃父食道士丹药致死,给雍正造成不得善终的恶名,因恨而逐。此种大恨本可致王定乾等于死命,但若热丧期间杀人,倒使事态滋大,引人议论,反为不美,故逐出而严加管束。这件事,杨启樵在其雍正专著和专文中有所说明,有兴趣的读者不妨一阅。

要想把这个问题的研究引向深入,需要弄清道家的长生不老术在历史上的变化,何以到明清时期还有人相信? 这时道家药石有何特点? 雍正服食丹药的可能性? 这些问题笔者尚无专门研究,这里只是把问题提出来。

关于雍正的死因,有三种可能,一如官书所载,因病而亡,但它对暴死的异状未作解释,令人疑窦丛生。郑天挺师认为雍正"是中风死去的"②,可惜没有说明,但是值得重视的说法。二为剑客所刺,此无稽之谈,经不起辩驳。三是死于丹药中毒,此说颇有合于情理处,然而究属推论,未可成为定谳。

(三) 安葬泰陵

雍正子夜死,乾隆、允礼、鄂尔泰、张廷玉连夜将他的遗体送回大内,安放于乾清宫,上午八、九点时入殓。因死的急骤,缺乏料理后事准备,当遗体送回大内时,侍从诸大臣,如张廷玉、鄂尔泰只能

---

① 《清高宗实录》卷1,雍正十三年八月辛卯条。
② 《清史简述》,中华书局1980年版,47页。

乘官厩中劣马,或云驮煤的骡子,又要赶路,张廷玉几乎从马上跌下来,鄂尔泰弄得肛门开裂,鲜血直流。到大内后,张廷玉一昼夜水都未喝一口,当夜只睡了一个时辰,鄂尔泰在禁中忙了七昼夜,始行回家①。经过诸人的竭力安排,雍正丧事一切如礼进行。二十七日发表遗诏,九月十一日梓宫安放雍和宫,十一月十二日,乾隆为其父上谥号,曰"敬天昌运建中表正文武英明宽仁信毅大孝至诚宪皇帝",庙号"世宗"。乾隆元年二月定雍正山陵名"泰陵",二年三月初二日安葬雍正于易州泰陵地宫,初五日以其神主升祔太庙。

雍正和其他帝王一样,继位不久就张罗异日的陵寝。四年(一七二六年),命允祥、张廷玉和工部、内务府官员办理山陵事务②。因为顺治、康熙陵都在遵化,选择陵址,很自然地就在遵化进行。五年(一七二七年)闰三月,雍正命总兵官李楠、钦天监监正明圆带领堪舆人员到遵化勘探地形③。四月,允祥等看中了九凤朝阳山地,雍正也同意在这里建陵④。但一施工,发现土质不好,雍正说这个地方,"规模虽大,而形局未全,穴中之土又带砂石,实不可用"⑤。于是弃而不用,别寻他处,遵化地方没有中意的,转向北京西南方向寻觅,开始在房山县踏勘,也因"地内皆砂",不乐采用⑥。后命福建总督高其倬与允祥勘察,高其倬以通晓天文地理著称,撰有《堪舆家言》(四卷),曾去盛京考察过努尔哈赤的福陵。他与允祥相中了易县泰宁山太平峪地方,奏称该地

① 《澄怀园主人自订年谱》卷3;《小仓山房文集》卷8《鄂文端公行略》。
② 《上谕内阁》,四年九月二十五日谕。
③ 《雍正朝起居注》,五年闰三月初十日条。
④ 《雍正朝起居注》,五年四月二十八日条。
⑤ 《上谕内阁》,七年十二月初二日谕。
⑥ 《永宪录》卷3,242页。

"实乾坤聚秀之区,为阴阳和会之所,龙穴砂水,无美不收,形势理气,诸吉咸备。"雍正对这里很满意,认为"山脉水法,条理分明,洵为上吉之址。"但这里远离父祖陵寝,与建陵一地之理不合。不过雍正主意打定,七年(一七二九年)十二月,就让臣下给他找合理的根据①。果然,大学士等奏称,汉唐诸陵虽都建于陕西,但汉高帝、文帝、景帝、武帝之陵分别在咸阳、长安、高陵、兴平等县,唐高祖、太宗、高宗、玄宗诸陵分散在三原、醴泉、乾县、蒲城等地,据此,在易州设陵,与古礼不为不合,且遵化与易州都是畿辅之地,离京城不远,完全可以建陵。这样,雍正算是通过了舆论,决定在易州建造陵寝。

雍正迁陵易州,像他的许多行事一样不好解。自他以后,其子孙之陵按辈次分设于遵化和易州,在易州的,自然以泰陵为中心,他陵分列左右。因此有人说雍正是自大狂,一切以我为中心,为避免在遵化的偏僻地位和建立自己的中心,改筑陵园于易州。这是想当然的猜测。究其原因,可能是在他迷信风水上。他说别处选的陵址不好,是"形局未全,穴中之土又带砂土",即既不利他的安身,也不利他的子孙的兴旺。后来道光的陵应设在遵化,业已建成,嘉奖了与事人员,不久穴内出水,道光就改在易州另建。这一事实有助于理解雍正舍遵化而取易州的原因。

在选址的时候,雍正就积极准备工程用料。四年(一七二六年)九月,命把采办陵工所需楠木的事交给有关督抚,动用正项钱粮采买②。此种材木主要由广东、福建、四川等省供应,六年(一七二八年)三月,两广总督孔毓珣折奏采办情况,雍正告诉他:"一切

---

① 《上谕内阁》,七年十二月初二日谕。
② 《上谕内阁》,四年九月二十五日谕。

动用钱粮,宁费毋省"①。他为自己的陵墓,只要办好,花钱在所不计。陵工所用金砖,由江苏承造,五年(一七二七年)十月,巡抚陈时夏奏报一定认真造办②。陵工所用石料,由房山县采办。

八年(一七三○年)开始建陵工程,至乾隆二年(一七三七年)竣工。泰陵包括一组建筑,有矗立"圣德神功碑"的大碑亭,享堂,隆恩殿,方城,明楼和地宫,此外还有一群石象生。泰陵雄伟壮丽,是我国重点文物保护单位。昔日之森严禁区,今日为游览胜地,这自然违背了雍正的意愿,但却使更多的人知道他。

第三节　秘密立储与乾隆嗣位

乾隆继位,大约亦非雍正亲口宣布,它是靠秘密立储和传位诏书顺利实现的。

雍正在储贰斗争中登台,对确立继承人方法的问题,应有过多年的考虑,即位不到一年,创设秘密立储法,他把继嗣书出,藏于匣内,在元年(一七二三年)八月十七日召见总理事务王大臣、满汉文武大臣、九卿于乾清宫西暖阁,宣布立储的原因和办法,他说:圣祖仓卒立储,完全成功,是因他神圣睿哲,自能主持,今天为了宗社久安,要早为计及。考虑自己的孩子尚幼,不便公开建立,于是想出秘密建储的方法,他说:

> 今躬膺圣祖付托神器之重,安可怠忽不为长久之虑乎?
> 当日圣祖因二阿哥之事,身心忧悴,不可殚述。今朕诸子尚幼,建储一事必须详慎,此时安可举行?然圣祖既将大事付托

---

①　《朱批谕旨·孔毓珣奏折》,六年三月二十二日折朱批。
②　《雍正朝起居注》,五年十月初九日条。

于朕,朕身为宗社之主,不得不预为之计。今朕特将此事亲写密封,藏于匣内,置之乾清宫正中世祖章皇帝御书"正大光明"匾额之后,乃宫中最高之处,以备不虞。诸王大臣咸宜知之。或收藏数十年,亦未可定①。

这储君是谁,本人不知,诸臣不晓,只有皇帝一人预定。他宣布后问诸臣有何意见,隆科多奏称皇上"圣虑周详,为国家大计发明旨,臣下但知天经地义者,岂有异议,惟当谨遵圣旨。"于是诸王大臣九卿等皆免冠叩首,雍正表示满意,令众臣退出,然而留下总理事务王大臣,将密封锦匣藏于"正大光明"匾后始出②。这样就确立了秘密建储的制度。这个方法,早在唐朝时期,波斯人就在实行了。据《旧唐书·波斯传》记载:"其王初嗣位,便密选子才堪承统者,书其名字,封而藏之。王死后,大臣与王之群子共发封而视之,本所书名者为主焉"③。雍正建储不知是学的古波斯人,还是他的创造,总而言之他实行了中国历史上没有过的新的立储方法。

雍正密书的是皇四子弘历。他为了保密,在对待诸子上没有异样,特别是令弘历、弘昼承受基本相同的待遇,时或命他们代行祭天、祭祖之礼,同日封王,共参苗疆事务,但有两件事,后来乾隆君臣认为是雍正立弘历为储君的表现。一是雍正元年正月,雍正登极后第一次到天坛祭天,回大内后将弘历召至养心殿,给他一块肉吃,而没有赐给弘昼,因此弘历认为乃父在第一次祭天时,必定是将定其为储贰心愿默告于天,故赐胙肉④。雍正封弘历为"宝亲王",这封号被《清高宗实录》监修总裁官庆桂等解释为将授大宝

① 《上谕内阁》,元年八月十七日谕。
② 《雍正朝起居注》,元年八月十七日条。
③ 《旧唐书》卷198,中华书局标点本第16册5311页。
④ 《清高宗诗集》第5集卷93《洪范九五福之五曰考终命联句》。

的表示:"洎世宗之御极,昭嗣服以题楣,祈年颁吉祚之馨,锡封鉴宝命之荷,……"①所谓"宝",就是将有大宝——玉玺,践位。这些虽是他们根据弘历嗣位事实进行的推测,不过有道理,应该说符合于雍正的心愿。

雍正于乾清宫密诏之外,另书内容相同的传位诏置放在圆明园内。八年九月,当其重病之时,将有此诏书之事,秘密告诉张廷玉,及至鄂尔泰内召,雍正又于十年正月向鄂尔泰、张廷玉作了说明,并说"汝二人外,再无一人知之"②。雍正因居住圆明园时日较多,故在大内诏书之外,又书此传位诏。两份诏书,同样有效。雍正考虑这件事很周详。

及至雍正死,弘历以尽孝子之分,惟事哀号,张廷玉、鄂尔泰乃向允禄、允礼等人说:如今正大统是急事,大行皇帝曾示我二人有密旨,应急请出,诸人同意,但总管太监说不知有此密旨,所以不知藏于何处,张廷玉说:"大行皇帝当日密封之件,谅亦无多,外用黄纸固封,背后写一封字者即是。"据之取出,即传位弘历密旨,由张廷玉就灯下宣读,众臣拜请弘历受命,弘历随令允禄、允礼、鄂尔泰、张廷玉辅政,安排既定,遂扶雍正榇舆返回大内③。以上见诸张廷玉的记载,就中突出了他的地位,然而他所叙述的情节是真实的。《清高宗实录》则云,雍正子时死,弘历于寅刻至大内,内侍从"正大光明"匾后取出元年所封诏书,俟允禄、允礼、鄂尔泰、张廷玉等人到齐,始启封,知嗣君事④。这里不讲圆明园诏书,可能是以离宫发生的事,不如以在皇宫宣读遗诏更郑重,更合法,故而

① 《进实录表》,见《清高宗实录》。
② 《澄怀园主人自订年谱》卷3。
③ 《澄怀园主人自订年谱》卷3。
④ 《清高宗实录》卷1,雍正十三年八月己丑条。

《实录》才这样来说明。

二十四日,弘历说他在雍正八年六月亲奉乃父谕旨,谓"大学士张廷玉器量纯全,抒诚供职,其纂修《圣祖仁皇帝实录》宣力独多,每年遵旨缮写上谕,悉能详达朕意,训示臣民,其功甚巨。大学士鄂尔泰志秉忠贞,才优经济,安民察吏,绥靖边疆,洵为不世出之名臣。此二人者朕可保其始终不渝,将来二臣著配享太庙,以昭恩礼。"命将此意书入遗诏之内。同时写入遗诏内的还有雍正对允禄、允礼的评价:"庄亲王心地醇良,和平谨慎,但遇事少有担当,然必不至于错误。果亲王至性忠直,才识俱优,实国家有用之才"①。这样以二皇叔和满汉大臣代表的鄂、张四人组成的总理事务王大臣辅佐弘历,保证雍正继嗣统治的稳定,使他的秘密立储制度成功地实现了。

雍正密建太子,收到了立国本以固人心的政治效果,同时避免明立东宫,可能出现的诸皇子争储位,储君与皇帝争权,储贰骄纵等弊病。乾隆继位后认为这个办法好,遵奉实行,于元年(一七三六年)七月预书皇二子永琏之名,藏于"正大光明"匾后,永琏早死,后又密立皇十五子颙琰,是为仁宗。后来嘉庆、道光都相继用这个方法立嗣。咸丰只有同治一子,故无须用秘密立储法,同治、光绪都没有儿子,无从采用这个办法了。但从乾、嘉、道、咸诸君的嗣承来看,秘密立储法实行了,而且是成功的。这一制度的创立,避免了雍正以前清朝历史上不只一次出现的争夺储位的斗争,减少了政治混乱,有利于政局的稳定,这是比较好的传位方法。

---

① 《清高宗实录》卷1,雍正十三年八月己丑条。

第四节　乾隆初政及其与雍正政治的关系

雍正遗诏有这样一节文字：

> 然宽严之用，又必因乎其时，从前朕见人情浇薄，官吏营私，相习成风，罔知省改，势不得不惩治整理，以戒将来。今人心共知儆惕矣。凡各衙门条例，……若从前之例本宽，而朕改议从严者，此乃整饬人心风俗之计，原欲暂行于一时，俟诸弊革除之后，仍可酌复旧章，此朕本意也。此后遇此等事则加斟酌，若有应照旧例行①。

这里表示要把从前的严政改为宽政，显然不是雍正的意思，而是新君乾隆的愿望。这个去严从宽，是乾隆改变乃父政治的纲领性主张，随后就以自己的名义，不断阐明这个观点。十月初九日谕王大臣等："治天下之道，贵得其中，故宽则纠之以猛，猛则济之以宽。"他希望"君臣惟日孜孜，交勉不逮，朕主于宽，而诸王大臣严明振作，以辅朕之宽"②。他认为乃父政治过猛，他必须以宽来纠正它。两个月后又对他的父祖政治作了评品比较，他说圣祖时"久道化成，与民休息，而臣下奉行不善，多有宽纵之弊。皇考世宗宪皇帝整顿积习，仁育而兼义正，臣下奉行不善，又多有严刻之弊"③。从以后的主张和实施表明，弘历尊崇他祖父，倡导宽仁，反对乃父的严刻和近于急躁的雷厉风行作风。

基于理想的不同，乾隆对前朝政事多所指斥，把献祥瑞，报羡余，匿水旱，奏开垦，改土归流，更隶州县等事，说成"揆之人事则

---

① 《清世宗实录》卷159，十三年八月己丑条。
② 《清高宗实录》卷4，雍正十三年十月甲戌条。
③ 《清高宗实录》卷12，元年二月癸酉条。

悦耳,论之阴阳则伤化"①。对耗羡归公、改土归流以及农业上的各项政策表示了异议,并加以改变。即位诏中说督抚的报垦荒是欲以广垦见长,州县官想以升科之多迎合上司之意,其实并未开垦,"嗣后各督抚遇造报开荒亩段,必详加查核,实系开垦,然后具奏,不得丝毫假饰以滋闾阎之累"②。即位的前半年,迭下诏书,令江南、四川、陕西等地督抚减少耗羡成数③。废除田文镜实行的契纸契根之法④。元年(一七三六年)三月弛黄铜之禁⑤。六月将直隶营田交所在州县管理⑥。七月停止实行老农顶戴之例⑦,十一月改八旗井田为屯田⑧。对于雍正朝为惩治不法绅衿而加强的管理措施概行放宽,元年二月把举贡生员的杂色差徭一齐豁免,以示政府优恤士子之意⑨。六月,将对生员欠粮、包讼等情事的处分,改宽、改缓⑩。这也涉及到文化政策。前已说过,即位第三日驱逐道士,接着警告与雍正接触过的僧侣,不得在外招摇撞骗,否则以国法、佛法治罪⑪。重申给予度牒方准出家的条令,以限制出家人数⑫。又把侍奉雍正帷幄的僧人放出⑬。对于报祥瑞表示厌恶,

① 《清高宗实录》卷7,雍正十三年十一月癸亥条。
② 《清高宗实录》卷4,雍正十三年十月乙亥条。
③ 《清高宗实录》卷7,雍正十三年十一月癸亥条;卷9,十二月辛巳条。
④ 《清高宗实录》卷8,雍正十三年十二月辛未条。
⑤ 《清高宗实录》卷15,元年三月辛亥条。
⑥ 《清高宗实录》卷21,元年六月辛卯条。
⑦ 《清高宗实录》卷22,元年七月癸卯条。
⑧ 《清高宗实录》卷31,元年十一月壬子条。
⑨ 《清高宗实录》卷12,元年二月戊辰条。
⑩ 《清高宗实录》卷21,元年六月庚寅条。
⑪ 《清高宗实录》卷2,雍正十三年九月壬寅条。
⑫ 《清高宗实录》卷3,雍正十三年九月己未条。
⑬ 《永宪录》续编,357—358页。

“凡庆云、嘉谷一切祥瑞之事，皆不许陈奏”[①]。

对历次政治斗争及与其有关的文字狱，乾隆作了一些改正处理。即位的次月，指斥允禵之子弘春：“伊父获罪监禁，伊反以为喜。”弘春时为贝子，曾被雍正封为泰郡王。雍正囚禁允祉嗣子弘晟，封其弟弘暻为贝子，乾隆指责弘暻“亦以监禁伊兄为快”[②]。十月命九卿议奏阿其那、塞思黑子孙回归宗室问题，诸臣旋议旋改，莫衷一是，给事中永泰等遂参劾九卿不实心任事，乾隆看得明白，此事关系重大，廷臣难于定议，就宸衷独断，将阿、塞子孙给予红带，收入玉牒[③]，即承认他们为宗室，给以疏远皇族的待遇。至乾隆四十三年，乾隆下令恢复阿、塞的原名，允许归还宗籍。允禩集团成员阿灵阿墓前的罪碑，乾隆于元年十月令除去，其本支原罚入包衣佐领，也令复入本旗本支[④]。对年羹尧、隆科多两案中的人员，亦予宽大，雍正十三年十一月，允许起复年羹尧冒滥军功案内革职的文武官员，只是酌量降等使用[⑤]。元年三月，以汪景祺作《读书堂西征随笔》是在出游秦中，与其在浙江故里的族属无关，令将其流放宁古塔的兄弟、侄子放回原籍，又以查嗣庭本身已经正法，子侄拘禁配所将近十年，也令释放回籍[⑥]。对雍正宣布宽免的曾静、张熙，乾隆说不能曲宥，尽管雍正说过子孙不得以曾静反对他再加处分，乾隆还是把他们凌迟处死[⑦]。对其他文字之祸，接受监察御史曹一士的建议，进行复查。曹一士的《请查察比附妖言

① 《清高宗实录》卷3，雍正十三年九月辛亥条。
② 《清高宗实录》卷3，雍正十三年九月庚申条。
③ 《清高宗实录》卷7，雍正十三年十一月癸亥条。
④ 《清高宗实录》卷29，元年十月癸未条。
⑤ 《清高宗实录》卷7，雍正十三年十一月癸丑条。
⑥ 《清高宗实录》卷14，元年三月庚子条。
⑦ 《清高宗实录》卷9，雍正十三年十二月甲申条。

之狱兼禁挟仇诬告诗文》的奏疏,对康熙、雍正两朝的文字狱作了生动的揭露:

> 比年以来,闾巷细人,不识两朝所以诛殛大憝之故,往往挟睚眦之怨,借影响之词,攻诘私书,指摘章句;有司见事生风,多方穷鞫,或致波累,师生株连亲族,破家亡命,甚可悯也。臣愚以为井田、封建不过迂儒之常谈,不可以为生今反古;述怀咏史,不过词人之习态,不可以为援古刺今;即有序跋偶遗纪年,一或草茅一时失检,非必果怀罪逆,敢于明布篇章。若此类悉皆比附妖言,罪当不赦,将使天下告诘不休,士子以文为戒,殊非国家义以正法,仁以包蒙之至意也①。

他说的很痛快,很大胆。他同时要求检查从前各案有无冤抑,以后有妄举悖逆的,即反坐以所告之罪。元年(一七三六年)二月,乾隆接受了他的建议②。

乾隆这样变更乃父政事,引起很大反响,一种是表示欢迎,所谓“罢开垦,停捐纳,重农桑,汰僧尼之诏累下,万民欢悦,颂声如雷”③。一种是与此截然相反,极力反对。署理四川巡抚王士俊密奏,谓“近日条陈,惟在翻驳前案,甚有对众扬言,只须将世宗时事翻案,即系好条陈之说,传之天下,甚骇听闻”④。侍郎傅鼐亦有相同的看法⑤。乾隆搞翻案但不许别人说,见王士俊奏折大为恼怒,命将他斩监候,秋后处决。对诸王大臣九卿没有及时参奏他,表示不满⑥。乾隆继位之初的政策,引起一场小的风波,说明他在一定

---

① 《四焉斋文集》卷 1。
② 《清高宗实录》卷 12,元年二月辛巳条。
③ 《啸亭杂录》卷 1《纯皇初政》。
④ 《清高宗实录》卷 23,元年七月辛酉条。
⑤ 《清高宗实录》卷 23,元年七月庚申条。
⑥ 《清高宗实录》卷 23,元年七月辛酉条。

572

程度上否定乃父的政治。

然而乾隆也不是尽反乃父之所为,雍正的有些政策、措施,一无疑议地继承了,如奏折、秘密建储、摊丁入粮等制度。有的先予责难,然经过讨论,最后还是照旧实行。如对耗羡归公本不以为然,于乾隆七年(一七四二年)会试时,以此策问贡士,又命九卿翰林科道及督抚等官各抒己见。大学士等复奏,认为耗羡提解是不可改易的办法,他们说:

> 耗羡归公法制尽善,不可复行更张,众议佥同,其间有一二异议者,皆系不揣事势,不量出入,但执偏见,断难施行之论。伏思耗羡一项由来已久,弊窦渐生,世宗宪皇帝俯允臣工所请,定火耗归公之例,将州县一切陋习皆为革除,惟将各该省旧存火耗提解司库,为各官养廉及地方公事之用,从此上官无勒索之弊,州县无科派之端,而小民无重耗之累,盖以天下之财为天下之用,于国家毫无所私,诚为法良意美,可以久远遵行,应勿庸轻改旧章。

乾隆对这个问题再三考虑,终于认为:

> 耗羡在下,则州县所入既丰,可以任意挥霍;上司养廉无出,可以收纳馈遗;至于假公以济私,上行而下效,又不待言矣。则向日朕所闻者,未必不出于愿耗羡之在下以济其私者之口。传曰:法作于凉,其弊犹贪;法作于贪,弊将若之何? 朕日以廉洁训勉臣工,今若轻更见行之例,不且导之使贪,重负我皇考惠民课吏之盛心乎? 此事当从众议,仍由旧章①。

完全改变态度,继续实行耗羡提解与养廉银制度。他如对升府州一事,把少数雍正间提格的府、直隶州降为直隶州和州县,但大多

---

① 《清高宗实录》卷178,七年十一月乙丑条。

数未作变动。雍正末年的苗疆之乱,乾隆亲自参予其事,继位后指斥改土归流,但是又继续平定叛乱,维持了改土归流的成果,也就表明他事实上是同意改流政策的。还有的制度,为乾隆所取消,以后又恢复了。如乾隆即位,以西北两路用兵事毕,撤销军机处,将其应办事务交总理事务王大臣办理①。迨至谅阴期满,取消总理事务王大臣,又以"西北两路军需尚未全竣,且朕日理万几,亦间有特旨交出之事,仍须就近承办",于是恢复军机处,命鄂尔泰、张廷玉、讷亲、海望、纳延泰、班第等人为军机大臣②。

乾隆改变了乃父的一些政策,究其原因,是前朝政策确有调整的必要,如报垦荒变成了加赋,自然引起纳税人的不满。又如对不法绅衿严行管束虽是正确的,但这些人又是政府的基本支持者,关系搞得太紧张也不好。再如讲祯祥,崇佛教,纯系败政。乾隆为纠正弊端,弥补乃父的缺失,作一些改变,起到为雍正政治补苴的作用。再从形势看,放宽对政敌的惩处,历来是继承人的事情。在本朝认为很严重,有的也实在严重,但过了一个时期,时过境迁,已失去其在政治生活中的现实意义,事情也就不那么严重了,就可以部分更改结论了。如雍正给鳌拜赐封号,这在康熙朝是不可能的。多尔衮死后被黜宗籍,吏科副理事官彭长庚于数年后请复其封号,顺治不允许,还把建言人流放到宁古塔。到乾隆三十八年,就为多尔衮恢复封号,配享太庙。以是观之,乾隆将允禩、允禟及他们的子孙复入宗籍,毫不足怪。乾隆变异乃父政策还有一个重要原因,就是社会上有一股反对故君政策的势力,反映到乾隆的头脑中,正如他自己说的,听了那些谋求私利的人的话,而他之所以听得悦

---

① 《清高宗实录》卷5,雍正十三年十月甲午条。
② 《澄怀园文存》卷5《遵例自陈第五疏》。

耳,乃是自家上台,要立权威,故意与乃父唱点反调,以便得到某些人的支持。这种情景,朝鲜使者有所洞察和评论。他们说乾隆"政令无大疵,或以柔弱为病"①。"雍正有苛刻之名,乾隆行宽大之政"②。又说乾隆"政令皆出要誉"③。乾隆确实有博取宽仁之名,捞取政治资本的毛病。当时民谣:"乾隆宝,增寿考;乾隆钱,万万年"④。歌颂乾隆初政,他的目的也达到了。

应当看到,乾隆改变雍正的一些政策同时,保留了乃父创行的主要制度,即改土归流、奏折和军机处、摊丁入粮、火耗提解与养廉银等制度,这些也正是雍正的基本政策和功业的所在,它们的得以维持下来,说明乾隆政治与雍正政治有继承性,一贯性。由此可见,雍正政治的出现绝非偶然,他适合了时代的需要,清朝统治的需要。

第五节 野史中的雍正

民国初年,汉人喜谈清朝皇室历史,野史纷出,其中颇有涉及雍正的,如燕北老人撰《满清十三朝宫闱秘史》,蔡东藩作《清史演义》,柴萼著《梵天庐丛录》,孙剑秋作《吕四娘演义》,《血滴子》等。这些书对雍正一生,从出生到死亡,以及性格、为人、政事都有评介,其中多属伪造历史,荒诞不经。写雍正传记,对此本不须过意,对它们的种种无稽之谈,本可不予置辩,但是野史、小说的流传远比史书广泛,它们的故事深入于民间,为大家所感兴趣,因而有

---

① 《李朝实录·英宗实录》卷43,十三年(乾隆二年)四月丁卯条,44册82页下。
② 《李朝实录·英宗实录》卷49,十五年(乾隆四年)七月壬戌条,44册173页上。
③ 《李朝实录·英宗实录》卷58,十九年(乾隆八年)十月丙子条,44册348页上。
④ 《啸亭杂录》卷1《纯皇初政》。

了讨论的必要。

关于雍正的生父，《满清十三朝宫闱秘史》谓康熙一日见卫某之妾，爱之，召入宫，六月而生雍正，故云"世宗实卫家儿矣"①。该书又说："胤禛之母，先私于（年）羹尧，入宫八月，而生世宗"②。这就使读者糊涂了，雍正究为卫家儿，抑或年家儿耶？这不是自我反噬吗？要人们相信那一个说法呢！卫某为何许人，燕北老人说其妾入侍康熙以后，被召为御前侍卫，则其系无名下人，无法考证其为雍正生父。至于年羹尧，"当抚川时，年未三十"③。他出任四川巡抚是在康熙四十八年，可知他当生在康熙十八年以后，而雍正则生于十七年，后出世的却为先到人间的人的生父，世间哪有如此怪诞的事！

柴萼说雍正做皇子时贩卖丝绸到苏州，住在青浦巨盗黄鱼大王金子良家，登极后将金子良捕获，因有一饭之恩而释之④。雍正平生只有一次跟随康熙南巡到过苏杭，而且是以公开身份去的，他不可能以贝勒、亲王身份亲自做买卖去苏州，因而也不会与巨盗交游。不过这种传言，可能是根据他派人到江浙贸易而编造的。据马士著《东印度公司对华贸易编年史（一六三五——一八三四年）》记载：英国东印度公司于一七〇二年（康熙四十一年）派遣喀恰浦到中国定海经商，喀恰浦将货物准备就绪之时，他感到了麻烦，因为"皇帝的次子派商人从北京来此，授权与彼令与英人贸易，并要求地方官员给英人以便利，该商人甫方到达，另一受皇帝第四子委派的赋有同样使令的商人接踵而至。他们虽然各有自己

---

① 《康熙朝·雍正幼时以兵法部勒白老鼠》。
② 《雍正朝·篡改遗诏之真相》。
③ 《永宪录》卷1，54 页。
④ 《梵天庐丛录》卷2《清世宗八则》。

的打算,但连成一气,以致我们以前的商人深感畏惧,而不敢出面交易"①。当时的皇太子胤礽和贝勒胤禛分别派人到定海,与英国人做生意。雍正本人没有去经商,但属下人干了,因而产生他江浙贩卖的故事。

世间传说皇子时的雍正与侠客接交。燕北老人说:雍正为康熙所不喜,漂流江湖,与剑客力士游,结兄弟十三人,长者为和尚,他们武艺绝伦,又研制出"血滴子"杀人利器②。这些说法中,把雍正描绘成精通武术的人,这与他的实际状况不相符合。雍正把他的武艺与乃父作过比较,说"皇考神武天授,挽强贯札之能超越千古,众蒙古见之,无不惊服,而朕之技射又不及皇考矣"③。他并不认为自己武术高明。他自己没有独立进行过秋狝,也没有表现过这种才能。他之所以被同剑客、武艺联系起来,大约是因为他在皇子时就同和尚接近的关系,还有则是为虚构他的继位和死亡同侠客有关的需要。

至于雍正的继位,燕北老人又给了人们三种说法,一是其生父卫某把康熙传位十四子的遗诏的十字改为于字;二是他自己进宫窃遗诏,将十四子的十字更易为第字;三是他把十字改作于字。改十字为于字,是雍正在世时就有的传说,燕北老人把这历久相沿的传说及由此而衍化的其他改诏说,一股脑儿取来,这是用传闻异说以媚读者,并非抱着传留信史的态度澄清雍正继位疑案。

以上关于雍正的演义,或自相矛盾,或不合情理,均非实录。

① H.B.Morse:《The Chronicles of the East India Company Trading to China(1635—1834)》第 10 章,第 119 页。本资料使用,受林树惠《康乾时期英船在中国沿海的活动》(《南开大学学报》1982 年第 5 期)启示。

② 《满清十三朝宫闱秘史·雍正朝·血滴子器具之制造法》;《清史演义》第 30 回。所谓"血滴子",据说是似一圆形器物,内藏快刀,有机关控制,趁人不防,罩人头上,机关开动,立取人头。

③ 《雍正朝起居注》,四年十月初二日条。

然而所以出现这种情况,也有他的原因。

辛亥革命,本以反满作号召,如同盟会以"驱逐鞑虏,恢复中华"为宗旨,推翻清朝后,为巩固成果,亦须继续排满。因此,民国初年关于清史的著述接连出现,研讨清朝的得失。就中,人们痛斥清朝残暴统治和腐败无能,又以汉人的尊夏攘夷观念痛诋清朝皇室,于是太后下嫁、顺治出家等疑案相继被大肆渲染。关于雍正的种种不德的说法,也不是完全为他一人而发,实乃丑化清室的需要。把对雍正的传说置于这种环境中考察,则较易明了它的真伪。

在讲述这些故事的作者中,虽有严肃者,但更有一种人专为迎合小市民心里,以为人们爱听宫中趣事,有皇帝时人们不敢谈论他们,及至帝制取消了,可以无所顾忌了,遂大讲特讲。然而宫闱之事本极秘密,难于得其真、得其详,于是靠传闻,传的人多了,越传离本事越远,以至有的作者自逞臆构之能,将故事越编越圆法。即如燕北老人,自云其宫中秘事的资料,由小苏拉提供,因辛亥革命后,南方缙绅士大夫多喜谈清宫事以为乐,他的记载为许多人借阅,有的竟被披于报端或载入名家笔谈中,到一九一九年乃受友人怂恿,将其书公之于世。其友人陈鹤炜为之作序,极力称赞他的著作:"……宫闱之事,言谈有禁,传闻既少,记载亦鲜,偶或散见各书,大都一鳞一爪,非语焉不详,即传闻失实,从无有有系统而集大成如今之《满清十三朝宫闱秘史》者。"又说这本书"搜访既确,去取尤严,无一字不有来历,即无一字不加斟酌。"然而从前引该书叙事可知,他之著书,既不严肃,也不审慎,惟以谈清宫事,迎合某些读者的需要。

小说家要创作,当然可以虚构。不过既然是小说,读者只能把它当小说看,而不可把它们视为历史书籍,青年读者更需要明确文学与史学的不同,不要误会方好。

雍正的传闻,让它仅仅作为传闻而不与历史相干吧!

第十六章 总结:雍正和他的时代

在本书将要结束的时候,总结雍正一生的政治得失和为人,既要说明他的历史地位,也是试图揭示他那个时代的基本面貌。

第一节 奋发有为的君主

雍正在他统治几年后,作了个自我评价,说"朕返躬内省,虽不敢媲美三代以上圣君哲后,若汉唐宋明之主实对之不愧"①。他是大言不惭吗?可以同意他的说法吗?叙述了他的一生事绩之后,对此不难作出判断。

雍正在他不长但也不算太短的十三年统治中,惟日孜孜,励精图治,又抱定改革的宗旨,在施政的各个方面实行具有他的特色的政策。他施行摊丁入亩、耗羡归公的赋税制度,清查隐田,清理逋赋,并使士民一体当差;停止户口编审,严行保甲制度和乡约制度;更改法规,制定主佃关系的新律令;除豁贱民,严禁抑良为贱;重视农本,扩大垦田,兴修水利,给予老农顶戴;坚持抑末政策,禁止开矿;创立军机处,建全密折制度,实现台省合一,提升府州;考核钱粮,清理积欠,清查仓储,整饬吏治,实行养廉银制度;延续朱明禋祀,对汉人进行某种笼络;用人不全论资历,甚至不拘满汉,注重才

---

① 清世宗"朱谕",第9函。

能,不秩进用;实行铜禁,严查私钱;改革旗务,注意旗民生计,阻止满人汉化;坚决镇压青海厄鲁特和西藏噶伦的叛乱,坚持对新疆准噶尔的用兵,在西南实行改土归流政策;极力尊孔,大搞祥瑞迷信和利用佛教,豢养道士,糅合儒佛道三教;任命族长,鼓励宗族活动;宣讲《圣谕广训》,倡导移风易俗,去奢崇俭,旌表拾金不昧,表彰节孝,提倡社会救济;打击朋党,清除允禩和允禵、年羹尧、隆科多各个集团;有意识地压抑科甲出身官员,整治其代表人物杨名时、李绂;围绕嗣位问题发生曾静投书案,制造了吕留良文字狱,随之出现其他文字狱;镇压农民暴动和商民罢市,严禁秘密宗教活动;与俄国订立《恰克图条约》,驱逐西方传教士;等等。国家事务,社会问题,民间生活,雍正无不按照自己的愿望去进行改变。他办的事情太多,有的见成效了,有的失败了,有的还在开头,也因他人亡而政亡了。他的政治,在下列几方面,颇具积极意义:

第一、调整生产关系。

实行摊丁入亩制度,将按人丁供役改为从地亩征收,政府丁银数额没有减少,但民人承担徭役的情况发生了较大变化,无地少地的农民免除或减少了丁役,田多的地主则需代这些人完纳丁银。这一办法实行后,政府由于丁银收入有了保障,对掌握人丁的多少已无须特别注意,故而停止户口编审。这样人民离开乡里的限制减少了,反映政府对农民控制的削弱。耗羡归公和养廉银制度的实行,使官吏征收火耗控制在正额钱粮的10%—20%之间,比私征时相对减少,而且由于实行养廉银制度和整肃吏治,官吏一般不敢狂征滥收,使得人民的耗羡负担有所减少。雍正改定主佃关系的法规,加强对不法绅衿的管理,禁止他们非法欺压乡里小民。他的这些政策,处理贫穷纳税人与清朝政府的矛盾,佃农与地主的矛盾,以实行地租再分配的办法,适当减少贫苦农民的负担,削弱地主对农民的人身控制,在一定程度上缓和了农民与清朝政府、与地主阶级的矛盾,局部调整了生产关系。

第二、造成比较清明和稳定的政治。

雍正设会考府,审核六部奏销,下令督抚清理积欠,一旦发现官员亏欠、贪赃,革职追赔,严惩不贷,因此承受"严刻"的恶名,然而狠狠打击了贪官污吏。他实行耗羡归公和养廉银制度,使官员在不增加人民负担的情况下获得加俸和办公费,这样打击贪赃和养廉银制度相结合,使大多数官吏在生活有保障情况下,不敢以身试法,故而吏治比较澄清。不仅雍正朝如此,而且保持到乾隆前期。

雍正实行首隐和报垦政策,增加了田赋收入。又清理逋欠,厉行征比。

经过变更赋役法则,打击贪官污吏,严行催科,保证了清朝政府的财政收入,改变了康熙末年国库短绌的情况。

康熙朝立储问题产生的朋党之争,经历康熙后期延续到雍正初年,它造成了政治紊乱。雍正的继位在客观上给了它惩创,他又厉行反对朋党的政策,彻底摧毁允禩集团。待后曾静投书案和吕留良文字狱,明着讲解决满汉矛盾,实际上是在舆论方面巩固对允禩集团的胜利。雍正还把它同改革八旗旗务结合起来,进一步削弱下五旗王公的势力,进而加强皇权。他在处理允禩集团时不无残暴之讥,但这是政治斗争,它的结束,改变了政治混乱的局面,有利于新朝改革政令的推行。

雍正在反对朋党斗争中,深刻认识到清朝既不可简单地采用汉人的立嫡制,也不可像祖先那样没有完善的制度,于是提出秘密建储的办法,并成为清朝一代的传位家法。这个制度,可以挑选中意的皇子为储君,不限定嫡长,这样的继承人应是比较理想的,有传子传贤之意,比嫡长制优越。由于是秘密确立,可以避免储君与皇帝、与诸兄弟的矛盾,避免可能出现的朋党之争和政治混乱,这是一个较好的立储制度。

雍正屠戮年羹尧、隆科多,惩治权臣的专擅和可能出现的新朋党,在这两个案件中,他前有纵容之咎,后有杀功臣之讥,但防止政出多门的弊端,尚不可全行否定。

雍正这些政策的实行,造成比较廉洁的政府,从而使清朝政治比较稳定。

第三、巩固和发展统一的多民族国家。

雍正在西南推行改土归流的政策,经过激烈的斗争,取得很大的进展。雍正平定青海厄鲁特罗卜藏丹津的叛乱,在这里实行郡县制和札萨克制。平定西藏噶伦阿尔布巴的叛乱,首次设立驻藏大臣,为乾隆时驻藏大臣制度的完善奠定了基础。雍正致力于边疆民族问题的解决,改变了它们的一些政体,密切了它们与中央政府的隶属关系,对我国统一的多民族国家的巩固和发展作出了不可磨灭的贡献。

雍正的治理也有很多问题,最主要的是他的那些措施,相当多的只能起治标的作用,如整饬吏治,不拘资历用人才,压抑科甲出身的官僚,都有良好的效果,但是封建的官僚制度和科举制度不变,雍正所使用的官员与被打击的因循守旧和贪赃枉法的官吏,属于同一种教养,同一个思想体系,同一个来源,他们没有本质的差别,其中一部分人还会营私舞弊,还会墨守成规,过了一定时间,政治气候稍有变化,他们中的绝大部分人就会不法妄行了。雍正的治标,就使他的革新不可能深刻改变社会面貌。雍正的改良政治,相当多的项目是从务实考虑的,收到了实效,但是他在短时期内,铺的面太大,涉及的范围较广,对有一些事情,他调查不够或很不足,了解不深,就凭主观愿望去办理,因而在总体上缺乏计划,章法凌乱。其实有些事情可以不搞或缓搞,如推广官话,就彻底失败了。又如提升府州,首先应当是经济发展的结果,有的州县没有达到那种程度,人为的提格,最后还是退回去。有一些事情雍正做的太过分,如打击朋党,有其合理性,但又扩大化。像贝勒延信在西藏立有军功,却被牵连到允禵及年羹尧案中,竟圈禁致死。对于年、隆,罢黜即可,何须赐死、禁死!雍正还有一些很坏的弊政,如大搞祥瑞,崇信佛教,大兴文字狱,阻挠矿业和手工业的发展,推行保甲制度,维护宗族制度,残酷镇压人民的反抗斗争。

权衡雍正对历史发展的影响,不言而喻功绩大于过失。

他的历史地位,如果再放在帝王群中作一比较,也许看得更清楚。在中国历史上,商汤、周武王、秦始皇、汉高祖、汉武帝、汉光武帝、隋文帝、唐太宗、唐玄宗、宋太祖、宋神宗、元太祖、元世祖、明太祖、明成祖、清圣祖、清高宗等帝王,或削除混乱,统一中国;或内政修明,社会经济发展;或加强民族联系,开拓、巩固边疆;或兼而有之,他们对于中国历史的发展,各自施予了不同程度的有益的影响,是杰出的或比较杰出的帝王。雍正的改革弊政,巩固边疆,给历史留下良好的印记,堪与这些君主比配,他应当是这个行列的当之无愧的成员。

还要看到,那些帝王多半是开国和守成之君,即王朝的第一二代,他们处在前一王朝的末期,社会矛盾尖锐,给予他们施展才能的良好机会。这些帝王中属于朝代中间的不多,只有汉武帝、唐玄宗、宋神宗、清高宗等人。这些帝王当政之时,祖宗成法俱在,要想有所作为,必须冲破祖制的束缚,守旧势力的阻挠,他们所取得的成就又自有其特殊的困难。雍正是这些人中的一员,更应当肯定他的贡献的难能可贵。

总之,雍正勇于革新,解决或试图解决历久相沿的弊政,一定程度上适应了生产力发展的要求,促成吏治的相对澄清,造成国力的强盛和国家政局的安定,促进多民族国家的巩固,所以说他是奋发有为的、对历史发展作出贡献的君主,是中国历史上为数不多的比较杰出的帝王之一,是值得肯定的历史人物。他的自视高明,比诸汉唐宋明的有为之君,基本上是可以允许的。

第二节 雍正时期的历史地位

雍正政治比较清明,局部调整了主佃关系、农民与国家关系,国家统一、稳定,从而允许生产力有缓慢发展的可能。这个时期,开直隶营田,广西垦田,修宁夏水渠,兴建江浙海塘,防治黄河,调湖广老农入川教垦,北方老农到华南教种杂粮,江浙老农至直隶教种水稻。云南采铜由年产八九十万斤,增至四百多万斤。农业和手工业都有所提高。

雍正时期的政策与生产力的发展,同前接的康熙朝、承续的乾隆朝颇多一致。

在农业方面都注意兴修水利,鼓励垦荒,改革赋役。康熙实行滋生人丁永不加赋政策,把丁银额固定,为雍正实行摊丁入粮创造条件。手工业者的匠班银,康熙时将浙江、湖北、山东等省的摊入田亩征收①,雍正间又把江苏、福建的摊入田粮②。乾隆三年(一七三八年),通令全国实行③。清朝政府不断宣布普遍捐免钱粮,康熙五十年宣布,在三年内轮免全国各省钱粮,计三千八百余万两,

① 王庆云《熙朝纪政》卷3《纪丁随地起》。
② 乾隆《苏州府志》卷8《田赋》;乾隆《尤溪县志》卷3《田赋》。
③ 《养吉斋丛录》卷1。

雍正蠲免江苏逋欠一千二百余万两,乾隆间又屡行普免政策。蠲免钱粮,得实惠的是有田人。佃户则仍要照原租额向地主纳租,康熙感到不公平,遂于四十九年(一七一〇年)规定,以后凡遇豁除钱粮,按数分摊,其中七成归地主,三成归佃户①,即佃户可以据此少向地主交租。雍正八年(一七三〇年)定例,在江浙两省重赋区蠲免时,若全免,佃户原纳租一石,则减一斗五升,若免五分,每一石减七升五合②。乾隆继位,重申乃祖乃父的成规。

清朝开国时期,建立蒙古八旗,实行皇室与蒙古王公联姻的政策,又崇信喇嘛教,作为联络蒙、藏等少数民族的一种工具。这些政策,康、雍、乾三帝都实行了。事例为人所熟知,不再举列了。

康熙同沙俄殖民主义者作斗争,与俄国签订《尼布楚条约》,划定中俄东段边境;雍正与俄国缔结《恰克图条约》,确定中俄中段疆界。康熙警惕西方传教士的侵略活动,不许教会干涉中国内政,雍正则将传教士驱逐到澳门。康熙在同传教士接触中,注意吸收科学文化知识,这一点上雍正逊于乃父一筹;康熙末年禁止商民往南洋贸易,雍正中开广东、福建洋禁,儿子又比老子胜一着。

在关于农民和农业生产、民族、对外关系等国家主要政策方面,康、雍、乾三代一脉相承。这种一贯性,应在评价雍正朝的历史地位时充分注意。康熙、乾隆两朝的历史地位已为人所公认,即所谓"康乾盛世"。在这两个功业素著的帝王之间,雍正朝的时间尽管不及前、后两朝的九分之一,却是不可忽视的。康熙后期的弊政,若不是经过雍正朝的大力整饬,清朝可能会较快地衰落,而雍正朝一系列行之久远的政策,又为乾隆朝兴旺发达和清朝长远统

---

① 王先谦《东华录》,康熙四十九年十一月辛卯条。
② 光绪《大清会典事例》卷 754《刑部·户律田宅》。

治创造条件。康、雍、乾三朝的关系,可以打个比方,如果说康、乾两朝的功业,如同两座对峙的山峰,但在这两峰之间,又夹着雍正朝一峰,康、雍、乾三朝功业,构成了一组不可断裂的群峰。乾隆中河南巡抚阿思哈说:"圣祖仁皇帝涵濡煦育六十余年,久道化成;世宗宪皇帝整纲饬纪,通变宜民,凡闾阎疾苦,靡不周知;我皇上缵承三圣①,善继善述……"②。对三者关系及雍正除旧布新的评论比较中肯。近年日本学者佐伯富说:"谚云,王朝基础多奠定于第三代,雍正帝正为清入关后第三代君主,有清二百数十年之基盘,即为其所奠定"③。《雍正帝及其密折制度研究》一书的作者杨启樵认为:"康熙宽大,乾隆疏阔,要不是雍正的整饬,满清恐早衰亡"④。他们从对清朝全部历史的影响,高度评价了雍正的历史活动。就清朝在全国的统治讲,顺、康两朝是创立期,雍正朝兼有巩固和开拓之功,乾隆朝则达到鼎盛。康、雍、乾顺序发展,成果递增。当人们讲到康乾盛世时,应当包括对雍正朝地位的肯定。

再看清朝的整个历史,它有不同的发展阶段。是否可以认为,入关以前是开国时期,顺、康、雍以及乾隆前二十三年为前期,乾隆二十四年至道光二十年鸦片战争为中期,下余的时间为后期。这里需要说明前期的划分,把它的下限定在乾隆二十三年的原因,除上述康、雍、乾基本政策相同,互相补台,推动社会发展外,充分考虑了解决准噶尔人问题的重要性。乾隆二十三年彻底消灭准噶尔人中的分裂势力,确立对北疆的统治。事情的意义远不止此。准噶尔人的势力,在清朝前期,控制新疆之外,一度达到西藏、青海、

---

① 三圣指顺治、康熙和雍正。
② 乾隆《河南通志》阿思哈《序》。
③ 《雍正帝及其密折制度研究·佐伯序》。
④ 该书《引言》。

喀尔喀蒙古,以及甘肃和宁夏的一部分,掌握喇嘛教,进窥内蒙古,野心家噶尔丹妄图把战火从边疆扩大到华北地区。他的骚扰,对清朝政府产生重大影响。当噶尔丹谋图进攻喀尔喀时,太皇太后孝庄文皇后于康熙二十六年十二月病死,康熙对她非常敬重,然而因形势紧张,据朝鲜人记载说"秘不发表"①,可见蒙古事态的严重。次年,康熙派索额图与俄国谈判边界问题,指示他:尼布楚等地一河一溪"皆我所属之地,不可少弃之于俄罗斯"②。然而代表团前往谈判地点的路上,因噶尔丹进扰喀尔喀而不能前进,只得折回。第二年再去谈判,清朝把尼布楚之地让给俄国,以便达成协议,这一改变显因噶尔丹的问题。三藩之乱,一度占据南中国以至川陕部分地区,形势险恶,康熙也只是命将出征,而对噶尔丹则三次亲征,直至消灭其势力而作罢。迨后策妄阿拉布坦作乱,康熙大约也考虑过亲征③,只因已是六十多岁的老翁而未能成行。雍正于西北两路用兵前,特与靖边大将军傅尔丹等行跪抱礼,虽有张皇其事之嫌,实亦系极端重视这件事。他急于和俄国订立《恰克图条约》,同康熙一样,含有阻止沙俄殖民主义者勾结准噶尔暴乱势力的意思。准噶尔的问题,影响到清朝政府的对内对外政策,清朝政府只有妥善解决它,才能最终巩固北方、西北、西南边疆,坚持实行以喇嘛教制驭蒙古人及利用蒙古人协助其统治汉人的政策。所以,处理准噶尔问题具有划分清史发展阶段界标的意义。如果这样的划分意见能够成立,雍正朝则属于清朝前期的历史阶段。

总之,雍正时代,除旧布新,政治比较清明,国力较为强盛,有

---

① 《李朝实录·肃宗实录》卷19,十四年(康熙二十七年)四月甲辰条,39 册 631 页下。

② 王先谦《东华录》,康熙二十七年五月癸酉条。

③ 《康熙朝起居注》,五十五年三月二十五日条。

着光明面,它还创造条件,便利于清代社会持续前进,也使它自身置于清代前期发展阶段。

第三节　雍正在封建制衰落和满族发展时代
发挥个人历史作用

"时势造英雄"。雍正功业的产生及其多寡,取决于他个人的因素和他所生活的时代。他的时代舞台允许他有多大的活动场面,要求他作怎样的表演,这是必须考察的。但是如何认识那个时代呢?从雍正的作为来进行分析,也不失为一种研究方法。统观清朝前期,包括雍正朝以及雍正本人的一些活动在内,来看雍正所处的时代。

第一、农民抗租抗赋及争取永佃权的斗争。

康熙年间撰修的《无锡县志》说该地"佃田者不输租,寄籍者不输粮,积以成习"①。抗租、抗粮,这是清代农民斗争的重要内容。

农民抗租采取了多种形式,以暴动最为激烈,如康熙五十二年(一七一三年)江西雩都佃农邱兰秀、陈万余等以"除赋捐租"为号召,率众围攻田主赵唐伯庄,不久聚众千余人同前来镇压的清军对抗②。抗租内容多种多样,有的拒不交租,像康熙四十六年(一七〇七年)无锡农民在过胡子领导下进行"租米不还籽粒"的斗争③。有的反对两季租,如前已说过的雍正八年崇明佃农抗租运动。有的反对大斗收租,如康熙中福建上杭农民制定标准斗斛,不许地主

---

① 卷 10《风俗》。
② 同治《雩都县志》卷 6《武事》。
③ 《锡金识小录》卷 4《祈雨》。

私用大斗①。有的以次等粮食交租,如江南、江西农民专门种植产量高、分量重而出米量少的稻子交租,把它叫作"瞒官稻"、"芒谷"②。

清代农民斗争的另一项内容是争取永佃权。康熙五十二年,江西兴国县佃农在李鼎三领导下,组织会馆,反对地主退佃、转佃。同时期石城吴万乾也为争取永佃权举行了暴动③,这种永佃权的要求,同清朝流行起来的押租制相联系,地主为防止农民抗租,出租土地时先收押金,这样农民"买田承种"④,从而拥有田面权和永佃权。而这两种权力,一定程度上破坏了地主对土地的任意支配权,使它的土地所有权不完整了。这是农民为土地而奋斗的结果。

明清易代之际,长江中下游的奴仆群起暴动,反对人身奴役,要求"铲主仆贵贱贫富而平之"⑤。清朝前期,贱民继续斗争。

清朝前期,农民隐匿人口,逃避赋役,隐瞒田地,拖欠钱粮。

清代前期农民(包括贱民)斗争,触及到封建土地所有制和人身依附关系,而不满和反对地租、赋税剥削最为突出,清朝政府的赋役改革,正是为消弭农民的这种反抗。

私人地主也采取措施,变动与佃农的关系。鸦片战争前的清代,货币地租在不同土地类别的官田、义田和民田上,在不同经营类型的粮田和经济作物田上都出现了,国家、地主集体和个人都采用了,它呈现出某种发展趋势,是实物租向货币租进行某种程度的

---

① 乾隆《上杭县志》卷 12《杂志》。
② 乾隆《苏州府志》卷 12《物产》;同治《(江西)新城县志》卷 1《风俗》;包世臣《安吴四种》卷 25 上《齐民四术·农政·办谷》。
③ 道光《石城县志》卷 7《武事》。
④ 同治《建昌府志》卷 9《艺文·新城田租说》。
⑤ 同治《永新县志》卷 15《武事》。

转化。货币地租是封建地租的最后形态和解体形态,在这种形态下,地主对农民的控制比在实物租下有所削弱,这也是生产关系的一种变革。

第二、官僚机器的腐败及其不可改变性。

捐粟拜爵,秦汉已兴,历代相沿,然至明朝始定出捐纳事例,到清代则盛行起来。康熙十三年,以对吴三桂用兵的军费需要,始开捐纳之门。以后清朝政府屡以用兵开捐,乾隆以后,捐官、捐监,已成为清朝政府一项固定收入。捐纳,使有钱的人通过捐银、捐米得到官职,现任官可以提级,降职、革职官可以恢复原职,所以它是一种卖官制度,是一种败政。

科举取士,到了清代,百弊丛生。康熙再次以理学为官方哲学,科举用八股文,从"四书"、"五经"命题,这是用僵死的官僚式文体把知识分子的思想限制在腐朽的理学之内,培养出来的大多是庸才和奴才。加之科举舞弊已不可救药,有真才实学的人往往不能中式。入仕者本以科举为敲门砖,从政后贪赃枉法,结党营私,败坏吏治。科举的这些弊病,明代已然,清朝死守不变,到了灭亡前夕才被迫将它废除,可见清政府态度的顽固了。

衡量吏治的好坏,官吏的清廉与否是一种重要的标志。康熙时有一些所谓清官,如张伯行、赵申乔诸人,其实他们并非一尘不染,只是少征耗羡。其时官贪吏蚀,动辄几十万,上百万,吏治相当败坏。耗羡提解,变私收为官征,遏制官吏的狂加滥收,但是私征是不合法的加派,官收虽减少了数量,仍然是加派,并且使它成为合法的。火耗提解限制官吏贪赃只能行于一时,后来贪污不可遏制,在耗羡之外再增耗羡,形成"三年清知府,十万雪花银"的恶浊局面。这种现实说明雍正的挽救政策只能有暂时的一定程度的效果,更严重的是官吏的营私舞弊,竟有利用雍正比较得人心的政策的,如在奖励垦荒中虚报顷亩,进行增赋,以为在官事迹。好的政策被贪官用去办坏事,这种官僚制度的腐败已经到了何等严重的境地啊!

第三、皇权到了无以复加的程度。

我国统一的封建主义皇权,自秦始皇奠定基础,以后逐渐强化,至雍正时代达到登峰造极的地步。清初沿明之旧,实行内阁制度,但内阁在其明中叶的极盛时代,大学士亦没有任免官吏的权力,无法达到往昔宰相地位,况且清初别有八旗贵族的议政王大臣会议,协助皇帝决定军国重事,分散了内阁的权力,同时也侵夺了皇权。康熙设立南书房,用亲信文人参议政事,以抵制议政王大臣会议,加强皇权。雍正创立军机处,向军机大臣面授旨意,由他们草拟成正式文件,发给有关衙门和官员。雍正还把康熙朝已出现的密折制度化,令官员用奏折报告政见、建议、施政情况和私人事务,他用朱批给以指示,这样进行的政治,是皇帝意志的体现。雍正通过密折制和军机处总领天下庶务,等于取消了议政王大臣会议的议决权,内阁的批答权,进一步削弱了"相权"。封建皇权到了无以复加的程度,以后再没有发展了。

这种皇权的加强是在明末清初先进思想家猛烈抨击君主独裁之后出现的,更应引起注意。康熙初,黄宗羲作《明夷待访录》,痛斥君主已成为天下之大害,他说君主"屠毒天下之肝脑","敲剥天下之骨髓,离散天下之子女",社会不得安宁就是因为有国君。黄宗羲对君主制的理论基础君权神授论、君主制的核心君为臣纲、君主制的法制"一家之法",都作了一些批评,他特别提出限制君权的某些设想,主张提高相权,广泛吸收士人参加政治活动。与黄宗羲同时,唐甄著《潜书》,也把矛头指向集权的君主,宣言:"自秦以来,凡为帝王者皆贼也。"他们揭露了君主专制的黑暗与罪恶,主张削弱皇权,改善政治统治。他们的思想无疑是进步的,要求是合理的。但是康熙、雍正置社会舆论于不顾,沿着加强皇权的道路走下去,达到封建专制主义顶峰。皇权的加强,在一定条件下,对国家统一、政治清明不无某种意义,但是它维护衰落中的封建制,强化对人民的统治,扼杀新生事物的反动作用,则是主要的。

第四、顽固阻挠资本主义萌芽的发展。

明代中后期出现的资本主义萌芽,清初持续着,康熙中期起出现发展的趋势,在太湖地区的丝棉织业,云南铜冶业,景德镇制磁业,江宁、广州的丝织业,川、陕、鄂三省山区的冶铁业、造纸业,苏州的小五金行业、制烛业,都出现了具有资本主义性质的手工作坊、手工工场,其中以苏松的丝棉织业资本主义萌芽最显著。在这里,"机户出〔资〕经营,机匠计工受值"①。机户备置机器和原料,是初期资产者;机匠受雇于机户,领取工钱,是被剥削的生产者,双方构成资本主义生产关系的雏形。康熙年间,苏州出现大包买商,开设账房,拥有大量的资金、原料和织机,"散放经丝,给予机户,按绸匹计工资"②。在染踹业中,布商将布匹交踹坊压光,踹坊由包头开设,踹匠按件领取工钱。包买商将资本投入纺织业的生产过程中,是商业资本向工业资本转化,包买商本身就成为初期资产者。苏松纺织业从业人员很多,康熙间苏州的踹匠万余人③,雍正中约有二万人④,这是有相当规模的行业了。

资本主义萌芽的出现,以新的社会因素向封建的大一统挑战:它以具有资本主义因素的雇佣关系冲击封建的租佃关系和雇佣关

---

① 《江苏省明清以来碑刻资料选集》,6页。
② 徐珂《清稗类钞·农商类》。
③ 《江苏省明清以来碑刻资料选集》,43页。
④ 《朱批谕旨·胡凤翚奏折》,元年四月初五日折。

系;以较多的商品刺激地主,促进它的转化,使之一部分向经营地主发展,一部分变为更腐朽的城居地主;它同官府矛盾,反对残酷的封建剥削与压迫;它促进商品经济的发展,从而冲击封建的自然经济,一句话,它冲击和分解着封建制度。

封建制度和清朝政府阻挠、破坏资本主义萌芽的发展。封建地主土地所有制下地租重,吸引着商业资本,"以末起家,以本守之",依然支配着人们的行动,经商致富者大多购置土地,而成为包买商的还是少数。地租重,农民购买力极低,使手工作坊的生产品市场不易扩大,自然经济不易打破,手工作坊的生产难于迅速发展。清政府坚持重农抑末政策所起的作用同样恶劣。雍正不止一次讲,"四民士为首,农次之,工商为下"①。这是封建统治者传统的观念和政策,并没有新的内容,但这种重申,是在商品经济和资本主义萌芽发展情况下,维护封建制的需要。清政府采取了许多重农抑末的措施,它禁止开矿,因为矿冶业需要大量劳动力,这些来自四方的人聚居一处,政府害怕工匠闹事,更怕厂矿倒闭,工匠成为游民,破坏它的社会秩序,雍正坚持实行禁止开矿政策,所反复讲解的就是这些理由。清代采铜业是冶炼业中唯一得到官方允许发展的行业,这是因为铸造制钱需用铜做原料,所以康熙平定三藩之乱,即在云南开发铜矿,雍正对此也网开一面,允许商民开采。但是清政府又与商人争利,在铜冶业中实行"官督商办"政策,商人生产的铜满足政府需要,剩余的才能自行出卖;它又实行"预发工本,收买余铜"的办法,低价强买铜斤,往往造成场商的赔本,使得铜业生产不能稳定。

资本主义萌芽内部,工匠与场主对立,清朝政府支持场方,用

① 《上谕内阁》,二年二月二十日谕。

封建的野蛮手段压迫工匠,镇压踹匠的"齐行增价"斗争,机匠的"叫歇"斗争。清政府的这种干预,使封建主义的因素渗透于资本主义萌芽的生产关系中,破坏着它的成长。

了解以上数点,就可以说明清代前期封建制度和地主阶级地位了,农民的反抗斗争触及到封建生产关系的各个领域(尽管对封建土地制度的认识极不深刻),这是它们觉醒和力量壮大的表现,也是他们对立面地主阶级力量削弱的表现。资本主义萌芽的产生与缓慢发展,打破了封建的一统天下,自然是它的衰落的征兆。皇权的极度发展,官僚机器的腐败,说明封建制的上层建筑已经没有什么发展余地,日益成为社会机体的赘瘤。从经济基础到上层建筑,都在阻碍着生产力的发展,这个制度正在衰老着,它的主人地主阶级没落着,它没有什么生机了,但是它还没有走到尽头,它的生产关系和上层建筑还可以作局部的调整,资本主义萌芽远没有苗壮成长,因而也没有形成足以代替地主阶级统治的社会力量。所以说这个时代是封建制的衰落时期,或者说是晚期,这是孕育封建制掘墓人的时代,它不是末世,不是所谓"天崩地解"的时代,即不是封建制的瓦解时期。如果不是外国资本主义的侵略,鸦片战争的爆发,中国纯粹的封建制还将有一个较长的时期。

既然如此,时代也就允许和要求封建人物沿着封建制实行改革,去发展它,维护它,延长它的寿命,不过这种改革的广度和深度受到极大的限制罢了。因此,像康熙和雍正这样比较杰出的帝王的出现,是当时社会条件允许的和需要的。

还有一种社会因素影响雍正的行政,这就是那时满族的状况。从努尔哈赤起兵统一女真诸部到顺治统一全国,是满族的兴起时期,康雍时代处于满族的发展期。作为新兴民族,具有奋进精神,它的统治全国,政治就比明朝末年清明得多。到了康雍时期,它已

逐渐走向衰落,进取精神大不如前,但仍有保留,在下述几方面体现得还是比较明显的:

重视少数民族问题,经营边疆,巩固祖国领土。中国历史上比较大的少数民族王朝,都对巩固边疆作出贡献,而元朝、清朝尤为突出。造成它的原因是多方面的,而统治民族处于发展期的因素很重要。满族原居于边疆,建立全国政权后,遭到人口众多的汉族反对,它为巩固统治,必须保持自己的发祥地,还需要提高个别少数民族以协助其进行统治,所以康熙、雍正都大力经营边疆,并取得良好的效果。

皇帝勤于政事。清朝在兴起和统一过程中,皇子驰骋疆场,以建立功业为尊荣,引导帝胄奋兴向上。统一后,对皇子教育正规化,使之学习满汉文和各种知识,练习骑射。康熙命诸皇子随侍南巡、秋狝,参与一些军政事务,训练了他们的从政能力。这样培养出来的皇帝都比较勤奋精明。康熙和雍正宵旰勤政,每日接见臣工,处理朝政。康熙爱游猎,然而不废政事。雍正实行奏折制,理政不息,在封建帝王中,难于出其右者,所以孟森说:"自古勤政之君,未有及世宗者","其英明勤奋,实为人所难及"①。郑天挺师说雍正是"好皇帝"②。他们的分析都是定评。把明代中后期的君主与清朝一比,相差甚远,明太子出阁就傅如同儿戏,皇帝或昏庸,或荒淫,不理朝政,造成宦官专擅的黑暗局面。清朝迁都北京,设内管领处,代替明朝的宦官职事,顺治后期设立内官十三衙门,康熙初年即行裁撤,建立内务府负责宫中事务,从而杜绝宦官专权。清朝前期皇帝的振作,是满族发展时代的精神体现。

---

① 《明清史讲义》,中华书局 1981 年版,471—472 页。
② 《清史简述》,中华书局 1980 年版,47 页。

封建社会晚期与满族发展期相结合,要求和允许雍正在一定范围内实行改革,做出他的贡献。严重的阶级斗争和激烈的政治斗争,向雍正提出如何维护以满族为主体的地主阶级统治的问题,也使他产生解决这个问题的迫切感。他秉赋这时满族还具有的向上精神,痛恨社会积弊,力求使清朝政权从康熙后期的储位之争和朋党之争中解脱出来,他实行改革,经过剧烈的斗争,取得了前述那些成果,他澄清吏治,局部调整农民与政府、与地主的关系,是在封建制晚期所允许的范围内实现的,他的改革在许多方面失败了,这是他的时代和阶级地位决定他不可能做得更多。雍正所以能成为比较杰出的帝王,就是他适应时代的要求和在可能的条件下,作出了他的努力。

第四节　雍正的才能、性格对其政治的影响

雍正本人的因素也影响着他的政治。

雍正聪明好学,具有综理政务的才智;雍正具有刚毅的性格,但又性情急躁,残忍无情;雍正具有政治抱负,决心实行改革;雍正的思想和性格,产生了他雷厉风行的作风。雍正的理想、才能、性格和作风,同当时的社会条件相结合,产生他的政治,具体表现可以归纳为:

认识时势,决定改革政治的内容和范围。康熙晚年政事废弛,雍正早就看在眼里,正确认为那时"人心玩愒已久,百弊丛生",决心加以犁剔。如官吏滥征火耗,侵吞钱粮,康熙睁一眼闭一眼,以示宽大,更怕承担肯定加派的恶名,拒绝臣下将耗羡部分归公的建议。雍正从务实考虑,不避加派之名,才能实行赋役改革。雍正基于他对形势的认识,改革的面相当广。

办事雷厉风行,加快改革的速度。雍正勤政,使事情进展较快,如清理财政令下之后,立即见效,库存情况好转。再如实行改土归流政策,雍正为统一事权和加快速度,将原属四川的一些地方划归云南,又把广西从两广总督辖下改归云贵总督管理,雍正又不秩提拔改土归流中有功的哈元生、张广泗等人,进一步推进这个事业。土司制有数百年的历史,明朝也在条件许可的地方实行过改流,但雍正在短时间所做到的要多得多。

政治思想的状况,决定改革的深度。雍正对主佃矛盾看得比较严重,认为只有压抑不法绅衿的权力,才有利于稳定农村秩序,故而加强对绅衿的管理,改定有关主佃关系的法令。他除豁山陕乐户、绍兴惰民、宁国世仆、徽州伴当、广东旦户、常熟丐户、教坊司乐户等贱籍,允许他们改业从良,为他们解除了法律的禁令。这些贱民的沉沦都有数百年的历史,前代有的帝王只在极小范围内对它们作过一些释免,而雍正则大刀阔斧地进行,表明他富有政治气魄,敢于革除数百年积弊。因而在某些方面,他的改革比他的前辈深刻。

第五节　结语的结语

话已经说的够多的了,然而又没有全完,再对雍正及其历史的研究说几句吧。

第一、雍正是值得肯定的历史人物,雍正朝的历史有光明面,过往的历史资料和历史研究对雍正本人特别是他的品德指斥较多,对他的政治虽有肯定但不充分,因此应当重新与加强对雍正史的研究。雍正的留下骂名,主要不在他本身的过错,而是他的对立面所造的舆论及其影响,也有后世与他持有不同政治观点的人对他不断批评的结果。被雍正打击的政敌、贪官污吏和不法绅衿,有制造舆论的能力,也有扩散他们观点的市场。他们从自身利益出发,当然不同意雍正的政治观点,比如雍正整饬吏治、清查亏空触犯了他们的利益,他们就说皇帝贪财。又如实行士民一体当差政策,被剥夺了一些特权的绅衿暴跳如雷,公然宣称士民一体当差是错误的。一件事情,不同的人有不同的看法,本是正常的现象,重要的是分析不同意见中,哪些是对的,或有合理成分的,哪些全不合事实。深入分析,不难发现,当时人的许多指责不合情理,它只反映了被整的那部分人的情绪,并不值得同情和深信。在封建时代,还有一种人与雍正政治思想不一致,看不惯他的作风,因而同情那些被打击者,不满意于雍正。他们就相信当时人、受害人的言论,并加以传播。如乾隆时著名文人袁枚,在写作雍正时期人物的传记文中,抨击雍正朝政治,鲜明地表现了他的政治思想倾向①。当时人及清朝人的这类记载,自然地给后人以一定的影响。后世责难雍正的观点,大约同这些传统看法有一定的渊源关系。

舆论对雍正不利,他是很清楚的,他也在争取舆论的同情和支持,发表了阐述其政治观点的大量上谕,刊行了《大义觉迷录》,整理了《朱批谕旨》、《上谕内阁》。同时他也蔑视舆论,以为它不足凭信,他就用人问题说:"舆论既不足尽凭,则人之贤否何由而知,只得试用之,以观其后,此即古圣人明试以功之意"②,他知道要用实行来考察官员的贤否。舆论要分析,后人对历史文献也要分析,要用唯物主义的观点、方法进行分析,去伪存真,做出符合于历史实际的解释。如果不做好这项工作,受着文献的束缚和影响,人云

---

① 那些传记文收在《小仓山房文集》中。
② 《上谕内阁》,五年七月初十日谕。

亦云,恐怕连雍正的认识也赶不上了。

　　第二、雍正及其政治的出现,是时代的产物。"政治是一种科学,是一种艺术,它不是天上掉下来的,不是白白可以得到的"①。比较清明的雍正政治的产生,比较杰出的历史人物雍正的出现,是还允许改革的中国封建制和发展中的满族所哺育的,也是他本人发挥个人历史作用的结果,这两种因素缺一不可。同时,雍正及其政治成就,表明当时封建社会还可以有所发展,还没有走完它应走的路程。通过雍正史的研究,可以加深对清朝历史、中国封建社会晚期历史的理解。

---

　　① 《列宁选集》第四卷,人民出版社 1972 年版,234 页。

附　　录

（一）雍正年表

说明:(1)本表记注雍正本人及康熙、雍正两朝重要事务和事件。

(2)本表依据附录(四)"引用书目"中基本书目的载籍资料编写。

中国纪年	公元	月	雍正岁数	记　　事
康熙 17	1678	10	一	三十日,胤禛生,为康熙第四子。母乌雅氏,孝恭仁皇后,时为德嫔。胤禛长兄允禔生于康熙十一年。二兄允礽,生于十三年,十四年立为太子。三兄允祉生于十六年。
20	1681	12	四	母德嫔进为德妃。
22	1683		六	跟从侍讲学士顾八代学习,直至康熙三十七年;同时值尚书房教皇子的有后升任大学士张英、徐元梦等人。
25	1686		九	康熙巡行塞外,胤禛随行,同往的皇子有允礽、允禔、允祉。
27	1688	12	十一	孝庄文皇后忌辰,康熙往遵化谒暂安奉殿,胤禛及允禔、允祉随往祭祀。先年大学士索额图、明珠分别结党,前者为太子党,后者反之,至是明珠被劾罢任。
30	1691		十四	约在本年胤禛奉父命同内大臣费扬古女喇那氏结婚。喇那氏后为孝敬宪皇后。
32	1693	2	十六	康熙巡视畿甸,胤禛同允礽等侍行。重修阙里孔庙落成,允祉往祭,胤禛同行。

中国纪年	公元	月	雍正岁数	记　　事
35	1696	3-5	十九	康熙亲征噶尔丹,诸皇子从征,胤禛掌正红旗大营。
		12		胤禛往暂安奉殿行礼。
37	1698	3	二十一	康熙授诸子世爵,胤禛为贝勒,允禔、允祉为郡王,允祺、允祐、允禩亦为贝勒。
38	1699		二十二	是年,康熙为诸皇子建府,胤禛府邸在其中,为后日之雍和宫。
41	1702	1-2	二十五	康熙巡幸五台山,胤禛及允礽、允祥从行。
		9-10		康熙南巡,胤禛、允祥等侍从,至德州,允礽病,转回北京。
42	1703	1-3	二十六	康熙南巡,至江宁、苏州、杭州,胤禛及允礽、允祥从行。
47	1708	1	三十一	浙江四明大岚山朱三太子、张念一等准备暴动,称大明天德年号。
		9		废黜皇太子允礽。
		11		圈禁允禔。廷臣举允禩为太子,康熙不允。
48	1709	3	三十二	复立允礽为太子。封胤禛、允祉、允祺为王,允祐、允䄉、允禟、允䄉等世爵。
		8		胤禛受赐王爵号雍亲王。
				约于是年受赐圆明园。
50	1711	8	三十四	胤禛第四子弘历生。
51	1712	2	三十五	康熙宣布实行滋生人丁永不加赋政策。
		10		再次废黜允礽。
52	1713	9	三十六	允祉开蒙养斋馆修书。
				是年,雍邸属人戴铎提出全面夺取储位的规划,胤禛说他的建议是金石之言。
54	1715	4	三十八	准噶尔策妄阿拉布坦遣兵骚扰哈密,康熙召胤禛和允祉议论对策,胤禛主张用兵。
55	1716		三十九	戴铎报告有武夷山道士算得胤禛是万字命,胤禛极感兴趣。
56	1717	1	四十	康熙命胤禛同允祉等皇子审理盗发明陵事,并祭明陵。
		7		河南宜阳亢珏、闵乡尹乔、王更一暴动。
		12		皇太后死,时康熙在病中,用胤禛及允祉、允禄传旨办事。

601

中国纪年	公元	月	雍正岁数	记　　事
				时储位之争激烈,在福建的道员戴铎闻听对胤禛不利,欲谋台湾道职,以作将来退身之计。
57	1718	10	四十一	康熙命允禵为抚远大将军出征西北。允祐、允䄉、允祹管旗务。
				年羹尧为四川总督。
59	1720	8	四十三	允禵指挥清军两路进藏,送达赖六世至拉萨,驱逐准噶尔在藏中势力。
				是年湖南辰溪谢禄正暴动,至雍正五年八月被处死。
				本年隆科多为理藩院尚书,兼步军统领。
60	1721	正	四十四	康熙登基一甲子大庆,胤禛往盛京祭祖陵。
				大学士王掞请立太子,三月御史陶彝等人亦为请求,康熙以他们结党,发遣西北军前效力。
		3		万寿节,胤禛致祭太庙后殿。
				因贡士不平闹事,胤禛、同允祉率大学士王琐龄等磨勘中试原卷。
		5		台湾朱一贵起义,下月失败。
		11		胤禛奉命令至祭天。
61	1722	3	四十五	胤禛两次请康熙游幸圆明园,康熙召见弘历,养育宫中。
		10		胤禛与延信、隆科多等人清查京通二仓。
		11		初七日康熙有病,初九日胤禛奉命代行冬至祭天,往南郊斋戒;十三日康熙死,隆科多传遗诏,命胤禛继位,或云隆系矫诏,或云胤禛篡改遗诏,谓康熙遗命允禵继位。
				十四日,胤禛封允禩、允祥为亲王,命允禩、允祥、大学士马齐、隆科多总理事务。
				二十日胤禛正式即位,改元雍正。
		12		雍正命隆科多兼吏部尚书,允禩兼管藩院事,允祥管户部三库事务。
				命各省在三年内清补钱粮亏空。
				罢鹰犬之献。

中国纪年	公元	月	雍正岁数	记　　　事
雍正元年	1723	正	四十六	分别谕督抚提镇守令等地方文武官员,明其职掌。
				设立会考府稽核财赋。
				命徐元梦、朱轼等教皇子读书。
				命允禟往西宁,离散允禩党人。
		2		命对钱粮不清的官员革职追赃,不得留任。
		3		追封孔子五世为王。
		4		送康熙遗体于遵化山陵,名景陵,囚允禵于此。
				削除山陕乐籍,准改业从良。
		5		仁寿皇太后死。
				定官民婚嫁礼制,禁奢靡。
				定会试二场以《孝经》命题。
		8		实行秘密立储法。
				除豁浙江绍兴惰民贱籍。
		9		准直隶巡抚李维钧之请,明年起实行摊丁入粮制度。
		10		青海厄鲁特罗卜藏丹津叛乱,命年羹尧为抚远大将军讨之。
		11		命六科给事中内升外转归都察院管理,致使台省合一,削弱言官作用。
				朱一贵余众温上贵等暴动于江西万载。
		12		命尽迁西洋人于澳门,改天主堂为公所。
				本年从山西巡抚诺岷之请,在晋实行耗羡归公和养廉银制度。
2	1724	正	四十七	添置八旗教养兵,以利于解决旗民生计困难问题。
		3		年羹尧、岳钟琪平定罗卜藏丹津之乱,五月处置青海善后事宜。
				雍正将康熙圣谕十六条敷衍成《圣谕广训》,作序颁布。
				取消儒户、宦户名称,以减少绅衿滥免差徭之弊。
				命地方官劝农,给老农顶戴以资鼓励。

中国纪年	公元	月	雍正岁数	记　　事
		4		允禩被革爵圈禁。
		5		河南封邱生员反对绅民一体当差,举行罢考。
		6		命在京南设立八旗井田,安置八旗贫民耕种。
		7		经廷臣讨论,下令推行耗羡归公及养廉银制度。
				颁布《御制朋党论》,为允禩集团而发。
		9		以江南财赋重地,县令事繁,分置州县,后在他省提升州、县为府或直隶州。以妨农、聚众等原因,严禁广东开矿。
		10		封明裔朱之琏为一等侯,世奉明祀。
		12		允礽死,雍正临丧,封理密亲王。
				任命田文镜为河南巡抚。
3	1725	2		以日月合璧、五星联珠为祯瑞,告祭景陵。
				永远停止盗贼、逃人割脚筋例。
		3		以年羹尧贺五星联珠表有误责问之。
		4		改年羹尧为杭州将军,岳钟琪署川陕总督。
		5		严禁私铸制钱。
				发上谕,谓不用僧人赞襄政务。世传年羹尧、隆科多、允禩、允禟诸狱,由释文觉参与筹划。
		9		经营遵化九凤朝阳吉地,后以出砂废。
		10		以杨名时为云贵总督管云南巡抚事,鄂尔泰为云南巡抚管云贵总督事。
		11		内务府卜人反对削减披甲名额。
				向各省派遣巡察官员,清理盗案。
		12		以九十二大罪命年羹尧自裁;与之有联系的《读书堂西征随笔》作者汪景祺以讪谤罪处斩。
				本年命允祥查勘直隶水利。
				本年以雍邸为雍和宫。
				本年命李卫为浙江巡抚。

中国纪年	公元	月	雍正岁数	记　事
4	1726	正	四十九	将允禩、允禟削除宗籍,三月允禩改名阿其那,五月允禟改名塞思黑。
		2		命张廷玉为大学士兼户部尚书,蒋廷锡为户部尚书。
		3		将在雍邸辑成的《悦心集》刊印。
				以侍讲学士钱名世诏媚年羹尧,亲书"名教罪人"责之。
				改因允禵于景山寿皇殿。
		4		直隶总督李绂参劾田文镜贪酷不法。
		5		斩允禩党人鄂伦岱、阿尔松阿。
				广州民人打抢米厂,喧闹公堂。
		7		圈禁平郡王讷尔苏,子福彭袭爵。
				定保甲法与官吏捕盗不力惩治例。
		8		允禟死于保定禁所。
				雍正祭孔庙,奠帛献爵行跪拜礼。
		9		允禩死于禁所。
				鄂尔泰提出改土归流的方针、策略,为雍正赞赏。
				以侍郎查嗣庭为隆科多党人、主考江西试题乖张,逮问,死于狱,次年五月戮尸。
				因铸钱缺铜,禁止民人用黄铜制造器皿。
		10		以汪景祺、查嗣庭为浙江人,停止该省乡会试,特设浙江观风整俗使。
		12		原任苏州织造李煦前以亏空革职,至是因给允禩侍婢事发,遣戍黑龙江。
				御史谢济世参劾田文镜,雍正以其与李绂结成科甲朋党,遣戍北路军营,谢的广西同乡工部主事陆生柟被牵连亦赴戍所。
				行直隶营田事例。
				总河齐苏勒暨豫抚等奏报黄河清,雍正以为祥瑞,明年加恩百官。
				命选立族长。
5	1727	正	五十	开江南捐谷例。
		2		颁布修订的大清律。
		3		开福建洋禁,寻亦允广东民人往南洋贸易。

中国纪年	公元	月	雍正岁数	记　事
6	1728		五十一	俄罗斯使臣萨瓦·务拉的斯拉维赤至京贺登极。
		4		开豁徽州、宁国世仆。
		7		命民间首报隐田。
				西藏噶伦阿尔布巴叛乱,雍正命查郎阿率兵进讨。
		8		喀尔喀郡王策零代表清朝与俄使萨瓦·务拉的斯拉维赤签订《恰克图条约》。
		10		以四十二大罪将隆科多圈禁,后死于禁所。
				西藏事定,留驻藏大臣二人,分驻前后藏。
		12		下令查抄江宁织造曹頫家产,《红楼梦》作者曹雪芹家庭从此败落。
				以延信党于允禩、允禵,圈禁。
				从岳钟琪之请,在四川清丈垦田,搜查隐田。
		2		宝泉局匠役聚众抗议官员克扣工食。
		3		上年山西发生"泽州匪类聚众"案,至是首领翟斌如等遇害。
		7		田文镜奏报民人翟世有拾金不昧,命给七品顶戴以资鼓励,此后这类报告不断出现。
		9		湖南曾静遣其徒张熙往陕西策动岳钟琪反清,兴大狱,诛连浙江已故理学家吕留良及其门人严鸿逵、沈在宽等。
				河南永寿县有"卦子"活动。
		10		制定出洋船只条例。
		11		疏浚宁夏昌润渠,置宝丰、新渠等县,召民垦种。
				济宁州发生劫狱、盗库、打伤官员事件。
		12		命侍郎王玑等至江南清理积欠,至九年结束,民间谓为"汇追"。
				本年命闽粤士人学习官话,否则八年以后停止其科举考试。

中国纪年	公元	月	雍正岁数	记　　事
7	1729	正	五十二	鄂尔泰奏去年圣寿节云南出现庆云,表示天子孝行,以为祥祯,此后各地纷报庆云。
		2		因曾静案,设湖南观风整俗使。
		3		以岳钟琪为宁远大将军、傅尔丹为靖边大将军,分领西路和北路军营,预备出征准噶尔。
		5		命浙江依照福建、广东办法,许民出洋贸易。以广东旦民为良民,准许上岸居住。
		6		因师征准噶尔,雍正誓师京南南海子。
		7		陆生枏读《通鉴》,书写评论,以之为诽谤朝政,至十二月于军前正法。
				山东人牛三花拉在青州组织秘密宗教三元会,至是被破坏。
		8		命编辑《上谕内阁》,至九年书成,乾隆间续完;命编《朱批谕旨》,至乾隆间出齐;命田文镜、李卫总结地方官行政经验,次年撰成《钦颁圣谕条例事宜》。
		10		宣布免曾静师徒死刑,用他们讲解《大义觉迷录》。
		12		决定在易州建造陵寝。
				以广东多盗案,设观风整俗使。
				重申服色越制之禁。
				李卫在江苏查出甘凤池案,这是具有反清复明色彩的秘密结社。
				社会上传言朱三太子在交趾、吕宋等处活动。
				本年,因西北用兵,设军机房,即后日的军机处,代替了内阁的地位。其军机处制度,由张廷玉拟定。
				本年改教坊司为和声署。
				本年苏州踹匠栾尔集等拜盟,组织反抗活动。
				本年冬天起,雍正身体经常不适。
8	1730		五十三	雍正辑《庭训格言》成,该书汇集康熙训子语录。

中国纪年	公元	月	雍正岁数	记　　事
		5		允祥死,雍正临丧所,命配享太庙;诚亲王允祉以临丧无状,削爵圈禁。
				封允礽子弘晳为理亲王。
				削除苏州常熟、昭文丐户贱籍。
				崇明佃农进行抗租斗争。
		8		北京地震,雍正登舟、设幕作息。
		10		更定朝臣帽顶制度。
				雍正斩为其治病的道士贾士芳。
				行广西开垦事例。
				本年,因曾静、吕留良案,发生几起文字狱,有徐骏诗文案,上杭范世杰呈词案,屈大均诗文案。
				本年,杨成勋等因四川清丈谋图组织暴动。
9	1731	3	五十四	湖北钟祥县士民抗粮。
		4		准噶尔进攻吐鲁番。
		6		傅尔丹被准噶尔打败于和通泊,命马尔赛为绥远将军,前往军营。
		9		皇后死,谥孝敬宪皇后,雍正因身体不适,未视含殓。
		12		《清圣祖实录》、《清圣祖圣训》修成。
				命允禄等编辑《上谕八旗》。
				鄂尔泰奏报改土归流完成。
10	1732	正	五十五	命鄂尔泰为大学士兼兵部尚书。
		3		铸造军机处印信。
		7		策凌败准噶尔于额尔德尼昭(光显寺);九月嘉奖之,赐号"超勇亲王",授定边左副将军。
				命鄂尔泰督巡陕甘,经略军务。
		10		岳钟琪以用兵无方,夺公爵,削职拘禁。
		11		禁止官府侵占寺院田产。
		12		以纵贼失机,杀马尔赛于军前。
				吕留良案审结,吕留良、严鸿逵戮尸,沈在宽立斩。
11	1733	2	五十六	封弘历为宝亲王,皇五子弘昼为和亲王。

608

中国纪年	公元	月	雍正岁数	记　　　　事
		4		选辑成禅僧、羽士的语录,名《御选语录》(包括雍正的《圆明语录》);撰成《拣魔辨异录》。
				下诏征举博学鸿词。
		11		以失机纵敌,斩提督纪成斌于西路军营。
				为禅宗名僧赐封号。
				本年修葺京内外名山宝刹。
				开浙江海塘事例。
12	1734	8	五十七	遣傅鼐等往准噶尔议和。
		11		命校对太祖、太宗、世祖三朝实录,实即篡改史书,乾隆初书成。
		12		沈伦《大樵山人诗集》案发。
				本年,开馆刊刻藏经。
13	1735	3	五十八	因改土归流,贵州古州发生叛乱。
		5		命弘历、弘昼、鄂尔泰等办理苗疆事务。
		8		二十日雍正有病,仍理朝政,二十二日夜病剧,二十三日子夜死。有事先封存的传位诏书,命弘历嗣位。遗诏命将来予鄂尔泰、张廷玉配享太庙。弘历命允禄、允礼、鄂尔泰、张廷玉为总理事务王大臣。
		11		弘历上雍正谥号"敬天昌运建中表正文武英明宽仁信毅睿圣大孝至诚宪皇帝",庙号"世宗"。
乾隆 2	1737	3		葬雍正于易州泰陵。

(二) 康熙皇子表

名字	生　　年	叙齿行次	封　爵	生　　母	卒　　年	备　　注
允禔	康熙11年	1	直郡王	惠妃纳拉氏	雍正12年	康熙圈禁
允礽	13	2	皇太子	孝诚仁皇后	雍正2	废黜

名字	生 年	叙齿行次	封 爵	生 母	卒 年	备 注
允祉	16	3	诚亲王	荣妃马佳氏	雍正 10	雍正八年起遭囚禁
胤禛	17	4	雍亲王	孝恭仁皇后	雍正 13	雍正帝
允祺	18	5	恒亲王	宜妃郭络罗氏	雍正 10	
允祚	19	6		孝恭仁皇后	康熙 24	
允祐	19	7	淳亲王	纯妃达甲氏	雍正 8	
允禩	20	8	廉亲王	良妃卫氏	雍正 4	雍正除其宗籍
允禟	22 年 8 月	9	贝 子	宜妃郭络罗氏	雍正 4	雍正除其宗籍
允䄉	22 年 10 月	10	敦郡王	温僖贵妃钮祜禄氏	乾隆 6	遭雍正囚禁
允禌	24 年 5 月	11		宜妃郭络罗氏	康熙 35	
允祹	24 年 12 月	12	履亲王	定妃瓦刘哈氏	乾隆 28	
允祥	25	13	怡亲王	敬敏皇贵妃章雅氏	雍正 8	
允禵	27	14	恂郡王	孝恭仁皇后	乾隆 20	
允禑	32	15	愉郡王	顺懿密妃王氏	雍正 9	
允禄	34	16	庄亲王	顺懿密妃王氏	乾隆 32	
允礼	36	17	果亲王	纯裕勤妃陈氏	乾隆 3	
允祄	40	18		顺懿密妃王氏	康熙 47	
允禝	41	19		襄妃高氏	康熙 43	
允袆	45 年 7 月	20	贝 勒	襄妃高氏	乾隆 20 年正月	
允禧	50 年正月	21	慎郡王	熙嫔陈氏	乾隆 23 年 5 月	
允祜	50 年 12 月	22	贝 勒	谨嫔色赫图氏	乾隆 8 年 12 月	
允祁	52 年 11 月	23	贝 勒	敬嫔石氏	乾隆 50 年 7 月	
允祕	55 年 5 月	24	诚亲王	穆嫔陈氏	乾隆 38 年 10 月	

（三）雍正皇子表

名字	生　年	自然行次	叙齿行次	封　爵	生　　　母	卒　年	备　注
弘晖	康熙 33 年	1	1		孝敬宪皇后	康熙 43 年	乾隆追封亲王
弘盼	36	2			齐妃李氏	康熙 38	
弘昀	39	3	2		齐妃李氏	康熙 49	
弘时	43	4	3		齐妃李氏	雍正	
弘历	50	5	4	宝亲王	孝圣宪皇后	嘉庆 4	
弘昼	50	6	5	和亲王	懿贵妃耿氏	乾隆 30	
福宜	59	7			敦肃皇贵妃年氏	康熙 60	
福惠	60	8			敦肃皇贵妃年氏	雍正 6	乾隆追封亲王
福沛	雍正元年	9			敦肃皇贵妃年氏	生当日死	
弘瞻	11	10	6	果亲王	谦妃刘氏	乾隆 30	出为允礼后人

（四）引用书目

说明：

（1）凡引用之书，一概入目，包括档案资料和期刊。

（2）首列基本引用书目，然后基本按图书体裁分类著录。

雍正朝起居注，原书藏中国第一历史档案馆（以下简称"一史馆"）。

上谕内阁，雍正，栱北楼书局藏板印本。

大清世宗宪皇帝实录（清世宗实录），鄂尔泰等撰，1936 年影印本。

清世宗宪皇帝御制文集（清世宗诗文集），光绪五年《清历朝御制诗文集》本。

朱批谕旨，雍正，光绪十三年上海点石斋缩印本。

永宪录,萧奭,中华书局 1959 年版。

清史列传,中华书局 1928 年版。

清史稿,中华书局标点本,1977 年版。

康熙朝起居注,一史馆藏。

大清圣祖仁皇帝实录,马齐等撰,1936 年影印本。

大清高宗纯皇帝实录,庆桂等撰,1936 年影印本。

大清德宗景皇帝实录,世续等撰,1936 年影印本。

清世宗"朱谕",档案,一史馆藏。

大义觉迷录,雍正,《清史资料》第 4 辑。

上谕八旗,雍正,清官刻本。

御选语录,雍正辑,雍正官刻本。

拣魔辨异录,雍正,1918 年刊本。

悦心集,雍正辑,清末铅印本。

庭训格言,雍正辑,津河广仁堂本。

执中成宪,雍正,乾隆元年刊本。

圣谕广训,雍正,宣统二年刊本。

康熙御制文,第 3 集,康熙武英殿版。

清高宗御制诗集,第 5 集,《清历朝御制诗文集》本。

御制圆明园图咏(御制圆明园诗图),乾隆,乾隆官刻本。

抚远大将军奏议,允禵,《清史资料》第 3 辑。

皇清通志纲要,弘旺,抄本,北京大学图书馆藏。

光绪《大清会典事例》,李鸿章等撰,宣统二年商务印书馆版。

东华录,蒋良骐,中华书局 1980 年版。

东华录,王先谦,光绪十七年上海广百宗斋校印本。

国朝耆献类徵(初编),李桓,湘阴李氏板。

碑传集,钱仪吉,光绪十九年江苏书局校刊本。

国朝先正事略,李元度,中华书局四部备要本。

圣武记,魏源,中华书局四部备要本。

满汉名臣传,同治间抄本,南开大学图书馆藏。

清人传记、志铭、杂文钞,不著撰人,抄本,南开大学图书馆藏。

清朝文献通考,商务印书馆万有文库本。

清朝通典,商务印书馆万有文库本。

清朝通志,商务印书馆万有文库本。

皇朝经世文编(清经世文编),贺长龄、魏源辑,道光刊本。

雍正《吏部则例》,雍正十二年版。

乾隆《吏部则例》,乾隆七年版。

(新增)刑案汇览,潘文舫辑,光绪十二年印本。

读例存疑,薛允升,光绪三十年刻本。

钦颁州县事宜,田文镜、李卫,《宦海指南》丛书本,光绪十二年刻。

抚豫宣化录,田文镜,雍正五年刻本。

吏治学古编,王士俊,雍正十二年刻本。

文史通义,章学诚,世界书局1935年版。

张氏捐义田奏折,张照,抄本,南开大学图书馆藏。

(宜章)曹氏族谱,1921年印刷。

朔方备乘,何秋涛,光绪七年刊。

苗防备览,严如煜,道光二十三年重刻本。

四库全书总目,永瑢、纪昀等撰,中华书局1965年版。

襄勤伯鄂文端公年谱,鄂容安等,《清史资料》第2辑。

澄怀园文存,张廷玉,光绪十七年刊本。

澄怀园语,张廷玉,光绪三十一年铅印本。

澄怀园主人自订年谱,张廷玉,光绪六年刊本。

穆堂初稿,李绂,乾隆五年刊本。

穆堂别稿,李绂,乾隆十二年刊本。

朱文端公集,朱轼,乾隆间刊本。

沈端恪公遗书,沈近思,同治十二年浙江书局校刊本。

赵恭毅公賸稿,赵申乔,乾隆二年刻本。

吕晚村先生文集,吕留良,约刻于同治八年。

香树斋全集,钱陈群,光绪二十年刻本。

谢梅庄先生遗集,谢济世,光绪三十四年刻本。

四焉斋文集,曹一士,宣统二年刻本。

鹿洲初集,兰鼎元,雍正十年刊本。

小仓山房文集,袁枚,乾隆三十四年刊本。

随园诗话,袁枚,乾隆小仓山房刊本。

鲒埼亭集,全祖望,商务印书馆国学基本丛书本。

春融堂集,王昶,嘉庆十二年刻本。

沈归愚诗文全集,沈德潜,教忠堂藏版本。

测海集,彭绍升,嘉庆二十四年刻本。

安吴四种,包世臣,同治十一年注经堂重刊本。

癸巳类稿,俞正燮,商务印书馆 1957 年版。

癸巳存稿,俞正燮,丛书集成初编本。

校邠庐抗议,冯桂芬,津河广仁堂印本。

章氏遗书,章学诚,1922 年刘氏嘉业堂刊本。

青藤书屋文集,徐渭,丛书集成初编本。

明夷待访录,黄宗羲,中华书局四部备要本。

潜书,唐甄,中华书局 1963 年版。

二十二史札记,赵翼,中华书局 1963 年版。

明季北略,计六奇,商务印书馆国学基本丛书本。

清列朝后妃传稿,张尔田,1929 年印本。

清帝系后妃皇子皇女四考,吴昌绶,1917 年刊刻本。

日下旧闻考,于敏中等,北京古籍出版社 1981 年版。

燕京岁时记,富察敦崇,北京出版社 1961 年版。

雍正《河南通志》。

乾隆《河南通志》。

乾隆《信阳州志》。

乾隆《光州志》。

乾隆《确山县志》。

乾隆《尤溪县志》。

乾隆《上杭县志》。

同治《建昌府志》。

同治《兴国县志》。

同治《永新县志》。

同治《新城县志》。

同治《雩都县志》。

道光《石城县志》。

康熙《无锡县志》。

锡金识小录,黄印,光绪二十二年刊本。

乾隆《苏州府志》。

乾隆《震泽县志》。

嘉庆《扬州府志》。

嘉庆《松江府志》。

松江衢歌,陈金浩,《艺海珠尘》丛书本。

光绪《奉贤县志》。

光绪《常熟昭文合志稿》。

乾隆《泾县志》。

道光《阜阳县志》。

同治《祁门县志》。

同治九年《霍邱县志》。

乾隆四十一年《淄川县志》。

居易录,王士禛,《王渔洋遗书》本。

簷曝杂记,赵翼,中华书局 1982 年版。

竹叶亭杂记,姚元之,中华书局 1982 年版。

养吉斋丛录、余录,吴振棫,光绪二十二年刊本。

啸亭杂录,昭梿,中华书局 1982 年版。

读书堂西征随笔,汪景祺,故宫文献馆 1928 年版。

履园丛话,钱泳,中华书局 1979 年版。

听雨丛谈,福格,中华书局 1959 年版。

茶余客话,阮葵生,中华书局 1959 年版。

内阁小记,叶凤毛,《玉简斋丛书》本。

枢垣纪略,梁章钜,光绪元年刊本。

枢垣题名,吴孝铭,光绪八年刊本。

暝斋杂识,许克敬,光绪七年刊本。

世载堂杂忆,刘禺生,中华书局 1960 年版。

炳烛里谈,陈作霖,1963 年《金陵琐志》本。

熙朝纪政,王庆云,上海天章书局光绪二十七年印本。

皇朝琐屑录,钟琦,光绪二十三年刊本。

广东新语,屈大均,康熙三十九年木天阁刊本。

万历野获编,沈德符,中华书局 1959 年版。

辍耕录,陶宗仪,中华书局 1959 年版。

清稗类钞,徐珂,商务印书馆印。

梵天庐丛录,柴萼,1926 年刊本。

满清十三朝宫闱秘史,燕北老人,1919 年刻本。

清帝外纪,金梁,1934 年序本。

清室外纪,濮兰德·白克好司,《清外史丛刊》本,中华书局 1919 年版。

清史演义,蔡东藩,江苏人民出版社 1980 年版。

儿女英雄传,文康,光绪间刊本。

后汉书,中华书局标点本。

旧唐书,中华书局标点本。

新唐书,中华书局标点本。

宋史,中华书局标点本。

元史纪事本末,中华书局 1955 年本。

明史,中华书局标点本。

明史纪事本末,中华书局 1977 年本。

尚书大传,陈寿祺辑,光绪十六年刻本。

朝鲜《李朝实录》,肃宗实录,景宗实录,英宗实录,学习院东洋文化研究所 1964—1965 年版。

马士:《东印度公司对华贸易编年史(1635—1834 年)》(H. B. Morse, *The Chronicler of the East India Company Trading to China 1635—1834*)。

燕京开教略,樊国梁,1905 年北京救世堂印。

关于江宁织造曹家档案史料,中华书局 1975 年版。

李煦奏折,中华书局 1976 年版。

清代文字狱档,故宫文献馆刊版。

康熙与罗马使节关系文书,故宫文献馆出版。

明清史料,丁编,商务印书馆 1951 年刊。

孔府档案选编,中华书局 1982 年版。

上海碑刻资料选辑,上海人民出版社 1980 年版。

江苏省明清以来碑刻资料选集,三联书店 1959 年版。

康雍乾城乡人民反抗斗争资料,中华书局 1979 年版。

掌故丛编,故宫文献馆出版。

文献丛编,故宫文献馆出版。

宗室玉牒,一史馆藏。

康熙帝传,白晋撰,马绪祥译,《清史资料》第 1 辑。

清朝全史,稻叶君山撰,但焘译,中华书局 1915 年版。

早期中俄关系史,葛斯顿·加恩撰,江载华译,商务印书馆 1961 年版。

雍正帝及其密折制度研究,杨启樵,香港三联书店 1980 年版。

清史杂考,王锺翰,中华书局 1963 年版。

明清史讲义,孟森,中华书局 1981 年版。

明清史论著集刊,孟森,中华书局 1959 年版。

探微集,郑天挺,中华书局 1980 年版。

清史简述,郑天挺,中华书局 1980 年版。

陈垣学术论文集,中华书局 1980—1981 年版。

明季滇黔佛教考,陈垣,中华书局 1962 年版。

汉唐佛教思想论集,任继愈,1963 年三联书店版。

沙俄侵华史,第一卷,人民出版社 1976 年版。

清代的矿业,中国人民大学清史研究所等编,中华书局 1983 年版。

历史档案(杂志),1981 年第 2 期。

圆明园(不定期刊物),第 1 集,1981 年出版。

吉林大学学报,1980 年第 4 期。

南开学报,1982 年第 5 期。

紫禁城,第 24 期。

东洋史研究,29 卷 1、2、3 号,30 卷 4 号。

史林,62 卷 4 号。

(台北)"中央"研究院近代史研究所集刊,第 5、6、8 期。

后　　记

我研究雍正问题,是受先师郑毅生(天挺)先生的影响。他对雍正及其时代的历史非常重视,也给予较高的评价。一九六一年他讲《明清史在中国历史上的地位及分期》问题,列举一八四〇年以前明清史上发生的十四件大事,其中有摊丁入亩的实行和军机处的设立,即属于雍正朝的有两件事。后在所著《清史简述》一书中,讲清朝历史上有八件大事,属于雍正时代的也是两件,一是与前相同的摊丁入亩,再一则为驱逐天主教士于澳门。在一三六八年至一八四〇年的近五百年中,雍正朝只占十三年,却有两三件不平凡的事情,可见这个时代的重要,也可见毅生师对它的重视。毅生师认为雍正和康熙、乾隆"是三个好皇帝",雍正在十三年中,"每天看的奏折有多少且不说,只是他批的公文就印行了《上谕内阁》一百五十九卷,《朱批谕旨》三百六十卷,都是他亲手批的,没有印行的还有很多。他对自己的职务毫不懈怠,做到了'今日事今日毕'。作为一个封建帝王,能做到这点,是很不容易的"。毅生师的观点给我很大影响,所以我多年来就对雍正问题感到兴趣。然而促使我进行这项写作的,则是吕一方同志。今天稿子写成,我以崇敬的心情回忆毅生师给我指引的学术道路,并对一方同志的热情鼓励表示我的谢忱。在本书定稿过程中,张作耀和萧远强同志给予的帮助,私心非常感激。

在这个不成熟的小书行将与读者见面之时,著者的心情又是万分不安的:雍正和他的时代的历史,我那里把它说清楚了!我想以后把它改得好一点,这当然要自己努力,另外要靠同行和读者的帮助,我殷切地期待着同志们的指教。

冯尔康
一九八四年中秋节